# Tricolore

## 5ᵉ édition

**TEACHER BOOK**

Heather Mascie-Taylor
Michael Spencer
Sylvia Honnor

**OXFORD**
UNIVERSITY PRESS

# OXFORD
UNIVERSITY PRESS

Great Clarendon Street, Oxford, OX2 6DP, United Kingdom

Oxford University Press is a department of the University of Oxford.
It furthers the University's objective of excellence in research, scholarship,
and education by publishing worldwide. Oxford is a registered trade mark of
Oxford University Press in the UK and in certain other countries

Text © Heather Mascie-Taylor, Michael Spencer and Sylvia Honnor 2016

The moral rights of the authors have been asserted
Tricolore first published in 1980 by E. J. Arnold and Sons Limited
Encore Tricolore first published in 1992 by Thomas Nelson and Sons Limited
Encore Tricolore nouvelle edition first published in 2000 by Thomas Nelson
and Sons Limited
Tricolore Total first published in 2008 by Nelson Thornes Limited
Tricolore 5e édition first published in 2016 by Oxford University Press

All rights reserved. No part of this publication may be reproduced,
stored in a retrieval system, or transmitted, in any form or by any
means, without the prior permission in writing of Oxford University
Press, or as expressly permitted by law, by licence or under terms
agreed with the appropriate reprographics rights organization.
Enquiries concerning reproduction outside the scope of the above
should be sent to the Rights Department, Oxford University Press,
at the address above.

You must not circulate this work in any other form and you must
impose this same condition on any acquirer

British Library Cataloguing in Publication Data
Data available

978-0-1983-7476-3

1 3 5 7 9 10 8 6 4 2

Printed in Great Britain by Ashford Colour Press Ltd., Gosport

Acknowledgements

Cover: Fotosearch/Getty Images

Audio recordings produced by Colette Thomson for Footstep Productions
Ltd; Andrew Garratt (sound engineer).

Although we have made every effort to trace and contact all copyright holders
before publication this has not been possible in all cases. If notified, the
publisher will rectify any errors or omissions at the earliest opportunity.

Links to third party websites are provided by Oxford in good faith and for
information only. Oxford disclaims any responsibility for the materials
contained in any third party website referenced in this work.

# Contents

## Section 1
## General information — 5

### Introduction — 5
### Components — 5
Student Book — 5
Teacher Book — 6
Kerboodle online resource — 6
Audio CDs — 9
Examination Grammar in Action — 14

### Planning the course — 15
Stage 4 overview — 15

### General teaching approach — 20
Developing language skills — 20
Developing language-learning skills — 21
Developing cultural awareness — 21
Cross-curricular links — 21
Revision — 21
Assessment — 21

## Section 2
## Teaching notes — 22

### General language-learning skills — 22
### Unité 1 Jeunes sans frontières — 27
Unité 1 Contrôle — 42
Unité 1 Revision and additional practice — 44

### Unité 2 En ville et à la campagne — 51
Unité 2 Contrôle — 65
C'est extra! A — 67
Unité 2 Revision and additional practice — 68

### Unité 3 Bon séjour! — 77
Unité 3 Contrôle — 91
Unité 3 Revision and additional practice — 93

### Unité 4 Une semaine typique — 105
Unité 4 Contrôle — 123
C'est extra! B — 125
Unité 4 Revision and additional practice — 126

### Unité 5 Bon appétit! — 136
Unité 5 Contrôle — 154
Unité 5 Revision and additional practice — 157

### Unité 6 Ça m'intéresse — 166
Unité 6 Contrôle — 182
C'est extra! C — 184
Unité 6 Revision and additional practice — 185

### Unité 7 Nouveaux horizons — 193
Unité 7 Contrôle — 215
Unité 7 Revision and additional practice — 217

### Unité 8 À votre santé! — 226
Unité 8 Contrôle — 244
C'est extra! D — 246
Unité 8 Revision and additional practice — 247

### Unité 9 Projets d'avenir — 256
Unité 9 Contrôle — 273
Unité 9 Revision and additional practice — 275

### Unité 10 Notre planète — 283
Unité 10 Contrôle — 297
C'est extra! E — 299
Unité 10 Revision and additional practice — 300

# Section 1  General information

## Introduction

*Tricolore 5ᵉ édition* builds on the proven strengths and approach of *Tricolore*, *Encore Tricolore* and *Tricolore Total*, incorporating new features to bring it into line with current teaching requirements.

Stage 4 of *Tricolore 5ᵉ édition* is a self-contained and comprehensive two-year course which prepares students for GCSE and Standard Grade examinations. It offers a smooth transition from Key Stage 3 and provides a solid foundation for further language study at AS and A Level.

The course provides a wealth of lively, interesting and motivating materials designed to produce successful students, who make good progress and enjoy language learning.

The course features:

- differentiation through flexible use of activities, with items to stretch the most able learners, but with a common core of material for all students
- a systematic and comprehensive approach to grammar progression, with clear explanations and extensive practice
- material to develop cultural awareness through authentic contexts and activities from France and other French-speaking countries
- integrated assessment at the end of each unit, based on the types of tasks which students are likely to meet in public examinations
- user-friendly reference sections (grammar, English–French and French–English glossaries) to encourage independent learning
- emphasis on language-learning skills and strategies, tips for writing and translation, French and English spelling patterns, etc.
- a fully integrated digital resource (Kerboodle), providing presentations, audio, interactive tasks, assessment and exam preparation.

Key features of the new edition are:

- material to practise translation into French and English
- classical and contemporary literary extracts for reading comprehension
- updated assessment material, including tasks set in the target language for listening and reading, role-play and picture description tasks for speaking
- up-to-date design and themes to support the tried and trusted *Tricolore* method
- amendments to incorporate the new official French spelling reforms, approved by the Académie Française. These include the use of hyphens in compound numbers, removal of hyphens in some words, removal of circumflex accent from 'i' and 'u', standardisation of some anomalies, etc. For further details, see www.orthographe-recommandee.info.
- GCSE exam board-specific material on Kerboodle.

## Components

- Student Book
- Teacher Book
- Kerboodle online resource, including: Copymasters, presentations, audio, interactive tasks, skills practice and exam preparation, digital Student Book with hotspotted audio
- Audio CD pack
- Examination Grammar in Action

## Student Book

The Student Book is the main teaching tool of the course and contains the essential core material and reference sections. It comprises:

### Table of contents

This gives a clear overview of the coverage of grammar, vocabulary, strategies, etc.

### Ten units

Each unit is organised in spreads and each spread is a self-contained entity with explicit learning objectives and a full range of activities to practise all language skills.

The final teaching spread of each unit (*Contrôle*) comprises assessment material for listening, speaking, reading and writing, with clear examples and tips. Each unit finishes with a *Sommaire*, setting out the vocabulary and grammar covered in the unit.

After alternate units, there is a *C'est extra!* spread, providing literary extracts, tips and tasks for reading comprehension, together with speaking tasks based on photo cards, linked to the preceding topics.

### Au choix

This section contains further practice and extension tasks for each unit.

Some teachers may wish to use the *Au choix* tasks at a later point for consolidation or revision or for use in cover lessons. To help with this, detailed teaching notes for *Au choix* are given at the end of each unit in the Teacher Book, in the 'Revision and additional practice' section.

### C'est extra! (A–E)

These double-page sections are placed after Unités 2, 4, 6, 8 and 10. They complement the examination practice provided at the end of each unit.

Each *C'est extra!* section provides:

- two or more extracts from one or two literary works with guidance and comprehension tasks
- two photo cards with tips and questions for speaking practice.

# General information

## Grammaire

A grammar reference section sets out the main grammatical points of the course and is closely linked to the principal syllabuses and examination specifications.

The present, perfect, imperfect, future and pluperfect tenses, and the conditional, are taught and practised in *Tricolore 4*. The *Grammaire* section also provides brief coverage of the subjunctive, for optional reference.

## Les verbes

These tables of regular and irregular verbs cover the present, perfect, imperfect and future tenses and the imperative.

## Vocabulaire et expressions utiles

This contains lists of general words and expressions which are used across different topics, such as numbers, question words, expressing opinions, describing events in the past, present and future, linking words, etc.

## Glossaire – français–anglais/anglais–français

A full word list with meanings, spellings and genders.

## Teacher Book

The Teacher Book provides detailed guidance on using the materials. It has two sections:

## Section 1

This outlines the principal features and contents of *Tricolore 4* and includes a reference list of the recorded items.

## Section 2

This gives detailed unit-by-unit suggestions for teaching with the materials. Each unit begins with a table, setting out clearly the language and topics included in the unit.

This is followed by the teaching suggestions; solutions are provided for almost all activities and there is a complete transcript of all the recorded items.

At the beginning of Section 2, there is a short section on general language-learning skills. This covers pronunciation, understanding rubrics and instructions, IT and general vocabulary, spelling patterns in French and English, using cognates, prefixes and suffixes to help understanding, and general tips for learning vocabulary, skimming and scanning, and writing French.

| | |
|---|---|
| 📖 56 | Student Book page number |
| **TB 30** | Teacher Book page number |
| 1 | Task number |
| [1] | *Au choix* task number |
| ***Grammaire* 8.2** | Student Book *Grammaire* section number |

🔊 CD 2 Track 3
Transcript recorded item (CD number/track)

🔊 SCD 2 Track 3
Transcript recorded item (Student CD number/track)

🖱 Copymaster 2/4
Copymasters on Kerboodle (Copymaster unit/number)

Examination Grammar in Action 5
Examination Grammar in Action page number

## Kerboodle online resource

### Audio tracks and transcripts

*Tricolore 5ᵉ édition* offers a wide variety of lively listening material, recorded by French native speakers and at a speed and level which the students can understand. The audio tracks, together with editable transcripts of each recording, can be accessed online as part of your Kerboodle subscription. The recordings can also be purchased separately as an Audio CD pack. See TB 9 for details of the CDs, and TB 10–14 for a full list of recorded items.

### Interactive activities

The Kerboodle online resource contains a wealth of teaching and learning materials, e.g. PowerPoint presentations, starters and plenaries, as well as interactive activities in all four skills, additional grammar practice, new translation and transcription activities, etc. Audio role-play activities are also included, providing speaking practice linked to the language covered in the unit.

### Kerboodle Book

The *Tricolore* Kerboodle Book provides a digital version of the Student Book for use with students at the front of the classroom.

Teacher access to the Kerboodle Book is available automatically as part of the Resources and Assessment package. A set of tools is available with the Kerboodle Book, which includes the following:

- Every teacher and student has their own digital notebook for use within their Kerboodle Book. The teacher can choose to share some of their notes with students, or hide them from view; all student notes are accessible only to the student making the notes.
- Sticky notes, bookmarks, and pen features enable users to personalise each page.
- The facility to zoom in and spotlight any part of the text.
- Audio can be accessed directly from the Kerboodle Book page.

Like all other resources offered on Kerboodle, the Kerboodle Book can be accessed using a range of devices.

# General information

## Copymasters
These provide a wide range of worksheets for practice in all four skills. Many are self-contained and suitable for independent work by students in cover lessons or for homework. Some are designed to be expendable, e.g. those containing crosswords or listening grids for completion by students. Some teachers may wish to use the copymasters at a later point for consolidation or revision. To help with this, detailed teaching notes for the copymasters are given at the end of each unit in the Teacher Book, in the 'Revision and additional practice' section.

## Comment ça se dit?
These worksheets (G/1–G/3) provide practice in pronunciation and linking sounds with the written word. The accompanying recordings are provided on Kerboodle. Teaching notes are included at the beginning of Section 2 (TB 22).

## General language-learning skills
These worksheets (G/4–G/14) cover understanding general vocabulary, spelling patterns in French and English, using cognates, prefixes and suffixes and general tips for revision and tests. They can be used at any appropriate point in the course. Teaching notes are included in Section 2 (TB 25–26).

## Word games and crosswords
Each unit contains one or more worksheets which provide practice of core vocabulary, often in the form of a crossword or word games.

## Tu comprends?
Self-instructional listening tasks, with accompanying recordings, provide useful material for homework or for students working independently in class.

## Révision
There are revision worksheets to provide practice in Listening, Reading and Grammar (Grammar for Units 1–5 only) for use at the end of each unit.

| Section | Location on Kerboodle |
|---|---|
| **General language-learning skills** | Resources > General language-learning skills |
| G/1–G/3 *Comment ça se dit?* | |
| G/4 *Rubrics and instructions* | |
| G/5 *Lexique informatique* | |
| G/6 *Prefixes and suffixes* | |
| G/7–G/8 *English and French spelling patterns* | |
| G/9 *C'est masculin ou féminin?* | |
| G/10 *On écrit des messages* | |
| G/11–G/14 *Tips for tests* | |
| **Unité 1** | Resources > Unité 1 Jeunes sans frontières > 1 Copymasters |
| 1/1 *On fait des interviews* | |
| 1/2 *Les pays et les continents* | |
| 1/3 *Jeux de mots* | |
| 1/4 *Quatre profils* | |
| 1/5 *L'avis des jeunes* | |
| 1/6 *La vie quotidienne* | |
| 1/7 *Nos vacances* | |
| 1/8 *Les évènements de famille* | |
| 1/9 *Tu comprends?* | |
| 1/10 *Révision 1: Écouter – Partie A* | Resources > Unité 1 Jeunes sans frontières > 1 Révision |
| 1/11 *Révision 1: Écouter – Partie B* | |
| 1/12 *Révision 1: Lire – Partie A* | |
| 1/13 *Révision 1: Lire – Partie B (1)* | |
| 1/14 *Révision 1: Lire – Partie B (2)* | |
| 1/15 *Révision 1: Grammaire* | |
| *Sommaire 1* | |
| **Unité 2** | Resources > 2 En ville et à la campagne > 2 Copymasters |
| 2/1 *Mots croisés – en ville* | |
| 2/2 *Le jeu des bâtiments* | |
| 2/3 *L'esprit négatif* | |
| 2/4 *La vie à la campagne* | |
| 2/5 *À la gare* | |
| 2/6 *Voyager en avion* | |
| 2/7 *Accident de rivière* | |
| 2/8 *Des voyages récents* | |
| 2/9 *Tu comprends?* | |
| 2/10 *Révision 2: Écouter – Partie A* | Resources > Unité 2 En ville et à la campagne > 2 Révision |
| 2/11 *Révision 2: Écouter – Partie B* | |
| 2/12 *Révision 2: Lire – Partie A* | |
| 2/13 *Révision 2: Lire – Partie B* | |
| 2/14 *Révision 2: Grammaire* | |
| *Sommaire 2* | |

# General information

| Section | Location on Kerboodle |
|---|---|
| Unité 3 | Resources > Unité 3 Bon séjour! > 3 Copymasters |
| 3/1 Des projets d'avenir | |
| 3/2 Infos-langue | |
| 3/3 À la maison | |
| 3/4 Aider à la maison | |
| 3/5 Des touristes à Paris | |
| 3/6 Vol à la banque | |
| 3/7 Travailler au pair | |
| 3/8 Chez une famille | |
| 3/9 Tu comprends? | |
| 3/10 Révision 3: Écouter – Partie A | Resources > Unité 3 Bon séjour! > 3 Révision |
| 3/11 Révision 3: Écouter – Partie B | |
| 3/12 Révision 3: Lire – Partie A | |
| 3/13 Révision 3: Lire – Partie B (1) | |
| 3/14 Révision 3: Lire – Partie B (2) | |
| 3/15 Révision 3: Grammaire | |
| Sommaire 3 | |
| Unité 4 | Resources > Unité 4 Une semaine typique > 4 Copymasters |
| 4/1 Mots croisés – au collège | |
| 4/2 Une semaine au collège | |
| 4/3 Vendredi soir | |
| 4/4 Le Petit Nicolas (1) | |
| 4/5 Le Petit Nicolas (2) | |
| 4/6 Le shopping | |
| 4/7 Aux magasins | |
| 4/8 Tu comprends? | |
| 4/9 Révision 4: Écouter – Partie A | Resources > Unité 4 Une semaine typique > 4 Révision |
| 4/10 Révision 4: Écouter – Partie B | |
| 4/11 Révision 4: Lire – Partie A | |
| 4/12 Révision 4: Lire – Partie B (1) | |
| 4/13 Révision 4: Lire – Partie B (2) | |
| 4/14 Révision 4: Grammaire | |
| Sommaire 4 | |
| Unité 5 | Resources > Unité 5 Bon appétit! > 5 Copymasters |
| 5/1 Les repas et moi | |
| 5/2 Un repas de fête | |
| 5/3 C'est bon à manger! | |
| 5/4 Hier, avez-vous bien mangé? | |
| 5/5 Jeux de mots – les magasins | |
| 5/6 On achète des provisions | |
| 5/7 Chez le charcutier | |
| 5/8 Jeux de mots – au café | |
| 5/9 Les pronoms sont utiles | |
| 5/10 La Patate | |
| 5/11 Mots croisés – au restaurant | |
| 5/12 Un peu d'histoire | |
| 5/13 Un restaurant pas comme les autres | |
| 5/14 Tu comprends? | |

| Section | Location on Kerboodle |
|---|---|
| 5/15 Révision 5: Écouter – Partie A | Resources > Unité 5 Bon appétit! > 5 Révision |
| 5/16 Révision 5: Écouter – Partie B | |
| 5/17 Révision 5: Lire – Partie A | |
| 5/18 Révision 5: Lire – Partie B (1) | |
| 5/19 Révision 5: Lire – Partie B (2) | |
| 5/20 Révision 5: Grammaire | |
| Sommaire 5 | |
| Unité 6 | Resources > Unité 6 Ça m'intéresse > 6 Copymasters |
| 6/1 Mots croisés – les loisirs | |
| 6/2 Faire – un verbe utile | |
| 6/3 Le Tour de France | |
| 6/4 Je le sais! | |
| 6/5 Inventez des conversations | |
| 6/6 C'est le meilleur! | |
| 6/7 On parle des films | |
| 6/8 Un désastre | |
| 6/9 Un weekend récent | |
| 6/10 Tu comprends? | |
| 6/11 Révision 6: Écouter – Partie A | Resources > Unité 6 Ça m'intéresse > 6 Révision |
| 6/12 Révision 6: Écouter – Partie B | |
| 6/13 Révision 6: Lire – Partie A (1) | |
| 6/14 Révision 6: Lire – Partie A (2) | |
| 6/15 Révision 6: Lire – Partie B | |
| Sommaire 6 | |
| Unité 7 | Resources > Unité 7 Nouveaux horizons > 7 Copymasters |
| 7/1 Jeux de vocabulaire – les vacances | |
| 7/2 À l'hôtel | |
| 7/3 À Amboise | |
| 7/4 Des vacances jeunes | |
| 7/5 Vive les vacances! | |
| 7/6 Les Alpes | |
| 7/7 Avez-vous passé de bonnes vacances? | |
| 7/8 Mots croisés – les vacances | |
| 7/9 Tu comprends? | |
| 7/10 Révision 7: Écouter – Partie A | Resources > Unité 7 Nouveaux horizons > 7 Révision |
| 7/11 Révision 7: Écouter – Partie B | |
| 7/12 Révision 7: Lire – Partie A (1) | |
| 7/13 Révision 7: Lire – Partie A (2) | |
| 7/14 Révision 7: Lire – Partie B (1) | |
| 7/15 Révision 7: Lire – Partie B (2) | |
| Sommaire 7 | |

# General information

| Section | Location on Kerboodle |
|---|---|
| **Unité 8** | Resources > Unité 8<br>À votre santé ><br>8 Copymasters |
| 8/1 *Le corps humain* | |
| 8/2 *Jeux de vocabulaire* | |
| 8/3 *Un accident* | |
| 8/4 *Comment cesser de fumer?* | |
| 8/5 *Tu comprends?* | |
| 8/6 *Révision 8: Écouter – Partie A* | Resources > Unité 8<br>A votre santé ><br>8 Révision |
| 8/7 *Révision 8: Écouter – Partie B* | |
| 8/8 *Révision 8: Lire – Partie A* | |
| 8/9 *Révision 8: Lire – Partie B (1)* | |
| 8/10 *Révision 8: Lire – Partie B (2)* | |
| *Sommaire 8* | |
| **Unit 9** | Resources > Unité 9<br>Projets d'avenir ><br>9 Copymasters |
| 9/1 *Deux verbes dans une phrase (1)* | |
| 9/2 *Deux verbes dans une phrase (2)* | |
| 9/3 *Deux verbes dans une phrase (3)* | |
| 9/4 *Des métiers* | |
| 9/5 *Jeux de mots – les métiers* | |
| 9/6 *On cherche des renseignements* | |
| 9/7 *Les 7 piliers du CV* | |
| 9/8 *Un emploi pour les vacances* | |
| 9/9 *Tu comprends?* | |
| 9/10 *Révision 9: Écouter – Partie A* | Resources > Unité 9<br>Projets d'avenir ><br>9 Révision |
| 9/11 *Révision 9: Écouter – Partie B* | |
| 9/12 *Révision 9: Lire – Partie A (1)* | |
| 9/13 *Révision 9: Lire – Partie A (2)* | |
| 9/14 *Révision 9: Lire – Partie B (1)* | |
| 9/15 *Révision 9: Lire – Partie B (2)* | |
| *Sommaire 9* | |
| **Unit 10** | Resources > Unité 10<br>Notre planète ><br>10 Copymasters |
| 10/1 *Le monde* | |
| 10/2 *Trois acrostiches* | |
| 10/3 *Le journal: Faits divers* | |
| 10/4 *En route en France* | |
| 10/5 *Des jeux de vocabulaire* | |
| 10/6 *Un plan pour les transports* | |
| 10/7 *Mots croisés – l'environnement* | |
| 10/8 *Tu comprends?* | |
| 10/9 *Révision 10: Écouter – Partie A* | Resources > Unité 10<br>Notre planète ><br>10 Révision |
| 10/10 *Révision 10: Écouter – Partie B* | |
| 10/11 *Révision 10: Lire – Partie A* | |
| 10/12 *Révision 10: Lire – Partie B* | |
| *Sommaire 10* | |

## Assessment materials

A special feature for *Tricolore 4 5$^e$ édition* is a bank of practice assessment material specifically linked to each of the main awarding bodies in England and Wales (AQA, Edexcel, and WJEC/Eduqas).

## Audio CDs

The class CDs provide a wide variety of lively material, recorded by French native speakers and at a speed and level which the students can understand.

There are also two separate Student CD duplicating masters, with accompanying copymasters, designed for students to use for individual practice in listening.

The pronunciation material (*Comment ça se dit?*) is described at the beginning of Section 2 (see TB 22) and this can be used by students working individually or for class use at any appropriate point in the course.

The independent listening material (*Tu comprends?*) is linked to each unit and is described in the final section of each unit (Revision and additional practice).

**Class CD 1**
Tracks 2–28: *Unité 1*
Tracks 29–42: *Unité 2*

**Class CD 2**
Tracks 2–18: *Unité 2*
Tracks 19–37: *Unité 3*

**Class CD 3**
Tracks 2–11: *Unité 3*
Tracks 12–39: *Unité 4*

**Class CD 4**
Tracks 2–11: *Unité 4*
Tracks 12–39: *Unité 5*

**Class CD 5**
Tracks 2–5: *Unité 5*
Tracks 6–32: *Unité 6*
Tracks 33–39: *Unité 7*

**Class CD 6**
Tracks 2–32: *Unité 7*
Tracks 33–39: *Unité 8*

**Class CD 7**
Tracks 2–26: *Unité 8*
Tracks 27–38: *Unité 9*

**Class CD 8**
Tracks 2–17: *Unité 9*
Tracks 18–43: *Unité 10*

**Student CD 1** (for independent study)
*Unités 1–5 Révision*

**Student CD 2** (for independent study)
*Unités 6–10 Révision*

# General information

## List of recorded items

Note that the recordings that accompany the pronunciation copymasters (G/1–G/3 *Comment ça se dit?*) are provided on Kerboodle.

### Class CD 1

**Unité 1 Jeunes sans frontières**

SB 6 *Activité 1 On fait connaissance*
SB 7 *Activité 5 Encore des questions*
SB 9 *Activité 2 Elsa*
SB 9 *Activité 3 Jacob*
SB 10 *Activité 1 Des amis*
SB 12 *Activité 4 L'avis des jeunes*
SB 15 *Activité 2 Mon jour favori*
SB 15 *Activité 4 Depuis quand?*
SB 16 *Activité 1 Les jours fériés*
SB 16 *Activité 3 La Saint-Sylvestre*
SB 17 *Activité 6 Aïd, une fête musulmane*
SB 18 *Activité 1 Le mariage de ma cousine*
SB 19 *Activité 4 Quoi mettre?*
SB 20 *Contrôle 1, Activité 1 La famille*
SB 20 *Contrôle 1, Activité 2 Des amis*
SB 20 *Contrôle 1, Activité 3 Les fêtes*
SB 214 *Au choix, Activité 1 Comment ça s'écrit?*
Copymaster 1/9 *Tu comprends? Activité 1 Comment ça s'écrit?*
Copymaster 1/9 *Tu comprends? Activité 2 C'est quelle image?*
Copymaster 1/9 *Tu comprends? Activité 3 Mes préférences*
Copymaster 1/9 *Tu comprends? Activité 4 Des conversations*
Copymaster 1/10 *Révision 1: Écouter – Partie A, Activité 1 Les animaux*
Copymaster 1/10 *Révision 1: Écouter – Partie A, Activité 2 On parle des photos*
Copymaster 1/10 *Révision 1: Écouter – Partie A, Activité 3 Des interviews*
Copymaster 1/11 *Révision 1: Écouter – Partie B, Activité 1 Que fait-on sur Internet?*
Copymaster 1/11 *Révision 1: Écouter – Partie B, Activité 2 Mon anniversaire*
Copymaster 1/11 *Révision 1: Écouter – Partie B, Activité 3 La famille et les amis*

**Unité 2 En ville et à la campagne**

SB 25 *Activité 2 Le savez-vous?*
SB 26 *Activité 1 Calais*
SB 27 *Activité 4 Tu aimes ta ville?*
SB 28 *Activité 2 Des touristes en ville*
SB 29 *Activité 5 Des conversations*
SB 30 *Activité 1 Les transports en commun*
SB 31 *Activité 5 Le métro*
SB 31 *Activité 8 Les touristes à Paris*
SB 33 *Activité 3 Au téléphone*
SB 33 *Activité 5 Pour ou contre la vie à la campagne?*
Copymaster 2/4 *La vie à la campagne, Activité 3 On parle de la campagne*
SB 34 *Activité 3 Des conversations*
SB 34 *Activité 5 Tu as fait bon voyage?*
SB 36 *Activité 1 Lucie est partie en Martinique*

### Class CD 2

**Unité 2 (suite)**

Copymaster 2/6 *Voyager en avion, Activité 2 À l'aéroport*
Copymaster 2/6 *Voyager en avion, Activité 3 La vie d'une hôtesse de l'air ou d'un steward*
Copymaster 2/8 *Des voyages récents, Activité 1 Avez-vous fait bon voyage?*
SB 38 *Contrôle 2, Activité 1 J'habite en Martinique*
SB 38 *Contrôle 2, Activité 2 Des aspects touristiques*
SB 38 *Contrôle 2, Activité 3 La vie et les idées de Michel*
SB 216 *Au choix, Activité 2 À l'office de tourisme*
SB 216 *Au choix, Activité 6 On parle du weekend dernier*
Copymaster 2/9 *Tu comprends? Activité 1 En ville*
Copymaster 2/9 *Tu comprends? Activité 2 Comment voyager?*
Copymaster 2/9 *Tu comprends? Activité 3 Un voyage scolaire*
Copymaster 2/10 *Révision 2: Écouter – Partie A, Activité 1 Dans la rue*
Copymaster 2/10 *Révision 2: Écouter – Partie A, Activité 2 Des renseignements*
Copymaster 2/10 *Révision 2: Écouter – Partie A, Activité 3 On prend le train*
Copymaster 2/11 *Révision 2: Écouter – Partie B, Activité 1 Une ville en France*
Copymaster 2/11 *Révision 2: Écouter – Partie B, Activité 2 La ville ou la campagne*
Copymaster 2/11 *Révision 2: Écouter – Partie B, Activité 3 Un voyage en Écosse*

**Unité 3 Bon séjour!**

SB 44 *Activité 1 On parle des projets*
Copymaster 3/1 *Des projets d'avenir, Activité 2 On parle des projets d'avenir*
SB 46 *Activité 1 Le weekend prochain*
SB 49 *Activité 4 Arrivée en France*
SB 50 *Activité 1 Je vous présente …*
SB 51 *Activité 5 Ma propre chambre*
SB 51 *Activité 6 Une chambre partagée*
Copymaster 3/3 *À la maison, Activité 1 Loco-service*
SB 52 *Activité 1 Une visite à Disneyland Paris*
SB 55 *Activité 3 Un bon weekend*
Copymaster 3/6 *Vol à la banque, Activité 2 Au commissariat, Activité 3 La conclusion*
SB 56 *Activité 1 Le weekend dernier*
SB 58 *Contrôle 3, Activité 1 Notre appartement*
SB 58 *Contrôle 3, Activité 2 Notre chambre*
SB 58 *Contrôle 3, Activité 3 Un parc d'attractions*
SB 218 *Au choix, Activité 5 J'espère que tout se passera bien*
SB 219 *Au choix, Activité 9 Qui fait le ménage?*
SB 219 *Au choix, Activité 11 On fait l'inventaire*
SB 219 *Au choix, Activité 12 On dit «merci»*

### Class CD 3

**Unité 3 (suite)**

Copymaster 3/9 *Tu comprends? Activité 1 Au camp*
Copymaster 3/9 *Tu comprends? Activité 2 En famille*
Copymaster 3/9 *Tu comprends? Activité 3 Un appartement de vacances*

Tricolore 4 Teacher Book

# General information

Copymaster 3/9 *Tu comprends? Activité 4 Des projets pour le weekend*
Copymaster 3/10 *Révision 3: Écouter – Partie A, Activité 1 Qu'est-ce qu'on va faire?*
Copymaster 3/10 *Révision 3: Écouter – Partie A, Activité 2 On va bientôt partir*
Copymaster 3/10 *Révision 3: Écouter – Partie A, Activité 3 Un parc d'attractions*
Copymaster 3/11 *Révision 3: Écouter – Partie B, Activité 1 Christophe est en Suisse*
Copymaster 3/11 *Révision 3: Écouter – Partie B, Activité 2 Tu aides à la maison?*
Copymaster 3/11 *Révision 3: Écouter – Partie B, Activité 3 On parle de la maison*

## Unité 4 Une semaine typique

SB 63 *Activité 3 Notre collège*
SB 64 *Activité 1 Mathieu: Montréal, Québec*
SB 64 *Activité 2 Charlotte: Paris, France*
SB 65 *Activité 3 Giliane: Fort-de-France, Martinique*
SB 66 *Activité 1 Un emploi du temps*
Copymaster 4/2 *Une semaine au collège, Activité 1 Voici votre emploi du temps*
SB 68 *Activité 1 On compare les systèmes scolaires*
SB 69 *Activité 5 À discuter*
SB 70 *Activité 1 À l'école en Asie*
SB 71 *Activité 3 Qu'est-ce qui a changé?*
SB 71 *Activité 5 Ma vie a changé*
SB 72 *Activité 2 Internet – un débat*
SB 74 *Activité 2a On va en ville*
SB 74 *Activité 2b On va en ville*
SB 74 *Activité 3 Dans un grand magasin*
SB 75 *Activité 4 On fait des achats*
Copymaster 4/6 *Le shopping, Activité 3 On parle du shopping*
SB 76 *Activité 1 On achète des vêtements*
SB 77 *Activité 6 Il y a un problème?*
SB 79 *Activité 4 Un professeur célèbre*
SB 80 *Contrôle 4, Activité 1 Les matières*
SB 80 *Contrôle 4, Activité 2 La vie au collège*
SB 80 *Contrôle 4, Activité 3 Le shopping en ligne*
SB 220, *Au choix, Activité 2 Pourquoi pas?*
SB 220, *Au choix, Activité 4 L'année prochaine ou l'année dernière?*
SB 221, *Au choix, Activité 8 Au magasin de sport*
SB 221, *Au choix, Activité 10 Des centres commerciaux*
SB 221, *Au choix, Activité 11 On parle du shopping*

### Class CD 4

## Unité 4 (suite)

Copymaster 4/8 *Tu comprends? Activité 1 En promotion spéciale*
Copymaster 4/8 *Tu comprends? Activité 2 Une journée scolaire*
Copymaster 4/8 *Tu comprends? Activité 3 Il y a un problème*
Copymaster 4/8 *Tu comprends? Activité 4 On parle du collège*
Copymaster 4/9 *Révision 4: Écouter – Partie A, Activité 1 C'est quelle matière?*
Copymaster 4/9 *Révision 4: Écouter – Partie A, Activité 2 Mon collège*
Copymaster 4/9 *Révision 4: Écouter – Partie A, Activité 3 On achète des cadeaux*
Copymaster 4/10 *Révision 4: Écouter – Partie B, Activité 1 La vie de tous les jours*
Copymaster 4/10 *Révision 4: Écouter – Partie B, Activité 2 Voici le problème*
Copymaster 4/10 *Révision 4: Écouter – Partie B, Activité 3 La mode*

## Unité 5 Bon appétit!

SB 86 *Activité 1 Des repas typiques*
Copymaster 5/2 *Un repas de fête, Activité 1 La fête de Jamilla*
SB 89 *Activité 4 Oui ou non au végétarisme?*
SB 90 *Activité 2 Je ne mange pas de ça*
SB 93 *Activité 3 On fait les courses*
SB 93 *Activité 4 Des phrases utiles*
Copymaster 5/7 *Chez le charcutier*
SB 94 *Activité 2 Qu'est-ce qu'ils ont commandé?*
SB 94 *Activité 4 On prend un verre*
SB 96 *Activité 2 C'est qui?*
SB 97 *Activité 6 L'incroyable piquenique*
SB 98 *Activité 1 Six conseils pour les étrangers!*
SB 98 *Activité 3 Quatre restaurants*
SB 99 *Activité 4 Pour réserver une table*
SB 99 *Activité 5 Vous avez choisi?*
SB 100 *Activité 1 Il y a un problème*
SB 100 *Activité 4 Passé ou futur?*
SB 102 *Contrôle 5, Activité 1 On parle des repas*
SB 102 *Contrôle 5, Activité 2 Au supermarché Villeneuve*
SB 102 *Contrôle 5, Activité 3 Le végétarisme*
SB 222 *Au choix, Activité 1 Des plats britanniques*
Copymaster 5/14 *Tu comprends? Activité 1 Qu'est-ce qu'on achète?*
Copymaster 5/14 *Tu comprends? Activité 2 Un piquenique*
Copymaster 5/14 *Tu comprends? Activité 3 Il y a une erreur*
Copymaster 5/14 *Tu comprends? Activité 4 Des conversations*
Copymaster 5/15 *Révision 5: Écouter – Partie A, Activité 1 À l'épicerie*
Copymaster 5/15 *Révision 5: Écouter – Partie A, Activité 2 Au café*
Copymaster 5/15 *Révision 5: Écouter – Partie A, Activité 3 Quelques différences*

### Class CD 5

## Unité 5 (suite)

Copymaster 5/16 *Révision 5: Écouter – Partie B, Activité 1 On fait des courses*
Copymaster 5/16 *Révision 5: Écouter – Partie B, Activité 2 Une réservation*
Copymaster 5/16 *Révision 5: Écouter – Partie B, Activité 3 Au restaurant*
Copymaster 5/16 *Révision 5: Écouter – Partie B, Activité 4 Une interview avec Bernard*

## Unité 6 Ça m'intéresse

SB 106 *Activité 1a Les jeunes et les loisirs*
SB 106 *Activité 1b Les jeunes et les loisirs*
SB 106 *Activité 1c Les jeunes et les loisirs*
SB 107 *Activité 3 Ma vie numérique*
SB 109 *Activité 5 Vous écoutez?*
SB 109 *Activité 6 J'écoute …*
SB 110 *Activité 3 Le sport, c'est ma passion*
SB 112 *Activité 1 La télévision en France*
SB 115 *Activité 3 Des livres de tous les genres*

# General information

SB 116 *Activité 2 C'est pour un renseignement*
SB 117 *Activité 4 Que faire?*
SB 118 *Activité 3 On décrit des films*
SB 121 *Activité 6 Le weekend dernier*
SB 122 *Contrôle 6, Activité 1 La musique et moi*
SB 122 *Contrôle 6, Activité 2 Le sport et moi*
SB 224 *Au choix, Activité 5 On parle du sport*
SB 225 *Au choix, Activité 7 Un livre que j'ai lu*
Copymaster 6/10 *Tu comprends? Activité 1 Un stage d'activités*
Copymaster 6/10 *Tu comprends? Activité 2 On va au cinéma?*
Copymaster 6/10 *Tu comprends? Activité 3 Des projets pour le weekend*
Copymaster 6/10 *Tu comprends? Activité 4 On parle des loisirs*
Copymaster 6/11 *Révision 6: Écouter – Partie A, Activité 1 Des activités*
Copymaster 6/11 *Révision 6: Écouter – Partie A, Activité 2 Qu'est-ce que tu fais comme loisirs?*
Copymaster 6/11 *Révision 6: Écouter – Partie A, Activité 3 On parle du cinéma*
Copymaster 6/12 *Révision 6: Écouter – Partie B, Activité 1 Si on sortait?*
Copymaster 6/12 *Révision 6: Écouter – Partie B, Activité 2 On parle de la télé*
Copymaster 6/12 *Révision 6: Écouter – Partie B, Activité 3 Le weekend dernier*

### Unité 7 Nouveaux horizons

SB 128 *Activité 1 Pourquoi partir en vacances?*
SB 128 *Activité 3 On parle des vacances*
SB 130 *Activité 1 Vous partez en vacances?*
SB 131 *Activité 5 Tu aimes les vacances à l'étranger?*
SB 132 *Activité 1 Des vacances de rêve*
SB 134 *Activité 2 On téléphone à l'hôtel*
SB 134 *Activité 3 Pour trouver l'hôtel*

### Class CD 6

### Unité 7 (suite)

SB 135 *Activité 6 À la réception d'un hôtel (a)*
SB 135 *Activité 6 À la réception d'un hôtel (b)*
SB 136 *Activité 1 À l'office de tourisme*
SB 136 *Activité 4 Des idées loisirs*
SB 136 *Activité 5 Aimez-vous faire du camping?*
SB 137 *Activité 8 On arrive au camping*
SB 139 *Activité 3 À l'auberge de jeunesse*
SB 139 *Activité 4 On loue des vélos*
SB 139 *Activité 5 Vacances à vélo*
SB 140 *Activité 1 La météo*
SB 140 *Activité 2 On parle du temps*
SB 143 *Activité 2 De quand parle-t-on?*
SB 144 *Activité 1 Des vacances récentes*
Copymaster 7/7 *Avez-vous passé de bonnes vacances? Activité 1 Avez-vous passé de bonnes vacances?*
SB 145 *Activité 4 C'était comment, les vacances?*
SB 146 *Contrôle 7, Activité 1 Des vacances en famille*
SB 146 *Contrôle 7, Activité 2 Un séjour en Angleterre*
SB 146 *Contrôle 7, Activité 3 À propos des vacances*
SB 226 *Au choix, Activité 2 On parle des vacances*
SB 227 *Au choix, Activité 13 Des prévisions météorologiques*
Copymaster 7/9 *Tu comprends? Activité 1 La météo*
Copymaster 7/9 *Tu comprends? Activité 2 On téléphone à l'hôtel*
Copymaster 7/9 *Tu comprends? Activité 3 Des vacances récentes*
Copymaster 7/9 *Tu comprends? Activité 4 Les vacances en questions*
Copymaster 7/10 *Révision 7: Écouter – Partie A, Activité 1 À l'office de tourisme*
Copymaster 7/10 *Révision 7: Écouter – Partie A, Activité 2 La météo*
Copymaster 7/10 *Révision 7: Écouter – Partie A, Activité 3 Projets de vacances*
Copymaster 7/10 *Révision 7: Écouter – Partie A, Activité 4 Souvenirs de vacances*
Copymaster 7/11 *Révision 7: Écouter – Partie B, Activité 1 À l'hôtel*
Copymaster 7/11 *Révision 7: Écouter – Partie B, Activité 2 Vélos à louer*
Copymaster 7/11 *Révision 7: Écouter – Partie B, Activité 3 Luc parle de ses vacances*

### Unité 8 À votre santé!

SB 150 *Activité 2 Sur l'ordinateur*
SB 151 *Activité 4 J'ai mal partout!*
SB 153 *Activité 2 Les problèmes de l'été*
SB 154 *Activité 3 Chez le pharmacien*
SB 156 *Activité 1 Ça s'est passé comment?*
SB 157 *Activité 4 Allô, les secours*
SB 157 *Activité 5 Vous êtes journaliste*

### Class CD 7

### Unité 8 (suite)

SB 158 *Activité 2 C'est quand, votre rendez-vous?*
SB 158 *Activité 4 Mal aux dents*
SB 158 *Activité 5 Dans le cabinet du médecin*
SB 160 *Activité 2 Ça va ou ça va pas?*
SB 161 *Activité 6 Le stress*
SB 162 *Activité 1 On parle du tabac*
SB 163 *Activité 6 Il n'y a pas de drogués heureux (a)*
SB 163 *Activité 6 Il n'y a pas de drogués heureux (b)*
Copymaster 8/4 *Comment cesser de fumer?*
SB 164 *Activité 1 Pour avoir la forme*
SB 166 *Contrôle 8, Activité 1 La forme et le sport*
SB 166 *Contrôle 8, Activité 2 L'importance du sport*
SB 166 *Contrôle 8, Activité 3 Une vie saine*
SB 228 *Au choix, Activité 1 Une machine magnifique!*
SB 229 *Au choix, Activité 8 Le sida*
Copymaster 8/5 *Tu comprends? Activité 1 Il y a un problème*
Copymaster 8/5 *Tu comprends? Activité 2 Chez le médecin*
Copymaster 8/5 *Tu comprends? Activité 3 On parle de la santé*
Copymaster 8/6 *Révision 8: Écouter – Partie A, Activité 1 À la pharmacie*
Copymaster 8/6 *Révision 8: Écouter – Partie A, Activité 2 Ça fait mal?*
Copymaster 8/6 *Révision 8: Écouter – Partie A, Activité 3 Qu'est-ce qui ne va pas?*
Copymaster 8/6 *Révision 8: Écouter – Partie A, Activité 4 Pour avoir la forme*

# General information

Copymaster 8/7 *Révision 8: Écouter – Partie B, Activité 1 Ça s'est passé comment?*
Copymaster 8/7 *Révision 8: Écouter – Partie B, Activité 2 Attention sur les routes!*
Copymaster 8/7 *Révision 8: Écouter – Partie B, Activité 3 La vie des jeunes*

## Unité 9 Projets d'avenir

SB 172 *Activité 4 Une interview avec Pierre*
TB 258 *On parle des examens et après*
SB 175 *Activité 4 Les examens et moi*
SB 177 *Activité 3 Mon stage en entreprise*
SB 178 *Activité 1 Comment choisir un métier*
SB 178 *Activité 3 Je voudrais faire ça*
SB 181 *Activité 4 C'est comme ça, le travail*
SB 181 *Activité 5 Mon ami fait ça*
SB 182 *Activité 2 Sondage: des petits emplois*
SB 182 *Activité 4 Pour gagner de l'argent*
SB 184 *Activité 2 Des petits emplois*
SB 185 *Activité 4 Un entretien*

### Class CD 8

## Unité 9 (suite)

SB 186 *Activité 1 Si c'était possible …*
SB 188 *Contrôle 9, Activité 1 Les examens*
SB 188 *Contrôle 9, Activité 2 Réviser, c'est dur*
SB 188 *Contrôle 9, Activité 3 Et après?*
SB 230 *Au choix, Activité 2 Comment se préparer*
Copymaster 9/9 *Tu comprends? Activité 1 C'est quel métier?*
Copymaster 9/9 *Tu comprends? Activité 2 Mon emploi pour les vacances*
Copymaster 9/9 *Tu comprends? Activité 3 Sondage: l'argent de poche*
Copymaster 9/9 *Tu comprends? Activité 4 Projets d'avenir*
Copymaster 9/10 *Révision 9: Écouter – Partie A, Activité 1 Quel métier?*
Copymaster 9/10 *Révision 9: Écouter – Partie A, Activité 2 Sondage: votre argent de poche*
Copymaster 9/10 *Révision 9: Écouter – Partie A, Activité 3 Je fais mon stage en entreprise*

Copymaster 9/10 *Révision 9: Écouter – Partie A, Activité 4 Mon métier*
Copymaster 9/11 *Révision 9: Écouter – Partie B, Activité 1 On parle de l'avenir*
Copymaster 9/11 *Révision 9: Écouter – Partie B, Activité 2 Des problèmes*
Copymaster 9/11 *Révision 9: Écouter – Partie B, Activité 3 Que feriez-vous si …?*

## Unité 10 Notre planète

SB 192 *Activité 1 Foire aux questions*
SB 193 *Activité 3 Les habitants du monde*
SB 195 *Activité 4 L'avis des jeunes*
SB 195 *Activité 5 Des questions et des réponses – Médecins Sans Frontières*
SB 196 *Activité 3 Des catastrophes naturelles*
SB 197 *Activité 5 Ouragans en Haïti*
SB 201 *Activité 4 L'avis des jeunes*
Copymaster 10/6 *Un plan pour les transports, Activité 1 La crise de la circulation*
Copymaster 10/6 *Un plan pour les transports, Activité 2 On change de sens à Strasbourg*
SB 202 *Activité 2 Le recyclage dans ma ville*
SB 204 *Activité 1 Des problèmes dans les villes*
SB 205 *Activité 5 Dans mon quartier*
SB 206 *Activité 3 La parole aux jeunes*
SB 208 *Contrôle 10, Activité 1 Les problèmes de l'environnement*
SB 208 *Contrôle 10, Activité 2 Des actions pour l'environnement*
SB 233 *Au choix, Activité 5 Infos routières*
Copymaster 10/8 *Tu comprends? Activité 1 À quelle heure?*
Copymaster 10/8 *Tu comprends? Activité 2 Ma vie au Sénégal*
Copymaster 10/8 *Tu comprends? Activité 3 Trois questions sur l'environnement*
Copymaster 10/8 *Tu comprends? Activité 4 Les transports en commun*
Copymaster 10/9 *Révision 10: Écouter – Partie A, Activité 1 Les transports*
Copymaster 10/9 *Révision 10: Écouter – Partie A, Activité 2 Les pays et les continents*

Copymaster 10/9 *Révision 10: Écouter – Partie A, Activité 3 Le journal*
Copymaster 10/9 *Révision 10: Écouter – Partie A, Activité 4 Pour protéger l'environnement*
Copymaster 10/10 *Révision 10: Écouter – Partie B, Activité 1 Tu voyages comment?*
Copymaster 10/10 *Révision 10: Écouter – Partie B, Activité 2 Des problèmes et des solutions*

### Student CD 1

Copymaster 1/10 *Révision 1: Écouter – Partie A, Activité 1 Les animaux*
Copymaster 1/10 *Révision 1: Écouter – Partie A, Activité 2 On parle des photos*
Copymaster 1/10 *Révision 1: Écouter – Partie A, Activité 3 Des interviews*
Copymaster 1/11 *Révision 1: Écouter – Partie B, Activité 1 Que fait-on sur Internet?*
Copymaster 1/11 *Révision 1: Écouter – Partie B, Activité 2 Mon anniversaire*
Copymaster 1/11 *Révision 1: Écouter – Partie B, Activité 3 La famille et les amis*
Copymaster 2/10 *Révision 2: Écouter – Partie A, Activité 1 Dans la rue*
Copymaster 2/10 *Révision 2: Écouter – Partie A, Activité 2 Des renseignements*
Copymaster 2/10 *Révision 2: Écouter – Partie A, Activité 3 On prend le train*
Copymaster 2/11 *Révision 2: Écouter – Partie B, Activité 1 Une ville en France*
Copymaster 2/11 *Révision 2: Écouter – Partie B, Activité 2 La ville ou la campagne*
Copymaster 2/11 *Révision 2: Écouter – Partie B, Activité 3 Un voyage en Écosse*
Copymaster 3/10 *Révision 3: Écouter – Partie A, Activité 1 Qu'est-ce qu'on va faire?*
Copymaster 3/10 *Révision 3: Écouter – Partie A, Activité 2 On va bientôt partir*
Copymaster 3/10 *Révision 3: Écouter – Partie A, Activité 3 Un parc d'attractions*
Copymaster 3/11 *Révision 3: Écouter – Partie B, Activité 1 Christophe est en Suisse*
Copymaster 3/11 *Révision 3: Écouter – Partie B, Activité 2 Tu aides à la maison?*

# General information

Copymaster 3/11 *Révision 3: Écouter – Partie B, Activité 3 On parle de la maison*

Copymaster 4/9 *Révision 4: Écouter – Partie A, Activité 1 C'est quelle matière?*

Copymaster 4/9 *Révision 4: Écouter – Partie A, Activité 2 Mon collège*

Copymaster 4/9 *Révision 4: Écouter – Partie A, Activité 3 On achète des cadeaux*

Copymaster 4/10 *Révision 4: Écouter – Partie B, Activité 1 La vie de tous les jours*

Copymaster 4/10 *Révision 4: Écouter – Partie B, Activité 2 Voici le problème*

Copymaster 4/10 *Révision 4: Écouter – Partie B, Activité 3 La mode*

Copymaster 5/15 *Révision 5: Écouter – Partie A, Activité 1 À l'épicerie*

Copymaster 5/15 *Révision 5: Écouter – Partie A, Activité 2 Au café*

Copymaster 5/15 *Révision 5: Écouter – Partie A, Activité 3 Quelques différences*

Copymaster 5/16 *Révision 5: Écouter – Partie B, Activité 1 On fait des courses*

Copymaster 5/16 *Révision 5: Écouter – Partie B, Activité 2 Une réservation*

Copymaster 5/16 *Révision 5: Écouter – Partie B, Activité 3 Au restaurant*

Copymaster 5/16 *Révision 5: Écouter – Partie B, Activité 4 Une interview avec Bernard*

**Student CD 2**

Copymaster 6/11 *Révision 6: Écouter – Partie A, Activité 1 Des activités*

Copymaster 6/11 *Révision 6: Écouter – Partie A, Activité 2 Qu'est-ce que tu fais comme loisirs?*

Copymaster 6/11 *Révision 6: Écouter – Partie A, Activité 3 On parle du cinéma*

Copymaster 6/12 *Révision 6: Écouter – Partie B, Activité 1 Si on sortait?*

Copymaster 6/12 *Révision 6: Écouter – Partie B, Activité 2 On parle de la télé*

Copymaster 6/12 *Révision 6: Écouter – Partie B, Activité 3 Le weekend dernier*

Copymaster 7/10 *Révision 7: Écouter – Partie A, Activité 1 À l'office de tourisme*

Copymaster 7/10 *Révision 7: Écouter – Partie A, Activité 2 La météo*

Copymaster 7/10 *Révision 7: Écouter – Partie A, Activité 3 Projets de vacances*

Copymaster 7/10 *Révision 7: Écouter – Partie A, Activité 4 Souvenirs de vacances*

Copymaster 7/11 *Révision 7: Écouter – Partie B, Activité 1 À l'hôtel*

Copymaster 7/11 *Révision 7: Écouter – Partie B, Activité 2 Vélos à louer*

Copymaster 7/11 *Révision 7: Écouter – Partie B, Activité 3 Luc parle de ses vacances*

Copymaster 8/6 *Révision 8: Écouter – Partie A, Activité 1 À la pharmacie*

Copymaster 8/6 *Révision 8: Écouter – Partie A, Activité 2 Ça fait mal?*

Copymaster 8/6 *Révision 8: Écouter – Partie A, Activité 3 Qu'est-ce qui ne va pas?*

Copymaster 8/6 *Révision 8: Écouter – Partie A, Activité 4 Pour avoir la forme*

Copymaster 8/7 *Révision 8: Écouter – Partie B, Activité 1 Ça s'est passé comment?*

Copymaster 8/7 *Révision 8: Écouter – Partie B, Activité 2 Attention sur les routes!*

Copymaster 8/7 *Révision 8: Écouter – Partie B, Activité 3 La vie des jeunes*

Copymaster 9/10 *Révision 9: Écouter – Partie A, Activité 1 Quel métier?*

Copymaster 9/10 *Révision 9: Écouter – Partie A, Activité 2 Sondage: votre argent de poche*

Copymaster 9/10 *Révision 9: Écouter – Partie A, Activité 3 Je fais mon stage en entreprise*

Copymaster 9/10 *Révision 9: Écouter – Partie A, Activité 4 Mon métier*

Copymaster 9/11 *Révision 9: Écouter – Partie B, Activité 1 On parle de l'avenir*

Copymaster 9/11 *Révision 9: Écouter – Partie B, Activité 2 Des problèmes*

Copymaster 9/11 *Révision 9: Écouter – Partie B, Activité 3 Que feriez-vous si …?*

Copymaster 10/9 *Révision 10: Écouter – Partie A, Activité 1 Les transports*

Copymaster 10/9 *Révision 10: Écouter – Partie A, Activité 2 Les pays et les continents*

Copymaster 10/9 *Révision 10: Écouter – Partie A, Activité 3 Le journal*

Copymaster 10/9 *Révision 10: Écouter – Partie A, Activité 4 Pour protéger l'environnement*

Copymaster 10/10 *Révision 10: Écouter – Partie B, Activité 1 Tu voyages comment?*

Copymaster 10/10 *Révision 10: Écouter – Partie B, Activité 2 Des problèmes et des solutions*

## Examination Grammar in Action

Grammar in Action is a series of workbooks designed to accompany each stage of *Tricolore 5ᵉ édition*. At Stage 4, students use Examination Grammar in Action, which includes all the grammar required for public examination and provides extensive practice.

The workbook is designed for independent use by students and includes clear explanations and reference material and exercises at a range of levels. It provides a useful reference and revision resource for students to retain for personal use. Solutions for the Grammar in Action activities are provided on a separate, photocopiable leaflet for teachers.

The book can be used both independently and with *Tricolore 4 5ᵉ édition*.

# General information

## Planning the course

### Stage 4 overview

#### Unité 1 Jeunes sans frontières

| Spread title | Spread objectives | Grammar | SB page |
|---|---|---|---|
| 1A Je me présente | • talk about yourself<br>• revise the alphabet and numbers | • asking and answering questions | 6 |
| 1B Un stage international | • give more personal information<br>• revise countries and nationalities | • the present tense | 8 |
| 1C Copains, copines | • describe people<br>• talk about friends | • adjectives | 10 |
| 1D La vie de famille | • talk about your family<br>• discuss relationships | • reflexive verbs | 12 |
| 1E La vie de tous les jours | • talk about your (least) favourite day | • using *depuis* | 14 |
| 1F Des fêtes et des festivals | • talk about special occasions | • possessive adjectives (*mon, ma, mes*, etc.) | 16 |
| 1G Ça se fête! | • talk about family celebrations<br>• discuss clothing and fashion when going out | | 18 |
| 1H Contrôle | • practise exam techniques<br>• find out what you have learnt | | 20 |
| Sommaire | This lists the main topic vocabulary covered in the unit:<br>Asking questions; Numbers; Days and months; Continents, countries, nationalities; Colours; Appearance; Personal characteristics; Family; Describing people (status, etc.); Friends; Pets; French public holidays; Festivals and special occasions; Greetings; Technology | | 22 |

#### Unité 2 En ville et à la campagne

| Spread title | Spread objectives | Grammar | SB page |
|---|---|---|---|
| 2A La France – destination touristique | • find out more about France | • *pouvoir, devoir, vouloir* + infinitive<br>• the present tense of *pouvoir* | 24 |
| 2B En ville | • understand descriptions of towns<br>• talk about a town | | 26 |
| 2C Allez-y! | • ask for, understand and give directions to places | • the pronoun *y* | 28 |
| 2D Les transports en ville | • talk about transport in cities | • negative expressions (1) | 30 |
| 2E Ville ou campagne? | • talk about the countryside<br>• compare life in town and country | • negative expressions (2) | 32 |
| 2F Pour découvrir la France | • talk about travel by train and by road<br>• describe a journey | • the perfect tense with *avoir* | 34 |
| 2G Nous sommes partis | • talk about travel by air<br>• find out about Charles de Gaulle | • the perfect tense with *être* | 36 |
| 2H Contrôle | • practise exam techniques<br>• find out what you have learnt | | 38 |
| Sommaire | This lists the main topic vocabulary covered in the unit:<br>The country, the region; Location; What's the town like?; In town and nearby; Directions; Transport; Road travel; City transport; Travel problems; In the country; Opinions; Travel by train; Travel by air | | 40 |
| C'est extra! A | • read an extract from a French book<br>• discuss photos<br>• practise exam techniques | | 42 |

Tricolore 4 Teacher Book

# General information

## Unité 3 Bon séjour!

| Spread title | Spread objectives | Grammar | SB page |
|---|---|---|---|
| 3A Des projets | • talk about future plans<br>• use expressions of future time | • *le futur proche* and *le futur simple* | 44 |
| 3B Si on a le temps … | • talk about future plans<br>• use more complex sentences with 'if' | • *si* + present tense + future tense | 46 |
| 3C On se prépare et on arrive | • talk about staying with a family<br>• discuss things to take<br>• understand and ask questions when staying in a French home | | 48 |
| 3D À la maison | • discuss formal and informal language<br>• describe a home<br>• describe your room<br>• revise numbers | • ordinal numbers | 50 |
| 3E Au parc d'attractions | • talk about a visit to a theme park | • the perfect tense (revision)<br>• emphatic pronouns (*moi, toi*, etc.)<br>• *à moi*, etc. to show possession | 52 |
| 3F Qu'est-ce qu'on a fait? | • talk about places in Paris | • revise the perfect tense with *avoir* and *être*<br>• ask questions in the perfect tense | 54 |
| 3G Je me suis bien amusé(e) | • compare life in different countries | • reflexive verbs in the perfect tense | 56 |
| 3H Contrôle | • practise exam techniques<br>• find out what you have learnt | | 58 |
| Sommaire | This lists the main topic vocabulary covered in the unit:<br>In the future; Meeting people; Staying with a family; Things to take; At a family's home; Language problems; Visiting a theme park; Furniture and fittings; Kitchen utensils; Household tasks; Expressions of time; Saying goodbye and thank you; Acknowledging thanks | | 60 |

## Unité 4 Une semaine typique

| Spread title | Spread objectives | Grammar | SB page |
|---|---|---|---|
| 4A La vie scolaire | • talk about school life<br>• describe your school | | 62 |
| 4B Une journée scolaire | • describe the school day | | 64 |
| 4C Au collège | • talk about school subjects<br>• discuss school rules<br>• say what you have to do | • *devoir, il (ne) faut (pas), être obligé de, il est interdit de, avoir le droit de*, etc. + infinitive | 66 |
| 4D On parle du collège | • compare school systems<br>• discuss life at school<br>• suggest improvements | • expressions using the conditional | 68 |
| 4E Avant, c'était différent | • talk about how things used to be | • the imperfect tense (1) | 70 |
| 4F On se connecte | • talk about the internet and technology | | 72 |
| 4G Aux magasins | • talk about shopping<br>• find out about prices<br>• say which item you prefer | • this, that, these, those | 74 |
| 4H Vous faites quelle taille? | • shop for clothes<br>• explain a problem<br>• ask for a refund or exchange | • *quel, lequel* | 76 |
| 4I Qui étaient-ils? | • find out about some famous French people | • the imperfect tense (2) | 78 |
| 4J Contrôle | • practise exam techniques<br>• find out what you have learnt | | 80 |
| Sommaire | This lists the main topic vocabulary covered in the unit:<br>School life; The school years; The premises; School subjects; School subjects and me; Tests; Shopping; Specialist shops; In a department store; Money; Presents and souvenirs; Clothes; Buying clothes; Returning items; Jewellery; Fashion and appearance | | 82 |
| C'est extra! B | • read an extract from a French book<br>• discuss photos<br>• practise exam techniques | | 84 |

# General information

## Unité 5 Bon appétit!

| Spread title | Spread objectives | Grammar | SB page |
|---|---|---|---|
| 5A Des repas | • discuss typical meals and specialities<br>• express preferences in food and drink<br>• ask and answer questions at a family meal | | 86 |
| 5B Vous mangez bien? | • discuss healthy foods<br>• talk about vegetarianism | • *du*, *de la*, *de l'*, *des* (revision)<br>• the pronoun *en* | 88 |
| 5C Il faut manger pour vivre … | • discuss healthy eating | | 90 |
| 5D On fait des achats | • talk about shops and services<br>• shop for food and other items<br>• discuss what you want | | 92 |
| 5E Au café | • order drinks and snacks in a café<br>• point out mistakes and deal with payment | • direct and indirect object pronouns (*me*, *te*, *le/la*, *lui*, *nous*, *vous*, *les*, *leur*) | 94 |
| 5F On mange vite | • discuss fast-food restaurants<br>• talk about picnics | • use the perfect and imperfect tenses together | 96 |
| 5G Au restaurant | • choose a French restaurant and book a table<br>• discuss the menu<br>• order and pay for a meal | | 98 |
| 5H Je viens de … | • point out problems or mistakes<br>• say what has just happened or is about to happen | • *venir de* and *aller* + infinitive<br>• *être en train de* + infinitive | 100 |
| 5I Contrôle | • practise exam techniques<br>• find out what you have learnt | | 102 |
| Sommaire | This lists the main topic vocabulary covered in the unit:<br>Meals; Food; Meat; Vegetables; Fruit; Describing food; A family meal; Accepting and refusing; Health; Buying provisions; Food shops; Snacks; Drinks; At the café; Eating out; The meal; At the restaurant; The menu; Problems | | 104 |

## Unité 6 Ça m'intéresse

| Spread title | Spread objectives | Grammar | SB page |
|---|---|---|---|
| 6A Enquête-loisirs | • exchange information and preferences about leisure activities<br>• talk about using technology | | 106 |
| 6B Bien entendu! | • talk about music | • *jouer à/de* | 108 |
| 6C Le sport, ça vous intéresse? | • talk about sport and sporting events | • the verb *faire*<br>• adverbs | 110 |
| 6D On regarde la télé | • discuss television programmes | • comparatives<br>• pronouns | 112 |
| 6E Vous aimez la lecture? | • talk about books and reading | • direct object pronouns (*le*, *la*, *l'*, *les*) | 114 |
| 6F Qu'est-ce qu'on fait? | • understand information about events<br>• discuss going out | • using pronouns to avoid repetition (*le*, *la*, *l'*, *les*, *y*) | 116 |
| 6G Si on allait au cinéma? | • talk about the cinema and films<br>• describe a film | • superlatives | 118 |
| 6H Qu'avez-vous fait? | • talk about an event in the past<br>• make excuses and apologise | • the pluperfect tense | 120 |
| 6I Contrôle | • practise exam techniques<br>• find out what you have learnt | | 122 |
| Sommaire | This lists the main topic vocabulary covered in the unit:<br>Hobbies; Taking part in sport; What's on?; At the cinema; Entertainment; On the internet; Music; On the radio; Reading; On TV; Making excuses; How to reply; Talking about films; Deciding what to do; Making suggestions | | 124 |
| C'est extra! C | • read an extract from a French book<br>• discuss photos<br>• practise exam techniques | | 126 |

# General information

## Unité 7 Nouveaux horizons

| Spread title | Spread objectives | Grammar | SB page |
|---|---|---|---|
| 7A À propos des vacances | • talk about different types of holidays<br>• say what you prefer in terms of location, activities, etc. | | 128 |
| 7B Des vacances à l'étranger | • talk about holidays abroad | • the future tense (revision)<br>• prepositions with towns, countries, continents | 130 |
| 7C Ce que je voudrais faire | • talk about an ideal holiday | • the conditional | 132 |
| 7D À l'hôtel | • find out about hotels<br>• explain problems | | 134 |
| 7E En vacances | • ask for tourist information<br>• discuss camping | • *avoir lieu* | 136 |
| 7F Des vacances actives | • find out about activity holidays<br>• talk about youth hostelling | • *avant de* + infinitive<br>• *après avoir/être* + infinitive | 138 |
| 7G Et maintenant … la météo | • discuss weather conditions | • use different tenses | 140 |
| 7H On s'amuse … ou pas? | • use different tenses and expressions of time | • talking about the future, the present and the past | 142 |
| 7I Souvenirs de vacances | • talk about previous holidays<br>• express opinions | | 144 |
| 7J Contrôle | • practise exam techniques<br>• find out what you have learnt | | 146 |
| Sommaire | This lists the main topic vocabulary covered in the unit:<br>Holidays; At the seaside; Countries and continents; At the tourist office; At the hotel; The weather; Camping; Useful equipment; At the youth hostel; Staying in a gîte (rented property); 'False friends' | | 148 |

## Unité 8 À votre santé!

| Spread title | Spread objectives | Grammar | SB page |
|---|---|---|---|
| 8A Le corps humain | • revise parts of the body<br>• describe pain or injury | • reflexive verbs and parts of the body<br>• *avoir mal à* | 150 |
| 8B Votre santé en vacances | • talk about holiday health | • the imperative<br>• expressions with *avoir* | 152 |
| 8C Problèmes et accidents | • find out about a chemist's shop<br>• describe minor symptoms<br>• understand information about an accident | • relative pronouns *qui, que* | 154 |
| 8D En faisant du sport | • describe two things that happened at the same time<br>• find out about emergency services | • *en* + the present participle | 156 |
| 8E Ça fait mal | • make an appointment for the doctor or dentist<br>• describe symptoms | | 158 |
| 8F C'est dur d'être ado | • talk about personal feelings and problems | | 160 |
| 8G Le tabac, l'alcool, la drogue | • discuss smoking, drugs, alcohol and addiction | | 162 |
| 8H Forme et santé | • discuss and compare lifestyles | | 164 |
| 8I Contrôle | • practise exam techniques<br>• find out what you have learnt | | 166 |
| Sommaire | This lists the main topic vocabulary covered in the unit:<br>Expressions with *avoir*; At the chemist's; Parts of the body; At the dentist's; At the doctor's; Emergencies, warnings, instructions; Healthy and unhealthy lifestyles; Common abbreviations and acronyms | | 168 |
| C'est extra! D | • read an extract from a French book<br>• discuss photos<br>• practise exam techniques | • the past historic | |

Tricolore 4 Teacher Book

# General information

## Unité 9 Projets d'avenir

| Spread title | Spread objectives | Grammar | SB page |
|---|---|---|---|
| 9A Que ferez-vous? | • talk about exams<br>• discuss plans for the future | • talking about plans | 172 |
| 9B Spécial examens | • discuss exam preparation and revision | • *pendant*, *depuis*, *pour*<br>• verbs with an infinitive | 174 |
| 9C Un stage en entreprise | • exchange information and opinions about work experience<br>• prepare for the world of work | • direct object pronouns in the perfect tense | 176 |
| 9D Mon métier | • discuss your choice of further education and career<br>• talk about finding a job and avoiding unemployment | • verbs with prepositions | 178 |
| 9E Au travail | • understand job advertisements<br>• discuss different aspects of a job | • *quand* + future tense | 180 |
| 9F Pour gagner de l'argent | • discuss pocket money<br>• discuss part-time jobs | | 182 |
| 9G Un job pour l'été | • find out about holiday work<br>• prepare a CV<br>• apply for jobs and prepare for interviews | | 184 |
| 9H On peut rêver | • discuss what you would do<br>• discuss marriage and the future | • the conditional<br>• *si* + imperfect + conditional | 186 |
| 9I Contrôle | • practise exam techniques<br>• find out what you have learnt | | 188 |
| Sommaire | This lists the main topic vocabulary covered in the unit:<br>Jobs; The world of work; Exams; Work experience placement; Unemployment; Aspects of work; Future plans; Pocket money and part-time work | | 190 |

## Unité 10 Notre planète

| Spread title | Spread objectives | Grammar | SB page |
|---|---|---|---|
| 10A Un monde divers | • find out some general facts about the world<br>• revise names of countries | | 192 |
| 10B Les problèmes du monde | • discuss some world problems (poverty, conflict, disease)<br>• find out about humanitarian work | | 194 |
| 10C Le changement climatique | • discuss climate change and natural disasters | • the passive | 196 |
| 10D La circulation et la pollution | • discuss car travel and traffic problems<br>• talk about pollution in towns and cities | | 198 |
| 10E Le transport | • discuss transport and its environmental impact<br>• describe public transport in your area | • adjectives ending in *-al*<br>• position of adjectives | 200 |
| 10F Consommez mieux, jetez moins | • discuss everyday behaviour and the environment | • verbs ending in *-uire* and *-eindre*<br>• *pour ne pas* + infinitive | 202 |
| 10G Le défi pour les villes | • discuss problems in cities (homelessness, poverty, crime)<br>• describe what has changed | | 204 |
| 10H À nous d'agir | • discuss voluntary work<br>• find out about charities and humanitarian organisations | | 206 |
| 10I Contrôle | • practise exam techniques<br>• find out what you have learnt | | 208 |
| Sommaire | This lists the main topic vocabulary covered in the unit:<br>Our world; Global problems; The environment; Climate and nature; Traffic and transport; The problem of rubbish; Everyday life; Life (and problems) in cities; Charities and volunteer work | | 210 |
| C'est extra! E | • read an extract from a French book<br>• discuss photos<br>• practise exam techniques | • The past historic | 212 |

# General information

## General teaching approach

### Developing language skills

#### Listening
Training in careful listening for detail and for gist is a key feature of the course.

The recordings provide a great variety of material, including interviews, news items, radio quiz games, scripted and unscripted conversations and discussions on a range of topics, etc. There are no 'paused' recordings, as it is left to the teacher's discretion to decide the number of times the recording is played and when there should be pauses.

In addition to the main class recordings, the following material can be used by students working independently:

- *Comment ça se dit?* – Copymasters G/1–G/3 cover the main features of French pronunciation and the interrelationship between sounds and writing.
- *Tu comprends?* – for each unit, there is a sequence of three or four listening tasks with an accompanying copymaster.
- The *Révision: Écouter* copymasters at the end of each unit use a range of different testing techniques.
- Sample assessment material in the Student Book (*Contrôle*) provides practice in the types of tasks required for public examination.

The full text of all recorded items appears in Section 2 of the Teacher Book.

#### Listening strategies
Students are encouraged to use their knowledge of French pronunciation to help them make sense of spoken French and to develop techniques for improved listening comprehension, such as anticipating language which might be used and using the context and other clues to infer meaning.

#### Speaking
The emphasis throughout the course is on correct pronunciation and intonation, asking and answering questions, initiating and developing conversations, giving and seeking opinions and reasons, varying language to reflect different views for different contexts and to cope with unprepared situations. There is a range of speaking tasks in each unit, such as *Inventez des conversations*, where students use the framework of a basic conversation and introduce variations, and *À vous!*, where students adapt language to reflect their personal views and circumstances.

Sample assessment material in the Student Book (*Contrôle* and *C'est extra!*) provides practice in the types of tasks required for public examination.

The *Stratégies* features also help students to develop techniques for speaking with more confidence, to answer questions appropriately and to keep a conversation going.

Kerboodle provides record and playback activities, particularly useful for practising pronunciation and speaking.

#### Reading
There is a wide range of reading material in the Student Book, such as general interest articles, messages, leaflets, interviews, TV and film reviews, quizzes, a series of Forums adapted from internet discussion groups, literary extracts, etc.

Some of the material is original and some consists of extracts from authentic sources, such as French teenage magazines, newspapers and websites.

There is a variety of reading tasks in both French and English, including cloze tests, multiple-choice, summarising, completing sentences, matching questions and answers, *vrai/faux/pas mentionné* statements and questions in English. Translation into English is also covered in each unit.

Reading strategies, e.g. tips for skimming and scanning, dealing with unfamiliar language, giving a clear and accurate translation, etc. are given at regular points.

Sample assessment material in the Student Book (*Contrôle* and *C'est extra!*) provides practice in the types of tasks required for public examination.

#### Writing
Writing is covered through a variety of activities, ranging from basic structured tasks, such as writing lists and completing forms and texts, to more open-ended activities, such as writing messages, blogs and articles of various lengths. Translation into French is also covered in each unit.

Students are encouraged to consult reference materials to check and improve their work.

Writing strategies encourage students to develop and improve their writing skills by adding detail and opinions, by planning their work and checking for accuracy, and to write clear and accurate translations into French.

Sample assessment material in the Student Book (*Contrôle*) provides practice in the types of tasks required for public examination.

### Understanding and application of grammar
Grammar is a central feature of all the *Tricolore* courses.

Throughout the course, new grammatical structures are introduced through listening and reading activities. In the *Dossier-langue* sections, students are encouraged to work out rules for themselves before referring to the English explanation. When new grammar points have been introduced and explained, they are systematically practised through a range of receptive and productive tasks. Students can then apply their knowledge of grammar to vary and adapt language to new situations.

There is a full grammar reference section at the back of the Student Book.

The *Révision: Grammaire* copymaster at the end of each of Units 1–5 tests the application of grammar.

The Examination Grammar in Action workbook provides additional practice of all the grammar required for public examination and is suitable for independent use by students.

# General information

## Developing language-learning skills

A set of copymasters, with accompanying teaching notes (G/1–G/14, TB 22–26), cover general language-learning skills including pronunciation, IT and general vocabulary, spelling patterns in French and English, using cognates, prefixes and suffixes to help understanding, and general tips for learning vocabulary, skimming and scanning and writing French, and preparing for tests.

The Student Book includes a detailed grammar section, reference lists of general vocabulary and English–French and French–English glossaries. Students are encouraged to make effective use of these and other reference materials throughout the course.

Many tasks, especially those in *Au choix* and on the copymasters, are designed to be used by students working alone, thereby encouraging independence and autonomous learning.

## Developing cultural awareness

The cultural background of French-speaking countries is reflected in the information and authentic materials presented in the Student Book.

Comparisons are made between French and British culture, for example in Unit 4, where teenagers give their impressions of school life in each country.

## Cross-curricular links

Every attempt has been made to select material which is imaginative, informative and likely to appeal to students. This includes articles about current issues such as the environment, health, smoking, alcohol, the work of charities such as Médecins Sans Frontières, voluntary work, life in different countries, articles and discussion about everyday life such as social media, sport, music, art, life in town and country, TV and IT, fashion, career plans, etc. Unit 10, *Notre planète*, provides up-to-date coverage of global issues and concerns. It is hoped that the diversity of the material presented will stimulate interest and contribute to the broader education of the student.

*Tricolore 5$^e$ édition* provides cross-curricular links with other subjects such as English (comparisons between French and English grammar and vocabulary); maths (using numbers, simple statistics, prices); PSHE (healthy eating); geography (towns, areas and climate of France, French-speaking countries).

## Revision

Revision is an integral part of the *Tricolore* course. Once introduced, key language is reused and practised where appropriate. In Stage 4, there are *Révision* worksheets on copymaster for listening and reading (in all units) and for grammar (in Units 1–5). These can be used in class or by students working independently.

Copymasters G/11–G/14 (TB 26) give suggestions for revising vocabulary and verbs, general exam strategies and tips for tests.

## Assessment

Assessment materials are an integral part of *Tricolore 5$^e$ édition*. The *Contrôles* at the end of each unit have several functions:

- they provide consolidation, bringing together the language taught throughout the unit
- they are diagnostic, highlighting strengths and weaknesses, so that teachers can see what has been well learnt and where extra practice or explanation is needed
- they familiarise students with the types of tasks used in public examinations
- they act as motivation, giving students a sense of achievement and progress
- they are intended as a flexible resource for the teacher to use either selectively or in their entirety, and they can serve, if preferred, as revision or practice items rather than as testing material
- they provide a bank of testing material, from which teachers can pick and mix in order to prepare cumulative tests of several units.

Additional material for reading literary extracts and for talking about a photo card is provided in *C'est extra!* after Units 2, 4, 6, 8 and 10.

## Online assessment

The Kerboodle online resource includes an assessment section which offers a bank of practice material for each of the main awarding bodies in England and Wales (AQA, Edexcel and Eduqas/WJEC).

This includes examination-style questions for Listening, Speaking, Reading and Writing.

# Section 2  Teaching notes

## General language-learning skills

### Copymasters

| | |
|---|---|
| G/1–G/3 | *Comment ça se dit?* [listening, pronunciation] (TB 22–25) |
| G/4 | Rubrics and instructions [reference] (TB 25) |
| G/5 | *Lexique informatique* [reference] (TB 25) |
| G/6 | Prefixes and suffixes, [information, practice] (TB 25) |
| G/7–G/8 | English and French spelling patterns [reference, vocabulary practice] (TB 25) |
| G/9 | *C'est masculin ou féminin?* [recognising gender] (TB 25) |
| G/10 | *On écrit des messages* (TB 26) |
| G/11 | Tips for tests (1) General notes (TB 26) |
| G/12 | Tips for tests (2) Listening and Reading (TB 26) |
| G/13 | Tips for tests (3) Speaking (TB 26) |
| G/14 | Tips for tests (4) Writing (TB 26) |

### Copymasters G/1–G/3

#### Comment ça se dit?

There are three copymasters (with accompanying recordings on Kerboodle) to provide practice in French pronunciation and in understanding the relationship between sounds and writing. The three sections can be used on different occasions and at any appropriate point in the course. The material is designed for use by students working individually, but could also be used in a multimedia or language laboratory. The recording should be paused by the teacher or student, as required.

### Copymaster G/1

#### L'alphabet, les accents et la prononciation

This provides practice in pronouncing and recognising the French alphabet and accents. There are also short notes about stress, liaison and intonation, with recorded examples.

### 1 L'alphabet

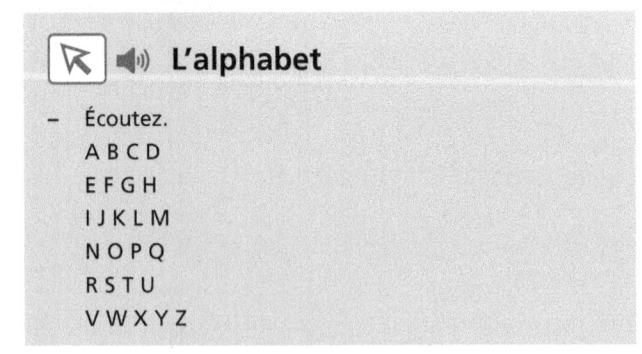

#### L'alphabet

– Écoutez.
A B C D
E F G H
I J K L M
N O P Q
R S T U
V W X Y Z

### 2 Les accents

#### Les accents

– Écoutez.
a accent grave
e accent aigu
e accent grave
e accent circonflexe
i accent circonflexe
o accent circonflexe
u accent grave
c cédille

### 3 Et après?

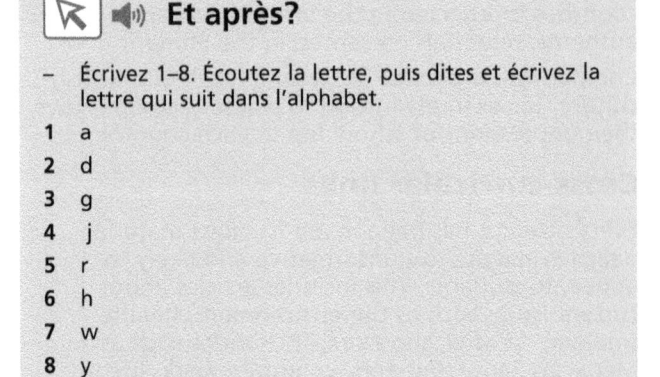

Solution:
**1** b, **2** e, **3** h, **4** k, **5** s, **6** i, **7** x, **8** z

#### Et après?

– Écrivez 1–8. Écoutez la lettre, puis dites et écrivez la lettre qui suit dans l'alphabet.
1  a
2  d
3  g
4  j
5  r
6  h
7  w
8  y

### 4 Les sites Internet

Students complete the details of the websites.

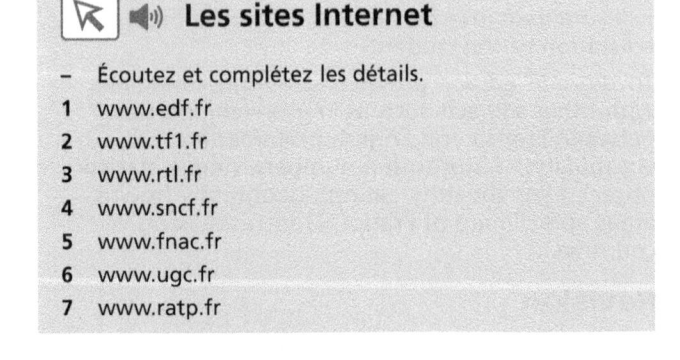

#### Les sites Internet

– Écoutez et complétez les détails.
1  www.edf.fr
2  www.tf1.fr
3  www.rtl.fr
4  www.sncf.fr
5  www.fnac.fr
6  www.ugc.fr
7  www.ratp.fr

### 5 Un peu de géographie

Students write down the spellings of each place then categorise each one accordingly.

Solution:
**1** p, **2** m, **3** p, **4** f, **5** v, **6** v

Tricolore 4 Teacher Book

## General language-learning skills

### ▶ 🔊 Un peu de géographie

– Écoutez et écrivez les six noms. Décidez si c'est une ville (v), un fleuve (f), des montagnes (m) ou un pays (p).
1 L'ALLEMAGNE
2 LES PYRÉNÉES
3 LA GRÈCE
4 LE RHÔNE
5 ÉDIMBOURG
6 LONDRES

### 6 La liaison

This explains the use of liaison in spoken French.

**Solution:**
1 a ✓ b ✗, 2 a ✗ b ✓, 3 a ✓ b ✗,
4 a ✓ b ✗, 5 a ✓ b ✗, 6 a ✗ b ✓

### ▶ 🔊 La liaison

– You rarely hear a consonant if it is the last letter of a French word, for example:
– petit, très, grand, deux.
– But if the following word begins with a vowel or a silent h, the consonant is often pronounced with the vowel of the next word, for example:
– un petit accident, très important, un grand évènement, deux oranges.
– This is called a liaison. The two words are pronounced together without a break, like a single word.
– Écoutez les paires de phrases. Cochez la case si on fait la liaison, faites une croix si on ne la fait pas.
1 a trois heures
  b trois livres
2 a deux pommes
  b deux oranges
3 a un petit éléphant
  b un petit chien
4 a un grand immeuble
  b un grand bâtiment
5 a très intéressant
  b très sympa
6 a les profs
  b les élèves

### 7 Stress

This explains the way in which different syllables of a word are stressed in English and in French.

**Solution:**
1 a (F), 1 b (A), 2 a (A), 2 b (F),
3 a (F), 3 b (A), 4 a (A), 4 b (F), 5 a (F), 5 b (A)
6 a (A), 6 b (F)

### ▶ 🔊 Stress

– There are many words which look the same (or almost the same) in English and in French and have the same meaning:
– accident, impossible, gymnastique.
– However, in French, each syllable of a word is normally stressed equally, whereas in English, there is often a stronger emphasis on one syllable.
– Écoutez les paires de mots. Décidez si le mot est prononcé en anglais (A) ou en français (F).
1 a animal
  b *animal*
2 a *catastrophe*
  b catastrophe
3 a direction
  b *direction*
4 a *important*
  b important
5 a destination
  b *destination*
6 a *illustration*
  b illustration

### ▶ 🔊 Copymaster G/2

### Les voyelles (vowel sounds)

This gives practice in understanding and pronouncing the different vowel sounds in French, including semi-vowels and nasal vowels.

In each case, students first listen and repeat the sound and the examples. Then they listen to a *phrase ridicule*, repeat it and write down the missing words.

**Solution:**
1 *chat*, 2 *gâteau*, 3 *clef*, 4 *secret*, 5 *frère*,
6 *dîner*, 7 *yeux*, 8 *dos*, 9 *objet*, 10 *boules*,
11 *trois*, 12 *rue*, 13 *jeu*, 14 *sœur*, 15 *nuit*

### ▶ 🔊 Les voyelles

– Écoutez et répétez les exemples. Puis écoutez, répétez et complétez les phrases.
1 The sound 'a'
  ami, avoir, femme, cheval
  Ma femme, son chat et son lapin adorent la salade au jardin.
2 The sound 'ɑ'
  âge, gâteau, pâté, château
  On vend des pâtes, du pâté et du gâteau au château.
3 The sound 'e'
  été, employée, allez, jouer, pied, clef, les, et
  Mémé a fermé le café à clef et est allée à pied chez le boulanger.
4 The sound 'ə'
  je, me, le, premier
  Si je te le dis, ce ne sera pas un secret.

Tricolore 4 Teacher Book 23

# General language-learning skills

5 The sound 'ɛ'
frère, être, chaîne, palais
La reine et son frère préfèrent les desserts de mon père.

6 The sound 'ɨ'
image, riche, île, il y a
Qui dit qu'ici il y a un cybercafé où il est possible de dîner?

7 The sound 'j'
piano, yeux, lieu, fille
La gentille fille aux yeux qui brillent travaille avec Gilles au piano.

8 The sound 'o'
euro, chose, côté, au, eau
Le héros avec beaucoup d'émotion tourne le dos et regarde l'océan.

9 The sound 'ɔ'
porte, robe, comme, poste
En octobre, un octopus a porté un objet orange dans le dortoir.

10 The sound 'u'
vous, rouge, touriste, toujours
En août, tout le groupe joue aux boules sur la pelouse à Toulouse.

11 The sound 'w'
oui, oiseau, Louis, voilà
Oui, les trois oiseaux boivent de l'eau.

12 The sound 'y'
nature, bureau, rue, sur
Dans la rue, Hercule a vu la statue d'une tortue.

13 The sound 'ø'
feu, peu, curieux, généreux
Mathieu, très heureux, a fait la queue pour le jeu des œufs.

14 The sound 'œ'
leur, cœur, neuf, pleurer
Leur sœur pleure pendant des heures.

15 The sound 'ɥ'
lui, huit, cuisine, huile
Une nuit, huit cuisiniers comptent les cuillères.

## Nasal vowels

**Solution:**
**1** enfants, **2** melon, **3** vin, **4** brun

### Nasal vowels

- When a vowel (a, e, i, o, u) is followed by 'm' or 'n', the vowel is often pronounced slightly differently. These are called 'nasal vowels' and there are four of them.
- Écoutez et répétez les exemples. Puis écoutez, répétez et complétez les phrases.

1 The sound 'ã'
camping, blanc, emploi, enfant
Cent enfants chantent en même temps.

2 The sound 'ɔ̃'
melon, montre, long, cochon
Le cochon de mon oncle Léon adore le melon.

3 The sound 'ɛ̃'
imper, ingénieur, faim, main
Cinq trains américains apportent du vin au magasin.

4 The sound 'œ̃'
un, brun, parfum, lundi
J'adore le parfum brun de Verdun.

**Copymaster G/3**

## Les consonnes (consonants)

This gives practice in understanding and pronouncing different consonants in French. In each case, students first listen and repeat the sound and the examples. Then they listen to a *phrase ridicule*, repeat it and write down the missing words.

**Solution:**
**1** cartes, **2** chien, **3** gare, **4** jour, **5** oignons, **6** hôpital, **7** rose, **8** poissons, **9** thé, **10** examen, **11** zone

### Les consonnes

- You rarely hear a consonant if it is the last letter of a French word:
- l'art, un camp, content, le riz, le sport.
- If you do hear a consonant, then it's probably followed by the letter 'e':
- la classe, une liste, la salade, la tente.
- You rarely hear the final 's' in a plural word:
- des melons, des sandwichs, des tables, des trains.
- But if the following word begins with a vowel, there may be a 'z' sound. This is called a liaison.
- mes amis, les enfants, des oiseaux, ses insectes.
Écoutez et répétez les exemples. Puis écoutez, répétez et complétez les phrases.

1 The sound 'k'
école, car, quatorze, kilo
Quinze curés quittent le quartier et comptent les cartes dans un coin.

2 The sound 'ʃ'
château, chocolat, cheval, chat
Charles cherche le chien dans la chambre du château.

3 The sound 'g'
garage, gorge, guichet, vague
Le garçon du guichet gagne un gâteau à la gare pour le goûter.

4 The sound 'ʒ'
genou, girafe, jambe, page
Un jour génial, le général a fait de la gymnastique dans le gîte.

5 The sound 'ɲ'
baigner, oignon, montagne, agneau
Un espagnol gagne cinquante oignons et un agneau en Espagne.

6 Silent 'h'
homme, hockey, heureux, hôtel
Henri, le héros heureux, arrive à l'hôpital à huit heures.

Tricolore 4 Teacher Book

# General language-learning skills

7 *The sound 'r'*
   raisin, règle, route, ouvrir
   Roland le rat refuse de rendre la rose rouge.

8 *The sound 's'*
   souris, boisson, citron, ça, sciences, solution
   Sous un ciel sensationnel, cent poissons dansent dans l'océan.

9 *The sound 't'*
   tante, théâtre, tourner, télé
   Thierry prend du thé et parle au théâtre de ses théories.

10 *The sounds 'gz' and 'ks'*
   examen, exemple
   excuser, expliquer
   Il écrit des exercices dans l'examen, puis s'excuse et s'en va en excursion.

11 *The sound 'z'*
   gaz, chaise, chose, raison
   Il y a zéro choses dans la zone piétonne.

### Copymaster G/4

## Rubrics and instructions

This gives a list of instructions for classroom use.

### Copymaster G/5

## Lexique informatique

This lists vocabulary linked with using a computer.

### Copymaster G/6

## Prefixes and suffixes

This gives suggestions for working out the meaning of unfamiliar vocabulary and is followed by some practice tasks.

Solution:

1 **Beginnings**
   to redo, impolite, useful, *inutile*, *inoubliable*, disagreement, to see, *prévoir*

2 **Endings**
   twenty, about fifty, to play, player, the chemist/pharmacist, to eat, edible, unbreakable, goodness, *continuation*

### Copymaster G/7

## English and French spelling patterns (1) – Reference

This refers to cognates, false friends and common patterns that occur when comparing English and French spelling.

### Copymaster G/8

## English and French spelling patterns (2) – Practice tasks

Students should refer to the reference list on Copymaster G/7 to complete these tasks.

Solution:

1 **C'est pareil en français**

   a 1 *une rose*, 2 *un lion*, 3 *une omelette*, 4 *le champagne*, 5 *un piano*, 6 *un crocodile*

   b 1 Des sports: *le ski, le football, le rugby, le golf, le tennis*, etc.

   2 Des moyens de transports: *le bus, le train, le taxi*

   3 Des fruits: *une orange, un kiwi, le melon*

2 **Des faux amis**

   1 b, 2 f, 3 e, 4 g, 5 h, 6 i, 7 d, 8 c, 9 j, 10 a

3 **Comment ça s'écrit, en français?**

   *un drame, l'orchestre, officiel, décorer, hésiter, l'anniversaire, un documentaire, la musique, fantastique, une aventure, dégoûtant*

4 **Complétez les listes**

   blonde, *chocolat, uniforme*, dentist, *liste, ordre, amusant, travaillant*

5 **C'est quoi en anglais?**

   he announces, error, actor, precious, movement, forest, sponge, strange, pronunciation

6 **Complétez les listes**

   *actif*, exactly, *rapidement*, army, *qualité*, economy, *géographie, Italie*, reserve, *inviter*

### Copymaster G/9

## C'est masculin ou féminin?

This lists the main endings and other criteria which indicate whether a noun is likely to be masculine or feminine. This is useful, although there are some exceptions.

Solution:

1 **À vous de décider**

   1 *un*, 2 *la*, 3 *prochaine*, 4 *du*, 5 *dernier*, 6 *bonnes*, 7 *ma*, 8 *le*, 9 *du*, 10 *sa*, 11 *le*, 12 *de la*

2 **Trouvez le mot féminin**

   1 *chaussure*, 2 *circulation*, 3 *tomate*, 4 *oreille*, 5 *raison*, 6 *nourriture*

3 **Trouvez le mot masculin**

   1 *bureau*, 2 *château*, 3 *trottoir*, 4 *stylo*, 5 *chauffage*, 6 *raisin*

# General language-learning skills

### Copymaster G/10

**On écrit des messages**

This lists useful phrases with examples and can be used for reference at any suitable point.

### Copymaster G/11

**Tips for tests (1) General notes**

This gives some suggestions for revising vocabulary and verbs and some strategies for understanding spoken and written French.

### Copymaster G/12

**Tips for tests (2) Listening and Reading**

This gives some hints about listening for gist and for detail, skimming and scanning written texts, translating from French into English, etc.

### Copymaster G/13

**Tips for tests (3) Speaking**

This gives some suggestions for improving oral work, mentioning communication, quality of language, grammatical accuracy and good pronunciation.

### Copymaster G/14

**Tips for tests (4) Writing**

This gives some advice about writing French in tests and exams, including translation from English into French, and emphasises the importance of checking work.

# Unité 1   Jeunes sans frontières   pages 6–23

| Aims and objectives | Grammar and skills | Vocabulary |
|---|---|---|
| **1A Je me présente  pages 6–7** | | |
| • talk about yourself (name, age, nationality, likes and dislikes, etc.)<br>• revise the alphabet and numbers | • asking and answering questions<br>• question words, including *quel*<br>• verb inversion | Asking questions<br>Numbers<br>Days and months<br>The alphabet |
| **1B Un stage international  pages 8–9** | | |
| • give more personal information<br>• revise countries and nationalities | • the present tense | Continents, countries, nationalities |
| **1C Copains, copines  pages 10–11** | | |
| • describe people<br>• talk about friends | • adjectives<br>• cognates | Colours<br>Appearance<br>Personal characteristics<br>Friends |
| **1D La vie de famille  pages 12–13** | | |
| • talk about your family<br>• discuss relationships | • reflexive verbs | Family<br>Describing people<br>Friends<br>Pets |
| **1E La vie de tous les jours  pages 14–15** | | |
| • talk about your (least) favourite day | • the present tense<br>• *depuis/ça fait … que* + present tense<br>• improving written work | |
| **1F Des fêtes et des festivals  pages 16–17** | | |
| • talk about special occasions | • possessive adjectives (*mon, ma, mes*, etc.)<br>• expressions using *tout* | French public holidays<br>Festivals and special occasions<br>Greetings |
| **1G Ça se fête!  pages 18–19** | | |
| • talk about family celebrations<br>• discuss clothing and fashion when going out | | Festivals and special occasions<br>Clothes (SB 83) |
| **1H Contrôle  pages 20–21** | | |
| • practise exam techniques<br>• find out what you have learnt | | |
| **Sommaire  pages 22–23** | | |
| This lists the main topic vocabulary covered in the unit. | | |
| **Revision and additional practice** | | |
| **Au choix 1**: SB 214–215<br>**Online**: Kerboodle Resources and Assessment<br>**Copymasters**: 1/1–1/15<br>**CD 1** Tracks 18–28<br>**SCD 1** Tracks 2–7 | | |

## Resources

**Student Book** 6–23
**CD 1, Student CD 1**

### Copymasters

| | |
|---|---|
| 1/1 | On fait des interviews |
| 1/2 | Les pays et les continents |
| 1/3 | Jeux de mots |
| 1/4 | Quatre profils |
| 1/5 | L'avis des jeunes |
| 1/6 | La vie quotidienne |
| 1/7 | Nos vacances |
| 1/8 | Les évènements de famille |
| 1/9 | Tu comprends? |
| 1/10 | Révision 1: Écouter – Partie A |
| 1/11 | Révision 1: Écouter – Partie B |
| 1/12 | Révision 1: Lire – Partie A |
| 1/13 | Révision 1: Lire – Partie B (1) |
| 1/14 | Révision 1: Lire – Partie B (2) |
| 1/15 | Révision 1: Grammaire<br>Sommaire 1 |

### Au choix SB 214–215

| | |
|---|---|
| 1 | Comment ça s'écrit? |
| 2 | J'ai besoin d'un conseil |
| 3 | Des animaux |
| 4 | Un animal à la maison? |
| 5 | Xavier parle de son jour favori |
| 6 | Ça fait longtemps |
| 7 | L'anniversaire de Chloë |
| 8 | Qu'est-ce qu'on répond? |
| | **Stratégies** Working out meanings |

# 1A Je me présente

## Examination Grammar in Action 4–16

Asking questions
Answering questions
Using the present tense – regular verbs
Using the present tense – irregular verbs
Using reflexive verbs in the present tense
Using the imperative
The present tense with *depuis* and *ça fait ... que*
Using nouns – masculine and feminine
Using nouns – singular and plural
Using the definite article – *le, la, l', les*
Using adjectives (1)
Using adjectives (2)
Using possessive adjectives – *mon, ma, mes*

## 1A Je me présente  pages 6–7

| Aims and objectives | Grammar and skills | Resources |
|---|---|---|
| • talk about yourself (name, age, nationality, likes and dislikes, etc.) <br> • revise the alphabet and numbers | • asking and answering questions <br> • question words, including *quel* <br> • verb inversion | **Key language:** SB 22–23 <br> **Au choix:** SB 214 <br> **Online:** Kerboodle Resources and Assessment <br> **Copymasters:** G/1–G/3 <br> **CD 1** Tracks 2–3, 18 <br> **GiA:** 4–5 |

### 6

### Jeunes sans frontières

Begin with some oral revision of personal details – name, age, birthday dates, etc. – perhaps as a chain question sequence. Explain the French word *stage* (course). Then, look briefly at the details about the course and ask:

*Qu'est-ce qu'on va faire au stage?*
*C'est quand, le stage?*

### 6 CD 1 Track 2

### 1 On fait connaissance

The two conversations (A and B) revise language for personal details and questions.

a  Students answer questions in French about conversation A.

> **Solution:**
> 1 *Elle est canadienne.*
> 2 *Son anniversaire est le 9 juillet.*
> 3 *Thomas est plus âgé.*
> 4 *Oui, il est enfant unique.*
> 5 *Non, sa sœur est l'aînée.*

### CD 1 Track 2

### On fait connaissance – Conversation A

- Salut. Je suis Sarah Dubois. Et toi, comment t'appelles-tu?
- Salut Sarah. Moi, je m'appelle Thomas Lenoir.
- Où habites-tu, Thomas?
- J'habite à Genève en Suisse.
- Alors tu es suisse. Quelles langues parles-tu?
- Je parle français et allemand, mais en Suisse on parle aussi italien. Et toi, tu es de quelle nationalité?
- Je suis canadienne. J'habite à Montréal. Quel âge as-tu?
- J'ai dix-sept ans. Et toi?
- Moi, j'ai seize ans. Mon anniversaire est le 16 janvier. C'est quand, ton anniversaire?
- C'est le 9 juillet.
- Est-ce que tu as des frères et sœurs?
- Non, je suis enfant unique. Et toi?
- Moi, j'ai une sœur aînée et un demi-frère qui est plus jeune.

Conversation B is followed by three short tasks, as below.

b  Students find in the transcript the French equivalent of the English phrases listed.

> **Solution:**
> 1 *Qu'est-ce que tu fais de ton temps libre?*
> 2 *Qu'est-ce que tu aimes comme sports?*
> 3 *Je joue de la batterie depuis cinq ans.*
> 4 *Il y a combien de personnes au stage?*
> 5 *se faire de nouveaux amis*

c  They then answer comprehension questions in French.

> **Solution:**
> 1 *Il joue de la batterie depuis cinq ans.*
> 2 *Elle fait du ski et elle joue au hockey sur glace.*
> 3 *Il y va pour rencontrer des jeunes de toutes les nationalités et pour les activités culturelles.*

Tricolore 4 Teacher Book

# 1A Je me présente

**CD 1 Track 2**

## On fait connaissance – Conversation B

- Qu'est-ce que tu fais de ton temps libre?
- J'adore le sport. Je fais du ski et je joue au hockey sur glace. Qu'est-ce que tu aimes comme sports?
- Moi, je ne suis pas sportif. Je préfère la musique, surtout la musique du monde. Je joue de la batterie depuis cinq ans.
- Il y a combien de personnes au stage?
- Environ trente je crois.
- Pourquoi vas-tu au stage?
- Moi, j'y vais pour rencontrer des jeunes de toutes les nationalités et pour les activités culturelles. Et toi?
- Je vais au stage parce que je m'intéresse beaucoup à l'environnement et que je veux participer aux débats. On va s'amuser aussi et se faire de nouveaux amis.

**d** After working on both conversations, students look for at least six questions in the two conversations.

**6 Stratégies**

## Question words

This emphasises the importance of practising asking questions and gives some suggested activities, e.g. making up different questions using the same question word or adapting useful phrases.

The phrase *Qu'est-ce que tu aimes comme …?* is a useful one that could be built into regular oral practice. More able students could also be taught that this standard question form can be used with different verbs, e.g. *avoir*, *faire* (+ sports or lessons), *jouer* (instruments), *mettre* (+ clothes), *acheter* (+ provisions), and they could make up and ask questions to illustrate this.

**7**

## 2 Faites des questions

Students make up questions using the phrase *Qu'est-ce que tu aimes comme …?* with each of the visual cues.

> **Solution:**
> Qu'est-ce que tu aimes comme …
> **1** musique? **2** livres? **3** animaux? **4** sports?
> **5** fruits?

**7**

## 3 Pour poser une question

**a** Students translate the question words into English.

> **Solution:**
> **1** How much/many? **2** How? **3** Where? **4** From where? **5** Why? **6** When? **7** Since when? **8** Who?

**b** They invent a question using each question word.

**7 Dossier-langue**

## Asking and answering questions

This covers different ways of asking questions and the four forms of *quel*. Ask students to find or invent more examples of each type of question. Refer students as necessary to *Grammaire* 13.

**7**

## 4 Le jeu des nombres

First revise numbers, using a number game, or by dictating some numbers for students to write down and read back. Students then identify the correct form of *quel* to complete each question before choosing the correct answer.

> **Solution:**
> **1** *Quel*, 33; **2** *Quelle*, 221; **3** *combien*, 12;
> **4** *Quel*, 112; **5** *combien*, 2 000

**Copymaster G/1**

## L'alphabet, les accents et la prononciation

This copymaster could be used here to revise the alphabet and pronunciation. See notes on TB 22–23.

**214 Au choix CD 1 Track 18**

## [1] Comment ça s'écrit?

See notes on page 44 in Unit 1 Revision and additional practice.

**7 CD 1 Track 3**

## 5 Encore des questions

**a** Students complete the 10 questions with the correct words and then listen to check their answers.

> **Solution:**
> **1** *Comment* t'appelles-tu?
> **2** *Quel* âge as-tu?
> **3** *Où* habites-tu?
> **4** Tu es de *quelle* nationalité?
> **5** *Est-ce que* tu parles anglais?
> **6** *Combien* de frères et sœurs as-tu?
> **7** *Comment* s'appellent-ils?
> **8** *Pourquoi* es-tu à Paris?
> **9** Tu restes ici jusqu'à *quand*?
> **10** *Quel* est ton sport préféré?

**b** They then note down Alexandre's replies to each of the questions.

Tricolore 4 Teacher Book

# 1B Un stage international

> **Solution:**
> **1** *Alexandre Michelin*, **2** *seize ans et demi*, **3** *Trouville*, **4** *français*, **5** *oui*, **6** *un frère et une sœur*, **7** *Jean-Luc et Lucie*, **8** *pour participer à un stage international*, **9** *samedi prochain*, **10** *la natation*

🔊 CD 1 Track 3

### Encore des questions

- Comment t'appelles-tu?
- Alexandre, Alexandre Michelin.
- Ça s'écrit comment?
- A–L–E–X–A–N–D–R–E, M–I–C–H–E–L–I–N.
- Quel âge as-tu?
- J'ai seize ans … euh … seize ans et demi.
- Où habites-tu ?
- J'habite à Trouville. Trouville, c'est au bord de la mer, au nord de la France.
- Tu es de quelle nationalité?
- Ben, je suis français!
- Est-ce que tu parles anglais?
- Alors, l'anglais … euh … c'est très difficile. Oui oui, un peu, en effet!
- Combien de frères et sœurs as-tu?
- Deux, j'en ai deux, un frère et une sœur.
- Comment s'appellent-ils?
- Alors mon frère, mon frère s'appelle Jean-Luc … euh … Jean-Luc, puis ma sœur s'appelle Lucie. Ça s'écrit L-U-C-I-E.
- Pourquoi es-tu à Paris?
- Je participe à un stage international pour les jeunes.
- Tu restes ici jusqu'à quand?
- Jusqu'à samedi prochain.

- Quel est ton sport préféré?
- J'aime bien la natation.
- Merci, Alexandre.

### 6 À vous!

Students work in pairs to produce as long a conversation as they can using the language presented on the spread.

**Examination Grammar in Action 4**

### Asking questions

This provides further practice in asking questions, as required.

**Examination Grammar in Action 5**

### Answering questions

This provides practice in answering questions and could also be used at this point, although task 4 refers to the use of different tenses so it might be better to use it later in the unit.

🔊 Copymasters G/1–G/3

### Comment ça se dit? (1), (2) and (3)

This would be an appropriate point to cover pronunciation, using Copymasters G/1–G/3 and the corresponding recordings. See notes on TB 22–25.

## 1B Un stage international   pages 8–9

| Aims and objectives | Grammar and skills | Resources |
|---|---|---|
| • give more personal information<br>• revise countries and nationalities | • the present tense | **Key language:** SB 22–23<br>**Online:** Kerboodle Resources and Assessment<br>**Copymasters:** 1/1, 1/2, 1/6<br>**CD 1** Tracks 4–5<br>**GiA:** 6–7, 11–13, 56 |

### 1 Des témoignages

Before reading the texts, ask questions about the photos, bringing in family and personal vocabulary, e.g.
- *Cette fille s'appelle comment?*
- *Elle a des frères et sœurs?*
- *Est-ce qu'elle est l'aînée de la famille?*
- *Elle est de quelle nationalité?*

Use questions to highlight some of the key vocabulary and to revise ways of asking for meaning, e.g. *Comment dit-on 'eldest' en français?*

a Students find in the texts the French for the English phrases listed. This focuses on some useful expressions and helps with comprehension.

> **Solution:**
> **1** *pendant mon temps libre*
> **2** *on se fait très vite de nouveaux amis*
> **3** *j'ai fait la connaissance*
> **4** *nous sommes souvent en contact par Internet*
> **5** *mon rêve est …*
> **6** *ça me donne de nouvelles idées*
> **7** *voyager à l'étranger*
> **8** *nous avons reçu une bourse*

# 1B Un stage international

b   Students read the texts and identify which character is being described in each of the sentences.

> **Solution:**
> **1** Leila, **2** Pedro, **3** Damien, **4** Damien, **5** Sophie, **6** Pedro, **7** Sophie, **8** Leila

c   Students choose the five sentences which describe the advantages of the course.

> **Solution:**
> **1** *On rencontre beaucoup de jeunes d'autres pays.*
> **2** *Ça vous donne de nouvelles idées.*
> **4** *On discute beaucoup ensemble.*
> **6** *On s'amuse bien.*
> **8** *On se fait souvent de nouveaux amis.*

For additional practice of vocabulary, ask students to find:

**5 adjectifs**: various possible answers, e.g. *petit, libre, unique, seul(e), international, nouveaux/nouvelles, dernière, danoises, espagnol, limité, belge, jeunes, différents, néerlandaise, irlandais*

**4 pays**: *le Luxembourg, la Belgique, la France, le Maroc*

**3 verbes au présent**: various

**2 verbes au passé composé**: various, e.g. *j'ai fait, nous avons quitté, je suis allée, nous avons reçu*

**1 verbe à l'infinitif**: various, e.g. *travailler, voyager, revenir*

### 9 Dossier-langue

**The present tense**

This summarises the three regular forms of the present tense and gives a reminder about irregular verbs. Refer students as necessary to *Grammaire* 14.4 and 20.

For extra practice in using the verb + infinitive structure, students could make up and ask each other questions using *aimer, adorer, détester* and *préférer* + infinitive.

**Examination Grammar in Action 6–7**

**Using the present tense – regular verbs, irregular verbs**

These pages provide more practice in using the present tense of a range of regular and irregular verbs.

**Copymaster 1/6**

**La vie quotidienne**

This could be used at this point for further practice of the present tense, or later with spread 1E. See notes on page 46 in Unit 1 Revision and additional practice.

**9 CD 1 Track 4**

### 2 Elsa

Students listen to the interview with Elsa and complete the résumé. For support if needed, the missing words could be displayed in random order.

> **Solution:**
> **1** *17*, **2** *30*, **3** *française*, **4** *deux*, **5** *adore, écouter*, **6** *pleut*, **7** *sport*, **8** *basket, ski, hiver*, **9** *langues, pays*

**CD 1 Track 4**

**Elsa**

- Salut. Tu t'appelles Elsa Johannessen, non? Johannessen, comment ça s'écrit?
- J–O–H–A–N–N–E–S–S–E–N.
- Et quel âge as-tu, Elsa?
- J'ai dix-sept ans. Mon anniversaire est le trente juillet.
- Dix-sept ans … le trente juillet. Et tu es norvégienne, non?
- Oui oui, je suis norvégienne, je viens de la Norvège, mais ma mère est française.
- Et tu habites à Bergen?
- C'est ça.
- Alors, domicile: B–E–R–G–E–N – Bergen. Puis, la famille … combien de frères et sœurs as-tu?
- J'ai deux frères, Johann qui a dix-neuf ans et Erik, quinze ans. Je n'ai pas de sœurs.
- Johann, c'est J–O–H–A–N–N, non?
- Bien sûr.
- Et qu'est-ce que tu aimes comme loisirs?
- J'adore cuisiner, puis … euh … écouter des CD, ça aussi.
- Il y a des choses que tu détestes?
- Euh, oui, je déteste la pluie. Quand il pleut, je ne sors pas, si possible.
- Tu aimes le sport?
- Oui, un peu. Je joue au basket et j'aime aussi le ski, en hiver.
- Quelle est ta couleur favorite?
- Ma couleur favorite – c'est le bleu.
- Et quels sont tes rêves, Elsa?
- Alors, mon rêve, c'est de parler plusieurs langues et puis d'avoir des amis dans beaucoup de pays.
- C'est un beau rêve!

**9 CD 1 Track 5**

### 3 Jacob

a   Students look at the *Fiche d'identité* to see what information is required, then listen and write down the required details.

> **Solution:**
> **1** *Weinitz*, **2** *Jacob*, **3** *16 ans*, **4** *1er mai*, **5** *français*, **6** *Manchester*, **7** *deux frères, 19 et 14 ans*, **8** *musique, théâtre, sport*, **9** *violence*, **10** *roller, football*, **11** *rouge*, **12** *visiter l'Israël, faire partie d'un orchestre célèbre et international*

b   Students then use the information to write a description of Jacob, using the résumé of Elsa as a model.

# 1B Un stage international

🔊 CD 1 Track 5

## Jacob

- Salut! Est-ce que tu t'appelles Jacob?
- Oui, c'est ça, Jacob Weinitz.
- Jacob … euh … Weinitz, ça s'écrit comment?
- W-E-I-N-I-T-Z.
- Merci. Et tu as quel âge?
- Seize ans, et ma date de naissance est le premier mai.
- Seize ans … le premier mai. Et ta nationalité?
- Je suis français.
- Alors, tu habites en France?
- Non, parce que ma mère est professeur à l'université de Manchester en Angleterre, donc nous habitons à Manchester.
- Alors, domicile: Manchester. Es-tu enfant unique?
- Non, j'ai deux frères, dix-neuf ans et quatorze ans, mais mon père est décédé.
- Et tes loisirs, Jacob, quels sont tes loisirs préférés?
- J'adore la musique et je joue de la flûte et du piano. Puis j'aime le théâtre aussi. En plus, j'aime le sport – je fais du roller et je joue au football avec un de mes frères.
- Et est-ce qu'il y a des choses que tu n'aimes pas?
- Oui. Je déteste la violence. Je n'aime pas les films et les émissions où il y a beaucoup de violence. Il y en a trop!
- Dis-moi, Jacob, quelle est ta couleur favorite?
- Je ne sais pas, vraiment – le rouge, peut-être. Oui, le rouge.
- Tu as un rêve? C'est quoi, ton rêve?
- Mon premier rêve est de visiter l'Israël, parce que je suis juif. Mon autre rêve est de faire partie d'un orchestre célèbre et international.

### 4 Pour faire une interview

Students complete the questions, which can then be used in the next activity.

**Solution:**

1 *Comment*, 2 *s'écrit*, 3 *Quel*, 4 *Quand*, 5 *quelle*, 6 *où*, 7 *des*, 8 *sont*, 9 *Est-ce qu'*, 10 *comme*, 11 *est*, 12 *quoi*

### 5 Faites des interviews

Students work in pairs, one acting as interviewer and the other answering for Khady.

Copymaster 1/1

## On fait des interviews

See notes on page 45 in Unit 1 Revision and additional practice.

### 6 À vous!

Students complete their own *fiche* as fully as possible and/or expand this into a description of themselves.

#### 22–23 Sommaire

For further work on countries, nationalities and languages, students could refer to the vocabulary list in Unit 1 *Sommaire*. Remind them about the use of capital letters for the country and the inhabitant, but small letters for nationality and language. Ask questions to elicit appropriate answers, e.g.

- *De quelle nationalité est Elsa/Jacob/Khady? Et toi, de quelle nationalité es-tu?*
- *Imagine que tu es français/australien/écossais/ allemand/gallois/québécois. Quelle langue parles-tu? Est-ce que tu parles allemand/français/anglais?*

For further practice, students could set each other words to spell, e.g. *L'Angleterre, ça s'écrit comment?*

Copymaster 1/2

## Les pays et les continents

See notes on page 45 in Unit 1 Revision and additional practice.

Examination Grammar in Action 56

### Using prepositions with places

This point is revised in Unit 7, but you may wish to cover it here and could use this for practice.

Examination Grammar in Action 11–12

### Using nouns – masculine and feminine, singular and plural

These pages provide further practice in using masculine and feminine forms and plurals of nouns, if required.

Examination Grammar in Action 13

### Using the definite article – *le, la, l', les*

Although the definite article is not specifically covered in Unit 1, these activities could be used at any appropriate point.

Tricolore 4 Teacher Book

# 1C Copains, copines   pages 10–11

| Aims and objectives | Grammar and skills | Resources |
|---|---|---|
| • describe people<br>• talk about friends | • adjectives<br>• cognates | **Key language**: SB 22–23<br>**Au choix**: SB 214<br>**Online**: Kerboodle Resources and Assessment<br>**Copymasters**: G/1–G/3<br>**CD 1** Track 6<br>**GiA**: 14–15 |

## Introduction

First, revise how to describe hair colour and style, and eye colour, by describing visuals of familiar people or current celebrities.

### 10 CD 1 Track 6

## 1 Des amis

This revises personal descriptions and introduces adjectives describing personality.

a  In texts A and B, students listen and choose the correct words from those in the box.
b  In texts C and D, students listen to find the missing words.

> **Solution:**
>
> **A** 1 *habite*, 2 *blonds*, 3 *sportif*
>
> **B** 1 *même*, 2 *marron*, 3 *cinéma*, 4 *beaucoup*
>
> **C** 1 *noirs*, 2 *maths*, 3 *calme*
>
> **D** 1 *verts*, 2 *sérieux*

c  Students identify the photos from the descriptions.

> **Solution:**
>
> 1 Amélie, 2 Philippe, 3 Shashi, 4 Yannick

### CD 1 Track 6

### Des amis

A  Mon copain Philippe habite dans la même rue que moi. Je le connais depuis l'école primaire.
Il est grand, il a les cheveux blonds et frisés.
Il est très sportif mais un peu impatient et il s'énerve facilement. On joue souvent au foot ensemble et on s'amuse bien.

B  J'ai une nouvelle copine, Shashi, qui est dans la même classe que moi au collège. Elle a de longs cheveux châtains, souvent en queue de cheval, et les yeux marron. Elle est assez petite et mince. Nous avons beaucoup de choses en commun; nous aimons toutes les deux le cinéma et la musique. Elle est optimiste et rigolote. Nous avons le même sens de l'humour et nous rions beaucoup.

C  Ma meilleure amie, qui s'appelle Amélie, a les cheveux noirs et courts et les yeux bleus. Elle porte des lunettes. Nous sommes différentes: elle est musicienne (pas moi) et forte en maths. Moi, je suis plus forte en langues. Elle est très sympa et toujours calme et de bonne humeur. On ne se dispute jamais.

D  Mon ami Yannick a les cheveux roux et les yeux verts. Il est de taille moyenne. Il est travailleur, responsable et assez sérieux mais il aime s'amuser aussi. On s'entend très bien.

### 10

## 2 Lexique

Students complete the list, selecting from the descriptions. Students often use *grand* for 'big', when *gros* would be more appropriate, especially when describing animals.

> **Solution:**
>
> *petit* – small, *mince* – slim, *blancs* – white, *noirs* – black, *en queue de cheval* – in a ponytail, *frisés* – curly

### 10

## 3 Le garçon dans le train

Students read the message and summarise in English the description Sophie gives of the boy she met on the train.

> **Solution:**
>
> (sample)
> He has brown hair, light brown eyes, is about 1.70m tall and was wearing green trousers and a white shirt.

### 11 Stratégies

## Cognates

This explains that although cognates look the same as or very similar to English words, they may sound quite different. There could be a brainstorming session to find as many adjectives as possible (particularly cognates) to describe personality, e.g. *organisé*, *responsable*, *impulsive*, etc.

### Copymasters G/1–G/3

## Comment ça se dit? (1), (2) and (3)

If not already used, these copymasters and accompanying recordings could be used here to revise pronunciation. See notes on TB 22–25.

# 1D La vie de famille

### 📖 11

## 4 Les adjectifs

Students copy and complete the table. Discuss some of the patterns, e.g. *-eux (-euse)* and ask students to find other examples.

> **Solution:**
> *aimable* – friendly, *bavarde* – chatty, *drôle* – funny, *égoïste* – selfish, *équilibrée* – balanced, *forte* – strong, *généreuse* – generous, *gentille* – nice, kind, *heureuse* – happy, *inquiète* – anxious, *méchante* – naughty, *organisée* – organised, *paresseuse* – lazy, *sensible* – sensitive, *sérieuse* – serious, *sympa* – nice, *timide* – shy, *travailleuse* – hard-working

A fuller list of adjectives and expressions for descriptions is given in Unit 1 *Sommaire* (SB 22). Encourage students to refer to this as they work through the activities.

### 📖 11 Dossier-langue

## Adjectives

This covers adjectives with regular endings, alternative masculine forms before a vowel (*bel, nouvel, vieil*) and the position of adjectives.

Refer students to *Grammaire* 4.2 for an explanation of adjectives that change their meaning according to their position (*cher, propre, ancien*). For practice, students could translate phrases such as:
- my dear friend
- an expensive car
- a clean T-shirt
- my own T-shirt
- This ancient town is the former capital of the region.

For more practice in recognising adjectives, students could look at some of the texts in Unit 1 *Au choix* (SB 214), which describe people and animals.

### Examination Grammar in Action 14–15

## Using adjectives (1) and (2)

These pages provide further practice of colours and adjectives.

### 📖 11

## 5 Ajoutez des adjectifs!

Students complete the sentences with adjectives from the box, making each adjective agree in gender and number if necessary.

> **Solution:**
> 1 *anglaise/française*
> 2 four of the following: *amusant(e), généreux(euse), gentil(le), honnête, intéressant(e), loyal(e), sensible, sympathique*; one of: *égoïste, impatient(e), méchant(e)*
> 3 *petite*; several solutions possible
> 4 *vieux, bon, célèbre, français*
> 5 *nouveau, aînée*

### 📖 214 Au choix

## [2] J'ai besoin d'un conseil

See notes on page 44 in Unit 1 Revision and additional practice.

### 📖 11

## 6 Une personne importante pour moi

**a** Students translate a short paragraph into English.

> **Solution:**
> (sample)
> My best friend has long black hair and blue eyes. He's amusing and sociable but a bit shy. We often play badminton together. He likes racquet sports but he doesn't like swimming.

**b** Students write a description of someone they admire or someone they know. Able students could be encouraged to give more details about a famous person, e.g. what makes them successful, significant achievements/events in the past, etc. Using the past tense here is a prelude to the more detailed revision in Unit 2.

## 1D La vie de famille  pages 12–13

| Aims and objectives | Grammar and skills | Resources |
|---|---|---|
| • talk about your family<br>• discuss relationships | • reflexive verbs | **Key language:** SB 22–23<br>**Au choix:** SB 214<br>**Online:** Kerboodle Resources and Assessment<br>**Copymasters:** 1/3, 1/4, 1/5<br>**CD 1** Track 7<br>**GiA:** 8–9 |

Refer students to the vocabulary list in Unit 1 *Sommaire* (SB 22–23) for help when working on the activities in this spread.

**34** Tricolore 4 Teacher Book

# 1D La vie de famille

## 1 Ma famille

This text introduces many of the themes for this spread.

a Students find in the text the French for the English phrases listed.

**Solution:**
1 *elle est un peu gâtée*
2 *nous nous disputons souvent*
3 *je m'entends bien avec*
4 *mon père s'est remarié*
5 *je suis très proche de*
6 *de bonne humeur*
7 *je m'entends très bien avec eux*
8 *on ne se voit pas souvent*

b Students read the statements and decide whether they are true or false.

**Solution:**
1 V, 2 V, 3 F, 4 F, 5 V, 6 V, 7 F, 8 V

**Copymaster 1/3**

### Jeux de mots

See notes on pages 45–46 in Unit 1 Revision and additional practice.

**214 Au choix**

### [3] Des animaux

See notes on page 44 in Unit 1 Revision and additional practice.

**214 Au choix**

### [4] Un animal à la maison?

See notes on page 44 in Unit 1 Revision and additional practice.

## 2 À vous!

Students work in pairs to talk about their own families and pets.

**Copymaster 1/4**

### Quatre profils

See notes on page 46 in Unit 1 Revision and additional practice.

## 3 Phrases utiles

Students match the French phrases with their English equivalents to provide useful vocabulary that they can reuse.

**Solution:**
1 d, 2 b, 3 e, 4 g, 5 a, 6 f, 7 c

**12 CD 1 Track 7 Copymaster 1/5**

## 4 L'avis des jeunes

Students copy the table headings (or use Copymaster 1/5) and complete the table after listening to each speaker. For an easier task, the table could be partially completed beforehand.

**Solution:**

|   | Qui | On se ressemble? | On s'entend bien? | Autres details |
|---|---|---|---|---|
| 1 | père | – | ✓ | aide avec les devoirs, patient, ne s'énerve pas |
| 2 | sœur aînée | ✗ | ✓ | elle est relax, s'intéresse aux arts plastiques, veut être dessinatrice |
| 3 | demi-frère | – (12 ans de différence) | ✓ | mignon, adorable, commence à bavarder |
| 4 | mère | ✓ physiquement ✗ de caractère | ✗ | difficile, aime la solitude |
| 5 | tante | – | ✓ | sympa, généreuse, aime discuter |

**CD 1 Track 7**

### L'avis des jeunes

1 Je suis très proche de mon père. Il m'aide avec mes devoirs quand j'ai des difficultés. Il est très patient et il ne s'énerve jamais.

2 Ma sœur aînée a seize ans. Nous nous entendons bien, mais nous sommes très différentes. Je suis assez studieuse et je m'inquiète si je n'ai pas de bonnes notes au collège. Ma sœur est plus relax et elle ne s'intéresse pas beaucoup au travail scolaire; elle s'intéresse beaucoup aux arts plastiques et elle veut être dessinatrice.

3 J'ai un demi-frère qui a trois ans. Il est très mignon et adorable. Moi, j'ai quinze ans, alors il y a une différence d'âge de douze ans. Je l'adore et il m'aime beaucoup et me cherche quand je ne suis pas là. Il commence à bavarder et je lui lis des histoires.

4 Ma mère est assez sévère et on ne s'entend pas bien. Je la trouve souvent très difficile. On dit que nous nous ressemblons physiquement, mais nous sommes très différentes de caractère. Moi, je suis assez extravertie et j'aime être avec des gens, tandis que ma mère préfère la solitude.

5 Je m'entends bien avec ma tante. Elle habite tout près et je vais souvent chez elle le mercredi après le collège. Elle est très sympa et généreuse et j'aime bien discuter avec elle.

There is a further task based on this recording on Copymaster 1/5. See notes on page 46 in Unit 1 Revision and additional practice.

Tricolore 4 Teacher Book

# 1E La vie de tous les jours

### 12 Dossier-langue

**Reflexive verbs**

This covers the present tense of reflexive verbs. Students can then look for examples and think of other reflexive verbs they have used. Refer them to *Grammaire* 15.1a for a detailed list.

### 13

## 5 Des questions et des réponses

This gives practice in forming the present tense of reflexive verbs, in questions and answers.

a Students complete the questions.

Solution:
**1** *tu t'entends,* **2** *vous vous disputez,* **3** *tu t'amuses,* **4** *tes amis s'intéressent,* **5** *ton père s'énerve*

b Students now complete answers to the questions.

Solution:
**a** *ils s'intéressent,* **b** *je m'entends,* **c** *on ne se dispute pas,* **d** *il ne s'énerve pas,* **e** *je m'amuse bien*

c Then they match the correct answer to each question.

Solution:
**1** b, **2** c, **3** e, **4** a, **5** d

### Examination Grammar in Action 8

**Using reflexive verbs in the present tense**

This provides further practice in using reflexive verbs.

### Examination Grammar in Action 9

**Using the imperative**

This could be used at any convenient point for practice of the imperative form.

### 13

## 6 Forum des jeunes

a Students read the contributions to a discussion forum about family relationships and identify the person who corresponds to the details given.

Solution:
**1** Voldenuit, **2** Supersportif, **3** Alamode, **4** Perruchefolle, **5** Mistercool, **6** Tapismajik

b Students find in the forum text the French for the English phrases listed.

Solution:
**1** *l'avenir,* **2** *au fond,* **3** *moins souvent,* **4** *les mêmes goûts,* **5** *sauf,* **6** *la plupart,* **7** *ils se baladent*

### 13

## 7 À vous!

a Students describe their family.
b They give a more detailed description of one person, using language covered in spreads 1C and 1D.

---

# 1E La vie de tous les jours   pages 14–15

| Aims and objectives | Grammar and skills | Resources |
|---|---|---|
| • talk about your (least) favourite day | • the present tense<br>• *depuis/ça fait … que* + present tense<br>• improving written work | Key language: SB 22–23<br>Au choix: SB 214–215<br>Online: Kerboodle Resources and Assessment<br>Copymasters: 1/6<br>CD 1 Tracks 8–9<br>GiA: 10 |

### 14

## 1 Le jour que je préfère

Students read through the story of Hugo's day, getting the gist of the article, then read it again for more detail. Check they understand the meaning of *banlieue* and explain about the student area of Paris, *le Quartier latin*, if necessary. The article is mainly written in the present tense, and there are some examples of *depuis* and *ça fait … que* + present tense. Ask students which tense is used mainly and why, and ask them to find examples.

a Students first select the two statements that are not based on the text (2 and 8) and then put the others into chronological order.

Solution:
1, 10, 6, 4, 9, 7, 3, 5

b Activities b and c give some help with consolidation and gradual extension of vocabulary. Here, students find in the text the words and phrases which mean the opposite of those listed. For less able students, give the first letter of the answer, e.g. **1** *le j…,* **2** *la b…*

# 1E La vie de tous les jours

**Solution:**

1 *le jour*, 2 *la banlieue*, 3 *difficile*, 4 *chaud*,
5 *en hiver*, 6 *en automne*, 7 *tôt*, 8 *souvent*,
9 *près de*, 10 *vite*, 11 *s'il fait beau*, 12 *s'il fait froid*, 13 *on achète*, 14 *je me lève*

c Students now find the words and phrases which have the same meaning as those listed.

**Solution:**

1 *le jour que je préfère*, 2 *nous sommes en congé*, 3 *tôt*, 4 *une bande de copains*, 5 *près de*, 6 *pour rentrer chez nous*

### 15 CD 1 Track 8

## 2 Mon jour favori

Students first look at the verbs in the box and then listen to the recording to fill in the gaps. Alternatively, they could guess first and then use the recorded interview to check their ideas and fill in any remaining answers.

**Solution:**

1 c, 2 f, 3 a, 4 d, 5 e, 6 b, 7 g, 8 h

### CD 1 Track 8

### Mon jour favori

- Alors Élodie, tu as écrit ton article?
- Oui oui, c'est fini.
- Et quel est le jour que tu préfères?
- Ben, le jour que je préfère est le dimanche, d'abord parce que je ne vais pas au collège, et aussi parce que j'adore le déjeuner du dimanche, surtout lorsque mes grands-parents viennent, alors on mange bien!
- Et qu'est-ce que tu fais le dimanche?
- Le dimanche matin, je me lève assez tard, j'aime regarder la télé au lit, si je n'ai pas trop de devoirs, et puis le soir, ça dépend … quelquefois, je sors ou quelquefois, j'écoute de la musique.
- Je vois! Le dimanche est une bonne journée pour toi, Élodie!

### 214 Au choix

## [5] Xavier parle de son jour favori

See notes on page 44 in Unit 1 Revision and additional practice.

### 15

## 3 Un jour que je n'aime pas

For a change, this item describes a day that the writer does <u>not</u> like. Students supply the correct forms of the verbs to complete the article.

**Solution:**

1 *je me réveille*, 2 *je vais*, 3 *je suis*, 4 *je me lève*, 5 *ma sœur est*, 6 *je dois*, 7 *je frappe*, 8 *je me lave*, 9 *je m'habille*, 10 *je n'ai pas*, 11 *je finis*, 12 *j'arrive*, 13 *le professeur se fâche*, 14 *(un lundi typique qui) commence*

### Copymaster 1/6

## La vie quotidienne

See notes on page 46 in Unit 1 Revision and additional practice.

### 15 Dossier-langue

## *Depuis* with the present tense

This explains the use of the present tense with *depuis* and *Ça fait … que*.

### 15 CD 1 Track 9

## 4 Depuis quand?

Students listen to the recording and complete the summary by noting down the length of time mentioned in each case.

**Solution:**

1 *sept ans*, 2 *quatre ans*, 3 *trois ans et demi*,
4 *deux ans et demi*, 5 *deux ans*, 6 *un an*

### CD 1 Track 9

### Depuis quand?

- Salut, Jérémie. Je peux te poser des questions pour mon reportage?
- Bien sûr. Vas-y!
- Merci.
- D'abord, ça fait longtemps que tu habites cette ville?
- Oui, assez longtemps … euh … voyons, oui, ça fait sept ans que j'habite Bruxelles.
- Et depuis quand vas-tu à ce collège?
- Je vais à ce collège depuis quatre ans.
- Ah bon, et depuis combien de temps apprends-tu une langue étrangère?
- Ben, j'apprends l'anglais depuis trois ans et demi et l'allemand depuis deux ans et demi.
- Ah oui, comme moi, en effet!
- Et comme sport, qu'est-ce que tu fais à ton collège, et depuis quand fais-tu ce sport? Moi, je joue au foot, et depuis l'âge de treize ans, je joue au basket.
- Moi aussi, je joue au foot, et depuis deux ans, je joue au hockey aussi.
- As-tu un correspondant dans un autre pays?
- Bien sûr, mais c'est une correspondante, en effet, une correspondante anglaise.
- Ah bon! Ça fait longtemps que tu lui écris?
- Ça fait un an. Je lui écris depuis l'échange scolaire de l'année dernière.

### 215 Au choix

## [6] Ça fait longtemps

See notes on page 44 in Unit 1 Revision and additional practice.

Tricolore 4 Teacher Book

## 1F Des fêtes et des festivals

**Examination Grammar in Action 10**

### The present tense with *depuis* and *ça fait ... que*

This provides further practice in using these structures.

**15 Stratégies**

### Improving written work

This gives some tips about planning an article or a longer message, and a list of points to check when the item has been written.

**15**

### 5 À vous!

Students write an article about their favourite or least favourite day, using expressions from the articles to help them.

## 1F Des fêtes et des festivals   pages 16–17

| Aims and objectives | Grammar and skills | Resources |
|---|---|---|
| • talk about special occasions | • possessive adjectives (*mon*, *ma*, *mes*, etc.)<br>• expressions using *tout* | **Key language**: SB 22–23<br>**Online**: Kerboodle Resources and Assessment<br>**Copymasters**: 1/7<br>**CD 1** Tracks 10–12<br>**GiA**: 16 |

### Introduction

First, dictate some dates for students to write down and then read back, or ask students for the date of their birthday.

**16 CD 1 Track 10**

### 1 Les jours fériés

Students listen and complete the dates in the table.

> **Solution:**
> *le 1er janvier – le jour de l'an, le 1er mai – la fête du travail, le 8 mai – la fête de la Victoire 1945, le 14 juillet – la fête nationale, le 1er novembre – la Toussaint, le 11 novembre – l'Armistice 1918, le 25 décembre – Noël*

**CD 1 Track 10**

### Les jours fériés

– On dit qu'il y a beaucoup de jours fériés en France.
– Oui, c'est vrai – il y en a une douzaine en tout. Ça commence le premier janvier avec le jour de l'an.
– Oui, je crois que le jour de l'an est un jour férié dans beaucoup de pays. C'est pareil ici au Canada, par exemple.
– Puis, il y a Pâques. La date exacte change tous les ans, mais c'est toujours en mars ou en avril et on a deux jours de congé – le dimanche de Pâques et le lundi de Pâques. Mais le vendredi saint n'est pas un jour férié, sauf dans une région: l'Alsace.
– Puis en mai il y a beaucoup de fêtes, non?
– Oui, c'est vrai. Ça commence le premier mai avec la fête du travail.
– Une fête de travail quand on ne travaille pas – c'est bien ça!
– Puis le 8 mai, il y a la fête de la Victoire. Ça commémore la fin de la Deuxième Guerre mondiale en Europe en 1945. Et après il y a l'Ascension – la date n'est pas la même chaque année, mais c'est toujours en mai. Et vers la fin du mois ou en juin, il y a la Pentecôte.
– En juillet, il y a la fête nationale, non?
– Oui, le 14 juillet, c'est la fête nationale. Il y a un grand défilé à Paris et le soir il y a des feux d'artifice dans beaucoup de villes. Pendant les grandes vacances il y a le 15 août, ça c'est la fête de l'Assomption.
– Et en novembre il y a la Toussaint?
– Oui le premier novembre, c'est la Toussaint. Et le 11 novembre, c'est l'Armistice. Ça commémore la fin de la Première Guerre mondiale en 1918.
– Oui, c'était à la onzième heure du onzième jour du onzième mois.
– Et la dernière fête de l'année, c'est Noël. Tout le monde sait que la date de Noël est le 25 décembre.

**Additional festivals:** The following could also be mentioned, although they are not public holidays: *la veille de Noël, la Saint-Sylvestre, la fête des Rois (6 janvier), le Mardi Gras.*

**16**

### 2 Des textos

First, check that students are familiar with the greetings for different occasions, listed in Unit 1 *Sommaire* (SB 23). Students then write a short text or message using an appropriate greeting for each occasion.

**16 CD 1 Track 11**

### 3 La Saint-Sylvestre

a Students listen to the recording and decide whether the statements are *vrai ou faux*.

38   Tricolore 4 Teacher Book

# 1F Des fêtes et des festivals

**b** They correct the false statements.

> **Solution:**
> **1** V, **2** V, **3** F (Elle est allée chez son oncle), **4** F (Elle a fêté la Saint-Sylvestre à Paris), **5** F (Ils ont dîné dans un restaurant), **6** V, **7** F (À minuit on s'est dit «Bonne année!»), **8** V

🔊 CD 1 Track 11

### La Saint-Sylvestre

Nadia parle de la Saint-Sylvestre.

La Saint-Sylvestre (la veille du jour de l'an) on aime faire le réveillon. C'est-à-dire, qu'on ne se couche pas avant minuit. L'année dernière mon oncle nous a invités chez lui à Paris. Le soir nous avons dîné dans un bon restaurant. On nous a servi un grand repas délicieux. À minuit on s'est dit «Bonne Année» et on s'est embrassés et, dans la rue, tous les taxis ont klaxonné pour accueillir le nouvel an.

📖 16

## 4 La fête de Noël

Students find the missing verbs to complete the résumé.

> **Solution:**
> **1** est, **2** vient, **3** aide, **4** aiment, **5** allons, **6** chantons, **7** mangeons

📖 16 Dossier-langue

## Possessive adjectives (*mon, ma, mes,* etc.)

Students find three different words for 'my' in task 4 (*La fête de Noël*), then copy and complete the table of possessive adjectives. They can check their answers using the table in *Grammaire 6.1*.

📖 16

## 5 Un message

Students choose the correct possessive adjective to complete Alex's message.

> **Solution:**
> **1** ton, **2** tes, **3** mes, **4** nos, **5** Leur, **6** ma

🖱 Copymaster 1/7

### Nos vacances

See notes on pages 46–47 in Unit 1 Revision and additional practice.

Examination Grammar in Action 16

## Using possessive adjectives: *mon, ma, mes*

This provides further practice in using possessive adjectives.

🔊 17 CD 1 Track 12

## 6 Aïd, une fête musulmane

Students listen to Karima describing the festival of Eid.

**a** They find the French for some phrases.

> **Solution:**
> **1** *la fin*, **2** *pendant la journée*, **3** *nous mettons de nouveaux vêtements*, **4** *toute la famille se réunit*, **5** *y vont aussi*

**b** They answer questions in English.

> **Solution:**
> **1** wear new clothes, offer gifts to friends, all the family get together, **2** any three from: special rice, lamb curry, vegetables, special desert called halva

🔊 CD 1 Track 12

### Aïd, une fête musulmane

Pour les musulmans, l'Aïd est une fête très importante. Elle marque la fin du Ramadan. Pendant le mois de Ramadan nous ne mangeons pas pendant la journée. Pour la fête, nous mettons de nouveaux vêtements, nous offrons des cadeaux aux amis et nous mangeons un repas magnifique. Toute la famille se réunit. Normalement nous allons chez mes grands-parents. Mes oncles, mes tantes et mes cousins y vont aussi. Les femmes préparent des plats – c'est très traditionnel. Nous mangeons un riz spécial, du curry d'agneau, des légumes et un dessert spécial qui s'appelle le «halva».

📖 17

## 7 Diwali

Students translate the text into English.

> **Solution:**
> (sample)
> My favourite festival is Diwali. It's a Hindu festival which takes place in October or November. It's a festival of light and we light lamps at home. We invite family and friends to a special meal. We eat well, we dance, we chat and we have fun.

For further practice, ask students some general questions, e.g. *Diwali, c'est une fête religieuse? Et la Saint-Sylvestre? C'est quand, la fête de Noël?*

📖 17 Stratégies

## Expressions using *tout*

This covers the use of *tout* in different expressions.

> **Solution:**
> **1** everything that's going on, **2** everyone, **3** all the time, **4** it's completely different, **5** it's not exactly like that

Tricolore 4 Teacher Book

# 1G Ça se fête!

**17**

## 8 À vous!

a Students work in pairs to discuss festivals.

b Students write a message of 80–100 words to describe a festival.

## 1G Ça se fête! pages 18–19

| Aims and objectives | Grammar and skills | Resources |
|---|---|---|
| • talk about family celebrations<br>• discuss clothing and fashion when going out | | Key language: SB 22–23<br>Au choix: SB 215<br>Online: Kerboodle Resources and Assessment<br>Copymasters: G/10, 1/8<br>CD 1 Tracks 13–14<br>GiA: 5, 11–12 |

### Introduction

Find out what students already know about marriage in France. Explain that traditionally there are two ceremonies: a civil ceremony and a church ceremony.

The civil wedding ceremony held at the town hall is the formal legal contract. The couple can then follow this with a religious ceremony, a humanist service, or whatever celebration they choose. This is the case for both heterosexual and same-sex couples. Same-sex marriage was legalised in France in 2013, although citizens of countries where same-sex marriage is not legal must abide by their own laws while in France.

**18 CD 1 Track 13**

### 1 Le mariage de ma cousine

Students listen and choose the correct answer.

> **Solution:**
> **1** b, **2** b, **3** c, **4** b, **5** b, **6** c, **7** c, **8** a

**CD 1 Track 13**

#### Le mariage de ma cousine

– Tout s'est bien passé pour le mariage de Sophie et de Nicolas?
– Ah oui, c'était vraiment très bien.
– Comment ça s'est passé?
– Alors, d'abord il y a eu le mariage civil à la mairie. Là il y avait seulement les parents, les frères et sœurs, et les grands-parents de Sophie et de Nicolas. Nous, nous n'avons pas assisté au mariage civil.
– Et après il y a eu le mariage religieux?
– Oui, le mariage religieux a eu lieu dans l'église Saint-Jean.
– Il y avait beaucoup d'invités?
– Oui, au mariage religieux il y avait environ cent personnes. Après la cérémonie, il y a eu le vin d'honneur. On a bien mangé et on a bu du vin et du champagne. Ensuite nous sommes allés à la salle des fêtes pour la réception. Il y a eu un grand repas avec des discours.
– Ça a duré longtemps?
– Ah oui, on a été à table pendant cinq ou six heures.
– Et puis le soir, il y a eu un bal?
– Oui. Les mariés ont fait la première valse, et ensuite tout le monde a dansé.
– Ça a continué tard?
– Jusqu'à trois heures du matin! C'était vraiment une journée inoubliable.

**18**

### 2 Joyeux anniversaire!

Students read Malik's message, in which he describes how he will celebrate his birthday this year.

a They answer the *vrai ou faux?* questions.

> **Solution:**
> **1** F (il invite deux ou trois copains à fêter son anniversaire), **2** F (il a 15 ans), **3** V, **4** F (il va aller à un concert), **5** V, **6** F (il a reçu deux billets de ses parents), **7** V

b They find the French for some key phrases.

> **Solution:**
> **1** pour fêter mon anniversaire, **2** l'année dernière, **3** ça va être différent, **4** le célèbre chanteur belge, **5** ça va être génial

**215 Au choix**

### [7] L'anniversaire de Chloë

See notes on pages 44–45 in Unit 1 Revision and additional practice.

**18**

### 3 Mon anniversaire

a Students work in pairs to talk about birthdays.
b Students write down some of their replies, using the present and perfect tenses, as preferred.

**Copymaster 1/8**

### Les évènements de famille

See notes on page 47 in Unit 1 Revision and additional practice.

40 Tricolore 4 Teacher Book

# 1G Ça se fête!

### 19 CD 1 Track 14

## 4 Quoi mettre?

a Students read through the questions and find two possible answers.

**Solution:**
**1** c + d, **2** b + e, **3** f + h, **4** a + g

b Students listen to the recording and note which answer is given.

**Solution:**
**1** d, **2** e, **3** h, **4** a

c Students work in pairs to practise similar conversations.

### CD 1 Track 14

### Quoi mettre?

- Dans notre émission aujourd'hui, nous allons parler de la mode et surtout de ce que vous aimez porter quand vous êtes invité à une fête. Soigner son look, porter les bonnes marques, être à la mode, est-ce que tout ça, c'est important? Est-ce que les jeunes filles aiment porter des bijoux? Y a-t-il des couleurs qu'on préfère mettre ou qu'on ne met jamais? Nous allons commencer avec vous, Léa. Si on vous invite à une fête, qu'est-ce que vous mettez de préférence?
- Si je sors, je mets souvent une robe ou un pantalon et une veste. Je fais un effort pour bien m'habiller.
- Et vous, Enzo, est-ce qu'il y a des couleurs que vous aimez souvent mettre?
- Alors comme couleurs, moi je mets souvent des couleurs foncées, comme le noir, le bleu marine, le gris foncé. Ma couleur préférée est le noir.
- Des couleurs foncées, d'accord. Et vous, Youssef, quelles sont les couleurs que vous ne mettez jamais?
- Alors, les couleurs que je ne mets jamais sont le rose, le jaune, l'orange.
- D'accord, vous n'aimez pas ces couleurs. Passons maintenant aux bijoux. Je sais que c'est interdit de porter des bijoux au collège, mais quand vous sortez le soir ou le weekend, aimez-vous porter des bijoux, Fatima?
- Ah oui. Moi, j'adore porter des bijoux, surtout des boucles d'oreille. J'en ai beaucoup, alors je choisis des boucles d'oreille qui vont avec ma tenue.
- Très bien. Alors, un grand merci à tous. C'est la fin de notre émission.

### 19

## 5 Forum des jeunes: La mode

Students read the views about clothing, fashion and designer labels.

a They find the French for some phrases.

**Solution:**

**1** Pour moi, la mode n'a aucune importance.

**2** Il est cher et difficile de suivre la mode.

**3** C'est indémodable.

**4** C'est dommage qu'on accorde tant d'importance aux vêtements de marque.

**5** Je trouve ça injuste.

b They identify the person whose opinion is described.

**Solution:**
**1** Voldenuit, **2** Perruchefolle, **3** Metro-gnome, **4** Alamode, **5** Supersportif

### 19

## 6 À vous!

a Students work in pairs to discuss clothing and fashion.

b They write a contribution to an online discussion.

### 215 Au choix

## [8] Qu'est-ce qu'on répond?

See notes on page 45 in Unit 1 Revision and additional practice.

### 215 Au choix

## Stratégies

These *Stratégies* focus on working out meanings and identifying patterns in masculine and feminine forms of nouns. See notes on page 45 in Unit 1 Revision and additional practice.

### Examination Grammar in Action 5

## Answering questions

This provides further practice in answering questions and could be used at this point, if not used earlier.

### Examination Grammar in Action 11–12

## Using nouns – masculine and feminine, singular and plural

If not used earlier, these pages could be used here for further practice of masculine, feminine and plural forms of nouns.

### Copymaster G/10

## On écrit des messages

See notes on page 26.

# 1H Contrôle

## 1H Contrôle   pages 20–21

| Aims and objectives | Grammar and skills | Resources |
|---|---|---|
| • practise exam techniques<br>• find out what you have learnt | | **Key language:** SB 22–23<br>**Online:** Kerboodle Resources and Assessment<br>**Copymasters:** 1/10–1/15<br>**CD 1** Tracks 15–17, 23–28<br>**SCD 1** Tracks 2–7 |

This spread provides assessment tasks, in all four skills, which follow the style of assessment offered by some awarding bodies. It is intended to provide practice in the different assessment techniques as well as to assess knowledge of the content of the unit.

In Unit 1, as the main emphasis is on the present tense, the tasks do not emphasise the use of different tenses, despite this being a requirement for GCSE grade C and above.

If you wish students to practise a range of tenses, the tasks for speaking and writing could be adapted, by adding questions about recent and future activities with family and friends, such as a recent or future celebration.

Additional assessment material, using literary extracts for reading and photos for oral work, is provided in the five *C'est extra!* spreads which appear after Units 2, 4, 6, 8 and 10.

Teachers should adapt the tasks as necessary to suit the needs of their students. Board-specific examination practice, written by experienced examiners, is provided online.

## Listening

**20**

### Preparation

This gives some tips for doing tasks in listening and reading comprehension.

**20 CD 1 Track 15**

### 1 La famille

Students listen to Thomas talking about his family and choose the correct answer.

**Solution:**
**1** a, **2** c, **3** c, **4** c.

**CD 1 Track 15**

### La famille

- Thomas, il y a combien de personnes dans ta famille?
- Dans ma famille, il y a trois personnes: mes parents et moi. Je suis enfant unique. Je n'ai pas de frères et sœurs mais j'ai un chien qui s'appelle César.
- Tes parents, qu'est-ce qu'ils font dans la vie?
- Mon père est ingénieur. Il travaille souvent à l'étranger, par exemple en Inde. En ce moment il passe une semaine à Mumbai pour son travail. Ma mère est prof de chimie au lycée.
- Tu vois tes grands-parents de temps en temps?
- Oui, je vois mes grands-parents chaque semaine. Ils habitent dans la même ville et ils viennent déjeuner à la maison, le dimanche.
- Tu t'entends bien avec qui dans ta famille?
- Je m'entends assez bien avec mon père. Quand il a le temps, nous allons au match de football ensemble. Avec ma mère c'est plus difficile: je trouve qu'elle s'intéresse trop à mon travail scolaire. Mes grands-parents sont très sympas. Je m'entends très bien avec eux, surtout avec ma grand-mère. Elle est photographe et elle s'intéresse beaucoup à la technologie, surtout à la photo numérique. Moi aussi, j'aime faire des photos.

**20 CD 1 Track 16**

### 2 Des amis

Students listen to Thomas talking about friends and answer the questions in English.

**Solution:**

**1** hair is short and light brown, he is not very tall

**2** any of the following: because he's intelligent, fun, never gets irritated/angry, plays football

**3** ten years

**4** football

**5** he has two sisters and a brother (Thomas is an only child)

**6** any of these qualities: loyal, trustworthy, understanding, not too self-centred

**CD 1 Track 16**

### Des amis

- À ton avis, les amis sont-ils importants?
- Oui, bien sûr. Pour moi, mes amis sont vraiment importants.
- Tu peux décrire un de tes amis?
- Oui, alors mon meilleur ami s'appelle Alex. Il a les cheveux courts et châtains. Il n'est pas très grand. Il est intelligent et amusant et il ne s'énerve jamais. On se connaît depuis dix ans et on est dans la même classe au collège. Comme moi, il aime jouer au football, et nous jouons, tous les deux, dans l'équipe du collège. Alex n'est pas enfant unique comme moi; il a deux sœurs et un frère. Il a aussi deux chats.
- Quelles sont les qualités d'un bon ami, selon toi?
- À mon avis, un bon ami est quelqu'un qui est loyal, en qui on peut avoir confiance, quelqu'un qui est compréhensif et qui n'est pas trop égoïste.

Tricolore 4 Teacher Book

# 1H Contrôle

## 20 CD 1 Track 17

### 3 Les fêtes

Students listen to Yassine talking about his birthday and other celebrations and choose the three sentences which correspond to the recording.

Solution:
A, C, F

### CD 1 Track 17

**Les fêtes**

- C'est quand ton anniversaire?
- Mon anniversaire est le 4 décembre.
- Qu'est-ce que tu fais pour fêter ton anniversaire?
- Normalement, pour fêter mon anniversaire, j'invite deux ou trois copains à aller au cinéma ou à un concert et on mange ensemble dans un fastfood, comme une pizzeria. J'adore les pizzas.
- Qu'est-ce que tu aimes comme films?
- J'aime bien les films à suspense, comme les films de James Bond et j'aime aussi des films où il y a des effets spéciaux.
- Quelle est ta fête préférée?
- J'aime Noël, mais je crois que ma fête préférée est la Saint-Sylvestre. Quelquefois, nous allons à Paris, chez mes cousins. Tout le monde aide à préparer le repas pour le réveillon. On mange super bien, on fait des jeux et on s'amuse beaucoup. À minuit, c'est vraiment magique.

## Speaking

### 20

### 1 Role play

This gives an outline for a role-play conversation about family life. Students could think about the questions which might be asked, perhaps looking back through the unit for ideas.

a  As preparation, students read the conversation in pairs.
b  They invent a slightly different conversation on the same topic.

### 20

### 2 Une conversation

Students work in pairs to make up a conversation, using the questions listed as a guideline.

## Reading

### 21

### 1 Un forum

Students read the contributions to a web discussion forum and identify the person who matches each statement.

Solution:
**1** C, **2** N, **3** J, **4** R, **5** N, **6** J

### 21

### 2 A traditional celebration

Students read the article about *Carnaval* in the French Caribbean and answer the questions in English.

Solution:
1 they make costumes and chariots, they choose a carnival queen and queen mother
2 people gather in the street
3 to watch the procession and to have fun
4 zouk
5 red
6 as a sign of mourning

### 21

### 3 Translation

Students translate the passage into English.

Solution:
(sample)
Mothering Sunday is an annual festival which is celebrated in many countries. On this day, children and adults give a card, and sometimes a present, to their mother. The date of the festival varies according to the country but it's normally a Sunday. In France, Belgium and Switzerland, for example, Mothering Sunday takes place in May, whereas in the UK, Mothering Sunday is in March or April.

## Writing

### 21

### 1 Ma vie d'adolescent(e)

Students write an entry for their blog of about 90 words in French about family life and clothing.

### 21

### 2 Le Nouvel An

Students write an article of about 100 words about New Year celebrations.

### 21

### 3 Traduction

Students translate five sentences into French.

Solution:
(sample)
1 *Mon meilleur ami s'appelle Lucas.*
2 *Il est de taille moyen et il a les cheveux roux.*

Tricolore 4 Teacher Book

# 1 Revision and additional practice

3 *Nous jouons au football ensemble le samedi/ tous les samedis.*
4 *C'est son anniversaire mercredi prochain.*
5 *Il organise une fête au centre sportif.*

**22–23**

## Sommaire 1

This is a summary of the main topic vocabulary of the unit, also available on copymaster.

# 1 Revision and additional practice

**Resources**

**Key language:** SB 22–23
**Au choix 1:** SB 214–215
**Online:** Kerboodle Resources and Assessment
**Copymasters:** 1/1–1/15
**CD 1** Tracks 18–28
**SCD 1** Tracks 2–7

## Au choix

**214 Au choix  CD 1 Track 18**

### 1 Comment ça s'écrit?

Revise the French alphabet and ask students to spell names of their family and home town or village. They then listen and write down each word and select the correct category.

**Solution:**
**1** b, **2** a, **3** d, **4** f, **5** g, **6** e, **7** c

**CD 1 Track 18**

**Comment ça s'écrit?**

1  j a u n e
2  A l l e m a g n e
3  g u i t a r e
4  h i v e r
5  P â q u e s
6  e s p a g n o l
7  b a s k e t

**214 Au choix**

### 2 J'ai besoin d'un conseil

Students read the two messages and answer the questions in English.

**Solution:**
(sample)

1 Her best friend (or so she thought) is going out with her ex-boyfriend and she's not sure what to do.
2 They say they could all three remain friends.
3 Swimming and walking in the country.
4 She has sent him emails.
5 She doesn't have his number.
6 Keep sending him emails or forget him.

**214 Au choix**

### 3 Des animaux

For those wishing to cover the topic of pets, students can copy out the list with the English translations. They can check their answers by referring to Unit 1 *Sommaire* (SB 23).

**214 Au choix**

### 4 Un animal à la maison?

Students match the correct answer to each question.

**Solution:**
**1** f, **2** d, **3** a, **4** c, **5** e, **6** b

**214 Au choix**

### 5 Xavier parle de son jour favori

For further practice, students complete this summary by putting the verbs into the correct form of the present tense.

**Solution:**
**1** *est*, **2** *va*, **3** *travaillent*, **4** *reste*, **5** *écoute*, **6** *suis*, **7** *veux*, **8** *ai*, **9** *apprends*, **10** *dors*

**215 Au choix**

### 6 Ça fait longtemps

Students reply to questions about their own circumstances, using *depuis* and *Ça fait … que*.

**215 Au choix**

### 7 L'anniversaire de Chloë

Chloë describes a past birthday (using the perfect tense and *c'était*). If you prefer not to cover the perfect tense until it is fully revised in Unit 2, this task could be left until later.

a  Students complete the sentences using nouns from the text.

Tricolore 4 Teacher Book

# 1 Revision and additional practice

Solution:

1 *anniversaire*, 2 *portable*, 3 *un jean*, 4 *nuit*, 5 *gâteau*, 6 *musique*, 7 *minuit*, 8 *actrice*

**b** Students find the opposite of the words and phrases listed. The adjectives are all given in the masculine singular although different forms are used in the text.

Solution:

1 *dernier*, 2 *nouveau*, 3 *bon*, 4 *petit*, 5 *j'ai beaucoup aimé*, 6 *nous nous sommes couchées*, 7 *minuit*

📖 **215 Au choix**

## 8 Qu'est-ce qu'on répond?

This task involves matching questions and answers which use different tenses.

Solution:

1 b, d, 2 a, c, 3 g, h, 4 f, i, 5 j, l, 6 e, k

📖 **215 Au choix**

## Stratégies

The first part of this *Stratégies* box looks at similarities between English and French words as clues to meaning, e.g. *célèbre* is similar to 'celebrity'.

The second part encourages students to identify patterns in masculine and feminine forms of nouns.

# Copymasters

▶ **Copymaster 1/1**

## On fait des interviews

In this information-gap activity, each person asks their partner questions in order to complete their chart. The task could include practice in spelling out proper names, especially those with accented letters or cedillas. Students could also make up details of two more people and ask each other questions to fill in the descriptions.

▶ **Copymaster 1/2**

## Les pays et les continents

This could be used initially for some oral question-and-answer work:

– *Numéro 1, c'est quel pays? L'Irlande, c'est quel numéro?*

### 1 Les pays et les continents

Students then complete the key, either from their own general knowledge or by consulting an atlas. There is a list of countries and continents in Unit 1 *Sommaire* (SB 22).

Solution:

*l'Afrique* – 18, *l'Allemagne* – 12, *l'Angleterre* – 4, *l'Asie* – 23, *la Belgique* – 9, *le Canada* – 20, *le Danemark* – 7, *l'Écosse* – 2, *l'Espagne* – 15, *les États-Unis* – 22, *la France* – 11, *l'Inde* – 24, *l'Irlande* – 1, *l'Italie* – 17, *le Luxembourg* – 10, *le Maroc* – 19, *la Norvège* – 6, *le Portugal* – 16, *le Pakistan* – 25, *les Pays-Bas* – 8, *le pays de Galles* – 3, *la République tchèque* – 13, *le Québec* – 21, *la Suède* – 5, *la Suisse* – 14

### 2 De quelle nationalité sont-ils?

Students work out the nationality according to the city where each person was born. They could look at the agreement of *né(e)(s)* for guidance on whether to use *il/elle/ils/elles*.

Solution:

1 *Il est grec.*

2 *Il est allemand.*

3 *Il est italien.*

4 *Elle est suisse.*

5 *Ils sont belges.*

6 *Elles sont espagnoles.*

### 3 Les plaques de nationalité

Students use adjectives of nationality to describe each car.

Solution:

1 *C'est une voiture allemande.*

2 *C'est une voiture irlandaise.*

3 *C'est une voiture française.*

4 *C'est une voiture britannique.*

5 *C'est une voiture américaine.*

6 *C'est une voiture espagnole.*

▶ **Copymaster 1/3**

## Jeux de mots

This provides practice of the vocabulary relating to family and pets.

Solution:

1 **Ma famille**

1 *tante*, 2 *oncle*, 3 *mère*, 4 *grand-père*, 5 *grand-mère*, 6 *neveu*, 7 *jumelles*, 8 *moi*

2 **Chasse à l'intrus**

1 *ami*, 2 *enfant*, 3 *tante*, 4 *l'Europe*, 5 *perroquet*, 6 *pays*, 7 *beau-frère*, 8 *la Belgique*

3 **Les animaux domestiques**

1 *un chat*, 2 *un cheval*, 3 *un chien*, 4 *un hamster*, 5 *un lapin*, 6 *un oiseau*, 7 *un poisson*, 8 *un serpent*, 9 *une souris*

# 1 Revision and additional practice

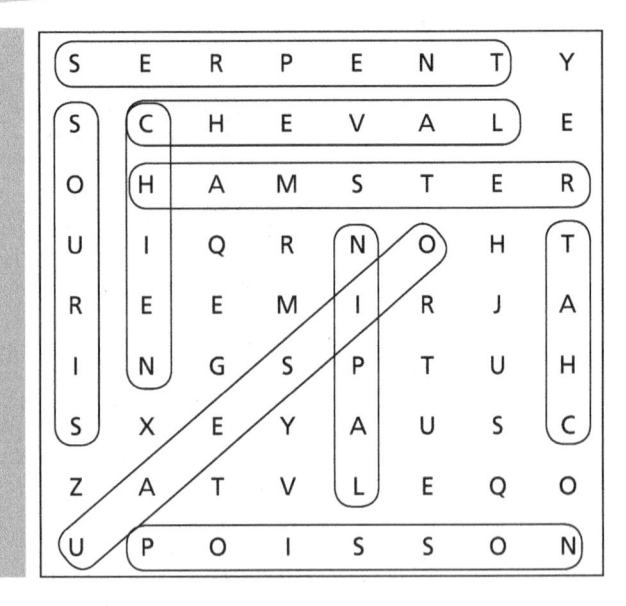

|   |   |   |   |   |   |   |   |
|---|---|---|---|---|---|---|---|
| S | E | R | P | E | N | T | Y |
| S | C | H | E | V | A | L | E |
| O | H | A | M | S | T | E | R |
| U | I | Q | R | N | O | H | T |
| R | E | E | M | I | R | J | A |
| I | N | G | S | P | T | U | H |
| S | X | E | Y | A | U | S | C |
| Z | A | T | V | L | E | Q | O |
| U | P | O | I | S | S | O | N |

### 4 Trouvez les voyelles

1 *une femme* – woman/wife, 2 *un frère* – brother,
3 *une nièce* – niece, 4 *une cousine* – cousin (female),
5 *une mère* – mother, 6 *une belle-fille* – daughter-in-law,
7 *les beaux-parents* – parents-in-law, 8 *une demi-sœur* – half-sister, 9 *un neveu* – nephew, 10 *un fiancé* – fiancé

▶ Copymaster 1/4

### Quatre profils

Students read the four profiles and answer the questions. The content can be used for oral practice, with students each choosing one of the people and responding about them using the third person. Profiles 3 and 4 are harder, giving scope for questions using *Depuis quand?* and *Pourquoi?*

Solution:

1 C'est qui?

1 MS, 2 AF, 3 JG, 4 MS, 5 AF, 6 MS, 7 AF, 8 JG, 9 AF, 10 RB

2 Quatre personnes différentes

1 *Il a 19 ans.*

2 *Il est né en avril.*

3 *Elle a 18 ans.*

4 *Elle est fille unique.*

5 *Ils sont français.*

6 *Ils habitent en France.*

7 *(La couleur la plus populaire est) le vert.*

8 *Depuis cinq ans.*

9 *Il joue aux échecs et il fait la cuisine.*

10 *Parce qu'elle est vétérinaire (et elle a deux enfants).*

📖 🔊 ▶ 12 CD 1 Track 7 Copymaster 1/5

### L'avis des jeunes
#### 1 La famille

This copymaster is used in conjunction with the recording for task 4 *L'avis des jeunes* on SB 12.

a Students complete the grid after listening to each speaker. For the transcript and solution, see TB 35.

b This provides practice of reflexive verbs, based on information given in the recording.

Solution:

1 *il ne s'énerve jamais*, 2 *nous nous entendons bien*, 3 *je m'inquiète*, 4 *Ma sœur s'intéresse*, 5 *Je ne m'entends pas*, 6 *nous nous ressemblons*

▶ Copymaster 1/6

### La vie quotidienne

This gives practice of the present tense of verbs and other vocabulary linked with daily life.

Solution:

1 Des conversations

A 1 *habitez*, 2 *habitons*, 3 *passons*, 4 *trouves*, 5 *aime*, 6 *parles*, 7 *apprends*, 8 *travaille*, 9 *gagne*

B 1 *Attends*, 2 *attend*, 3 *prend*, 4 *descendons*, 5 *rends*

C 1 *choisis*, 2 *finis*, 3 *finit*, 4 *finissent*, 5 *choisissons*

2 Mots croisés

|  | 1 | 2 | | 3 | | | 4 | 5 |
|--|---|---|-|---|-|-|---|---|
| 1 | T | R | A | V | A | I | L | L | O | N | S |
|   | R |   |   | I |   |   | I |   | N |   | U |
|   | O | 6R | E | N | D | S |   |   | T |   | I |
|   | U |   |   | N |   |   | E |   |   |   | S |
| 7 | V | O | N | T |   |   | N |   | 8C |   |   |
|   | E |   |   |   |   | 9T | U |   | H |   |   |
| 10S | A | 11V | E | Z |   |   |   |   | O |   |   |
|     |   | E |   |   | 12E |  | 13D | I | T |   |   |
| 14F | I | N | I | S | S | E | Z |   | S |   |   |
|    |   | E |   |   |   |   |   | 15I | L |   |   |
|    |   | Z |   | 16J | O | U | E | N | T |   |   |

▶ Copymaster 1/7

### Nos vacances
#### 1 On fait sa valise

This gives further practice of possessive adjectives.

Solution:

a 1 *ma*, 2 *mes*, 3 *mon*, 4 *mon*, 5 *ma*, 6 *mon*

b 7 *ta*, 8 *tes*, 9 *ton*, 10 *ton*, 11 *ton*, 12 *ton*

c 13 *sa*, 14 *ses*, 15 *son*, 16 *son*, 17 *sa*, 18 *son*

#### 2 Un message

Solution:

1 *nos*, 2 *notre*, 3 *nos*, 4 *Notre*, 5 *notre*, 6 *nos*, 7 *votre*, 8 *vos*, 9 *vos*, 10 *vos*

#### 3 On fait des photos

a Students complete the captions using *leur* or *leurs*.

46 Tricolore 4 Teacher Book

# 1 Revision and additional practice

> **Solution:**
> 1 *leur*, 2 *leur*, 3 *leurs*, 4 *leurs*

**b** They then write a suitable caption for each picture.

> **Solution:**
> 1 *leur chien*, 2 *leurs chats*, 3 *leur maison*, 4 *leurs enfants*

### Copymaster 1/8

## Les évènements de famille

This gives practice of dates, family events, messages and greetings.

> **Solution:**
>
> **1 Comprenez-vous le carnet du jour?**
> 1 V, 2 V, 3 PM, 4 F *(Isabelle est la mère de Léa)*, 5 F *(Sophie est l'aînée)*, 6 V, 7 F *(Il est mort le 20 août)*, 8 PM, 9 V, 10 F *(Il est mort et sa femme est veuve)*
>
> **2 Cartes de vœux**
> **a** *M. et Mme Masson*, **b** *le Docteur et Mme Debreu*, **c** *Isabelle Michelin*, **d** *Mme Gérard Vincent*, **e** *Mme Robert Michelin*, **f** *Agnès Legrand*

### Copymaster 1/9   CD 1 Tracks 19–22

## Tu comprends?

### 1 Comment ça s'écrit?

Students listen and write down the details.

> **Solution:**
> 1 Marchadier, 2 Adeline, 3 Ulysse, 4 Saint-Lucien, France, 5 04 49 63 81 27

### CD 1 Track 19

**Comment ça s'écrit?**

**Exemple**: Ma correspondante s'appelle Vanessa. Ça s'écrit V–A–N–E–S–S–A.

1 Son nom de famille est Marchadier. Ça s'écrit M–A–R–C–H–A–D–I–E–R.
2 Sa sœur s'appelle Adeline – c'est A–D–E–L–I–N–E.
3 Son frère s'appelle Ulysse. Ça s'écrit U–L–Y–deux S–E.
4 Ils habitent à Saint-Lucien. C'est un village dans le sud de la France. Ça s'écrit S–A–I–N–T - L–U–C–I–E–N.
5 Son numéro de téléphone est le 04 49 63 81 27.

### 2 C'est quelle image?

Students listen to the conversations and write the correct letter for each picture.

> **Solution:**
> 1 D, 2 A, 3 F, 4 E, 5 C

### CD 1 Track 20

**C'est quelle image?**

**Exemple**: J'ai les cheveux noirs, longs et raides et je porte des lunettes.

1 J'ai les cheveux courts. Ils sont blonds et frisés et je n'ai pas de lunettes.
2 Mon frère est assez mince et il n'est pas grand. Il a les cheveux blonds.
3 J'ai les cheveux en queue de cheval et je suis grand. Aujourd'hui, je porte mes lunettes de soleil.
4 Voici ma correspondante, Jamilla. Elle a les cheveux noirs et bouclés et je trouve qu'elle est très jolie. Pourtant, elle dit qu'elle doit faire plus d'exercice parce qu'elle croit qu'elle est trop grosse.
5 Voici mon ami, Nicolas. Il a les yeux marron et les cheveux châtains. Il aime mettre son tee-shirt bleu clair avec le logo de son club de rugby. Il adore le rugby!

### 3 Mes préférences

Students listen to the interviews and complete the table with the correct letters. This item includes practice of some basic clothing vocabulary including *un jean*, *un short*, *un sweat*, *une jupe*, *une veste* and *des baskets*.

> **Solution:**
>
> |  | Vêtement | Couleur | Activité |
> |---|---|---|---|
> | **Exemple:** Christelle | A | bleu | I |
> | **1** Djamel | B | vert | F |
> | **2** Jasmine | D, A, C | noir et blanc | G, L |
> | **3** Jean-Marc | E | noir, violet | H, M |

### CD 1 Track 21

**Mes préférences**

– Ce soir, je suis au club des jeunes à Saint-Lucien et on discute des préférences des jeunes d'aujourd'hui. Christelle d'abord. Quels sont tes vêtements favoris?
– Comme vêtements, j'aime surtout être en jean.
– Et ta couleur préférée?
– C'est le bleu. J'ai les yeux bleus et j'aime les vêtements bleus aussi.
– Et qu'est-ce que tu fais comme loisirs?
– Je fais toutes sortes de choses, mais j'aime surtout aller au cinéma.
– Merci. Maintenant, je vais parler à Djamel. Quels sont tes vêtements et ta couleur préférés?
– Alors moi, j'aime mettre un short et un tee-shirt, s'il fait assez chaud, et comme couleur, j'aime le vert.
– Et ton passetemps favori, c'est quoi?
– J'adore le sport, je joue au rugby et au basket – je suis très sportif.
– Je vais poser des questions maintenant à Jasmine. Qu'est-ce que tu aimes comme vêtements, Jasmine?
– Dans la semaine, je mets mon jean et mon sweat avec le logo de mon groupe préféré. Pour sortir le vendredi soir, je m'habille un peu. Je mets ma jupe longue et ma veste.
– Et comme couleurs, qu'est-ce que tu aimes?

Tricolore 4 Teacher Book

# 1 Revision and additional practice

- Comme couleurs, j'aime le noir et le blanc. Je n'aime pas tellement les couleurs vives.
- Quels sont tes loisirs favoris, Jasmine?
- Comme loisirs, j'aime surtout la musique et la lecture. Ma mère dit que j'achète trop de livres et de magazines! …
- Pour terminer, je vais parler à Jean-Marc. Dis-moi tes préférences, Jean-Marc.
- Comme vêtements, j'aime être en baskets et porter un pantalon décontracté – mais je n'aime pas beaucoup mettre un jean. C'est démodé, à mon avis!
- Et comme couleur, tu aimes …?
- Le noir, surtout le noir, et quelquefois, le violet. J'ai un tee-shirt violet que j'aime bien.
- Et comme activités, tu fais quoi?
- Un peu de tout, mais j'aime surtout les jeux vidéo et je fais aussi la cuisine. J'adore cuisiner et je prépare toutes sortes de plats pour ma famille.
- Un grand merci à tout le monde et bon appétit à la famille de Jean-Marc!

## 4 Des conversations

Students listen and tick the correct answers. They could use the corrected versions later as scripts to practise conversations in pairs.

**Solution:**

1 **Toi et ta famille**: **1** A, **2** C, **3** A, C, **4** B, **5** A

2 **Tes passetemps**: **1** B, **2** C, **3** A, **4** A, A, **5** C, **6** B

🔊 CD 1 Track 22

### Des conversations

**1 Toi et ta famille**
- Quel âge as-tu, Thomas?
- J'ai seize ans.
- C'est quand, ton anniversaire?
- C'est le dix-neuf janvier.
- Tu as des frères et sœurs?
- J'ai une sœur et un frère.
- Tu t'entends bien avec ta famille?
- Je m'entends bien avec mes parents, mais pas tellement avec mon frère. On se dispute assez souvent.
- Est-ce que tu as un animal à la maison?
- Oui, j'ai un lapin qui s'appelle Dodu.
- Tes animaux préférés sont quoi?
- Mes animaux préférés sont les chats.

**2 Tes passetemps**
- Salut, Sophie. Je peux te poser des questions?
- Bien sûr!
- Qu'est-ce que tu fais comme sports?
- Je fais de la natation – j'aime bien ça.
- Quels sont tes loisirs favoris?
- J'aime faire du dessin et de la peinture et je joue du violon dans un orchestre.
- Quel est ton jour préféré?
- C'est le samedi.
- Le weekend, qu'est-ce que tu fais, normalement?
- Le samedi, je vais en ville avec mes amis. Le dimanche, je me repose.

- Le weekend dernier, qu'est-ce que tu as fait avec tes amis ou ta famille?
- Le samedi, je suis allée en ville avec ma meilleure amie. Le dimanche, je suis allée chez mes grands-parents.

## Révision: Unité 1

These worksheets can be used for an informal test of listening and reading or for revision and extra practice, as required.

🔊 Copymaster 1/10 CD 1 Tracks 23–25
SCD 1 Tracks 2–4

## Révision 1: Écouter – Partie A

### 1 Les animaux

Students listen to each speaker and write the correct letter by the animal mentioned.

**Solution:**
**1** B, **2** H, **3** E, **4** C

🔊 CD 1 Track 23, SCD 1 Track 2

### Les animaux

**Exemple:** Moi, j'adore les chiens surtout mon petit chien brun. Il s'appelle Saucisse et il est adorable.

1 – Je m'appelle Luc et j'adore les chats. À la maison, j'ai un grand chat noir et blanc.
2 – Nous habitons un appartement et nous avons deux poissons rouges. Les poissons sont dans un grand aquarium dans la salle de séjour.
3 – Moi, j'ai une petite souris blanche. Ma souris s'appelle Neige.
4 – Nous habitons une ferme à la campagne et nous avons beaucoup d'animaux. Mon animal préféré est mon cheval, Noisette. J'adore faire du cheval.

### 2 On parle des photos

Students listen to Lucas talking about some photos of a recent family party and complete the statements in English or in figures.

**Solution:**
**1** 30, **2** curly, **3** yellow, **4** green, **5** brother, **6** sister

🔊 CD 1 Track 24, SCD 1 Track 3

### On parle des photos

- Salut, Lucas. Tu as des photos de la fête, chez vous, le dimanche de Pâques?
- Oui, mais il y en a beaucoup: trente photos en tout.
- Le garçon aux cheveux blonds et frisés, c'est qui?
- C'est mon frère aîné.
- J'aime bien son pull jaune et noir.
- Voici ma sœur. Elle est assez grande avec les yeux verts.
- Tu t'entends bien avec ton frère et ta sœur?

# 1 Revision and additional practice

– Je m'entends bien avec mon frère. Il est amusant et sympa. Avec ma sœur, c'est plus difficile. Elle s'énerve facilement.

## 3 Des interviews
Students listen to the interviews and complete the grid.

### Solution:

| prénom | nom | âge | anniversaire | frères et sœurs | passe-temps |
|---|---|---|---|---|---|
| Patrick | Ex: Fardeau | 18 | 31 janvier | 2F, 1S | sport |
| Angèle | Malladon | 15 | 5 mai | 0F, 0S | cinéma |

🔊 CD 1 Track 25, SCD 1 Track 4

### Des interviews
1 – Bonjour!
   – Bonjour!
   – Comment t'appelles-tu?
   – Je m'appelle Patrick Fardeau.
   – Fardeau, ça s'écrit comment?
   – F–A–R–D–E–A–U.
   – Et quel âge as-tu?
   – J'ai dix-huit ans.
   – Ton anniversaire, c'est quand?
   – C'est le trente-et-un janvier.
   – As-tu des frères ou des sœurs?
   – Oui, j'ai deux frères et une sœur. Elle s'appelle Isabelle.
   – Et quel est ton passetemps préféré?
   – Le sport – je suis très sportif.

2 – Bonjour!
   – Bonjour!
   – Comment t'appelles-tu?
   – Je m'appelle Angèle Malladon.
   – Malladon, ça s'écrit comment?
   – M–A–L–L–A–D–O–N.
   – Et tu as quel âge, Angèle?
   – Quinze ans, presque seize ans.
   – Quinze ans, alors, et ton anniversaire, c'est quand?
   – Le cinq mai.
   – Ah, oui – c'est bientôt, en effet. Dis-moi Angèle, as-tu des frères ou des sœurs?
   – Non, non. Je suis fille unique.
   – Et ton passetemps préféré, qu'est-ce que c'est?
   – Le cinéma – j'adore le cinéma. C'est mon passetemps favori.

📋🔊 Copymaster 1/11 CD 1 Tracks 26–28
SCD 1 Tracks 5–7

## Révision 1: Écouter – Partie B

### 1 Que fait-on sur Internet?
Students listen to some French teenagers talking about how they use the internet and complete the grid.

### Solution:

| | email | shopping | music | school-work | blogs | discussion forums | films | games | phone calls |
|---|---|---|---|---|---|---|---|---|---|
| Charlotte | | | | Ex: ✓ | | | | | |
| Rémi | | | | | | | | ✓ | |
| Fatima | | | | | | ✓ | | | |
| Hugo | | | ✓ | | | | | | |
| Amélie | ✓ | | | | | | | | |
| Mathieu | | | | | | | | | ✓ |

🔊 CD 1 Track 26, SCD 1 Track 5

### Que fait-on sur Internet?
1 – Charlotte, est-ce que tu utilises Internet?
   – Oui, je me sers d'Internet pour mon travail scolaire. Je fais souvent des recherches pour mes devoirs.
2 – Rémi, qu'est ce que tu fais sur Internet?
   – J'aime beaucoup les jeux vidéo et quelquefois, je fais un jeu avec un copain sur Internet.
3 – Et toi, Fatima?
   – Moi, j'aime bien participer aux forums sur Internet. Je lis les réflexions et quelquefois j'écris quelque chose, moi-même, pour participer à la discussion. C'est toujours intéressant.
4 – Et toi, Hugo, qu'est-ce qui t'intéresse sur Internet? Qu'est-ce que tu regardes comme sites?
   – Je m'intéresse surtout aux sites qui s'occupent de la musique et de temps en temps je me connecte pour écouter les concerts de mes groupes préférés.
5 – Amélie, est-ce que tu utilises beaucoup Internet?
   – Non pas beaucoup, mais je vais en ligne de temps en temps, surtout pour l'e-mail. J'écris des e-mails à mes cousins en Australie et quelquefois je leur envoie aussi des photos.
6 – Et toi, Mathieu, qu'est-ce que tu fais sur Internet?
   – J'aime bien utiliser l'Internet. Mes grands-parents habitent au Canada et quelquefois nous avons une conversation en ligne. C'est très bien parce que nous avons une webcam, et pour les coups de téléphone gratuits ou pas chers c'est excellent.

### 2 Mon anniversaire
Students listen to Frédéric talking about his birthday and answer questions in English.

### Solution:
1 friends are on holiday
2 any two of: goes to cinema with friends, goes bowling, goes to a fast-food restaurant
3 a German friend
4 go to an (outdoor) rock concert, have a picnic

🔊 CD 1 Track 27, SCD 1 Track 6

### Mon anniversaire
– C'est quand, ton anniversaire?
– Mon anniversaire est le vingt-trois août.
– C'est en été, alors, et pendant les vacances?
– Oui, c'est ça. C'est bien d'avoir son anniversaire en août, mais l'inconvénient est que beaucoup de mes amis sont en vacances.

Tricolore 4 Teacher Book  49

# 1 Revision and additional practice

- Qu'est-ce que tu fais normalement?
- Normalement, pour fêter mon anniversaire, j'invite deux ou trois copains à aller au cinéma ou au bowling et après on mange dans un fastfood. L'année dernière, nous sommes allés voir un film de science-fiction. Cette année ça va être différent parce qu'un copain allemand vient chez nous cet été au mois d'août.
- Alors ton copain allemand sera là pour ton anniversaire?
- Oui, c'est ça – il sera là pour mon anniversaire. Je voudrais aller à un concert de musique rock et je pense qu'il aimera ça aussi. En été, on organise des concerts en plein air et on peut faire un piquenique en même temps. Ça va être sympa.

## 3 La famille et les amis

Students listen to the discussion between Alain, Sandrine and Magali about friends and family and answer the questions in English.

**Solution:**
**1** very well, **2** his two brothers,
**3** b, d, **4** her family lives abroad/in Guadeloupe,
**5** Alain: b, Sandrine: e, Magali: d

🔊 CD 1 Track 28, SCD 1 Track 7

### La famille et les amis

- Alain, est-ce que les amis sont très importants pour toi?
- Ben oui, assez importants. Mais comme je m'entends très bien avec ma famille – et que je sors souvent avec mes deux frères, ben, je suis rarement seul.
- Et pour vous, les filles, c'est la même chose? La famille est plus importante que les copains? Qu'en penses-tu Sandrine?
- Pour moi, non – pas du tout. La famille, je l'apprécie quoi! Mais sans mes copains je ne saurais pas quoi faire, surtout le weekend et puis le soir. Je téléphone à mes amis, on bavarde, on discute de nos problèmes, on se raconte les petits incidents au lycée – je ne pourrais pas parler de tout ça avec ma famille!
- Et toi, Magali, tu es d'accord?
- Alors pour moi, l'essentiel, c'est d'avoir au moins une bonne amie qui est sûre de rester loyale. Comme ma famille habite toujours en Guadeloupe, je serais seule sans Marie-Claire – c'est mon amie. Je la connais depuis mon arrivée en France. En effet, une vraie amie, c'est comme un membre de la famille.

### Copymaster 1/12

## Révision 1: Lire – Partie A
### 1 J'ai de bons amis

Students read the text and the list of words and then write the correct letter in each gap.

**Solution:**
**1** d, **2** i, **3** g, **4** b, **5** f, **6** h

### 2 Qui a dit ça?

Students read what Laurent and Émilie have written about themselves, then read the statements and decide whether they apply to Laurent (L), Émilie (É) or both (B).

**Solution:**
**1** L, **2** L, **3** É, **4** B, **5** É, **6** L, **7** É, **8** L

### Copymaster 1/13

## Révision 1: Lire – Partie B (1)
### 1 Profil d'un jeune chanteur

Students read the article about a young pop star and choose the correct ending for each of the sentences that follow.

**Solution:**
**1** b, **2** a, **3** c, **4** c, **5** b, **6** b, **7** c, **8** a, **9** a, **10** b

### Copymaster 1/14

## Révision 1: Lire – Partie B (2)
### 2 Raphaël apprend à conduire

Students read the article and reply to the questions in English.

**Solution:**
**1** May, **2** 18, **3** not enthusiastic, **4 a** impatient, **b** anxious, **c** lazy, arrogant, **d** patient, **5** she works in Paris/gets home late, **6** wash the car

### Copymaster 1/15

## Révision 1: Grammaire

This provides revision of the following grammar points: question words, adjectives, possessive adjectives, the present tense.

### 1 Question words

**Solution:**
**1** quand, **2** Qui, **3** combien, **4** Où, **5** Quel

### 2 Adjectives

**Solution:**
**a 1** courts, **2** Joyeux, **3** religieuse, **4** nouveau, **5** mauvaise
**b 1** ma, **2** mes, **3** sa, **4** leurs, **5** son

### 3 Verbs

**Solution:**
**1** est, **2** fait, **3** jouons, **4** m'entends, **5** adore, **6** va, **7** me lève, **8** mets, **9** avons, **10** écris

### Copymaster Sommaire 1

## Sommaire 1

This is a summary of the main topic vocabulary of the unit, also available on SB 22–23.

Tricolore 4 Teacher Book

# Unité 2

## Unité 2   En ville et à la campagne   pages 24–43

| Aims and objectives | Grammar and skills | Vocabulary |
|---|---|---|
| **2A La France – destination touristique  pages 24–25** | | |
| • find out more about France | • *pouvoir, devoir, vouloir* + infinitive<br>• the present tense of *pouvoir* | The country, the region |
| **2B En ville  pages 26–27** | | |
| • understand descriptions of towns<br>• talk about a town | • *ce que j'aime/ce que je n'aime pas/ce qui est bien, c'est …* | Location; What's the town like?; In town and nearby |
| **2C Allez-y!  pages 28–29** | | |
| • ask for, understand and give directions to places | • the pronoun *y* | Directions |
| **2D Les transports en ville  pages 30–31** | | |
| • talk about transport in cities | • negative expressions (1): *ne … pas, ne … plus, ne … jamais, ne …rien, ne … personne* | Transport; Road travel; City transport; Traffic problems |
| **2E Ville ou campagne?  pages 32–33** | | |
| • talk about the countryside<br>• compare life in town and country | • negative expressions (2): *ne … aucun(e), ne … que, ne … ni … ni* | In the country<br>Opinions |
| **2F Pour découvrir la France  pages 34–35** | | |
| • talk about travel by train and by road<br>• describe a journey | • the perfect tense with *avoir* | Travel by train<br>Travel by road<br>Traffic problems |
| **2G Nous sommes partis  pages 36–37** | | |
| • talk about travel by air<br>• find out about Charles de Gaulle | • the perfect tense with *être* | Travel by air |
| **2H Contrôle  pages 38–39** | | |
| • practise exam techniques<br>• find out what you have learnt | | |
| **Sommaire  pages 40–41** | | |
| This lists the main topic vocabulary covered in the unit. | | |
| **C'est extra! A  pages 42–43** | | |
| • read an extract from a French book<br>• discuss photos<br>• practise exam techniques | • understanding texts<br>• speaking tips | |
| **Revision and additional practice** | | |
| • **Au choix 2**: SB 216–217<br>• **Online**: Kerboodle Resources and Assessment<br>• **Copymasters**: 2/1–2/14<br>• **CD 1** Track 39, **CD 2** Tracks 2–4, 8–18<br>• **SCD 1** Tracks 8–13 | | |

## Resources

**Student Book** 24–43
**CDs 1–2, Student CD 1**

### Copymasters

| | |
|---|---|
| 2/1 | Mots croisés – en ville |
| 2/2 | Le jeu des bâtiments |
| 2/3 | L'esprit négatif |
| 2/4 | La vie à la campagne |
| 2/5 | À la gare |
| 2/6 | Voyager en avion |
| 2/7 | Accident de rivière |
| 2/8 | Des voyages récents |
| 2/9 | Tu comprends? |
| 2/10 | Révision 2: Écouter – Partie A |
| 2/11 | Révision 2: Écouter – Partie B |
| 2/12 | Révision 2: Lire – Partie A |
| 2/13 | Révision 2: Lire – Partie B |
| 2/14 | Révision 2: Grammaire |
| | Sommaire 2 |

# 2A La France – destination touristique

## Au choix SB 216–217

1. Des définitions
2. À l'office de tourisme
3. Ça ne va pas!
4. La ville est belle à vélo
5. En France
6. On parle du weekend dernier
   **Dossier-langue** Time expressions
7. Où vont-ils?
8. Les noms des rues – un cours d'histoire

## Examination Grammar in Action 17–26

Using prepositions
Using the pronoun *y*
Using the negative
Using the perfect tense (1) – regular verbs with *avoir*
Using the perfect tense (2) – irregular verbs with *avoir*
Using the perfect tense (3) – verbs with *être*
Using the perfect tense (4) – verbs with *avoir* and *être*
Using the perfect tense (5) – asking questions
Using the negative with the perfect tense
Using the present and perfect tenses

## 2A La France – destination touristique   pages 24–25

| Aims and objectives | Grammar and skills | Resources |
|---|---|---|
| • find out more about France | • *pouvoir, devoir, vouloir* + infinitive<br>• the present tense of *pouvoir* | Key language: SB 40–41<br>Online: Kerboodle Resources and Assessment<br>CD 1 Track 29 |

### Introduction

Use the map of France (SB 24) to talk briefly about France and to revise points of the compass, rivers, mountains, bordering countries, seas, etc. The figures after each town indicate the distance from Paris and can be used to revise asking about distance. All distances in France are measured from *le point zéro*, in front of Notre Dame cathedral in Paris. A plaque indicates the exact spot. Talk about different aspects of the country and ask some questions, e.g.

– La France est un pays très varié. Beaucoup de touristes la visitent chaque année. Et beaucoup de Français préfèrent passer leurs vacances dans une autre région de France que d'aller à l'étranger.
– En France on trouve de tout: des villes importantes, comme Paris, Lyon, Marseille, Strasbourg, Nice. Nice, c'est à quelle distance de Paris?
– Il y a de grands fleuves, comme la Loire, la Garonne, la Seine et le Rhône.
– Il y a des montagnes, comme les Alpes, les Pyrénées et les Vosges où l'on peut pratiquer des sports d'hiver.
– La France a six côtés. Voilà pourquoi on l'appelle quelquefois 'L'Hexagone'. Trois côtés de la France sont bordés par la mer. Comment s'appellent les trois mers?
– Les trois autres côtés forment des frontières avec d'autres pays. Comment s'appellent les pays qui ont une frontière commune avec la France?
– Donnez-moi un exemple d'une ville dans le nord/ sud de la France/un exemple d'un fleuve, des montagnes, d'une mer.

The river Loire is considered to be the dividing point between north and south.

### 1 La France

Students consult the map and the table of statistics to find the answers to questions in French.

**Solution:**
**1** la Corse, **2** la Belgique, le Luxembourg, la Suisse, **3** les Pyrénées, **4** le Rhin, **5** la Loire, **6** la Manche, **7** la Belgique, **8** l'Italie, **9** 33, **10** .fr

### 25 CD 1 Track 29

### 2 Le savez-vous?

Students choose the correct answer to each question and then listen to check their answers.

**Solution:**
**1** c, **2** b, **3** a, **4** b, **5** c

CD 1 Track 29

**Le savez-vous?**

– Bonjour et bienvenue à notre jeu sur la France. Aujourd'hui, il y a cinq questions et il faut choisir la bonne réponse à chaque fois.
– Première question: la France est la première destination touristique du monde. Chaque année, il y a environ combien de visiteurs? a) 10 millions, b) 30 millions, c) 85 millions.
– La réponse correcte est c. Il y a environ quatre-vingt-cinq millions de touristes qui visitent la France chaque année. Oui, le tourisme est très important pour la France.
– Deuxième question: en raison de sa forme, on appelle la France a) le pentagone, b) l'hexagone, c) l'ovale.
– Ça, c'est plus facile. La bonne réponse est b – l'hexagone.

Tricolore 4 Teacher Book

# 2B En ville

- Maintenant, la question numéro trois: Le fleuve qui divise le nord du sud de la France s'appelle a) la Loire, b) le Rhin, c) le Rhône.
- Et la réponse correcte, c'est a. C'est la Loire qui sépare le nord du sud de la France.
- Question quatre: Les plus hautes montagnes de France (et d'Europe) sont a) les Pyrénées, b) les Alpes, c) les Vosges.
- La bonne réponse est b – les Alpes.
- Et maintenant, la dernière question: la France a presque la même population que le Royaume-Uni, mais c'est un pays a) plus petit, b) aussi grand, c) presque deux fois plus grand.
- Et la réponse correcte, c'est c. Oui, la France, c'est un grand pays – c'est comme ça qu'on a de la place pour tous ces touristes.
- Et voilà, c'est la fin de notre émission. Merci et au revoir.

### 25 Dossier-langue

## Two verbs together

This explains the use of verb + infinitive, using *pouvoir* as an example. Students could look for other examples on the page and translate them into English, e.g. in task 3, *on peut voir, vous pouvez traverser, On peut prendre, doivent payer, peuvent traverser*.

### 25

## 4 Les villes de France

a Students refer to the map to find the town that matches each description.

**Solution:**
**1** Strasbourg, **2** Calais, **3** Annecy, **4** Bordeaux, **5** Marseille

b They translate one (or more) text(s) into English.

### 25

## 5 À vous!

Students do some internet research about a town in France and write a description of about 50 words.

### 25

## 3 Trois ponts célèbres

Ask if anyone has visited or knows anything about any of the bridges. Students then complete the captions, using the words in the box.

**Solution:**
**1 a** *sud*, **b** *romain*, **2 c** *autoroute*, **d** *pont*, **3 e** *payer*, **f** *traverser*

# 2B En ville   pages 26–27

| Aims and objectives | Grammar and skills | Resources |
|---|---|---|
| • understand descriptions of towns<br>• talk about a town | • *ce que j'aime/ce que je n'aime pas/ce qui est bien, c'est …* | **Key language**: SB 40–41<br>**Online**: Kerboodle Resources and Assessment<br>**Copymasters**: 2/1<br>**CD 1** Tracks 30–31 |

### 26 CD 1 Track 30

## 1 Calais

Students complete the text, then listen to the conversation to check their work.

**Solution:**
**1** *ville*, **2** *moyenne*, **3** *habitants*, **4** *nord*, **5** *mer*, **6** *trois*, **7** *dans*, **8** *le port*, **9** *un musée*, **10** *magasins*

### CD 1 Track 30

## Calais

- Où habitez-vous?
- J'habite Calais.
- C'est une grande ville?
- Non, c'est une ville moyenne avec environ soixante-mille habitants.
- C'est où exactement?
- C'est dans le nord de la France. C'est au bord de la mer.
- Ça fait longtemps que vous habitez là?
- Mmm – depuis trois ans.
- Vous habitez en ville ou dans la banlieue?
- En ville, dans un appartement.
- Qu'est-ce qu'il y a comme distractions?
- Il y a le port, il y a un musée et des cinémas.
- Et dans la région?
- Il y a le tunnel sous la Manche. Il y a un grand centre commercial avec beaucoup de magasins qui s'appelle La Cité d'Europe.

### 26

## 2 Un dépliant sur Lyon

First, ask whether anyone has visited Lyon or knows anything about the city. Talk about the photos to make sure that students understand what they show, e.g.

- *Voici des photos de Lyon. Sur la photo A, on voit un concert dans une église. Lyon est un grand centre culturel avec des théâtres, un opéra, une maison de la danse et des musées.*

## 2B En ville

– *Sur la photo B, on voit un restaurant. On trouve beaucoup de petits restaurants à Lyon, surtout dans le vieux quartier.*
– *La photo C montre une rue piétonne. À Lyon, comme dans beaucoup de villes, il y a des rues piétonnes. Qu'est-ce que c'est, une rue piétonne? C'est une rue réservée aux personnes à pied, où il n'y a pas de voitures.*
– *La photo D montre des ruines romaines.*
– *Sur la photo E, on voit le centre commercial de La Part-Dieu. Qu'est-ce qu'on trouve dans un centre commercial? On trouve des magasins surtout, et quelquefois des banques, des salles de cinéma, etc.*
– *Et la photo F montre un moyen de transport à Lyon. Qu'est-ce que c'est? C'est le tramway.*

**a** Students identify the correct photo for each text.

> **Solution:**
> **1** D, **2** C, **3** A, **4** F, **5** E, **6** B

**b** Students complete the sentences about Lyon.

> **Solution:**
> **1** *grande, importante,* **2** *ruines,* **3** *rues,* **4** *musées, théâtres, cinémas,* **5** *complexe sportif, patinoire, piscine,* **6** *métro,* **7** *centre commercial,* **8** *bibliothèque,* **9** *restaurants*

**c** Students find in the texts the French for the English phrases listed.

> **Solution:**
> **1** *située sur deux fleuves,* **2** *une très longue rue piétonne,* **3** *on y trouve des librairies,* **4** *pour les sportifs,* **5** *plusieurs piscines,* **6** *pas cher,* **7** *un centre commercial,* **8** *surtout*

**Copymaster 2/1**

### Mots croisés – en ville

See notes on page 70 in Unit 2 Revision and additional practice.

**27**

### 3 Une ville anglaise

After reading this, ask some questions in French, e.g. *James habite où? (ville, situation, centre-ville/banlieue) Qu'est-ce qu'on organise dans la ville en juillet? Qu'est-ce que les touristes peuvent visiter dans la région? Pourquoi est-ce que James va à Gloucester? (Il y va …)*

**a** Students find the opposite of the words listed in the message.

> **Solution:**
> **1** *cet été,* **2** *l'ouest,* **3** *la banlieue,* **4** *beaucoup,* **5** *grand,* **6** *beau/belle,* **7** *loin,* **8** *artificielle,* **9** *j'aime* beaucoup

**b** Students read the message about Cheltenham and correct the errors.

> **Solution:**
> **1** *James habite dans une ville moyenne en Angleterre.*
> **2** *Il habite dans une maison dans la banlieue.*
> **3** *Dans sa ville, on organise un grand festival au mois de juillet.*
> **4** *Dans la région où il habite, il y a des collines.*
> **5** *De temps en temps, il va à une autre ville pour voir des matchs de rugby.*
> **6** *Il y va aussi pour faire du ski sur la piste de ski artificielle.*
> **7** *Il aime le sport et la musique.*

For translation practice, students could translate the last paragraph (or the entire message) into English.

**27 CD 1 Track 31**

### 4 Tu aimes ta ville?

First, ask students to locate the two towns on the map (SB 24) and describe their location. Before listening, they should read through the comments and think about which ones might apply to each town. Then they listen to the recording and note who made each comment.

> **Solution:**
> **1** Rémi, **2** Amélie, **3** Amélie, **4** Rémi, **5** Amélie, **6** Amélie, **7** Rémi, **8** Rémi

**CD 1 Track 31**

**Tu aimes ta ville?**

**Rémi**

Moi, j'habite à Rennes, et à mon avis c'est la meilleure ville au monde! Je ne la quitterai jamais. Ce que j'aime à Rennes, c'est le métro et les vélos – c'est très pratique pour se déplacer. J'aime aussi les espaces verts dans les différents quartiers de la ville. C'est la capitale de la Bretagne, et j'aime la culture bretonne, avec les crêpes et le cidre. C'est une ville universitaire, avec beaucoup d'étudiants – ça crée de l'ambiance. On n'est pas loin de la côte et Paris n'est qu'à deux heures de Rennes en TGV. Ce que je n'aime pas? Bon alors, comme dans toutes les grandes villes il y a la pollution et le bruit.

**Amélie**

J'aime habiter à Annecy parce qu'on est près des montagnes et que j'adore faire du ski. C'est une ville moyenne, pas trop grande ni trop petite. Nous habitons dans le vieux quartier, à deux minutes des magasins. Je l'aime bien parce que c'est un quartier très joli avec des petites rues étroites. Le soir en été, il y a de l'ambiance et j'aime sortir avec mes amis. Par contre, ce que je n'aime pas c'est qu'il y a trop de circulation et trop de touristes, surtout en été.

**27 Stratégies**

This covers the phrases: *Ce que j'aime, c'est …; Ce que je n'aime pas, c'est …;* and *Ce qui est bien, c'est qu'il y a …*

54 Tricolore 4 Teacher Book

# 2C Allez-y!

### 📖 27

## 5 À vous!
Students work in pairs to talk about a town they like, using the example as a script, if needed.

### 📖 27

## 6 Ma ville
Students write notes in the form of an ID card for their town or a short description for a website.

# 2C Allez-y! pages 28–29

| Aims and objectives | Grammar and skills | Resources |
|---|---|---|
| • ask for, understand and give directions to places | • the pronoun *y* | **Key language:** SB 40–41<br>**Au choix:** SB 216<br>**Online:** Kerboodle Resources and Assessment<br>**Copymasters:** 2/2<br>**CD 1** Tracks 32–33, **CD 2** Track 8<br>**GiA:** 17–18 |

### 📖 28

## 1 J'ai besoin de directions

**a** Students complete the questions using the appropriate form of each preposition.

> **Solution:**
> **1** *au*, **2** *à la*, **3** *aux*, **4** *à l'*, **5** *du*, **6** *de l'*, **7** *du*, **8** *de la*

**b** Students make up three more similar questions.

### 📖 🔊 28 CD 1 Track 32

## 2 Des touristes en ville

First, revise *tout droit, à gauche* and *à droite* by drawing lines or arrows on the board to illustrate the meanings. Check that students recognise the symbols used on the page (A = *la gare*, B = *un parking*, C = *une église*, D = *un hôpital*, E = *une piscine*, F = *un supermarché*, G = *le camping*, H = *l'auberge de jeunesse*).

Students then listen to the recording and find out the destination, the direction and the distance given. This can be varied according to ability level: some students could find out all three items, others only one or two.

> **Solution:**
> 1  **a** E, **b** ↑, **c** à 5 minutes
> 2  **a** C, **b** ↑, **c** 100 m
> 3  **a** F, **b** ←, **c** à 5 minutes
> 4  **a** D, **b** ↑→, **c** 500 m
> 5  **a** A, **b** ↑, **c** à 10 minutes
> 6  **a** H, **b** ←, **c** à 15 minutes
> 7  **a** G, **b** →, **c** 2 km
> 8  **a** B, **b** →, **c** 500 m

### 🔊 CD 1 Track 32

**Des touristes en ville**

1  – Pour aller à la piscine, s'il vous plaît?
   – Continuez tout droit jusqu'au carrefour et vous la verrez. C'est au coin de la rue.
   – Merci. C'est loin?
   – Non, c'est à cinq minutes d'ici.

2  – Pour aller à l'église Saint-Jean, s'il vous plaît?
   – Continuez tout droit jusqu'aux feux. C'est au bout de la rue.
   – Merci. C'est loin?
   – Non, c'est tout près, à cent mètres.

3  – Pardon, madame, est-ce qu'il y a un supermarché près d'ici?
   – Oui, il y a un supermarché rue Levert. Prenez la première rue à gauche et c'est au bout.
   – Très bien. Alors la première rue à gauche. C'est loin?
   – Non, à cinq minutes environ.

4  – Pardon, monsieur, est-ce que l'hôpital est près d'ici?
   – Euh … l'hôpital, voyons … ah oui, ce n'est pas loin. Continuez tout droit, traversez le pont et vous verrez l'hôpital sur votre droite. C'est à cinq-cents mètres environ.

5  – Pour aller à la gare, s'il vous plaît?
   – Continuez tout droit, tout droit jusqu'au rond-point et vous verrez la gare.
   – Je continue tout droit jusqu'au rond-point. Merci. C'est loin?
   – Non, c'est à dix minutes d'ici.

6  – Pour aller à l'auberge de jeunesse, s'il vous plaît?
   – Prenez la rue à gauche au coin de la rue.
   – Bon, je prends la rue à gauche. Et puis, c'est loin?
   – C'est à quinze minutes environ.

7  – Pardon, madame, est-ce que le camping est près d'ici?
   – Non, c'est assez loin. C'est à deux kilomètres environ. Vous êtes à pied?
   – Oui.
   – Bon, il faut descendre la rue à droite jusqu'au bout. Puis là, c'est un peu compliqué. Il faut demander à quelqu'un d'autre. Mais d'ici, vous prenez la rue à droite.

# 2C Allez-y!

> – Alors, pour commencer, nous prenons la rue à droite.
> 8  – Pardon, madame, est-ce qu'il y a un parking près d'ici?
> – Oui, il y a un parking, place de l'Hôtel de ville. Prenez la deuxième rue à droite et c'est au bout de la rue.
> – Très bien. Alors la deuxième rue à droite. C'est loin?
> – C'est à cinq-cents mètres environ.

**28**

## 3 Inventez des conversations

Working in pairs and referring to the phrases listed, students make up simple dialogues based on the cues given. Able students could make up a longer dialogue without cues.

**Copymaster 2/2**

### Le jeu des bâtiments

See notes on page 70 in Unit 2 Revision and additional practice.

**29**

## 4 Un plan de la ville

First, use the plan for revision of places and directions, e.g.

- *Qu'est-ce qu'il y a dans la ville?*
- *(Il y a un château, une piscine, un marché, etc.)*
- *Où est-ce qu'on peut loger? (Il y a l'Hôtel du Lac, un camping et une auberge de jeunesse.)*
- *La gare routière, c'est où exactement?*
- *(C'est près de la rivière.)*
- *Est-ce qu'il y a une banque dans la ville?*
- *(Oui, sur la rue principale, après le rond-point.)*

Then students read the written directions and find out where they lead. All directions start from the railway station. For support, the destinations could be written in jumbled order on the board.

**Solution:**
**1** *le musée*, **2** *le commissariat*, **3** *le marché*, **4** *la banque*

For extra practice, students could work in pairs to give and follow directions to places on the town plan.

**Examination Grammar in Action 17**

### Using prepositions

This provides further practice in using prepositions and the different forms of *à* and *de*.

**29 CD 1 Track 33**

## 5 Des conversations

Students match up the correct response to each question and then listen to the recording to check their answers.

**Solution:**
**1** b, **2** g, **3** e, **4** a, **5** f, **6** c, **7** d

**CD 1 Track 33**

### Des conversations

1 – Comment allez-vous à la piscine?
  – Comme il fait beau, nous y allons à vélo.
2 – Vous avez déjà visité Paris?
  – Oui, nous y sommes allés l'été dernier.
3 – Est-ce que tu as visité le Parc Astérix?
  – Non, je n'y suis pas encore allé, mais j'aime bien les parcs d'attractions.
4 – Qui va à la Cité des Sciences?
  – Toute la classe y va avec le prof de sciences.
5 – Il pleut, alors vous allez au musée en bus?
  – Non, on y va en métro: c'est plus rapide.
6 – On peut aller au Stade de France en bus?
  – Oui, on peut y aller en bus et en métro.
7 – Quand va-t-on aller à l'exposition?
  – On va y aller samedi prochain.

**29 Dossier-langue**

### The pronoun *y*

Go through the explanation and ask students to work out which words have been replaced by *y* in the examples. Students could write down in their own words the rule for using *y*.

The position of *y* is probably best learnt by using specific examples, which are practised in the subsequent tasks, e.g. *on va y aller, on peut y aller, on peut y voir, j'y vais, on y va*. Refer students as necessary to *Grammaire* 8.4.

**216 Au choix**

### [1] Des définitions

See notes on page 68 in Unit 2 Revision and additional practice.

**29**

## 6 Quand?

This can be done as a written or oral task. Students read the questions and consult the programme to answer them.

**Solution:**
**1** *On y va mercredi.* **2** *On y va vendredi.* **3** *On y va samedi.* **4** *On y va lundi.* **5** *On y va jeudi.* **6** *On y va mardi.*

Tricolore 4 Teacher Book

## 2D Les transports en ville

**216 Au choix CD 2 Track 8**

### [2] À l'office de tourisme

See notes on page 68 in Unit 2 Revision and additional practice.

**29**

### 7 À vous!

Students work in pairs to complete conversations using expressions with *y*.

**Examination Grammar in Action 18**

### Using the pronoun *y*

This provides further practice of the pronoun *y*.

---

## 2D Les transports en ville   pages 30–31

| Aims and objectives | Grammar and skills | Resources |
|---|---|---|
| • talk about transport in cities | • negative expressions (1): *ne … pas, ne … plus, ne … jamais, ne … rien, ne … personne* | **Key language:** SB 40–41<br>**Au choix:** SB 216<br>**Online:** Kerboodle Resources and Assessment<br>**CD 1** Tracks 34–36 |

---

**30 CD 1 Track 34**

### 1 Les transports en commun

After playing the recording, ask some comprehension questions in English, e.g.
1. Which type of transport is often used by Mattéo for a) going into town and b) going to school?
2. Give the advantages mentioned in each case.
3. What disadvantages are mentioned?

**a** Students reply to the questions in French.

> **Solution:**
>
> 1 *Il y va en bus.*
>
> 2 *Il trouve que c'est pratique: il y a un arrêt de bus près de sa maison et avec le bus, il peut être plus indépendant.*
>
> 3 *Le service est assez fréquent et confortable et il y a des couloirs réservés aux bus.*
>
> 4 *Le soir, il n'y a plus de bus après vingt heures et le dimanche, il n'y a pas de service. Aux heures de pointe, on roule lentement.*
>
> 5 *Il y va à vélo.*

**CD 1 Track 34**

### Les transports en commun

– Qu'est-ce qu'il y a comme transports en commun dans ta ville?
– Dans ma ville, il y a principalement le tramway et le bus.
– Est-ce que tu prends souvent les transports en commun?
– Oui, je prends le bus pour aller en ville parce qu'il y a un arrêt de bus près de chez moi et avec le bus, je peux être plus indépendant.
– Est-ce que ça marche bien?
– Oui, en général, c'est pratique. Le service est assez fréquent et confortable, mais le soir, il n'y a plus de bus après vingt heures et le dimanche, il n'y a pas de service.
– Est-ce qu'il y a des problèmes de circulation, quelquefois?
– Oui, bien sûr, comme dans beaucoup de villes, il y a des embouteillages aux heures de pointe. Heureusement, il y a des couloirs réservés aux bus, mais quand même on roule lentement.
– Comment vas-tu au collège?
– D'habitude, j'y vais à vélo. C'est bien parce qu'il y a des pistes cyclables en ville.

**b** Students find phrases with similar meaning.

> **Solution:**
>
> **1** *principalement*, **2** *souvent*, **3** *parce qu'*, **4** *pratique*, **5** *quelquefois*, **6** *bien sûr*, **7** *des embouteillages*, **8** *quand même*, **9** *on roule lentement*, **10** *d'habitude*

**c** Students then read the conversation in pairs, changing at least six of the phrases for the alternatives listed.

**30**

### 2 Lexique

Students copy and complete the list of vocabulary for talking about traffic in towns.

> **Solution:**
>
> *un arrêt de bus* – bus stop, *un bouchon* – traffic jam, *la circulation* – traffic, *un embouteillage* – traffic jam, *les heures de pointe* – rush hour, *une piste cyclable* – cycle track, *le tramway* – tram, *un véhicule* – vehicle, *une zone piétonne* – pedestrian area

Tricolore 4 Teacher Book   57

## 2D Les transports en ville

### 30 Dossier-langue
### Negative expressions (1)
This covers the use of five negative expressions in the present tense. Students copy and complete the table.

### 30
### 3 Français–anglais
Students match the French phrases with their English equivalents to provide a list of useful phrases that they can reuse.

**Solution:**
**1** c, **2** b, **3** a, **4** e, **5** h, **6** f, **7** g, **8** d

### 31
### 4 L'esprit négatif
Students translate a short message into English.

**Solution:**
(sample)
Living here is rubbish. There's nothing for young people. It's not fair. They've closed the football ground so we can't play football any more. In the evening, you don't see anyone in town. There's no bus service in the evening so I never go out during the week.

### 216 Au choix
### [3] Ça ne va pas!
See notes on page 68 in Unit 2 Revision and additional practice.

### 31 CD 1 Track 35
### 5 Le métro
Students listen to the recording and complete the extracts, which are taken from the transcript. Explain that the printed version comprises short extracts and is not a complete transcript of the recording.

**Solution:**
**1** près de, **2** lignes, **3 a** chaud, **b** respirer, **4** rapide, **5 a** pointe, **b** affreux

#### CD 1 Track 35
### Le métro
– Bonjour, je suis dans le métro et je vais parler aux passagers. Bonjour madame, que pensez-vous du métro?
– Moi, je trouve ça très pratique parce qu'il y a une station de métro près de chez moi.
– Et vous?
– Bof, ça va, mais de temps en temps il y a des grèves ou bien des travaux et les lignes sont fermées.
– Ah oui, les grèves, ça arrive. Et vous, est-ce que vous prenez souvent le métro?

– Oui, ici, le métro c'est très bien, mais à Londres il n'est pas climatisé, alors quand il fait très chaud en été on ne peut pas respirer.
– Et vous?
– Moi, je prends très souvent le métro parce que c'est plus rapide que le bus.
– Et vous? Vous aimez prendre le métro?
– Oui, en principe, c'est pratique, mais aux heures de pointe, il y a du monde. On est tous très serrés – c'est affreux. Quelquefois on n'arrive même pas à entrer dans les voitures.

### 31
### 6 Les transports à Paris
Go through the quiz to check what students know about Paris transport.

**Solution:**
**1** a, **2** b, **3** b, **4** b, **5** b, **6** b

### 31
### 7 Infos transports
This short reading task about transport in Paris provides further practice of vocabulary linked to city transport.

**Solution:**
**1** voiture, **2** transports, **3** métro, **4** bus, **5** prennent, **6** rapide, **7** cher, **8** carnet, **9** valables

### 31 CD 1 Track 36
### 8 Les touristes à Paris
Ask students to describe what is shown on one of the photos and get others to identify the correct photo, e.g. *C'est un panneau dans le métro. Ça montre la direction/la sortie/la correspondance. C'est une station de RER*, etc.

The photos are then used for an easy listening task where students match the correct photo to each conversation.

**Solution:**
**1** G, **2** B, **3** C, **4** A, **5** J, **6** D, **7** I, **8** F, **9** E, **10** H

Some students might like to find out current prices for *un carnet* and *un ticket d'enfant* by consulting the RATP website (www.ratp.fr).

#### CD 1 Track 36
### Les touristes à Paris
1 – Est-ce qu'il y a une station de métro près d'ici?
– Oui, il y a une station de métro au bout de la rue.
2 – Un carnet, s'il vous plaît.
– Voilà. Ça fait quatorze euros dix.
3 – Un ticket Jeunes Weekend, s'il vous plaît.
– Bon alors, il y a des tarifs différents selon les zones. Vous voulez quelle zone?
4 – Un plan du métro, s'il vous plaît.
– Voilà.

## 2E Ville ou campagne?

5
- Pour aller à l'aéroport Charles de Gaulle, s'il vous plaît?
- Descendez à Gare du Nord et prenez le RER.
- Où est le RER, s'il vous plaît?
- C'est tout droit. Suivez les panneaux.

6
- Pour aller à l'Arc de Triomphe, s'il vous plaît?
- Prenez la direction La Défense et descendez à Charles de Gaulle-Étoile.

7
- Le prochain bus est à quelle heure?
- Le dernier bus est déjà parti. Il n'y a plus de bus ce soir.
- Bon alors, où est-ce que je peux prendre un taxi?
- Il y a une station de taxis devant la gare.

8
- Pardon monsieur, la direction Château de Vincennes, c'est par où?
- C'est tout droit. Suivez les panneaux marqués Correspondance.
- Bon, merci.

9
- On peut vous aider?
- Je cherche la sortie.
- C'est par là, monsieur. Vous voyez le panneau avec le mot 'Sortie'?
- Ah oui. Merci.

10
- Pour aller à la gare, s'il vous plaît?
- C'est à trois kilomètres.
- Est-ce qu'il y a un bus?
- Oui, prenez le numéro dix-neuf.
- Où est l'arrêt de bus?
- Il est en face du cinéma.
- Le prochain bus est à quelle heure?
- Je ne sais pas, mais normalement il y en a toutes les dix minutes.

### 216 Au choix

### [4] La ville est belle à vélo

See notes on page 69 in Unit 2 Revision and additional practice.

### 31

### 9 À vous!

a Students discuss transport in pairs using the questions given.

b They write their replies to the questions.

## 2E Ville ou campagne? pages 32–33

| Aims and objectives | Grammar and skills | Resources |
|---|---|---|
| • talk about the countryside<br>• compare life in town and country | • negative expressions (2): ne … aucun(e), ne … que, ne … ni … ni | **Key language**: SB 40–41<br>**Au choix**: SB 216<br>**Online**: Kerboodle Resources and Assessment<br>**Copymasters**: 2/3, 2/4<br>**CD 1** Tracks 37–39<br>**GiA**: 19 |

### 32

### 1 Forum des jeunes: La ville et la campagne

These messages to an internet forum provide the starting point for a discussion about the pros and cons of living in the country and present some useful language for expressing opinions. Students can do one or all of the tasks depending on ability.

a Students find in the texts the French for the English phrases listed.

**Solution:**

1 *Je suis assez content de vivre ici.*
2 *Ils n'ont jamais le temps de vous parler.*
3 *On connaît tout le monde.*
4 *Il n'y a rien à part quelques magasins.*
5 *Il n'est pas facile d'aller en ville.*
6 *J'aimerais mieux vivre en ville.*
7 *Il n'y a pas grand-chose à faire.*
8 *Ce que je n'aime pas en ville, c'est la circulation et le bruit.*
9 *C'est un peu trop calme pour moi.*
10 *On n'a jamais le temps de s'ennuyer.*

b They then correct the factual errors in sentences about two of the texts (those of Mlapaix and Espritlibre).

**Solution:**

**Mlapaix**

1 *Il habite dans une ferme près de Poitiers.*
2 *Il est assez content de vivre à la campagne.*
3 *Dans sa ferme, il y a des chèvres, des lapins, des poules, des canards et des cochons.*
4 *Il trouve que les gens sont plus pressés en ville.*
5 *La vie est plus détendue à la campagne.*

**Espritlibre**

1 *On peut se baigner dans la rivière.*
2 *On peut aller à la pêche, faire des randonnées et faire un piquenique dans les champs.*
3 *En été, elle fait une randonnée/un piquenique dans les champs.*

## 2E Ville ou campagne?

  4 *Elle aime circuler en mobylette./Elle n'aime pas circuler en métro.*

  5 *Elle se sent plus libre à la campagne.*

c Student's read the opinions and decide which person has expressed each one.

  Solution:
  **1** N, T, **2** N, **3** T, **4** E, **5** M, **6** T, **7** T, **8** T, **9** T, **10** E

For further practice, students could choose a phrase from each text to serve as a title, or could suggest a title, e.g.
– *C'est plus détendu à la campagne*
– *La vie est sympa à la campagne*
– *Je m'ennuie à la campagne*
– *Moi, je suis pour la ville*
– *En ville, trop de pollution*
– *Rien à faire à la campagne*

Some oral work could be based on the content of all the texts, e.g.
– *Qui est pour la vie à la campagne?*
– *Qui préfère la vie en ville?*
– *Quels sont les avantages de la vie à la campagne?*
– *Quels sont les inconvénients?*

   216 Au choix

## [5] En France

See notes on page 69 in Unit 2 Revision and additional practice.

   33 Dossier-langue

### Negative expressions (2)

This covers three further negative expressions and the affirmative *si*. Students copy and complete the examples.

   33

### 2 Claudine n'est pas contente

Students complete the dialogue with the appropriate negative expressions.

  Solution:
  1 *Non, ça ne va pas.*
  2 *Parce qu'il ne fait pas beau.*
  3 *Non, on ne me téléphone jamais.*
  4 *Non, je n'ai rien fait.*
  5 *Non, je n'ai vu personne.*
  6 *Non, il n'y a plus de provisions.*

   33 CD 1 Track 37

### 3 Au téléphone

Students listen to the telephone conversation and then answer the questions in English.

  Solution:
  1 Nothing special.
  2 She doesn't like tennis.
  3 She never goes to the pool in the holidays as it's too crowded.
  4 They're all away on holiday.
  5 She didn't want to, the weather wasn't good.
  6 She suggests that Claudine comes to stay in the country with her.

 🔊 CD 1 Track 37

### Au téléphone

– Allô.
– Bonjour Claudine, c'est tante Marie à l'appareil. Comment ça va?
– Bonjour. Ça va, merci.
– Tu passes de bonnes vacances?
– Bof! On ne fait pas grand-chose.
– Non? Tu ne t'amuses pas bien?
– Non, franchement non.
– Qu'est-ce que tu as fait hier?
– Bof! Rien de spécial.
– Tu n'as pas joué au tennis?
– Non, je n'aime plus le tennis.
– Alors, tu es allée à la piscine, peut-être?
– Non, je ne vais jamais à la piscine pendant les vacances. Il y a trop de monde.
– Tu n'as pas vu tes amis?
– Non, je n'ai vu personne: tout le monde est parti en vacances, sauf moi.
– Pourquoi n'es-tu pas allée en ville, alors?
– Je ne voulais pas. Il ne faisait pas beau.
– Alors, ma pauvre, si tu t'ennuies à la maison, pourquoi pas venir chez moi et passer quelques jours à la campagne? Ça t'intéresse?
– Oui, pourquoi pas?

   33

### 4 Un message

Students complete the message with an appropriate negative expression.

  Solution:
  **1** *pas*, **2** *personne*, **3** *rien*, **4** *aucune*, **5** *qu'*, **6** *ni*

   Copymaster 2/3

### L'esprit négatif

See notes on page 70 in Unit 2 Revision and additional practice.

   Examination Grammar in Action 19

### Using the negative

This provides further practice in using the negative, if required.

60 Tricolore 4 Teacher Book

## 2F Pour découvrir la France

**33 CD 1 Track 38**

### 5 Pour ou contre la vie à la campagne?

Students first look at the list of arguments and sort them into for and against living in the countryside.

**Solution:**
**pour**: 2, 4, 5, 6; **contre**: 1, 3, 7, 8, 9

They then listen to the discussion and look at the arguments given, noting which are used in the recording.

**Solution:**
2, 3, 4, 6, 7

**CD 1 Track 38**

### Pour ou contre la vie à la campagne?

– Aujourd'hui, nous allons discuter un peu de la vie à la campagne et de la vie en ville. Dans le studio, j'ai trois invités qui habitent à la campagne, mais qui viennent de passer quelques jours à Paris. Je vais leur demander de se présenter.
– Moi, je m'appelle Marc André et j'habite dans une ferme, pas loin de Poitiers.
– Eh bien, moi, je suis Lucie Perrec. J'habite en Bretagne, dans un village.
– Et moi, je suis Louis Granel. J'habite à Hermeville, c'est un petit village, près du Havre, en Normandie.
– Alors vous habitez tous à la campagne, mais vous venez de passer quelques jours à Paris. Alors qu'est-ce que vous préférez, la vie en ville ou la vie à la campagne? À toi, Louis.
– Moi, j'aime bien le style de vie à la campagne. La vie est plus calme et on se relaxe. Ici, à Paris, les gens sont toujours pressés. La vie est plus frénétique, plus stressée. Mais à la campagne, les gens ont le temps de se connaître. Et quand quelqu'un a un problème, on vient l'aider. Il y a une certaine solidarité et pour moi, ça c'est important.
– Et toi, Lucie?
– Moi aussi, je suis mieux adaptée à la vie à la campagne. Il n'y a pas beaucoup de distractions, ça, c'est vrai. Dans mon village, il n'y a que quelques magasins, un café et une église. Mais on s'amuse quand même. On peut faire du sport. Moi, j'aime sortir avec mes copains. On va au café. On discute. Quelquefois, on organise des sorties ensemble. C'est sympa. À Paris, c'est très fatigant. Ce que je n'aime pas, c'est la circulation et la foule. Et malgré tous les gens, on peut se sentir un peu isolé en ville. À la campagne aussi, il y a moins de danger: on n'a pas peur d'être attaqué, par exemple.
– Et pour finir, à toi, Marc. Toi aussi, tu préfères la vie à la campagne?
– Oui et non. La campagne, c'est vrai, ça a des avantages. Il y a moins de bruit, moins de pollution, mais c'est un peu trop calme pour moi. À Paris, il y a toujours quelque chose d'intéressant à faire: des films au cinéma, des expositions, des concerts, des magasins, on n'a jamais le temps de s'ennuyer.
– Bon, merci à tous, et maintenant, à vous de continuer la discussion.

**Copymaster 2/4 CD 1 Track 39**

### La vie à la campagne

See notes on pages 70–71 in Unit 2 Revision and additional practice.

**33**

### 6 La vie en ville

Students complete sentences about the pros and cons of living in a city.

**Solution:**
**1** beaucoup, **2** dangereux, **3** différents, **4** trop, **5** bruit, **6** assez

**33**

### 7 À vous!

Students write a few sentences about their experience (if any) and/or views of life in the country.

## 2F Pour découvrir la France   pages 34–35

| Aims and objectives | Grammar and skills | Resources |
|---|---|---|
| • talk about travel by train and by road<br>• describe a journey | • the perfect tense with *avoir* | **Key language:** SB 40–41<br>**Online:** Kerboodle Resources and Assessment<br>**Copymasters:** 2/5<br>**CD 1** Tracks 40–41<br>**GiA:** 20–21 |

**34**

### 1 Allez-y avec la SNCF

Start with a short discussion about rail travel in France and find out any interesting experiences. Students then complete the publicity leaflet.

**Solution:**
**1** train, **2** gare, **3** billet, **4** quai, **5** composter, **6** montez

# 2F Pour découvrir la France

## 2 À la gare

Students match statements to appropriate signs.

**Solution:**
1 A, 2 E, 3 B, 4 F, 5 G, 6 C, 7 D, 8 H

### 34 CD 1 Track 40

## 3 Des conversations

Students read the questions asked in conversations at a station, then listen and note down the answers.

**Solution:**
1 *quai 4*, 2 **a** *oui*, **b** *oui (à Rouen)*, 3 **a** *19h10*, **b** *20h45*, 4 **a** *83 euros*, **b** *oui (12h20)*, **c** *oui*, 5 **a** *le train de 11h20*, **b** *le côté fenêtre*

### CD 1 Track 40

### Des conversations

À la gare

1 – Un aller-retour pour Lille, deuxième classe, s'il vous plaît.
 – Ça fait soixante-cinq euros.
 – Le train pour Lille part de quel quai?
 – Du quai numéro quatre.
 – Merci.

2 – Le train de douze heures vingt est déjà parti?
 – Ah oui, monsieur. Il est parti. Le prochain train pour Dieppe part à quatorze heures cinq.
 – Est-ce qu'il faut changer?
 – Oui, il faut changer à Rouen.

3 – Le prochain train pour Paris part à quelle heure, s'il vous plaît?
 – À dix-neuf heures dix.
 – Et il arrive à Paris à quelle heure?
 – À vingt heures quarante-cinq.
 – Merci.

4 – Un aller simple pour Bordeaux, première classe, c'est combien?
 – Quatre-vingt-trois euros.
 – Est-ce qu'il y a un train vers midi?
 – Pour Bordeaux?
 – Oui.
 – Voyons, il y a un train à douze heures vingt.
 – Est-ce qu'il y a un wagon-restaurant dans le train?
 – Oui.

5 – Un aller simple pour Rennes, s'il vous plaît.
 – Vous prenez quel train?
 – Le train de onze heures vingt.
 – C'est un TGV, alors il faut réserver. Vous préférez le côté fenêtre ou le côté couloir?
 – Le côté fenêtre.
 – Alors, ça fait quarante-huit euros avec la réservation.
 – Merci.

### 34

## 4 On achète un billet

Students work in pairs to practise conversations in which they buy tickets and ask for train information.

### Copymaster 2/5

### À la gare

See notes on page 71 in Unit 2 Revision and additional practice.

### 34 CD 1 Track 41

## 5 Tu as fait bon voyage?

Students listen to the recording and follow the text. They then decide which five statements are true.

**Solution:**
2, 3, 4, 6, 7

### CD 1 Track 41

### Tu as fait bon voyage?

– Hugo, comment as-tu voyagé? Tu as pris l'avion pour Marseille?
– Non, j'ai pris le train. D'abord, j'ai pris l'Eurostar à Paris, puis j'ai pris le TGV de Paris à Marseille.
– Tu as changé de gare à Paris?
– Oui, j'ai pris le métro pour aller de la gare du Nord à la gare de Lyon.
– Est-ce que tu as attendu longtemps à la gare de Lyon?
– Non, pas trop. J'ai attendu une demi-heure environ. J'ai passé mon temps à lire et à écrire des messages sur mon portable.
– Est-ce qu'il y a la wifi à la gare?
– Oui et c'est gratuit.
– Tu as mis combien de temps pour faire le voyage?
– En tout, ça a duré environ sept heures. Il n'y avait pas de problème et j'ai fait bon voyage.

### 35 Dossier-langue

## The perfect tense with *avoir*

Check what students remember about the formation of the perfect tense of verbs with *avoir*.

**a** Students copy and complete the perfect tense of a regular *-er* verb.
**b** This presents the past participles of regular verbs.
**c** Students list as many of the 20 irregular past participles as possible. They then choose two and use them in a sentence.
**d** They translate four sentences into English.

**Solution:**
(sample)

1 She didn't take the plane.
2 They/We didn't have a good journey.
3 Didn't you see the film?
4 I didn't want to go out yesterday.

62 Tricolore 4 Teacher Book

# 2G Nous sommes partis

*Examination Grammar in Action 20–21*

## Using the perfect tense (1) and (2)

These pages provide further practice of the perfect tense with *avoir*, using regular and irregular verbs.

### 📖 35

## 6 Un voyage en voiture

Students read the message about a difficult car journey.

**a** They answer questions in English.

> **Solution:**
> 1 Dad couldn't find his mobile phone.
> 2 There was a lot of traffic (with lorries, HGVs and caravans), so they travelled slowly because of traffic jams.
> 3 They had to queue to buy petrol.
> 4 Nearly five hours.
> 5 It was a pain/difficult/tedious.

**b** Students find the French for some phrases.

> **Solution:**
> 1 *au dernier moment*, 2 *Nous avons cherché partout*, 3 *le coffre de la voiture*, 4 *nous avons commencé*, 5 *nous avons dû*, 6 *vraiment*

### 📖 35

## 7 Pour ou contre la voiture?

Students sort the statements about travelling by car into *pour* and *contre*.

> **Solution:**
> **pour**: 1, 4, 6, 7; **contre**: 2, 3, 5, 8

### 📖 35

## 8 Quelques solutions

Students match up the initiatives taken by some towns to overcome traffic problems. This could be done orally to practise pronunciation and then students could pick out useful vocabulary, e.g. *un parc relais*.

> **Solution:**
> **1** b, **2** c, **3** d, **4** a

### 📖 35

## 9 À vous!

**a** Working in pairs, students give one advantage, followed by one disadvantage, of car transport.

**b** Students write a description of a recent journey.

---

# 2G Nous sommes partis   pages 36–37

| Aims and objectives | Grammar and skills | Resources |
|---|---|---|
| • talk about travel by air<br>• find out about Charles de Gaulle | • the perfect tense with *être* | **Key language**: SB 40–41<br>**Au choix**: SB 216–217<br>**Online**: Kerboodle Resources and Assessment<br>**Copymasters**: 2/6, 2/7, 2/8<br>**CD 1** Track 42, **CD 2** Tracks 2–4, 9<br>**GiA**: 22–26 |

### 📖 36 CD 1 Track 42

## 1 Lucie est partie en Martinique

When students have listened to the account of Lucie's journey, ask a few questions in English, e.g.
1 Why was Lucie anxious?
2 Which essential things did she check many times?
3 How did she get to the airport?
4 What did she do during the flight?
5 How long was the flight?

**a** Students find equivalent phrases in French.

> **Solution:**
> 1 *mille fois*, 2 *la navette*, 3 *l'aéroport*, 4 *un chariot*, 5 *je suis allée à la porte*, 6 *Je suis montée à bord*, 7 *l'avion a décollé*, 8 *j'ai dormi un peu*, 9 *nous avons atterri*, 10 *je suis arrivée*

**b** They answer questions in French.

> **Solution:**
> 1 *Parce qu'elle n'a pas l'habitude de voyager seule.*
> 2 *Elle a vérifié qu'elle avait tout le nécessaire (son passeport, ses billets, son argent, ses bagages).*
> 3 *en RER*
> 4 *Elle a mis sa valise dans un chariot.*
> 5 *Elle a passé par le contrôle des passeports et celui de la sécurité.*
> 6 *Pendant le vol elle a mangé un repas, elle a regardé un film, elle a écouté de la musique, elle a lu un magazine et elle a dormi un peu.*
> 7 *Le vol a duré huit heures.*
> 8 *Elle est arrivée en Martinique.*

## 2G Nous sommes partis

**CD 1 Track 42**

### Lucie est partie en Martinique

Enfin, c'était le jour de mon départ en Martinique. J'étais à la fois excitée et inquiète. Je n'ai pas l'habitude de voyager toute seule. J'ai vérifié mille fois que j'avais tout le nécessaire: mon passeport, mes billets, mon argent, mes bagages.

J'ai pris le RER pour la station Charles de Gaulle et puis la navette jusqu'au terminal de l'aéroport. J'ai mis ma grosse valise dans un chariot et je suis montée au niveau Départs. À l'enregistrement, on a pris ma valise et on m'a donné une carte d'embarquement. Ensuite, je suis allée au contrôle des passeports et à celui de la sécurité.

Après un bon moment, mon vol était indiqué sur le tableau des départs et je suis allée à la porte. Je suis montée à bord avec les autres passagers et, peu après, l'avion a décollé. Pendant le vol, on a servi des repas et des boissons. J'ai regardé un film, j'ai écouté de la musique, j'ai lu un magazine et j'ai dormi un peu.

Au bout de huit heures, nous avons atterri à Fort-de-France. Je suis descendue de l'avion et voilà – je suis arrivée en Martinique!

**36 Dossier-langue**

### The perfect tense with *être*

Check what students remember about the perfect tense of verbs with *être* and note the key points on the board. Remind students of the mnemonic, 'Mrs van de Tramp', and ask them to work out the verb indicated by each letter. Refer them as necessary to *Grammaire* 14.6.

**36**

### 2 Un voyage en Guadeloupe

Students use the third person of the perfect tense to complete the description of another journey, this time to Guadeloupe.

> Solution:
> **1** *sortis*, **2** *allés*, **3** *partis*, **4** *arrivés*, **5** *montés*, **6** *arrivés*, **7** *venu*, **8** *allés*, **9** *descendue*, **10** *resté*

**Copymaster 2/6 CD 2 Tracks 2–3**

### Voyager en avion

See notes on pages 71–72 in Unit 2 Revision and additional practice.

**37**

### 3 Destination mystère

Students describe an imaginary journey, using the picture prompts and verbs as cues.

**37**

### 4 Un message de Martinique

a Students choose the correct past participle to complete Lucie's message.

> Solution:
> **1** *arrivée*, **2** *venus*, **3** *partis*, **4** *montés*, **5** *reposée*, **6** *redescendus*, **7** *allée*, **8** *baignée*

b They translate the message into English.

> Solution:
> (sample)
> I arrived at Fort-de-France last Tuesday. Granny and Grandpa came to meet me at the airport. Yesterday we left early in the morning to go for a hike in the country.
> We climbed a hill. It was tiring so I had a rest for a while at the top.
> We ate our picnic, then went down again. In the afternoon, I went to the beach and had a swim in the sea/ocean.

**Examination Grammar in Action 22**

### Using the perfect tense (3)

This provides further practice of the perfect tense with *être*, if required.

**37**

### 5 Charles de Gaulle, qui était-il?

Students supply the missing verbs in the perfect tense to complete an account of the life of Charles de Gaulle.

> Solution:
> **1** *il est né*, **2** *il a choisi*, **3** *il a été*, **4** *ils ont eu*, **5** *il a écrit*, **6** *il est parti*, **7** *il a fait*, **8** *il a donné*, **9** *on a organisé*, **10** *il est devenu*, **11** *il est mort*, **12** *(ils) ont rendu*

**Examination Grammar in Action 23–24**

### Using the perfect tense (4) and (5)

These pages provide further practice of the perfect tense with *avoir* and *être*, if required.

**Copymaster 2/7**

### Accident de rivière

See notes on page 72 in Unit 2 Revision and additional practice.

**Copymaster 2/8 CD 2 Track 4**

### Des voyages récents

See notes on pages 72–73 in Unit 2 Revision and additional practice.

**Examination Grammar in Action 25**

### Using the negative with the perfect tense

This provides further practice of negatives used in the perfect tense.

# 2H Contrôle

**Examination Grammar in Action 26**

## Using the present and perfect tenses

At a suitable point it would be useful to review key differences in using the present and perfect tenses.

**216 Au choix CD 2 Track 9**

### [6] On parle du weekend dernier

See notes on page 69 in Unit 2 Revision and additional practice.

**217 Au choix Dossier-langue**

## Time expressions

See notes on page 69 in Unit 2 Revision and additional practice.

**217 Au choix**

### [7] Où vont-ils?

See notes on page 69 in Unit 2 Revision and additional practice.

**217 Au choix**

### [8] Les noms des rues – un cours d'histoire

See notes on pages 69–70 in Unit 2 Revision and additional practice.

## 2H Contrôle   pages 38–39

| Aims and objectives | Grammar and skills | Resources |
|---|---|---|
| • practise exam techniques<br>• find out what you have learnt | | **Key language:** SB 40–41<br>**Online:** Kerboodle Resources and Assessment<br>**Copymasters:** 2/10–2/14<br>**CD 2** Tracks 5–7, 13–18<br>**SCD 1** Tracks 8–13 |

This spread provides assessment tasks, in all four skills, which follow the style of assessment offered by some awarding bodies. It is intended to provide practice in the different assessment techniques as well as to assess knowledge of the content of the unit.

Additional assessment material, using literary extracts for reading and photos for oral work, is provided in the five *C'est extra!* spreads which appear after Units 2, 4, 6, 8 and 10.

Teachers should adapt the tasks as necessary to suit the needs of their students. Board-specific examination practice, written by experienced examiners, is provided online.

## Listening

**38 CD 2 Tracks 5–7**

### 1 J'habite en Martinique

Students listen to the recording and answer the questions in English.

> **Solution:**
> 1 It's in the Caribbean (sea).
> 2 It's about 6,000 km from France.
> 3 any three of: capital city, 100,000 inhabitants, pretty town, quite large, situated in centre of island, near the coast
> 4 ¼ or 25%
> 5 They are French but of different ethnic origins and many are mixed race.

**CD 2 Track 5**

### J'habite en Martinique

– Michel, tu habites où?
– J'habite en Martinique, à Fort-de-France.
– La Martinique, c'est où?
– C'est une île tropicale dans la mer des Caraïbes, à 6 000 km de la France, donc très loin.
– Et Fort-de-France, c'est comment?
– Fort-de-France est la ville capitale avec environ 100 000 habitants, ça fait un quart de la population de l'île. C'est une jolie ville, assez grande, située au centre de l'île et sur la côte.
– Et les habitants de l'île, les Martiniquais, sont-ils français?
– Oui, la Martinique est un département français, donc les habitants sont français, mais ils sont d'origines diverses. Il y a des personnes d'origine africaine, asiatique, européenne et caraïbe, par exemple. Beaucoup de gens sont noirs ou métis, comme moi. Mon père est blanc, d'origine européenne et ma mère est noire, d'origine africaine.

**38 CD 2 Track 6**

### 2 Des aspects touristiques

Students listen to the conversation and choose the three statements which correspond with the recording.

## 2H Contrôle

> **Solution:**
>
> **A** *Les touristes viennent surtout de la France et des autres îles dans la région.*
>
> **C** *Les bateaux de croisière passent une ou deux nuits dans le port.*
>
> **F** *On peut faire de belles promenades à la campagne.*

🔊 CD 2 Track 6

### Des aspects touristiques

– Est-ce qu'il y a beaucoup de touristes?

– Oui, il y a beaucoup de touristes, surtout des Français et des habitants des îles Caraïbes. Quelquefois les touristes viennent en croisière, donc ils ne passent qu'une ou deux nuits en Martinique.

– Qu'est-ce que les touristes peuvent faire?

– D'abord il y a des plages magnifiques avec toutes les possibilités de sports nautiques. Ils peuvent faire des randonnées à la campagne: l'île est très jolie avec beaucoup de fleurs. Il y a aussi des musées comme le musée volcanologique. On peut visiter une distillerie pour voir la production du rhum. Et il y a souvent des fêtes en ville. C'est très animé et il y a de l'ambiance.

📖 38 🔊 CD 2 Track 7

### 3 La vie et les idées de Michel

Students listen to the conversation and choose the correct answers in English.

> **Solution:**
>
> **1** b, **2** c, **3** a, **4** c

🔊 CD 2 Track 7

### La vie et les idées de Michel

– Qu'est-ce que tu as fait le weekend dernier?

– Moi, j'ai fait une randonnée à la campagne avec un groupe de jeunes. Nous avons fait du camping.

– C'était bien?

– Oui, c'était très sympa. J'aime être près de la nature et c'est bien de dormir sous la tente en été, quand il ne pleut pas.

– Est-ce qu'en Martinique il y a des choses que tu voudrais changer?

– Ce que je n'aime pas, c'est que les transports en commun ne sont pas très fréquents, alors c'est difficile si on veut sortir le soir et qu'on n'a pas de voiture. Ce serait bien d'avoir un meilleur service de bus. En plus la vie est chère ici parce qu'on doit transporter beaucoup de choses à l'île en avion ou en bateau.

– Est-ce que tu voudrais quitter la Martinique un jour et vivre dans une autre ville?

– Je ne sais pas. J'aimerais bien aller en France, surtout à Paris pour voir comment c'est et parce qu'il y a plus de possibilités d'emploi là-bas. Mon oncle y habite et il m'a invité chez lui. Mais je ne sais pas si j'aimerais y vivre à long terme.

## Speaking

📖 38

### 1 Role play

This gives an outline for a role-play conversation about the student's town or local area. Students could think about the questions which might be asked, perhaps looking back through the unit for ideas.

a As preparation, students read the conversation in pairs.

b They invent a slightly different conversation on the same topic.

📖 38

### 2 Une conversation

Students work in pairs to make up a conversation, using the questions listed as a guideline.

## Reading

📖 39

### 1 Bienvenue en Martinique

Students read the article and answer the questions in English.

> **Solution:**
>
> **1** any three of: mountainous, ancient volcano still active, tropical forest, rivers, waterfalls
>
> **2** one of: beautiful beaches, picturesque bays
>
> **3** the north
>
> **4** tropical storms and cyclones
>
> **5** dry and sunny

📖 39

### 2 Translation

Students translate the passage into English.

> **Solution:**
>
> (sample)
> There are more than twenty museums of all sorts, for instance the coffee and cocoa museum, the banana museum, the art galleries, the history museums. Don't miss the volcano museum of Saint-Pierre, which is dedicated to the catastrophe of 8 May 1902, which, in three minutes, totally destroyed the town.

📖 39

### 3 Salut de Guada

a Students read the blog and choose the correct answer in French.

b They reply to questions in French.

# C'est extra! A

**Solution:**

**a** **1** c, **2** b, **3** a, **4** c, **5** b

**b** **1** une cathédrale, un musée, de belles maisons, le marché couvert

**2** rien

**3** des petits poissons très colorés

**4** assez rocheux

## Writing

### 📖 39

### 1 Ma ville

Students write about 100 words about their town and local area for a website.

### 📖 39

### 2 Un voyage récent

Students write a message to a French friend describing a recent journey.

### 📖 39

### 3 Traduction

Students translate five sentences into French.

**Solution:**
(sample)

**1** J'habite à Nice, une grande ville dans le sud de la France.

**2** C'est bien d'habiter ici parce que c'est au bord de la mer et pas loin des montagnes.

**3** Les transports en commun sont bons et c'est facile de prendre un bus à l'aéroport.

**4** Mais en été, il y a beaucoup de touristes ici et il y a du monde à la plage.

**5** Mon cousin habite dans un village mais moi, je n'ai jamais habité à la campagne.

### 📖 40–41

### Sommaire 2

This is a summary of the main topic vocabulary of the unit, also available on copymaster.

# C'est extra! A    pages 42–43

| Aims and objectives | Grammar and skills | Resources |
| --- | --- | --- |
| • read an extract from a French book<br>• discuss photos<br>• practise exam techniques | • understanding texts<br>• speaking tips | **Key language:** SB 22–23, 40–41<br>**Online:** Kerboodle Resources and Assessment |

This spread provides practice in reading literary texts and gives some cultural background. Students also have practice in talking about photo cards.

## Literature

### 📖 42

### Understanding texts

This gives advice on the different kinds of tasks that students might expect in an exam, e.g. answering questions in English or French, multiple-choice questions based on pictures or text, grid completion, identifying true/false statements, etc.

### 📖 42

### Extracts A–C

Introduce the book *No et moi,* by Delphine de Vigan, by reading the short introductory text. The book has been widely acclaimed and won the *prix des libraires* in 2008. It has also been made into a film. Interested students could find out more about the book and/or the author and read some of the online reviews.

**A** Students read extract A and answer the questions in English.

**B** They read extract B and choose the correct statements in French.

**C** They read extract C and choose the correct answers in English.

**Solution:**

**A 1** dirty khaki trousers, old jacket with holes at the elbows, Benetton scarf

**2** She's dressed in old clothes, she asks for a cigarette.

**3** Lou doesn't smoke.

**4** mint chewing gum

**5** She pulls a face, then holds out her hand for it and stuffs it in her bag.

**B** Sentences 2, 4 and 7 are true.

**C 1** b, **2** b, **3** a, **4** c, **5** c, **6** b, **7** a, **8** c

Tricolore 4 Teacher Book    67

# 2 Revision and additional practice

## Photo cards

Students work in pairs to make up a conversation based on each photo, using the questions listed as a guideline. They should try to work out what other questions could be asked.

📖 43

## Speaking tips

This gives some information about the likely format of the GCSE Speaking test and some suggestions for preparing for the task of photo description and discussion.

📖 43

### A Un mariage

This photo is based on a topic from Unit 1. For support, students can look back at Unit 1 *Sommaire* (SB 22–23) and *Le mariage de ma cousine* (SB 18).

📖 43

### B En ville

This photo is based on a topic from Unit 2. For support, students can look at Unit 2 *Sommaire* (SB 40–41) and *À vous!* (SB 27).

# 2 Revision and additional practice

**Resources**

**Key language:** SB 40–41
**Au choix 2:** SB 216–217
**Online:** Kerboodle Resources and Assessment
**Copymasters:** 2/1–2/14
**CD 1** Track 39, **CD 2** Tracks 2–4, 8–18
**SCD 1** Tracks 8–13

## Au choix

📖 216 Au choix

### 1 Des définitions

a Students identify the correct place, from the list of 10 options.

**Solution:**

**1** le stade, **2** la piscine, **3** la boulangerie, **4** la bibliothèque, **5** l'aéroport

b They make up similar definitions for the five remaining places. For pronunciation practice, students could read out the definitions.

📖 🔊 216 Au choix CD 2 Track 8

### 2 À l'office de tourisme

Students, especially those who know Paris quite well, could match up the questions and answers first and then listen to the recording to check their answers. Alternatively, they could listen first and then do the task.

**Solution:**

**1** b, **2** e, **3** a, **4** d, **5** f, **6** c

🔊 CD 2 Track 8

#### À l'office de tourisme

1  – Comment peut-on aller à l'aéroport Charles de Gaulle?
   – On peut y aller en RER.

2  – Comment peut-on aller au Parc Astérix?
   – On peut y aller en RER et en bus. Prenez le RER à Roissy-Charles de Gaulle, puis prenez le bus-navette jusqu'au parc.

3  – Qu'est-ce qu'on peut voir au Palais de la découverte?
   – On peut y voir des expositions sur la science et la technologie.

4  – Qu'est-ce qu'on peut voir au Musée d'Orsay?
   – On peut y voir des tableaux et des sculptures.

5  – Où peut-on trouver des souvenirs de Paris?
   – Allez dans un grand magasin, comme les Galeries Lafayette. On y trouve de tout.

6  – Où peut-on acheter des livres en anglais?
   – Allez à la librairie Shakespeare et Company. On y trouve un grand choix de livres en anglais.

📖 216 Au choix

### 3 Ça ne va pas!

Students translate some sentences into French.

**Solution:**
(sample)

**1** Ce n'est pas amusant ici.

**2** Mon portable ne marche pas.

**3** Il n'y a rien à faire.

**4** Il n'y a plus de chocolat.

**5** Ce n'est pas facile d'aller aux magasins à vélo.

**6** Je ne prends jamais le bus.

**7** Il n'y a personne qui a une voiture.

Tricolore 4 Teacher Book

# 2 Revision and additional practice

### 216 Au choix

## 4 La ville est belle à vélo

Students complete a short text about cycling initiatives in cities.

**Solution:**

a **1** *villes*, **2** *vélos*, **3** *célèbre*, **4** *peuvent*, **5** *circuler*, **6** *heures*

b **1** *fatigant*, **2** *peut*, **3** *métro*, **4** *éviter*

The topic of transport and the environment is covered more fully in Unit 10: 10D and 10E. Some items from that unit could be covered here, if wished.

### 216 Au choix

## 5 En France

To practise understanding and giving photo descriptions, the teacher could give a description of each photo and ask students to identify the photo being described. Students then complete the captions for each one.

**Solution:**

**1** *vin*, **2** *blanc*, **3** *beaucoup*, **4** *cerises*, **5** *champs*, **6** *parfum*, **7** *cultive*, **8** *olives*

### 216 Au choix CD 2 Track 9

## 6 On parle du weekend dernier

In this unscripted recording, two teenagers, Céline and Juliette, talk about what they did last weekend. When they have listened to it, students should match up the two halves of the sentences to give a short account of each girl's weekend.

**Solution:**

**1** f, **2** d, **3** a, **4** g, **5** b, **6** e, **7** c

### CD 2 Track 9

### On parle du weekend dernier

– Alors moi, mon weekend dernier, ben, il s'est passé de cette façon. Le samedi matin, j'ai fait mes devoirs, comme d'habitude. À midi, on est allé manger dans un petit self, pas loin de chez moi. L'après-midi, je suis allée en ville, je suis allée voir un film avec des amis et le soir, ben, je me suis préparée pour aller en boîte. Euh … à onze heures, on y est allé, on a dansé, on a rencontré des nouvelles personnes jusqu'à quatre heures du matin. Puis là, je suis revenue chez moi, exténuée. Je me suis mise au lit et me suis endormie tout de suite. Le lendemain matin, je me suis réveillée à une heure et demie, enfin c'était plutôt l'après-midi, et puis, ben, j'ai traîné toute la journée sans rien faire.

– Euh … samedi, j'ai dû me lever pour … euh … pour faire mes devoirs, parce que j'étais obligée et puis … euh … l'après-midi, avec ma sœur, nous sommes allées au cinéma … euh … où on a vu comme film *Highlander 3*. Euh … c'était pas mal, mais par rapport au premier *Highlander*, c'était moins bien. Euh … par contre, le dimanche, j'ai passé l'après-midi chez, chez une amie pour … euh … pour prendre des nouvelles d'une copine qui … euh … qui s'est fait opérer récemment, mais qui est peut-être gravement malade.

### 217 Dossier-langue

## Time expressions

This explains the use of *il y a* + time and *venir de* + infinitive. Students translate four time expressions into French and four sentences into English.

**Solution:**

*il y a* + **time:**

**1** *il y a trente minutes*, **2** *il y a deux jours*, **3** *il y a trois heures*, **4** *il y a quatre mois* **venir de** + infinitive:

**1** I've just arrived in Paris. **2** The plane has just left. **3** My friends have just arrived at the airport. **4** They've just made an announcement about the flight.

### 217 Au choix

## 7 Où vont-ils?

Students read the details and work out the destination of each group of travellers. This also provides practice of different tenses.

**Solution:**

a **1** Los Angeles, **2** Bruxelles, **3** Delhi, **4** Zurich, **5** Bordeaux

b **1** Francfort, **2** Copenhague, **3** Hong Kong, **4** Belfast

### 217 Au choix

## 8 Les noms des rues – un cours d'histoire

Discuss the use of street names for commemorating famous people and ask for suggestions of examples in France or elsewhere. This task provides information about some famous French people. Students first complete the texts and then match each of them with the correct photo.

A Students supply the correct past participle.

**Solution:**

**1** *né*, **2** *devenu*, **3** *gagné*, **4** *perdu*, **5** *été*, **6** *mort* (= photo 2)

B Students supply the correct auxiliary verb.

**Solution:**

**1** *est*, **2** *a*, **3** *est*, **4** *ont*, **5** *est*, **6** *a*, **7** *a* (= photo 3)

C Students supply the full perfect tense forms, adding agreements as necessary.

**Solution:**

**1** *est née*, **2** *a entendu*, **3** *est devenue*, **4** *a attaqué*, **5** *a libéré*, **6** *a été*, **7** *est devenue* (= photo 4)

# 2 Revision and additional practice

**D** Students supply the full perfect tense forms.

> **Solution:**
> **1** est parti, **2** a fait, **3** a donné, **4** a organisé, **5** est devenu, **6** ont rendu (= photo 1)

## Copymasters

### Copymaster 2/1

### Mots croisés – en ville

This crossword can be used at any appropriate point.

> **Solution:**

|   | 1 C | 2 O | M | M | 3 I | S | S | A | R | I | A | 4 T |
|---|---|---|---|---|---|---|---|---|---|---|---|---|
|   | Ô |   | A |   | I |   |   |   |   |   |   | Ô |
|   | T |   | G | 5 B | Â | 6 T | I | M | E | N | T |   |
|   | E |   | A |   | U |   | 8 A | U |   |   |   |   |
|   |   | 9 E | S | T |   | É |   | I |   |   | 10 P |   |
|   |   | 11 N | I |   | 12 P | E | R |   |   | I |   |   |
|   | 13 C |   | N | 14 A | U |   |   | 15 I | L |   | É |   |
|   | Y |   | S | T |   | 16 Î | L | E |   | 17 E | T |   |
|   | 18 C | E |   | I |   |   |   | 19 J |   |   | O |   |
|   | L | 20 B | A | N | L | I | E | U | E |   | N |   |
|   | A |   |   | O |   |   |   |   |   |   | N |   |
|   | 21 B | I | B | L | I | O | T | H | È | 22 Q | U | E |
|   | L |   |   | R |   |   |   |   |   | S |   |   |
|   | E | 23 F | 24 L | E | 25 U | V | 26 E | S |   | 27 I | 28 L |   |
|   |   |   | A |   | I |   |   |   |   | U | 29 N | E |
|   | 30 P | I | S | C | I | N | E |   | 31 R | U | E |   |

### Copymaster 2/2

### Le jeu des bâtiments

Revise the prepositions à côté de, entre and en face de. The copymaster should be cut in half and used in pairs, with each student having either part A or part B. Student A has a partially completed plan, showing only four buildings; student B has a complete plan and has to describe the location of the missing buildings on the other plan.

### Copymaster 2/3

### L'esprit négatif

This worksheet provides further practice of negative expressions.

### 1 Un acrostiche

> **Solution:**
> **1** personne, **2** plus, **3** ne, **4** rien, **5** jamais, **6** non, **7** ni, **8** aucun, **9** que

### 2 Les vacances de Claudine

Students read the short message and decide whether the sentences that follow are true or false, and then correct the false statements.

> **Solution:**
> **1** F – Claudine n'est pas contente.
> **2** F – Elle passe des vacances à la campagne./ Elle ne passe pas des vacances à la montagne.
> **3** F – Elle ne connaît personne.
> **4** F – Il n'y a rien à faire.
> **5** V, **6** V, **7** V, **8** V
> **9** F – Elle n'a pas de vélo.
> **10** F – Elle n'aime pas (du tout) la tranquillité de la campagne.

### 3 Français–anglais

Students match the French expressions with their English equivalents to provide useful vocabulary that they can reuse.

> **Solution:**
> **1** b, **2** f, **3** e, **4** c, **5** g, **6** j, **7** a, **8** d, **9** h, **10** i

### Copymaster 2/4 CD 1 Track 39

### La vie à la campagne

This copymaster provides vocabulary practice followed by reading and listening tasks on the theme of living in the countryside.

### 1 Un acrostiche

> **Solution:**
> **1** champ, **2** rivière, **3** colline, **4** fleurs, **5** herbe, **6** forêt

### 2 Un message de Martinique

Students complete the message using the correct words from the box.

> **Solution:**
> **1** nord-est, **2** volcan, **3** côte, **4** très, **5** jardin, **6** promenade, **7** oiseaux, **8** jamais

### 3 On parle de la campagne

This can be used in two sections. Students first listen to Thomas and Céline and complete the sentences.

> **Solution:**
> **A 1** grands-parents, **2** calme, forêt, **3** beau, **4** cheval

They then listen to Hélène and Damien and answer the questions in English.

> **Solution:**
> **B 1** because her mother works so she stays with her grandparents, **2** in the fields/on the farm, **3** She stays at home. **4** He picks vegetables and fruit and sometimes goes hunting. **5** in the town, **6 a** there are shops, cinema, lots of young people, **b** there's the open air, animals, etc., **7** to live in a small village, near a town

Tricolore 4 Teacher Book

# 2 Revision and additional practice

**CD 1 Track 39**

## On parle de la campagne

- Euh … je voulais savoir, est-ce que tu aimerais aller à la campagne?
- Ben, en fait j'y suis déjà allée. J'ai passé beaucoup de mon enfance là-bas, car mes grands-parents y habitent.
- Et tu aimerais y vivre?
- Oh, ça me dérangerait pas. J'aime bien le calme, faire des grandes promenades en forêt, et puis, 'y a pas toujours les voisins pour regarder ce que tu fais … euh …
- Tu préfères pas les endroits où il y a de l'animation?
- Oh, j'aime bien, mais modérément. En plus … euh … je trouve ça beau, c'est naturel.
- Tu aimes marcher?
- Oui, j'aime bien marcher, ou même faire des randonnées à cheval, en VTT.
- Hélène, es-tu déjà allée à la campagne?
- Oui, j'y vais toutes les vacances parce que ma mère travaille. Je vais chez mes grands-parents. Mes grands-parents, ils tenaient un magasin, mais par contre mon oncle, il travaillait dans les champs, alors on l'aide dans les tracteurs, on les nettoie, on va chercher les pierres dans les champs. C'est bien, quoi, mais comme il y a trois gars et puis moi, je suis la seule fille, les trois gars y vont et puis moi, je reste à la maison. C'est pas génial. Et toi?
- Oui, ben moi, c'est pareil, mes grands-parents vivent à la campagne, alors je ramasse les légumes, les fruits, de temps en temps, je vais même chasser.
- Damien, tu préfères vivre à la ville ou à la campagne, toi?
- Je préfère vivre à la ville, car à la ville, il y a des magasins, le cinéma, et il y a beaucoup de jeunes aussi. Mais d'un autre côté, la campagne, c'est mieux, car il y a le grand air, il y a des animaux et tout ça. Et toi, aimerais-tu y vivre?
- Moi, je préfère quand même vivre à la ville, même si vivre à la campagne a des avantages. Les petits peuvent mieux jouer sans risquer de se faire écraser, mais la ville, c'est quand même plus animée. En fait, le mieux, ce serait de vivre tout près d'une ville, en étant dans un petit village quand même, ce serait bien.

**Copymaster 2/5**

## À la gare

This copymaster provides activities to practise the language needed at a railway station.

### 1 Où doivent-ils aller?

Students match the sentences to the appropriate visual.

> Solution:
> **1** H, **2** D, **3** F, **4** A, **5** B, **6** G, **7** C, **8** E

### 2 Mots croisés – à la gare

> Solution:

|   | 1 | 2 |   |   |   |   |   |   |   |   |   | 3 |
|---|---|---|---|---|---|---|---|---|---|---|---|---|
| 1 | R | E | N | S | E | I | G | N | E | M | E | N | T | S |
|   | É |   | U |   |   |   |   |   |   |   |   | N |
|   | S | 4 | C | 5 | O | N | S | I | G | N | E | 6 | P |   | C |
|   | 7 | E | N |   | O |   | C |   |   |   | A |   | F |
|   | R |   | 8 | B |   | N | 9 | H | O | R | A | I | R | E |
|   | 10 | V | O | I | E |   | E |   |   |   | T |   | 11 | L |
|   | A |   | L | 12 | W | 13 | T | 14 | G | V |   |   |   | I |
|   | T | 15 | L | I | E | N | A |   |   |   | 16 | T |   | G |
|   | I |   | E | B |   | 17 | P | R | O | C | H | A | I | N |
|   | 19 | O | N | T |   |   | E |   | 18 | Ô |   | R |   | E |
|   | N |   |   |   |   |   |   |   | T | 20 | D | 21 | U |
|   |   | 22 | C | O | M | P | O | S | T | E | R |   | N |

**Copymaster 2/6  CD 2 Tracks 2–3**

## Voyager en avion

### 1 Français–anglais

Students match French with English words.

> Solution:
> **1** b, **2** e, **3** d, **4** p, **5** c, **6** l, **7** r, **8** j, **9** m, **10** q, **11** f, **12** a, **13** n, **14** k, **15** i, **16** g, **17** o, **18** h

### 2 À l'aéroport

Students listen to the recorded announcements and complete the departure board.

> Solution:

| Destination | Vol | Départ | Porte | Notes |
|---|---|---|---|---|
| Amsterdam | KL324 | 9h30 | 8 | Embarquement |
| Düsseldorf | LH131 | 10h00 | 7 | Embarquement à 9h40 |
| Jersey | JY612 | 10h00 | 5 | Embarquement immédiat |
| Londres | BA305 | 10h15 | 6 | Embarquement immédiat |
| New York | AF001 | 10h25 | 2 | Embarquement immédiat |
| Montréal | AC871 | 11h50 |   | retardé, à cause des difficultés techniques |
| Dublin | EI515 | 13h40 |   | Annulé à cause du mauvais temps à Dublin |

**CD 2 Track 2**

## À l'aéroport

1 Votre attention, s'il vous plaît. Vol Paris–Amsterdam KL324. Les passagers sont priés de se présenter à la porte numéro huit pour l'embarquement.
2 Les passagers du vol Lufthansa LH131, à destination de Düsseldorf, sont priés de se présenter au contrôle des passeports. Embarquement à 9h40, porte numéro sept.

Tricolore 4 Teacher Book

# 2 Revision and additional practice

3 Votre attention, s'il vous plaît. Les voyageurs à destination de Jersey, vol JY612, départ à dix heures, sont priés de se présenter à la porte numéro cinq. Embarquement immédiat.

4 Les passagers du vol British Airways BA305, à destination de Londres, sont priés de se présenter directement au contrôle des passeports. Embarquement immédiat, porte numéro six.

5 Les passagers du vol Air France 001 à destination de New York sont priés de se présenter immédiatement à la porte numéro deux.

6 Attention, s'il vous plaît. La compagnie Air Canada a le regret de vous annoncer que le vol Paris–Montréal, AC871 de 11h50, ne partira pas à l'heure prévue. Nous nous excusons de ce retard dû à des difficultés techniques.

7 Votre attention, s'il vous plaît. La compagnie Aer Lingus a le regret de vous informer que le vol EI515 de 13h40, à destination de Dublin, est annulé à cause du mauvais temps à Dublin. Les voyageurs sont priés de se présenter au guichet d'Aer Lingus.

## 3 La vie d'une hôtesse de l'air ou d'un steward

Students listen to the recording and choose the correct responses. More than one may apply each time.

**Solution:**
1 b, d, 2 a, d, 3 c, 4 b, 5 a, c, e, 6 a, e

### CD 2 Track 3

### La vie d'une hôtesse de l'air ou d'un steward

– Suzanne Bellec est hôtesse de l'air à la compagnie Air France. Elle nous parle de son métier. En quoi consiste votre métier, Suzanne?

– Bon, d'abord il y a l'accueil des passagers. On leur sert des boissons et des repas et on essaie de rendre leur voyage aussi confortable que possible. Et puis, il y a le côté sécurité. Chaque année, nous avons des séances d'entraînement pour savoir ce qu'il faut faire en cas d'incendie, d'atterrissage forcé, etc.

– Pouvez-vous décrire un vol typique?

– Oui. Eh bien, avant le départ, il y a la réunion de tout l'équipage à bord. Le commandant nous renseigne sur les conditions climatiques ou la présence d'une personnalité importante parmi les passagers. On repartit les tâches: telle personne fera les annonces au micro, telle s'assiéra où, etc. Puis quand les passagers montent dans l'avion, on les aide à trouver leur place, on leur distribue des journaux. On leur demande de mettre leur ceinture de sécurité. Ensuite, quand l'avion a décollé, on fait la démonstration expliquant les consignes de sécurité. Plus tard, on se rend à l'office pour préparer les plateaux-repas ou le chariot de boissons, et on parcourt le couloir pour servir les gens.

– Le contact humain est important évidemment. Est-ce que les passagers sont difficiles, de temps en temps?

– Non, pas souvent. La plupart des passagers sont agréables. Ils sont de bonne humeur parce qu'ils partent en vacances. Mais beaucoup ont peur de prendre l'avion, plus que l'on imagine.

– Est-ce qu'il y a des aspects du métier que vous n'aimez pas?

– Il est fatigant de passer de longues heures dans un avion. Parfois on a des difficultés à respirer et les lumières fatiguent les yeux. Et puis il y a les horaires qui sont un peu exceptionnels. Il faut souvent se lever très tôt, vers quatre ou cinq heures du matin. Et parfois on est de service à Noël ou le jour de l'an.

– Et la dernière question: pourquoi avez-vous choisi ce métier?

– D'abord parce que j'adore voyager et quand je fais les lignes comme Paris–Tokyo ou Paris–Rio de Janeiro, je peux faire du tourisme en même temps. En plus, tous les employés ont droit à une importante réduction sur les billets d'avion pour les voyages personnels. On ne paie que dix pour cent du prix. C'est intéressant!

### Copymaster 2/7

## Accident de rivière

This short story provides graded practice in using a mixture of verbs that take *avoir* and *être*. Task A provides practice in choosing the correct auxiliary verb; task B in using the correct past participle; and task C in using the correct form of the perfect tense.

**Solution:**

1 1 *est*, 2 *sommes*, 3 *a*, 4 *a*, 5 *ai*, 6 *ai*, 7 *ai*, 8 *sommes*

2 1 *arrivés*, 2 *pris*, 3 *crié*, 4 *pensé*, 5 *joué*, 6 *mangé*, 7 *mangé*, 8 *pris*, 9 *commencé*, 10 *pu*

3 1 *j'ai entendu*, 2 *Il est tombé*, 3 *Je n'ai pas fait, j'ai continué*, 4 *Deux pêcheurs sont arrivés*, 5 *Ils ont sauté*, 6 *(Claude) est sorti*, 7 *Les deux pêcheurs sont repartis*, 8 *Claude est revenu, il a dit*, 9 *nous sommes rentrés*, 10 *Claude est parti*

### Copymaster 2/8 CD 2 Track 4

## Des voyages récents

The copymaster provides more support for describing a journey, with a listening exercise and guidelines for written work.

## 1 Avez-vous fait bon voyage?

Students listen to descriptions of journeys to Paris and complete the details on the worksheet. Students could just put a tick or a cross for *Problèmes en route* rather than try to explain them. Having completed the grid, students can work out the answers to the questions:

**Solution:**

1 *4 personnes ont eu des problèmes en route (Norbert, Jacqueline, Philippe et Jean-Claude).*

2 *6 personnes ont utilisé des transports en commun (José, Anne-Marie, Jacqueline, Antonio, Philippe et Jean-Claude).*

3 *4 personnes ont commencé leur voyage en dehors de la France (José, Norbert, Jacqueline, Antonio).*

Tricolore 4 Teacher Book

# 2 Revision and additional practice

| Nom | Domicile | Moyen de transport | Durée du voyage | Problèmes en route |
|---|---|---|---|---|
| 1 José | Madrid | en car | long | ✗ |
| 2 Anne-Marie | Paris | en métro | une heure | PM |
| 3 Norbert | Munich | en voiture | PM | ✓ accident près de Paris, il pleuvait (donc on ne roulait pas vite) |
| 4 Jacqueline | Édimbourg | en train, en bateau | PM | ✓ beaucoup de monde dans le train de Calais à Paris/elle devait rester debout |
| 5 Antonio | Rome | en avion | une heure et quart | ✗ |
| 6 Philippe et Jean-Claude | Bordeaux | à moto, en train | PM | ✓ la moto est tombée en panne |

🔊 CD 2 Track 4

## Avez-vous fait bon voyage?

1 – José, je crois vous êtes venu de Madrid.
– Oui.
– Comment avez-vous voyagé?
– J'ai pris le car.
– Vous avez fait bon voyage?
– Oui, pas mal. C'était assez confortable, mais c'était long quand même.
– Ah oui, évidemment, pour faire Madrid–Paris en car, ça doit être long.

2 – Anne-Marie, et pour vous le voyage était plus court?
– Ah oui. Moi, j'habite aux environs de Paris, alors je suis venue en métro. Il m'a fallu une heure seulement pour faire le voyage.

3 – Norbert, vous êtes venu de Munich. Comment avez-vous voyagé?
– Moi, je suis venu en voiture.
– Ça s'est bien passé?
– Au début, ça allait bien. Mais aux environs de Paris, j'ai pris du retard à cause d'un accident. Et il pleuvait en plus, donc on ne roulait pas vite.

4 – Jacqueline, comment êtes-vous venue d'Édimbourg?
– Moi, j'ai pris le train et le bateau.
– Ça s'est bien passé? La mer était calme?
– Oui, heureusement, il faisait beau. Pour la traversée, ça allait bien, mais il y avait énormément de monde dans le train de Calais à Paris. Je n'ai pas pu trouver de place et j'ai donc été obligée de rester debout pendant quatre heures.
– Oh là là! Vous n'aviez pas réservé de place, alors?
– Hélas, non. Je n'y ai pas pensé.

5 – Antonio, avez-vous fait bon voyage?
– Oui, pour moi, aucun problème. J'ai pris l'avion de Rome à Paris. J'ai quitté Rome à dix heures et je suis arrivé à Paris, Charles de Gaulle, à onze heures et quart.

6 – Et vous, Philippe et Jean-Claude, vous êtes venus de Bordeaux?
– Oui, c'est ça. On allait prendre la moto de Jean-Claude, mais à dix kilomètres de Bordeaux, la moto est tombée en panne.
– Oui, c'était pénible. Mais au moins, il y avait un garage tout près. On a fait examiner la moto, mais on ne pouvait pas la réparer tout de suite.
– Et alors?
– Eh bien, on a décidé de laisser la moto au garage et de continuer en train.

## 2 Un voyage récent

Students write a description of a recent journey, real or imaginary, referring to the guidelines provided.

Copymaster 2/9 CD 2 Tracks 10–12

## Tu comprends?

### 1 En ville

Students listen to the conversations to identify the correct location for each building and write the correct letter alongside the symbol.

**Solution:**
1 A, 2 F, 3 C, 4 D, 5 B

🔊 CD 2 Track 10

### En ville

**Ex:** – Est-ce qu'il y a un supermarché près d'ici?
– Oui, prenez la première rue à gauche et c'est sur votre droite, à côté du collège.

1 – Excusez-moi, pour aller à la piscine?
– C'est très facile. Vous tournez à droite au coin de la rue et c'est à cent mètres, en face du jardin public.

2 – Pour aller au cinéma, s'il vous plaît?
– C'est tout près. Vous tournez à gauche au coin de la rue et c'est en face du collège.

3 – Est-ce qu'il y a un parking près d'ici?
– Attendez ... ah, oui, continuez tout droit, puis vous prenez la deuxième rue à droite. C'est à côté de la bibliothèque.

4 – Pour aller à la patinoire, s'il vous plaît?
– Oui, prenez la deuxième rue à gauche et c'est sur votre droite.
– Bon, continuez tout droit, puis prenez la deuxième rue à gauche.

5 – Pour aller au musée, s'il vous plaît?
– Voyons ... continuez tout droit, tout droit jusqu'au carrefour et vous le verrez sur votre droite.

### 2 Comment voyager?

Students listen and reply to the questions in English.

**Solution:**
1 Line A, 2 a metro, b quicker than the bus at that time, 3 9.30 and 10.15, 4 by motorbike, 5 a bike

# 2 Revision and additional practice

## 🔊 CD 2 Track 11

### Comment voyager?

Ex: – Pour aller au centre-ville, s'il vous plaît?
– Au centre-ville? Alors, ce n'est pas loin. Vous pouvez y aller à pied.
1 – Comment peut-on aller à Disneyland?
– Prenez le RER, ligne A. Ça vous amène directement au parc.
2 – Pardon, monsieur, je voudrais aller à l'hôtel Prince Albert. C'est près du Louvre.
– Bon, alors, prenez le métro. À cette heure-ci le métro va être plus rapide que le bus.
3 – Bonjour, madame. Est-ce qu'il y a un car pour Calais?
– Oui, bien sûr. Vous avez un car à neuf heures trente ou à dix heures quinze.
4 – Comment as-tu voyagé, Jean-Pierre?
– En moto, bien sûr. Regardez, j'ai une nouvelle moto. Elle est fantastique.
5 – Tu as un vélo, Kémi?
– Un vélo? Oui, il est là-bas, au garage.

### 3 Un voyage scolaire

Students listen and choose the correct answers.

**Solution:**
1 B, 2 B, 3 A, 4 A, 5 B

## 🔊 CD 2 Track 12

### Un voyage scolaire

– Est-ce que tu as fait un voyage scolaire?
– Oui, en juillet l'année dernière, je suis allé en Normandie, en France.
– Comment avez-vous voyagé?
– Nous avons voyagé en car et nous avons traversé la Manche en bateau, de Portsmouth à Caen.
– Le voyage a duré combien de temps?
– Ça a duré environ dix heures.
– Et qu'est-ce que vous avez fait?
– Nous avons fait des excursions dans la région. Nous avons visité le musée à Caen. Nous avons vu la tapisserie de Bayeux et nous avons visité une fromagerie où on fait du Camembert.
– Le voyage de retour s'est bien passé?
– Oui, il n'y avait pas de problème, mais c'était long et ennuyeux.
– Comment as-tu trouvé ça, en général?
– C'était intéressant. J'ai bien aimé la visite à la fromagerie, parce que j'adore le fromage français!

## Révision: Unité 2

These worksheets can be used for an informal test of listening and reading or for revision and extra practice, as required.

> 🔊 **Copymaster 2/10  CD 2 Tracks 13–15**
> **SCD 1 Tracks 8–10**

### Révision 2: Écouter – Partie A

#### 1 Dans la rue

Students identify the places mentioned.

**Solution:**
1 G, 2 B, 3 H, 4 I, 5 D, 6 F

## 🔊 CD 2 Track 13, SCD 1 Track 8

### Dans la rue

**Exemple:**
– Pardon monsieur, je cherche la bibliothèque.
– Ah la bibliothèque, c'est par là.
1 – Pour aller à l'hôpital, s'il vous plaît?
– Vous cherchez l'hôpital? Ce n'est pas loin. Continuez tout droit.
2 – On va à la piscine?
– Oui, bonne idée, mais c'est loin, la piscine?
3 – Pour aller à l'auberge de jeunesse, s'il vous plaît?
– L'auberge de jeunesse, c'est loin d'ici. Prenez le bus numéro cinq.
4 – Est-ce qu'il y a un marché en ville?
– Oui, il y a un marché le mardi et le jeudi sur la place de l'église.
5 – Est-ce qu'il y a un parking près d'ici?
– Oui, il y a un grand parking près de la rivière.
6 – Excusez-moi. Nous cherchons le camping, s'il vous plaît.
– Le camping, c'est près du château.

### 2 Des renseignements

Students listen and complete the sentences.

**Solution:**
1 b, 2 c, 3 b, 4 b, 5 a, 6 c

## 🔊 CD 2 Track 14, SCD 1 Track 9

### Des renseignements

**Exemple:**
– Pour aller à l'office de tourisme, s'il vous plaît?
– Pour l'office de tourisme, continuez tout droit et c'est sur votre droite.
– Alors, c'est tout droit puis à droite.
1 – Pour aller à l'église Saint-Pierre, c'est loin?
– L'église Saint-Pierre? Non, ce n'est pas loin, c'est à cinq minutes d'ici.
– À cinq minutes, alors ça va.
2 – Pour aller au théâtre, s'il vous plaît?
– Le théâtre, voyons … ah oui, descendez la rue à gauche jusqu'à la place principale. Le théâtre est là.
– Bon, on prend la rue à gauche jusqu'à la place principale.

Tricolore 4 Teacher Book

# 2 Revision and additional practice

3 – Pardon, madame, est-ce qu'il y a une station de métro près d'ici?
– Oui, vous avez une station de métro au coin de la rue. Continuez tout droit.
– Alors, c'est au coin de la rue. Merci, madame.

4 – Pardon monsieur, est-ce qu'il y a un bus qui va au musée?
– Oui, prenez le bus numéro seize. L'arrêt d'autobus est sur la place du marché.
– Alors l'arrêt d'autobus est sur la place du marché. Merci, monsieur.

5 – Est-ce qu'il y a un centre commercial en ville?
– Le centre commercial est un peu plus loin. Traversez le pont et continuez tout droit.

6 – Où est le centre sportif, s'il vous plaît?
– Le centre sportif, c'est près de la rivière.

## 3 On prend le train

Students listen to each conversation or announcement and tick the correct box.

**Solution:**
**1** b, **2** c, **3** b, **4** c, **5** b, **6** a

🔊 CD 2 Track 15, SCD 1 Track 10

### On prend le train

**Exemple:**
– Pardon, monsieur, c'est à quelle heure, le prochain train pour Lille?
– Le prochain train pour Lille part à quatorze heures cinquante.
– Alors, quatorze heures cinquante. Merci.

1 – Le train pour Bordeaux part de quel quai?
– Du quai numéro cinq.
– Du quai cinq.

2 – Votre attention s'il vous plaît! Le train à destination de Lyon a trente minutes de retard. Retard de trente minutes pour le train à destination de Lyon.

3 – Je voudrais un aller-retour pour Paris.
– En première ou seconde classe?
– Seconde classe.
– Alors, ça vous fait cinquante euros.

4 – Le train de quinze heures vingt est déjà parti?
– Oui, il vient de partir. Le prochain train pour Dieppe part à dix-sept heures trente.
– À dix-sept heures trente? Et c'est direct?
– Oui, c'est direct.

5 – Il faut attendre quarante minutes alors on va dans la salle d'attente?
– Oui, mais c'est où?
– La salle d'attente, c'est là-bas, près du kiosque.

6 – Un aller simple pour Lille, s'il vous plaît.
– C'est en TGV, donc la réservation est obligatoire.
– Bon, d'accord.
– Alors, vous préférez le côté fenêtre ou le côté couloir?
– Côté fenêtre, s'il vous plaît.
– Voilà. Vous avez une place réservée en voiture huit, côté fenêtre.
– En voiture huit, côté fenêtre. Merci monsieur.

🔊 Copymaster 2/11 CD 2 Tracks 16–18
SCD 1 Tracks 11–13

## Révision 2: Écouter – Partie B

### 1 Une ville en France

Students look at the details about Annecy and the list of words. They then listen to the recording, which can be paused while students find the correct word and write in the corresponding letter.

**Solution:**
**1** c, **2** f, **3** h, **4** g, **5** j

🔊 CD 2 Track 16, SCD 1 Track 11

### Une ville en France

Bonjour, messieurs-dames, et bienvenue à la ville d'Annecy. Annecy se trouve dans le sud-est de la France.

La ville est très bien située au bord d'un grand lac et entourée de montagnes. Ces montagnes sont les Alpes.

Il y a beaucoup à visiter dans la ville et dans la région. La vieille ville est très jolie et très intéressante avec beaucoup de bâtiments historiques, comme la cathédrale et l'hôtel de ville.

Puis il y a le château. Beaucoup de touristes aiment visiter le château.

Dans la région, il y a des stations de ski très populaires. En hiver, beaucoup de personnes aiment faire du ski près d'ici. Vous pouvez aussi faire des promenades sur le lac ou des excursions en car à Grenoble ou à Lyon.

### 2 La ville ou la campagne

Students listen to some French teenagers talking about town versus country and tick the grid as appropriate.

**Solution:**

|  | habite |  | préfère |  | pas de préférence |
|---|---|---|---|---|---|
|  | en ville | à la campagne | la ville | la campagne |  |
| Exemple: Jean-Luc |  | ✓ |  | ✓ |  |
| 1 Magali | ✓ |  | ✓ |  |  |
| 2 Vivienne | ✓ |  |  |  | ✓ |
| 3 Fabien | ✓ |  |  | ✓ |  |

🔊 CD 2 Track 17, SCD 1 Track 12

### La ville ou la campagne

**Exemple: Jean-Luc**
Moi, j'habite dans un petit village et ça me plaît beaucoup. J'aime bien la campagne – je suis plus libre, tout le monde est plus calme.

**1 Magali**
Ah, non. Je ne suis pas d'accord. Moi, j'habite en ville et j'adore ça! À la campagne, je m'ennuie – il n'y a rien à faire!

**2 Vivienne**
Moi aussi, j'aime la ville – heureusement, comme j'habite en ville. Mais je n'ai absolument rien contre la campagne. Le weekend, j'y vais avec plaisir – ça détend un peu, on est plus tranquille.

Tricolore 4 Teacher Book

# 2 Revision and additional practice

**3 Fabien**
Tout le monde dit que c'est plus tranquille à la campagne. Plus tranquille! Mais pourquoi est-ce qu'on veut être tranquille? Moi, je voudrais une vie plus dynamique – j'habite ici en ville, mais la vie est tout de même beaucoup trop calme. Moi, je voudrais aller vivre à Paris.

## 3 Un voyage en Écosse

Students listen to Jazmine talking about a recent visit to Scotland and answer the questions in English.

**Solution:**

**1** there was a delay for two hours, **2** looking in shops, **3** two hours, **4** by coach, **5** Edinburgh castle, **6** Scottish accent, **7** bad, rained a lot, cold, **8** any two of: enjoyed it, found people nice, had a good holiday, thinks her English improved

🔊 CD 2 Track 18, SCD 1 Track 13

### Un voyage en Écosse

Au mois de mai, je suis allée en Écosse en voyage scolaire. Pour le voyage, nous sommes partis très tôt le matin pour arriver à l'aéroport à six heures et demie. Mais quand nous sommes arrivés à l'aéroport, on a annoncé un retard de deux heures. C'était pénible, mais nous avons passé le temps aux magasins à l'aéroport. Enfin notre vol est parti à onze heures et nous sommes arrivés à l'aéroport d'Édimbourg deux heures après.

De l'aéroport, nous avons pris un car à l'hôtel au centre d'Édimbourg.

Pendant notre séjour, nous avons visité la ville et le château d'Édimbourg. J'ai trouvé le château très intéressant et on avait une belle vue sur la ville. Nous avons aussi fait des excursions dans la région en car.

Un jour, nous sommes allés dans un foyer pour les jeunes pour rencontrer de jeunes Écossais. C'était bien mais j'ai trouvé l'accent écossais difficile à comprendre. Cependant, j'ai trouvé les gens sympas et on s'est bien amusés.

Malheureusement, il n'a pas fait beau. Il pleuvait souvent et il faisait froid. J'ai acheté un pull en laine qui était très utile.

Après une semaine, nous avons pris le car jusqu'à l'aéroport pour le voyage de retour. J'ai passé de très bonnes vacances en Écosse et j'ai fait des progrès en anglais (je crois) alors mes parents étaient contents.

▸ Copymaster 2/12

## Révision 2: Lire – Partie A

### 1 Un village intéressant

Students match the picture with each item and write the correct letter.

**Solution:**

**1** H, **2** A, **3** F, **4** D, **5** C

### 2 La France

Students choose the word from the list to complete each sentence and write in the letter.

**Solution:**

**1** g, **2** i, **3** e, **4** d, **5** c

## 3 Le transport en ville

Students match the sentences to the signs or pictures and write the correct letter.

**Solution:**

**1** B, **2** A, **3** H, **4** C, **5** F

## 4 Un jeu de définitions

Students read the definitions about places in a town and write the letter by the correct place.

**Solution:**

**1** f, **2** b, **3** d, **4** e, **5** g

▸ Copymaster 2/13

## Révision 2: Lire – Partie B

### 1 La Vienne

Students read the leaflet about local attractions and do the two tasks. In part A, they match the tourists to the correct attractions. In part B, they choose the correct answer.

**Solution:**

**A 1** B, **2** C, **3** D, **4** C, **5** A, **6** D

**B 1** a, **2** c, **3** b, **4** c

▸ Copymaster 2/14

## Révision 2: Grammaire

This provides revision of the following grammar points: negatives, the preposition *à*, the pronoun *y*, the perfect tense.

### 1 Using the negative

**Solution:**

**1** n'est pas, **2** n'y a plus, **3** n'y a aucun/n'y a pas de, **4** n'ai jamais visité, **5** n'ai rien compris, **6** n'ai pas fini

### 2 Places

**Solution:**

**1** à la, **2** au, **3** aux, **4** au

**1** y aller, **2** y voir, **3** y va, **4** y vais

### 3 Verbs in the perfect tense

**Solution:**

**A 1** avons visité, **2** a mangé, **3** ai choisi, **4** a passé, **5** ai acheté

**B 1** suis allé, **2** sommes montés, **3** est parti, **4** sommes arrivés, **5** sommes descendus

▸ Copymaster Sommaire 2

## Sommaire 2

This is a summary of the main topic vocabulary of the unit, also available on SB 40–41.

Tricolore 4 Teacher Book

# Unité 3

# Unité 3  Bon séjour!  pages 44–61

| Aims and objectives | Grammar and skills | Vocabulary |
|---|---|---|
| **3A Des projets   pages 44–45** | | |
| • talk about future plans<br>• use expressions of future time | • *le futur proche* and *le futur simple* | In the future |
| **3B Si on a le temps …  pages 46–47** | | |
| • talk about future plans<br>• use more complex sentences with 'if' | • *si* + present tense + future tense | In the future |
| **3C On se prépare et on arrive   pages 48–49** | | |
| • talk about staying with a family<br>• discuss things to take<br>• understand and ask questions when staying in a French home | | Meeting people<br>Staying with a family<br>Things to take |
| **3D À la maison    pages 50–51** | | |
| • discuss formal and informal language<br>• describe a home<br>• describe your room<br>• revise numbers | • formal and informal language<br>• ordinal numbers | At a family's home<br>Language problems<br>Furniture and fittings<br>Kitchen utensils<br>Household tasks |
| **3E Au parc d'attractions   pages 52–53** | | |
| • talk about a visit to a theme park | • the perfect tense – a reminder<br>• emphatic pronouns (*moi, toi*, etc.)<br>• use *à moi*, etc. to show possession | Visiting a theme park |
| **3F Qu'est-ce qu'on a fait?  pages 54–55** | | |
| • talk about places in Paris | • revise the perfect tense with *avoir* and *être*<br>• ask questions in the perfect tense | Expressions of time |
| **3G Je me suis bien amusé(e)   pages 56–57** | | |
| • compare life in different countries | • reflexive verbs in the perfect tense | Saying goodbye and thank you<br>Acknowledging thanks |
| **3H Contrôle   pages 58–59** | | |
| • practise exam techniques<br>• find out what you have learnt | | |
| **Sommaire   pages 60–61** | | |
| This lists the main topic vocabulary covered in the unit. | | |
| **Revision and additional practice** | | |
| **Au choix 3**: SB 218–219<br>**Online**: Kerboodle Resources and Assessment<br>**Copymasters**: 3/1–3/15<br>**CD 2** Tracks 20, 26, 29, 34–37, **CD 3** Tracks 2–11<br>**SCD 1** Tracks 14–19 | | |

## Resources

**Student Book** 44–61
**CDs 2–3, Student CD 1**

## Copymasters

| | |
|---|---|
| 3/1 | Des projets d'avenir |
| 3/2 | Infos-langue |
| 3/3 | À la maison |
| 3/4 | Aider à la maison |
| 3/5 | Des touristes à Paris |
| 3/6 | Vol à la banque |
| 3/7 | Travailler au pair |
| 3/8 | Chez une famille |
| 3/9 | Tu comprends? |
| 3/10 | Révision 3: Écouter – Partie A |
| 3/11 | Révision 3: Écouter – Partie B |
| 3/12 | Révision 3: Lire – Partie A |
| 3/13 | Révision 3: Lire – Partie B (1) |
| 3/14 | Révision 3: Lire – Partie B (2) |
| 3/15 | Révision 3: Grammaire |
| | Sommaire 3 |

## 3A Des projets

**Au choix** SB 218–219

1. En stage
2. L'anniversaire de mon père
3. Si cela arrive
4. Mes projets
5. J'espère que tout se passera bien
6. Quand?
7. Traduction
8. C'est utile, le dictionnaire
9. Qui fait le ménage?
10. On aide à la maison
11. On fait l'inventaire
12. On dit «merci»

**Examination Grammar in Action** 27–32

Talking about the future
Using the future tense (1) – regular verbs
Using the future tense (2) – irregular verbs
Using the future tense (3) – some extra practice
Using emphatic pronouns – *moi*, *toi*, *lui*
Using reflexive verbs in the perfect tense

## 3A Des projets  pages 44–45

| Aims and objectives | Grammar and skills | Resources |
| --- | --- | --- |
| • talk about future plans<br>• use expressions of future time | • using *le futur proche* and *le futur simple* | **Key language:** SB 60–61<br>**Au choix:** SB 218<br>**Online:** Kerboodle Resources and Assessment<br>**Copymasters:** 3/1<br>**CD 2** Tracks 19–20<br>**GiA:** 27–30 |

### Future plans

Begin by talking briefly about plans for the year ahead, asking a few questions, e.g.

*Qui fait des projets de l'année?*
*Pour quand?*
*Qui va travailler pour gagner de l'argent?*
*Qui a des projets de vacances?* etc.

🔊 44 CD 2 Track 19

### 1 On parle des projets

Students read through the plans for the year ahead, checking anything they don't understand, and then work through the activities.

a Using the information from the texts, students should be able to identify who is described. Note that students won't be able to answer question 7 until they listen to the recording (part d). However, encourage them to try to deduce the answer, then they can listen to check.

> **Solution:**
> 1 Francine, 2 Amir, 3 Karima, 4 Jules, 5 Francine, 6 Amir, 7 (Clément), 8 Laura, 9 Karima, 10 Karima

b Students find the French for some useful expressions, which they may be able to use in later work. For further work on these expressions, students could think of different endings for 1, 2 and 4–7, e.g. *Si je m'ennuie trop, je téléphonerai à un ami.*

> **Solution:**
> 1 *Si je gagne assez d'argent, j'achèterai …*
> 2 *je ferai des économies pour acheter …*
> 3 *Espérons qu'on s'entendra bien.*
> 4 *Si je m'ennuie trop, …*
> 5 *Avec l'argent que je gagnerai, j'achèterai …*
> 6 *ce sera ma première visite en …*
> 7 *j'essaierai aussi de …*
> 8 *ce sera génial*

c Students translate future time expressions into English. For additional help, the English meanings could be displayed in random order.

> **Solution:**
> 1 next year, 2 next week, 3 this year, 4 in a few days, 5 this summer, 6 during the holidays, 7 tomorrow, 8 the day after tomorrow

d Students listen and note down the names of the six people speaking. Further oral work can be done when checking answers, e.g.

 – *C'est qui? – C'est Laura.*
 – *Comment le sais-tu?*
 – *Parce qu'elle ira en Angleterre.*
 – *Comment va-t-elle voyager?*
 – *Elle prendra le train.*

> **Solution:**
> 1 Laura, 2 Amir, 3 Karima, 4 Clément, 5 Jules, 6 Francine

# 3A Des projets

**CD 2 Track 19**

## On parle des projets

1 – Alors, tu vas prendre l'Eurostar pour Londres?
   – Oui, c'est ça. C'est très pratique et il faut seulement trois heures pour faire Paris–Londres. Puis à Londres, je changerai de gare et je prendrai un autre train jusqu'à Wakefield.

2 – Tu prendras l'avion de Paris?
   – Oui, il y a un vol direct et nos grands-parents viendront nous chercher à l'aéroport.
   – C'est la première fois qu'ils vous voient?
   – Ah non. Ils sont déjà venus nous voir en France, mais ce sera la première fois que nous allons chez eux en Guadeloupe.

3 – Ça va coûter cher de partir pour le Québec, non?
   – Oui, c'est cher, mais on a cherché sur Internet et on a trouvé un tarif assez intéressant. Et je vais travailler pendant les vacances de printemps pour payer mon voyage.
   – Où vas-tu travailler?
   – À l'hypermarché. J'y travaille déjà le samedi après-midi, mais pendant les vacances, je vais y travailler cinq jours par semaine.

4 – Que feras-tu lorsque ton correspondant anglais sera chez toi?
   – On va visiter la région.
   – Vous allez voyager comment?
   – Ben, à bicyclette. Mon copain va prêter son vélo à David.

5 – Tu ne partiras pas?
   – Ah non! Tu sais que moi, je n'ai jamais assez d'argent. Alors, pendant les vacances, je travaillerai, puis je ferai des économies pour acheter les choses dont j'ai envie.
   – Et qu'est-ce que tu achèteras?
   – Cette année, je m'achèterai un portable, puis l'année prochaine ou dans deux ans, je me payerai une moto.

6 – Tu as des projets pour les vacances?
   – Moi, non. J'ai trop de travail scolaire. Ce n'est pas très amusant, mais je ne vais pas travailler tout le temps. Samedi prochain, par exemple, je vais aller au cinéma avec mes amis. Puis pendant les grandes vacances, je vais travailler pour gagner un peu d'argent.

**45 Dossier-langue**

## Using *le futur proche* and *le futur simple*

This covers the *futur proche* and the *futur simple*. Differences in the use of these seem to vary so should not be stressed too strongly. For practice, encourage students to use the *futur simple* as much as possible.

Task 1 contains many examples of verbs in the *futur simple*, e.g. *j'achèterai, je ferai, Je prendrai, je changerai, Katy viendra, elle aura, ce sera, on s'entendra bien, sera, j'irai, je sortirai, je gagnerai, j'achèterai, ce sera, Nous pourrons, je ferai, je ferai, j'essaierai, Je participerai, Nous logerons, ce sera.*

**218 Au choix**

### [1] En stage

See notes on page 93 in Unit 3 Revision and additional practice.

**45**

### 2 Qu'est-ce qu'on va faire?

The example uses the *futur proche* for this first productive task, but some teachers may prefer their students to use the *futur simple* here. Students work in pairs, changing roles for each person, one acting as interviewer and the other replying, as in the cues.

**45**

### 3 Que feront-ils?

The *futur simple* is used for this task, using the verbs in the third person.

This item could also be used for oral practice in pairs, with one person asking the questions and the other answering, each person changing roles halfway through or for alternate questions.

**Solution:**
(sample)

1 *Non, il ne partira pas.*
2 *Il partira en Guadeloupe.*
3 *Oui, elle travaillera.*
4 *Elle travaillera pour gagner de l'argent. (Elle ira à Montréal l'année prochaine.)*
5 *Oui, elle ira chez sa correspondante en Angleterre.*
6 *Oui, il ira à Londres.*
7 *Elle travaillera – elle fera du jardinage.*
8 *Oui, il jouera au rugby en Écosse.*
9 *Amélie ira à un festival de musique. Elle prendra le car et elle fera du camping.*

**218 Au choix**

### [2] L'anniversaire de mon père

See notes on page 93 in Unit 3 Revision and additional practice.

**45**

### 4 Des projets

Students complete the sentences about future plans using a range of expressions of time.

**Copymaster 3/1   CD 2 Track 20**

### Des projets d'avenir

See notes on page 96 in Unit 3 Revision and additional practice.

## 3B Si on a le temps …

| Examination Grammar in Action 27 | Examination Grammar in Action 28–30 |
|---|---|
| **Talking about the future** This covers expressions of future time and *aller* + infinitive. | **Using the future tense (1), (2) and (3)** These three pages cover regular and irregular verbs and can be used at any convenient point for further practice. |

## 3B Si on a le temps …   pages 46–47

| Aims and objectives | Grammar and skills | Resources |
|---|---|---|
| • talk about future plans<br>• use more complex sentences with 'if' | • *si* + present tense + future tense | **Key language:** SB 60–61<br>**Au choix:** SB 218<br>**Online:** Kerboodle Resources and Assessment<br>**CD 2** Tracks 21, 34 |

### 46

### Pour sortir ce weekend …

Use the adverts for oral work about leisure activities, e.g.

– *Voici des idées pour sortir. Qu'est-ce qu'on peut faire?*
– *On peut aller voir une exposition de peinture, et quoi d'autre?*

### 46  CD 2 Track 21

### 1 Le weekend prochain

a  Students write the letter by the corresponding advert.

**Solution:**
**1** C, **2** F, **3** B, **4** A, **5** D, **6** G, **7** E, **8** H

b  They listen to the conversations and note the appropriate letter.

**Solution:**
**1** E, **2** D, **3** A, **4** B, **5** G, **6** F, **7** H, **8** C

### CD 2 Track 21

### Le weekend prochain

1  – Qu'est-ce que tu fais ce weekend, Sandrine?
   – Moi, si je n'ai pas trop de devoirs, je ferai des courses samedi après-midi.
   – Tu iras au centre commercial?
   – Oui, c'est ça. Il y a beaucoup de magasins là-bas.
2  – Et le soir?
   – Le soir … eh bien, si je ne suis pas trop fatiguée, j'irai en boîte avec mes amis.
3  – Et dimanche, tu as des projets?
   – Dimanche matin, je resterai à la maison. L'après-midi, s'il fait beau, je jouerai au tennis.
4  – Et qu'est-ce que tu feras s'il pleut dimanche?
   – S'il pleut, j'irai à l'exposition de Matisse au Centre Pompidou.
5  – Et toi Luc, qu'est-ce que tu vas faire ce weekend?
   – Bon, samedi matin, j'ai cours comme d'habitude. L'après-midi, s'il y a un match de football au stade, j'irai le voir.
6  – Et le soir?
   – Le soir, si j'ai assez d'argent j'irai au cinéma. On passe *La reine Margot* au cinéma Gaumont: on dit que c'est un très bon film.
7  – Et dimanche?
   – Alors, dimanche matin, si je me lève assez tôt, j'irai à la piscine.
   – Bonne idée! J'irai avec toi, si tu veux.
8  – Et l'après-midi, si j'ai le temps, j'irai au marché aux puces. Et le soir, je ferai mes devoirs.

c  Students complete sentences with the correct form of *aller* in the *futur simple*.

**Solution:**
**1** j'irai, **2** j'irai, **3** nous irons, **4** nous irons, **5** Luc ira, **6** il ira, **7** Luc et Sandrine iront, **8** Luc ira

### 46 Dossier-langue

### Using *si* clauses

This covers the construction *si* + present tense + future tense. As it is the same in English, this should not cause too much difficulty.

### 46

### 2 C'est possible

a  Students match two parts of a sentence.

**Solution:**
**1** d, **2** c, **3** a, **4** e, **5** b

b  Students translate the sentences into English.

**Solution:**
1  If she doesn't have too much homework, my sister will come to the exhibition with us.
2  If it's fine, what will you do tomorrow?
3  *If* it's raining, my friends and I can (will be able to) go to the cinema.
4  If I get up early, I'll have time to go to the market.
5  If he finishes late at the stadium, my brother will send me a text.

Tricolore 4 Teacher Book

# 3B Si on a le temps …

**218 Au choix**

## [3] Si cela arrive

See notes on page 93 in Unit 3 Revision and additional practice.

**Follow-up activity:**

For extra oral practice of *si* clauses, set a short time limit and challenge students to think of as many different ways as possible to complete the sentence starter *Si je vais en France, …*, e.g.

*Si je vais en France, …*
– *je ne reviendrai jamais.*
– *je parlerai français tout le temps.*
– *je comprendrai tout.*
– *je ferai comme les Français.*

**47**

## 3 Ça dépend du temps!

This provides further practice of the future tense, using the third person. It can be done orally or in writing.

a Students read the statements and decide whether they are true or false.

**Solution:**

1 V, 2 F, 3 F, 4 V, 5 F

b Students complete each sentence to describe what each person will do if the weather is bad.

**Solution:**

1 *Lucas fera ses devoirs.*
2 *Farida ira au cinéma.*
3 *Pierre rangera sa chambre.*
4 *Ahmed écoutera de la musique.*
5 *Charlotte écrira des lettres.*

c Students read the weather forecast and decide what the weather will be like tomorrow and what each person will be doing.

**Solution:**

1 *Il fera beau.*
2 *Lucas jouera au football. Farida ira à la piscine. Pierre fera un tour à vélo. Ahmed ira au match de rugby. Charlotte fera des achats en ville*

**218 Au choix**

## [4] Mes projets

See notes on page 93 in Unit 3 Revision and additional practice.

**47**

## 4 Si on faisait un échange

a Students read the message and answer the questions in English.

**Solution:**

1 to improve her English, 2 France, 3 doing an exchange, 4 visiting Paris, going to school with Léa

b Students find the French for some English phrases.

**Solution:**

1 *je sais que*, 2 *j'ai quelque chose à te proposer*, 3 *à Pâques*, 4 *si tes parents sont d'accord*, 5 *chez vous*, 6 *Qu'en penses-tu?*

**47**

## 5 La réponse

Students complete Sarah's reply by writing the verbs in the future tense. Able students could then translate the message into English.

**Solution:**

1 *on s'amusera*, 2 *ce sera*, 3 *je pourrai*, 4 *j'arriverai*, 5 *ça ne posera pas*, 6 *tu pourras*, 7 *tu pourras*, 8 *tout se passera*, 9 *tu verras*

**47**

## 6 À vous!

a In pairs, students discuss their weekend plans, using some *si* clauses.

b Students write some sentences to describe plans for the week ahead.

**218 Au choix CD 2 Track 34**

## [5] J'espère que tout se passera bien

See notes on page 94 in Unit 3 Revision and additional practice.

**218 Au choix**

## [6] Quand?

See notes on page 94 in Unit 3 Revision and additional practice.

**218 Au choix**

## [7] Traduction

See notes on page 94 in Unit 3 Revision and additional practice.

## 3C On se prépare et on arrive

### 3C On se prépare et on arrive   pages 48–49

| Aims and objectives | Grammar and skills | Resources |
|---|---|---|
| • talk about staying with a family<br>• discuss things to take<br>• understand and ask questions when staying in a French home | | Key language: SB 60–61<br>Online: Kerboodle Resources and Assessment<br>CD 2 Track 22 |

**48**

### 1 Forum des jeunes: Des séjours linguistiques

Students read through the comments about residential language courses and do the related activities.

a  Students find the French for phrases.

> **Solution:**
> 1 *mode de vie*
> 2 *Je le conseille*
> 3 *des gens qu'on ne connaît pas*
> 4 *se débrouiller*
> 5 *notre entourage*
> 6 *j'en garde de super souvenirs*
> 7 *Je me suis fait de nouveaux amis*
> 8 *toujours en contact*

b  Students find three or more advantages mentioned and list these in English.

> **Solution:**
> gives practice in speaking foreign language, learn about different culture and way of life, make new friends, (if travelling alone) learn to be independent, learn how to live with people of different background, make progress in language skills

c  Students find two or more disadvantages or problems.

> **Solution:**
> difficult to live with people you don't know, tiring to speak a foreign language all the time, difficult for people not good at languages, could be lonely if you're shy

d  Students translate into English another contribution to the forum discussion.

> **Solution:**
> I spent two weeks in Spain last year, but it didn't go well. The trip was organised by the school and we stayed in a youth hostel. In the mornings we had language classes and in the afternoon we went on trips. It was quite interesting, but we spent too much time with French people and we didn't speak much Spanish.

e  Able students could talk about language courses in pairs and then write their own contribution to the forum discussion.

**48**

### 2 On fait sa valise

First revise the vocabulary that may be needed when packing a case to go on holiday, by referring to the list in Unit 3 *Sommaire* (SB 60). Then students can create their own packing lists of items to take.

**48**

### 3 Ce sera apprécié

Students complete the sentences by putting the verbs in the correct form of the future tense.

> **Solution:**
> 1 *essaierai*, 2 *ferai*, 3 *rangerai*, 4 *laisserai*,
> 5 *goûterai*, 6 *regarderai*, 7 *offrirai*, 8 *ferai*,
> 9 *passerai*, 10 *essaierai*

**49 CD 2 Track 22**

### 4 Arrivée en France

This presents the main language needed when arriving and staying with a French family. The recording is in two sections.

Check that students understand the vocabulary, e.g.

*Tutoyer, qu'est-ce que ça veut dire? Ça veut dire, dire 'tu' au lieu de 'vous'.*

*Les choux de Bruxelles sont des légumes. Qu'est-ce que c'est en anglais?*

a  Students should listen to each section first to get the general gist and then complete the résumé. If necessary, write the missing words on the board.

> **Solution:**
> 1 *jus d'orange*, 2 *sœurs*, 3 *deuxième*, 4 *armoire, commode*, 5 *couloir*, 6 *livre (sur Londres), CD*,
> 7 *sept heures et demie*, 8 *poulet, riz*, 9 *utiliser*

**CD 2 Track 22**

### Arrivée en France

**a On s'installe**

– Entrez, entrez. Allez vous asseoir, David. Je peux te tutoyer, non? Veux-tu quelque chose à boire? Il y a du jus d'orange, de la limonade, du coca, du thé …
– Un jus d'orange, s'il vous plaît.
– David, je te présente ma sœur, Marion.
– Bonjour David. Tu as fait un bon voyage?
– Oui, très bien, merci.
– Et voici ma petite sœur, Camille.
– Bonjour.

Tricolore 4 Teacher Book

## 3D À la maison

- Je vais te montrer ta chambre. Elle est au deuxième étage.
- Elle est bien, la chambre. Alors, je vais m'installer. Où est-ce que je peux mettre mes vêtements?
- Il y a de la place dans l'armoire et dans la commode. Voilà.
- Bon, et où se trouvent les toilettes et la salle de bains?
- C'est là-bas, au bout du couloir.
- Ah oui, je vois.

**b Au salon**
- J'ai des petits cadeaux pour vous.
- Mais David, il ne fallait pas.
- Voilà madame, pour vous. Et pour toi, Clément.
- Un livre sur Londres, c'est très gentil, David. Merci.
- Un CD. Excellent! J'adore cette musique.
- On mangera vers sept heures et demie, David. Est-ce qu'il y a quelque chose que tu n'aimes pas?
- Euh … je n'aime pas beaucoup le saucisson, ni les choux de Bruxelles.
- D'accord. Alors ce soir, on mangera du poulet avec du riz. Et le soir, tu te couches à quelle heure, normalement?
- Vers dix heures et demie, onze heures.
- Bon. Est-ce que tu as besoin de quelque chose?
- Non, je ne crois pas … mais est-ce que je peux utiliser l'Internet plus tard?
- Oui, bien sûr.

**b** Students have to find the three questions asked by David.

> Solution:
> b, c and e

### 49

### 5 On pose des questions

Students identify a question from task 4 to go with each picture. For A–E, they can choose from the questions listed in 4 b, but they may need to listen to the recording again in order to find question F.

> Solution:
> **A** *Et le soir, tu te couches à quelle heure, normalement?*
> **B** *Veux-tu quelque chose à boire?*
> **C** *Où est-ce que je peux mettre mes vêtements?*
> **D** *Est-ce que je peux utiliser Internet plus tard?*
> **E** *Où se trouvent les toilettes et la salle de bains?*
> **F** *Est-ce qu'il y a quelque chose que tu n'aimes pas (manger)?*

### 49

### 6 Bienvenue chez nous

Students work in pairs to practise and invent dialogues, as suggested.

### 49

### 7 Une photo

Students practise talking about a photo in pairs, using the questions as a guideline.

## 3D À la maison   pages 50–51

| Aims and objectives | Grammar and skills | Resources |
|---|---|---|
| • discuss formal and informal language<br>• describe a home<br>• describe your room<br>• revise numbers | • formal and informal language<br>• ordinal numbers | **Key language**: SB 60–61<br>**Au choix**: SB 219<br>**Online**: Kerboodle Resources and Assessment<br>**Copymasters**: 3/2, 3/3, 3/4<br>**CD 2** Tracks 23–26, 35–36 |

### 50 CD 2 Track 23

### 1 Je vous présente …

This includes some examples of formal and informal language used in different situations. First look through the photos and explain that David is going to be introduced to these people. Students should then listen to the recording and complete the sentences.

> Solution:
> **1** grand-père, **2 a** copain, tu, **b** une semaine, **c** collège, **3 a** prof d'anglais, vous, **b** cours, **c** villes, **4 a** copine, **b** cantine, **c** nourriture

### CD 2 Track 23

### Je vous présente …

1 – Papi, je te présente David, mon correspondant anglais. David, je te présente mon grand-père.
– Bonjour, David.
– Bonjour, monsieur.
– C'est ton premier séjour en France?
– Oui, monsieur.
– Et ça te plaît?
– Ah oui, beaucoup.
– Et tu viens d'où exactement?
– Je viens de Londres. Vous connaissez l'Angleterre?
– Ah non, malheureusement pas, je ne suis jamais allé en Angleterre.

Tricolore 4 Teacher Book   83

# 3D À la maison

2
- Voici Alain, c'est un copain. Alain, voici David, c'est mon corres anglais.
- Salut, David. Ça va?
- Salut Alain. Oui, ça va.
- Tu viens d'où en Angleterre, David?
- De Londres.
- C'est pas vrai! Moi, j'ai passé une semaine à Londres en voyage scolaire. C'était génial. On s'est marré comme tout. Et toi, t'es déjà venu en France?
- Non, c'est ma première visite.
- Tu viens au bahut?
- Euh … comment? Je n'ai pas compris le mot 'bahut'.
- Ah, excuse-moi … le bahut, c'est du français familier. Ça veut dire le collège. Tu viens en classe avec nous?
- Oui.
- Bon, à tout à l'heure.
- Au revoir.

3
- David, maintenant nous avons anglais. Je vais te présenter à ma prof d'anglais. Madame Legrand, je vous présente David Parry, mon correspondant anglais.
- Bonjour, David, et bienvenue en France.
- Bonjour, madame.
- Vous allez assister aux cours aujourd'hui?
- Oui, madame, si possible.
- Bon, aujourd'hui, on va parler un peu des villes britanniques. Et vous venez d'où en Grande-Bretagne?
- De Londres.
- Ah, mais c'est parfait! On va vous poser des questions.

4
- Tiens, voilà Sophie. Sophie, voici David, mon corres anglais. David, voici Sophie, une copine.
- Bonjour, David.
- Bonjour, Sophie.
- Tu passes la journée au collège?
- Oui, c'est ça.
- On va à la cantine. Et toi, t'as déjà mangé?
- Non, pas encore. On y mange bien?
- Ça dépend. Je ne sais pas ce qu'il y a comme bouffe aujourd'hui. Normalement, c'est pas mal.
- 'Bouffe', qu'est-ce que ça veut dire?
- La bouffe? C'est du français familier, ça. Ça veut dire la nourriture.

### 50 Stratégies

This explains some of the features of formal and informal language. The last section covers *verlan* and includes a matching task.

Solution:
**1** h, **2** f, **3** c, **4** a, **5** e, **6** g, **7** b, **8** d

### 219 Au choix

## [8] C'est utile, le dictionnaire

See notes on page 94 in Unit 3 Revision and additional practice.

### Copymaster 3/2

## Infos-langue

See notes on pages 96–97 in Unit 3 Revision and additional practice.

### 50

## 2 Un message

If necessary, revise the vocabulary for rooms in a home and basic furniture, referring to Unit 3 *Sommaire* (SB 60–61).

a Students read the message and decide whether the sentences are true, false or not mentioned. Students could then correct the false statements.

Solution:
**1** F *(Elle est arrivée en Angleterre.)*
**2** PM
**3** V
**4** F *(Elle est assez moderne.)*
**5** V
**6** PM
**7** F *(Il y a des chambres au premier étage et au deuxième étage.)*
**8** V

b Students then close their books and, working in pairs, give a description of Katy's house.

### 50

## 3 Notre nouvel appartement

Students complete the text using the words in the box.

Solution:
**1** nouvel, **2** centre-ville, **3** étage, **4** escalier, **5** salle, **6** balcon, **7** près, **8** partage

### 51 Dossier-langue

## Les nombres

This prompts students to revise numbers from 1 to 1,000, and a million, and explains ordinal numbers from 1 to 10.

### 51

## 4 Chez moi

a Students work in pairs asking and answering questions about their home.

b Students speak for a minute about their home, without prompts.

c Students write a short description of a real or imaginary house or flat.

84 Tricolore 4 Teacher Book

## 3D À la maison

**51 CD 2 Track 24**

### 5 Ma propre chambre

Revise vocabulary for describing a room and build up a list of useful words and phrases on the board, e.g. *Qu'est-ce que vous avez dans votre chambre, comme meubles?* Students work out which words are needed to fill the gaps in the text and then listen to check their answers.

*Solution:*
**1** *seul,* **2** *rideaux,* **3** *moquette,* **4** *placard,* **5** *bureau,* **6** *murs,* **7** *rangée*

**CD 2 Track 24**

### Ma propre chambre

J'ai une chambre à moi tout seul. Elle est au rez-de-chaussée. Elle n'est pas très grande. Les murs et les rideaux sont jaunes et il y a de la moquette verte. Comme meubles, il y a mon lit, un placard pour mes vêtements et un bureau où je mets toutes mes affaires. J'ai une chaîne-stéréo, mais je n'ai pas de télévision dans ma chambre. J'ai plein de posters et de photos aux murs, des posters de groupes et de films. J'aime bien ma chambre, mais elle n'est pas très bien rangée. C'est souvent la pagaille chez moi!

**51 CD 2 Track 25**

### 6 Une chambre partagée

In this task students have to listen and write down the missing words. These are not given, but could be displayed if more help is needed.

*Solution:*
**1** *sœur,* **2** *Les murs,* **3** *beige,* **4** *armoire,* **5** *chaises,* **6** *livres,* **7** *par terre*

**CD 2 Track 25**

### Une chambre partagée

Je partage une chambre avec ma sœur. La chambre est assez grande. Les murs sont blancs et les rideaux bleu marine et il y a de la moquette beige. Dans la chambre, il y a deux lits, une armoire, une grande table avec un ordinateur et mon clavier électrique. Il y a aussi des chaises et une bibliothèque pour nos livres. À mon avis, il est difficile de partager. Moi, je suis bien organisée mais ma sœur ne veut jamais ranger ses affaires. Elle laisse souvent ses vêtements et ses livres par terre. Ça m'énerve, j'aimerais mieux avoir ma propre chambre.

**51**

### 7 À vous!

a  Students work in pairs to talk about their room at home.
b  Students write a paragraph to describe their own room.

**Copymaster 3/3 CD 2 Track 26**

### À la maison

See notes on pages 97–98 in Unit 3 Revision and additional practice.

### Helping at home and household tasks

For those wishing to revise this topic, there is material in *Au choix*, online and on copymaster:

**Copymaster 3/4**

### Aider à la maison

See notes on page 98 in Unit 3 Revision and additional practice.

**219 Au choix CD 2 Track 35**

### [9] Qui fait le ménage?

See notes on page 94 in Unit 3 Revision and additional practice.

**219 Au choix**

### [10] On aide à la maison

See notes on page 95 in Unit 3 Revision and additional practice.

**219 Au choix CD 2 Track 36**

### [11] On fait l'inventaire

See notes on page 95 in Unit 3 Revision and additional practice.

# 3E Au parc d'attractions   pages 52–53

| Aims and objectives | Grammar and skills | Resources |
|---|---|---|
| • talk about a visit to a theme park | • the perfect tense – a reminder<br>• emphatic pronouns (*moi, toi*, etc.)<br>• use *à moi*, etc. to show possession | **Key language**: SB 60–61<br>**Online**: Kerboodle Resources and Assessment<br>**CD 2** Track 27<br>**GiA**: 31 |

## Introduction

Begin with a general discussion about theme parks, asking who has visited one in this country or in France. It might be interesting to see which has been visited by the most students, e.g.

– *Un parc d'attractions, qu'est-ce que c'est? Qui peut me donner un exemple d'un parc d'attractions en Grande-Bretagne/en France/aux États-Unis?*
– *(En Grande-Bretagne il y a Alton Towers, Thorpe Park, Chessington World of Adventures, etc.)*
– *(Et en France, il y a Disneyland Paris, le Parc Astérix, le Futuroscope, etc.)*
– *Qui a visité un parc d'attractions? Lequel? Combien de personnes ont visité …? C'était bien?*
– *(Moi aussi, j'ai visité … et j'ai trouvé que c'était …)*
– *(Moi, je n'ai jamais visité de parc d'attractions!)*

### 52

## Visitez Disneyland Paris

Talk briefly about the photos and read through the captions.

### 52 CD 2 Track 27

### 1 Une visite à Disneyland Paris

**a** Students listen to the recording and list the letter of each photo as it is mentioned.

Solution:
F, D, C, G, A, B, E

**b** Students answer questions about the visit to Disneyland Paris, choosing from the answer options provided.

Solution:
**1** b, **2** c, **3** a, **4** c

**c** Students read the sentences and decide which ones are true according to the recording.

Solution:
2, 4, 5, 6, 7

### CD 2 Track 27

### Une visite à Disneyland Paris

– Alors, vous êtes allés à Disneyland Paris. Comment avez-vous trouvé ça?
– C'était génial.
– Oui, c'était vraiment très bien.
– Vous y êtes allés en voiture?
– Non, on a pris le RER. C'est direct jusqu'à Marne-la-Vallée et c'est très rapide.
– Et alors, qu'est-ce que vous avez fait au parc?
– Un peu de tout. On a commencé à Discoveryland. On a fait un voyage dans l'espace avec Star Tours.
– C'était bien, mais j'avais mal au cœur après.
– Et ensuite?
– Alors, on a visité le labyrinthe d'Alice.
– Ah oui, ça, c'était super. Il y avait plein de fausses pistes.
– Et puis, après, nous avons pris le train fou à Big Thunder Mountain.
– Et on a visité le Manoir Hanté. Ça, c'était bien.
– Oui.
– Vous avez déjeuné au parc?
– Oui, on a mangé un burger et des frites.
– Et l'après-midi, qu'est-ce que vous avez fait?
– On a regardé la parade Disney. C'était vraiment bien, avec des chars énormes et tous les personnages de Disney.
– Et après, nous avons visité les autres attractions, par exemple les pirates des Caraïbes …
– Et la cabane des Robinson aussi.
– Qu'est-ce que c'est?
– C'est une cabane construite dans un arbre, un arbre artificiel, bien sûr. Il faut grimper dans l'arbre pour arriver à la cabane.
– Oui … enfin, moi, je n'ai pas beaucoup aimé ça. C'était bien fait, d'accord, mais il n'y avait rien à faire. On a visité la cabane, on l'a regardée, puis on est redescendu.
– Vous avez acheté quelque chose en souvenir?
– Moi, je n'ai rien acheté.
– Moi, j'ai acheté des oreilles de Mickey!
– Et enfin, qu'est-ce que vous avez pensé du parc? Qu'est-ce que vous avez surtout aimé?
– Moi, j'ai tout aimé, surtout Star Tours.
– Moi aussi, j'ai trouvé que tout était très bien fait. Mais je n'avais pas beaucoup d'argent et les souvenirs et tout, c'était un peu cher pour moi. En tout cas, je n'ai pas trop aimé les magasins: j'ai préféré les attractions. Les attractions étaient fantastiques!

### 52 Dossier-langue

## The perfect tense – a reminder

This is a quick summary of the main points.

# 3F Qu'est-ce qu'on a fait?

### 52

## 2 Au parc d'attractions

Students match up the correct response to each question.

**Solution:**

1 d, 2 a, 3 f, 4 b, 5 g, 6 e, 7 c

### 53 Dossier-langue

## Emphatic pronouns (*moi*, *toi*, etc.)

This explains the use of the emphatic pronouns *moi*, *toi*, etc., which occur in several expressions in this unit. Students should be encouraged to look out for further examples and to use them, where appropriate. However, as many students seem to use them quite naturally, only a small amount of practice is given.

### 53

## 3 C'est à qui?

This practises expressing possession using noun + à + pronoun/name.

**Solution:**

1 Le sac de sport est à moi.
2 Les lunettes sont à toi.
3 Les clés sont à vous?
4 Le portable est à David.
5 La montre est à lui aussi.
6 Les valises sont à nous.
7 Les gants sont à elle.

### 53

## 4 Des conversations

Students complete sentences using emphatic pronouns.

**Solution:**

1 **a** moi, **b** moi, **c** toi
2 **a** toi, **b** moi

3 **a** vous, **b** moi
4 **a** vous, **b** nous, **c** eux
5 **a** toi, **b** lui

**Examination Grammar in Action 31**

## Using emphatic pronouns – *moi*, *toi*, *lui*

This provides further practice.

### 53

## 5 Une visite au Parc Astérix

a  Students complete the message with the correct perfect tense form of regular and irregular verbs with *avoir*.

**Solution:**

1 nous avons visité, 2 J'ai lu, 3 nous avons pris, 4 on a commencé, 5 on a visité, 6 nous avons regardé, 7 nous avons mangé, 8 J'ai pris, 9 Nous avons passé, 10 j'ai acheté

b  They find the French for some useful phrases.

**Solution:**

1 hier, 2 près d'ici, 3 pour y aller, 4 ça m'a donné mal au cœur, 5 toute la journée, 6 c'était très amusant, 7 avant de partir

c  Students translate some phrases into French, using *c'était* + adjective.

**Solution:**

1 c'était très amusant, 2 c'était intéressant, 3 c'était assez bien, 4 c'était cher, 5 c'était affreux

### 53

## 6 À vous!

a  Students work in pairs to make up a conversation about a visit to a theme park, referring to the questions in task 2.

b  Students write 100 words about a past visit (real or imaginary) to a theme park. Encourage them to invent interesting or amusing details.

# 3F Qu'est-ce qu'on a fait?   pages 54–55

| Aims and objectives | Grammar and skills | Resources |
|---|---|---|
| • talk about places in Paris | • revise the perfect tense with *avoir* and *être*<br>• ask questions in the perfect tense | **Key language:** SB 60–61<br>**Online:** Kerboodle Resources and Assessment<br>**Copymasters:** 3/5, 3/6<br>**CD 2** Tracks 28–29 |

### 54

## 1 Des textos

Students read the texts and then do the activities.

a  Students decide whether each statement is true or false and correct the false statements.

**Solution:**

1 F – Mardi, David est allé à la tour Eiffel.
2 V
3 F – Il est monté au troisième étage.
4 V

# 3F Qu'est-ce qu'on a fait?

**5** F – Ils y sont restés tout l'après-midi.
**6** F – Jeudi soir, ils sont allés à un concert.
**7** F – Vendredi, Marion est allée au musée Picasso.
**8** V

**b** Students read through the questions in the perfect tense and give short answers, e.g. either *oui* or *non*, or a phrase taken from one of the texts.

> Copymaster 3/5

## Des touristes à Paris

See notes on page 98 in Unit 3 Revision and additional practice.

> 54

## 2 Gustave Eiffel

Students read the text and answer questions in English.

**Solution:**
1 Dijon, in 1832
2 a railway bridge in Bordeaux, a viaduct in Portugal and a station in Hungary
3 French Revolution
4 It was the highest tower in the world.
5 They thought it might collapse; or that when visitors arrived at the top they would die of suffocation / lack of oxygen.
6 He flew his plane between the pillars at the base of the tower.

> 55 CD 2 Track 28

## 3 Un bon weekend

**a** Students should read the list of questions, then listen to the recorded conversation and note down which questions are asked. The recording also gives a model for the pair-work activity, *Qu'est-ce que tu as fait?*

**Solution:**
1, 3, 6, 7, 8, 10

> CD 2 Track 28

### Un bon weekend

– Tu as passé un bon weekend?
– Oui. Je suis allé à Lyon.
– Ah bon. Et comment as-tu voyagé?
– En voiture.
– Et où as-tu logé?
– À l'auberge de jeunesse.
– Qu'est-ce que tu as fait à Lyon?
– J'ai joué au tennis dans un tournoi. J'ai joué dans quatre matchs et j'en ai gagné deux.
– Oui, c'est pas mal, ça. Est-ce que tu es sorti le soir?
– Oui, je suis allé en discothèque.

– Tu es rentré à quelle heure, dimanche?
– Je suis rentré à la maison dans l'après-midi, vers seize heures.

**b** Students complete the résumé of Mathieu's weekend and listen again to check their answers.

**Solution:**
**1** Lyon, **2** tennis, **3** en voiture, **4** à l'auberge de jeunesse, **5** quatre, **6** deux, **7** en discothèque, **8** seize

> 55 Dossier-langue

## Asking questions in the perfect tense

This summarises the different ways in which questions can be asked in the perfect tense.

> 55

## 4 Qu'est-ce que tu as fait?

Students make notes about a day in town and a day in the country, then practise talking about the weekend in pairs.

> 55

## 5 À vous!

Students write a brief description (real or imaginary) of an interesting day in the holidays or a long weekend.

> Copymaster 3/6 CD 2 Track 29

## Vol à la banque

See notes on pages 98–99 in Unit 3 Revision and additional practice.

# 3G Je me suis bien amusé(e)   pages 56–57

| Aims and objectives | Grammar and skills | Resources |
|---|---|---|
| • compare life in different countries | • reflexive verbs in the perfect tense | **Key language:** SB 60–61<br>**Au choix:** SB 219<br>**Online:** Kerboodle Resources and Assessment<br>**Copymasters:** 3/7, 3/8<br>**CD 2** Tracks 30, 37<br>**GiA:** 32 |

### 56 CD 2 Track 30

**1 Le weekend dernier**

Students listen to two teenagers talking about how they spent the previous weekend.

**a** When students have listened to the interview with Martin, they complete the sentences in French.

**Solution:**

*samedi*
1 Je me suis levé vers onze heures.
2 J'ai fait mes devoirs.
3 L'après-midi, je suis allé en ville.
4 J'ai acheté un tee-shirt.
5 J'ai mangé avec mes copains dans un fastfood.
6 Le soir, je ne me suis pas couché tard.

*dimanche*
1 Je me suis levé de bonne heure pour jouer au foot.
2 On a gagné trois à zéro.
3 Mais vers la fin du match, je suis tombé.
4 Je me suis fait mal au genou.
5 J'ai dû me reposer le reste de la journée.

### CD 2 Track 30

**Le weekend dernier**

**Martin**

– Martin, tu as passé un bon weekend? Qu'est-ce que tu as fait?
– Oui, eh bien, le samedi, je ne me suis pas levé tôt. Je me suis levé vers onze heures. Ensuite, j'ai fait mes devoirs. Puis l'après-midi, je suis allé en ville. J'ai fait les magasins et j'ai acheté un tee-shirt. Ensuite, j'ai mangé avec mes copains dans un fastfood, puis je suis rentré à la maison.
– Et le soir?
– Le soir, je n'ai pas fait grand-chose. Je ne me suis pas couché tard, parce que j'allais jouer au football le lendemain.
– Et le dimanche?
– Le dimanche, je me suis levé de bonne heure pour aller jouer au foot.
– Et ça s'est bien passé? Vous avez gagné?
– Oui, on a gagné trois à zéro, mais malheureusement, vers la fin du match, je suis tombé et je me suis fait mal au genou. Mon père était au match et il m'a transporté à la maison. Maintenant, ça va un peu mieux mais j'ai dû me reposer le reste de la journée.

**b** When students have listened to the interview with Charlotte, they correct the mistakes in the sentences, in French.

**Solution:**

1 Samedi matin, elle est allée au collège.
2 À midi, elle n'a pas mangé/déjeuné au collège.
3 L'après-midi, elle a acheté un nouveau jean.
4 Le soir, elle est allée à l'anniversaire d'un garçon de sa classe.
5 Tout le monde s'est amusé à la fête.
6 À dix heures, on a chanté «Joyeux anniversaire» et on a mangé un gâteau au chocolat.
7 Elle s'est couchée vers minuit.
8 Le dimanche, elle s'est levée vers dix heures.
9 L'après-midi, elle a fait ses devoirs.
10 Le soir, elle s'est reposée.

### CD 2 Track 30

**Le weekend dernier**

**Charlotte**

– Charlotte, qu'est-ce que tu as fait le weekend dernier?
– Eh … bien, samedi, je me suis levée à sept heures, comme d'habitude, et je suis allée au collège. Puis à midi, je n'ai pas déjeuné au collège. Il y a très peu de gens qui mangent au collège le samedi midi. Puis dans l'après-midi, j'ai fait des courses avec mes amis et j'ai acheté un nouveau jean.
– Et le soir, tu es sortie?
– Oui, le soir, je suis allée à l'anniversaire d'un garçon de ma classe. Donc après les courses, je suis rentrée et je me suis préparée pour sortir. Je me suis habillée en jean et en tee-shirt, puis je me suis coiffée et je me suis maquillée. Puis ma mère m'a amenée chez Jean-Luc pour la fête.
– Et la fête, c'était comment? Qu'est-ce qui s'est passé?
– Bon, il y avait une sorte de buffet avec des biscuits apéritifs et des crudités variées et des chips.
– Et comme boissons?
– Comme boissons, il y avait du coca, du Fanta et de l'Oasis: des boissons gazeuses surtout, et aussi des jus de fruit. Il y avait de la bière aussi.
– Et tu t'es bien amusée?
– Oui, tout le monde s'est amusé. On a dansé, on a écouté de la musique à la mode. Et vers dix heures, on a apporté un gros gâteau d'anniversaire: c'était un gâteau au chocolat. Alors on a chanté «Joyeux

## 3G Je me suis bien amusé(e)

> anniversaire» et Jean-Luc a coupé le gâteau et on l'a mangé. C'était très bon.
> – Et tu es rentrée à quelle heure?
> – Vers onze heures et demie. Mon père est venu me chercher en voiture. Nous sommes rentrés et je me suis couchée vers minuit.
> – Et dimanche?
> – Alors dimanche, j'ai fait la grasse matinée. Je me suis levée vers dix heures, dix heures et demie. Donc le matin, je n'ai pas fait grand-chose, puis l'après-midi, j'ai fait mes devoirs.
> – Et le soir?
> – Eh bien, le soir, je me suis reposée. Voilà mon weekend.

**56 Dossier-langue**

### Reflexive verbs: The perfect tense

Students look for examples of reflexive verbs in the perfect tense in task 1, then do questions 1–3.

**56**

### 2 Ce jour-là

To practise the *je* form of reflexive verbs in the past, students choose a day in the previous week and complete the sentences accordingly, adding any further details as appropriate. This could also be done in pairs as a conversation to practise the *tu* and *je* forms, e.g.
– *Vendredi dernier, tu t'es levé à quelle heure?*
– *Je me suis levé trop tôt, à sept heures, pour aller au collège.*

**56**

### 3 Dimanche dernier

a Students supply the correct reflexive pronoun and part of *être* to complete each question.

> Solution:
> **1** *vous vous êtes levés*, **2** *(elle) s'est installée*,
> **3** *vous vous êtes promenés*, **4** *(il) s'est trompé*,
> **5** *(ils) se sont disputés*, **6** *vous vous êtes baignés*

b They supply the correct past participle (with agreement if needed) to complete each answer.

> Solution:
> **a** *disputés*, **b** *baignés*, **c** *levés*, **d** *trompé*,
> **e** *installée*, **f** *promenés*

c Students match the correct answer to each question.

> Solution:
> **1** c, **2** e, **3** f, **4** d, **5** a, **6** b

**57**

### 4 Samedi soir

This provides practice with a greater range of reflexive verbs in the perfect tense. It can be used in a variety of ways: students could choose to describe either what Virginie did or what Alex did, or both,

and write either speech bubbles (using the first person) or captions (using the third person), or both. They then complete the two sentences summarising the party (using the third person), and also the two statements (using the first person).

> Solution:
> **a 1** *Il s'est déshabillé*, **2** *Il s'est lave*, **3** *Il s'est rasé*, **4** *Il s'est habillé*, **5** *Il s'est coiffé*
>
> **b 1** *Elle s'est lavée*, **2** *Elle s'est maquillée*,
> **3** *Elle s'est habillée*, **4** *Elle s'est changée*,
> **5** *Elle s'est coiffée*
>
> **c 1** *... ils se sont rencontrés*, **2** *Ils se sont bien entendus.*
>
> **d** Alex: *Je me suis bien amusé.*
> Virginie: *Je me suis bien entendue avec Alex et nous allons nous revoir demain.*

**Copymaster 3/7**

### Travailler au pair

See notes on page 99 in Unit 3 Revision and additional practice.

**Examination Grammar in Action 32**

### Using reflexive verbs in the perfect tense

This provides further practice.

**Copymaster 3/8**

### Chez une famille

See notes on page 99 in Unit 3 Revision and additional practice.

**57**

### 5 Mes impressions

This text, noting impressions of everyday life in France, rounds off the work on staying with a family.

a Students choose the correct words to complete the text.

> Solution:
> **1** *tôt*, **2** *moins*, **3** *céréales*, **4** *plus*, **5** *fatigante*,
> **6** *émissions*, **7** *tard*, **8** *longtemps*, **9** *après*

b In pairs, students draw up a list of the differences between daily life in France and at home.

**57**

### 6 À vous!

Students write an imaginary or true account of a recent day, perhaps a school day or a day in the life of a celebrity. For further guidance, a suitable description in notes could be written on the board.

# 3H Contrôle

## [12] On dit «merci»

🔊 219 Au choix CD 2 Track 37

See notes on page 95 in Unit 3 Revision and additional practice.

## Comparing life in France and at home

To sum up work on this unit, it would be useful to have a general class discussion comparing everyday life in the student's home country and France, covering daily routine, customs, food, etc.

## 3H Contrôle   pages 58–59

| Aims and objectives | Grammar and skills | Resources |
|---|---|---|
| • practise exam techniques<br>• find out what you have learnt | | **Key language**: SB 60–61<br>**Online**: Kerboodle Resources and Assessment<br>**Copymasters**: 3/10–3/15<br>**CD 2** Tracks 31–33, **CD 3** Tracks 6–11<br>**SCD 1** Tracks 14–19 |

This spread provides assessment tasks, in all four skills, which follow the style of assessment offered by some awarding bodies. It is intended to provide practice in the different assessment techniques as well as to assess knowledge of the content of the unit.

Additional assessment material using literary extracts for reading and photos for oral work is provided in the five *C'est extra!* spreads which appear after Units 2, 4, 6, 8 and 10.

Teachers should adapt the tasks as necessary to suit the needs of their students. Board-specific examination practice, written by experienced examiners, is provided online.

## Listening

🔊 58 CD 2 Track 31

### 1 Notre appartement

Students listen to the recording and answer the questions in English.

> **Solution:**
> 1 It's an old building in centre of town.
> 2 It's on the third floor.
> 3 two
> 4 There is a balcony but no garage.
> 5 They park the car in the street.
> 6 good location, with a (small) garden surrounding the building; near a metro station so convenient for public transport
> 7 It's noisy at night
> 8 seven years

🔊 CD 2 Track 31

**Notre appartement**

– Florence, tu habites une maison ou un appartement?
– J'habite un appartement dans un vieil immeuble au centre-ville. L'appartement est assez grand et se trouve au troisième étage. Dans l'appartement, nous avons une grande salle de séjour, une cuisine, une salle de bains et deux chambres. Il y a aussi un balcon. Il n'y a pas de garage alors on gare la voiture dans la rue.
– Tu aimes habiter là?
– Oui, l'appartement est très bien situé et il y a un petit jardin autour de l'immeuble. On est tout près d'une station de métro, alors c'est pratique pour les transports. L'inconvénient, c'est qu'il y a pas mal de bruit le soir, surtout le samedi soir.
– Ça fait longtemps que tu habites là?
– Nous y habitons depuis sept ans. Il y a sept ans, mes parents ont divorcé et ma mère, ma sœur et moi, nous avons déménagé à l'appartement.

🔊 58 CD 2 Track 32

### 2 Notre chambre

Students listen to the conversation and choose the three correct statements.

> **Solution:**
> **A** Florence shares a room with her older sister and they get on well.
> **C** There is enough space for them both.
> **F** Florence has put posters on the wall in her corner of the room.

🔊 CD 2 Track 32

**Notre chambre**

– Tu as ta propre chambre?
– Non, je partage une chambre avec ma sœur aînée.
– Comment ça marche?
– Bof, ça va. On s'entend bien et la chambre est assez grande alors on a chacune son coin.
– Elle est comment, la chambre?
– Alors, les murs sont vert clair et les rideaux sont vert foncé et, par terre, il y a de la moquette grise. Dans la chambre, il y a deux lits, deux armoires, une grande table, deux chaises et une bibliothèque pour nos livres. Moi j'adore le tennis et j'ai mis des posters de mes joueurs préférés au mur, près de mon lit. Ma sœur a mis des photos de vacances dans son coin.

Tricolore 4 Teacher Book

# 3H Contrôle

### 58

### The conditional

For some students it might be appropriate to talk about an ideal home using the conditional. This brief note gives some useful phrases for doing this.

### 58 CD 2 Track 33

### 3 Un parc d'attractions

Students listen to the recording and complete each of the statements with a word from the box.

Solution:
1 *théâtre*, 2 *bus*, 3 *attractions*, 4 *spectacles*, 5 *piquenique*, 6 *époque*, 7 *souvenir*, 8 *demie*

### CD 2 Track 33

### Un parc d'attractions

– Tu as visité un parc d'attractions?
– Oui, l'année dernière, j'ai visité le Parc Astérix en juillet, avec mon groupe de théâtre au collège.
– Comment avez-vous voyagé?
– Nous sommes allés au parc en train et en bus. Ce n'est pas loin de Paris.
– Et qu'est-ce que vous avez fait?
– Beaucoup de choses. Il y a de bonnes attractions, par exemple un grand huit avec des loopings. J'ai adoré ça. On a fait presque toutes les attractions.
– Vous avez vu des spectacles?
– Non, on n'a pas vu de spectacle. Mais les décors étaient bien. Comme c'est un parc sur Astérix, le personnage de bande dessinée, tout est comme à l'époque des Gaulois. Tout est antique, ce n'est pas moderne.
– Et à midi, pour manger, qu'est-ce que vous avez fait?
– À midi, pour manger, on a tous ramené un piquenique et on s'est installé dans une espèce de petit parc. C'est un village gaulois qui est entièrement reconstitué, avec des maisons comme à l'époque, avec un toit en paille, etc. – très sympa.
– Est-ce que tu as acheté un souvenir?
– Non, je n'ai rien acheté.
– Vous êtes restés longtemps au parc?
– Nous sommes partis vers cinq heures et demie.
– Comment as-tu trouvé ça?
– J'ai bien aimé, c'était amusant.

## Speaking

### 58

### 1 Role play

This gives an outline for a role-play conversation about technology. The topic of technology is touched on briefly in Unit 3 but is covered in depth in Unit 4 (SB 72–73), so you might prefer to leave this task until the end of Unit 4.

Students could begin by thinking about the questions which might be asked.

a As preparation, students read the conversation in pairs.
b They invent a slightly different conversation on the same topic.

### 58

### 2 Une conversation

Students work in pairs to make up a conversation, using the questions listed as a guideline.

## Reading

### 59

### 1 Mes projets: Fatima

Students read Fatima's message and answer questions in English.

Solution:
1 in July
2 Spanish
3 She thinks learning languages is important to better understand other countries and different cultures.
4 to the battlefields in northern France
5 It was very moving.
6 She likes school trips because they make school work more interesting.

### 59

### 2 Un séjour en famille

Students read the contributions to a web discussion forum and identify the person who matches each statement.

Solution:
1 H, 2 C, 3 C, 4 M, 5 K, 6 C

### 59

### 3 Translation

Students translate the passage into English.

Solution:
(sample)
I have an American penfriend, with whom I get on very well. I'm an only child, whereas she's from a large family (five children!). I've been to her home once and she came to my home a few months later. She's very nice and I have really good memories of my stay. We keep in touch via the internet. She writes messages for me in French and I reply to her in English.

# 3 Revision and additional practice

## Writing

📖 59

### 1 Mes projets pour cette année

Students write a message of about 130 words in French about their plans for the year ahead.

📖 59

### 2 Des voyages scolaires

Students write 130–150 words about a school trip, giving and justifying opinions.

📖 59

### 3 Traduction

Students translate five sentences into French.

**Solution:**
(sample)

1 Après-demain, notre classe ira en voyage scolaire à un musée de science.
2 Si je ne suis pas trop fatigué(e), j'irai au cinéma samedi prochain avec mes ami(e)s.
3 La semaine prochaine, j'aurai beaucoup de travail scolaire parce qu'on a des examens bientôt.
4 Le weekend dernier, je suis allé(e) à un match de football avec mon (ma) cousin(e) et ma tante.
5 Hier, ma famille a déjeuné chez mes grands-parents à Paris.

📖 60–61

### Sommaire 3

This is a summary of the main topic vocabulary of the unit, also available on copymaster.

# 3 Revision and additional practice

**Resources**

**Key language**: SB 60–61
**Au choix 3**: SB 218–219
**Online**: Kerboodle Resources and Assessment
**Copymasters**: 3/1–3/15
**CD 2** Tracks 20, 26, 29, 34–37, **CD 3** Tracks 2–11
**SCD 1** Tracks 14–19

## Au choix

📖 218 Au choix

### 1 En stage

Students complete the conversation using regular verbs in the future tense (*je* and *tu* forms only).

**Solution:**
**1** prendras, **2** partirai, **3** passeras, **4** resterai, **5** passerai, **6** rentreras, **7** rentrerai

📖 218 Au choix

### 2 L'anniversaire de mon père

Students complete a text by putting verbs into the future tense.

**Solution:**
**1** aura, **2** irons, **3** irons, **4** sera, **5** ferons, **6** décorerons, **7** rentrera, **8** verra, **9** commencera

📖 218 Au choix

### 3 Si cela arrive

Students write the verbs in the correct person and correct tense.

**Solution:**

1 Si on arrive à l'heure, on ira en ville ce soir.
2 Si nous avons le temps, nous irons à la piscine.
3 Si j'ai assez d'argent, je t'achèterai un cadeau.
4 Si vous prenez le train de dix heures, vous arriverez à midi.
5 S'il fait beau demain, on fera un piquenique sur la plage.
6 S'il n'y a pas de bus, je prendrai un taxi.

📖 218 Au choix

### 4 Mes projets

Students work in pairs or individually to complete the sentences with their own choices.

Tricolore 4 Teacher Book    93

# 3 Revision and additional practice

### 218 Au choix CD 2 Track 34

## 5 J'espère que tout se passera bien

This short listening passage gives some examples of reflexive verbs in the future tense, if required. Students find the missing words, then look for the reflexive verbs.

**Solution:**

a  **1** copine, **2** difficile, **3** certain, **4** parents, **5** samedi

b  on s'entendra bien, on ne se disputera pas, nous nous amuserons bien, mes parents ne se fâcheront pas, je me coucherai, je me lèverai

### CD 2 Track 34

**J'espère que tout se passera bien**

Vendredi soir je vais à une fête avec une nouvelle copine. J'espère qu'on s'entendra bien. Elle est parfois un peu difficile alors j'espère qu'on ne se disputera pas. Beaucoup de mes copains y vont aussi, alors nous nous amuserons bien, j'en suis certain.

Si je rentre tard, j'espère que mes parents ne se fâcheront pas. Après la fête, je me coucherai tard. Le lendemain, samedi, je n'ai pas cours, alors je me lèverai tard.

### 218 Au choix

## 6 Quand?

This covers the use of the *futur simple* after *quand* when there is a future meaning. Some teachers may wish to cover this at this point, but it is also revised later in the course.

**Solution:**

1 aura, apprendra

2 viendras, parlera

3 rentreront, irons

4 écrirai, enverrai

5 serons, viendrons

6 arriverai, enverrai

### 218 Au choix

## 7 Traduction

Students translate five sentences into French, practising the future tense.

**Solution:**

1 Ma mère aura cinquante-deux ans dimanche prochain.

2 Mon père nous aide à organiser une fête surprise pour elle.

3 Si elle a le temps, ma sœur fera un gâteau d'anniversaire.

4 Quand mes grands-parents arriveront à midi, la fête commencera.

5 J'espère qu'on s'amusera bien.

### 219 Au choix

## 8 C'est utile, le dictionnaire

This provides optional practice in understanding *le français familier* for those who are interested. Read out the list of slang words and ask students to guess the equivalent in correct French. They could consult the glossary to check their answers.

**Solution:**

**1** e, **2** a, **3** d, **4** b, **5** f, **6** c

### 219 Au choix CD 2 Track 35

## 9 Qui fait le ménage?

Tasks 9 and 10 provide revision and practice of helping at home, if required.

a  Students listen and complete the sentences.

**Solution:**

**1** devoirs, **2** aspirateur, **3** débarrasse, **4** jardinage, **5** lave-vaisselle, **6** cuisine

### CD 2 Track 35

**Qui fait le ménage?**

1 Moi, je ne fais pas beaucoup. Ma mère sait que j'ai beaucoup de devoirs, mais je fais mon lit quand même.

2 Moi, j'aide beaucoup à la maison, par exemple je range ma chambre et je passe l'aspirateur. Mais mon petit frère ne fait jamais rien – ce n'est pas juste!

3 Moi, j'aide de temps en temps, par exemple, le dimanche je mets la table et je débarrasse après le repas.

4 Moi, je fais du jardinage pendant les vacances. J'aime faire ça.

5 Je n'aide pas beaucoup, mais quelquefois je remplis le lave-vaisselle.

6 Si j'ai le temps, je fais la cuisine et chaque semaine, je sors les poubelles.

b  They then find the French for some useful expressions.

**Solution:**

1 pas beaucoup

2 quand même

3 ne fait jamais rien

4 ce n'est pas juste

5 de temps en temps

6 quelquefois

7 si j'ai le temps

8 chaque semaine

c  Students make up new sentences with each expression.

Tricolore 4 Teacher Book

# 3 Revision and additional practice

**219 Au choix**

## 10 On aide à la maison

a Students complete the conversation with the verbs in the present tense.

**Solution:**
1 *tu aides*, 2 *j'aide*, 3 *vous faites*, 4 *je remplis*, 5 *(il) vide*, 6 *nous mettons*, 7 *nous débarrassons*, 8 *tu prépares*, 9 *j'aime*, 10 *je déteste*

b Students complete the conversation with the verbs in the perfect tense.

**Solution:**
1 *tu as fait*, 2 *j'ai travaillé*, 3 *(elle) a lavé*, 4 *j'ai réparé*, 5 *(il) a passé*, 6 *nous avons fait*, 7 *je n'ai pas aidé*, 8 *j'ai dû*

**219 Au choix CD 2 Track 36**

## 11 On fait l'inventaire

Check that students recognise and can name the items illustrated. Remind students of the meaning of *il n'y a que …* (there are only …). Then they listen and for each item note the correct letter and also the quantity.

**Solution:**
D × 6, E × 8, F × 5, A × 7, G × 3, B × 5, H × 1, I × 2, J × 1, C × 4

**CD 2 Track 36**

### On fait l'inventaire

– Bon, on va faire l'inventaire.
– D'accord, je vais noter si tout est là.
– D'abord – des couteaux. Il y a six couteaux.
– Oui, six couteaux.
– Ensuite, des fourchettes.
– Oui, combien de fourchettes?
– Huit fourchettes.
– Oui, j'ai noté huit fourchettes.
– Puis cinq cuillères.
– Cinq cuillères, oui.
– Ensuite des assiettes. Il y en a sept.
– Sept assiettes, oui.
– Alors, les bols – ah, il n'y a que trois bols.
– Seulement trois bols – bon j'ai noté ça.
– Puis des tasses et des soucoupes. Il y en a cinq.
– Alors, cinq tasses et soucoupes.
– Il y a une poêle.
– Une poêle.
– Et deux casseroles.
– Je note deux casseroles.
– Et il y a un tire-bouchon.
– Un tire-bouchon – oui.
– Et il y a des verres. Mais il n'y a que quatre verres.
– Alors, quatre verres seulement.
– Voilà, c'est tout.

**219 Au choix CD 2 Track 37**

## 12 On dit «merci»

Students listen to the conversations and find the correct résumé in English.

**Solution:**
1 d, 2 a, 3 e, 4 c, 5 b

**CD 2 Track 37**

### On dit «merci»

1 – Merci bien pour les fleurs, Simon. Ça t'a plu, ton séjour en France?
– Oh oui, je me suis très bien amusé ici!
– Alors, au revoir et bon voyage!
– Au revoir, madame et merci beaucoup pour un séjour merveilleux.

2 – Allô, c'est Frédéric?
– Oui oui, c'est moi. C'est toi, Lucie?
– Oui, c'est moi. Je te téléphone pour te dire que je me suis éclatée à ta fête, hier soir.
– Ah bon! C'est gentil de téléphoner. Dis-moi, Lucie, qu'est-ce que tu fais samedi prochain?
– Samedi prochain … euh … rien de spécial.
– Tu veux aller en ville avec moi? On pourrait manger une pizza, puis aller en boîte.
– Oui, je veux bien. Merci beaucoup.
– À samedi soir, alors!

3 – Au revoir et merci beaucoup. Nous avons passé un excellent weekend chez vous.
– Oui, c'était fantastique. Merci.
– Au revoir. Nous avons été très heureux de vous revoir. Bon retour!

4 – Mille fois merci pour votre hospitalité. Je garderai un très bon souvenir de mes vacances en France.
– C'était un grand plaisir, Nathalie, et nous espérons te revoir un de ces jours.

5 – Bonjour, Hélène. C'est Roland à l'appareil.
– Ah, bonjour, Roland.
– Je te téléphone pour te dire que ta fête était sensass et pour t'inviter à aller au cinéma avec moi ce soir.
– Ben, je suis très contente que tu te sois bien amusé à la boum, mais je regrette, je ne suis pas libre ce soir.
– Tu n'es pas libre? Tant pis! À une autre fois, peut-être.

# 3 Revision and additional practice

## Copymasters

### Copymaster 3/1  CD 2 Track 20

### Des projets d'avenir

This consists of a crossword and a listening task.

### 1 Des mots croisés

Solution:

|   | 1 | 2 | 3 |   | 4 |   | 5 |
|---|---|---|---|---|---|---|---|
| 1 | P | A | R | T | I | R | A | I |
| 2 | O |   | U |   | U |   | 6 E | L | L | E |
| 3 | U |   | R |   | S |   | V |
| 4 | R | E | C | E | V | R | A |   | 8 V |   |   | R |
| 5 | R |   |   |   | I |   | I |   | 9 J | E |
| 6 | O |   | 10 V | O | U | S |   | 11 F | E | R | E | Z |
| 7 | N |   | E |   |   |   | N |
| 8 | 12 S | E | R | O | N | 13 T |   | D |   |   | 14 I |
| 9 |   |   | R |   |   | A |   | 15 I | R | A |   | R |
| 10 | 16 I | R | A | I |   | R |   | 17 A | U | R | A |
| 11 | L |   | S |   |   | 18 D | A | N | S |   |   | S |

### 2 On parle des projets d'avenir

Students listen to the recording and do the *vrai ou faux?* task. As the names are not all mentioned, the recording could be paused after each speaker and students could be told who is speaking next.

Solution:

**a**
Audrey: **1** V, **2** V, **3** V, **4** F (*elle n'a jamais fait du ski*)
Édouard: **5** V, **6** F (*en Suisse*), **7** V, **8** V
Florence: **9** V, **10** F (*vers les mathématiques*)
Juliette: **11** F (*prof de maths*), **12** V

**b**
**1** Audrey, **2** Édouard, **3** Juliette, **4** Florence, **5** Audrey, **6** Juliette

Another task for able students would be to spot and note down the different ways of talking about the future that are used in these conversations and how often they occur.

In fact, the *futur simple* is used in very few instances (Florence: *ça se passera, on verra*; Juliette: *je serai* and *j'aurai*; much more common are *je compte* + infinitive and *j'aimerais* + infinitive.)

### CD 2 Track 20

### On parle des projets d'avenir

(Audrey)
– Euh … Audrey, que comptes-tu faire plus tard?
– Je n'en ai aucune idée, franchement, je ne sais pas du tout.
– Tu m'avais dit que tu voulais te lancer dans les langues.
– Ben oui, j'aimerais bien persévérer dans le russe, et puis je prends arabe en troisième langue.
– Et l'anglais?

– Oui, ben, l'anglais, oui, ben, j'aimerais bien parler anglais couramment.
– Euh … Tu comptes aller en vacances cet été?
– Je n'sais pas du tout, j'aimerais bien repartir au même endroit que l'année dernière, mais je, je sais pas.
– Sinon … euh … est-ce que tu es déjà partie au ski?
– Non, je n'ai jamais fait de ski de ma vie. Et toi, qu'est-ce que tu comptes faire l'année prochaine?

(Édouard)
– Passer en seconde, mais … euh … faudra voir cette année déjà.
– Tu veux être dessinateur, je crois?
– Oui, dessinateur, soit BD soit industriel.
– Tu pars au ski … euh … aux vacances de février?
– Je pars en Suisse.
– En Suisse?
– Oui, dans les Alpes suisses … euh … à Saint-Luc.
– Et cet été?
– Cet été, ben, j'espère, j'espère aller à la mer ou je sais pas. Et en septembre … euh … je risque de partir à Berlin avec mes parents.
– Pour quoi faire?
– Euh … mon père fait des marathons, déjà il va faire celui de Londres et après, celui de Berlin, justement.
– Tu reviens de New York?
– Oui, je reviens de New York, oui, là où mon père a aussi fait un marathon.
– Ben, c'est bien. Je te souhaite bonne chance pour l'année prochaine.
– Ben, merci, à toi aussi.
– De rien.

(Florence)
L'année prochaine, je pense aller en, en seconde au lycée Voltaire à côté du collège Montesquieu. Je ne sais pas encore trop … euh … comment ça se passera. J'aimerais bien m'orienter vers les mathématiques, je n'sais pas encore trop pour quoi faire. Mais on verra.

(Juliette)
Plus tard, j'aimerais être prof de maths. M'enfin bon, pour l'instant, ça peut encore changer. Euh … quand je serai plus vieille et puis que j'aurai de l'argent … je … j'essayerai de visiter les autres pays que je n'ai pas encore vus. Et puis, si c'est possible et ben … euh … j'aimerais bien aller vivre aux États-Unis.

### Copymaster 3/2

### Infos-langue

This optional copymaster gives some general information about colloquial language and idiomatic expressions.

### La langue des jeunes

This explains aspects of informal language used by young people and refers to *l'argot*, *le français familier* and *le verlan*. Further information could be given about *verlan*, if students are interested. When talking among themselves, young people often use slang or *verlan* (*l'envers*, meaning 'the other way round', said backwards). *Le verlan* is a sort of code, where words or syllables are said backwards, e.g. *chan-mé* (*méchant*) or *zarbi* (*bizarre*). This type of code has existed for centuries, in English as well as French, used when people want to communicate secretly.

96  Tricolore 4 Teacher Book

# 3 Revision and additional practice

## 1 Tu as bien compris?
For optional practice of colloquial language, students read these short conversations and guess the meaning of the word in colloquial French.

**Solution:**
**1** a, **2** b, **3** a, **4** b, **5** b, **6** b

## 2 SMS en français
This gives information about abbreviations and shortened versions of words when texting messages. Students match words in SMS with correct French.

**Solution:**
**1** e, **2** c, **3** a, **4** b, **5** d, **6** f

## 3 Qu'est-ce que c'est?
Students guess the English for some expressions.

**Solution:**
**1** a pine cone, **2** a sea turtle, **3** a bowler hat, **4** a seahorse, **5** wallpaper, **6** custard

Copymaster 3/3 CD 2 Track 26

## À la maison
This copymaster can be used for optional extra practice. It consists of a grid for the listening item, *Loco-service*, and some vocabulary tasks.

### 1 Loco-service
Students should listen to the conversations several times in order to complete the details on the worksheet. The prices may not be current but provide practice in understanding numbers.

CD 2 Track 26

### Loco-service
1
- Allô, Loco-service, je vous écoute.
- Bonjour, monsieur. J'ai vu votre petite annonce dans le journal et je vous téléphone parce que j'ai un appartement à louer.
- Très bien, monsieur. Quel est votre nom, s'il vous plaît?
- Moreau.
- Comment ça s'écrit?
- M-O-R-E-A-U.
- Et votre numéro de téléphone?
- 04 78 47 08 23.
- Et l'appartement se trouve où?
- 19, rue Gallimard à Lyon.
- Oui, pouvez-vous me donner quelques détails?
- Oui. Eh bien, il y a trois pièces, disons deux chambres et une salle de séjour, puis une cuisine et une salle de bains.
- C'est meublé?
- Non, c'est vide, sauf une cuisinière électrique dans la cuisine.
- D'accord. C'est à quel étage?
- Au rez-de-chaussée.
- Est-ce qu'il y a un jardin ou un garage?
- Non.
- Et comme loyer, qu'est-ce que vous proposez?
- 700 euros, charges comprises.
- Très bien, monsieur. J'ai tout noté. Je vais vous relire les détails pour vérifier. Alors, c'est un appartement à louer, trois pièces, cuisine et salle de bains, vide mais avec cuisinière électrique, au rez-de-chaussée, et le loyer est de 700 euros, charges comprises. Il est libre tout de suite, monsieur?
- Oui oui, l'appartement est libre.
- Parfait! Merci bien, monsieur. On va afficher les détails dans notre bureau et les personnes intéressées prendront contact directement avec vous.
- Bon, merci, monsieur. Au revoir.
- Au revoir, monsieur.

2
- Allô, Loco-service.
- Bonjour, monsieur. J'ai un appartement à louer.
- Un moment, s'il vous plaît. Bon. Votre nom, s'il vous plaît, madame?
- Duval.
- Comment ça s'écrit?
- D-U-V-A-L.
- Et votre numéro de téléphone?
- Le 04 78 57 23 15.
- Et qu'est-ce que vous avez comme appartement?
- Eh bien, c'est un appartement avec deux pièces, une chambre et une salle de séjour … et cuisine et salle de bains aussi, bien sûr.
- C'est meublé ou vide?
- C'est meublé.
- Et c'est à quel étage?
- C'est au sixième étage, mais il y a un ascenseur dans l'immeuble.
- Bon. Est-ce qu'il y a un garage?
- Oui, il y a un garage au sous-sol.
- Et le loyer, c'est combien?
- C'est 500 euros, plus les charges.
- Bon. Alors, je vais vous relire les détails. C'est un appartement à louer, deux pièces avec cuisine et salle de bains, meublé, au sixième étage, et le loyer est de 500 euros plus les charges.
- Oui, c'est ça.
- Merci, madame. Au revoir.

**Solution:**

| nom du propriétaire | numéro de téléphone | Détails de l'appartement à louer ||||||||
|---|---|---|---|---|---|---|---|---|---|
| | | nombre de pièces | étage | cuisine | salle de bains | garage | meublé (m) ou vide (v) | loyer | + charges |
| 1 Moreau | 04 78 47 08 23 | 3 | rdc | ✓ | ✓ | ✗ | v | 700 euros | compris |
| 2 Duval | 04 78 57 23 15 | 2 | 6ème | ✓ | ✓ | ✓ | m | 500 euros | à payer |

# 3 Revision and additional practice

## 2  5-4-3-2-1

Solution:

**5 meubles**: *une armoire, un bureau, un canapé, un fauteuil, un lit*

**4 choses qu'on trouve dans la salle de bains**: *une baignoire, une douche, un lavabo, des robinets*

**3 choses qu'on trouve dans un immeuble**: *un ascenseur, un escalier, une porte*

**2 choses qu'on trouve dans le jardin**: *des fleurs, une pelouse*

**1 chose qu'on trouve par terre**: *la moquette*

## 3  Ça commence par la lettre 'c'

Students have to find one or more item in each category that begins with 'c'.

Solution:

**1** *une chambre, la cuisine,* **2** *une chaise, un canapé,* **3** *une cuisinière,* **4** *une cuillère,* **5** *un chat, un chien,* **6** *un cochon,* **7** *une colline, un champ,* **8** *le Canada, la Chine*

## 4  Un acrostiche

Students write the correct word for each picture to complete the acrostic.

Solution:

**1** *aspirateur,* **2** *assiette,* **3** *congélateur,* **4** *poêle,* **5** *poubelle,* **6** *fourchette,* **7** *cuisinière,* **8** *prise de courant*

## 5  Jeu des définitions

Students find the correct written definition for each picture.

Solution:

**A** 2, **B** 7, **C** 3, **D** 1, **E** 5, **F** 8, **G** 6, **H** 4

### Copymaster 3/4

## Aider à la maison

a  Students complete the key to the visual, by adding the correct letter to the list of tasks.

Solution:

**1** H, **2** F, **3** J, **4** A, **5** E, **6** B, **7** K, **8** C, **9** G, **10** D, **11** I, **12** L

b  Students allocate the tasks to the different people. They write sentences using the *futur simple*, explaining what each person or group is going to do.

**Follow-up activity:**
Ask students to think of different household tasks and build up a list on the board, e.g. *En quoi consiste le travail à la maison? Faire la vaisselle, passer l'aspirateur*, etc.

### Copymaster 3/5

## Des touristes à Paris

This provides more practice in using the perfect tense with *être*.

Solution:

**1 Karl Beckbauer**

**1** *Karl est allé,* **2** *Il est parti, il est allé,* **3** *le bus est arrivé, Karl est monté,* **4** *le bus est arrivé, Karl est descendu,* **5** *Il est entré,* **6** *Il est resté,* **7** *Il est sorti, il est rentré*

**2 Christine Ford**

**1** *Christine est allée,* **2** *Elle est partie,* **3** *Elle est allée,* **4** *Elle est montée, elle est descendue,* **5** *elle est montée,* **6** *Elle est restée,* **7** *elle est redescendue, elle est entrée,* **8** *elle est allée,* **9** *Elle est rentrée*

**3 M. et Mme Murray**

**1** *M. et Mme Murray sont allés,* **2** *Ils sont partis,* **3** *Ils sont allés,* **4** *Ils sont montés, ils sont descendus,* **5** *Ils sont sortis, ils sont allés,* **6** *le bus est arrivé, M. et Mme Murray sont montés,* **7** *Ils sont descendus,* **8** *Ils y sont restés,* **9** *ils sont sortis, ils sont rentrés*

*Christine Ford est rentrée à seize heures. M. et Mme Murray sont rentrés à dix-sept heures. Karl Beckbauer est rentré à dix-huit heures trente.*

**4 Et vous?**

This is an open-ended task.

### Copymaster 3/6  CD 2 Track 29

## Vol à la banque

This is an optional task involving different skills. In part 1, students read the account of an attempted bank robbery and answer the questions in English. In part 2, they listen to the recorded interviews and complete the details for each suspect. Students then complete the gap-fill text in part 3 to work out who the two main suspects are, and finally listen to the conclusion to check their answers.

Solution:

**1  1** on Saturday at 11 pm, **2** a bank, **3** the robber was a robot armed with a drill, **4** in a van, **5** the police, **6** the van

**2  1** Luc Dupont, **2** at 7 pm, **3** Le Lapin Vert restaurant, **4** until 10.30 pm, **5** no, **6** at 11 pm

**1** Monique Laroche, **2** at 8 pm, **3** the Gaumont Cinema, **4** until 11.30 pm, **5** no, **6** at 11.30 pm

**1** Pierre Roland, **2** at 7.30 pm, **3** Le Perroquet Rouge restaurant, **4** until 10 pm, **5** the Gaumont Cinema, **6** at 1 am

**3  1** *reçu,* **2** *billet,* **3** *deux,* **4** *l'heure,* **5** *garçon,* **6** *camionnette,* **7** *accusés*

The two suspects are Luc Dupont and Monique Laroche.

# 3 Revision and additional practice

## Au commissariat

1
- Bon, votre nom, s'il vous plaît?
- Luc Dupont.
- Est-ce que vous êtes sorti, samedi soir?
- Oui, je suis allé au restaurant.
- Alors, vous êtes sorti vers quelle heure?
- Vers sept heures, je crois.
- Et vous êtes allé dans quel restaurant?
- Euh … Le Lapin Vert.
- Et vous êtes resté là jusqu'à quand?
- Euh … environ dix heures et demie. Oui, on a très bien mangé.
- Et ensuite, qu'est-ce que vous avez fait?
- Eh bien, ensuite, je suis rentré … oui, vers onze heures.
- Alors, vous êtes sorti vers sept heures, vous êtes allé au restaurant Le Lapin Vert, vous êtes resté là jusqu'à dix heures et demie. Ensuite, vous êtes rentré vers onze heures. C'est bien ça?
- Oui, c'est ça.
- Merci, Monsieur Dupont.

2
- Bon, votre nom, s'il vous plaît?
- Monique Laroche.
- Est-ce que vous êtes sortie, samedi soir?
- Oui, je suis allée au cinéma.
- Alors, vous êtes sortie vers quelle heure?
- C'était juste avant huit heures.
- Et vous êtes allée dans quel cinéma?
- Au cinéma Gaumont, aux Champs-Elysées.
- Et qu'est-ce que vous avez vu comme film?
- Le Monde des robots.
- Alors ensuite?
- Eh bien, ensuite, je suis rentrée … oui, vers onze heures et demie.
- Alors, vous êtes sortie vers huit heures, vous êtes allée au cinéma et vous êtes rentrée à onze heures et demie. C'est bien ça?
- Oui, c'est ça.
- Merci, Madame Laroche.

3
- Bon, votre nom, s'il vous plaît?
- Pierre Roland.
- Est-ce que vous êtes sorti, samedi soir?
- Oui, je suis allé au restaurant.
- Alors, vous êtes sorti vers quelle heure?
- Vers sept heures et demie, je crois.
- Et vous êtes allé dans quel restaurant?
- Euh … Le Perroquet Rouge.
- Et vous êtes resté là jusqu'à quand?
- Euh … environ dix heures. Oui, on a très bien mangé.
- Et ensuite, qu'est-ce que vous avez fait?
- Je suis allé au cinéma.
- Où exactement?
- Au cinéma Gaumont, aux Champs-Elysées.
- Et qu'est-ce que vous avez vu comme film?
- Le Monde des robots … oui, c'est très intéressant. Je m'intéresse beaucoup à ça.
- Et ensuite?
- Eh bien, ensuite, je suis rentré … oui, vers une heure du matin.

- Alors, vous êtes sorti vers sept heures et demie, vous êtes allé au restaurant Le Perroquet Rouge, vous êtes resté là jusqu'à dix heures. Ensuite, vous êtes allé au cinéma et vous êtes rentré à une heure du matin. C'est bien ça?
- Oui, c'est ça.
- Merci, Monsieur Roland.

### La conclusion

Dans la camionnette, on a trouvé deux indices importants: le reçu du restaurant Le Lapin Vert et aussi le billet du cinéma Gaumont. Personne n'est allé au restaurant et au cinéma ce soir-là, donc il est probable qu'il y a eu deux voleurs. Le détective a téléphoné au cinéma Gaumont pour demander l'heure des séances du film *Le Monde des robots*. Il a découvert que la séance de 20h05 finissait à 22h05. Quand on a posé des questions au garçon de café au Lapin Vert, il a dit qu'en sortant du restaurant, Luc Dupont est monté dans une camionnette, conduite par une jeune femme. Selon la description, c'était Monique Laroche. C'est pourquoi Luc Dupont et Monique Laroche ont été accusés du délit.

**Copymaster 3/7**

## Travailler au pair

This can be prepared orally in class first, then students write a description of the au pair's day.

**Solution:**

11  *Elle s'est réveillée à six heures.*

12  *Elle s'est levée, elle s'est lavée et elle s'est habillée.*

13  *Elle a mis la table pour le petit déjeuner.*

14  *Les parents sont partis. Elle a fait la vaisselle.*

15  *Elle a passé l'aspirateur. Les enfants se sont disputés.*

16  *Elle s'est occupée des enfants.*

17  *L'après-midi, elle a fait les courses.*

18  *Elle a préparé le repas du soir.*

19  *Ensuite, elle a fait le repassage. Les enfants se sont ennuyés.*

10  *À dix heures, elle s'est sentie complètement épuisée. Elle s'est reposée et elle a dormi.*

11  *Elle s'est réveillée tout d'un coup. Elle a décidé de faire ses valises et de partir le lendemain.*

**Copymaster 3/8**

## Chez une famille

This optional copymaster provides visuals and French cues for a short narrative in five parts to practise speaking or writing. Some awarding bodies include a task similar to this at GCSE. Students should describe all the events shown, but need not mention all the details.

Tricolore 4 Teacher Book    99

# 3 Revision and additional practice

**Copymaster 3/9 CD 3 Tracks 2–5**

## Tu comprends?

### 1 Au camp

Students listen to the conversations and note who does which household tasks.

**Solution:**
**1** G Karim, **2** C Lise, **3** D Mathieu et Thierry, **4** A Émilie, **5** B Daniel, **6** E Sophie

**CD 3 Track 2**

### Au camp

- Catherine, est-ce que tu peux faire les lits?
- Oui, je vais faire les lits.
- Et toi, Karim, peux-tu mettre le couvert et débarrasser la table aujourd'hui?
- Oui, mettre la table et débarrasser après le repas.
- Lise, tu peux passer l'aspirateur?
- Oui, moi, je dois passer l'aspirateur. D'accord.
- Mathieu et Thierry, vous pouvez faire la vaisselle, s'il vous plaît? C'est juste pour aujourd'hui.
- Oui, d'accord.
- Faire la vaisselle, c'est ce que je déteste le plus.
- Émilie, est-ce que tu peux faire les courses? Voici la liste.
- Faire les courses, chic, j'adore ça.
- Daniel, peux-tu aider à faire la cuisine?
- Oui, j'aime bien faire la cuisine.
- Et toi, Sophie, est-ce que tu peux sortir les poubelles?
- Oui, sortir les poubelles, ce n'est pas dur, ça.

### 2 En famille

Students listen and choose the right answer in each case.

**Solution:**
**1** C, **2** A, **3** B, **4** A, **5** A, **6** A, **7** C

**CD 3 Track 3**

### En famille

- Voilà ta chambre, Dominique. Je te laisse t'installer. Est-ce que tu as besoin de quelque chose?
- Oui, je n'ai pas de dentifrice.
- On va dîner à sept heures et demie. Est-ce qu'il y a quelque chose que tu ne manges pas ou que tu n'aimes pas?
- Je n'aime pas beaucoup les champignons.
- Voilà le programme de la télé. Tu veux regarder quelque chose?
- Je veux bien voir le match de football, s'il te plaît.
- Le soir, tu te couches à quelle heure, normalement?
- Je me couche à dix heures et demie, environ.
- Tu te lèves à quelle heure le matin, pendant les vacances?
- Je me lève vers neuf heures.
- Et qu'est-ce que tu prends pour le petit déjeuner?
- Chez moi, je prends des céréales.
- Qu'est-ce qu'on va faire demain?
- Demain, on va aller au collège. J'espère que ça ne va pas être casse-pieds.
- Qu'est-ce que ça veut dire, 'casse-pieds'?
- Ça, c'est du français familier, ça veut dire ennuyeux.
- Ahh!

### 3 Un appartement de vacances

**Solution:**

| situation (plage/ville) | ville |
|---|---|
| pièces (combien?) | 3 |
| personnes (combien?) | 4 |
| balcon (✓/✗) | ✓ |
| c'est à quel étage? | 2ème |
| ascenseur (✓/✗) | ✗ |
| quartier<br>magasins (✓/✗)<br>restaurants (✓/✗) | ✓<br>✓ |
| on peut le voir (jour/heure) | mercredi à 5h00 |

**CD 3 Track 4**

### Un appartement de vacances

- Allô.
- Bonjour, madame. Je vous téléphone à propos de l'appartement de vacances.
- Oui, ça vous intéresse?
- Oui, peut-être. Est-ce que l'appartement est près de la plage?
- Non, ce n'est pas tout près de la plage, c'est au centre-ville. Donc, pour aller à la plage, il faut compter vingt minutes de marche.
- Bon, et il y a combien de pièces dans l'appartement?
- Il y a trois pièces principales – deux chambres et une salle de séjour avec coin cuisine. Il y a une salle de bains aussi, bien sûr, et un petit balcon.
- Alors, il y a de la place pour quatre personnes?
- Oui, c'est ça. Il y a quatre lits en tout.
- Et vous avez dit qu'il y avait un balcon?
- Oui, il y a un petit balcon avec vue sur la ville.
- Hmm … C'est à quel étage?
- C'est au deuxième étage.
- Est-ce qu'il y a un ascenseur?
- Non, il n'y pas d'ascenseur.
- Et qu'est-ce qu'il y a dans le quartier?
- Comme c'est au centre-ville, c'est très pratique. Dans le quartier, vous avez des magasins, des restaurants, etc. Alors, ça vous intéresse?
- Oui. Quand est-ce que je peux le voir?
- Voyons … euh … mercredi, ce serait possible? Vers cinq heures?
- D'accord. Bon, mercredi, à cinq heures.
- Merci. Au revoir, monsieur.
- Au revoir, madame.

Tricolore 4 Teacher Book

# 3 Revision and additional practice

## 4 Des projets pour le weekend

Solution:
1 Magali: **a** V, **b** PM, **c** F, **d** V
2 Philippe: **a** V, **b** F, **c** V, **d** PM
3 Lucie: **a** F, **b** V, **c** F/PM, **d** PM
4 Roland: **a** F, **b** V, **c** V, **d** F

🔊 CD 3 Track 5

### Des projets pour le weekend
- Qu'est-ce que tu vas faire samedi, Magali?
- Alors ce weekend, rien de spécial. Samedi matin, je vais aller en classe, comme d'habitude. J'ai cours jusqu'à midi. Bon, l'après-midi je vais faire mes devoirs. J'en ai beaucoup en ce moment. Puis le soir, je vais faire du babysitting pour ma voisine. Ça ne sera pas une soirée très passionnante, mais enfin, ça rapporte un peu d'argent. Et pendant la soirée, je peux regarder *Urgences* à la télé. C'est ma série préférée. J'adore les séries.
- Et toi, Philippe, que vas-tu faire dimanche?
- Dimanche, je vais me lever tard. Le matin, je vais aider ma mère à préparer le déjeuner. Il y a mon oncle et ma tante qui viennent déjeuner à la maison. Alors, on va rester longtemps à table. Puis après, s'il fait beau, on va peut-être faire une randonnée à la campagne. S'il ne fait pas beau, bon, on restera à la maison et je jouerai sur l'ordinateur.
- Lucie, tu vas sortir samedi?
- Oui, je n'ai pas cours le samedi matin, alors, toute la famille va aller chez mes grands-parents. Ils habitent à cent kilomètres d'ici. Donc, nous irons chez eux en voiture. Je pense qu'on partira samedi matin et on arrivera pour le déjeuner. Alors, samedi après-midi, s'il fait beau, ma sœur et moi, nous ferons une promenade à vélo. S'il fait mauvais, nous irons à la piscine. Puis le soir, je ne sais pas – on restera à la maison, on jouera aux cartes, peut-être.
- Roland, tu as des projets pour dimanche?
- Dimanche matin, je ne sais pas. À midi, on mangera à la maison, puis l'après-midi, nous irons avec mon grand-père au stade pour voir un match de football. Il adore le sport, mon grand-père. Après le match, nous rentrerons à la maison. Le soir, je finirai mes devoirs.

## Révision: Unité 3

These worksheets can be used for an informal test of listening and reading or for revision and extra practice, as required.

🔊 Copymaster 3/10  CD 3 Tracks 6–8
SCD 1 Tracks 14–16

### Révision 3: Écouter – Partie A

#### 1 Qu'est-ce qu'on va faire?

Students listen to each speaker and write the correct letter.

Solution:
**1** A, **2** E, **3** G, **4** H, **5** D, **6** F

🔊 CD 3 Track 6, SCD 1 Track 14

### Qu'est-ce qu'on va faire?
**Exemple:** Je vais passer mes vacances à Londres.
1 Pendant les vacances, je vais travailler dans un restaurant.
2 Cet été j'irai chez une famille en Irlande et je ferai des promenades à vélo avec mon ami.
3 Mon correspondant anglais viendra chez nous et on visitera Paris ensemble.
4 En août prochain, je ferai du camping avec ma famille.
5 Je n'ai pas beaucoup d'argent, alors je vais travailler à la ferme.
6 J'espère partir en vacances cet été, mais d'abord, je dois réviser pour mes examens.

#### 2 On va bientôt partir

Students listen to the conversation with Alice and choose the correct answers. Deduct marks or give no marks if more items are ticked than required.

Solution:
**1** b, **2** a, c, f, h, **3 a** A, **b** B, **c** C

🔊 CD 3 Track 7, SCD 1 Track 15

### On va bientôt partir
- Quand est-ce que tu partiras chez ta correspondante en Angleterre?
- Je partirai pour l'Angleterre après-demain, alors c'est bientôt.
- Tu pars après-demain? Alors tu as déjà fait ta valise?
- Non, je suis en train de faire ma valise.
- Tu vas prendre un appareil?
- Oui, bien sûr, je voudrais prendre beaucoup de photos. J'ai un petit appareil qui va dans ma poche, alors c'est très pratique.
- Tu prendras un portable aussi?
- Oui, je prendrai mon nouveau portable que j'ai reçu pour mon anniversaire. Mais je ne vais pas prendre mon sac à main. Il est trop grand.
- Tu vas prendre ton maillot de bain?

Tricolore 4 Teacher Book  **101**

# 3 Revision and additional practice

- Oui, je vais prendre un maillot de bain parce qu'il y a une piscine dans la ville et on ira peut-être à la plage aussi, alors je prendrai mes lunettes de soleil aussi.
- Oui, les lunettes de soleil, ça c'est important aussi.
- Tu vas offrir des cadeaux à la famille, des bonbons ou un livre, par exemple?
- Bien sûr, mais pas de bonbons. J'ai un livre sur la France pour les parents et pour le petit frère de ma copine, j'ai un tee-shirt que j'ai acheté à Paris.
- Alors un livre pour les parents et un tee-shirt pour le petit garçon. Et qu'est-ce que tu as pour ta copine?
- Pour elle, j'ai ce joli sac pour le maquillage, avec la tour Eiffel dessus – joli, non?
- Hmm oui! Ce sac de maquillage est très joli. Elle est sûre d'aimer ça.

## 3 Un parc d'attractions

Students listen to Sarah talking about her visit to Futuroscope and answer the questions in English.

**Solution:**

**1** near Poitiers, in west of France (accept either), **2** by train/TGV, **3** one of: there's a TGV station in the park, she doesn't like car travel for long journeys, **4** car, **5** in a restaurant in the park, **6** 11.00 am, **7** the evening show, **8** because they were crowded/she didn't go there

CD 3 Track 8, SCD 1 Track 16

### Un parc d'attractions

- Qu'est-ce que tu as fait pour fêter ton anniversaire l'année dernière?
- Oh, c'était vraiment bien. L'année dernière, je suis allée avec une copine au Futuroscope.
- Ah bon? C'est un parc d'attractions?
- Oui, c'est un parc d'attractions sur le thème du cinéma et il y a d'autres attractions aussi.
- Et c'est où exactement?
- C'est près de Poitiers, dans l'ouest de la France.
- On peut y aller facilement de Paris?
- Oui. On peut y aller en train ou en voiture. Nous y sommes allés en TGV parce qu'il y a une gare TGV au parc, alors c'était pratique. Et je n'aime pas beaucoup les voyages en voiture.
- Et la visite au parc, comment avez-vous trouvé ça?
- C'était génial. On a fait un peu de tout.
- Vous avez déjeuné au parc?
- Oui, on a mangé du poulet avec des frites dans un restaurant au parc.
- Vous y êtes restés longtemps?
- Oui – toute la journée. Nous y sommes arrivés à onze heures et nous sommes restés jusqu'à vingt heures.
- Vous avez vu un spectacle?
- Oui on a vu le spectacle de nuit avant de partir. C'était très joli.
- Tu as acheté quelque chose en souvenir?
- Non, je n'ai rien acheté. Il y avait des magasins de souvenirs mais il y avait du monde et je n'y suis pas allée.

Copymaster 3/11  CD 3 Tracks 9–11
SCD 1 Tracks 17–19

## Révision 3: Écouter – Partie B

### 1 Christophe est en Suisse

Students listen to the conversation and answer the questions in English

**Solution:**

**1** toothpaste, **2** about 10.00 pm, **3** five people use the bathroom/he needs to be quick, **4** any three of: bread and butter, jam, a croissant, bread rolls, honey

CD 3 Track 9, SCD 1 Track 17

### Christophe est en Suisse

- Voici ta chambre. Tu peux t'installer.
- C'est très bien. Où est la salle de bains, s'il te plaît?
- Ici, en face de ta chambre. Puis il y a des toilettes en bas aussi, à côté de la cuisine.
- Tu as besoin de quelque chose?
- Oui, j'ai oublié mon dentifrice. Tu peux m'en prêter?
- Bien sûr. Il y en a dans la salle de bains, et du savon aussi. Tu as ta brosse à dents?
- Oui, oui, merci. Dis-moi, Michel, tu te couches à quelle heure, normalement?
- Vers dix heures dans la semaine, mais plus tard le weekend – entre onze heures et minuit.
- Très bien. Moi aussi. Est-ce que je peux prendre une douche demain matin, Michel?
- Oui … oui, mais il faut faire vite, parce que cinq personnes devront partager la salle de bains et mon père n'aime pas manquer son petit déjeuner avant de partir travailler!
- D'accord, je vais me dépêcher. À propos, qu'est-ce qu'on mange pour le petit déjeuner, chez toi?
- Ma sœur et moi, on mange des tartines et de la confiture, ma mère un croissant, et mon père des petits pains avec du miel. Qu'est-ce que tu préfères, Christophe?
- Alors moi, je vais manger comme toi.

### 2 Tu aides à la maison?

Students first listen to some young people discussing helping at home and tick the grid according to which tasks they do. In the second part, they complete the sentences in English by giving a reason.

**Solution:**

a

|  | washing up | housework | gardening | ironing | shopping |
|---|---|---|---|---|---|
| **Exemple:** Marc | ✓ |  | ✓ |  |  |
| Sandrine |  | ✓ |  | ✓ |  |
| Claire |  | ✓ |  | ✓ | ✓ |
| Fabien |  |  |  |  | ✓ |

102  Tricolore 4 Teacher Book

# 3 Revision and additional practice

**b 1** she watches TV at the same time

**2** she is the oldest in a large family/she tries to help her mother

**3** he lives in a hotel

🔊 CD 3 Track 10, SCD 1 Track 18

## Tu aides à la maison?

- Qu'est-ce que tu fais pour aider à la maison, Marc?
- Euh, le jardinage … je fais un peu de jardinage, le weekend. J'aime ça. Et puis la vaisselle, de temps en temps. Et toi, Sandrine? Tu aides beaucoup à la maison?
- Non, non, pas trop! Je n'aime pas faire le ménage, mais je dois le faire quelquefois, et le repassage aussi, mais ça, c'est plus agréable parce que je regarde la télé en même temps. Mais c'est Claire qui aide le plus à la maison, parce que sa famille est nombreuse et c'est elle qui est l'aînée, n'est-ce pas, Claire?
- En effet, oui, j'essaie d'aider ma mère. Le samedi, je fais les courses, mais ça, j'aime bien – je fais du lèche-vitrines en même temps. À part ça, il y a aussi le ménage, et puis quelquefois, le repassage aussi.
- C'est fantastique, Claire! J'admire ton courage!
- Merci, Fabien, mais toi, tu fais quoi?
- Moi, euh, ben … je fais les courses, puis à part ça, rien du tout.
- Rien du tout! Mais pourquoi? Tu es paresseux, c'est ça?
- Non, je ne suis pas tellement paresseux. C'est que mes parents sont propriétaires d'un hôtel et nous, on habite là.
- Ah!

## 3 On parle de la maison

Two young people are discussing their homes. In part A, students tick the statements (four + example) that are true. In part B, they answer questions in English.

**Solution:**

**A** b, c, e, g

**B 1** advantages: well-situated, not bad; disadvantages: too small, has to share his room

**2** there are six people (three children, two parents, grandmother)

**3** room is untidy, nowhere to put his things

**4** very pretty

🔊 CD 3 Track 11, SCD 1 Track 19

## On parle de la maison

- Tu aimes ta nouvelle maison, Michel?
- Oui, beaucoup, elle est très bien située, avec un arrêt d'autobus devant la maison et un cinéma dans la même rue. Seulement, elle n'est pas très grande.
- Tu as de la chance! Notre maison est loin de la ville, le bus n'est pas fréquent et il y a un seul magasin, pas très grand.
- D'accord, mais elle est belle, ta maison, et elle est très grande.
- C'est vrai! J'aime bien la maison. Elle est grande, mais c'est essentiel avec trois enfants dans la famille, mes parents et ma grand-mère qui habite avec nous.
- Tandis que notre maison est bien située et pas mal du tout, mais elle est vraiment trop petite.
- Tu as une chambre à toi tout seul?
- Non, je partage avec mon petit frère, donc la chambre est toujours en désordre et je n'ai pas de place pour mes affaires. Ça m'énerve! Et toi?
- Ben moi, j'ai de la chance! J'ai ma propre chambre, parce que les deux garçons partagent, et elle est très jolie.

Copymaster 3/12

## Révision 3: Lire – Partie A

### 1 Dans la cuisine

Students match the pictures to the items listed.

**Solution:**
**1** H, **2** B, **3** D, **4** C, **5** F, **6** I

### 2 On fait le ménage

Students match the pictures to the list of household tasks.

**Solution:**
**1** E, **2** A, **3** B, **4** G, **5** I, **6** D

### 3 Un message

Students read the email and tick the correct option to complete each sentence.

**Solution:**
**1** c, **2** b, **3** a, **4** b, **5** c, **6** b, **7** a, **8** b

Copymaster 3/13

## Révision 3: Lire – Partie B (1)

### 1 Une visite au Futuroscope

Students read Élise's email about her visit to Futuroscope and do the two tasks. In part A, they choose from alternatives a, b or c. In part B, they answer questions.

**Solution:**

**A 1** c, **2** b, **3** a, **4** a, **5** a

**B 6** seats moved/seats followed movement on screen, **7** water bikes, **8** views of Egypt, **9** poster, **10** amusing/enjoyable

Copymaster 3/14

## Révision 3: Lire – Partie B (2)

### 2 Être au pair en France

Students read the three accounts of life as an au pair. They read the statements and attribute each to one of the three people, using C (for Claire), S (for Stefan) or N (for Nicole).

Tricolore 4 Teacher Book 103

# 3 Revision and additional practice

> Solution:
> **1** N, **2** S, **3** S, **4** N, **5** C, **6** S, **7** C, **8** N, **9** C, **10** N

> Copymaster 3/15

## Révision 3: Grammaire

This provides revision of the following grammar points: emphatic pronouns, reflexive verbs, the future tense.

### 1 Using emphatic pronouns (*moi, toi*, etc.)

> Solution:
> **1** *lui*, **2** *nous*, **3** *elle*, **4** *eux*, **5** *vous*, **6** *moi*

### 2 Reflexive verbs in different tenses

> Solution:
> **1** *nous nous sommes bien entendus*, **2** *je me suis installé*, **3** *elle s'est disputée*, **4** *on se verra*

### 3 Verbs in the future tense

> Solution:
> **A 1** *travaillerai*, **2** *partirez*, **3** *prendra*, **4** *chercheront*, **5** *trouverai*
>
> **B 1** *iras*, **2** *verrai*, **3** *aurons*, **4** *fera*, **5** *sera*

> Copymaster Sommaire 3

## Sommaire 3

This is a summary of the main topic vocabulary of the unit, also available on SB 60–61.

# Unité 4  Une semaine typique   pages 62–85

| Aims and objectives | Grammar and skills | Vocabulary |
|---|---|---|
| **4A La vie scolaire  pages 62–63** | | |
| • talk about school life<br>• describe your school | | School life; The school years; The (school) premises |
| **4B Une journée scolaire  pages 64–65** | | |
| • describe the school day | | School subjects |
| **4C Au collège  pages 66–67** | | |
| • talk about school subjects<br>• discuss school rules<br>• say what you have to do | • *devoir, il (ne) faut (pas), être obligé de, il est interdit de, avoir le droit de*, etc. + infinitive | School subjects and me |
| **4D On parle du collège  pages 68–69** | | |
| • compare school systems<br>• discuss life at school<br>• suggest improvements | • expressions using the conditional | School life<br>Tests |
| **4E Avant, c'était différent  pages 70–71** | | |
| • talk about how things used to be | • the imperfect tense (1): formation and some uses | |
| **4F On se connecte  pages 72–73** | | |
| • talk about the internet and technology | | Technology (SB 23) |
| **4G Aux magasins  pages 74–75** | | |
| • talk about shopping<br>• find out about prices<br>• say which item you prefer | • this, that, these, those | Shopping; Specialist shops; In a department store; Money; Presents and souvenirs; Clothes |
| **4H Vous faites quelle taille?  pages 76–77** | | |
| • shop for clothes<br>• explain a problem<br>• ask for a refund or exchange | • asking questions: *quel …?* and *lequel …?*<br>• translating 'What size?' | Buying clothes<br>Returning items |
| **4I Qui étaient-ils?  pages 78–79** | | |
| • find out about some famous French people | • the imperfect tense (2): main uses | |
| **4J Contrôle  pages 80–81** | | |
| • practise exam techniques<br>• find out what you have learnt | • writing tips | |
| **Sommaire  pages 82–83** | | |
| This lists the main topic vocabulary covered in the unit. | | |
| **C'est extra! B  pages 84–85** | | |
| • read an extract from a French book<br>• discuss photos<br>• practise exam techniques | • understanding texts | |
| **Revision and additional practice** | | |
| **Au choix 4**: SB 220–221<br>**Online**: Kerboodle Resources and Assessment<br>**Copymasters**: 4/1–4/14<br>**CD 3** Tracks 17, 28, 35–39, **CD 4** Tracks 2–11<br>**SCD 1** Tracks 20–25 | | |

## Resources

**Student Book** 62–85
**CDs 3–4, Student CD 1**

## Copymasters

| | |
|---|---|
| 4/1 | Mots croisés – au collège |
| 4/2 | Une semaine au collège |
| 4/3 | Vendredi soir |
| 4/4 | Le Petit Nicolas (1) |
| 4/5 | Le Petit Nicolas (2) |
| 4/6 | Le shopping |
| 4/7 | Aux magasins |
| 4/8 | Tu comprends? |
| 4/9 | Révision 4: Écouter – Partie A |
| 4/10 | Révision 4: Écouter – Partie B |
| 4/11 | Révision 4: Lire – Partie A |
| 4/12 | Révision 4: Lire – Partie B (1) |
| 4/13 | Révision 4: Lire – Partie B (2) |
| 4/14 | Révision 4: Grammaire<br>Sommaire 4 |

# 4A La vie scolaire

**Au choix** SB 220–221

1. Une journée typique
2. Pourquoi pas?
3. On parle de quoi?
4. L'année prochaine ou l'année dernière?
5. À l'avenir
6. Translation
7. Traduction
8. Au magasin de sport
9. Vous aidez au magasin
10. Des centres commerciaux
11. On parle du shopping

**Examination Grammar in Action** 33–39

Using the verb *devoir*
Using *il faut* + infinitive
Using the imperfect tense (1)
Using the imperfect tense (2)
Using the imperfect tense (3)
Using *ce/cette/ces* and *celui*
Using *quel* and *lequel*

## 4A La vie scolaire   pages 62–63

| Aims and objectives | Grammar and skills | Resources |
| --- | --- | --- |
| • talk about school life<br>• describe your school | | **Key language:** SB 82–83<br>**Online:** Kerboodle Resources and Assessment<br>**CD 3** Track 12 |

### Introduction

First, check what students know about French school life from previous work, e.g. different types of school (*école primaire, collège, lycée*), age of compulsory schooling, etc. More details could be given about the French education system, e.g. the fact that the *baccalauréat* (*bac*) is the main leaving exam. The *brevet*, taken at age 15–16 (at the end of *troisième*), does not have the same importance as GCSE.

Classes at primary school are named as follows:

CP – *Cours Préparatoire*
CE1 – *Cours Élémentaire*
CE2 – *Cours Élémentaire*
CM1 – *Cours Moyen*
CM2 – *Cours Moyen*

📖 62

### 1 Des écoles différentes

a   Students find the equivalent phrases in French.

> **Solution:**
>
> **1** *nous allons tous*, **2** *vraiment*, **3** *ce n'est pas obligatoire*, **4** *la lecture*, **5** *elle a cours*, **6** *pour tout le monde*, **7** *donne accès à*, **8** *faire des études*

b   They find the opposite of the phrases listed.

> **Solution:**
>
> **1** *le plus jeune*, **2** *beaucoup*, **3** *elle a commencé*, **4** *l'année dernière*, **5** *la dernière année*, **6** *fort(e)*

c   Students complete five sentences in French.

> **Solution:**
>
> **1** *l'école maternelle*, **2** *le dessin, la peinture, la lecture et la musique*, **3** *l'école primaire, collège*, **4** *lycée*, **5** *un examen important qui donne accès à l'université*

📖 62

### 2 À vous!

Students complete some sentences about the education system in their own country.

This could be developed into a discussion if appropriate, e.g.

– *Quelles sont les différences avec le système en France?*
– *On commence plus tard en France à l'âge de six ans.*
– *À votre avis, c'est une bonne idée, ça?*

📖 🔊 63   CD 3 Track 12

### 3 Notre collège

Students could first read the description of an individual school and try to guess the missing words, then listen to check their answers, or listen first and then complete the text. The completed description provides a model for later work. For support, the missing words could be written on the board.

> **Solution:**
>
> **1** *mixte*, **2** *huit*, **3** *moderne*, **4** *livres*, **5** *basket*, **6** *piscine*, **7** *technologie*, **8** *physique*, **9** *devoirs*, **10** *informatique*

🔊 CD 3 Track 12

### Notre collège

Je m'appelle Luc Dubois et je vais au collège Henri Matisse. C'est un collège mixte. Il y beaucoup d'élèves: à peu près huit-cents. Le collège est dans un grand bâtiment assez moderne. Il est bien équipé. Il y a un CDI (un centre de documentation et d'information) où on peut emprunter des livres. Il y a des gymnases et des

## 4B Une journée scolaire

terrains de sport pour le basket, le foot et le hand. Il n'y a pas de piscine, mais des élèves vont à la piscine municipale pour faire de la natation.

Pour la technologie, nous allons dans la salle d'ordinateurs. On fait une heure et demie de technologie par semaine. J'aime bien ça.

Il y a aussi des laboratoires de sciences pour la chimie, la physique et la biologie. Dans la classe, il y a une bonne ambiance. Quand on n'a pas cours, on peut aller dans la salle de permanence pour faire ses devoirs. Il n'y a pas d'internat au collège, mais beaucoup d'élèves sont demi-pensionnaires. Comme clubs, il y a un club informatique et un club théâtre.

63

### 4 Expressions utiles

a Students find the English for the French phrases listed, which they will use in the activities that follow.

Solution:
**1** g, **2** i, **3** b, **4** k, **5** d, **6** l, **7** j, **8** e, **9** a, **10** h, **11** n, **12** f, **13** m, **14** c

b They then read the definitions and work out the answers.

Solution:
**1** *le laboratoire (de sciences)*, **2** *la cantine*, **3** *le gymnase*, **4** *la bibliothèque/le CDI*, **5** *la cour*

c Finally, students complete the sentences.

Solution:
**1** *tableau blanc interactif*, **2** *CDI/bureau*, **3** *vestiaire*, **4** *salle des profs*

63

### 5 À vous!

In part a, students work in pairs to build up a description of their school, taking turns to add sentences. In part b, they write a paragraph describing their school. This could also be done as a class brainstorming session, with ideas from all the class written on the board and later copied out or removed before students write their own account, seeing how much they can remember.

## 4B Une journée scolaire   pages 64–65

| Aims and objectives | Grammar and skills | Resources |
|---|---|---|
| • describe the school day | | Key language: SB 82–83<br>Au choix: SB 220<br>Online: Kerboodle Resources and Assessment<br>CD 3 Tracks 13–15 |

### Introduction

The three texts introduce the topic of talking about a typical school day in Montreal, Paris and Fort-de-France (Martinique). Students can work on one or more of the texts, which are graded in difficulty, starting with the simplest.

64   CD 3 Track 13

### 1 Mathieu: Montréal, Québec

a Students read the text and then do the matching task that follows.

Solution:
**1** c, **2** a, **3** e, **4** d, **5** b, **6** f, **7** h, **8** g

b They then listen to the recording and do the *vrai ou faux?* task.

Solution:
**1** F, **2** F, **3** F, **4** V, **5** V

CD 3 Track 13

### Mathieu: Montréal, Québec

– Alors, Mathieu, peux-tu nous parler un peu d'une journée scolaire typique? Tu te lèves à quelle heure les jours d'école?
– Je me lève à six heures et demie environ. Je descends à la cuisine et je prends un chocolat chaud et des céréales.
– Et comment vas-tu à l'école?
– J'y vais en voiture. C'est mon père qui me conduit. Normalement, on quitte la maison à sept heures et demie et on y arrive à huit heures et demie.
– Ça fait long comme voyage.
– Oui, environ une heure. En hiver, il fait très froid et quelquefois, on doit fermer l'école à cause de la neige, mais ça n'arrive pas souvent.
– Ah bon? Mais normalement, tu arrives à l'école et tu as cours le matin, mais après les cours, qu'est-ce que tu fais? Est-ce que tu manges à la cantine?
– Non, j'apporte mon propre repas. D'habitude, je mange des sandwichs, des chips et un fruit.
– Puis l'après-midi, tu as cours jusqu'à quelle heure?
– Jusqu'à quatre heures et demie.
– Et ensuite, tu rentres directement à la maison?
– Oui, je rentre directement. Je prends le bus scolaire.
– Et le soir, qu'est-ce que tu fais, le soir?
– Bon, le soir, on mange vers six heures. Puis après, je fais mes devoirs. Puis quelquefois, je regarde la télévision ou je joue à l'ordinateur.

Tricolore 4 Teacher Book   **107**

## 4B Une journée scolaire

**64** CD 3 Track 14

### 2 Charlotte: Paris, France

a Students read the account of Charlotte's day and then complete the sentences to give a summary of a typical day. For support, key words from the missing phrases could be written on the board.

**Solution:**

1 *sept heures moins le quart,* 2 *des céréales, un jus d'orange et quelquefois des tartines avec de la confiture,* 3 *sept heures et demie,* 4 *métro,* 5 *quatre,* 6 *deux heures,* 7 *cinq heures,* 8 *elle goûte et elle fait ses devoirs,* 9 *elle regarde la télévision ou elle lit,* 10 *elle se couche*

b They then listen to the recording and choose the correct answer(s).

**Solution:**

1 b, 2 c, f, 3 c, 4 b

CD 3 Track 14

### Charlotte: Paris, France

– Charlotte, est-ce que tu peux nous raconter une journée scolaire?
– Oui, eh bien, tous les matins je me lève à sept heures moins le quart. Au petit déjeuner, je prends des céréales, des Cornflakes, des choses comme ça, avec un jus d'orange et si j'ai le temps, je prends des tartines avec de la confiture. Le collège est à environ trente minutes de chez moi.
– Comment vas-tu au collège?
– J'y vais en métro. Bon, les cours commencent à huit heures. Puis à dix heures, nous avons une pause. Et pendant la pause du matin, des élèves vendent des pains au chocolat.
– Mmm, c'est bon ça! Et à midi, qu'est-ce que tu fais?
– Bon, à midi, je mange à la cantine, je suis demi-pensionnaire. On mange assez bien. Il y a un choix de plats, mais ce que j'aime manger, c'est le riz, le poisson, les choses comme ça, quoi.
– Et l'après-midi, qu'est-ce qui se passe?
– L'après-midi, on a cours jusqu'à cinq heures, mais il y a une pause de dix minutes à seize heures. Puis après les cours, je prends l'autobus pour rentrer chez moi.
– Et le soir, tu as beaucoup de devoirs?
– Oui, j'ai environ deux heures de devoirs chaque jour.

**65** CD 3 Track 15

### 3 Giliane: Fort-de-France, Martinique

The text about Giliane from Martinique is the most difficult of the three presented on the spread. Some help with vocabulary may be needed, e.g. *des patates douces* (sweet potatoes), *une partie de football* (game of football), etc.

a Students read the text and then correct the mistakes in the sentences that follow.

**Solution:**

1 *À six heures du matin, il fait* moins *chaud qu'à onze heures.*

2 *Pour le petit déjeuner, elle mange du pain et de la confiture et elle boit du* café.
3 *Elle s'habille* en chemisier et en jupe.
4 *Elle va au collège à* pied.
5 *À midi, elle mange à la* maison.
6 *Les cours se terminent vers* quatre *heures.*
7 *Quelquefois, elle joue au* football *avant de rentrer.*
8 *Elle se couche vers* neuf *heures.*

b They then listen to the recording and answer the questions.

**Solution:**

1 *4 frères et 2 sœurs*

2 *40 minutes*

3 **a** *des patates douces,* **c** *des ignames,* **f** *des bananes vertes*

4 *Elle aime s'amuser un peu: jouer au football, faire de la musique ou discuter.*

5 *à six heures*

CD 3 Track 15

### Giliane: Fort de France, Martinique

– C'est comment, une journée scolaire en Martinique?
– Eh bien, la journée commence assez tôt, vers six heures du matin, car c'est la seule période de la journée où il fait à peu près bon. Je prends du café et des tartines et je me prépare. J'ai quatre frères et deux sœurs, donc il faut prendre son tour pour se laver.
– Qu'est-ce que tu mets pour aller à l'école?
– Alors moi, d'habitude pour l'école je m'habille en chemisier et en jupe.
– Et comment vas-tu à l'école?
– J'y vais à pied avec mes frères et mes sœurs. Nous avons environ quarante minutes de marche et il commence déjà à faire chaud. Bon, alors, le matin on a cours jusqu'à midi, puis à midi, nous rentrons à la maison pour déjeuner.
– Qu'est-ce que vous mangez d'habitude?
– Normalement on mange des plats typiques, par exemple du poisson ou de la viande en sauce avec des légumes locaux comme des patates douces, des ignames, des bananes plantains ou des bananes vertes. Puis l'après-midi, les cours reprennent à deux heures et se terminent vers quatre heures.
– Et tu rentres directement à la maison?
– Non. Avant de rentrer, on s'amuse un peu. Quelquefois, on fait une partie de football ou on fait de la musique ou on discute. Mais on ne rentre pas très tard, parce qu'il fait déjà nuit à six heures.
– Et le soir?
– Eh bien, le soir, je dîne, je fais mes devoirs et je me couche assez tôt, vers neuf heures, vu que je dois me lever à six heures le lendemain.

**Follow-up activity:**

If students work on all three texts, about Mathieu, Charlotte et Giliane, some comparative work could be done, e.g.

Tricolore 4 Teacher Book

# 4C Au collège

- *Qui se lève le premier?*
- *Qui est demi-pensionnaire?*
- *Qui aime manger du riz?*
- *Qui ne rentre pas directement après l'école?*

📖 65

## 4 Une interview

Students work in pairs to interview each other about their daily routine. They can then prepare a short summary of each person's day. If these are identified by a coded number instead of the name, other students can then read them through and guess the identity of the person who gave the replies.

📖 220 Au choix

## [1] Une journée typique

See notes on page 126 in Unit 4 Revision and additional practice.

📖 65

## 5 À vous!

Students write a description of a typical day, using the questions as a framework.

## 4C Au collège    pages 66–67

| Aims and objectives | Grammar and skills | Resources |
|---|---|---|
| • talk about school subjects<br>• discuss school rules<br>• say what you have to do | • *devoir, il (ne) faut (pas), être obligé de, il est interdit de, avoir le droit de*, etc. + infinitive | **Key language**: SB 82–83<br>**Au choix**: SB 220<br>**Online**: Kerboodle Resources and Assessment<br>**Copymasters**: 4/1, 4/2<br>**CD 3** Tracks 16–17, 35<br>**GiA**: 33–34 |

## Introduction

Revise the names of school subjects with a brainstorming session. Write a list on the board as different subjects are mentioned. A list of the main school subjects is given in Unit 4 *Sommaire* (SB 82).

▶ Copymaster 4/1

### Mots croisés – au collège

See notes on page 129 in Unit 4 Revision and additional practice.

📖 🔊 66  CD 3 Track 16

## 1 Un emploi du temps

First, ask some questions about the school timetable, e.g.

- *Il est lundi, dix heures, c'est quel cours?*
- *Combien de cours de maths y a-t-il?*
- *Est-ce qu'on a cours tous les jours de la semaine?*
- *Les cours commencent à quelle heure, le matin, et finissent à quelle heure, l'après-midi?*

**a** Students listen to the recording and identify the day. The first four statements are more straightforward than 5–8, so less able students could just do the first four or have more help with the later ones.

**Solution:**
**1** *mardi*, **2** *jeudi*, **3** *mercredi*, **4** *lundi*, **5** *lundi*, **6** *vendredi*, **7** *jeudi*, **8** *mardi*

🔊 CD 3 Track 16

### Un emploi du temps

1 Ce matin, j'ai physique, puis espagnol avant le déjeuner.
2 C'est mon jour préféré: j'adore le sport et la technologie aussi.
3 C'est mon jour préféré. Cet après-midi, on n'a pas cours.
4 Cet après-midi, j'ai deux cours de français, puis j'ai du latin.
5 Mes matières préférées sont l'espagnol et la technologie, mais aujourd'hui, on n'a ni l'un, ni l'autre!
6 Au moins, aujourd'hui, on commence plus tard, mais je n'aime pas faire du sport le matin.
7 Il faut déjeuner à onze heures et demie aujourd'hui, à cause du sport.
8 Nous avons trois heures de sciences aujourd'hui. C'est trop, ça!

**b** Students then answer some or all of the questions on the timetable orally or in writing.

**Solution:**
**1** *12*, **2** *non*, **3** *à 8h30*, **4** *à 17h00*, **5** *5 cours*, **6** *à 14h00*, **7** *une heure environ (50 minutes, 55 minutes ou 65 minutes)*, **8** *français, latin, anglais et espagnol*, **9/10** students' own answers

▶ 🔊 Copymaster 4/2 CD 3 Track 17

### Une semaine au collège

See notes on page 129 in Unit 4 Revision and additional practice.

# 4C Au collège

### 66

## 2 Les matières

In this reading task, students match up sentences describing favourite or least favourite subjects, with appropriate reasons. The sentences provide some preparation for the next task, in which students talk about their own likes and dislikes, with reasons.

> **Solution:**
> **a 1** b, **2** c, **3** a, **4** e, **5** d; **b 1** e, **2** d, **3** a, **4** b, **5** c

### 66

## 3 À vous!

Students ask each other questions about their own school day and subjects studied, then write down their answers.

### 67

## 4 Au collège en Grande-Bretagne

This reading passage presents much of the language which students will need to describe their own school life, and uses examples of *devoir* and *il faut*.

a Students find in the text the French for the English phrases listed.

> **Solution:**
> **1** *plus ou moins*, **2** *sauf*, **3** *en laisser tomber d'autres*, **4** *des cours particuliers*, **5** *c'est facultatif*, **6** *nous devons porter un uniforme scolaire*, **7** *une cravate à rayures bleues et jaunes*, **8** *On n'a pas le droit*, **9** *se maquiller*, **10** *Il est interdit*, **11** *une retenue*, **12** *ce n'était vraiment pas juste*

b They then find the names of at least six items of clothing.

> **Solution:**
> any six of: *un pantalon, une jupe, une chemise, un blazer, une veste, une cravate, des chaussures, des baskets*

c Finally, students find the opposite of each phrase listed.

> **Solution:**
> **1** *C'est facultatif*, **2** *On n'a pas le droit de …*, **3** *Il ne faut pas*, **4** *Il est interdit*

d Students translate a paragraph into English.

> **Solution:**
> (sample)
> At school, we have to wear a school uniform. For the girls, it's navy blue trousers or skirt, a blue blouse/shirt and a blue blazer. The boys have to wear a grey jacket and trousers, a white shirt and a blue-and-yellow striped tie. We/You have to wear black or brown shoes, but trainers aren't allowed.

### 67 Dossier-langue

## Saying something is compulsory or forbidden

This explains the different expressions that may be used to say that something is compulsory or must/ought to be done, and what should not be done. Refer students as necessary to *Grammaire* 16–18.

### 67

## 5 En France

a Students complete sentences using the present tense of *devoir* to describe some of the requirements of school life in France. The policy of *redoublement* could be explained more fully and students could express their own views on whether this would be a good idea in their own school.

> **Solution:**
> **1** *Nous devons*, **2** *Les élèves doivent*, **3** *On ne doit pas*, **4** *Tu ne dois pas*, **5** *Les parents doivent*

b Students use a range of expressions to complete statements about school life in France.

### 67

## 6 À vous!

Students write some sentences to describe the rules in their own school and give their opinions about them. They could then add which school rules they would like to change and why.

For further practice, students could have fun making up serious or silly rules for different situations. Alternatively, invite suggestions for a list of rules for French classes, e.g. *En cours de français, il ne faut pas parler anglais, il faut parler français.*

### 220 Au choix CD 3 Track 35

## [2] Pourquoi pas?

See notes on pages 126–127 in Unit 4 Revision and additional practice.

### Examination Grammar in Action 33–34

## Using the verb *devoir*
## Using *il faut* + infinitive

These pages provide further practice of *devoir* (in different tenses) and *il faut* + infinitive, if required.

Tricolore 4 Teacher Book

# 4D On parle du collège

## 4D On parle du collège   pages 68–69

| Aims and objectives | Grammar and skills | Resources |
|---|---|---|
| • compare school systems<br>• discuss life at school<br>• suggest improvements | • expressions using the conditional | **Key language:** SB 82–83<br>**Au choix:** SB 220<br>**Online:** Kerboodle Resources and Assessment<br>**CD 3** Tracks 18–19, 36 |

**68  CD 3 Track 18**

### 1 On compare les systèmes scolaires

Students listen to the recorded discussion and make notes in English about some differences between school life in France and England.

**CD 3 Track 18**

#### On compare les systèmes scolaires

- Vous avez tous passé quelques jours dans un collège en Angleterre. Quelles sont les principales différences que vous avez remarquées entre le système scolaire en Angleterre et en France?
- Moi, je trouve que c'est très différent. Beaucoup de choses m'ont frappé, par exemple les élèves portent un uniforme en Angleterre et ce n'est pas le cas en France.
- Oui, et le matin les élèves doivent assister à une assemblée vers neuf heures moins le quart. Euh … Et ça dure en général vingt minutes. On n'a pas ce genre de rassemblement en France. On arrive au collège et on va directement en cours.
- Oui, c'est vrai.
- Chez nous, en France, les cours commencent à huit heures ou huit heures et demie et continuent jusqu'à cinq heures. Mais en Angleterre, la journée scolaire est beaucoup plus courte, même avec l'assemblée, parce qu'en France, on commence plus tôt.
- Mais en France, on a deux heures pour déjeuner, tandis qu'en Angleterre, on n'a qu'une heure.
- Oui, c'est vrai, la pause-déjeuner est plus courte et la plupart des élèves mangent à la cantine ou apportent des sandwichs.
- Une autre différence que j'ai notée, c'est qu'on n'a pas le système des surveillants en Angleterre.
- Oui, il n'y a pas de surveillants, c'est à dire … euh … des étudiants qui surveillent les élèves pendant les repas et pendant la récréation. En Angleterre ce sont les professeurs qui font ça.
- Et du point de vue des matières, est-ce qu'il y a des différences?
- J'ai l'impression qu'on fait plus ou moins les mêmes matières, par exemple les maths, les sciences, l'histoire, la géographie, etc.
- Oui, mais en Angleterre, on a l'instruction religieuse et on n'a pas ça en France.
- Ah oui, tu as raison.
- Et du point de vue des vacances, vous avez remarqué des différences?
- Oui, les grandes vacances commencent plus tard en Angleterre, vers la fin du mois de juillet, tandis qu'en France, les classes finissent au mois de juin et reprennent au mois de septembre.
- C'est vrai, les grandes vacances sont plus longues en France.

**68**

### 2 Forum des jeunes: L'école

a  Students read the forum posts and answer questions in English.

**Solution:**

1 too much homework, too many tests, the school day is too long and they are given hours of homework, there's never time to do other things

2 any three of: for homework, students connect to the school network so don't have to carry books home; having a school uniform; free after-school activities; choice of school lunch or taking own lunch

3 it avoids jealousy and bullying

4 any three of: start late, TV in the canteen, student centre, huge gym

5 organise more activities in the breaks

6 any two of: more open space, fewer lessons, more sports, a café, a large stadium, a garage for bikes and lots of other good things

7 a closed school

b  Students translate the post by Alamode. Able students could choose to translate other posts.

**Solution:**
I love my school!
The ideal school … it's a bit like my school/it's kind of my school! I start at 9.00 and finish at 15.30. For homework, we connect to the school network and work online (so our school bags are very light!). The students wear uniform and it's cool because there's no jealousy between students (for those whose parents can't afford to buy expensive clothes or designer labels) and less bullying. There are after-school clubs (football, dance, …) and they're free. You can eat at the canteen or bring your own lunch if you prefer. Those are some reasons why I like my school.

c  Students find some useful phrases in the text.

**Solution:**

1 *On n'a jamais le temps de faire autre chose.*
2 *Ce serait bien si on pouvait commencer le plus tard possible.*
3 *Il devrait y avoir …*
4 *L'école idéale, ce serait …*
5 *moins d'heures de cours*

Tricolore 4 Teacher Book

## 4E Avant, c'était différent

**d** Students complete a sentence to describe their ideal school. There could be more oral work, e.g. *Est-ce que vous êtes d'accord avec une de ces personnes?*

📖 **68 Dossier-langue**

### Expressions using the conditional

This lists some useful phrases in the conditional, which students can use for suggesting improvements to their school: *ce serait bien si on pouvait …, ce serait bien de …* and *il devrait y avoir …*

📖 **69**

### 3 Continuez le débat!

Students work in pairs to give their own views about what they like and dislike at school and give suggestions for improvements.

📖 **69**

### 4 Les bons profs et les bons élèves

This is a light-hearted item in which students could list some qualities of a good teacher and a good student (in the teacher's eyes!).

📖 **220 Au choix**

### [3] On parle de quoi?

See notes on page 127 in Unit 4 Revision and additional practice.

📖 🔊 **69 CD 3 Track 19**

### 5 À discuter

a Students listen to a conversation about school life.
b They read it in pairs.
c They adapt it to make a different conversation.

🔊 **CD 3 Track 19**

### À discuter

- Qu'est-ce que tu aimes au collège?
- J'aime retrouver mes copains et il y a quelques matières que j'aime bien, comme l'histoire par exemple.
- Qu'est-ce que tu n'aimes pas?
- Je n'aime pas les contrôles et je trouve qu'on a trop de devoirs chaque soir.
- Qu'est-ce que tu voudrais changer à l'école?
- À mon avis, on ne fait pas assez de sport et il n'y a pas beaucoup de clubs. Ce serait bien s'il y avait un club d'informatique.
- Tu as combien d'heures de devoirs, le soir?
- Normalement on a environ deux heures de devoirs chaque jour et, à mon avis, c'est trop.
- Que penses-tu de l'uniforme scolaire?
- Moi, je suis pour l'uniforme scolaire parce qu'on n'est pas obligé de décider chaque matin ce qu'on va mettre pour aller au collège.

📖 🔊 **220 Au choix CD 3 Track 36**

### [4] L'année prochaine ou l'année dernière?

See notes on page 127 in Unit 4 Revision and additional practice.

📖 **220 Au choix**

### [5] À l'avenir

See notes on page 127 in Unit 4 Revision and additional practice.

📖 **69**

### 6 À vous!

Students give their opinions on school life.

---

## 4E Avant, c'était différent    pages 70–71

| Aims and objectives | Grammar and skills | Resources |
|---|---|---|
| • talk about how things used to be | • the imperfect tense (1): formation and some uses | **Key language:** SB 82–83<br>**Au choix:** SB 220<br>**Online:** Kerboodle Resources and Assessment<br>**Copymasters:** 4/3, 4/4, 4/5<br>**CD 3** Tracks 20–22<br>**GiA:** 35–37 |

📖 🔊 **70 CD 3 Track 20**

### 1 À l'école en Asie

Students listen and read this article about life in Laos, a country which retains some French culture from the time when it was part of Indochina, although Lao and English are now more widely spoken there. The text includes many examples of the imperfect tense.

Students answer the questions in English.

**Solution:**

1 in south-east Asia
2 very large, 4,000 pupils aged from 10 to 18 (including 300 boarders), 200 teachers, sports included gym, volleyball, basketball, football
3 French
4 white shirt, black or dark blue skirt
5 on foot, by bike, by motorbike
6 two seasons: dry (Oct–Apr), rainy (May–Sept)

112  Tricolore 4 Teacher Book

# 4E Avant, c'était différent

**CD 3 Track 20**

## À l'école en Asie

En juillet dernier, nous avons déménagé en France. Mon père voulait être plus près de ses parents, qui étaient malades, et il a trouvé un emploi à Paris. Le jour du déménagement, j'étais un peu triste parce que j'allais quitter tous mes amis, mais j'étais aussi excitée. Avant nous habitions au Laos, un petit pays en Asie du sud.

Au Laos, j'allais au lycée de Vientiane, une très grande école avec 4 000 élèves de 10 à 18 ans. Environ 300 élèves venaient des villages, assez loin, et ils étaient internes. Il y avait presque 200 professeurs. L'enseignement était en lao et en français. Moi, j'étais en section bilingue alors je faisais certaines matières, comme les maths et les sciences, en français. On étudiait l'histoire, la géo et la littérature en lao et on faisait anglais, comme langue étrangère. Comme sports, nous faisions de la gymnastique, du volleyball, du basket et du foot. Malheureusement il n'y avait pas de piscine. C'était dommage parce qu'il faisait souvent chaud.

Comme dans beaucoup d'écoles en Asie, nous portions un uniforme scolaire. Pour les filles, c'était une chemise blanche et une jupe noire ou bleu foncé.

La journée scolaire commençait tôt, à sept heures et demie. Comme nous habitions en ville, j'y allais à pied. D'autres élèves allaient au lycée à vélo ou à moto et il y avait un parc à vélos au lycée.

Normalement la rentrée était le 1er septembre, mais en septembre dernier on a dû retarder la rentrée parce qu'il y avait des inondations. Comme vacances, nous avions de petites vacances à Noël et au Nouvel An bouddhique (en avril), et deux mois en juillet et août. Le climat au Laos est très différent d'ici en France. Il y a deux saisons principales: la saison sèche d'octobre à avril et la saison des pluies de mai à septembre. Souvent, il pleuvait beaucoup aussi en octobre et en novembre.

Au Laos, on mangeait beaucoup de fruits et de légumes. On trouvait aussi des baguettes, comme en France.

Vientiane est la capitale de Laos, mais ce n'est pas une très grande ville comme Paris. Au centre-ville on voit des noms bilingues et il y a une grande arche, qu'on appelle le Patuxay, et qui ressemble à l'Arc de Triomphe de Paris.

**70 Dossier-langue**

## The imperfect tense (1)

Check what students remember about the formation of the imperfect tense from previous work and give them more practice in forming parts of the tense from useful verbs. Refer students as necessary to *Grammaire* 14.7.

**71**

## 2 L'année dernière

This gives practice in forming the imperfect tense.

**Solution:**

1 *c'était, on avait, était*

2 *c'était, nous devions, j'étais*

3 *Ce qui était, on faisait, on allait*

4 *nous avions, (il) était, c'était*

5 *Il y avait, c'était*

**71 CD 3 Track 21**

## 3 Qu'est-ce qui a changé?

Students listen to a series of interviews and decide which sentence (a–h) accurately describes how each person's life used to be. With able students, this could be used initially without the text, to see how much they can recall without prompts.

**Solution:**

**1** d, **2** c, **3** f, **4** b, **5** h, **6** e, **7** a, **8** g

**CD 3 Track 21**

## Qu'est-ce qui a changé?

– Aujourd'hui, nous allons interroger des gens sur les changements dans leur vie personnelle. Un changement, ça peut faire du bien ou ça peut provoquer des difficultés.

1 – Bonjour, madame. Je peux vous poser une question?
 – Oui, bien sûr.
 – Qu'est-ce qui a changé dans votre vie dans les cinq dernières années?
 – Laissez-moi réfléchir. Ah oui, j'ai changé de travail. Il y a quatre ans, j'étais professeur de maths, mais maintenant, je travaille dans l'informatique.
 – Bon, merci.

2 – Et vous, monsieur, qu'est-ce qui a changé dans votre vie?
 – Je me suis marié. Alors qu'avant, j'étais célibataire.

3 – Et vous, mademoiselle, qu'est-ce qui a changé dans votre vie depuis cinq ans?
 – Il y a cinq ans, j'allais à l'école primaire et maintenant, je suis au collège.

4 – Bonjour, monsieur, je peux vous poser une question?
 – Oui, allez-y.
 – Qu'est-ce qui a changé dans votre vie dans les cinq dernières années?
 – Il y a cinq ans, j'habitais à la campagne, dans un petit village, et maintenant, j'habite à Paris.

5 – Et vous, madame, qu'est-ce qui a changé dans votre vie?
 – Il y a cinq ans, j'étais étudiante et je n'avais pas beaucoup d'argent, donc je n'achetais pas beaucoup de vêtements. Maintenant, je travaille et je dois être bien habillée pour mon travail, alors je m'achète beaucoup plus de vêtements.

6 – Et vous, monsieur?
 – Bon, il y a cinq ans, j'étais toujours au lycée et j'avais beaucoup de travail scolaire. Je devais travailler tous les soirs: c'était vraiment dur. Bon, eh bien, maintenant, tout ça, c'est fini. Je peux sortir tous les soirs si je veux.

7 – Et vous, mademoiselle?
 – Moi, j'ai appris à conduire et maintenant, j'ai ma propre voiture. Il y a cinq ans, je ne savais pas conduire, alors je devais prendre le métro ou le bus pour sortir.

8 – Et vous, monsieur, qu'est-ce qui a changé dans votre vie?
 – Il y a cinq ans, je ne faisais pas de sport: je n'avais pas le temps, j'avais beaucoup de travail. Puis j'ai été malade et j'ai décidé de changer mon style de vie. Alors maintenant, je fais du jogging trois fois par semaine, je joue au tennis et au squash et je vais au gymnase. Je me sens beaucoup mieux!

## 4F On se connecte

### 📖 71

### 4 Ma famille: avant et aujourd'hui

This provides more practice in forming the imperfect tense. Students use the same verb that is used in the present tense in the second part of each sentence. Explain the extra 'e' used in *manger* and *voyager*.

**Solution:**

1 *avais*, 2 *était*, 3 *habitait*, 4 *travaillait*, 5 *voyageait*, 6 *étais*, *mangeais*

**Examination Grammar in Action 35–37**

### Using the imperfect tense (1), (2) and (3)

These pages provide further practice in forming and using the imperfect tense.

### 📖 🔊 71 CD 3 Track 22

### 5 Ma vie a changé

Students listen to the recording and note down the missing words to complete the text. For support, these could be written on the board.

**Solution:**

1 Raphaël: 1 *tennis*, 2 *vêtements*, 3 *lunettes*, 4 *travail*, 5 *piscine*, 6 *cinéma*

2 Juliette: 1 *gymnastique*, 2 *dos*, 3 *Paris*, 4 *super*, 5 *lapin*, 6 *guitare*

### 🔊 CD 3 Track 22

### Ma vie a changé

**Raphaël**

Avant, il y a cinq ans, je faisais du tennis; maintenant, je fais du football. Je ne m'intéressais pas trop aux vêtements; maintenant, j'aime bien m'habiller correctement. Et avant, je ne portais pas de lunettes, mais maintenant, j'en porte. Quand j'étais plus jeune, je n'avais pas beaucoup de travail à faire, le soir, mais maintenant, on a beaucoup de travail, tous les soirs. Autrefois, mes amis et moi, nous allions souvent à la piscine, alors que maintenant, nous allons plutôt au cinéma.

**Juliette**

Il y a cinq ans, je faisais de la gymnastique, environ douze heures par semaine, mais depuis un an, j'ai arrêté parce que j'avais un problème au dos. Il y a cinq ans, ma sœur était chez moi, mais maintenant, elle est partie faire ses études à Paris. Donc maintenant, je suis toute seule chez moi avec mes parents: c'est super. Nous avions un lapin blanc, mais il est mort il y a deux ans, donc nous n'avons plus d'animal à la maison. Quand j'étais plus jeune, je ne m'intéressais pas beaucoup à la musique, mais maintenant, je joue de la guitare et j'adore ça.

### 📖 71

### 6 À vous!

a Students ask and answer questions about what has changed in their lives over the last five years or since they were 10 years old or younger.

b Students write a few sentences, contrasting their life of some time ago with their life today.

### 📖 220 Au choix

### [6] Translation

See notes on page 127 in Unit 4 Revision and additional practice.

### 📖 220 Au choix

### [7] Traduction

See notes on page 127 in Unit 4 Revision and additional practice.

### 🖱 Copymaster 4/3

### Vendredi soir

See notes on pages 129–130 in Unit 4 Revision and additional practice.

### 🖱 Copymasters 4/4, 4/5

### Le Petit Nicolas (1) and (2)

See notes on page 130 in Unit 4 Revision and additional practice.

## 4F On se connecte   pages 72–73

| Aims and objectives | Grammar and skills | Resources |
| --- | --- | --- |
| • talk about the internet and technology | | Key language: SB 82–83<br>Online: Kerboodle Resources and Assessment<br>CD 3 Track 23 |

### 📖 72

### 1 100 sites et applis pour le collège

Students read the article about an internet guide published each year by Bayard Presse.

a They find similar French phrases for the expressions listed.

**Solution:**

1 *dès*, 2 *chaque année*, 3 *des meilleurs sites*, 4 *les principales matières*, 5 (*Le choix des sites*) *favorise*, 6 *une rubrique*, 7 *des astuces*, 8 *à domicile*

Tricolore 4 Teacher Book

# 4F On se connecte

**b** Students reply to questions in English.

> **Solution:**
> 1 every year
> 2 the 100 best and most effective websites for school
> 3 they are useful for revision and exercises and are accessible free of charge
> 4 tips for working at home, preparing for exams and using the internet in a successful and responsible way

📖 🔊 **72 CD 3 Track 23**

## 2 Internet – un débat

**a** Students read the questions and look at the comments to find one or two people who have replied to each question.

> **Solution:**
> **1** Daniel + Hugo, **2** Antoine + Emma, **3** Chloé + Gabriel, **4** Ibrahim + Fatima, **5** Bianca

**b** They find the French expressions for the phrases listed.

> **Solution:**
> 1 *On y trouve des informations sur tout.*
> 2 *je télécharge*
> 3 *les réseaux sociaux*
> 4 *le meilleur moyen*
> 5 *D'après moi*
> 6 *Un de mes sites préférés est*

**c** Students translate Gabriel's post.

> **Solution:**
> (sample)
> It's very useful for me because my father often travels for his work and I can easily keep in touch with him, thanks to the internet. Our computer has a webcam so we can see each other when we chat online.

**d** Students listen to the recording and identify the speaker of each answer.

> **Solution:**
> **1** Daniel, **2** Antoine, **3** Gabriel, **4** Ibrahim, **5** Bianca

🔊 **CD 3 Track 23**

### Internet – un débat

**1**
– À ton avis, est-ce qu'Internet est utile pour le travail scolaire? Pourquoi?
– D'après moi, c'est utile parce qu'on peut consulter des sites, ce qui nous aide avec le travail scolaire et les devoirs. Si on n'a pas bien compris quelque chose, on peut poser des questions aux profs en ligne.

**2**
– Quels sont tes sites préférés?
– J'aime bien le site Wikipédia. C'est comme une encyclopédie faite par le public. On y trouve des informations sur tout.

**3**
– Est-ce que tu utilises Internet pour rester en contact avec tes copains et ta famille?
– C'est très utile pour moi, parce que mon père voyage souvent pour son travail et grâce à Internet, je peux facilement rester en contact avec lui. Notre ordinateur a une webcam, donc on peut se voir quand on bavarde en ligne.

**4**
– Est-ce que ta famille fait des achats en ligne?
– Ma grand-mère achète beaucoup en ligne. C'est très pratique pour elle parce qu'elle déteste aller dans les magasins.

**5**
– Est-ce que tu télécharges de la musique?
– Oui, quelquefois je télécharge les chansons de mon groupe préféré.

📖 **73**

## 3 Pour continuer le débat

Students complete questions using the correct verb in the present tense. These can be used later for a class or group discussion.

> **Solution:**
> **1** *tu aimes*, **2** *penses-tu*, **3** *tu regardes*, **4** *sont (les dangers)*, **5** *tu as*, **6** *tu mets*, **7** *tu lis*, **8** *les gens passent*

📖 **73**

## 4 Forum des jeunes: Internet

This provides more discussion about internet use, including bad experiences and some precautions.

**a** Students find the French for the English phrases listed.

> **Solution:**
> 1 *de mauvaises expériences*
> 2 *tout de suite*
> 3 *je l'ai bloqué*
> 4 *je ne donne pas mon adresse mail*
> 5 *(les) gens que je ne connais pas*
> 6 *je n'accepte que*
> 7 *il faut faire attention*
> 8 *je n'ai pas eu de problèmes*

**b** Students make a list of other useful expressions.

**c** They then summarise or translate the advice in English.

Tricolore 4 Teacher Book 115

## 4G Aux magasins

> **Solution:**
> (sample)
>
> Don't agree to be 'friends' with people you don't know.
>
> Don't allow everyone to see your photos.
>
> Don't talk to strangers on forums or other sites.
>
> And if there are problems, stop any contact immediately.

### 73

### 5 À vous!

Students prepare questions for a survey (in class, among a group of friends or more widely), carry out the survey and then summarise their findings.

## 4G Aux magasins   pages 74–75

| Aims and objectives | Grammar and skills | Resources |
|---|---|---|
| • talk about shopping<br>• find out about prices<br>• say which item you prefer | • this, that, these, those | **Key language:** SB 82–83<br>**Au choix:** SB 221<br>**Online:** Kerboodle Resources and Assessment<br>**Copymasters:** 4/6<br>**CD 3** Tracks 24–28, 37<br>**GiA:** 38 |

### 74 (62)

### 1 La rentrée scolaire

This provides a link between school and shopping and gives an opportunity to revise school items (if needed). Students compile a shopping list of items for the new school year, using the picture on SB 62 for ideas.

Introduce the topic of shopping by asking a few general questions, e.g. *Qui aime faire du shopping, le weekend? Où allez-vous, normalement? Est-ce que vous y allez à pied? Qu'est-ce qu'il y a comme magasins ici? Quel genre de magasins?*

Write a list of shops on the board using suggestions from the class.

### 74  CD 3 Tracks 24–25

### 2 On va en ville

Students listen to the conversations about shopping plans.

a They listen to conversations 1–3 and note the correct pictures for the items mentioned.

> **Solution:**
> 1 F, C, D, B
> 2 H, A, I
> 3 E, G

### CD 3 Track 24

### On va en ville

1 – J'ai besoin de beaucoup de choses pour la rentrée: un nouveau sac, des cahiers, une nouvelle trousse et des chaussures pour l'école.
  – D'accord, Marc. Alors allons au centre commercial. On trouvera tout ça dans les magasins au centre.

2 – Julie, tu veux aller en ville cet après-midi? Moi, je voudrais acheter un nouveau sweat.
  – Oui, Fatima, je veux bien. Et moi, je dois acheter un cadeau d'anniversaire pour mon frère.
  – Qu'est-ce que tu vas lui acheter?
  – Euh … Aucune idée. Une BD peut-être ou bien un tee-shirt. Je vais voir.
  – Si on allait au centre commercial, alors?
  – Oui, bonne idée.

3 – Thomas, tu viens en ville avec moi, cet après-midi? Je voudrais regarder les jeux à la Boutique Électronique.
  – Oui, Nicolas. Et moi, je voudrais regarder les raquettes de tennis. J'en ai besoin pour mon stage.
  – Il faut aller au magasin de sport alors?
  – Oui. Ah, et je veux aussi regarder ce qu'il y a à l'hypermarché. Quelquefois, ils ont des promotions intéressantes.

b Students listen to conversations 1–5 and complete the sentences in French.

> **Solution:**
> 1 *(nouveau) sac, cahiers, (nouvelle) trousse, chaussures*
> 2 *un nouveau sweat, un cadeau d'anniversaire*
> 3 *les jeux (à la Boutique Électronique), les raquettes de tennis, magasin de, l'hypermarché*
> 4 *changer de l'argent, des souvenirs*
> 5 *classeur, carte, parfum, bottes*

116  Tricolore 4 Teacher Book

# 4G Aux magasins

🔊 CD 3 Track 25

## On va en ville

1. – J'ai besoin de beaucoup de choses pour la rentrée: un nouveau sac, des cahiers, une nouvelle trousse et des chaussures pour l'école.
   – D'accord, Marc. Alors allons au centre commercial. On trouvera tout ça dans les magasins au centre.

2. – Julie, tu veux aller en ville cet après-midi? Moi, je voudrais acheter un nouveau sweat.
   – Oui, Fatima, je veux bien. Et moi, je dois acheter un cadeau d'anniversaire pour mon frère.
   – Qu'est-ce que tu vas lui acheter?
   – Euh … Aucune idée. Une BD peut-être ou bien un tee-shirt. Je vais voir.
   – Si on allait au centre commercial, alors?
   – Oui, bonne idée.

3. – Thomas, tu viens en ville avec moi, cet après-midi? Je voudrais regarder les jeux à la Boutique Électronique.
   – Oui, Nicolas. Et moi, je voudrais regarder les raquettes de tennis. J'en ai besoin pour mon stage.
   – Il faut aller au magasin de sport alors?
   – Oui. Ah, et je veux aussi regarder ce qu'il y a à l'hypermarché. Quelquefois, ils ont des promotions intéressantes.

4. – Est-ce qu'on peut aller en ville, s'il vous plaît? J'ai besoin de changer de l'argent et je voudrais acheter des souvenirs pour ma famille.
   – Mais oui, Laure, bien sûr. On ira au centre commercial. Là-bas, il y a des banques et beaucoup de magasins. Et quand nous avons besoin de nous reposer, nous pouvons prendre un verre ou une glace dans un café.

5. – Vous allez aux magasins, Madame Lebrun?
   – Oui, j'ai besoin de beaucoup de choses: un classeur pour ma fille, un jeu de Monopoly et une carte d'anniversaire pour mon neveu, du parfum, des boucles d'oreilles et peut-être de nouvelles bottes. Je vais passer presque toute la journée aux magasins.
   – Vous aimez le shopping?
   – Oui, heureusement, j'adore ça!

🔊 **74** CD 3 Track 26

## 3 Dans un grand magasin

Use the store directory (next to task b) to revise the following: *arts ménagers, jouets, papeterie, bijouterie, parfumerie, alimentation*.

a This listening task introduces the language used to describe special offers and sale bargains and practises the language for different sections of a department store and the names of floors. Students answer the questions in English.

> **Solution:**
> **1 a** b, c, e; **1 b** c, **2** b, **3** b, d, e, **4** any two of: plain, striped, with a slogan, with a design, **5** Guinness Book of Records or Tintin book, **6** any three of: exercise books, ring binders, pens, pencils, pencil cases, **7** basement, **8** ski equipment – boots, skis, clothing

🔊 CD 3 Track 26

## Dans un grand magasin

1. – Vous cherchez des idées pour la maison? Vous avez besoin de verres, de vaisselle, d'ustensiles de cuisine? Allez vite au rayon arts ménagers. Pendant une semaine, il y a 20% de rabais sur beaucoup d'articles – les articles signalés d'un point vert. Allez vite au rayon arts ménagers au troisième étage du magasin. Vous y trouverez tout pour la maison.

2. – En promotion spéciale à la parfumerie: 'Oriental', le nouveau parfum de Charles Ricci. On vous offre un petit flacon gratuit de ce nouveau parfum 'Oriental' avec chaque achat de plus de vingt euros. Rendez-vous vite à la parfumerie au rez-de-chaussée pour votre échantillon gratuit. Le parfum 'Oriental', c'est le nouveau parfum de Charles Ricci.

3. – Vous cherchez un collier, un bracelet, des boucles d'oreilles? À notre bijouterie au rez-de-chaussée, vous trouverez de nombreux accessoires pour parfaire votre look. Et cette semaine, il y a 10% de remise sur toute une gamme de bijoux fantaisie.

4. – Actuellement, grand choix de tee-shirts à des prix exceptionnels au rayon mode. Nous avons sélectionné pour vous des tee-shirts unis, des tee-shirts rayés, des tee-shirts avec des slogans et avec des dessins. Grand choix de couleurs. Rendez-vous au premier étage pour les plus beaux tee-shirts à des prix exceptionnels.

5. – Vous cherchez le *Livre Guinness des Records*? Vous voulez une aventure de Tintin? Vous cherchez un livre pour offrir? Grand choix de livres à la librairie, au rez-de-chaussée. N'oubliez pas de visiter la librairie au rez-de-chaussée.

6. – N'oubliez pas de visiter notre rayon papeterie au deuxième étage. Nous avons un grand choix de cahiers, classeurs, stylos, crayons et trousses à des prix vraiment abordables. Vous y trouverez tout pour la rentrée scolaire.

7. – Vous aimez la musique? Venez trouver le meilleur de la musique – classique, jazz, pop, folklorique – au rayon musique au sous-sol.

8. – Pensez-vous déjà aux sports d'hiver? Oui? Alors, allez voir notre exposition 'Tout pour le ski' au rayon sport au deuxième étage. Vous trouverez la nouvelle gamme de skis, de chaussures et de vêtements de ski. Tout ce qui est nécessaire pour des vacances de neige idéales. Allez voir 'Tout pour le ski' au rayon sport, deuxième étage.

b Students read each sentence and refer to the store directory to work out which floor is required.

> **Solution:**
> **1** SS, **2** RC, **3** 1er, **4** 4e, **5** RC, **6** 2e, **7** RC, **8** 2e, **9** RC, **10** 4e

As follow-up, bring in some recent French magazines or leaflets from supermarkets, if possible, as recent authentic material always increases interest in this kind of topic. Students could talk about an advert that they find effective, or some students might like to prepare a poster or advert giving details of special offers in different shops or departments.

## 4G Aux magasins

### 75 CD 3 Track 27

### 4 On fait des achats

a Students listen to the conversations and find the missing words. If necessary, write these in jumbled order on the board. The conversations include some useful expressions, which could be copied out for future reference, and examples of *celui*, etc.

> Solution:
>
> a **1** *cahiers de textes*, **2** *12*, **3** *10*
>
> b **1** *bol*, **2** *vase*, **3** *5*, **4** *offrir*
>
> c **1** *petit*, **2** *bateau*, **3** *4*, **4** *6,50*

b Working in pairs, they make up a similar conversation.

### CD 3 Track 27

### On fait des achats

a À la librairie
- On peut vous aider?
- Oui, je cherche un cahier de textes.
- Il y a de très beaux cahiers de textes avec des photos de chanteurs, sinon des plus simples comme ceux-là.
- Ce cahier-là est super. Il coûte combien?
- Douze euros.
- C'est un peu trop cher.
- Il y a aussi celui-ci qui est un peu moins cher à dix euros.
- Ah oui. Bon, je prends celui-là.

b Au magasin de cadeaux
- Je cherche un souvenir de la région – quelque chose de typique.
- Euh … Il y a de la poterie régionale qui est très jolie, un bol ou un vase peut-être.
- Le vase est à combien?
- Celui-ci est à cinq euros.
- Oui, je vais prendre ça.
- C'est pour offrir?
- Oui, c'est pour ma grand-mère.
- Je vous fais un paquet-cadeau?
- Oui, s'il vous plaît.

c Au magasin de jouets
- Bonjour, madame. Je cherche quelque chose pour un garçon de neuf ans. Un petit souvenir de France.
- Eh bien, il y a des maquettes, par exemple un petit TGV ou un petit bateau de pêche.
- Hmm … Oui, j'aime bien ce petit bateau de pêche. C'est combien?
- Celui-ci est à quatre euros, il y en a aussi qui sont plus grands à six euros cinquante.
- Non, je vais prendre celui-ci, s'il vous plaît.
- Très bien.

### Copymaster 4/6 CD 3 Track 28

### Le shopping

See notes on pages 130–131 in Unit 4 Revision and additional practice.

### 75 Dossier-langue

### This, that, these, those

The table summarises the different forms of *ce*, *celui-ci* and *celui-là*. Students could look for examples in the shopping dialogues. Refer students as necessary to *Grammaire* 3.

### 75

### 5 Idées cadeaux

Students complete the sentences with the appropriate form of *ce*.

> Solution:
>
> **1** *Ce*, **2** *cette*, **3** *ce*, **4** *Cet*, **5** *ce*, **6** *Ces*

### Examination Grammar in Action 38

### Using *ce/cette/ces* and *celui*

This provides further practice in using *ce/cette/ces* and *celui*.

### 221 Au choix CD 3 Track 37

### [8] Au magasin de sport

See notes on pages 127–128 in Unit 4 Revision and additional practice.

### 75

### 6 Un message

This reading passage recounts a shopping trip and uses the imperfect and perfect tenses.

a Students find the French for some useful phrases.

> Solution:
>
> **1** *il pleuvait toute la journée*, **2** *il y avait du monde*, **3** *c'était incroyable*, **4** *elle les partage toujours*

b Students complete the message using the words listed.

> Solution:
>
> **1** *avait*, **2** *pratique*, **3** *mignon*, **4** *lui*, **5** *promotion*, **6** *choisir*

c Students write a list of the presents bought.

> Solution:
>
> *une boîte de petits gâteaux, un vase, des chaussettes, une peluche – un petit chien, un stylo, un tee-shirt*

For further practice, students could translate the first part of the message into English.

### 75

### 7 À vous!

Students write a message about a recent shopping trip.

Tricolore 4 Teacher Book

# 4H Vous faites quelle taille?

## 4H Vous faites quelle taille? pages 76–77

| Aims and objectives | Grammar and skills | Resources |
|---|---|---|
| • shop for clothes<br>• explain a problem<br>• ask for a refund or exchange | • asking questions: *quel …?* and *lequel …?*<br>• translating 'What size?' | **Key language**: SB 82–83<br>**Au choix**: SB 221<br>**Online**: Kerboodle Resources and Assessment<br>**Copymasters**: 4/7<br>**CD 3** Tracks 29–30, 38–39<br>**GiA**: 39 |

## Introduction

First, have a brainstorming session on items of clothing and write these on the board.

### 76 CD 3 Track 29

### 1 On achète des vêtements

Students listen to the conversations and note what each person bought, including the colour and any other details. The conversations present many general phrases and expressions required when buying clothes.

**Solution:**

1 *un pull rouge, en laine, 29 euros*

2 *un pantalon noir, taille 46, 60 euros*

3 *une jupe marron, taille 40, 85 euros*

4 *des chaussures bleues pour faire de la marche à pied/pour marcher, pointure 45, 99 euros*

5 *un sweatshirt bleu marine, taille 40, 39 euros*

6 *une chemise bleu clair rayé blanc, en polyester/coton, 48 euros*

### CD 3 Track 29

### On achète des vêtements

1 – Madame?
 – Bonjour, mademoiselle. Je cherche un pull rouge pour un garçon de neuf ans.
 – Oui. Vous le voulez en laine ou en acrylique?
 – En laine.
 – Celui-ci est de très bonne qualité. Il est en pur laine et il coûte vingt-neuf euros.
 – Oui, il est très joli.
 – Et il y a un pantalon rouge qui est assorti. Regardez. Il est beau aussi.
 – Oui, c'est vrai. Hmm … non, le pull, ça suffit. Est-ce que vous acceptez les cartes de crédit?
 – Oui, madame.

2 – Pardon, madame, ce pantalon coûte combien?
 – Euh … soixante euros, monsieur.
 – Et vous l'avez en quarante-six?
 – Dans quelle couleur?
 – Gris.
 – Je suis désolée, monsieur, je ne l'ai plus en gris, mais je l'ai en noir. Vous voulez l'essayer?
 – Oui, d'accord.
 – Ça vous va?

 – Oui, il me va bien – je vais le prendre.
 – Vous voulez payer comment?
 – Par chèque.
 – Très bien. Passez à la caisse, s'il vous plaît, monsieur.

3 – Est-ce que vous avez cette jupe dans d'autres couleurs, s'il vous plaît?
 – Attendez. C'est quelle taille?
 – Quarante.
 – Oui, nous l'avons en bleu marine et en marron.
 – Vous ne l'avez pas en vert foncé?
 – Non, je regrette.
 – Je peux l'essayer en marron?
 – Mais bien sûr. La cabine d'essayage est là-bas.
 – Ça va, mademoiselle? Ah oui, cette jupe vous va très bien, n'est-ce pas?
 – Oui, peut-être … je ne suis pas sûre.
 – C'est la couleur que vous n'aimez pas?
 – Peut-être, je ne sais pas.
 – Je peux vous montrer d'autres jupes, si vous voulez.
 – Non, ça va. J'aime bien le modèle de celle-ci. Je crois que je vais la prendre.
 – Très bien. Vous ne le regretterez pas, j'en suis certain. C'est de la bonne qualité.
 – Oui.
 – Alors, ça fait quatre-vingt-cinq euros. Merci, mademoiselle.

4 – Qu'est-ce que vous désirez, monsieur?
 – Je voudrais une paire de chaussures.
 – Quelle sorte de chaussures voulez-vous? Des mocassins, des chaussures à lacets?
 – Des chaussures bien solides, avec une semelle épaisse. C'est pour faire de la marche à pied.
 – Oui, monsieur. Eh bien, on a ce modèle-là. Ça vous plaît?
 – Mmm … je n'aime pas beaucoup la couleur.
 – Nous l'avons aussi en bleu, en gris, et en jaune.
 – Je peux les essayer en bleu, s'il vous plaît?
 – Bien sûr. Vous faites quelle pointure?
 – Quarante-cinq.
 – Voilà, monsieur.
 – Oui, elles me vont bien. Elles sont à combien?
 – Celles-là sont à quatre-vingt-dix-neuf euros.
 – C'est un peu cher, mais elles sont confortables. Bon, je les prends.

5 – J'ai vu un sweatshirt en vitrine. Vous l'avez dans quelles couleurs?
 – Je vais voir. Nous l'avons en rouge, en bleu marine et en vert foncé … c'est joli cette couleur, je trouve.

Tricolore 4 Teacher Book 119

# 4H Vous faites quelle taille?

- Vous l'avez en noir?
- Ah non.
- Bon, je peux essayer le bleu marine?
- Oui, bien sûr. Vous faites quelle taille?
- Du quarante.
- Voilà.
- Oui, celui-là va bien.
- Et c'est quel prix?
- Trente-neuf euros.
- Bon, je le prends.
- Très bien. Vous voulez payer comment?
- Avec une carte de crédit. Ça va?
6 - Je cherche une chemise rayée comme ça, mais en bleu clair.
- Voyons, j'ai différentes couleurs … oui … voilà du bleu clair rayé blanc.
- Celle-là est belle aussi … le vert rayé blanc.
- Oui, c'est vrai.
- C'est du coton?
- Euh … c'est du polyester et du coton.
- Et quel est le prix?
- C'est quarante-huit euros.
- Bon, c'est pour un ami. Alors est-ce qu'on peut la changer si ça ne lui va pas?
- Oui, si vous gardez le reçu.
- Bon, je prends la bleu clair.
- Très bien, madame. Pouvez-vous passer à la caisse, s'il vous plaît?

76

## 2 Expressions utiles

Students match the French phrases with their English equivalents to provide useful vocabulary that they can reuse.

Solution:
1 e, 2 g, 3 d, 4 j, 5 b, 6 i, 7 h, 8 a, 9 f, 10 c

76 Stratégies

### Translating 'What size?'

This explains the use of *taille* (for clothing) and *pointure* (for shoes). Details of French and British sizes are given below for reference.

It might be useful for students to know their own continental size, as well as general sizes such as *petit*, *moyen*, *grand* and *très grand*.

*Femmes: pulls/chemisiers*
| France | 82 | 86 | 90 | 96 | 102 | 106 |
| GB | 32 | 34 | 36 | 38 | 40 | 42 |

*Femmes: chaussures*
| France | 35 | 36 | 37 | 38 | 39 |
| GB | 2 | 3–3½ | 4 | 4½–5 | 5½ |

*Hommes: pulls*
| France | 92 | 96 | 104 | 108 | 112 | 116 |
| GB | 36 | 38 | 40 | 42 | 44 | 46 |

*Hommes: chemises*
| France | 36 | 37 | 38 | 39 | 41 | 42 | 43 |
| GB | 14 | 14½ | 15 | 15½ | 16 | 16½ | 17 |

*Hommes: chaussures*
| France | 40 | 41 | 42 | 43 | 44 |
| GB | 6½ | 7 | 7½–8 | 8½–9 | 9½ |

76

## 3 Qui dit ça?

Students read through the expressions from the conversations and classify them in two lists.

Solution:
le/la client(e): 1, 3, 7, 9, 10, 11, 12, 13, 15, 16, 18
le vendeur/la vendeuse: 2, 4, 5, 6, 8, 14, 17

76 Dossier-langue

### Asking questions: *quel …?* and *lequel …?*

This summarises the different forms of *quel* and *lequel*. Refer students as necessary to *Grammaire* 13.2a–b.

76

## 4 Des questions utiles

Students practise using *quel* and *lequel* to complete the questions.

Solution:
1 quel, 2 quelle, 3 quels, 4 Quelle, 5 Lequel, 6 Lesquelles, 7 Laquelle, 8 Lesquels

221 Au choix

## [9] Vous aidez au magasin

See notes on page 128 in Unit 4 Revision and additional practice.

Examination Grammar in Action 39

### Using *quel* and *lequel*

This provides further practice in using the different forms of *quel* and *lequel*.

77

## 5 Inventez des conversations

Students work in pairs to make up conversations in which they buy clothing.

77 CD 3 Track 30

## 6 Il y a un problème?

Students listen to the recording and correct the error in each sentence.

Tricolore 4 Teacher Book

# 4H Vous faites quelle taille?

**Solution:**

1 Un garçon a acheté <u>une calculatrice</u> samedi dernier, mais elle ne marche pas.
2 Une fille a reçu <u>un tee-shirt</u> comme cadeau, mais elle n'aime pas la couleur.
3 Un homme a acheté des chaussettes, mais elles sont trop <u>petites</u>.
4 Une femme a acheté un <u>sweat</u>, mais à la maison, elle a trouvé un défaut: un trou dans le tissu.
5 Une fille a acheté un <u>jean</u> en soldes, mais elle a changé d'avis et elle veut se faire rembourser.

For further practice, students could also find out the outcome of each conversation and give their answer in English or French, e.g.

1 Il se fait rembourser.
2 On l'échange pour une autre couleur.
3 On les échange pour une paire en taille moyenne.
4 On l'échange pour un autre sweat, sans défaut.
5 Elle doit le garder parce que les soldes ne sont ni échangeables ni remboursables.

### CD 3 Track 30

## Il y a un problème?

1 – J'ai acheté cette calculatrice samedi dernier, mais elle ne marche pas.
 – Faites voir. Ah oui, vous avez raison. Vous avez votre reçu?
 – Le voilà.
 – Bon, on peut remplacer la calculatrice ou bien vous rembourser.
 – Pouvez-vous me rembourser, s'il vous plaît?
2 – On m'a offert ce tee-shirt comme cadeau, mais je n'aime pas beaucoup la couleur. Est-ce que je peux l'échanger?
 – Oui, pas de problème. Vous voulez en choisir un autre?
3 – J'ai acheté ces chaussettes hier, mais j'ai pris la taille petite au lieu de la taille moyenne. Pouvez-vous les échanger contre une autre paire en taille moyenne, s'il vous plaît?
 – Oui, monsieur. Vous avez votre reçu?
 – Oui.
 – Bon, voilà la même paire en taille moyenne.
 – Merci, madame.

4 – On peut vous aider?
 – Oui. J'ai acheté ce sweat l'autre jour, mais quand je l'ai examiné à la maison, j'ai trouvé un défaut – un petit trou dans le tissu. – Faites voir. Ah oui, vous avez raison. Voulez-vous le remplacer ou être remboursée?
 – Ah, je voudrais le remplacer, s'il vous plaît.
 – Voilà, madame. Je pense que celui-ci est le même.
 – Oui, ça va.
5 – Bonjour, madame. J'ai acheté ce jean l'autre jour, mais j'ai changé d'avis. Est-ce que je peux me faire rembourser?
 – C'était en soldes, non?
 – Oui.
 – Ah non, je regrette, les soldes ne sont ni échangeables ni remboursables.

### 77

## 7 On peut vous aider?

Students read these conversations in pairs to practise asking for a refund or exchange. Able students could then go on to make up a dialogue where the sales assistant is more difficult and refuses to accept responsibility for a product that is clearly faulty, e.g.

– J'ai acheté ces chaussures l'autre jour, mais la première fois que je les ai mises, elles se sont démontées.
– Mais ce n'est pas possible. Toutes nos chaussures sont de bonne qualité.

**Copymaster 4/7**

## Aux magasins

See notes on page 131 in Unit 4 Revision and additional practice.

### 221 Au choix  CD 3 Track 38

## [10] Des centres commerciaux

See notes on page 128 in Unit 4 Revision and additional practice.

### 221 Au choix  CD 3 Track 39

## [11] On parle du shopping

See notes on pages 128–129 in Unit 4 Revision and additional practice.

## 4I Qui étaient-ils?

### 4I Qui étaient-ils? pages 78–79

| Aims and objectives | Grammar and skills | Resources |
|---|---|---|
| • find out about some famous French people | • the imperfect tense (2): main uses | Key language: SB 82–83<br>Online: Kerboodle Resources and Assessment<br>CD 3 Track 31 |

**78**

### 1 Les noms des écoles

Find out which famous French people students know, then go through the list of school/college names and ask students whether they are familiar with any of the famous people from whom they took their names.

Solution:

1 *Henri Matisse était peintre.*
2 *Maurice Ravel était musicien.*
3 *Louis Pasteur était biologiste et chimiste.*
4 *Charles de Gaulle était soldat et ancien président français.*
5 *Marie Curie était chimiste et physicienne.*
6 *Henri IV était roi.*
7 *Jacques Prévert était poète.*
8 *Gustave Eiffel était ingénieur.*

**78**

### 2 Le saviez-vous?

Students complete the sentences with verbs in the imperfect tense.

Solution:

1 *était, s'intéressait, avait, était,* 2 *pouvait,*
3 *s'ennuyait, avait,* 4 *était, permettait*

**75 Dossier-langue**

### The imperfect tense (2): main uses

The use of the imperfect tense is a difficult point for many students. With some students it may be advisable to limit the teaching of the imperfect to a few key phrases so that it doesn't interfere with their understanding and correct use of the perfect tense. These students could just learn some key expressions such as *c'était, il y avait, il faisait,* and they need not worry too much about deciding which past tense to use. Others may gradually acquire an understanding of when each past tense should be used through reading and listening to material in which both tenses are used.

Go through the explanation, perhaps giving more examples to illustrate each use. Refer students as necessary to *Grammaire* 14.

**78**

### 3 À l'imparfait

Students translate six sentences into French.

Solution:

(sample)

1 *J'étais très inquiet/inquiète.*
2 *Je suis désolé(e) mais le train était en retard.*
3 *Il faisait froid quand je suis arrivé(e) au Canada.*
4 *Que faisiez-vous/faisais-tu quand l'accident est arrivé?*
5 *Quand j'étais plus jeune, j'allais au cinéma chaque vendredi.*
6 *C'était super.*

**79 CD 3 Track 31**

### 4 Un professeur célèbre

Students read and listen to the text about the life and achievements of Louis Braille and then do the tasks.

a Students answer the questions in English.

Solution:

1 There was a tragic accident and Louis lost the sight in his left eye, and later his right eye became infected and he became blind.
2 the first school for the blind in France
3 dark and damp
4 a good pupil
5 maths, French, history and geography
6 the piano and cello
7 teaching
8 it was based on an alphabet (not sounds)
9 do maths and read and play music

b Students then find in the text the French for the English phases listed.

Solution:

1 *À l'âge de trois ans …*
2 *Louis est devenu aveugle.*
3 *La vie à l'école était dure.*
4 *Il était fort en maths.*
5 *L'alphabet de Braille était plus facile à déchiffrer.*
6 *… jusqu'à sa mort.*

Tricolore 4 Teacher Book

# 4J Contrôle

### CD 3 Track 31

### Un professeur célèbre

Louis Braille est né en 1809 à Coupvray, pas loin de Paris. Il était le plus jeune d'une famille de quatre enfants. À l'âge de trois ans, tandis qu'il jouait dans l'atelier de son père, il a pris un outil pour couper du cuir. On ne sait pas exactement ce qui s'est passé, mais il y a eu un accident tragique et le petit garçon a perdu l'usage de son œil gauche. Peu de temps après, l'œil droit s'est infecté et Louis est devenu aveugle.

À l'âge de dix ans, il est allé à l'Institution Royale des Jeunes Aveugles, la première école pour les aveugles en France. La vie à l'école était dure. Les bâtiments étaient sombres et humides. Mais Louis était bon élève. Il était fort en maths, français, histoire et géographie et il jouait du piano et du violoncelle.

Quand il a terminé ses études, il est lui-même devenu professeur, et il a enseigné l'algèbre, la grammaire et la géographie aux jeunes aveugles. Il a constaté que les méthodes utilisées à l'école n'étaient pas toujours bonnes. On utilisait un système d'écriture basé sur les sons.

Braille a inventé un nouveau système qui avait un avantage important: son système était un alphabet. L'alphabet de Braille était plus facile à déchiffrer car ses caractères étaient moins hauts. Chaque lettre ou symbole faisait un maximum de six points. Braille a continué à perfectionner son système jusqu'à sa mort en 1852, à l'âge de quarante-et-un ans.

L'alphabet de Braille est un alphabet complet qui donne accès aux livres scolaires et littéraires et qui permet aux aveugles de faire des maths et de la musique.

### 79

### 5 Quand il n'y a pas d'école

a  Students translate a short text into English.

**Solution:**

(sample)

On Saturday, when we don't have school, I like to go to the new shopping centre in my town. I love going shopping with my friends. Last week I bought a new smartphone. It was a bit expensive but I really like it because it takes great photos. I don't know whether I'll go out next Saturday because I've no more money!

b  They translate a short text into French.

**Solution:**

(sample)

*Samedi dernier j'ai fait les magasins avec mes amis. Nous sommes allés au nouveau grand magasin au centre-ville. Je cherchais un cadeau pour ma sœur parce que c'est son anniversaire la semaine prochaine. J'ai acheté un étui pour son portable et une carte. Le weekend prochain, on ira au cinéma pour fêter son anniversaire.*

### 79

### 6 À vous!

In pairs, students discuss shopping and leisure.

## 4J Contrôle   pages 80–81

| Aims and objectives | Grammar and skills | Resources |
|---|---|---|
| • practise exam techniques<br>• find out what you have learnt | • writing tips | **Key language**: SB 82–83<br>**Online**: Kerboodle Resources and Assessment<br>**Copymasters**: 4/9–4/14<br>**CD 3** Tracks 32–34, **CD 4** Tracks 6–11<br>**SCD 1** Tracks 20–25 |

This spread provides assessment tasks, in all four skills, which follow the style of assessment offered by some awarding bodies. It is intended to provide practice in the different assessment techniques as well as to assess knowledge of the content of the unit.

Additional assessment material, using literary extracts for reading and photos for oral work, is provided in the five *C'est extra!* spreads which appear after Units 2, 4, 6, 8 and 10.

Teachers should adapt the tasks as necessary to suit the needs of their students. Board-specific examination practice, written by experienced examiners, is provided online.

## Listening

### 80 CD 3 Tracks 32–34

### 1 Les matières

Students listen to Aline, Sarah and Raphael talking about school subjects and answer questions in English.

**Solution:**

1  She likes science and wants to study medicine.

2  He likes maths because he finds it fascinating/exciting.

3  She dislikes English because she finds it boring.

4  It enables you to learn about a different culture and to see things from a different perspective.

5  She has spent holidays in Spain and she likes the country a lot.

# 4J Contrôle

🔊 **CD 3 Track 32**

### Les matières

- Quelles sont les matières que vous aimez et que vous n'aimez pas? Aline, quel est ton avis?
- J'aime bien les sciences, surtout la biologie. Je voudrais faire des études de médecine plus tard.
- Et toi, Raphael, est-ce que tu aimes les sciences?
- Moi, je ne suis pas fort en sciences, mais j'aime les maths. Je trouve ça passionnant.
- Et toi, Sarah, quelles sont tes matières préférées?
- Moi, j'aime la technologie et l'informatique. C'est très utile dans la vie. Par contre, je déteste l'anglais. Je trouve ça ennuyeux.
- Aline, pourquoi as-tu choisi d'étudier l'espagnol?
- À mon avis c'est important d'étudier une langue, parce que ça permet d'apprendre un peu sur la culture d'un pays différent et de voir les choses d'une autre perspective. J'ai choisi l'espagnol parce que nous avons passé des vacances en Espagne et j'aime bien ce pays.

📖 🔊 **80 CD 3 Track 33**

## 2 La vie au collège

Students listen to the discussion about school and choose the three correct statements.

**Solution:**
B, D, G

🔊 **CD 3 Track 33**

### La vie au collège

- Qu'est-ce que vous aimez et qu'est-ce que vous n'aimez pas au collège?
- Je trouve que la journée scolaire est trop longue. Et puis, le soir, on a trop de devoirs à faire à la maison. On n'a pas le temps de faire d'autres activités.
- Il y a des clubs qui sont intéressants, par exemple, le club d'informatique.
- Il y a trop de contrôles.
- Qu'est-ce que vous aimeriez changer?
- Ce serait bien d'avoir une piscine et un meilleur terrain de sports.
- À mon avis, ce serait bien s'il y avait plus de choix à la cantine.
- Moi, je voudrais porter mes propres vêtements et des boucles d'oreille.

📖 🔊 **80 CD 3 Track 34**

## 3 Le shopping en ligne

Students listen to Lucas talking about online shopping and answer questions in English.

**Solution:**
**1** his father, **2** any three of: books, games, presents, school items (new school bag, exercise books, ring binders), **3** it's easier, don't need to go out to the shops, prices are often lower, **4** you have to give credit card details so need to be aware of possible fraud, more complicated if you want to exchange something, for large items you need to arrange delivery

🔊 **CD 3 Track 34**

### Le shopping en ligne

- Est-ce que vous faites du shopping en ligne?
- Moi, non, mais mes parents achètent souvent des choses en ligne.
- Qu'est-ce qu'ils achètent, vos parents?
- Ils achètent des livres et quelquefois des jeux et des cadeaux. Mon père achète des vêtements, mais ma mère dit qu'elle préfère essayer les vêtements avant de les acheter. Pour la rentrée, on achète des affaires scolaires, comme un nouveau cartable, des cahiers et des classeurs etc.
- Pensez-vous que vous ferez des achats en ligne à l'avenir?
- Oui, c'est bien possible, quand j'aurai plus d'argent!
- À votre avis, quels sont les avantages et les inconvénients des achats en ligne?
- D'abord, c'est plus facile. On n'a pas besoin d'aller aux magasins, il faut simplement allumer l'ordinateur. Puis, les prix sont souvent moins élevés alors c'est intéressant. Comme inconvénients, il faut donner son numéro de carte de crédit alors il faut faire attention à la fraude. Et si on veut faire un échange, c'est plus compliqué. En plus, pour de gros articles il faut s'organiser pour la livraison.

## Speaking

📖 **80**

### 1 Role play

This gives an outline for a role-play conversation about school life. Students could think about the questions which might be asked, perhaps looking back through the unit for ideas.

**a** As preparation, students read the conversation in pairs.

**b** They invent a slightly different conversation on the same topic.

📖 **80**

### 2 Role play

This gives an outline for a role-play conversation in a department store. Students could think about the questions which might be asked, perhaps looking back through the unit for ideas.

**a** As preparation, students read the conversation in pairs.

**b** They invent a slightly different conversation on the same topic.

📖 **80**

### 3 Une conversation

Students work in pairs to make up a conversation, using the questions listed as a guideline.

# C'est extra! B

## Reading

📖 81

### 1 Our school

Students read the description of a school and answer questions in English.

> **Solution:**
> **1** c, **2** vegetarian, Asian food, **3** there are many different nationalities, **4** learning a language is important, **5** gym, swimming pool and sports grounds, **6** a bit old, but they're building a new block which will be finished in two years' time

📖 81

### 2 Les activités scolaires

Students read the blog and complete the sentences in French.

1 *Pour des élèves qui aiment la musique, il y a une chorale et deux orchestres.*
2 *Pour des élèves qui sont sportifs, il y a des équipes de football et de basket.*
3 *Le club théâtre a monté une pièce de Shakespeare (en décembre dernier).*
4 *Pour la journée pour l'environnement, les élèves se sont habillés en vert.*

📖 81

### 3 Translation

Students translate the passage into English.

> **Solution:**
> (sample)
> I've been going to this school for three years now and I like it a lot. The disadvantage is that students don't stay long because their parents often have to move for their work. That's going to happen to me too. After the exams in June, we're going to leave for Canada. So this year will be my last year here.

## Writing

📖 81

### 1 L'éducation secondaire

Students write an article of about 150 words about secondary education in their country.

📖 81

### Writing tips

This provides tips on how to improve quality of language and accuracy in written work.

📖 81

### 2 Traduction

Students translate a short text into French.

> **Solution:**
> (sample)
> *Luca habite près de son école à Marseille et il va à l'école à pied. La journée scolaire commence à huit heures et quart. Il est fort en maths mais sa matière préférée est la technologie. Pour lui, apprendre l'anglais est important, mais il trouve les langues difficiles. À l'avenir, il veut aller à l'université et travailler dans l'informatique.*

📖 82–83

### Sommaire 4

This is a summary of the main topic vocabulary of the unit, also available on copymaster.

# C'est extra! B  pages 84–85

| Aims and objectives | Grammar and skills | Resources |
|---|---|---|
| • read an extract from a French book<br>• discuss photos<br>• practise exam techniques | • understanding texts | **Key language:** SB 60–61, 82–83<br>**Online:** Kerboodle Resources and Assessment |

This spread provides practice in reading literary texts and gives some cultural background. Students also have practice in talking about photo cards.

## Literature

📖 84

### Extracts A–C

Introduce the book *Un sac de billes*, by Joseph Joffo, by reading the short introductory text. The book recounts Joffo's experiences, as a young Jewish boy, during World War II, when France was occupied by the Germans. It has also been made into a film.

# 4 Revision and additional practice

Interested students could find out more about the book and read some of the online reviews. Before reading the extracts, students could read through 'Understanding texts' on page 85.

A Students read extract A and choose the three correct statements in French.

B They read extract B and complete the sentences in English.

C They read extract C and answer the questions in English.

> **Solution:**
>
> **A** Sentences 1, 4 and 7 are true.
>
> **B** **1** it's deep and contains water, **2** light, **3** cold, **4** very tall, a fur collar, **5** windy, **6** behind the door
>
> **C** **1** in order to surprise their brother Albert, **2** Provençal sideboard, round table, three chairs, **3** in the bedroom lying on the bed, **4** He was astonished to see his brother back at the flat. **5** Everyone was happy to be reunited.

📖 85

## Understanding texts

This gives some tips about guessing unknown words from the context when reading texts in French.

## Photo cards

Students work in pairs to make up a conversation based on each photo, using the questions listed as a guideline. They should try to work out what other questions could be asked.

📖 85

### A Au parc d'attractions

This photo is based on a topic from Unit 3. For support, students can look back at Unit 3 *Sommaire* (SB 60–61) and 3E *Au parc d'attractions* (SB 52–53).

📖 85

### B Au collège

This photo is based on a topic from Unit 4. For support, students can look at Unit 4 *Sommaire* (SB 82–83) and 4C *Au collège* (SB 66–67).

# 4 Revision and additional practice

**Resources**

**Key language:** SB 82–83
**Au choix 4:** SB 220–221
**Online:** Kerboodle Resources and Assessment
**Copymasters:** 4/1–4/14
**CD 3** Tracks 17, 28, 35–39, **CD 4** Tracks 2–11
**SCD 1** Tracks 20–25

## Au choix

📖 220 Au choix

### 1 Une journée typique

Students complete the sentences to prepare an account of a typical day. This could also be done in two sections, with students preparing an account of just the morning, or afternoon and evening.

📖 🔊 220 Au choix CD 3 Track 35

### 2 Pourquoi pas?

This presents and practises the use of *devoir* in the context of giving excuses for not being able to accept invitations. Students first listen and identify the reason why the people are not able to go out, and then explain the reason in French using *devoir* (third person, singular and plural).

> **Solution:**
>
> 1 c – *Élodie doit faire du babysitting.*
> 2 f – *Raj doit aller chez le dentiste.*
> 3 h – *Lucie doit acheter un cadeau d'anniversaire.*
> 4 b – *Daniel doit travailler au magasin.*
> 5 d – *Marc et Cécile doivent aller à l'hôpital.*
> 6 g – *Laure et Mathieu doivent aider à la fête.*
> 7 e – *Kévin et Luc doivent jouer un match de hockey.*
> 8 a – *Sanjay et Sika doivent réviser pour des examens.*

🔊 CD 3 Track 35

### Pourquoi pas?

> 1 – Élodie, est-ce que tu viens en ville, cet après-midi?
> – Ah non, je suis désolée, mais cet après-midi, je dois faire du babysitting pour mes voisins.

Tricolore 4 Teacher Book

# 4 Revision and additional practice

2 – Raj, tu viens à la piscine avec nous?
– Désolé, je ne peux pas, parce que je dois aller chez le dentiste.

3 – Est-ce que Lucie vient au café après les cours?
– Non, elle ne peut pas. Elle doit aller en ville pour acheter un cadeau d'anniversaire pour sa mère.

4 – Est-ce que Daniel vient à la patinoire avec nous?
– Non, il ne peut pas. Il doit travailler. Il doit aider son père dans son magasin.

5 – Marc et Cécile, vous allez au match de football, dimanche?
– Non, nous ne pouvons pas. Nous devons aller à l'hôpital pour voir notre grand-père.

6 – Laure et Mathieu, vous pouvez jouer au badminton avec nous cet après-midi?
– Ah non, pas cet après-midi, parce que nous devons aider à la fête du village. Nous vendons des gâteaux.

7 – Est-ce que Kévin et Luc sont libres?
– Non, ils ne sont pas libres. Ils doivent jouer un match de hockey contre le collège Jules Verne.

8 – Et vous, Sanjay et Sika, pouvez-vous venir au cinéma demain?
– Ah non, désolé. Nous devons travailler. Nous avons des examens la semaine prochaine et nous devons tout réviser.

**220 Au choix**

## 3 On parle de quoi?

Students read through the opinions and match the correct person to each topic.

Solution:
**1** G, **2** F, **3** L, **4** K, **5** M, **6** A

**220 Au choix CD 3 Track 36**

## 4 L'année prochaine ou l'année dernière?

This item considers changes from the previous school year and anticipated changes for the forthcoming year. It provides revision of the future tense and prepares for work on the imperfect in spread 4E. Students listen to each statement and decide whether it refers to the past (P) or the future (F).

Solution:
**1** P, **2** F, **3** P, **4** F, **5** P, **6** P, **7** F, **8** P

### CD 3 Track 36

**L'année prochaine ou l'année dernière?**

1 Je devais faire dessin et j'étais absolument nul en dessin. Heureusement que cette année, on ne fait plus dessin.

2 Tout sera un peu différent, parce que nous quitterons le collège et nous irons au lycée.

3 Je trouve que c'était mieux l'année dernière, on avait un autre prof d'histoire qui était vraiment sympa.

4 Moi, je changerai d'école à la fin de l'année scolaire. On va déménager et j'irai dans une autre école en Belgique.

5 C'était bien, parce qu'on faisait plus de sport et on allait à la piscine tous les quinze jours.

6 Oui, mais on avait un prof de maths qui était très sévère – et pour moi qui suis nul en maths, ce n'était pas très amusant.

7 Au lycée, on aura plus de cours, mais on aura plus de liberté aussi.

8 On avait moins de devoirs et moins de contrôles – oui, c'était mieux.

**220 Au choix**

## 5 À l'avenir

Students work in pairs to discuss their own future plans for studying. The topic of future plans beyond age 18 is covered in Unit 9.

**220 Au choix**

## 6 Translation

Students translate four sentences into English.

Solution:
(sample)

1 My primary school was close to my home and I went there on foot/used to walk there.

2 I started learning French when I was nine.

3 We moved two years ago. Previously/Before that we lived in Toulouse.

4 In my former/old school we did more sport and I liked that a lot.

**220 Au choix**

## 7 Traduction

Students translate four sentences into French.

Solution:
(sample)

1 *Dans mon pays, on commence à apprendre les langues dans l'école primaire.*

2 *À mon avis, il est important d'apprendre une langue étrangère afin de comprendre une culture différente.*

3 *J'apprenais l'espagnol quand j'étais plus jeune.*

4 *Nous passions nos vacances en Espagne chaque été.*

**221 Au choix CD 3 Track 37**

## 8 Au magasin de sport

Students could listen to the conversation first without the text and find out which sports items are mentioned and which two items the boys buy. The conversation includes examples of *celui/celle*, etc.

Tricolore 4 Teacher Book

# 4 Revision and additional practice

a Students refer to the text and answer the questions.

> **Solution:**
> 1 *dans un/au magasin de sport*, 2 *les ballons de football*, 3 *les raquettes de tennis*, 4 *le matériel pour le ski et les lunettes de soleil*, 5 *une raquette de tennis*, 6 *oui, un ballon de football*, 7 *Ils vont aller au café.*

🔊 CD 3 Track 37

## Au magasin de sport

- Regarde ces ballons de football. Celui-ci n'est pas cher.
- Oui, c'est vrai.
- Je vais peut-être l'acheter pour mon petit frère – il adore le foot.
- Bon, moi, je vais regarder les raquettes de tennis.
- Il y en a beaucoup.
- Oui, alors celle-ci est une bonne marque et celle-là aussi. J'aime bien cette raquette. Elle n'est pas trop lourde. Je crois que je vais prendre celle-ci.
- Regarde, il y a beaucoup de matériel pour le ski. Tu aimes ces gants noirs?
- Oui, ils sont bien, mais je préfère ceux-là en bleu marine. Ils sont d'une bonne marque.
- Oui, mais regarde le prix – ils sont beaucoup trop chers pour moi.
- Oui, ils sont chers, c'est vrai.
- J'aime bien ces lunettes de soleil.
- Hmm … Mais elles sont trop grandes pour toi. Essaie celles-là. Oui, elles te vont mieux. Tu les prends?
- Non. Je vais acheter le ballon de football et c'est tout.
- D'accord, alors allons au café maintenant.

b Students complete sentences using the correct form of *celui*.

> **Solution:**
> 1 *Celui*, 2 *celle, celle*, 3 *celui*, 4 *ceux*, 5 *celles*, 6 *ceux*, 7 *celles*, 8 *celui*

📖 221 Au choix

## 9 Vous aidez au magasin

> **Solution:**
> 1 *Lesquelles?* 2 *Lequel?* 3 *Lesquels?* 4 *Laquelle?* 5 *Lequel?* 6 *Lesquelles?* 7 *Laquelle?* 8 *Laquelle?*

📖 🔊 221 Au choix  CD 3 Track 38

## 10 Des centres commerciaux

Students listen to the conversation and note the letters by the three correct sentences.

> **Solution:**
> B, E, G

🔊 CD 3 Track 38

## Des centres commerciaux

- Vous aimez faire les magasins?
- Je ne suis pas vraiment fana de shopping mais de temps en temps, ça va.
- Quand faites-vous du shopping normalement?
- J'y vais quelquefois le samedi après-midi, si par exemple je dois acheter un cadeau d'anniversaire pour ma famille ou un ami. J'aime aussi regarder les jeux vidéo.
- Que pensez-vous des centres commerciaux?
- C'est pratique parce qu'on trouve beaucoup de magasins ensemble et qu'on est à l'abri s'il fait mauvais. Mais à vrai dire je ne les aime pas beaucoup parce qu'il y a toujours du monde le weekend, alors c'est très fatigant.
- Pouvez-vous me parler de votre dernière visite au centre?
- C'était samedi dernier. J'y suis allé avec ma petite copine. Elle cherchait un nouveau jean et moi, je cherchais un cadeau d'anniversaire pour ma mère.
- Ça s'est bien passé?
- Assez bien. Ma copine a acheté un jean de bonne qualité à un prix intéressant. Quant à moi, je cherchais une broche pour ma mère parce qu'elle aime les bijoux mais je n'ai rien trouvé.

📖 🔊 221 Au choix CD 3 Track 39

## 11 On parle du shopping

a Students listen to the conversation and note the two topics discussed.

> **Solution:**
> B, D

b They answer questions in English.

> **Solution:**
> 1 good prices, reductions
> 2 shops are crowded, might buy something just because it's reduced and not really needed
> 3 It's a pity people attach so much importance to designer labels, often expensive so not everyone can afford them. Some people mock others who don't wear latest fashions.

🔊 CD 3 Track 39

## On parle du shopping

- Est-ce que vous aimez aller aux magasins pendant les soldes?
- Oui et non. D'une part, c'est bien parce qu'il y a souvent de bonnes promotions et des réductions, mais d'autre part il y a beaucoup de gens dans les magasins. Et on risque d'acheter quelque chose uniquement parce que c'est en solde, et après on trouve qu'on n'en a pas vraiment besoin ou qu'on ne l'aime plus.
- Quand vous achetez des vêtements, est-ce que vous cherchez des vêtements de marque?

Tricolore 4 Teacher Book

# 4 Revision and additional practice

– Moi, non. Personnellement je suis contre les vêtements de marque et je trouve que c'est dommage qu'on attache tant d'importance à ça. Les vêtements de marque, ça coûte cher, alors les personnes qui n'ont pas les moyens ne peuvent pas les acheter. Ce qui est triste, c'est que certaines personnes se moquent des autres qui ne portent pas de vêtements à la mode et je trouve ça vraiment injuste.

## Copymasters

### Copymaster 4/1

### Mots croisés – au collège

This provides practice of school vocabulary, including school subjects.

Solution:

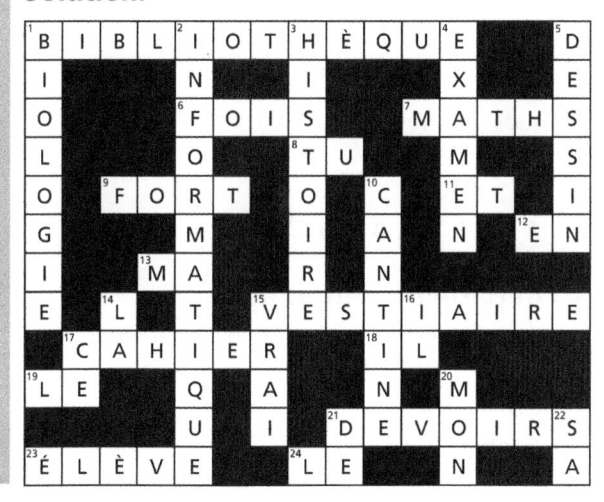

|   | 1 |   | 2 |   | 3 |   | 4 |   |   | 5 |
|---|---|---|---|---|---|---|---|---|---|---|
| B | I | B | L | I | O | T | H | È | Q | U | E |   |   | D |
| I |   |   | N |   | I |   |   |   | X |   |   |   |   | E |
| O |   | 6F | O | I | S |   | 7M | A | T | H | S |
| L |   |   | O |   |   | 8T | U |   | M |   | I |
| O |   | 9F | O | R | T | O |   | 10C |   | 11E | T |
| G |   |   | M |   |   | I |   | A |   | N |   | 12E | N |
| I |   | 13M | A |   |   | R |   | N |   |   |   |
| E |   | 14L |   | T |   | 15V | E | S | T | 16I | A | I | R | E |
|   | 17C | A | H | I | E | R |   |   | 18I | L |   |
| 19L | E |   |   | Q |   | A |   |   | N |   | 20M |
|   |   |   |   | U |   | I |   | 21D | E | V | O | I | R | 22S |
| 23É | L | È | V | E |   |   | 24L | E |   |   | N |   |   | A |

### Copymaster 4/2  CD 3 Track 17

### Une semaine au collège

This consists of a timetable grid and a reading task based on the completed timetable to give more practice of school subjects.

### 1 Voici votre emploi du temps

With less able students, fill in some of the lessons beforehand so that the listening task is more straightforward. Students listen to the recording and fill in the subjects. The recording has short pauses after each day so that students can work on one day only at first, or different students could note different days. Able students can take down the whole timetable.

#### CD 3 Track 17

### Voici votre emploi du temps

Bien, voici votre emploi du temps. Tout le monde est prêt? Alors, je commence. Lundi: premier cours, de huit heures et demie à neuf heures et demie, anglais. Deuxième cours, maths. Puis après la récréation, vous avez allemand, puis français. Ensuite, après le déjeuner, donc de quatorze heures jusqu'à seize heures, il y a EPS. Vous finissez à seize heures le lundi.

Mardi maintenant: premier cours, à huit heures trente, technologie. Deuxième cours, à neuf heures trente, géographie. Troisième cours, histoire. Quatrième cours, français, jusqu'à douze heures trente. Après le déjeuner, de quatorze heures à quinze heures, biologie, puis de quinze heures à seize heures, physique, et dernier cours, allemand.

Le mercredi, il n'y a pas cours.

Le jeudi maintenant. Bien, pour commencer, à neuf heures et demie cette fois, histoire, puis anglais suivi de dessin jusqu'à midi et demi. L'après-midi à quatorze heures, vous avez français, suivi de maths. Le dernier cours est musique jusqu'à dix-sept heures.

Bon, vendredi maintenant. Le matin à huit heures et demie, il y a deux heures de maths, donc jusqu'à dix heures et demie. Ensuite chimie, puis anglais jusqu'à douze heures trente. Et l'après-midi vous commencez à quatorze heures avec allemand, suivi de français. Dernier cours le vendredi est informatique.

Le samedi, vous avez quatre heures de cours. Vous commencez avec français à huit heures et demie, puis il y a éducation civique.

Solution:

|   | lundi | mardi | jeudi | vendredi | samedi |
|---|---|---|---|---|---|
| 8h30–9h30 | anglais | technologie |   | maths | éducation civique |
| 9h30–10h30 | maths | géographie | histoire |   |   |
| 10h30–11h30 | allemand | histoire | anglais | chimie | français |
| 11h30–12h30 | français | français | dessin | anglais |   |
| 12h30–14h00 | déjeuner |   |   |   |   |
| 14h00–15h00 | EPS | biologie | français | allemand |   |
| 15h00–16h00 |   | physique | maths | français |   |
| 16h00–17h00 |   | allemand | musique | informatique |   |

### 2 On discute de l'emploi du temps

When students have filled in the timetable correctly, they can read and complete the conversation based on it.

Solution:

**1** *anglais,* **2** *8h30,* **3** *16h00,* **4** *17h00,* **5** *technologie,* **6** *mercredi après-midi,* **7** *9h30,* **8** *dessin,* **9** *maths,* **10** *l'informatique*

### Copymaster 4/3

### Vendredi soir

This copymaster provides further practice of the imperfect tense.

### 1 Personne à la maison

Students describe where each friend was and what they were doing on Friday night when Mathieu phoned.

Tricolore 4 Teacher Book  129

# 4 Revision and additional practice

> **Solution:**
>
> 1 Pierre et Nathalie étaient au cinéma. Ils regardaient un film.
> 2 Marc était au parc. Il jouait au football.
> 3 Christophe était au supermarché. Il faisait des courses.
> 4 Françoise était dans la boîte. Elle dansait.
> 5 Louis et Martin étaient à la piscine. Ils nageaient.
> 6 Claude était au restaurant. Il travaillait.
> 7 Bruno était à la bibliothèque. Il choisissait des livres.
> 8 Magali et Zoé étaient chez Vite à manger. Elles vendaient du fast-food.

## 2 Ce n'était pas toujours comme ça

Students complete an interview with two musicians, using verbs in the imperfect tense.

> **Solution:**
>
> 1 faisais, 2 avais, 3 voulais, 4 faisais, 5 faisais, 6 travaillais, 7 gagnais, 8 habitais, 9 coûtait, 10 avais

Copymasters 4/4, 4/5

## Le Petit Nicolas (1) and (2)

Able students may enjoy this extract from the French popular classic *Le Petit Nicolas*. Explain that Nicolas is at primary school, and the class have been studying the fables of La Fontaine. Read *Le Corbeau et le Renard* aloud first and explain it briefly. The extract uses the imperfect and perfect tenses.

Further information could be given about the author René Goscinny and the illustrator Jean-Jacques Sempé, e.g. Goscinny was born in Paris in 1926 but spent most of his childhood and adolescence in Argentina. When he returned to France, he worked with Uderzo to create *Astérix* and with Morris to create *Lucky Luke*. He also founded the magazine *Pilote*. He died in 1977. Sempé was born in Bordeaux in 1932 and was expelled from school for indiscipline. He is a well-known cartoonist and has worked for *Paris-Match*, *Punch* and *L'Express*.

Copymaster 4/6 CD 3 Track 28

## Le shopping

This provides additional practice of shopping expressions.

### 1 Trouvez les paires

Students match the French phrases with their English equivalents to provide useful vocabulary that they can reuse.

> **Solution:**
>
> 1 c, 2 e, 3 g, 4 i, 5 j, 6 f, 7 a, 8 b, 9 d, 10 h

## 2 Des conversations

Students read the conversations and do two tasks. The conversations are based on the longer listening extract and provide preparation for task 3.

a Students find in the texts the French for the English phrases listed.

> **Solution:**
>
> 1 quand tu achètes quelque chose
> 2 s'ils me vont
> 3 ce qui est à la mode
> 4 les autres ont tendance à se moquer de nous
> 5 quelque chose qui doit durer longtemps
> 6 qui vont durer une saison
> 7 dont tu n'as pas vraiment besoin
> 8 qui n'allait avec rien de ce que j'avais chez moi
> 9 j'ai dû la mettre à peu près une fois
> 10 elle n'a pas servie

b Students choose a suitable title for each conversation.

> **Solution:**
>
> 1 C, 2 F, 3 A, 4 D, 5 E, 6 B

## 3 On parle du shopping

Students listen to the recording and answer the questions in English.

> **Solution:**
>
> **Sophie:**
> 1 a advertising, b her friends, d fashion books
> 2 the label, because others tend to laugh otherwise
> 3 small shops, department stores
> 4 they often have designer labels
>
> **Aude:**
> 1 her own preference
> 2 if it was something that had to last, like a coat
> 3 if it was something that would just last one season, like T-shirts
> 4 a violet skirt

CD 3 Track 28

### On parle du shopping

1 – Bonjour, Sophie!
  – Bonjour!
  – Dis-moi, Sophie. Est-ce que tu penses être influencée par la publicité, tes amis, ou peut-être ta famille, lorsque tu achètes quelque chose?
  – Oui, bien sûr! Mes amis surtout, la publicité aussi ... qui ... m'influencent beaucoup ... pour acheter des choses.
  – Et comment est-ce qu'ils t'influencent?

Tricolore 4 Teacher Book

# 4 Revision and additional practice

– Euh ... mes amis me donnent euh ... me donnent leur opinion, euh ... si ... si euh ... par exemple les habits me vont ou me vont pas, ce qui est à la mode, et aussi ... euh ... les livres, les livres que j'achète par semaine, m'influencent beaucoup sur la mode.

– Hmm, hmm. Et, qu'est-ce qui compte le plus pour toi lorsque tu achètes quelque chose? Est-ce que serait d'avoir un ... un bon rapport qualité/prix, ce serait d'avoir ... un bon prix, c'est-à-dire un prix en rabais ou peut-être en solde, ou avoir ... quelque chose de marque, avec un nom?

– Ben, pour moi, ce qui compte le plus c'est la marque quand même, parce que ... mes amis me poussent et ... ça fait toujours bien d'avoir ... d'avoir un vêtement avec une marque pour les amis ... pour être à la mode ... comme ça ...

– Donc tes amis ont une influence quand même ...

– Oui, bien sûr! Parce que si on n'a pas de ... de vêtements avec une marque, ils ont tendance à ... à rigoler de nous ... donc j'achète avec une marque ...

– Pour faire partie du groupe! Hmm, hmm. C'est très vrai.

– Pour être 'in'!

– Et ... quand tu fais tes achats, où est-ce que tu vas? Est-ce que tu préfères aller dans ... des petits magasins, des ... je ne sais pas ... où ... où fais-tu tes achats?

– Euh, dans les petits magasins, en général, ou alors dans ... dans les grands magasins comme ... les ... les Nouvelles Galeries. Ils ont souvent des vêtements avec les marques.

– Ah, très bien. Est-ce que tu achètes quelque chose ... des ... des ... des ...habits par catalogue quelquefois?

– Euh, non, non ... Non. Ils n'ont pas de ... de beaux vêtements.

2 – Aude, est-ce que tu penses être influencée par la publicité, la famille ou éventuellement tes amis lorsque tu fais un achat?

– Euh ... Lorsque je fais un achat, surtout pour les vêtements, je ... choisis d'abord ce qui me plaît. Et ... si je suis avec des amis, j'écoute évidemment leurs avis pour pas mettre quelque chose qui ne ... qui ne me va pas complètement. Mais généralement, je choisis ... ce qui me plaît à moi, et pas aux autres.

– Hmm, hmm. Et ... quand tu achètes quelque chose, qu' ... qu'est-ce qui compte le plus pour toi?

– Alors ça dépend ce que j'achète, évidemment. Euh ... Quand c'est une pièce qui va rester, par exemple un ... un manteau ou un tailleur ou quelque chose comme ça, j'aime bien que ce soit de bonne qualité pour que ça dure longtemps. Si le prix est ... est correct en même temps, bon c'est très bien, et sinon, si c'est des tee-shirts, ou des ... des choses qui vont durer pour une saison, bon ben là je fais ... euh ... j'achète ce qu'il y a de moins cher ou ce que je trouve, en fait.

– Hmm, hmm. Hmm, hmm. Et ... lorsque tu fais des achats en général, où vas-tu?

– Euh ... je vais souvent dans des ... des centres commerciaux, ou alors dans les ... dans les petites boutiques ...

– Tu fais quelquefois des achats par catalogue?

– Non! Très rarement, non. Même non, quasiment jamais.

– Est-ce qu'il t'arrive quelquefois d'acheter quelque chose dont tu n'as pas vraiment besoin?

– Oui! Je me rappelle un jour avoir acheté une jupe ... une très belle jupe violette qui n'allait avec rien de ce que j'avais chez moi, mais, parce que j'avais envie de l'avoir et ... je suis rentrée chez moi avec ma jupe violette et, ma mère a été horrifiée en la voyant et j'ai dû la mettre à peu près une fois et depuis, elle est dans l'armoire et ...

– Et elle n'a pas servie.

– Non, elle est toujours très belle, elle est toujours très violette.

**Copymaster 4/7**

## Aux magasins

### 1 Dix phrases utiles

Students complete the sentences by supplying the word for the item illustrated. For further practice, they could substitute other words in the blanks.

**Solution:**

**1** baskets, **2** chaussures, **3** short, **4** maillot de bain, **5** veste, **6** casquette, **7** gants, **8** chemise, **9** jupe, **10** pull

### 2 Mots croisés

The crossword provides practice of general shopping vocabulary and shops, for revision.

**Solution:**

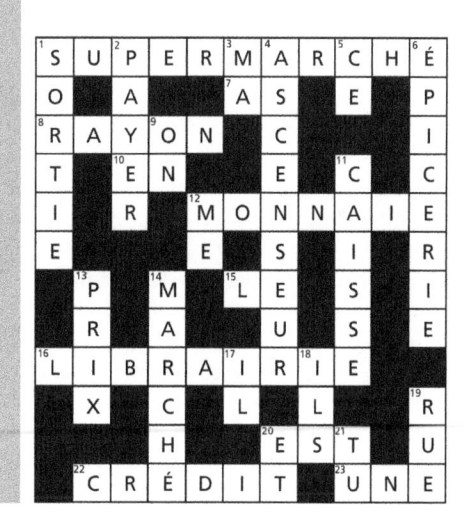

|   | 1 |   | 2 |   |   | 3 |   |   | 4 |   | 5 |   |   | 6 |
|---|---|---|---|---|---|---|---|---|---|---|---|---|---|---|
|   | S | U | P | E | R | M | A | R | C | H | É |   |   |   |
|   | O |   | A |   |   | 7 A | S |   |   |   | E |   |   | P |
| 8 | R | A | Y | O | N |   | C |   |   |   |   |   |   | I |
|   | T |   |   | 10 |   |   | E |   |   | 11 |   |   |   | C |
|   | I |   |   | E | N |   |   |   |   | C |   |   |   | C |
|   | E |   |   | R |   | 12 M | O | N | N | A | I | E |   |   |
|   |   |   |   |   |   | E |   |   |   | S |   |   |   | R |
|   |   |   | 13 P |   | 14 M | 15 L | E |   |   | S |   |   |   | I |
|   |   |   | R |   | A |   | U |   |   | S |   |   |   | E |
| 16 L | I | B | R | A | 17 I | R | I | 18 E |   |   |   |   |   |   |
|   |   |   | X |   | C |   | L |   | L |   |   |   | 19 R |   |
|   |   |   |   |   | H |   | 20 E | S | 21 T |   |   |   | U |   |
|   |   |   | 22 C | R | É | D | I | T |   | 23 U | N | E |   |   |

**Copymaster 4/8 CD 4 Tracks 2–5**

## Tu comprends?

### 1 En promotion spéciale

Students listen to the advertisements and match each of them to the right letter.

**Solution:**

**1** B, **2** F, **3** D, **4** C **5** A

Tricolore 4 Teacher Book 131

# 4 Revision and additional practice

🔊 **CD 4 Track 2**

### En promotion spéciale

**Exemple:** Au premier étage cette semaine: tout pour le sport – des raquettes de tennis, des ballons de football, des jeux de boules.

1. Aimez-vous lire? Aujourd'hui, nous avons une promotion spéciale sur les livres. Achetez trois livres pour le prix de deux. Oui! Si vous achetez deux livres, on vous offre un troisième livre gratuit.
2. Êtes-vous prêts pour les vacances? Nous avons une sélection de maillots de bain, de shorts et de tee-shirts à des prix spéciaux.
3. Grand choix de bracelets, de colliers et de boucles d'oreille à notre rayon bijouterie. Nous avons sélectionné, pour vous, des boucles d'oreille en or et en argent à des prix réduits.
4. Venez à la papeterie pour trouver de bonnes affaires sur le matériel scolaire. Là, vous trouverez une grande sélection de calculettes, de classeurs et de stylos à des prix réduits.
5. Vous cherchez un souvenir de France? Un porte-clés, une boîte de petits gâteaux peut-être? Venez voir notre sélection de souvenirs au premier étage.

## 2 Une journée scolaire

Students listen and tick the right boxes.

**Solution:**
**1** C, **2** C, D, **3** B, **4** A, F, **5** B

🔊 **CD 4 Track 3**

### Une journée scolaire

- À quelle heure est-ce que tu t'es levé ce matin?
- Je me suis levé à sept heures et quart, comme d'habitude.
- Comment es-tu venu au collège?
- Je suis venu à vélo. Ce n'est pas loin de chez moi.
- Qu'est-ce que tu as eu comme cours ce matin?
- Alors, ce matin, j'ai eu deux heures de français. C'était ennuyeux. Ensuite, on a eu informatique. Ça, c'était intéressant.
- Les cours finissent à quelle heure aujourd'hui?
- Aujourd'hui, c'est jeudi. Alors, on finit à quatre heures.
- Qu'est-ce que tu as comme devoirs ce soir?
- Ce soir, comme devoirs, j'ai maths et anglais.
- Est-ce que tu vas faire autre chose ce soir?
- Oui, après le dîner, je vais regarder la télé.

## 3 Il y a un problème

Students listen and tick the right boxes.

**Solution:**
**1** B, **2** A, **3** B, **4** A, **5** C

🔊 **CD 4 Track 4**

### Il y a un problème

- Je peux vous aider?
- J'ai acheté ce pull hier et il a un trou.
- Ah oui, je suis désolé. On pourrait soit le remplacer, soit vous rembourser. Que préférez-vous?
- Pouvez-vous me rembourser, s'il vous plaît?
- Voilà. Vous voulez autre chose?
- Avez-vous ce jean en d'autres couleurs?
- Oui, nous l'avons en vert, noir, blanc et bleu marine. Vous faites quelle taille?
- Je fais quarante.
- Voilà. Vous voulez l'essayer?
- Oui. Où est la cabine d'essayage, s'il vous plaît?
- C'est combien?
- C'est quarante-sept euros.

## 4 On parle du collège

Students listen and complete the text.

**Solution:**
**1** H *maths*, **2** K *technologie*, **3** B *anglais*, **4** G *longue*, **5** A *activités*, **6** F *informatique*, **7** I *pauses*, **8** E *contrôles*, **9** J *piscine*, **10** D *cantine*, **11** L *vêtements*

🔊 **CD 4 Track 5**

### On parle du collège

- Quelles sont les matières que vous aimez et que vous n'aimez pas?
- J'aime bien les sciences, surtout la biologie. Je voudrais faire des études de médecine plus tard.
- Moi, je ne suis pas fort en sciences, mais j'aime les maths. Je trouve ça passionnant.
- Moi, j'aime la technologie et l'informatique. C'est très utile dans la vie. Par contre, je déteste l'anglais. Je trouve ça ennuyeux.
- Qu'est-ce que vous aimez et qu'est-ce que vous n'aimez pas au collège?
- Je trouve que la journée scolaire est trop longue. Et puis, le soir, on a trop de devoirs à faire à la maison. On n'a pas le temps de faire d'autres activités.
- Il y a des clubs qui sont intéressants, par exemple, le club d'informatique.
- On s'amuse pendant les pauses – on discute ou on joue aux cartes.
- Il y a trop de contrôles.
- Qu'est-ce que vous aimeriez changer?
- Ce serait bien d'avoir une piscine et un meilleur terrain de sport.
- À mon avis, ce serait bien s'il y avait plus de choix à la cantine.
- Moi, je voudrais porter mes propres vêtements et des boucles d'oreilles.

Tricolore 4 Teacher Book

# 4 Revision and additional practice

## Révision: Unité 4

These worksheets can be used for an informal test of listening and reading or for revision and extra practice, as required.

> Copymaster 4/9  CD 4 Tracks 6–8
> SCD 1 Tracks 20–22

### Révision 4: Écouter – Partie A

**1 C'est quelle matière?**

Students match what is said to the symbols for school subjects.

> **Solution:**
> **1** H, **2** D, **3** G, **4** B, **5** F

🔊 CD 4 Track 6, SCD 1 Track 20

#### C'est quelle matière?

**Exemple:** Ma matière favorite, c'est les sciences.

1   Je suis assez fort en maths.
2   Ce matin, on a géographie. Moi, j'aime bien la géo!
3   Je n'aime pas beaucoup l'histoire, mais quelquefois, c'est intéressant.
4   D'abord, on a anglais. Pendant les vacances, on va aller à Londres, alors, ce me sera utile.
5   – Cet après-midi, on a EPS. Tu aimes la gymnastique, toi?
    – Non pas beaucoup. Je ne suis pas très sportive.

**2 Mon collège**

Students listen to Sophie talking about her school and choose the correct answer.

> **Solution:**
> **1** c, **2** a, **3** c, **4** b, **5** b, **6** c, **7** b

🔊 CD 4 Track 7, SCD 1 Track 21

#### Mon collège

**Exemple:**
– Sophie, il est comment ton collège?
– Mon collège, c'est un collège mixte avec environ cinq-cents élèves.
– Cinq-cents élèves – alors ce n'est pas trop grand.

1   – C'est un bâtiment moderne?
    – Oui, c'est assez moderne et c'est bien équipé avec une gymnase et des terrains de sports.
    – Est-ce qu'il y a une piscine?
    – Non, il n'y a pas de piscine.
2   – Qu'est-ce qu'on fait comme sports au collège?
    – On fait du basket, du hand et du foot.
3   – Il y a des laboratoires de science et une salle de technologie avec des ordinateurs.
    – Tu aimes la technologie?
    – Oui, la technologie, c'est ma matière préférée.
4   – Les cours commencent à quelle heure, le matin?
    – Ils commencent à huit heures et quart. Alors je quitte la maison à huit heures moins le quart pour arriver à l'heure.
5   – Comment vas-tu au collège?
    – Je vais au collège à vélo. Ce n'est pas trop loin.
    – Ah bon et tu peux laisser ton vélo au collège sans problème?
    – Oui, il y a un endroit réservé aux vélos.
6   – Que fais-tu à midi? Tu manges à la cantine?
    – Oui, je mange à la cantine. On mange bien en général.
7   – Tu as beaucoup de devoirs à faire le soir?
    – Ah oui. J'ai environ deux ou trois heures de devoirs chaque jour.
    – Deux ou trois heures, c'est beaucoup. Bon merci, Sophie. C'est très intéressant.

**3 On achète des cadeaux**

Students listen to shopping conversations and tick the correct purchase – A, B or C. They also write who the present is for. Most key words are repeated in the course of the conversations.

> **Solution:**
> **1** C, his brother, **2** B, her mother, **3** A, his friend, Lucie, **4** B, her friend, Martin.

🔊 CD 4 Track 8, SCD 1 Track 22

#### On achète des cadeaux

**Exemple:**
– Je voudrais acheter un livre pour ma sœur. Elle aime beaucoup les bandes dessinées.
– Ah bon? Il y a des livres d'Astérix – celui-ci par exemple est très amusant.
– Oui, mais comme c'est un souvenir, je crois que je vais acheter un livre de photos de la France.
– Oui – bonne idée. Ce livre sur Paris est très bien fait.
– Oui c'est vrai. Ma sœur va aimer ça.

1   – Je cherche un tee-shirt pour mon frère – un très grand tee-shirt! Mon frère les aime comme ça.
    – Vous aimez ceux-ci, avec la tour Eiffel?
    – Ils sont bien, mais je crois qu'il les préfère sans motif. Je vais prendre celui-là en vert sans motif.
2   – Bonjour.
    – Bonjour, mademoiselle.
    – Je voudrais un pot de confiture, c'est pour ma mère, elle adore la confiture française.
    – Oui, mademoiselle. Qu'est-ce qu'elle aime comme fruits, votre mère? Nous avons un grand choix de confitures.
    – Attendez … aux abricots, je crois. Elle n'aime pas tellement les fraises.
    – Un pot de confiture aux abricots … Voilà, mademoiselle.
3   – Regarde les peluches – les ours là-bas – ils sont mignons! Je vais en acheter un pour Lucie – c'est ma copine. Ils sont à combien les ours, madame?
    – Ceux-ci, les petits, sont à quatre euros et ceux-là, les plus grands, coûtent sept euros.
    – Les grands sont beaux, mais ils sont un peu chers. J'en prendrai un comme ça – le petit, s'il vous plaît.
    – Voilà, monsieur. Je suis sûre que votre copine va l'aimer.

Tricolore 4 Teacher Book    133

# 4 Revision and additional practice

4
- Voyons ... où sont les cartes de vœux?
- Les cartes de vœux sont au premier étage, mademoiselle.
- Merci. Je dois acheter une carte de fête pour mon ami, Martin. C'est la Saint-Martin la semaine prochaine.
- Ah, bon? Je vais souhaiter une bonne fête à Martin.

Copymaster 4/10 CD 4 Tracks 9–11
SCD 1 Tracks 23–25

## Révision 4: Écouter – Partie B

### 1 La vie de tous les jours
Students listen to the speakers and decide whether the statements about their daily routine are true or false.

**Solution:**
**1** T, **2** F, **3** T, **4** F, **5** T, **6** T, **7** F

CD 4 Track 9, SCD 1 Track 23

### La vie de tous les jours
**Khalid**
Je m'appelle Khalid et j'habite à Paris. Le matin, je ne me lève pas trop tôt parce que mon père me conduit à l'école, mais le soir, je prends le bus pour rentrer. Je ne sors pas beaucoup pendant la semaine, mais le weekend, je vais souvent au cinéma avec mes copains.

**Hélène**
Je m'appelle Hélène et j'habite en Martinique. Comme il fait si chaud dans mon pays, je me lève très tôt, vers six heures du matin et à mon école, les cours commencent à sept heures et demie. Dans la semaine, je me couche tôt, mais le weekend, j'aime m'amuser dans notre village avec mes amies.

**Jordan**
Je suis Jordan et ma passion, c'est le cyclisme. Le matin, je vais au collège sur mon vélo tout terrain, ce qui me permet de partir au dernier moment – je déteste me lever de bonne heure. Trois fois par semaine, je vais à mon club de cyclisme. Je m'entraîne et je fais des randonnées à la campagne avec mes copains.

### 2 Voici le problème
Students listen to two customers and choose the three statements that apply to each person.

**Solution:**
M. Gourdain: **1** c, **2** e, **3** g; Kévin: **1** h, **2** i, **3** k

CD 4 Track 10, SCD 1 Track 24

### Voici le problème
**Monsieur Gourdain**
- Oui, monsieur?
- On m'a acheté cette cravate, avant-hier, pour mon anniversaire, mais j'ai tout de suite trouvé un défaut – il y a un petit trou ici, regardez!
- Faites voir, monsieur. Ah oui, c'est vrai, il y a un défaut. Euh ... vous voulez choisir une autre cravate ou vous préférez vous faire rembourser?
- Comme c'est ma fille qui me l'a achetée, je voudrais la remplacer avec une autre cravate pareille, si possible.
- Entendu. Voilà, monsieur. Je crois que celle-ci est exactement la même cravate.
- Ah oui, je crois. Merci beaucoup!

**Kévin**
- J'ai acheté ces chaussettes roses l'autre jour, mais ma petite amie dit que la couleur est absolument affreuse. Est-ce que je peux les échanger?
- Elles étaient en soldes, ces chaussettes, non?
- Oui, et c'est pour ça que je les ai achetées.
- Ah non, monsieur. Je regrette, mais les soldes ne sont ni échangeables ni remboursables.

### 3 La mode
Students listen to Nicole talking about the importance of fashion and complete the sentences in English.

**Solution:**
**1** importance, **2** in magazines/the press, **3** rich, **4** works to earn money, **5** spend all her money on clothes, **6** designer labels, **7** polite

CD 4 Track 11, SCD 1 Track 25

### La mode
Salut! La mode ne m'intéresse pas tellement. Il me semble qu'on exagère son importance, on en parle trop dans les magazines – ils ont besoin de parler de quelque chose après tout!

Bien sûr, j'aime mettre des vêtements à la mode. Mais les jeunes comme moi, qui ne sont pas riches et qui doivent gagner de l'argent en faisant de petits boulots pendant les vacances, on ne veut pas dépenser tout son argent à acheter des vêtements tout simplement parce que c'est hypercool.

En plus, les jeunes qui ont beaucoup d'argent et qui achètent toujours les meilleures marques ... Alors, ces gens, ils ne devraient pas trop parler de tout ça devant les jeunes comme moi qui sont beaucoup moins riches. Ce n'est ni très poli, ni très gentil!

# 4 Revision and additional practice

### Copymaster 4/11

## Révision 4: Lire – Partie A

### 1 Mes vêtements
Students match the pictures with the items on the list and write the correct letters.

**Solution:**
**1** E, **2** A, **3** G, **4** C, **5** H, **6** F

### 2 Au centre commercial
Students consult the leaflet to find the correct floor for each purchase or service.

**Solution:**
**1** 2, **2** 1, **3** 2, **4** 3, **5** 3, **6** 2, **7** 1

### 3 Un jeu de définitions
Students read the definitions and choose a word from the box to match each one.

**Solution:**
**1** d, **2** h, **3** j, **4** c, **5** g, **6** f, **7** b

### Copymaster 4/12

## Révision 4: Lire – Partie B (1)

### 1 Un carnet d'élève
Students read the text and answer the questions in English.

**Solution:**
(sample)
1 the pupils themselves
2 punctuality is essential
3 not allowed during lesson times
4 pupils and parents
5 theatre trip
6 two metro tickets
7 to pay for materials/they are making something electronic
8 must wear an overall
9 go to the infirmary/go to have their vaccinations

### Copymaster 4/13

## Révision 4: Lire – Partie B (2)

### 2 L'école de Kadour
Students read the text, then do the two tasks. In part A, they answer questions in English. In part B, they complete the summary with the letters for the correct words.

**Solution:**
**A 1** The school day started and finished earlier and there were no lessons in the afternoon.
**2** very hot
**3** at home
**4** helped at home and in the fields
**5** he didn't have any homework

**B 1** e, **2** f, **3** c, **4** h, **5** g

### Copymaster 4/14

## Révision 4: Grammaire

This provides revision of the following grammar points: *devoir, ce/cet/cette/ces, quel, lequel*, the imperfect tense.

### 1 Using the verb *devoir*
**Solution:**
**1** *doivent*, **2** *dois*, **3** *dois*, **4** *devez*, **5** *devons*, **6** *doit*

### 2 Complete the sentences
**Solution:**
**A 1** *cette*, **2** *Ces*, **3** *cet*, **4** *ces*
**B 1** *quel*, **2** *Lequel*, **3** *Laquelle*, **4** *Lesquelles*

### 3 Using the imperfect tense
**Solution:**
**A 1** *essayais*, **2** *était*, **3** *faisait*, **4** *pouvais*, **5** *avais*
**B 1** *étais*, **2** *venions*, **3** *avait*, **4** *voulait*, **5** *était*

### Copymaster Sommaire 4

## Sommaire 4

This is a summary of the main topic vocabulary of the unit, also available on SB 82–83.

# Unité 5

## Unité 5  Bon appétit!  pages 86–105

| Aims and objectives | Grammar and skills | Vocabulary |
|---|---|---|
| **5A Des repas  pages 86–87** | | |
| • discuss typical meals and specialities<br>• express preferences in food and drink<br>• ask and answer questions at a family meal | • use *au*, *à la*, *à l'* and *aux* with flavours | Meals; Food; Drinks<br>Describing food<br>A family meal<br>Accepting and refusing |
| **5B Vous mangez bien?  pages 88–89** | | |
| • discuss healthy foods<br>• talk about vegetarianism | • revise *du*, *de la*, *de l'*, *des*<br>• the pronoun *en* | Food; Meat; Vegetables; Fruit<br>Health |
| **5C Il faut manger pour vivre …  pages 90–91** | | |
| • discuss healthy eating | | Health |
| **5D On fait des achats  pages 92–93** | | |
| • talk about shops and services<br>• shop for food and other items<br>• discuss what you want | | Buying provisions<br>Food shops |
| **5E Au café  pages 94–95** | | |
| • order drinks and snacks in a café<br>• point out mistakes and deal with payment | • direct and indirect object pronouns<br>(*me*, *te*, *le/la*, *lui*, *nous*, *vous*, *les*, *leur*) | At the café<br>Snacks |
| **5F On mange vite  pages 96–97** | | |
| • discuss fast-food restaurants<br>• talk about picnics | • use the perfect and imperfect tenses together | Health<br>Snacks |
| **5G Au restaurant  pages 98–99** | | |
| • choose a French restaurant and book a table<br>• discuss the menu<br>• order and pay for a meal | | Eating out<br>At the restaurant<br>The meal<br>The menu |
| **5H Je viens de …  pages 100–101** | | |
| • point out problems or mistakes<br>• say what has just happened or is about to happen | • *venir de* and *aller* + infinitive<br>• *être en train de* + infinitive | Problems |
| **5I Contrôle  pages 102–103** | | |
| • practise exam techniques<br>• find out what you have learnt | | |
| **Sommaire  pages 104–105** | | |
| This lists the main topic vocabulary covered in the unit. | | |
| **Revision and additional practice** | | |
| **Au choix 5**: SB 222–223<br>**Online**: Kerboodle Resources and Assessment<br>**Copymasters**: 5/1–5/20<br>**CD 4** Tracks 13, 18, 32–39, **CD 5** Tracks 2–5<br>**SCD 1** Tracks 26–32 | | |

## Resources

**Student Book** 86–105
**CDs 4–5, Student CD 1**

### Copymasters

| | |
|---|---|
| 5/1 | Les repas et moi |
| 5/2 | Un repas de fête |
| 5/3 | C'est bon à manger! |
| 5/4 | Hier, avez-vous bien mangé? |
| 5/5 | Jeux de mots – les magasins |
| 5/6 | On achète des provisions |
| 5/7 | Chez le charcutier |
| 5/8 | Jeux de mots – au café |
| 5/9 | Les pronoms sont utiles |
| 5/10 | La Patate |
| 5/11 | Mots croisés – au restaurant |
| 5/12 | Un peu d'histoire |
| 5/13 | Un restaurant pas comme les autres |
| 5/14 | Tu comprends? |
| 5/15 | Révision 5: Écouter – Partie A |
| 5/16 | Révision 5: Écouter – Partie B |
| 5/17 | Révision 5: Lire – Partie A |
| 5/18 | Révision 5: Lire – Partie B (1) |
| 5/19 | Révision 5: Lire – Partie B (2) |
| 5/20 | Révision 5: Grammaire<br>Sommaire 5 |

# 5A Des repas

**Au choix** SB 222–223

1 Des plats britanniques
2 Un mail à écrire
3 Forum des jeunes: Le végétarisme
4 Un problème de santé
5 Un repas
6 Une conversation
7 On cherche un restaurant
8 Qu'est-ce qu'il faut dire?
9 Des messages

**Examination Grammar in Action** 40–48

Using *du, de la, des*
Using *en*
Using the pronouns *lui* and *leur*
Using the pronouns *me, te, nous* and *vous*
Using the perfect and imperfect tenses (1) and (2)
Using *aller* and *venir de* + infinitive
Using *aller, venir de, être en train de* + infinitive
Using *prendre, comprendre, apprendre*

## 5A Des repas   pages 86–87

| Aims and objectives | Grammar and skills | Resources |
|---|---|---|
| • discuss typical meals and specialities<br>• express preferences in food and drink<br>• ask and answer questions at a family meal | • use *au, à la, à l'* and *aux* with flavours | **Key language**: SB 104–105<br>**Au choix**: SB 222<br>**Online**: Kerboodle Resources and Assessment<br>**Copymasters**: 5/1, 5/2, 5/3<br>**CD 4** Tracks 12–13, 32 |

### Introduction

First, briefly introduce the topic of meals and ask a few questions in French, e.g.

- *Vous prenez le petit déjeuner à quelle heure?*
- *On dîne vers quelle heure en France, normalement?*
- *Vous aimez grignoter?*

📖 🔊 86 CD 4 Track 12

### 1 Des repas typiques

a Students listen to and read the texts. Alternatively, play the recording before they see the texts, and ask some general questions, e.g.
 - *De quoi parlent ces jeunes?*
 - *On parle de quels repas?*
 - *Vous entendez le nom de quels pays?*

b Students then find in the texts the French for the English phrases listed.

> **Solution:**
> 1 *tandis que*, 2 *je déjeune*, 3 *d'habitude*,
> 4 *au moins*, 5 *une tartine*, 6 *on le/la sert*,
> 7 *des merguez (des saucisses fraîches et épicées)*,
> 8 *le sirop d'érable*, 9 *un repas de fête*

c Finally, they answer the questions in French.

> **Solution:**
> (sample)
> 1 *Il déjeune au collège d'habitude.*
> 2 *Il prend du pâté ou des crudités.* 3 *Elle dîne en famille au moins quatre fois par semaine.*
> 4 *C'est un plat typique du Maroc.* 5 *On la mange au Québec/au Canada.* 6 *Si on a des invités ou si c'est un repas de fête.*

🔊 CD 4 Track 12

### Des repas typiques

**Florent**

Quand j'allais à l'école primaire, je retournais à la maison pour déjeuner, tandis que maintenant je déjeune assez vite au self-service du collège. D'habitude, je prends du pâté ou des crudités, puis un plat et un fruit ou un yaourt. Quand je suis en ville avec mes copains, je préfère prendre un sandwich, un panini ou une pizza. De temps en temps j'aime faire la cuisine le weekend.

**Jennyfer**

Le matin chez nous, on prend rarement le petit déjeuner ensemble, mais le soir, on essaie de dîner ensemble au moins quatre fois par semaine. Mon dîner préféré, c'est du potage, puis un steak avec des légumes. Ensuite, je prends un peu de fromage et pour finir, un fruit. Ce que j'aime aussi, c'est le goûter: quand je reviens du collège, j'ai toujours faim et je prends un bol de chocolat chaud et une tartine. C'est bon, ça!

**Leila**

Chez moi, au Maroc, on mange beaucoup de couscous, et moi, j'adore ça! C'est un plat arabe préparé avec de la semoule, et on le sert avec de la viande ou du poisson et des légumes, et souvent avec une sauce épicée. Je l'aime beaucoup avec des merguez – des saucisses fraîches et épicées qui sont une spécialité de l'Afrique du Nord.

**Thierry**

Au Québec, où j'habite, il y a beaucoup de spécialités préparées avec du sirop d'érable.

Mon dessert préféré est la mousse à l'érable que ma mère fait souvent si on a des invités ou si c'est un repas de fête. On la sert avec des petits gâteaux et avec du sirop d'érable, bien sûr! Mmm! C'est délicieux!

# 5A Des repas

### 86

## 2 Les repas et vous

Students work in pairs or groups to discuss the questions relating to meals. Encourage students to give opinions and reasons. Use the following copymaster for written work on this topic.

**Copymaster 5/1**

### Les repas et moi

See notes on page 158 in Unit 5 Revision and additional practice.

### 86 Lexique

### Les repas

This provides a short reference list. Further food and drink vocabulary is listed in Unit 5 *Sommaire* (SB 104–105).

### 87

## 3 Un repas en famille

Begin by revising food vocabulary, using games, brainstorming, or perhaps have a competition in which students work in groups and list items by categories, e.g. *les hors-d'œuvre, les plats, les légumes*, etc.

Students should spend a few minutes reading through the possible alternatives in the coloured patches, then work in pairs to practise and invent dialogues as suggested. Some of the dialogues could be recorded.

### 87 Stratégies

### Describing flavours

Remind students about *au, à l', à la* and *aux* with flavours and go through some examples.

### 87

## 4 Trouvez les paires

Students match the French and English adjectives to build a vocabulary list that can be used in subsequent activities.

**Solution:**
1 d, 2 i, 3 b, 4 h, 5 e, 6 a, 7 j, 8 g, 9 c, 10 f

### 222 Au choix CD 4 Track 32

## [1] Des plats britanniques

See notes on page 157 in Unit 5 Revision and additional practice.

**Copymaster 5/2 CD 4 Track 13**

### Un repas de fête

See notes on page 158 in Unit 5 Revision and additional practice.

### 87

## 5 À vous!

a Talk briefly about when students have special meals, revising festivals, birthdays, etc. as necessary, and discuss what regional or national dishes they might describe. Go over the phrases provided and ask some questions before students write an account.
This could be used as preparation for a speaking or writing assessment. A writing frame is provided on Copymaster 5/2 (see above).

b Students then prepare a short spoken presentation about a special meal. Encourage them to speak without reference to notes.

### 222 Au choix

## [2] Un mail à écrire

See notes on page 157 in Unit 5 Revision and additional practice.

**Copymaster 5/3**

### C'est bon à manger!

See notes on page 158 in Unit 5 Revision and additional practice.

Tricolore 4 Teacher Book

## 5B Vous mangez bien? pages 88–89

| Aims and objectives | Grammar and skills | Resources |
|---|---|---|
| • discuss healthy foods<br>• talk about vegetarianism | • revise *du, de la, de l', des*<br>• the pronoun *en* | **Key language**: SB 104–105<br>**Au choix**: SB 222<br>**Online**: Kerboodle Resources and Assessment<br>**CD 4** Track 14<br>**GiA**: 40–41 |

### 88

### 1 Les couleurs de la santé

Begin with some revision of fruit, vegetables and colours, perhaps with a brainstorming session followed by some word games. If appropriate, note that *orange* is invariable and ask students if they can think of other 'invariable' colours in French (*marron, bleu clair, bleu foncé,* etc.).

Give students time to read through the texts, perhaps working in pairs. Then ask questions to check comprehension, e.g.

- *Quelles sont les couleurs de la santé?*
- *Nommez un fruit rouge/un légume vert,* etc.

Follow these with some more general questions, e.g.

- *Les légumes rouges, vous en mangez?*
- *Combien de portions de légumes mangez-vous par jour? Vous en mangez combien alors?*

a  Students then do the *vrai, faux, ou pas mentionné?* task.

> **Solution:**
> **1** V, **2** F, **3** PM, **4** F, **5** V, **6** PM

b  Students translate the final text into English. (Note that bananas are a source of both manganese and magnesium, although only manganese is mentioned in the text.)

> **Solution:**
> (sample)
> Do you like bananas? They contain potassium and manganese, and when you eat them they immediately give you energy (athletes and tennis players often eat them). Almost all yellow or orange fruits and vegetables also contain beta-carotene and vitamin C. Oranges and lemons, apricots and peaches, carrots and sweetcorn are all good for your health and, what's more, they are delicious!

### 88

### 2 Jeu de définitions

a  When students have spent some time on the previous article, they can do the *jeu de définitions* based on it.

> **Solution:**
> **1** poivron vert, **2** pourpre, **3** oignon, **4** un kiwi, **5** vert, **6** les carottes

b  This is a pair-work task to provide similar definitions. If necessary, go through some more examples and use the pronoun *en* in some of them.

### 89 Dossier-langue

### The pronoun *en*

When they have read the explanation of the pronoun *en*, students could be asked to explain it to each other in their own words, or to the class. Refer students as necessary to *Grammaire* 8.5.

If appropriate, follow up with further recognition work. Display the following questions and answers (in jumbled order) for students to match. The expressions with *en* are the same as in task 3 and could be used as preparation. Students could also make up their own questions to provide the same answers.

1  *Il y a combien de légumes?* (lots)
   *Il y en a beaucoup.*
2  *Il y a encore de la viande?* (none)
   *Il n'y en a pas.*
3  *Il reste encore des carottes?* (lots)
   *Il en reste beaucoup.*
4  *Il y a encore du lait?* (no more)
   *Il n'y en a plus.*
5  *Il y a combien de bananes?* (3)
   *Il y en a trois.*
6  *Tu as besoin de ce couteau?* (no)
   *Je n'en ai pas besoin.*

### 89

### 3 Trouvez les paires

Students match the French expressions that include *en* with their English equivalents to provide useful expressions that they can reuse.

> **Solution:**
> **1** c, **2** e, **3** f, **4** b, **5** d, **6** a

| Examination Grammar in Action 40–41 |
|---|

### Using *du, de la, des*
### Using *en*

These pages provide further practice of the partitive article and *en*.

Tricolore 4 Teacher Book

## 5C Il faut manger pour vivre …

**89 CD 4 Track 14**

### 4 Oui ou non au végétarisme?

Begin with some introductory oral work, e.g.

*Les végétariens/végétalistes, qu'est-ce qu'ils mangent/ne mangent pas?*

Perhaps have another oral game to practise vocabulary for vegetables and fruit: *Est-ce qu'un(e) végétarien(ne) mange …?* Answers could be *oui*, *non* or *quelquefois* (for ambiguous items such as eggs).

a Students then listen to the recording and make notes in English about the opinions of Marie-Claire and Sébastien.

b They then work in pairs to say what each person thinks about vegetarianism.

**CD 4 Track 14**

### Oui ou non au végétarisme?

– Les jeunes et la santé: aujourd'hui, nous sommes au Lycée Marie Curie avec des étudiants qui discutent du végétarisme. Parlons d'abord à Marie-Claire et Sébastien, deux élèves de seconde. Marie-Claire, est-ce que tu dis oui ou non au végétarisme?

– Ben, moi, je suis végétarienne … euh … je suis végétarienne parce que j'adore les animaux et … euh … donc … euh … l'idée d'en manger me rend malade!

– Bon, merci. Mais toi, Sébastien, tu n'es pas végétarien, toi?

– Moi non, mais en effet … euh … je ne suis pas contre le végétarisme, en principe. Le seul problème … le … le problème, c'est que j'adore la viande et le poisson et je n'aime pas du tout les légumes. Donc … euh … pour l'instant, je suis toujours carnivore!

– Donc, une végétarienne et un carnivore. Parlons un peu de la santé … euh … le végétarisme, est-ce que c'est bon pour la santé?

– Ah non, à mon avis, ça ne peut pas être bon pour la santé. Si on ne mange ni viande ni poisson, ben, on ne reçoit pas les minéraux et les vitamines nécessaires.

– Au contraire! Bien sûr, il faut manger des plats qui contiennent des minéraux et des vitamines, mais il paraît que les végétariens risquent moins les maladies de cœur, le diabète et même le cancer que les carnivores et en plus … en plus, je crois qu'ils ont rarement des kilos en trop.

**89**

### 5 Lexique

Students complete the list to provide some key vocabulary for their discussions in *À vous!*

> **Solution:**
> *un(e) végétarien(ne)* – a vegetarian, *un(e) carnivore* – a carnivore, *les fruits* – fruit, *les légumes* – vegetables, *les minéraux* – minerals, *les vitamines* – vitamins, *un produit d'origine animal* – an animal-based product, *éthique* – ethical, *écologique* – ecological, *ça me rend malade* – it makes me ill, *ça contient* – it contains, *on reçoit* – you/we get/receive, *risquer* – to risk

**89**

### 6 À vous!

a Students discuss vegetarianism more fully in pairs or as a class discussion, using the article and the prompts as a guide. Refer them also to task 5, *Lexique*.

b Collate the key points from the discussion before students write their opinions on the topic. See also *Au choix*, task 3, below.

This task could be used as preparation for part of students' speaking or writing assessments.

### Pour rire

This light-hearted addition is not intended to be exploited, although some students might like to make up their own cartoons. There are various French websites for jokes and cartoons, but content varies dramatically and you will need to monitor it carefully before directing students to a site.

**222 Au choix**

### [3] Forum des jeunes: Le végétarisme

See notes on page 157 in Unit 5 Revision and additional practice.

## 5C Il faut manger pour vivre… pages 90–91

| Aims and objectives | Grammar and skills | Resources |
|---|---|---|
| • discuss healthy eating | | **Key language:** SB 104–105<br>**Au choix:** SB 222<br>**Online:** Kerboodle Resources and Assessment<br>**Copymasters:** 5/4<br>**CD 4** Track 15 |

### Introduction

If appropriate, explain that the title of this spread is part of a well-known quotation from *L'avare* by Molière: *Il faut manger pour vivre, et non pas vivre pour manger.*

**90**

### 1 Test-santé

First, give students time to read through the introductory remarks. Check that they understand the following expressions and explain them if necessary:

## 5C Il faut manger pour vivre ...

- *un régime équilibré*
- *des produits laitiers*
- *des matières grasses.*

Ask students to study the different categories, then ask some questions, e.g.
- *Donnez-moi un exemple d'un produit laitier/un fruit,* etc.
- *On devrait manger combien de portions de fruits par jour?*

Students then move on to the quiz itself and add up their points as indicated in the solution (SB 287).

**Follow-up activity:**
Students ask each other questions, noting down the answers and adding up the points, e.g.
- *Du lait et des produits laitiers, etc., tu en manges?*
- *Oui, j'en mange tous les jours. Et toi, est-ce que tu en manges?*
- *Oui, j'en mange assez souvent.*

### 90 CD 4 Track 15

### 2 Je ne mange pas de ça

Play the recording and ask students to make brief notes in English about each person – what they do not eat/drink and why. Then ask a few questions in French to elicit the new vocabulary, e.g.
- *Qui est allergique aux noix?*
- *Pourquoi Jérémie ne supporte-t-il pas de boissons qui contiennent de la caféine?*
- *Quelle est la religion de Noémie? (Attention à la forme féminine!) Et de Mani?*
- *Donnez des exemples de sucreries.*
- *Qui souffrait de l'anorexie?*
- *Vous aimez le goût du poisson? Et du chocolat?* etc.

Students listen again and decide which sentence (1–6) was said by each person. They then identify the correct reason (a–e).

**Solution:**
Léa – **4** d, Jérémie – **5** b, Noémie – **1** a, Thomas – **6** e, Sophie – **3** c, Mani – **2** a

### CD 4 Track 15

### Je ne mange pas de ça

**Léa**
Je ne mange pas de produits comme les biscuits et les gâteaux qui peuvent contenir des noix parce que je suis allergique aux noix. Je dois faire très attention à ce que je mange. Il faut toujours lire très attentivement la liste d'ingrédients d'un produit, et s'il y a le moindre doute, je n'en mange pas.

**Jérémie**
Je ne supporte pas de boissons qui contiennent de la caféine, et il y en a beaucoup! Ça me rend hyperactif et après, j'ai mal à la tête. Ce n'est pas drôle.

**Noémie**
Dans notre famille, nous ne mangeons pas de porc parce que nous sommes juifs et manger du porc est interdit par notre religion.

**Thomas**
Moi, je suis diabétique. La plupart du temps, ce n'est pas un problème, mais j'essaie de manger régulièrement et de ne pas manger trop de sucreries. Des fois, c'est très difficile!

**Sophie**
Il y a deux ans, je souffrais d'anorexie et je mangeais très peu. Heureusement, ça va bien maintenant et je mange de tout ... alors, presque tout. Je ne mange pas de poisson parce que je n'aime pas le goût. Beurk!

**Mani**
Je ne mange pas de bœuf parce que nous sommes hindous et que chez nous personne ne mange de bœuf. En Inde, il y a beaucoup de végétariens, parce qu'en générale les bouddhistes ne mangent pas de viande.

### 90

### 3 Pourquoi pas?

Students look at the pictures of food and decide who would not eat the items. If necessary, they could listen again to the recording (task 2).

**Solution:**
(sample)

1 *Léa ne mange pas de tarte aux amandes parce qu'elle est allergique aux noix. Thomas ne mange pas (trop) de tarte aux amandes parce qu'il est diabétique.*

2 *Sophie ne mange pas de saumon parce qu'elle n'aime pas le goût de poisson.*

3 *Noémie ne mange pas de saucisson au porc parce que c'est interdit par sa religion.*

4 *Jérémie ne boit pas de boisson caféinée parce qu'il ne supporte pas de boissons qui contiennent de la caféine. Thomas ne boit pas (trop) de boissons caféinées parce qu'elles contiennent souvent beaucoup de sucre et il est diabétique.*

5 *Mani ne mange pas de steak parce que c'est interdit par sa religion.*

6 *Thomas ne mange pas (trop) de pralines parce qu'il est diabétique. Léa ne mange pas de pralines parce qu'elles pourraient contenir des noix et elle est allergique aux noix.*

### 91

### 4 Lexique

Students complete the list to provide useful vocabulary for discussing eating habits and explaining their circumstances when eating with French people. Encourage them to make up some similar phrases, which they then translate into French, e.g. My sister is allergic to mushrooms. My neighbours don't eat pork because they are Muslims.

# 5D On fait des achats

### 📖 91

## 5 Forum des jeunes: L'alimentation et l'obésité

Students read through the forum discussion of eating disorders and obesity, perhaps having different groups of students looking at each person's opinions before going over them as a whole class. Ask a few general questions, e.g.

- *De quoi parle-t-on ici?*
- *Le surpoids, c'est un problème en Grande-Bretagne?*

a Students then find in the forum text the French for the English expressions listed, to add to their vocabulary for discussing healthy eating.

b Students read the discussion again and decide whose opinion is represented by each of the sentences (1–6).

c They then translate the six texts into English.

### Solution:

a 1 *l'obésité*, 2 *obèse*, 3 *en surpoids*, 4 *(une) espérance de vie*, 5 *notre mode de vie*, 6 *(les) boissons gazeuses*, 7 *(le) diabète*, 8 *un grand souci*, 9 *alors*, 10 *grignoter*, 11 *grossir*, 12 *tant pis!*

b 1 Tapismajik, 2 Perruchefolle, 3 Alamode, 4 Lapinslibres, 5 Tapismajik, 6 Voldenuit

c (sample)

**Voldenuit**: Our generation risks having a poorer life expectancy than our parents because of obesity. What's more, it's going to cost a lot in health expenses. We have to change our way of life!

**Alamode**: I'm happy to be a bit overweight; it's better than anorexia! I'm never ill and most of the time I eat well, but I drink too many fizzy drinks. I'm going to change that and drink more water.

**Perruchefolle**: My mother is obese and now she suffers from diabetes. That's a big worry for all the family. I don't want to be like her so I do sport regularly and I eat a balanced diet.

**Sisimple**: In my opinion you have to eat a diet that is balanced, varied and in reasonable amounts. I think it's important to eat at the table as a family because you can talk about the day. That way you eat slowly and you don't eat too much.

**Tapismajik**: For me the most important meal is breakfast. If you've eaten well in the morning you don't want to snack (such as crisps, peanuts, sweets) and that's good for your health. The government should ban foods that make you fat!

**Lapinslibres**: Being overweight isn't a problem for the government, it's for the individual to decide what is good and bad for their health. If you make the wrong choice, too bad!

### 📖 222 Au choix

## [4] Un problème de santé

See notes on page 158 in Unit 5 Revision and additional practice.

### 📖 91

## 6 À vous!

This pair-work task could also work well as a discussion in small groups, allotting different questions to different groups, then collating the findings as a class activity before tackling the written task. Refer students to the vocabulary lists they have made previously. If necessary, go through some of the questions with more able students first.

### ▶ Copymaster 5/4

## Hier, avez-vous bien mangé?

See notes on page 159 in Unit 5 Revision and additional practice.

---

# 5D On fait des achats   pages 92–93

| Aims and objectives | Grammar and skills | Resources |
|---|---|---|
| • talk about shops and services<br>• shop for food and other items<br>• discuss what you want | | **Key language**: SB 104–105<br>**Au choix**: SB 222<br>**Online**: Kerboodle Resources and Assessment<br>**Copymasters**: 5/5, 5/6, 5/7<br>**CD 4** Tracks 16–18<br>**GiA**: 38–41 |

## Introduction

First, revise and practise the names of shops and what each sells.

- *Où est-ce qu'on achète …?*
- *Qu'est-ce qu'on vend à …?*

Use Copymaster 5/5 (see page 143) for further practice.

Introduce the topic of shopping centres by discussing a local one, e.g.

- *Un centre commercial est un centre où il y a beaucoup de magasins, comme [X].*
- *Qu'est-ce qu'il y a comme magasins à [Y]?*

142   Tricolore 4 Teacher Book

# 5D On fait des achats

Write the names of any shops mentioned on the board. If trading names are given, ask students what type of shop it is and write this on the board as well, e.g.
- [XX] – qu'est-ce que c'est comme magasin? Une boulangerie? Une épicerie? Un supermarché?
- Et [YY], c'est quoi comme magasin? Une boucherie? Une pâtisserie? etc.

**Copymaster 5/5**

## Jeux de mots – les magasins

See notes on page 159 in Unit 5 Revision and additional practice.

### 92

## 1 Au centre commercial

This fictitious leaflet is based on a publicity leaflet about different shopping centres in France. Explain any shops not already known, e.g. *un traiteur*:
- Qu'est-ce qu'on peut acheter chez un traiteur? (Des quiches, de la salade de tomates, du saucisson, …)

Ask a few questions to check general comprehension, e.g.
- C'est un petit ou un grand centre commercial? (Un grand.)
- C'est ouvert tous les jours, y compris le dimanche? (Non, les magasins sont fermés le dimanche.)
- Est-ce qu'il y a un hypermarché? (Oui, …)
- Qu'est-ce qu'il y a, à part les magasins? (Banque, bureau de poste, …)

Students then answer the questions. This can be done individually or in pairs, with one person reading the question and the other finding the answer in the text.

**Solution:**
(sample)

1 Il y a deux banques au niveau 1 et un bureau de change au niveau 2.
2 La plupart des cafés et des fastfoods sont au niveau 2.
3 La pharmacie est au niveau 1.
4 Il y a des toilettes à tous les niveaux.
5 La plupart des magasins ferment à 20 heures/ huit heures du soir, mais l'hypermarché ferme à 22 heures/10 heures du soir.
6 Auchan est un hypermarché.
7 La boulangerie se trouve au niveau 1.
8 Il y a un bureau de poste au niveau 1.

As follow-up, you could have a short class discussion about the advantages and disadvantages of shopping centres, e.g.
- Quels en sont les avantages? (pratique, il n'y a pas de circulation, on est à l'abri s'il fait mauvais, etc.)
- Et les inconvénients? (on est tout le temps à l'intérieur, ça peut être anonyme, etc.)

### 92

## 2 Trouvez les paires

For further revision of shops and shopping, students do this matching activity. As follow-up, they add at least three more shops and items bought there. Encourage students to use quantities.

**Solution:**
1 f, 2 d, 3 e, 4 c, 5 a, 6 b

**Copymaster 5/6**

## On achète des provisions

See notes on page 159 in Unit 5 Revision and additional practice.

**Examination Grammar in Action 40–41**

## Using *du*, *de la*, *des*
## Using *en*

If not used previously, this would be useful for further practice of the partitive article and *en*.

### 93 CD 4 Track 16

## 3 On fait les courses

These two items are graded in difficulty. Students could do one or both, depending on their ability. They could also list things in the order in which they are bought.

a Students listen and identify which two items on the list Stéphanie does not purchase at the grocer's and why.

**Solution:**
un demi-kilo de beurre (il n'en reste plus), de l'eau minérale (il n'y a que de l'eau minérale gazeuse)

b Students have to write down exactly what Fabrice buys and the two things he dislikes.

**Solution:**
Il achète: une grande tarte aux framboises, six petites brioches, une glace au chocolat (à 1,20 euro), dix gâteaux (à 1,00 euro)

Il n'aime pas: les (tartes aux) abricots, (la glace au) citron

### CD 4 Track 16

## On fait les courses

**Stéphanie à l'épicerie**
- Bonjour, madame.
- Bonjour, mademoiselle. Vous désirez?
- Un gros paquet de nouilles, comme ça, et deux kilos de sucre, s'il vous plaît, madame.
- Un paquet de pâtes et du sucre … voilà. Et avec ça?
- Un demi-kilo de beurre et deux kilos de farine, s'il vous plaît.

# 5D On fait des achats

- Alors, voici la farine ... mais ... euh ... oh, attendez ... oh, désolée, il ne reste plus de beurre!
- Ce n'est pas grave. Qu'est-ce que vous avez comme confiture?
- Voyons, nous avons un grand choix de confitures. Il y a fraise, framboise, abricot, cerise et orange.
- Mettez-moi un petit pot de confiture d'oranges et donnez-moi aussi du miel et de l'eau minérale.
- Gazeuse?
- Non non, pas gazeuse.
- Ah, je regrette, mais il n'y en a plus. Toute notre eau minérale est gazeuse.
- Dans ce cas, je n'en prends pas. C'est tout, merci. Je vous dois combien?
- Euh ... treize euros cinquante-cinq en tout.
- Voilà, madame, et au revoir.
- Au revoir, mademoiselle.

**Fabrice à la pâtisserie**

- Bonjour, madame.
- Ah, bonjour, Fabrice. Ça va?
- Oui, ça va bien, merci.
- C'est ton anniversaire demain, n'est-ce pas, Fabrice? Tu vas avoir quel âge?
- Treize ans, et c'est pour mon anniversaire que je voudrais acheter une tarte aux fruits. Qu'est-ce que vous avez comme tartes?
- Bon, on a des tartes aux fraises, aux abricots, aux framboises ou aux poires. Tu vas en prendre une petite ou une grande?
- Euh ... je n'aime pas trop les abricots, alors je voudrais bien une grande tarte aux framboises, s'il vous plaît. Et je vais aussi prendre quelques brioches.
- Oui, tu en veux combien?
- Mettez-en-moi six petites, s'il vous plaît, et je voudrais aussi une glace à la fraise.
- Voilà les brioches, et je peux t'offrir une glace à la vanille, au chocolat ou au citron, mais nous n'avons plus de fraise, je regrette.
- Euh ... je n'aime pas le citron, mais je vais prendre une glace au chocolat à un euro vingt, s'il vous plaît.
- Oui. C'est tout?
- Euh ... non, donnez-moi aussi une sélection de gâteaux, s'il vous plaît. Ils sont à combien la pièce? Je ne dois pas payer plus de vingt-cinq euros.
- Ah bon, euh ... j'en ai à un euro la pièce. Je t'en mets quelques-uns?
- Oui, donnez-en-moi dix, s'il vous plaît. Et ça fait combien?
- Euh ... ça fait ... vingt-trois euros cinquante en tout, s'il te plaît.
- Voilà.
- Merci bien. Au revoir, Fabrice, bon anniversaire et bon goûter!
- Merci, madame. Au revoir.

93 CD 4 Track 17

## 4 Des phrases utiles

a Students first read the phrases and decide whether they are said by *un(e) client(e)* (C) or *un(e) marchand(e)* (M). They then listen to check.

**Solution:**
1 M, 2 M, 3 C, 4 C, 5 C, 6 M, 7 C, 8 C, 9 M, 10 M

b To reinforce the meaning, they then translate the phrases into English.

**Solution:**
(sample)

1 Anything else?
2 We have a good choice of fruit.
3 How much is the ham?
4 Give me a piece like that, please.
5 Do you sell sardines?
6 Sorry, there isn't/aren't any left.
7 How much do I owe you?
8 Have you anything cheaper?
9 How much/many do you want?
10 Pay at the checkout, please.

CD 4 Track 17

## Des phrases utiles

1 – Voilà, madame, deux kilos de pommes de terre. Vous désirez autre chose?
– Non, merci. C'est tout.
2 – Qu'est-ce que vous avez comme fruits?
– Nous avons un grand choix de fruits: des pommes, des poires, des bananes ...
– Ah oui, des bananes ... je prends six bananes, s'il vous plaît.
3 – C'est combien, le jambon?
– Aujourd'hui, j'ai une offre spéciale. Je vends le jambon à trois euros le paquet.
4 – Vous voulez combien de fromage?
– Donnez-moi un morceau comme ça, s'il vous plaît.
– Très bien ... c'est 150 grammes.
5 – Est-ce que vous vendez des sardines?
– Je regrette, c'est une boucherie ici!
6 – Je voudrais 250 grammes d'olives, s'il vous plaît.
– Je regrette, mais il n'en reste plus. Essayez l'épicerie d'à côté.
7 – Bon, j'ai tout ce qu'il me faut. Je vous dois combien?
– Ça fait douze euros soixante-dix, monsieur.
8 – C'est combien, le gâteau?
– C'est un beau gâteau – ça coûte douze euros.
– Douze euros! Oh là, là! Je n'ai pas assez d'argent. Avez-vous quelque chose de moins cher?
– Oui, cette tarte aux pommes coûte quatre euros.
– Bon, je prends la tarte.
9 – Je voudrais des fraises, s'il vous plaît.
– Vous en voulez combien?
– Euh ... donnez-m'en 500 grammes.
10 – C'est tout, merci. Ça fait combien?
– Ça fait neuf euros soixante, madame. Payez à la caisse, s'il vous plaît.

# 5E Au café

**93**

## 5 À la charcuterie

As this dialogue takes place in a *charcuterie*, check that students know what is sold in this type of shop. Students work in pairs to invent and practise dialogues, as suggested.

**93**

## 6 À vous!

This activity provides role-playing practice involving different shopping places. Students write a shopping list then discuss where to go for their purchases. They then make up the relevant dialogues, taking turns to play the part of the customer and the shopkeeper. Finally, they introduce problems into their dialogues, possibly using some other interjections for fun, e.g. *Ça, c'est trop! Ça ne va pas! Vous plaisantez! Sortez!* If necessary, go through examples using the picture prompts.

For further work on shopping, the following activities could be used.

- **Online shopping**: Choose the website of a French supermarket chain (e.g. www.auchan.fr). Give students a list of items with quantities and they have to fill their trolley as cheaply as possible.

- **Tu vas acheter ...?** Play a simple guessing game where each student writes a shopping list for their partner to guess using yes/no questions: *Tu vas acheter ...?*

**222 Au choix**

## [5] Un repas

See notes on page 158 in Unit 5 Revision and additional practice.

**Copymaster 5/7 CD 4 Track 18**

## Chez le charcutier

See notes on pages 159–160 in Unit 5 Revision and additional practice.

**Examination Grammar in Action 38–39**

## Using *ce/cette/ces* and *celui*
## Using *quel* and *lequel*

If not used in Unit 4, these pages would be useful for practice of *quel*, *lequel*, *ce/cette/ces* and *celui-ci*, etc.

---

# 5E Au café   pages 94–95

| Aims and objectives | Grammar and skills | Resources |
|---|---|---|
| • order drinks and snacks in a café<br>• point out mistakes and deal with payment | • direct and indirect object pronouns (*me, te, le/la, lui, nous, vous, les, leur*) | **Key language:** SB 104–105<br>**Au choix:** SB 223<br>**Online:** Kerboodle Resources and Assessment<br>**Copymasters:** 5/8, 5/9<br>**CD 4** Tracks 19–20<br>**GiA:** 42–43 |

## Introduction

First, revise what students know about French cafés, or have a brainstorming session about cafés.

**Copymaster 5/8**

## Jeux de mots – au café

See notes on page 160 in Unit 5 Revision and additional practice.

**94**

## 1 Le jeu des définitions

This is a quiz to revise snack vocabulary.

a Students work through the definitions, matching up the six snacks that are illustrated.

> **Solution:**
> 1 I, 2 J, 3 A, 4 D, 5 F, 6 G

b There are four snacks without definitions (B, C, E, H) and students are asked to make up suitable descriptions for these. This could be done orally, with definitions written on the board from suggestions made by students. Alternatively, they could be worked on in groups and the results could then be judged by the class or the teacher.

More able students could write their own definitions, which they could then read out for the class to guess.

**94 CD 4 Track 19**

## 2 Qu'est-ce qu'ils ont commandé?

First, students might find it useful to study the relevant part of Unit 5 *Sommaire* (SB 105), perhaps with some oral practice.

They should then listen to the recording and try to note down all the orders. As a further test of comprehension, students could note down the orders in English.

> **Solution:**
>
> 1 *Une glace à la vanille, une glace à la fraise et une bière.*
>
> 2 *Un grand café au lait et un croissant au beurre.*
>
> 3 *Un Orangina, une limonade, un chocolat chaud et un sandwich au pâté.*

# 5E Au café

4 *Un verre de vin rouge et un sandwich au fromage.*

5 *Un thé citron et un jus d'ananas.*

6 *Une omelette aux champignons et de l'eau minérale (un Perrier).*

7 *Une menthe à l'eau, une glace à la vanille et un paquet de chips (et de la monnaie).*

### CD 4 Track 19

### Qu'est-ce qu'ils ont commandé?

1 – Vous voulez commander, madame?
   – Oui. Qu'est-ce que vous avez comme glaces?
   – Nous avons quatre parfums, madame: vanille, fraise, ananas et chocolat.
   – Une vanille et une fraise, s'il vous plaît, et une bière pour monsieur.
   – Deux glaces et une bière. Très bien, madame.

2 – Et pour vous, madame?
   – Pour moi, un grand café au lait, s'il vous plaît, et un croissant au beurre.

3 – Vous désirez, monsieur?
   – Un Orangina et une limonade pour les petits, s'il vous plaît, et pour moi un chocolat chaud.
   – Un Orangina, une limonade et un chocolat, c'est tout?
   – Non, mettez-moi aussi un sandwich au pâté, s'il vous plaît.

4 – Vous désirez, monsieur?
   – Un verre de vin rouge et un sandwich au fromage, s'il vous plaît.
   – Très bien, monsieur.

5 – Monsieur?
   – Un thé citron, s'il vous plaît.
   – Un thé citron, oui. C'est tout?
   – Non … euh … qu'est-ce que vous avez comme jus de fruit?
   – Orange, ananas et pamplemousse, monsieur.
   – Eh bien, un ananas, s'il vous plaît.

6 – Madame?
   – Avez-vous un plat chaud aujourd'hui?
   – Oui, madame. Il y a une omelette aux champignons avec des frites.
   – Il n'y a pas d'autres plats chauds?
   – Non, madame.
   – Mmm … alors, apportez-moi une omelette, mais pas de frites. Je ne veux pas de frites.
   – Vous voulez boire quelque chose?
   – Oui, de l'eau minérale: un Perrier, s'il vous plaît.
   – D'accord, madame, une omelette sans frites et un Perrier. C'est tout?
   – Oui, c'est tout.

7 – Vous désirez?
   – Pour moi, une menthe à l'eau et pour mon ami, une glace à la vanille.
   – Une menthe à l'eau et une glace à la vanille. C'est tout?
   – Non, mettez-moi aussi un paquet de chips. Et avez-vous de la monnaie pour les jeux vidéo?
   – Oui oui, je vais en chercher.

### 223 Au choix

### [6] Une conversation

See notes on page 158 in Unit 5 Revision and additional practice.

### 94

## 3 Lexique

Students write the English, to build a vocabulary list for work on this topic.

**Solution:**

*une bière* – beer, *une boisson gazeuse* – fizzy drink, *un café (au lait)* – coffee (with milk), *un (café) crème* – coffee with cream, *un décaféiné* – decaffeinated coffee, *un chocolat chaud* – hot chocolate, *de l'eau minérale* – mineral water, *un jus de fruit* – fruit juice, *une limonade* – lemonade, *du lait* – milk, *une menthe à l'eau* – mint-flavoured drink, *un thé (citron/au lait)* – tea (with lemon/milk), *du vin (blanc/rosé/rouge)* – (white/rosé/red) wine, *une bouteille* – bottle, *une carafe d'eau* – jug/carafe of water, *un verre* – glass

### 94 CD 4 Track 20

## 4 On prend un verre

a Students listen to and read the dialogue.

b They then work through it in threes, using tasks 3 and 5 and other vocabulary of the topic to help them to invent other conversations.

During the conversation, the waiter makes a mistake in the order. This is a situation often used in exams. More practice of this kind of situation is given on spread 5H.

### CD 4 Track 20

### On prend un verre

– Salut, Dominique! Tiens, il est presque midi. On va au café?
– Bonne idée. Je vais te payer un verre.
– Bonjour, monsieur, qu'est-ce que je vous sers?
– Alors, qu'est-ce que tu prends?
– Un jus de tomate, s'il te plaît.
– Désolé, mais nous n'avons plus de tomate. Je peux vous donner orange ou ananas.
– Bon! Je prendrai un jus d'ananas.
– Un jus d'ananas. Et pour vous, monsieur?
– Pour moi, un grand chocolat chaud. Et qu'est-ce que vous avez comme sandwichs?
– Jambon, fromage et pâté.
– Bon, un sandwich au pâté, s'il vous plaît. Et pour toi?
– Pour moi, un hot-dog, s'il vous plaît. …
– Ah … moi, j'ai commandé un jus d'ananas, mais vous m'avez apporté un jus d'orange!
– Ah bon, excusez-moi. Je vais vous chercher un jus d'ananas tout de suite. …
– Ah! Merci, Dominique. À ta santé!
– À la tienne! …

146 Tricolore 4 Teacher Book

# 5F On mange vite

- Combien je vous dois?
- Voici l'addition, monsieur.
- Voilà, monsieur. …
- Au revoir, Alex. Téléphone-moi un de ces jours!
- OK, ou je t'enverrai un e-mail. Au revoir, Dominique, et merci.

- Donne le crayon à X. (etc.)
- Qu'est-ce que tu lui donnes?
- Je lui donne un crayon. (etc.)
- Qu'est-ce qu'on t'a donné/te donne?
- On m'a donné/me donne un crayon.

📖 95

## 5 Des phrases utiles au café

Students complete the phrases to build up more vocabulary for this topic.

**Solution:**
**1** hot meals, **2** *Qu'est-ce que vous avez comme sandwichs?* **3** Where are the toilets, please? **4** The bill, please. **5** *je vous dois?* **6** What will you have? **7** *santé*

📖 95 Dossier-langue

### Direct and indirect object pronouns

This draws attention to the examples of direct and indirect object pronouns used in the café scene (*me, te, nous, vous, lui* and *leur*) and revises their use. Refer students as necessary to *Grammaire* 8.2.

If appropriate for your class, point out the different position and the change in two of the pronouns when used with an imperative (command or instruction), e.g.

- *Téléphone-moi! Apportez-moi une omelette! Sers-toi! Donnez-lui une glace!*

**Follow-up activity:**

Some oral practice of these pronouns could be given as follows. The teacher could first demonstrate the sequence with some able students. Someone gives something to one or more people and a series of questions and answers follow, e.g.

(Tell someone to give something to one or more people:)

📖 95

## 6 Questions et réponses

This provides practice in using the object pronouns.

**Solution:**
**1** *lui, m'*, **2** *t', la*, **3** *la, l'*, **4** *les*, **5** *leur*

📖 95

## 7 Expressions utiles

Students match the French phrases with their English equivalents to provide some useful phrases that include object pronouns. Encourage students to use these in their work.

**Solution:**
**1** c, **2** a, **3** e, **4** f, **5** d, **6** b

▶ Copymaster 5/9

### Les pronoms sont utiles

See notes on page 160 in Unit 5 Revision and additional practice.

Examination Grammar in Action 42–43

### Using the pronouns *lui* and *leur*
### Using the pronouns *me*, *te*, *nous* and *vous*

These pages provide further practice of indirect object pronouns.

# 5F On mange vite   pages 96–97

| Aims and objectives | Grammar and skills | Resources |
|---|---|---|
| • discuss fast-food restaurants<br>• talk about picnics | • use the perfect and imperfect tenses together | Key language: SB 104–105<br>Online: Kerboodle Resources and Assessment<br>CD 4 Tracks 21–22<br>GiA: 44–45 |

📖 96

## 1 Le fast-food: pour ou contre?

**a** Students first read the four titles A–D (check that these are understood) and then read the article, matching the titles to the paragraphs.

**Solution:**
**1** C, **2** A, **3** B, **4** D

**b** Students find in the text the French for the English phrases listed, to use in their own work.

**Solution:**
**1** *des chaînes de restauration rapide*
**2** *les prix sont raisonnables*
**3** *on se sent/on ne se sent pas*
**4** *pas si isolé que*

Tricolore 4 Teacher Book  147

# 5F On mange vite

    5  *des nouveautés*
    6  *pas de variété*
    7  *trop de monde*
    8  *manger à la hâte*
    9  *la cuisine traditionnelle*
    10 *trop de boutons*

**Follow-up activity:**
Students could make up *vrai ou faux?* statements based on the article and set them for the others. They then go on to read the statements for and against eating in fast-food restaurants, perhaps reading aloud, in turn, a statement from the *pour* and the *contre* sections.

### 96 CD 4 Track 21

## 2 C'est qui?

Students read the sentences describing the opinions of eight people, then listen to the recording and identify the speakers.

> **Solution:**
> **1** C (Louis), **2** B (Camille), **3** G (Chloé),
> **4** E (Lola), **5** A (Farida), **6** D (Jules), **7** F (Gabriel),
> **8** H (Hamid)

### CD 4 Track 21

### C'est qui?

Des jeunes discutent du fast-food. Voici leurs opinions.

1  Moi, j'aime bien les fastfoods … parce qu'on sait exactement ce qu'on va manger. On ne risque pas de mauvaises surprises!
2  Moi aussi, je suis pour les fastfoods. J'y mange avec mes copains et il y a presque toujours une bonne ambiance.
3  Moi, je n'aime pas le self-service. Je préfère être servie et je veux manger à l'aise.
4  Ce n'est pas que je n'aime pas le goût des hamburgers, mais toute la nourriture des fastfoods est pleine de calories et ça fait grossir.
5  Je suis végétarienne, mais maintenant, il y a même des hamburgers pour les végétariens et ils sont délicieux!
6  Les fastfoods sont très pratiques. On en trouve partout et on mange vite.
7  Dans un fastfood, il n'y a pas de variété. Dans un café, il y a plus de choix et on peut acheter des boissons alcoolisées ou non alcoolisées.
8  Moi, je n'aime pas beaucoup les fastfoods. Pour fêter un évènement spécial, rien ne peut remplacer un dîner dans un bon restaurant. Connaissez-vous beaucoup de gens qui voudraient prendre leur repas du réveillon du Nouvel An dans un McDonald's?

### 96

## 3 À vous!

a  Students discuss their preferences for fast-food or other restaurants, giving their reasons. Views can be collated as a whole-class activity in preparation for the following written activity.

b  Using the phrases provided and the young people's opinions as a model, students write their views on the advantages and disadvantages of fast food.

### 97

## 4 Aimez-vous les piqueniques?

a  Students read these two letters for and against picnics and then do the activity, in which they have to decide if the statements are true, false or not mentioned.

b  They then choose one of the texts to translate into English.

> **Solution:**
>
> **a**  **1** V, **2** V, **3** F, **4** PM, **5** V, **6** V, **7** V, **8** PM
>
> **b** (sample)
>
> **Alisé**: When I was little we used to go on a picnic on Sundays if the weather was good. I love picnics and I'm always having them! We eat outdoors: normally we have raw vegetables, fruit, fresh bread, ham or cheese, everything is good for your health. What's more, there's often a great atmosphere. We go off in a group, on bikes or on foot, so it's very good for keeping fit.
>
> **Florian**: I hate picnics. You walk for ages carrying a big bag then when you're ready to eat it's really hot or it rains. The ground is dirty and there are insects everywhere. The sandwiches are too dry and you eat too many crisps and biscuits. To be honest, picnics do not appeal to me at all!

### 97

## 5 Au passé

This provides practice in using the two past tenses together. Go through the infinitives and check that students know which auxiliary to use and whether agreement is appropriate in the perfect tense.

> **Solution:**
>
> 1  *Quand elle habitait à Paris, ma grand-mère mangeait souvent au restaurant.*
>
> 2  *À l'âge de 60 ans, elle est allée pour la première fois dans un fastfood.*
>
> 3  *Pendant qu'il préparait le dîner, mon père a cassé une assiette.*
>
> 4  *Ma sœur est tombée malade quand nous étions au restaurant.*
>
> 5  *Pendant que nous regardions la carte, Max est arrivé au restaurant.*
>
> 6  *On faisait un piquenique dans le parc quand soudain, il a commencé à pleuvoir.*

### 97 Dossier-langue

### Using past tenses together

This provides a reminder of when to use the perfect and imperfect tenses. Refer students as necessary to *Grammaire* 14.6–14.8 for notes on the formation and uses of these tenses.

# 5G Au restaurant

Examination Grammar in Action 44–45

## Using the perfect and imperfect tenses (1) and (2)

These pages provide more practice of these tenses.

**97 CD 4 Track 22**

### 6 L'incroyable piquenique

Students listen to the account of the millennium picnic and complete the summary that follows. Students could try to find out if anything similar has happened since the year 2000.

Explain what the *Méridienne verte* is: *La Méridienne verte est une ligne marquée par des arbres, qui va de Dunkerque presqu'en Espagne (une distance de 1 000 km).*

**Solution:**
1 *piquenique*, 2 *14*, 3 *mauvais*, 4 *a eu*, 5 *tout le monde*, 6 *salles des fêtes*, 7 *nappe*, 8 *blanche*, 9 *véhicules*, 10 *boue*

**CD 4 Track 22**

### L'incroyable piquenique

Le 14 juillet 2000, pour la fête nationale en France, on a organisé un incroyable piquenique le long de la Méridienne verte. Il y avait une immense nappe à carreaux rouges et blancs (coupée en 337 sections d'un kilomètre et demi). Tout le monde était invité. On devait simplement apporter un panier repas.

À Treignat, au centre de la France, le boulanger a fait 2 000 baguettes pour le piquenique (un record dans sa carrière).

Malheureusement, il n'a pas fait beau ce jour-là et dans beaucoup de villages, on a dû s'abriter dans des salles des fêtes et des granges. Cependant, le piquenique a eu lieu comme prévu. Mais les champs improvisés en parking se sont transformés en boue et des tracteurs munis de chaînes ont souvent été nécessaires pour sortir les véhicules.

As a follow-up, students could now write about an imaginary or real picnic that was either a great success or a disaster. This would be suitable for peer assessment, using exam guidelines to mark each other's work.

**97**

### 7 À vous!

This open-ended task provides practice in writing about food and going out with friends. Students should use perfect, imperfect and future tenses to cover all aspects of the task. Encourage them to vary the vocabulary and grammar to show what they know.

## 5G Au restaurant    pages 98–99

| Aims and objectives | Grammar and skills | Resources |
|---|---|---|
| • choose a French restaurant and book a table<br>• discuss the menu<br>• order and pay for a meal | | **Key language:** SB 104–105<br>**Au choix:** SB 223<br>**Online:** Kerboodle Resources and Assessment<br>**Copymasters:** 5/10, 5/11, 5/12, 5/13<br>**CD 4** Tracks 23–26<br>**GiA:** 48 |

**98 CD 4 Track 23**

### 1 Six conseils pour les étrangers!

Students should begin by reading the *six conseils*. They then listen to the recorded interviews and pick out the four points made that are the same as those listed.

**Solution:**
statements 1, 2, 4 and 5

There are two other pieces of advice not mentioned in the leaflet, and the more able students might be able to spot these. They are:
– *C'est toujours une bonne idée de goûter au plat du jour.*
– *Si vous ne savez pas quoi choisir, demandez au serveur de vous recommander un plat ou un vin.*

**CD 4 Track 23**

### Six conseils pour les étrangers!

– Pardon, madame, avez-vous des conseils pour les étrangers qui veulent manger dans un restaurant en France?
– Ben … s'ils veulent trouver un bon restaurant, ils devraient choisir les restaurants où nous, on mange, nous les habitants de la ville. Euh … puis … euh … il faut toujours regarder la carte, avant d'entrer. Ça, c'est important parce qu'il y a souvent des suppléments. Il faut faire bien attention!
– Merci, madame. Excusez-moi, monsieur. Nous préparons des conseils pour les étrangers qui veulent manger au restaurant en France. Avez-vous des idées pour nous aider?

# 5G Au restaurant

– Euh … voyons … oui. Le plat du jour, c'est toujours une bonne idée de goûter au plat du jour. Et puis le menu à prix fixe, ça revient moins cher que le menu à la carte.
– Merci. Et vous, mademoiselle, vous avez des idées de conseils?
– Ben, je ne mange pas souvent au restaurant, je mange plutôt un casse-croûte dans un bistro ou un café.
– Donc aucun conseil?
– Sauf que … au restaurant, si vous ne savez pas quoi choisir – comme moi, d'ailleurs – dans ce cas, demandez au garçon de café de vous recommander un plat ou un vin.
– Merci, mademoiselle. C'est un bon conseil!

As an optional follow-up activity, able students could make up 'tourist and expert' dialogues, asking for and giving advice, e.g.
– *Pour manger au restaurant en France, qu'est-ce que vous me conseillez?*
– *D'abord, choisissez un restaurant où les clients sont français.*

📖 98

## 2 Trouvez les paires

Students match the French phrases with their English equivalents to provide some useful restaurant vocabulary.

**Solution:**
**1** d, **2** f, **3** a, **4** h, **5** c, **6** e, **7** b, **8** g

📖 98 CD 4 Track 24

## 3 Quatre restaurants

a Students first study the restaurant adverts, noting the key features of each, perhaps in groups. This could lead to some oral work, e.g.
– *C'est quelle sorte de restaurant?*
– *Est-ce qu'on peut manger dehors?*
– *Est-ce qu'on peut manger des pizzas ici?*

Students then read the eight statements and decide which of them apply to each restaurant.

**Solution:**

| Restaurant | A | B | C | D |
|---|---|---|---|---|
| 1 terrasse | PM | V | V | V |
| 2 plats végétariens | PM | V | PM | V |
| 3 ouvert tous les jours | PM | F | V | F |
| 4 fermé le dimanche | PM | V | F | F |
| 5 parking | PM | PM | V | V |
| 6 menu enfants | PM | PM | V | PM |
| 7 spécialités | V | V | PM | PM |
| 8 buffet froid | F | PM | V | V |

b Students listen to the recording and decide which of the four restaurants is most suitable for each group of diners.

**Solution:**
**1** A, **2** B, **3** C, **4** D, **5** B

As extra practice, students could choose in which restaurant they themselves would prefer to eat. They could also be asked to explain their choice, e.g.
– *Êtes-vous végétarien(ne)?*
– *Tes amis, aiment-ils les pizzas?*
– *Avez-vous déjà goûté au couscous?*

🔊 CD 4 Track 24

### Quatre restaurants

1 – Si on allait au cinéma? Mais je voudrais bien manger quelque chose avant.
– Ben, moi, je n'ai pas très faim, mais on peut quand même aller manger quelque chose.
– Qu'est-ce que tu préfères, un restaurant ou un fastfood?
– Oh ben, je préfère aller manger quelque chose de rapide, un croissant, par exemple.
– D'accord.

2 – C'est ma fête demain. Si on allait manger au restaurant, tous les trois?
– Oh, mais il fait trop chaud pour manger à l'intérieur.
– Eh bien, ce n'est pas grave, on trouvera un restaurant avec une terrasse.
– Je voudrais manger du couscous. Et toi?
– Ah oui, j'aime ça. Et toi, Sophie, tu aimes le couscous?
– Oui, bonne idée!

3 – Alors, on va au restaurant ce soir?
– Euh … oui, je veux bien.
– Tu aimes les pizzas?
– Les pizzas, oui, j'adore ça.
– On va manger une pizza alors.

4 – Qu'est-ce qu'on fait ce soir?
– On pourrait aller manger au restaurant.
– Oui, je veux bien.
– Quel genre de restaurant? Qu'est-ce que tu veux manger? Un steak, peut-être?
– Ah non, pas de steak pour moi. Je suis végétarienne, je ne mange pas de viande et pas de poisson.
– Tu aimes les salades?
– Bien sûr. Je connais un restaurant où il y a des salades et un buffet froid délicieux!

5 – Ah, Sarah, comment ça va? Ça va bien?
– Oui, et toi? Ça fait longtemps que je ne t'ai pas vu.
– Ben oui, je suis juste revenu du Maroc. J'ai passé deux mois en vacances là-bas.
– C'était bien?
– C'était super et la nourriture était exceptionnelle.
– Ah, moi, je n'connais pas du tout.
– Ça te dirait de venir manger avec moi ce soir? Il y a un restaurant près d'ici qui fait des spécialités marocaines.
– Excellent! Allons-y ce soir!

📖 223 Au choix

## [7] On cherche un restaurant

See notes on page 158 in Unit 5 Revision and additional practice.

# 5G Au restaurant

🔊 99 CD 4 Track 25

## 4 Pour réserver une table

a Students listen to the recorded conversation and put the five questions in the correct order.

**Solution:**
1 b, 2 e, 3 d, 4 a, 5 c

b They then practise the script in pairs and then make up new conversations, substituting another restaurant, booking in their own name and changing the other details.

🔊 CD 4 Track 25

### Pour réserver une table

- Restaurant du Château, bonjour.
- Bonjour. Je voudrais réserver une table pour ce soir.
- Oui. C'est pour combien de personnes?
- Pour quatre personnes.
- Et à quelle heure?
- Huit heures, ça va?
- Oui, j'ai une table pour huit heures. C'est à quel nom?
- Rainier.
- Rainier. Comment ça s'écrit?
- R–A–I–N–I–E–R.
- En salle ou en terrasse?
- En salle, s'il vous plaît.
- Bon. Alors, j'ai réservé une table à huit heures, pour quatre personnes, et c'est au nom de Rainier.
- C'est ça.

**Follow-up activity:**
There are many restaurants with sample menus on the internet that can be readily found through a search engine. A useful way to exploit this is to ask students to select a menu and then use it in a restaurant role play.
As a variation, go for specialist menus such as vegetarian, shellfish, Vietnamese or Provençal.

🔊 99 CD 4 Track 26

## 5 Vous avez choisi?

Students first study the menus, then listen to the recording and try to note down the customers' orders.

As a further check on comprehension, students could note in English what the orders are.

**Solution:**

1 *Le menu à 15 euros: salade mixte, spaghetti bolognaise, une petite carafe de vin blanc, du fromage*

2 *Le menu à 24 euros: salade niçoise, salade de tomates, deux escalopes de veau, frites, tomates provençales, vin rouge, eau minérale gazeuse, deux desserts maison*

3 *Le menu à 20 euros: crudités, pizza aux quatre saisons, une bière, (un petit) café, glace vanille et fraise*

🔊 CD 4 Track 26

### Vous avez choisi?

1 – Monsieur?
 – Je prendrai la salade mixte, s'il vous plaît.
 – La salade mixte … alors vous prenez le menu à quinze euros, non?
 – Oui, c'est ça. Alors la salade mixte, puis comme plat principal … euh … spaghetti bolognaise.
 – Spaghetti bolognaise. Et vous voulez quelque chose à boire? Les boissons sont en supplément.
 – Oui, apportez-moi une petite carafe de vin blanc, s'il vous plaît.
 – Une carafe de vin blanc.
 – Et puis, pour terminer, du fromage.
 – Du fromage … entendu, monsieur.

2 – Bonjour, monsieur. Bonjour, madame. Vous avez choisi?
 – Oui, nous prenons le menu à vingt-quatre euros, s'il vous plaît.
 – Très bien. Et pour commencer?
 – Pour commencer, la salade niçoise pour moi – j'adore les olives … et la salade de tomates pour mon mari.
 – Une salade niçoise et une salade de tomates. Et comme plat principal?
 – Deux escalopes de veau, s'il vous plaît, pour nous deux.
 – Deux escalopes … et vous voulez des légumes?
 – Donnez-moi des frites et … euh … des tomates provençales pour ma femme.
 – Et comme boisson, monsieur?
 – Une bouteille de vin rouge et une bouteille d'eau minérale.
 – Du vin rouge et de l'eau minérale. Gazeuse ou non gazeuse?
 – Gazeuse, s'il vous plaît.
 – Vous voulez commander un dessert?
 – Un dessert? Attendez. Quel est le dessert maison aujourd'hui?
 – Ce sont des bananes au rhum, une spécialité de la Martinique. C'est délicieux!
 – Bon, alors deux desserts maison pour terminer.

3 – Bonjour, mademoiselle, vous êtes prête à commander?
 – Oui, s'il vous plaît. Pour commencer, des crudités.
 – Des crudités, donc le menu à vingt euros.
 – C'est ça. Puis … euh … qu'est-ce que vous me recommandez?
 – Le plat du jour est très bon. Il y a du saumon ou du thon.
 – Ah non, je n'aime pas trop le poisson. Qu'est-ce que vous avez comme pizza?
 – Tomates et fromage, jambon et ananas, champignons et puis la pizza aux quatre saisons: c'est la spécialité de la maison.
 – Très bien, je prends ça.
 – Qu'est-ce que vous voulez boire?
 – Une bière, s'il vous plaît, puis un petit café avec le dessert.
 – Qu'est-ce que vous prenez comme dessert?
 – Je vais prendre une glace.

Tricolore 4 Teacher Book 151

## 5H Je viens de …

- Une glace. Quel parfum?
- Euh … vanille et fraise. Vous avez?
- Bien sûr, mademoiselle. Un petit café et une glace vanille et fraise.

📖 99

### 6 On dîne

This group-work activity provides practice in ordering a meal from the menus on the page. Students work in threes, taking turns to be the waiter and changing the details each time.

▶ Copymaster 5/10

### La Patate

See notes on page 160 in Unit 5 Revision and additional practice.

**Examination Grammar in Action 48**

### Using *prendre, comprendre, apprendre*

This provides practice of these three verbs in different contexts and can be used at any appropriate point. It includes the present and perfect tenses of *prendre* in the context of ordering food in a restaurant and saying what someone has ordered, so it could be linked with task 6 (where *prendre* is used in the present and the future) or task 7 (which is set in the past).

📖 99

### 7 À vous!

As written consolidation of the restaurant topic, students write an account of a real or imaginary restaurant meal, using the questions as a guide. As this activity is in the past tense, teachers may prefer to use it with spread 5H.

Ask a few of the questions and encourage students to use a range of vocabulary and structures. It could be helpful to do the following *Au choix* activity first, as preparation.

📖 223 Au choix

### [8] Qu'est-ce qu'il faut dire?

See notes on page 158 in Unit 5 Revision and additional practice.

📖 223 Au choix

### [9] Des messages

See notes on page 158 in Unit 5 Revision and additional practice.

▶ Copymaster 5/11

### Mots croisés – au restaurant

See notes on page 161 in Unit 5 Revision and additional practice.

▶ Copymaster 5/12

### Un peu d'histoire

See notes on page 161 in Unit 5 Revision and additional practice.

▶ Copymaster 5/13

### Un restaurant pas comme les autres

See notes on page 161 in Unit 5 Revision and additional practice.

## 5H Je viens de … pages 100–101

| Aims and objectives | Grammar and skills | Resources |
| --- | --- | --- |
| • point out problems or mistakes<br>• say what has just happened or what is about to happen | • use *venir de* and *aller* + infinitive<br>• use *être en train de* + infinitive | **Key language:** SB 104–105<br>**Online:** Kerboodle Resources and Assessment<br>**CD 4** Tracks 27–28<br>**GiA:** 46–47 |

📖 🔊 100 CD 4 Track 27

### 1 Il y a un problème

If preferred, students could first look at part b to match the French phrases with their English equivalents, which provides some useful phrases for complaints. They then listen to the eight recorded conversations and note down the problems. According to students' ability, this could be done in French or in English. Some suggested phrases could be supplied, e.g.

*On a commandé …, mais le garçon a apporté … Il y a une erreur dans …*

Solution:

**a**

1 *(Il n'y a) pas de fourchette.*

2 *On n'a pas commandé deux melons et un pâté, on a commandé deux pâtés et un melon.*

3 *On n'a pas commandé de l'eau plate, on a commandé de l'eau gazeuse.*

152 Tricolore 4 Teacher Book

# 5H Je viens de …

4 *Ce n'est pas ce qu'on a commandé. On a commandé une glace à la fraise.*

5 *La cliente est allergique aux noisettes.*

6 *Il y a une erreur dans l'addition.*

7 *Il n'y a pas de camembert.*

8 *On a commandé deux bouteilles de vin rouge et une bouteille de vin blanc.*

**b** **1** b, **2** f, **3** e, **4** c, **5** a, **6** d

🔊 CD 4 Track 27

## Il y a un problème

1 – Excusez-moi, monsieur, mais je n'ai pas de fourchette.
 – Oh pardon, mademoiselle. Je vais vous en chercher une.

2 – Voilà, deux melons et un pâté.
 – Mais monsieur, on a commandé deux pâtés et un melon.
 – C'est vrai? Excusez-moi, je vais l'échanger.

3 – Monsieur?
 – Oui, madame?
 – On a commandé de l'eau gazeuse, mais ça, ce n'est pas gazeux, c'est de l'eau plate.
 – Ah oui, madame. C'est une erreur. Voilà de l'eau gazeuse.

4 – Mademoiselle. Ce dessert, ce n'est pas ce que j'ai commandé.
 – Vous n'avez pas commandé une glace?
 – Si, si, mais une glace à la fraise. Ça c'est une glace aux framboises, n'est-ce pas?
 – Ah oui, je comprends. Je m'excuse, monsieur. Je vais l'échanger tout de suite.

5 – Excusez-moi, mademoiselle, mais ce gâteau, est-ce qu'il y a des noisettes dedans?
 – Oui, mademoiselle, c'est possible.
 – Alors, je regrette, mais je suis allergique aux noisettes.
 – Ah bon. Alors, vous voulez autre chose?
 – Oui, je voudrais un sorbet au citron, s'il vous plaît. Je m'excuse, mademoiselle.
 – Je vous en prie, ce n'est pas grave!

6 – Monsieur! Je crois qu'il y a une erreur dans l'addition.
 – Ah oui?
 – Nous avons pris deux menus à quinze euros, mais le prix est trente-trois euros.
 – Oui, monsieur. Mais vous avez commandé des huîtres, n'est-ce pas?
 – Oui, une demi-douzaine d'huîtres.
 – Alors, les huîtres sont en supplément, monsieur. Voilà, c'est marqué sur la carte.
 – Ah bon, vous avez raison. Je n'avais pas vu ça.

7 – Voilà le fromage, monsieur.
 – Merci, mais il n'y a pas de camembert. Vous n'avez pas de camembert aujourd'hui?
 – Non, monsieur, il n'y en a plus.
 – Alors, apportez-nous du brie, s'il vous plaît.
 – Du brie? Entendu. Je vais en chercher.

8 – Pardon, monsieur. On a commandé deux bouteilles de vin rouge et une bouteille de vin blanc, mais vous avez apporté deux bouteilles de vin blanc et une de rouge.
 – Voyons … ah oui, c'est vrai. Je vais échanger cette bouteille de vin blanc tout de suite.
 – Merci, monsieur.

📖 100

## 2 Encore des problèmes

Students now work in pairs to make up some similar conversations themselves, based on the six suggested situations, and then perhaps invent one or two problems of their own.

📖 100

## 3 Mon repas

Students read the email about a problem meal and decide whether statements are true, false or not mentioned. The text also contains examples of *venir de* and *aller* + infinitive.

**Solution:**
**1** V, **2** PM, **3** V, **4** F, **5** V, **6** V, **7** PM, **8** F

📖 100 Dossier-langue

## *venir de …* and *aller …*

This item introduces *venir de* + infinitive and revises *aller* + infinitive. Refer students as necessary to *Grammaire* 14.9d and 16.8.

📖 🔊 101 CD 4 Track 28

## 4 Passé ou futur?

Students listen to this series of short conversations and decide whether they refer to the past (P) or the future (F).

**Solution:**
**1** P, **2** F, **3** P, **4** F, **5** F, **6** P, **7** P, **8** F

🔊 CD 4 Track 28

## Passé ou futur?

1 – Allô. Est-ce que je peux parler à Daniel?
 – Ah non, je regrette. Il vient de sortir.

2 – Est-ce qu'il sera là ce soir?
 – Ah non, il va passer le weekend chez son copain.

3 – Zut, alors!
 – Qu'est-ce qu'il y a?
 – Je suis en retard. Il est déjà midi et je viens de manquer le bus.

4 – Voulez-vous dîner chez nous samedi soir?
 – Euh, samedi soir? Désolé, mais nous allons dîner chez mes grands-parents.

# 5I Contrôle

📖

5 – Tu as trouvé du travail pour les grandes vacances?
– Oui, je vais travailler au supermarché le vendredi soir et le weekend.

6 – Ma sœur vient de me laisser un message sur mon téléphone portable. Les résultats viennent de sortir et elle a son bac.
– Fantastique!

7 – Mon frère est arrivé à Paris. Je viens de lire son e-mail.

8 – Qu'est-ce qu'on va faire ce soir?
– Si on allait au café?
– Non, il n'y a rien à faire au café.
– Il y a une fête foraine en ville.
– Chic. On va y aller alors!

📖 **100 Dossier-langue**

## être en train de …

This explains the use of *en train de* + infinitive.

📖 **101**

## 5 On mange

Students match the French phrases with their English equivalents to provide some examples of the expressions *être en train de*, *venir de* and *aller* with the infinitive.

Solution:
1 c, 2 f, 3 d, 4 h, 5 a, 6 g, 7 e, 8 b

📖 **101**

## 6 Julien ne va pas bien

This provides practice of *venir de*, *être en train de* and *aller* with the infinitive. Students complete the text using the expressions provided.

Solution:
1 c, 2 e, 3 g, 4 a, 5 d, 6 h, 7 b, 8 f

📖 **101**

## 7 On explique

Students now translate sentences into French using *venir de*, *être en train de* and *aller* with the infinitive.

Solution:
(sample)

1 *Tu vas aller au collège avec moi demain.*
2 *Mon amie/Ma copine Chloé vient d'arriver.*
3 *Tes parents viennent de téléphoner.*
4 *Papa est en train de préparer le dîner.*
5 *Maman vient d'envoyer un texto et elle va bientôt arriver.*
6 *Elle est en train d'acheter un dessert à la pâtisserie.*

📖 **101**

## 8 À vous!

Students write a message to a friend explaining the problems they have had while dining with other friends. Encourage students to use different tenses. Recap the perfect and imperfect tenses as appropriate.

**Examination Grammar in Action 46–47**

### Using *aller* and *venir de* + infinitive
### Using *aller*, *venir de*, *être en train de* + infinitive

These pages provide more practice of *aller*, *venir de* and *être en train de* + infinitive.

# 5I Contrôle   pages 102–103

| Aims and objectives | Grammar and skills | Resources |
|---|---|---|
| • practise exam techniques<br>• find out what you have learnt | | **Key language**: SB 104–105<br>**Online**: Kerboodle Resources and Assessment<br>**Copymasters**: 5/15–5/20<br>**CD 4** Tracks 29–31, 37–39, **CD 5** Tracks 2–5<br>**SCD 1** Tracks 26–32 |

This spread provides assessment tasks, in all four skills, which follow the style of assessment offered by some awarding bodies. It is intended to provide practice in the different assessment techniques as well as to assess knowledge of the content of the unit.

Additional assessment material, using literary extracts for reading and photos for oral work, is provided in the five *C'est extra!* spreads which appear after Units 2, 4, 6, 8 and 10.

Teachers should adapt the tasks as necessary to suit the needs of their students. Board-specific examination practice, written by experienced examiners, is provided online.

# 5I Contrôle

## Listening

🔊 **102** CD 4 Track 29

### 1 On parle des repas

Students listen to the recording and answer the questions in English.

**Solution:**

a 1 (grated) carrot, cucumber, radish
  2 fish, beans, potatoes
  3 sweet/sugary drinks
  4 evening
  5 yes

b 1 never, because she's diabetic
  2 breakfast
  3 Morocco
  4 November
  5 family meal at restaurant (16 people, she chooses menu)

🔊 CD 4 Track 29

### On parle des repas

**Partie A**

J: Salut, Thomas. Dis-moi, tu déjeunes tous les jours au collège?
T: Oui, sauf le weekend et pendant les vacances!
J: Bien sûr! Et qu'est-ce que tu manges d'habitude?
T: Alors, hier, c'était un déjeuner assez typique pour moi. Pour commencer, j'ai pris des crudités, c'est à dire de la carotte râpée, du concombre, des radis … Et comme plat principal, il y avait du poisson avec des haricots et des pommes de terre. Normalement, je prends du poisson ou de la viande – il faut manger équilibré, tu sais, alors je prends un peu de tout. Et j'évite les boissons sucrés – je préfère l'eau de robinet!
J: Tu as raison. Tu prends un dessert?
T: Ah oui. J'adore les choses sucrées de temps en temps, alors hier j'ai pris une tarte aux fraises. Les autres jours, je prends un fruit ou un yaourt.
J: Et le weekend?
T: Le weekend, nous mangeons en famille. Le soir, c'est à peu près la même chose que le déjeuner au collège. Mais normalement, on ne mange pas beaucoup à midi chez nous; un sandwich ou une portion de pizza, peut-être.

**Partie B**

T: Et toi, qu'est-ce que tu manges?
J: Moi, je n'aime pas tellement le déjeuner et je ne mange jamais de gâteaux parce que je suis diabétique. Par contre, je trouve qu'il est très important de prendre un bon petit déjeuner; c'est mon repas principal.
T: Mon repas préféré, c'est un repas de fête! Chez nous, on aime la cuisine marocaine. Mon oncle habite au Maroc et chaque fois que nous y allons, il y a un grand repas avec beaucoup de spécialités de la région. Ce que j'aime surtout, c'est le 'couscous royal'.

J: Nous allons avoir un grand repas pour fêter mes seize ans en novembre. Toute la famille ira au restaurant dans notre village. Nous serons seize personnes et je peux décider le menu! Super, non?
T: Génial! Eh bien, maintenant, j'ai faim! Tu viens au café avec moi?
J: Je veux bien! Allons-y!

🔊 **102** CD 4 Track 30

### 2 Au supermarché Villeneuve

Students listen to the supermarket adverts and choose the four correct sentences.

**Solution:**
A, D, E, G

🔊 CD 4 Track 30

### Au supermarché Villeneuve

Cette semaine, au supermarché Villeneuve, c'est la semaine des fruits! Il y a des offres spéciales sur les bananes, seulement 75 cents pour un kilo de bananes! Et les oranges aussi. Pour une semaine seulement – un euro cinq pour un kilo d'oranges – les meilleures oranges. Il ne faut pas manquer ça!

Attention! C'est bientôt le weekend! Achetez vos provisions au supermarché Villeneuve. Ne manquez pas nos offres spéciales. Les yaourts 'Bon dimanche' – le lot de quatre pots de yaourts fruités, seulement un euro cinquante, en offre spéciale.

Et les pains au chocolat – aussi en offre spéciale! Le lot de deux sachets de huit pains au chocolat chacun, dont quatre gratuits. Alors ça fait seize pains au chocolat – seulement deux euros soixante en tout. C'est fantastique!

Vous êtes en vacances? Vous ne voulez pas passer la journée à cuisiner? Les supermarchés Villeneuve ont préparé pour vous un grand choix de plats surgelés. Les pizzas avec des réductions de vingt pour cent. Les crevettes ou le saumon à la crème – avec une réduction de trente pour cent – trente pour cent, mais c'est pour cette semaine seulement.

Cette semaine au supermarché Villeneuve, mais dépêchez-vous! Ces réductions sont pour cette semaine – et pas plus!

🔊 **102** CD 4 Track 31

### 3 Le végétarisme

Students listen to the discussion and complete the sentences in French.

**Solution:**
1 *équilibrée*, 2 *végétariens*, 3 *plantes*, 4 *informés*

🔊 CD 4 Track 31

### Le végétarisme

– Il y a beaucoup de gens qui critiquent le végétarisme. On dit qu'un plat de frites, de pâtes ou de riz ne peut pas suffire pour une alimentation équilibrée.

Tricolore 4 Teacher Book **155**

# 5I Contrôle

> – Je suis tout à fait d'accord, mais quel est le rapport entre le végétarisme et ces plats? Il n'y en a pas! Si vous voyez la carte d'un restaurant végétarien ou si vous ouvrez un livre de recettes végétariennes vous en serez convaincu. À mon avis, il y a un très grand choix de repas végétariens.
> – Vous pensez alors qu'on peut vivre seulement des plantes?
> – Bien sûr que oui. Des centaines de plantes à travers le monde sont à la fois nutritives et délicieuses. Une alimentation végétarienne est équilibrée, et les végétariens sont bien plus informés que le reste de la population sur l'équilibre alimentaire.

## Speaking

📖 102

### 1 Role play

This gives an outline for a role-play conversation about healthy eating. Students could think about the questions which might be asked, perhaps looking back through the unit for ideas.

a As preparation, students read the conversation in pairs.

b They invent a slightly different conversation on the same topic.

📖 102

### 2 Une conversation

Students work in pairs to make up a conversation, using the questions listed as a guideline.

## Reading

📖 103

### 1 C'est mon métier

Students read the article and choose the correct option in the five sentences.

> **Solution:**
> **1** a, **2** c, **3** c, **4** b, **5** b

📖 103

### 2 Au fastfood

Students translate the text into English.

> **Solution:**
> (sample)
> At the weekend, when I am in town with my friends, I like to go to a fast-food restaurant. It is practical, but it is quite expensive and we don't do it often. When I was little, we often celebrated birthdays at a fast-food restaurant. We used to eat chips with hamburgers or chicken pieces/nuggets and afterwards there was (some) cake.

📖 103

### 3 Les jus de fruits

Students read the article and answer the questions in English.

> **Solution:**
> **1** a, c, b, d, **2** because they contain 4–6 times more vitamin C, **3** It can cause diabetes and obesity.

## Writing

📖 103

### 1 Les repas

Students write a blog of about 150 words on meals. They should cover all three aspects of the question.

📖 103

### 2 Traduction

Students translate the text into French.

> **Solution:**
> (sample)
> Je viens de fêter mon anniversaire avec des amis. Ma mère a préparé une assiette de fruits de mer puis du steak-frites (du steak avec des frites). C'était un désastre parce que ma copine (petite amie) est végétarienne! L'année prochaine, j'irai (vais aller) au (à un) restaurant et (moi,) je voudrais choisir le menu.

📖 104–105

## Sommaire 5

This is a summary of the main topic vocabulary of the unit, also available on copymaster.

# 5 Revision and additional practice

**Resources**

Key language: SB 104–105
Au choix 5: SB 222–223
Online: Kerboodle Resources and Assessment
Copymasters: 5/1–5/20
CD 4 Tracks 13, 18, 32–39, CD 5 Tracks 2–5
SCD 1 Tracks 26–32

## Au choix

**222 Au choix CD 4 Track 32**

### 1 Des plats britanniques

Before listening to the recording, ask a few questions to find out which of the typical British dishes illustrated students have eaten and which they like and dislike. Give some of the new words (mostly not core vocabulary, e.g. *fourré, Cornouailles, la pâte, une cocotte, au four, des rognons, raisins secs/de Corinthe, la crème anglaise*).

Students then listen and match each definition they hear to the appropriate illustration.

When they listen to the recording, perhaps give different groups of students two definitions each to listen for. Some students may be able to take down one or more of the definitions in full.

**Solution:**

**1** B (doughnut), **2** E (Cornish pasty),
**3** D (Yorkshire pudding), **4** H (steak and kidney pie), **5** F (mince pies), **6** G (trifle), **7** C (scones),
**8** A (fruit cake)

**CD 4 Track 32**

**Des plats britanniques**

1 Voici une chose que j'ai beaucoup aimée. C'est un petit gâteau rond qui est frit. À l'intérieur, il y a de la confiture de framboise et à l'extérieur, il y a du sucre. C'est délicieux, mais ça fait grossir!

2 Voici quelque chose qu'on a quelquefois mangé pour le déjeuner. C'est un plat traditionnel de Cornouailles, fait avec de la viande, des pommes de terre et de la pâte.

3 Ça, c'est une chose curieuse, mais que j'ai beaucoup aimée. C'est fait avec une sorte de pâte à crêpes, mais salée plutôt que sucrée. On la fait cuire au four et on la mange pour commencer le repas avec de la sauce à l'oignon ou avec un plat principal, surtout si c'est du rosbif.

4 Voilà une chose que j'ai mangée plusieurs fois, mais je ne peux pas dire que je l'aime beaucoup. C'est du steak avec des rognons, cuits dans une cocotte avec de la pâte dessus. On le mange comme plat principal avec des pommes de terre et quelquefois, de la sauce.

5 Ce sont des petites tartes fourrées qu'on mange surtout à Noël, mais qu'on a fait spécialement pour moi, pour goûter. À l'intérieur, il y a une sorte de confiture faite avec des raisins secs et des raisins de Corinthe. Il paraît qu'on les mange souvent chaudes avec de la crème anglaise.

6 Ça, c'est un dessert … euh … et c'est fait avec du biscuit, une gelée de fruits et sur le dessus, de la crème anglaise et de la crème fraîche. Mmm, c'est délicieux! Je vais en faire chez moi.

7 Ça ressemble un peu à des gâteaux, mais pas très sucrés. On les mange avec du beurre et quelquefois avec de la confiture de fraises. Il paraît que dans le sud-ouest de l'Angleterre, on les mange avec de la crème fraîche.

8 On en a fait un pour moi, parce que c'était mon anniversaire, mais on les fait surtout pour les mariages et à Noël. C'est très riche et on y met des raisins de Corinthe, des raisins secs, des cerises glacées et beaucoup de beurre et de sucre. On le fait cuire à l'avance et on le sert en tranches.

**222 Au choix**

### 2 Un mail à écrire

This contains suggestions for an email which consolidates much of the work on SB 86–87.

**222 Au choix**

### 3 Forum des jeunes: Le végétarisme

This activity is most suitable for able students. Students read the forum and then look at the statements and decide which of the writers holds each view. There could be a fuller discussion of vegetarianism/veganism, etc. (see SB 89 task 6, TB 140), but now also including the views of these four speakers, e.g.

– *Est-ce que vous connaissez quelqu'un qui est végétarien?*
– *Depuis combien de temps est-il/elle végétarien(ne)?*
– *Pour quelles raisons?*
– *Est-ce qu'il/elle est la seule personne dans sa famille à être végétarien(ne)?*
– *Est-ce que ça pose des problèmes dans la famille?*
– *Est-ce que beaucoup de restaurants offrent des plats végétariens maintenant?*

**Solution:**

**1** Mistercool, **2** Bonne Génie, **3** Mistercool,
**4** Supersportif, **5** Perruchefolle, **6** Bonne Génie,
**7** Supersportif, **8** Perruchefolle

# 5 Revision and additional practice

### 222 Au choix

## 4 Un problème de santé

This provides further questions on the healthy eating forum discussion on SB 91, leading up to the final open-ended question which can be used as the basis for further discussion of the topic. The questions extend and develop the discussion of healthy eating.

> **Solution:**
> (sample)
> 1 *Parce que notre génération aura une plus faible espérance de vie que nos parents. L'obésité va coûter très cher en dépenses de santé.*
> 2 *L'anorexie est pire que le surpoids.*
> 3 *Il faut manger équilibré.*
> 4 *Des chips, des noix, des bonbons.*
> 5 *Faux.*
> 6 (open-ended)

### 222 Au choix

## 5 Un repas

For extra practice of some basic structures and shopping vocabulary, students read the email and write a reply.

### 223 Au choix

## 6 Une conversation

This gives extra practice of questions and answers linked with the café topic and with food likes and dislikes in general, including giving reasons for preferences.

### 223 Au choix

## 7 On cherche un restaurant

Students match the French sentences with their English equivalents to provide some useful additional phrases for choosing restaurants. As follow-up, they could make up a short dialogue adapting some of the phrases.

> **Solution:**
> 1 f, 2 d, 3 h, 4 b, 5 g, 6 a, 7 e, 8 c

### 223 Au choix

## 8 Qu'est-ce qu'il faut dire?

Students match the English phrases with their French equivalents to provide many key phrases for the restaurant topic. These could be practised aloud and at least some learnt by heart.

> **Solution:**
> 1 f, 2 i, 3 a, 4 c, 5 j, 6 g, 7 h, 8 d, 9 b, 10 e

### 223 Au choix

## 9 Des messages

Students read through the messages and complete the sentences that follow.

> **Solution:**
> 1 *sucrée*, 2 *une crêpe salée*, 3 *restaurant*, 4 *Sénégal*, 5 *plat*, 6 *morceaux*, 7 *pâte*, 8 *légumes*, 9 *du riz*, 10 *aimé*

## Copymasters

### Copymaster 5/1

## Les repas et moi

This provides a writing frame to support work on meals and preferences.

### Copymaster 5/2 CD 4 Track 13

## Un repas de fête

This copymaster provides preparation and support for task 5 on SB 87.

### 1 La fête de Jamilla

Students listen to Jamilla's account of her birthday meal and complete the résumé.

> **Solution:**
> 1 *repas*, 2 *l'anniversaire*, 3 *son père*, 4 *la famille*, 5 *a mangé*, 6 *pays*, 7 *mouton*, 8 *délicieux*

### CD 4 Track 13

### La fête de Jamilla

Je m'appelle Jamilla. J'ai seize ans et je suis d'origine tunisienne. Normalement, c'est ma mère qui fait la cuisine chez moi, mais mon père prépare quelquefois des repas traditionnels tunisiens, surtout le dimanche.

Mes repas favoris sont toujours les repas de fête. Par exemple, pour fêter mes seize ans, mon père a préparé un repas spécial et on a invité toute la famille. On a mangé des plats typiquement tunisiens, comme celui-ci avec du mouton, et on a eu deux ou trois desserts délicieux. Il y avait beaucoup d'ambiance et on s'est bien amusés.

### 2 Mon repas de fête

The second part provides a writing frame to support task 5 on SB 87.

### Copymaster 5/3

## C'est bon à manger!

This optional recipe sheet provides extended reading texts and could be used at any time. Some students might like to use it as a starting point for making up a recipe file of their own. It could provide preparation for a speaking or writing assessment on French food.

Tricolore 4 Teacher Book

# 5 Revision and additional practice

### Copymaster 5/4

## Hier, avez-vous bien mangé?

This worksheet helps students build up answers to questions about what they ate and drank yesterday. The second part gives more practice of *en*.

### Copymaster 5/5

## Jeux de mots – les magasins

These word games provide practice in the names of food shops and departments of a supermarket, s well as what can be bought there.

**Solution:**

1 **Chasse à l'intrus: 1** *une crémerie,* **2** *une parfumerie,* **3** *une poissonnerie,* **4** *les haricots,* **5** *des choux de Bruxelles,* **6** *du thon,* **7** *une crêperie,* **8** *un kilo*

2 **Un jeu de définitions: 1** *la boulangerie,* **2** *la charcuterie,* **3** *un supermarché,* **4** *une crémerie,* **5** *la boucherie,* **6** *le marché,* **7** *la confiserie,* **8** *la pâtisserie*

3 **5-4-3-2-1:**

**5** – *du beurre, de l'eau minérale, un pot de confiture, une bouteille de vin, des œufs*

**4** – *une baguette (du pain/une ficelle), des croissants, une tarte aux fraises, des pains au chocolat*

**3** – *du saucisson sec, du jambon, de la salade de tomates*

**2** – *des saucisses, du poulet*

**1** – *du poisson (une truite)*

### Copymaster 5/6

## On achète des provisions

This copymaster provides practice in role-playing and revision of *du, de la* and *des* and could be used now or later.

Students work in pairs, first cutting the sheet in half and then asking and answering the questions, with one partner playing the part of the customer and the other that of the grocer. More able students could make the conversation seem more realistic by including greetings and extra remarks about the weather, etc. Some of these could be recorded or presented to the class.

### Copymaster 5/7  CD 4 Track 18

## Chez le charcutier

This light-hearted conversation in a *charcuterie* gives more practice in some common shopping expressions and includes examples of *lequel* and *celui-ci/là*, etc., which could be revised quickly first, if necessary. To enable the students to understand the story line better, it might be advisable to prepare in advance some of the less common vocabulary, e.g. *rondelles de saucisson, goûter à, assaisonné, fade*.

After listening to the recording, some students might like to act the scene or invent a similar one themselves.

Students work out which items Mlle Dupont finally bought, then they find the opposites of some words and phrases from the text.

**Solution:**

1 **1** *du pâté maison,* **4** *de l'huile d'olive ordinaire,* **6** *du saucisson recommandé par le charcutier*

2 **1** *une grosse bouteille,* **2** *riche,* **3** *pas trop cher,* **4** *différents,* **5** *fade,* **6** *de la meilleure qualité*

🔊 CD 4 Track 18

## Chez le charcutier

Mlle D: Bonjour, monsieur.
Le charc: Bonjour, Mademoiselle Dupont. Vous allez bien?
Mlle D: Pas mal, monsieur, pas mal.
Le charc: Qu'y a-t-il pour votre service ce matin?
Mlle D: Du pâté, d'abord, 250 grammes de pâté, ce pâté que …
Le charc: Voyons, 250 grammes de pâté maison, c'est ça, non?
Mlle D: Non, pas de pâté maison …
Le charc: Lequel alors?
Mlle D: Avez-vous ce pâté Bonnefoie que j'ai vu à la télé?
Le charc: À la télé, à la télé! Vous n'allez pas me dire que vous croyez tout ce que vous voyez à la télé! Auguste, tu connais Mademoiselle Dupont, non? Tu peux deviner ce qu'elle m'a demandé comme pâté?
Auguste: Lequel alors?
Le charc: Le pâté Bonnefoie qu'elle a vu à la télé!
Auguste: *(Il rit aux éclats.)* Mon Dieu, elle ne va pas nous dire qu'elle croit tout ce qu'elle voit à la télé? Du pâté Bonnefoie …
Mlle D: Bon, bon, ça va! Donnez-moi du pâté maison alors.
Le charc: Voilà, mademoiselle. Du pâté maison. Et avec ça?
Mlle D: De l'huile d'olive, s'il vous plaît. Une grosse bouteille.
Le charc: Laquelle, mademoiselle? Vous n'avez pas vu ça à la télé, je suppose? *(Il rit encore.)*
Mlle D: Non, non. Mais j'ai une amie qui me recommande une marque d'huile d'olive qui s'appelle Lasieuse. Elle s'en sert tout le temps.
Le charc: Ah! Elle est très riche, votre amie?
Mlle D: Non, pas tellement, elle est …
Le charc: Vous savez le prix de l'huile d'olive Lasieuse, mademoiselle?
Mlle D: Non, je …
Le charc: Auguste, tu sais toi le prix de l'huile d'olive Lasieuse?
Auguste: *(De nouveau, il rit aux éclats.)* L'huile Lasieuse? Elle a gagné à la Loterie nationale, Mademoiselle Dupont? L'huile Lasieuse, l'huile La…!
Mlle D: Ça va, ça va! Ne recommencez pas. Donnez-moi n'importe quelle marque d'huile d'olive, mais qui ne coûte pas trop cher.

Tricolore 4 Teacher Book

# 5 Revision and additional practice

Le charc: Voilà, mademoiselle, de l'huile d'olive, une grosse bouteille. Et avec ça, qu'est-ce que je vous donne?

Mlle D: De la charcuterie maintenant. Donnez-moi quatre ou cinq rondelles de deux ou trois saucissons différents.

Le charc: Très bien, mademoiselle. Lesquels?

Mlle D: Eh bien … euh … celui-là, peut-être et … euh …

Le charc: Alors celui-là, mademoiselle, est très fort, très assaisonné… très très fort. Eh bien, si vous aimez le saucisson fort, très fort …

Mlle D: Non non, pas trop fort. Celui-ci, peut-être. Il est moins fort, celui-ci?

Le charc: En effet, mademoiselle, celui-ci est beaucoup, beaucoup moins fort. À vrai dire, il est plutôt fade. Ce saucisson n'a presque pas de goût.

Mlle D: Pas celui-ci, alors. Dites-moi, lesquels me recommandez-vous finalement? Je voudrais deux ou trois saucissons différents.

Le charc: Alors, prenez celui-ci, et ces deux là-bas. Je vous coupe combien de rondelles de chacun?

Mlle D: Mais ceux-là sont les plus chers!

Le charc: Mais de la meilleure qualité, mademoiselle, de la meilleure qualité! Auguste, viens-ici! Mademoiselle Dupont veut des saucissons de la meilleure qualité. Lesquels choisis-tu pour elle?

Auguste: Mais celui-ci et ceux-là, monsieur. Ils sont de la meilleure qualité.

Mlle D: Oui oui, je comprends. Alors quatre rondelles de chacun. Et puis c'est tout!

Le charc: Voilà, mademoiselle. Et c'est vraiment tout? Vous ne voulez pas goûter à nos spécialités?

Mlle D: Vos spécialités, mais lesquelles?

Le charc: Eh bien, les tomates farcies aux herbes, la salade provençale, les pizzas à la mode de …

Mlle D: Non non, merci. Je suis sûre que tout est délicieux, mais pour aujourd'hui, merci, j'en ai eu assez. Voilà votre argent, monsieur. Et adieu!

**Copymaster 5/8**

## Jeux de mots – au café

For further revision of café vocabulary, students could do this copymaster, which is linked mainly with the content of SB 94.

### 1 Un acrostiche

Solution:

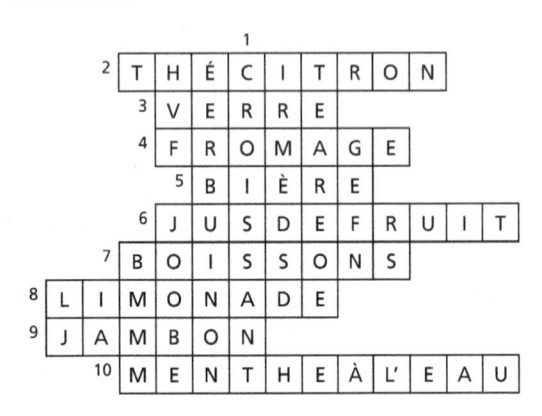

|   | 1 |   |   |   |   |   |   |   |   |
|---|---|---|---|---|---|---|---|---|---|
| 2 T | H | É | C | I | T | R | O | N |   |
| 3 V | E | R | R | E |   |   |   |   |   |
| 4 F | R | O | M | A | G | E |   |   |   |
| 5 B | I | È | R | E |   |   |   |   |   |
| 6 J | U | S | D | E | F | R | U | I | T |
| 7 B | O | I | S | S | O | N | S |   |   |
| 8 L | I | M | O | N | A | D | E |   |   |
| 9 J | A | M | B | O | N |   |   |   |   |
| 10 M | E | N | T | H | E | À | L' | E | A | U |

### 2 Qu'est-ce qu'on commande?

Solution:

1 David – *un hot-dog, un coca*

2 Noémie – *une gaufre, (un/du) chocolat chaud*

3 Claire – *un croissant, un café au lait*

4 Mme Lionel – *un thé citron, un pain au chocolat*

5 M. Notier – *un sandwich au fromage, une portion de frites, une bière*

6 Isabelle – *une glace (trois boules) vanille, fraise/framboise, chocolat*

7 Richard – *une pizza, un verre de vin rouge*

8 Mlle Robert – *un jus de fruit et des crêpes*

**Copymaster 5/9**

## Les pronoms sont utiles

This copymaster provides graded practice of the indirect object pronouns.

Solution:

1 Des conversations

a *vous, vous, vous,* b *lui, lui, leur,* c *m', t', lui, lui, nous, t'*

2 Qu'est-ce qu'on leur sert?

À boire:

Louise: *On lui sert un coca.*

Michel: *On lui sert un jus de fruit.*

Patrick et Charles: *On leur sert du chocolat chaud.*

Noémie et Simon: *On leur sert de la limonade.*

À manger:

Michel et Charles: *On leur sert des chips.*

Patrick: *On lui sert un croissant.*

Noémie: *On lui sert un sandwich.*

Simon: *On lui sert une glace.*

**Copymaster 5/10**

## La Patate

For extra role-playing practice or as an alternative to task 6 on SB 99, students could work on this model conversation in groups, inventing new conversations, some of which could be recorded.

# 5 Revision and additional practice

## Copymaster 5/11

### Mots croisés – au restaurant

This gives extra practice of restaurant vocabulary. It is more suitable for able students.

**Solution:**

|   | ¹P |   | ²E |   | ³S | E | U | ⁴L | E |
|---|---|---|---|---|---|---|---|---|---|
| ⁵À | L | ⁶A | C | A | R | T | E |   | U |   |
|   | A |   | O | U |   | ⁷R | A | D | I | ⁸S |
| ¹¹E | T |   | M |   |   | ¹²V | U |   |   | P |
|   |   |   | P |   | ¹³P | R | I | X |   | É |
|   | ¹⁴E |   | R |   |   | C |   | ¹⁵S | E | C |
| ¹⁶A | S | S | I | E | ¹⁷T | T | E |   |   | I |
|   | T |   | S |   | E |   |   |   | ¹⁸Ç | A |
| ¹⁹F |   | ²⁰R |   |   | ²¹J |   | L |   |   |
| ²²A | P | P | É | T | I | T |   | ²³O | U | I |
| I |   |   | Z |   | ²⁴J | U |   |   | T |   |
| ²⁵M | E | N | U |   |   | ²⁶L | E | U | R | É |

## Copymaster 5/12

### Un peu d'histoire

This is an optional reading text for use at any time and is followed by three short tasks.

**Solution:**

**1 Comprenez-vous la carte?**

a **1** g, **2** j, **3** i, **4** b, **5** h, **6** f, **7** c, **8** a, **9** d, **10** e

b **1** e, **2** c, **3** j, **4** i, **5** f, **6** a, **7** h, **8** g, **9** b, **10** d

**2 Le poulet Marengo**

**1** le/du poulet, **2** chef/cuisinier, **3** Italie, **4** Français, **5** veille, **6** temps, **7** poulet, **8** tomates, olives, **9** ensemble, **10** plat

**3 Autrefois … on mangeait comme ça**

**1** C, **2** E, **3** B, **4** A, **5** D

## Copymaster 5/13

### Un restaurant pas comme les autres

Students read through this story, skimming and scanning for comprehension. They then do the *vrai ou faux?* task. Note that the setting is Switzerland, where the currency is *francs suisses*, not euros.

The story could also be used as an example of the use of perfect and imperfect tenses together.

**Solution:**

**1** V, **2** V, **3** PM, **4** V, **5** V, **6** PM, **7** V, **8** PM, **9** F, **10** V

## Copymaster 5/14 CD 4 Tracks 33–36

### Tu comprends?

**1 Qu'est-ce qu'on achète?**

Students listen to the conversations. They tick the items bought and cross the items not bought.

**Solution:**

**1** ✓, **2** ✓, **3** ✓, **4** ✓, **5** ✓, **6** ✗, **7** ✗, **8** ✗

**CD 4 Track 33**

### Qu'est-ce qu'on achète?

- Bonjour, madame. Vous désirez?
- Du beurre, s'il vous plaît – 250 grammes.
- Voilà. Et avec ça?
- Deux bouteilles d'eau minérale.
- Gazeuse?
- Non, merci, non gazeuse. Et avez-vous des citrons?
- Ah non, ce matin, je n'ai pas de citrons – j'en aurai demain.
- Alors, c'est tout!

- Bonjour, madame. Je voudrais un pot de confiture, s'il vous plaît – de la confiture de framboises.
- Ah, ça, framboise, je n'en ai pas. Mais j'ai de la confiture de fraises.
- Bon, mettez-moi un pot et puis du sucre, un kilo, et des œufs.
- Une douzaine d'œufs?
- Non, non. Une demi-douzaine, c'est assez.
- C'est tout?
- Oui, merci, c'est tout.

- Bonjour, madame. Avez-vous des ananas ce matin?
- Des ananas? Non, désolée. J'en aurai pour le weekend seulement. J'ai de très belles poires. Vous aimez les poires?
- Euh, non, pas beaucoup. Je voudrais un ananas. J'irai au supermarché.

**2 Un piquenique**

Students listen and write the letters of the food each person has brought.

**Solution:**

Luc: A, E, H; Alice: B, D, G; Charles: C, I, J; Magali: F, K

**CD 4 Track 34**

### Un piquenique

- Mmm! J'ai faim. Le piquenique a l'air délicieux. Qu'est-ce que tu as apporté, Luc?
- Moi, des chips et du fromage – et toi, Alice? Tu as apporté des fruits et des légumes de ton jardin, non?
- Oui, c'est ça. Il y des tomates et des petites carottes et puis des fraises là-bas, dans le bol.
- On a des sandwichs?
- Oui, voilà! Charles a fait ces sandwichs au jambon, et pour les végétariens, comme moi, Magali a préparé ces tartines de beurre avec du fromage frais et du concombre.

Tricolore 4 Teacher Book

# 5 Revision and additional practice

- Et comme boissons, qu'est-ce qu'on a, Charles? Tu as apporté de la grenadine?
- Non, pas aujourd'hui! J'ai apporté de l'eau minérale et puis de l'Orangina. Et toi, Magali?
- Voilà du jus de pomme – ma boisson favorite, et puis tu as de la limonade, je crois, Luc?
- C'est vrai. Une grande bouteille. J'ai toujours soif aux piqueniques.
- Moi aussi. Alors, on va commencer, non?
- Excellent! Bon appétit, tout le monde!

## 3 Il y a une erreur
Students listen to the conversations and write down the letter of the appropriate picture.

**Solution:**
**1** B, A, **2** G, I, **3** F, E, **4** K, J

🔊 CD 4 Track 35

### Il y a une erreur
**Exemple:**
- Excusez-moi, mademoiselle, mais je n'ai pas de couteau.
- Oh pardon, monsieur. Je vais vous chercher un couteau tout de suite.

1
- Voilà, mesdames, deux glaces à la vanille et une tarte aux pommes.
- Mais, monsieur, on a commandé deux tartes et une glace.
- Oh, pardon. Je vais les échanger.

2
- Monsieur?
- Oui?
- Cette boisson, ce n'est pas ce que j'ai commandé.
- Vous n'avez pas demandé un jus de fruit?
- Si, si, mais à l'ananas. Ça, c'est un jus d'orange, non?
- Ah, oui. Excusez-moi. Je vais l'échanger tout de suite.

3
- Monsieur, est-ce que nous pourrions avoir de l'eau, s'il vous plaît, il n'en reste plus.
- De l'eau, monsieur. Tout de suite. Vous voulez du pain, aussi?
- Non, merci. On a assez de pain.

4
- Qu'est-ce que vous voulez comme légumes, madame?
- Des petits pois, s'il vous plaît, et des pommes frites.
- Désolé, madame, mais je n'ai pas de petits pois.
- Oh! Mais c'est écrit ici, sur le menu – petits pois, regardez!
- Oui, madame, je sais, mais je suis désolé. Il n'en reste plus! Vous voudriez des haricots verts, peut-être, ou du chou-fleur?
- Bof, des haricots, ça va, mais j'aime mieux les petits pois!

## 4 Des conversations
Students listen and tick the correct word or phrase to complete each sentence. They could use the corrected versions later as scripts to practise conversations in pairs.

**Solution:**
**1** **1** B, A, **2** C, **3** A, C
**2** **1** B, **2** B, **3** A
**3** **1** C, **2** B, **3** A
**4** **1** A, **2** C, **3** A

🔊 CD 4 Track 36

### Des conversations
1 Claire
- Claire, quel est ton repas favori?
- C'est le dîner. Pendant la journée, je mange des snacks, mais le soir, on dîne en famille.
- Qu'est-ce que tu aimes manger?
- J'aime la viande et je mange beaucoup de fruits.
- Et qu'est-ce que tu n'aimes pas?
- Ben, je n'aime pas tellement les champignons.
- Est-ce que tu prends un petit déjeuner le matin?
- Oui, si j'ai le temps!
- Qu'est-ce que tu as mangé pour le petit déjeuner ce matin?
- Ce matin, j'ai pris des céréales et j'ai bu un jus de fruit.
- Merci, Claire.

2 Mathieu
- Salut, Mathieu. Est-ce que tu déjeunes à la cantine, le midi?
- Non, j'apporte des sandwichs.
- Qu'est-ce que tu aimes comme sandwichs?
- J'aime surtout les sandwichs au jambon.
- Qu'est-ce que tu aimes comme boissons?
- J'aime bien le coca.
- Merci, Mathieu.

3 Céline
- Bonjour, Céline. Maintenant, on parle des restaurants. Alors, toi, tu as mangé dans un restaurant récemment?
- Oui. Samedi dernier, j'ai mangé dans un restaurant italien.
- Qu'est-ce que tu as mangé?
- Pour commencer, j'ai pris du melon.
- Et comme plat principal?
- Comme plat principal, j'ai choisi une pizza, avec du jambon et de l'ananas.

4 Christophe
- Christophe, tu es végétarien, non?
- Oui, c'est vrai.
- Pourquoi es-tu végétarien?
- Parce que je ne veux pas manger d'animaux.
- Depuis combien de temps es-tu végétarien?
- Depuis l'âge de douze ans. Ma sœur est végétarienne aussi.
- Est-ce que tu manges les œufs et le fromage?
- Je mange les deux.
- Merci, Christophe.

Tricolore 4 Teacher Book

# 5 Revision and additional practice

## Révision: Unité 5

These worksheets can be used for an informal test of listening and reading or for revision and extra practice, as required.

> Copymaster 5/15  CD 4 Tracks 37–39
> SCD 1 Tracks 26–28

### Révision 5: Écouter – Partie A

#### 1 À l'épicerie
Students listen and identify the items bought.

**Solution:**
1 f, 2 a, 3 d, 4 g, 5 j, 6 i

---

🔊 CD 4 Track 37, SCD 1 Track 26

### À l'épicerie
**Exemple:**
- Vous désirez, monsieur?
- Je voudrais du sucre, s'il vous plaît

1 – Et avec ça?
 – Je voudrais des chips – deux paquets de chips, s'il vous plaît.
2 – Et pour vous, madame?
 – Pour moi, du beurre – cinq-cents grammes de beurre.
3 – C'est tout, madame?
 – Donnez-moi aussi un litre de lait, s'il vous plaît.
4 – Vous désirez, monsieur?
 – Un pot de confiture, s'il vous plaît.
 – Fraise, abricot, framboise?
 – Abricot, s'il vous plaît.
5 – Et pour vous, madame?
 – Avez-vous des bananes?
 – Bien sûr, nous avons des bananes.
 – Alors, un kilo de bananes, s'il vous plaît.
6 – Et avec ça?
 – Je voudrais aussi un ananas.
 – Un ananas, voilà.

---

#### 2 Au café
Students identify what each person orders.

**Solution:**
1 C, 2 F, 3 E, 4 G, 5 A, 6 B

---

🔊 CD 4 Track 38, SCD 1 Track 27

### Au café
**Exemple:**
- Tu prends une omelette, Corinne?
- Moi, non.
- Alors deux bières et une omelette, s'il vous plaît.

1 – Un sandwich au pâté, une pizza et une portion de frites, s'il vous plaît.
2 – Tu veux une glace?
 – Non, je vais prendre un sandwich et un café.
 – Bon, alors, une glace, un sandwich et deux cafés.
3 – On prend une omelette?
 – Je préfère un sandwich.
 – Bon, moi aussi. Alors, deux sandwichs, s'il vous plaît.
4 – Vous désirez?
 – Un sandwich au jambon, et une glace, s'il vous plaît.
 – Et comme boisson?
 – Donnez-moi un café.
 – Très bien, un sandwich au jambon, une glace et un café.
5 – Vous vendez des glaces?
 – Oui. Quel parfum voulez-vous?
 – Fraise et vanille pour moi. Et toi?
 – Oui, moi aussi.
6 – Tu manges quelque chose?
 – Non, merci.
 – Tu veux quelque chose à boire?
 – Oui, un coca, s'il vous plaît.
 – Alors, apportez-nous un coca et un café.

---

#### 3 Quelques différences
Students listen to the conversation and note whether each statement is true or false.

**Solution:**
1 true, 2 false, 3 true, 4 false, 5 false, 6 true, 7 false, 8 false

---

🔊 CD 4 Track 39, SCD 1 Track 28

### Quelques différences
- C'était bien au pays de Galles, alors?
- Oui, oui, très bien.
- Et c'était très différent de la France?
- Ben, il y avait des différences, bien sûr – les heures des repas, par exemple. On dîne tôt au pays de Galles, vers six heures souvent.
- Ah oui, c'est plus tôt que chez nous en effet! Et tu as bien mangé?
- Oui, très bien. J'ai beaucoup aimé le petit déjeuner et les gâteaux au chocolat. La mère de ma correspondante en faisait tous les weekends.
- Mmm! Délicieux! Et le petit déjeuner, pourquoi as-tu aimé ça?
- Ben, le samedi, chez Élizabeth, on a mangé le petit déjeuner traditionnel – œufs, bacon, tout ça – très, très bon! Mais même les autres jours, j'ai beaucoup aimé le petit déjeuner à cause des céréales. Il y a un grand choix de céréales. En plus, j'aime le pain britannique, surtout le pain coupé en tranches. C'est très pratique pour faire des sandwichs et des toasts.
- Et les autres repas, tu les as aimés?
- Oui, en général, j'ai aimé les plats en croûte, des 'pies' aussi. Ça, c'était bon. Je trouve aussi qu'ils prennent beaucoup de plats à emporter, surtout des plats d'autres pays. Nous avons mangé de la pizza – ça, c'était comme chez nous et je l'ai bien aimé. Mais deux fois, on a mangé du 'curry' indien et c'était trop épicé pour moi. Je n'en mange jamais chez moi.

Tricolore 4 Teacher Book  163

# 5 Revision and additional practice

> Copymaster 5/16 CD 5 Tracks 2–5
> SCD 1 Tracks 29–32

## Révision 5: Écouter – Partie B

### 1 On fait des courses

Students listen to the two conversations and write the correct letter of the things that are bought.

> **Solution:**
> **1** B, **2** A, **3** A, **4** C, **5** A

🔊 CD 5 Track 2, SCD 1 Track 29

**On fait des courses**

**A  Une liste pour aller au marché**
- Qu'est-ce que je dois acheter, alors?
- Ben … un demi-kilo d'oranges.
- Un demi-kilo d'oranges … et des pommes?
- Oui, un kilo de pommes et puis des melons.
- Combien de melons?
- Disons, trois, mais pas trop gros.
- Alors, trois melons et en plus, des bananes, peut-être?
- Ah non, on en a déjà. Je ne veux pas de bananes aujourd'hui.

**B  À la charcuterie**
- Bonjour, madame. Je voudrais une portion de salade de tomates.
- De la salade de tomates … voilà … et avec ça?
- Une quiche lorraine – une grande.
- Ah! Désolée, mais il n'y en a pas aujourd'hui! J'ai des pizzas qui sont très bonnes.
- Bon, donnez-moi une grande pizza comme ça, s'il vous plaît.
- Voilà! Ce sera tout?
- Non, je voudrais du pâté en plus.
- Vous en voulez combien?
- Deux-cent-cinquante grammes.
- Voilà. Deux-cent-cinquante grammes de pâté.
- Merci bien. C'est tout ce qu'il me faut.

### 2 Une réservation

Students take down details of a phone message making a reservation at a restaurant.

> **Solution:**
>
> | Reservation | | |
> |---|---|---|
> | For when? | day | time |
> | | (Ex:) this evening | 8 pm |
> | Number of people | 3 | |
> | Surname | M I C H A U X | |
> | Any special requirements? | one vegetarian | |

🔊 CD 5 Track 3, SCD 1 Track 30

**Une réservation**
- Bonjour. Restaurant 'Chez Anton'.
- Bonjour. Je voudrais réserver une table pour ce soir.
- Pour ce soir, oui, madame. C'est pour combien de personnes?
- Pour trois personnes.
- Et à quelle heure voulez-vous venir?
- À huit heures, ça va?
- Oui, j'ai une table pour trois à huit heures. C'est à quel nom, madame?
- C'est Madame Michaux.
- Comment ça s'écrit?
- M–I–C–H–A–U–X. Et, euh, je voulais demander, est-ce que vous servez des plats végétariens? C'est que mon mari ne mange ni viande ni poisson.
- Oui, oui, madame, on sert des omelettes, des pâtes ou bien des salades. En tout cas, je vais noter qu'il est végétarien.
- Merci bien. À ce soir alors.
- Au revoir, madame. À ce soir.

### 3 Au restaurant

Students listen to the conversation ordering a meal and tick which items are chosen.

> **Solution:**
>
> seafood selection, salmon, pineapple juice, coffee, crème brûlée

🔊 CD 5 Track 4, SCD 1 Track 31

**Au restaurant**
- Bonjour, madame, vous êtes prête à commander?
- Oui, s'il vous plaît. Pour commencer, l'assiette de fruits de mer.
- Les fruits de mer, très bien.
- Puis … euh … c'est quoi, le plat du jour?
- Le plat du jour est très bon: c'est du poulet rôti.
- Ah non, je n'aime pas trop le poulet. Qu'est-ce que vous me recommandez d'autre?
- Le bœuf bourguignon est délicieux. Et il y a le saumon aussi: c'est la spécialité de la maison.
- Très bien, je prends ça. J'aime le poisson.
- Qu'est-ce que vous voulez boire?
- Un jus d'ananas, s'il vous plaît, puis un petit café avec le dessert.
- Qu'est-ce que vous prenez comme
- Hmm … non, je vais prendre une crème brûlée.
- Une crème brûlée. Très bien, madame.

### 4 Une interview avec Bernard

Students listen to this interview, mostly about restaurants and healthy eating, and choose the correct option each time.

> **Solution:**
> **1** a, **2** a, **3** a, **4** a, **5** b, **6** c, **7** c

🔊 CD 5 Track 5, SCD 1 Track 32

**Une interview avec Bernard**
- Aujourd'hui, notre invité est Bernard, chef de cuisine dans un grand restaurant à Beaugency. Bernard, on parle beaucoup de nourriture en ce moment.

Tricolore 4 Teacher Book

# 5 Revision and additional practice

- On parle toujours de nourriture. La différence en France en ce moment, c'est qu'on aime bien manger, mais on pense plus à sa santé et à sa forme.
- C'est une bonne chose ou une mauvaise chose pour les restaurants?
- À mon avis, c'est une bonne chose. On peut bien manger et conserver sa santé. Je viens de créer un nouveau menu très appétissant mais avec beaucoup moins de choses sucrées et de matières grasses.
- Et vous, Bernard, vous mangez comment?
- Vous savez, je ne suis pas parfait. Pour moi, la santé est très importante, donc en général, je mange des repas assez équilibrés, mais je fais des exceptions de temps en temps, c'est bon pour le moral. Par exemple, j'adore les gâteaux et le chocolat. Et vous, Jean-Louis?
- Moi? Vous savez, moi, avec mon travail, je n'ai pas toujours le choix. Je suis souvent obligé de manger à la cantine ou dans des snack-bars. C'est bon ou c'est mauvais, ça dépend.

**Copymaster 5/17**

## Révision 5: Lire – Partie A

### 1 Voici le menu
Students match up some common dishes with the correct name.

Solution:
**1** i, **2** h, **3** g, **4** c, **5** e, **6** d

### 2 Au supermarché
Students match the pictures to the correct advert.

Solution:
**1** D, **2** H, **3** F, **4** G, **5** J, **6** A

### 3 Quel restaurant?
Students choose the best restaurant for each person.

Solution:
**1** B, **2** C, **3** A, **4** A, **5** A, **6** A, **7** C, **8** B

**Copymaster 5/18**

## Révision 5: Lire – Partie B (1)

### 1 Comprenez-vous le menu?
Students match the definitions to the items of food or drink in the publicity leaflet.

Solution:
**1** c, **2** f, **3** a, **4** h, **5** d

### 2 J'aime ça
Students work out which item from task 1 each person is talking about.

Solution:
(accept similar correct answers)
**1** fruit tarts (h), **2** cheese (i), **3** seafood (g), **4** hot chocolate (e), **5** fruit (f)

**Copymaster 5/19**

## Révision 5: Lire – Partie B (2)

### 3 Les athlètes, qu'est-ce qu'ils doivent manger?
Students read the article and choose the correct words to complete the sentences.

Solution:
**1** sucrés, **2** éviter, **3** acheter, produits,
**4** participants, énergie, **5** important, équilibrés,
**6** consommer, après

**Copymaster 5/20**

## Révision 5: Grammaire

This provides revision of the following grammar points: the pronoun *en*, direct and indirect object pronouns, using the perfect and imperfect tenses, *venir de/aller/être en train de* + infinitive.

### 1 The pronoun *en*

Solution:

**A 1** c, **2** a, **3** e, **4** b

**B 1** *Il en reste dix.*

**2** *Je n'en ai jamais mangé.*

### 2 Direct and indirect object pronouns

Solution:

**A 1** *Je leur ai donné des pommes.*

**2** *Il lui a envoyé une carte.*

**3** *Nous lui parlons au déjeuner.*

**4** *Tu leur as téléphoné?*

**5** *Elle va lui offrir un cadeau.*

**6** *Vous leur avez répondu?*

**B 1** te, **2** t', **3** nous, **4** te, **5** m', **6** vous

### 3 Using the perfect and imperfect tenses

Solution:

**1** a mangé, était, **2** buvais, est arrivé, **3** faisait, a décidé, **4** débarrassait, s'est ouverte, **5** est entré, était

### 4 *venir de/aller/être en train de* + infinitive

Solution:

**1** est en train de, va, **2** viens de, vais, **3** vient de, suis en train de (accept vais), **4** vient de, va,
**5** allons, viens de

**Copymaster Sommaire 5**

## Sommaire 5

This is a summary of the main topic vocabulary of the unit, also available on SB 104–105.

Tricolore 4 Teacher Book

# Unité 6

## Unité 6  Ça m'intéresse  pages 106–127

| Aims and objectives | Grammar and skills | Vocabulary |
|---|---|---|
| **6A Enquête-loisirs  pages 106–107** | | |
| • exchange information and preferences about leisure activities<br>• talk about using technology | | Hobbies<br>On the internet |
| **6B Bien entendu!  pages 108–109** | | |
| • talk about music | • the verb *jouer* + *à*/*de* | Music<br>On the radio |
| **6C Le sport, ça vous intéresse?  pages 110–111** | | |
| • talk about sport and sporting events | • the verb *faire*<br>• adverbs | Taking part in sport |
| **6D On regarde la télé  pages 112–113** | | |
| • discuss television programmes | • comparatives<br>• pronouns | On TV |
| **6E Vous aimez la lecture?  pages 114–115** | | |
| • talk about books and reading | • direct object pronouns (*le, la, l', les*) | Reading |
| **6F Qu'est-ce qu'on fait?  pages 116–117** | | |
| • understand information about events<br>• discuss going out | • using pronouns to avoid repetition (*le, la, l', les, y*) | What's on?<br>Entertainment<br>Deciding what to do<br>Making suggestions |
| **6G Si on allait au cinéma?  pages 118–119** | | |
| • talk about the cinema and films<br>• describe a film | • superlatives | At the cinema<br>Talking about films |
| **6H Qu'avez-vous fait?  pages 120–121** | | |
| • talk about an event in the past<br>• make excuses and apologise | • the pluperfect tense | Making excuses<br>How to reply |
| **6I Contrôle  pages 122–123** | | |
| • practise exam techniques<br>• find out what you have learnt | • writing tips | |
| **Sommaire  pages 124–125** | | |
| This lists the main topic vocabulary covered in the unit. | | |
| **C'est extra! C pages 126–127** | | |
| • read an extract from a French book<br>• discuss photos<br>• practise exam techniques | • speaking tips | |
| **Revision and additional practice** | | |
| **Au choix 6**: SB 224–225<br>**Online**: Kerboodle Resources and Assessment<br>**Copymasters**: 6/1–6/15<br>**CD 5** Tracks 21–32<br>**SCD 2** Tracks 2–7 | | |

## Resources

**Student Book** 106–127

**CD 5, Student CD 2**

### Copymasters

6/1 Mots croisés – les loisirs
6/2 Faire – un verbe utile
6/3 Le Tour de France
6/4 Je le sais!
6/5 Inventez des conversations
6/6 C'est le meilleur!
6/7 On parle des films
6/8 Un désastre
6/9 Un weekend récent
6/10 Tu comprends?
6/11 Révision 6: Écouter – Partie A
6/12 Révision 6: Écouter – Partie B
6/13 Révision 6: Lire – Partie A (1)
6/14 Révision 6: Lire – Partie A (2)
6/15 Révision 6: Lire – Partie B
     Sommaire 6

Tricolore 4 Teacher Book

# 6A Enquête-loisirs

**Au choix SB** 224–225

1. Mon temps libre
2. C'est quel sport?
3. Des adverbes utiles
4. Les vacances d'un skieur
5. On parle du sport
6. La télé
7. Un livre que j'ai lu
8. Réponds-moi!
9. Tu as vu ça?
10. Un bon weekend?

**Examination Grammar in Action** 49–55

Using the verb *faire*
Using adverbs
The comparative
Using direct object pronouns – *le, la, l', les*
Using the verbs *dire, lire, écrire*
Using the pluperfect tense
The superlative

## 6A Enquête-loisirs   pages 106–107

| Aims and objectives | Grammar and skills | Resources |
|---|---|---|
| • exchange information and preferences about leisure activities<br>• talk about using technology | | **Key language:** SB 124–125<br>**Au choix:** SB 224<br>**Online:** Kerboodle Resources and Assessment<br>**Copymasters:** 6/1<br>**CD 5** Tracks 6–9 |

## Introduction

Leisure has been a recurrent topic throughout the course and students will probably be familiar with much of the vocabulary for leisure activities. Therefore, there is more emphasis on presenting and practising the range of expressions used for describing general interests and talking about free time. As there is a great range of leisure activities, it is only possible to cover some of the more common ones. Students with an unusual leisure activity or hobby will need individual help.

**106  CD 5 Tracks 6–8**

### 1 Les jeunes et les loisirs

Students listen to the conversations in three parts.

a They choose true/false/not mentioned for Julie and Marc.
b For Élodie and Laurent they complete sentences.
c They then decide whether the sentences refer to Claire or Daniel.
d Finally they look over the texts and find the French for key expressions of time.

The conversations use a variety of question forms and expressions for talking about free time and provide a model for students' own conversations in this area.

**Solution:**

a **1** V, **2** V, **3** F, **4** PM, **5** F, **6** F, **7** V, **8** PM

b **1** *de la musique*, **2** *des jeux vidéo*, **3** *les séries*, **4** *un film*, **5** *joue*, **6** *aime*, **7** *regarde*, **8** *fait partie*

c **1** D, **2** C, **3** C, **4** D, **5** C, **6** C, **7** D, **8** C, **9** C, **10** D

d **1** *samedi dernier*, **2** *souvent*, **3** *dimanche prochain*, **4** *le weekend*, **5** *en général*, **6** *récemment*, **7** *de temps en temps*, **8** *le dimanche soir*, **9** *quelquefois*, **10** *pendant mon temps libre*

**CD 5 Tracks 6–8**

### Les jeunes et les loisirs

**Partie a**

**Julie**

– Julie, quels sont tes passetemps?
– Comme passetemps, j'aime faire du sport – du hockey et de la natation. Je fais de la danse aussi. J'aime beaucoup ça.
– Tu sors quelquefois avec des amis?
– Oui, surtout pendant les vacances. En semaine, je n'ai pas beaucoup de temps libre. J'ai beaucoup de travail scolaire, donc je sors très peu.
– Le théâtre, ça t'intéresse?
– Non, ça ne m'intéresse pas beaucoup. Par contre, j'aime bien aller au cinéma. Samedi dernier, par exemple, je suis allée voir le dernier film de James Bond. C'était amusant.

**Marc**

– Marc, qu'est-ce qui t'intéresse?
– Je m'intéresse beaucoup à l'informatique. Je m'amuse à faire des petits programmes sur l'ordinateur et en ce moment, je prépare une page web pour ma famille et moi.
– C'est intéressant. Tu as déjà fait une page web?
– Oui, au collège. J'ai aidé à faire une page web pour le site de l'école. C'était très intéressant et ça m'a appris des choses.
– Tu fais du sport?
– Ah non, je déteste le sport, mais j'aime la musique.
– Est-ce que tu fais partie d'une chorale ou d'un orchestre?
– Non.

# 6A Enquête-loisirs

**Partie b**

**Élodie**

- Et toi, Élodie, la musique ça t'intéresse?
- Oui, un peu. J'écoute souvent de la musique à la radio.
- Alors, qu'est-ce que tu aimes faire quand tu es libre?
- Le soir, après l'école, j'aime jouer à des jeux vidéo et surfer sur l'Internet. C'est toujours intéressant. Je regarde la télé aussi. J'aime beaucoup les séries, comme *Friends*.
- Et le weekend?
- Quelquefois, je sors avec des amis. On fait du shopping ou on va au cinéma. Dimanche prochain, par exemple, je vais voir le dernier film d'Astérix. J'aime beaucoup les bandes dessinées et les dessins animés.

**Laurent**

- Laurent, qu'est-ce que tu fais, toi, pour te détendre?
- Moi, j'adore le sport. Je joue au football. Je fais aussi du badminton et du basket et j'aime le VTT et le roller. Le weekend, je vais souvent regarder des matchs de football.
- Tu as une équipe préférée?
- Oui, Bordeaux. Oui, le sport, c'est vraiment ma passion.
- Tu fais partie d'une équipe?
- Oui, je joue dans les équipes de football et de basket au collège.

**Partie c**

**Claire**

- Et toi, Claire, qu'est-ce que tu fais comme loisirs?
- Moi, j'aime bien lire un bon livre ou une bande dessinée. Je viens de finir *La plage* d'Alex Garland. C'était très bien. Je lis beaucoup de magazines aussi. J'adore les magazines de mode.
- Tu regardes la télé?
- Oui, quelquefois, quand il y a une émission intéressante, par exemple, hier soir, j'ai regardé une émission sur l'histoire de la Grèce. C'était très intéressant. Mais, en général, je préfère regarder des films sur mon ordinateur. J'aime faire la cuisine aussi, surtout des gâteaux.
- Tu es membre d'un club?
- Oui, je vais à un club des jeunes tous les dimanches soirs.

**Daniel**

- Daniel, qu'est-ce que tu fais quand tu es libre?
- Ben, moi, pendant mon temps libre, j'aime écouter de la musique. Ça me passionne! Je joue de la guitare et du piano – je fais partie d'un groupe, puis j'écoute la radio ou mon lecteur MP3. À part ça … ben, j'aime faire du dessin aussi et prendre des photos.
- Tu vas aux musées de temps en temps?
- Oui, quelquefois, pendant les vacances surtout. Le weekend prochain, je vais voir une exposition de peinture au musée des Beaux-Arts.

### 106

## 2 Mes loisirs

a Go through the phrases and ask students for suggestions on how to complete them. In most cases, the infinitive of the verb or a noun will be needed.

b Students work in pairs to make up interviews similar to those in task 1.

**Follow-up activity:**

Able students could use the information obtained in the conversation with their partner to prepare a leisure profile, transferring from first to third person. The profiles could then be read out so the class can identify the person from their leisure interests.

### 107

## Pour vous aider

This provides a reference list for the tasks on this spread.

### 107 CD 5 Track 9

## 3 Ma vie numérique

a Students listen for the phrases that apply to each person. These phrases provide a model for students' own speaking and writing.

**Solution:**

**1** (Morgane) b, d, f, **2** (Mehdi) h, **3** (Nadia) g, d, h, **4** (Maxime) d, g, c, **5** (Pierre) g, e, a, h, **6** (Myriam) d, b, h

b Students listen again to the recording and note which expressions they hear.

As follow-up, they could translate any expressions that they feel are particularly relevant to themselves.

**Solution:**

All expressions are heard apart from 3, 5 and 10.

c Students then answer questions in French.

**Solution:**

(sample)

1 *Elle cherche des recettes sur Internet.*

2 *Il consulte surtout des sites sur le sport.*

3 *Elle trouve son ordinateur indispensable.*

4 *Il joue aux jeux vidéo avec ses amis.*

5 *Il a une appli pour éditer des photos et faire du dessin.*

6 *Être actif (active)/Faire du sport est plus important que d'être à l'ordinateur.*

### CD 5 Track 9

## Ma vie numérique

**1 Morgane**

Moi, j'ai un ordinateur portable et un bon smartphone. Ils sont importants mais je n'y suis pas accro; les livres et les magazines m'intéressent aussi. Je les utilise souvent pour faire mes devoirs parce que c'est pratique. Je consulte Internet pour chercher de nouvelles recettes, par exemple, car j'aime faire la cuisine. Et bien sûr, j'adore faire des selfies sur mon smartphone. Mais ce que j'aime le plus sur mon ordi, c'est regarder des films.

**2 Mehdi**

Je n'ai pas beaucoup de temps pour l'ordinateur et les réseaux sociaux. Je suis très sportif et quand je ne fais pas de sport, j'aime aller voir un match de foot ou de basket au centre sportif. De temps en temps, je me connecte sur mon smartphone pour tchater ou pour regarder des sites sur le sport.

### 3 Nadia

Mon ordinateur, c'est très important! J'ai toute ma musique sur mon ordinateur et je télécharge souvent des chansons. Je fais la plupart de mes devoirs sur ordinateur, et c'est essentiel pour rester en contact avec mes copains. Je ne sais pas ce que je ferais sans mon ordinateur!

### 4 Maxime

Je m'intéresse beaucoup aux ordinateurs et je voudrais travailler dans l'informatique. Je m'amuse à faire des sites web, par exemple, et à créer des programmes. Bien sûr, je fais mes devoirs sur mon ordi et j'écoute souvent de la musique, soit sur mon portable, soit sur ma tablette. En plus, j'ai de bons jeux vidéo pour jouer tout seul ou avec des copains.

### 5 Pierre

Alors moi, j'organise une grande partie de ma vie sur mon ordi et mon portable. J'écoute tout le temps de la musique. Je suis membre d'un groupe et je compose de la musique sur ordinateur. Je sauvegarde toutes mes photos sur mon ordi – celles de mon appareil numérique et de mon portable. Je peux les regarder, les imprimer, les partager avec mes copains et les changer si je veux. J'ai une super appli pour éditer des photos et faire du dessin.

### 6 Myriam

J'utilise mon portable et ma tablette pour faire mes devoirs. Internet, c'est très utile pour faire des recherches pour l'école. Et j'envoie des messages tous les jours. Sinon, je préfère être active – faire du sport, c'est plus important que de regarder des sites web ou de lire des blogs et des magazines sur le sport.

---

**224 Au choix**

## [1] Mon temps libre

See notes on page 185 in Unit 6 Revision and additional practice.

**107**

## 4 À vous!

Students write paragraphs about how they use computers and tablets and about their leisure activities. Encourage them to use a range of tenses.

**Follow-up activities:**

Students can find lots of information about their interests on websites (see Copymaster G/5 for useful internet language). For films, video games, music and reading, try a site such as www.amazon.fr or www.fnac.com, where there are listings under each of the different bestseller categories as well as reviews of many items.

Students could choose an item that they would like to purchase, read the reviews and explain their choice.

For some music downloads there are sound clips available, and web radio provides opportunities for sampling a wide range of music.

**Copymaster 6/1**

## Mots croisés – les loisirs

See notes on page 187 in Unit 6 Revision and additional practice.

---

# 6B Bien entendu!   pages 108–109

| Aims and objectives | Grammar and skills | Resources |
|---|---|---|
| • talk about music | • the verb *jouer* + *à/de* | Key language: SB 124–125<br>Online: Kerboodle Resources and Assessment<br>CD 5 Tracks 10–11 |

**108**

## 1 Un message

First, read through the message and check that students have understood the main points. Students could research the Fête de la Musique, OrelSan, and Christine and the Queens.

a  Students answer the questions in English.

> **Solution:**
> 1 keyboard, 2 writing songs, 3 OrelSan, 4 everywhere, 5 to encourage everyone to be a musician

b  Students then find the four questions in the second paragraph of the message and copy them out with their replies. The four questions are:
– *Et toi, tu aimes la musique?*
– *Quel genre de musique préfères-tu?*
– *Est-ce que tu joues d'un instrument de musique?*
– *Est-ce que tu as un chanteur ou un groupe favori?*

**108**

## 2 Lexique

Students write the English equivalents to provide some useful vocabulary linked to music.

> **Solution:**
> 1 drums, 2 song, 3 (male) singer, 4 (female) singer, 5 choir, 6 keyboard, 7 recorder, 8 musical instrument, 9 classical music, 10 orchestra, 11 on stage, 12 to download

**108 Dossier-langue**

## jouer à / jouer de

This covers the relatively simple (though often forgotten) distinction between *jouer à* and *jouer de*.

Tricolore 4 Teacher Book   **169**

## 6B Bien entendu!

**108**

### 3 Faites de la musique!

This task practises *jouer* + different musical instruments in a range of tenses. It could be done as a speaking or writing task.

**Solution:**

1 *Moi, je joue de la guitare depuis quatre ans.*
2 *Je ne joue pas d'un instrument, mais mon ami(e) joue du violon.*
3 *Quand j'étais plus jeune, je jouais de la flûte à bec.*
4 *Le weekend prochain, ma sœur jouera de la trompette dans l'orchestre du collège.*
5 *La semaine dernière, j'ai joué du piano dans un concert.*
6 *J'aimerais bien apprendre à jouer de la batterie.*

**109**

### 4 La radio

Students match the sentence halves to find information about French radio and listening habits. Students could research some of the stations and listen online.

**Solution:**

1 c, 2 f, 3 a, 4 e, 5 d, 6 b

**109 CD 5 Track 10**

### 5 Vous écoutez?

Students guess the missing words first and then listen to the conversations to check their answers.

**Solution:**

1  1 c, 2 d, 3 a, 4 b
2  1 a, 2 d, 3 b, 4 c
3  1 c, 2 a, 3 d, 4 b

**CD 5 Track 10**

**Vous écoutez?**

1 – Élodie, est-ce que tu écoutes la radio?
 – Oui, moi j'aime bien écouter la radio. Je l'écoute le matin, quand je me réveille et le soir, quand je me couche.
 – Tu l'écoutes quand tu fais tes devoirs?
 – Oui, ça m'arrive. J'écoute surtout de la musique quand je fais mes devoirs.
 – Et en général, tu écoutes quel genre d'émissions?
 – Ben, j'écoute souvent de la musique. Comme ça, j'écoute de nouveaux chanteurs et de la musique un peu différente.

2 – Et toi, Laurent, est-ce que tu écoutes la radio?
 – Non, presque jamais. Je préfère écouter mon baladeur. J'aime mieux choisir ma musique et je trouve qu'il y a trop de pub à la radio.

3 – Et toi, Julie, tu aimes la radio?
 – Oui, moi, j'écoute surtout des radios musicales comme NRJ et Fun. J'aime bien le contact entre l'animateur et les auditeurs, mais bien sûr, il y a des animateurs qui sont moins bons que d'autres. Certains animateurs parlent trop, à force de vouloir être sympas.

**109 CD 5 Track 11**

### 6 J'écoute …

Students listen to the conversation and decide who makes each statement.

**Solution:**

1 A (Aléa), 2 C (Cyrille), 3 A (Aléa), 4 C (Cyrille), 5 B (Bastien), 6 A (Aléa), 7 C (Cyrille), 8 A (Aléa), 9 C (Cyrille), 10 B (Bastien)

**CD 5 Track 11**

**J'écoute …**

– Aléa, tu aimes écouter de la musique?
– Ah oui, bien sûr. J'aime écouter des émissions musicales à la radio pour entendre les nouvelles chansons. Si j'aime une chanson, je peux l'acheter et l'écouter sur mon iPod quand je veux.
– Tu télécharges beaucoup de chansons?
– Entre deux et cinq par mois – ça dépend de mon argent de poche parce que c'est cher! Et toi, Bastien?
– Bof, je ne télécharge pas souvent de chansons. Et j'écoute rarement la radio. À mon avis, il y a trop de pub, trop de jeux stupides et pas assez de bonne musique. Moi, je préfère la musique live; il y a un groupe au lycée qui joue souvent au club des jeunes. Leur musique est vraiment géniale et ils vont être célèbres un jour.
– Ah, voici Cyrille. Salut! Nous parlons de la musique.
– J'adore la musique. Je viens de jouer dans l'orchestre au collège.
– Tu joues de quel instrument?
– De la clarinette. On joue surtout de la musique classique, mais j'aime écouter toutes sortes de musique. Quand je fais mes devoirs, j'écoute la webradio. Quelquefois je regarde la télé en ligne pour voir les derniers tubes, mais je ne peux pas me concentrer sur mes devoirs en même temps. Tu trouves ça aussi, Aléa?
– Oui, c'est difficile. Je préfère mon baladeur parce que ça ne distrait pas et c'est moi qui choisis les chansons.
– Tu as de la chance! Quand je suis en voiture avec mes parents, ils choisissent la station de radio et c'est toujours des infos ou des reportages. Ça, c'est ennuyeux!

**109**

### 7 En français

Students find in the previous statements (tasks 5 and 6) the French for the English phrases listed, to build up radio vocabulary.

Tricolore 4 Teacher Book

# 6C Le sport, ça vous intéresse?

**Solution:**

1 *l'animateur*, 2 *les auditeurs*, 3 *(la) pub*, 4 *(une) émission musicale*, 5 *la télé en ligne*, 6 *ça ne distrait pas*, 7 *je ne peux pas me concentrer*, 8 *en même temps*

**Follow-up activity:**

Using a combination of website and terrestrial radio listening, students could construct a brief written or spoken report on a radio station. This could be supported by a checklist of points to cover, e.g. name of station, URL or frequency, region served, target audience and types of programmes. A brief sound recording of a typical programme could be used.

### 109

## 8 À vous!

Students work in pairs to talk about what they listen to on the radio. They then write their answers to the questions. Encourage them to add as much detail as possible.

## 6C Le sport, ça vous intéresse?   pages 110–111

| Aims and objectives | Grammar and skills | Resources |
|---|---|---|
| • talk about sport and sporting events | • the verb *faire*<br>• adverbs | **Key language**: SB 124–125<br>**Au choix**: SB 224<br>**Online**: Kerboodle Resources and Assessment<br>**Copymasters**: 6/2, 6/3<br>**CD 5** Tracks 12, 21<br>**GiA**: 49–50 |

### 110

## Introduction

When students have read this short information section about sport in France, ask a few questions about sport, e.g.
- *Le sport, ça vous intéresse?*
- *Qui joue au football, au tennis?*
- *Est-ce que vous pratiquez un sport régulièrement?*
- *Qui aime/n'aime pas le sport?* etc.

For quick revision of different sports, have a brainstorming session in which groups or the class try to think of different sports beginning with different letters of the alphabet.

### 110

## 1 Du sport pour tous

Students have to think of a different sport for each category.

**Solution:**

(sample)

1 *sport individuel: le roller, le patinage, la gymnastique*

2 *sport d'équipe: le football, le hockey*

3 *sport nautique: la voile, la natation*

4 *sport d'hiver: le ski*

5 *sport de raquette: le tennis, le badminton*

6 *sport que vous faites au collège: le basket, le football, l'athlétisme*

7 *sport que vous aimez: la danse, le cyclisme*

8 *sport que vous regardez quelquefois à la télé: le tennis, le football*

9 *sport que vous aimeriez essayer: l'escalade, l'équitation, le ski*

### 110 Dossier-langue

## The verb *faire*

This revises the main tenses of the verb *faire* + *du/de la/de l'*, which is often used with sports. Do some quick oral revision of the different tenses, prompting with the words *hier*, *demain*, *samedi dernier*, *samedi prochain*, etc. Ask for other words that might be used to talk about doing sport, playing games, etc. and write these on the board, e.g. *pratiquer*, *jouer à*, *faire partie d'une équipe*.

Refer students as necessary to *Grammaire* 16.5.

### 110

## 2 Vous faites du sport?

Students complete the sentences with the correct tense and person of *faire*.

**Solution:**

1 *J'ai fait de l'escalade …*

2 *… j'ai fait du ski …*

3 *Mon ami fait du judo …*

4 *J'ai toujours voulu faire du patinage.*

5 *… je fais de l'athlétisme, de la gymnastique et de la natation.*

6 *… nous ferons de la voile.*

7 *As-tu déjà fait de l'escalade?*

Tricolore 4 Teacher Book

# 6C Le sport, ça vous intéresse?

  8  ... on a fait de la planche à voile.
  9  ... je faisais de l'équitation ...
  10 ... je ferais du sport ...

**Copymaster 6/2**

## Faire – un verbe utile

See notes on page 187 in Unit 6 Revision and additional practice.

**Examination Grammar in Action 49**

## Using the verb *faire*

This provides further practice of the verb *faire*.

**110 CD 5 Track 12**

## 3 Le sport, c'est ma passion

Students listen to the recording and correct the mistakes in the sentences.

### Solution:
1 Au collège de Lucas, on peut faire du rugby et du <u>basket</u>.
2 En été, on peut choisir entre l'athlétisme et <u>la natation</u>.
3 En dehors de l'école, je joue au foot <u>deux</u> fois par semaine.
4 Mon équipe s'entraîne tous les <u>samedis</u>.
5 Samedi dernier, on a <u>gagné</u> un match à domicile 5 à 3.
6 Mon sport préféré, c'est le <u>tennis</u>.
7 Je suis membre d'un club et j'y joue tous les <u>dimanches</u>.
8 Il <u>y a souvent des</u> tournois.
9 J'aime regarder le <u>cyclisme</u> à la télévision.
10 <u>L'année</u> dernière, j'ai vu la fin du Tour de France à Paris.

**CD 5 Track 12**

### Le sport, c'est ma passion

**Lucas**
Je suis très sportif. Ce trimestre au collège, on peut faire du rugby et du basket. En été, on peut choisir entre l'athlétisme et la natation. En dehors de l'école, je joue au football deux fois par semaine. Je fais partie d'une équipe et on s'entraîne tous les samedis. Samedi dernier, nous avons joué un match à domicile pour le championnat régional. C'était un bon match – on a bien joué et on a gagné 5 à 3.

**Emma**
Mon sport préféré, c'est le tennis. Je suis membre d'un club de tennis et j'y joue tous les dimanches. Il y a souvent des tournois. J'aime aussi regarder le sport à la télévision, surtout le cyclisme. L'année dernière, j'étais à Paris et j'ai vu la fin du Tour de France. Ça, c'est toujours intéressant à voir.

**Follow-up activity:**
As follow-up, students could message a set of questions about sport to their email partners and then reply with their responses to their partners' questions.

**224 Au choix**

## [2] C'est quel sport?

See notes on page 185 in Unit 6 Revision and additional practice.

**111**

## 4 Interview d'une championne

This interview introduces examples of adverbs. Students read the interview and find the five correct sentences.

### Solution:
Sentences 1, 2, 4, 6, 7 are correct.

**111 Dossier-langue**

## Adverbs

This explains the formation and use of adverbs. These words are often used, but not always fully understood, so it is worth checking that students know the meanings. Refer students as necessary to Grammaire 5.1.

### Solution:
1 *absolument*, 2 *tellement/vraiment*, 3 *récemment*, 4 *régulièrement*
Ending in common: -*ment*
Four more adverbs (any four): *particulièrement* (particularly), *franchement* (frankly, honestly), *heureusement* (fortunately, luckily, happily), *facilement* (easily), *spécialement* (specially)
Irregular adverbs: well – *bien*, better – *mieux*

**111**

## 5 Au contraire

Students match up adverbs that are opposite in meaning.

### Solution:
1  b (*facilement – difficilement*)
2  e (*heureusement – malheureusement*)
3  j (*souvent – rarement*)
4  g (*fort – doucement*)
5  c (*récemment – il y a longtemps*)
6  a (*jamais – toujours*)
7  d (*dehors – dedans*)
8  i (*en haut – en bas*)
9  f (*déjà – pas encore*)
10 h (*avant – après*)

# 6D On regarde la télé

📖 **224 Au choix**

### [3] Des adverbes utiles
See notes on page 185 in Unit 6 Revision and additional practice.

📖 **111**

### 6 À vous!
a Students work in pairs asking and answering questions about sport.
b They then write their own answers, using adverbs wherever possible.
c This item gives students the opportunity to consolidate their work on this spread.

They could research a sporting personality or invent a 'champion' of their own.

**Examination Grammar in Action 50**

### Using adverbs
This provides further practice of adverbs.

📖 **224 Au choix**

### [4] Les vacances d'un skieur
See notes on page 185 in Unit 6 Revision and additional practice.

📖 🔊 **224 Au choix CD 5 Track 21**

### [5] On parle du sport
See notes on pages 185–186 in Unit 6 Revision and additional practice.

🖱 **Copymaster 6/3**

### Le Tour de France
See notes on page 187 in Unit 6 Revision and additional practice.

## 6D On regarde la télé   pages 112–113

| Aims and objectives | Grammar and skills | Resources |
|---|---|---|
| • discuss television programmes | • comparatives<br>• pronouns | **Key language:** SB 124–125<br>**Au choix:** SB 224<br>**Online:** Kerboodle Resources and Assessment<br>**CD 5** Track 13<br>**GiA:** 51 |

### Introduction
Ask if anyone has watched French TV or knows anything about it, displaying any observations to be considered later. If possible, show some current programme listings or encourage students to look these up on the internet. This site provides links to most TV channels:
www.tvenfrance.com/TVenFrance.html.

📖 🔊 **112 CD 5 Track 13**

### 1 La télévision en France
a This gives information about the main TV channels in France. Students listen to the conversation and complete the summary.

**Solution:**
**1** *documentaires*, **2** *20 heures*, **3** *sérieuse*, **4** *sport*, **5** *films*, **6** *jeunes*, **7** *trouve*, **8** *émissions*, **9** *satellite*

b Students find in the text the French for the English phrases listed. For support, display the French words in jumbled order.

**Solution:**
**1** *la chaîne*, **2** *des émissions*, **3** *la télé-réalité*, **4** *des dessins animés*, **5** *le journal*, **6** *des documentaires*, **7** *une chaîne culturelle*, **8** *(des) feuilletons*, **9** *en version française*, **10** *(de) la publicité*

🔊 **CD 5 Track 13**

### La télévision en France

– Sandrine, tu peux m'expliquer un peu les différentes chaînes de la télévision française?
– Oui, bien sûr. Bon, d'abord il y a TF1. C'est la chaîne la plus populaire avec toutes sortes d'émissions: des documentaires, des émissions sportives, des jeux, de la télé-réalité, etcetera. Beaucoup de personnes, par exemple mes parents, la mettent toujours pour le journal à vingt heures.
– Le journal, ce sont les informations, non?
– Oui, ce sont toutes les informations politiques, économiques etc. Puis il y a France 2, c'est une chaîne assez sérieuse.
– Alors, tu ne regardes pas France 2 très souvent?
– Moi, non. Il y a France 3 – c'est aussi une chaîne assez sérieuse, mais on passe quelquefois de bons films, des séries et des jeux … et pour le sport, c'est pas mal du tout. Ensuite, il y a Canal +. Ça, c'est une excellente chaîne. On y passe beaucoup de bons films, des documentaires, des talk-shows … des choses comme ça. Et puis il y a France 5 – la Cinquième. C'est la chaîne éducative, qui transmet des émissions uniquement pendant la journée, de six heures à dix-neuf heures. Après sept heures, on a Arte qui est la chaîne culturelle. C'est complètement différent des autres chaînes. Quelquefois, on consacre une soirée entière à un thème. Notre prof nous a dit qu'on y passe de très bonnes choses!

Tricolore 4 Teacher Book    **173**

# 6D On regarde la télé

- Il y a des chaînes pour les jeunes?
- Bien sûr! Par exemple, il y a M6 et pour beaucoup de jeunes, c'est la meilleure chaîne. On y trouve beaucoup de feuilletons et de séries américaines. Je les regarde de temps en temps – ça détend!
- Alors pour les chaînes, c'est tout?
- Oui, ça, ce sont toutes les chaînes principales. Pour les gens qui habitent à l'étranger et qui veulent regarder des émissions en français, il y a TV5. On peut y voir une sélection d'émissions françaises, suisses, québécois etcetera. Il y a aussi les chaînes de la TNT …
- Qu'est-ce que ça veut dire?
- La TNT, c'est la Télévision Numérique Terrestre. Puis il y a le câble et les chaînes satellite; à mon avis, c'est trop.
- Est-ce qu'il y a de la publicité à la télé en France?
- Pff! Tu parles! Oui, il y a de la publicité sur toutes les chaînes – donc, pour l'éviter, on prend sa télécommande et on fait du 'zapping'!

### 112

## 2 C'est quoi comme émission?

a  Students give an example of a programme for each genre, using full sentences.

b  They then go on to research a French programme for each genre. They should use the internet or French TV magazines, if available.

### 112

## 3 Forum des jeunes: La télé

Students read the extracts from an internet discussion forum about TV programmes and identify the person who corresponds to the details given.

> **Solution:**
> **1** Voldenuit, **2** Alamode, **3** Mistercool, Métrognome, **4** Tapismajik, **5** Alice468, (Alamode), **6** Alamode, **7** Perruchefolle, **8** Perruchefolle, Mistercool

**Follow-up activity:**

You could then have a short discussion with students by asking, e.g.

- Qui est d'accord avec Alice468?
- Qui aime regarder les séries?
- Student A, quelle est ta série préférée?
- Qui préfère les dessins animés comme Les Simpson?
- Qui aime les jeux? etc.

### 113 Dossier-langue

## Comparatives

This item looks at the formation and use of comparative rejectives and adverbs, and also *aussi … que* and *pas si … que*. Refer students as necessary to Grammaire 4.3 and 5.2.

### 113

## 4 Des comparaisons

a  Students write comparisons using the prompts supplied.

> **Solution:**
> **1** *Le sport est plus intéressant que les feuilletons.*
> **2** *La radio est plus vieille que la télé.*
> **3** *Les informations sont moins populaires que les séries.*
> **4** *Les dessins animés sont aussi ennuyeux que la télé-réalité.*
> **5** *La chaîne TF1 est meilleure que beaucoup de chaînes satellite.*
> **6** *Les jeux ne sont pas si éducatifs que les documentaires.*

b  They then make up four more sentences following the same pattern.

**Examination Grammar in Action 51**

## The comparative

This provides further practice of the comparative.

### 113

## 5 Des opinions

Students match the French phrases with their English equivalents to provide some useful vocabulary for expressing opinions.

> **Solution:**
> **1** e, **2** l, **3** b, **4** j, **5** d, **6** m, **7** h, **8** a, **9** n, **10** g, **11** c, **12** i, **13** k, **14** f

### 113 Dossier-langue

## Pronouns

Encourage students to find some more useful expressions with *ça* + verb, e.g. *Ça me dérange. Ça t'arrange?*

### 113

## 6 À vous!

a  Students first work in pairs on a general discussion about TV programmes.

b  They then write a paragraph about television. Encourage students to use adverbs, phrases from task 5 and their answers to the questions in part a. Although the titles will be in English, students should say (or write) in French what kind of programmes they are, when they are shown, and what they think of them.

Tricolore 4 Teacher Book

# 6E Vous aimez la lecture?

📖 **224 Au choix**

## [6] La télé

See notes on page 186 in Unit 6 Revision and additional practice.

**Follow-up activities:**

A great deal of information on TV programmes can be accessed on the internet, relating to programmes that are well known in the UK as well as many that are not so well known. Tasks for students could include:

- access and view video clips from French TV websites
- look at channel schedules
- look at fans' sites for positive view of programmes and critics' sites for a balanced view
- *le forum télé* – most forums on the internet will be too hard and/or too risqué but both of these problems can be avoided if using either a children's forum or setting up the school's own forum.

## 6E Vous aimez la lecture? pages 114–115

| Aims and objectives | Grammar and skills | Resources |
|---|---|---|
| • talk about books and reading | • direct object pronouns (*le, la, l', les*) | **Key language:** SB 124–125<br>**Au choix:** SB 225<br>**Online:** Kerboodle Resources and Assessment<br>**Copymasters:** 6/4<br>**CD 5** Tracks 14, 22<br>**GiA:** 52–53 |

## Introduction

Introduce the topic of reading by showing a few books and teaching and practising vocabulary, e.g.

- *Voici un livre de poche.* (paperback)
- *Ça, c'est quoi comme livre? C'est une bande dessinée?* (comic strip book)
- *Ça, c'est un roman policier. Qui aime les romans policiers?* (crime novel)
- *En anglais, on lit souvent des pièces de Shakespeare.* (Shakespeare play)
- *Est-ce que vous préférez lire des bandes dessinées ou des romans policiers?*
- *Qu'est-ce que vous lisez en cours d'anglais? Est-ce que vous lisez une pièce de Shakespeare? Qu'est-ce que vous aimez comme livres?*

📖 **114**

## 1 Forum des jeunes: Les livres

This is based on an internet forum where participants give their suggestions for books they have enjoyed.
The contribution from Voldenuit sets the scene and this could perhaps be read aloud first. Students then read through the other contributions. Check whether students know any of the books mentioned and can give their English titles, e.g. 'À la Croisée des Mondes', qu'est-ce que c'est en anglais? (His Dark Materials); 'Le Seigneur des Anneaux' (Lord of the Rings); 'L'Alchimiste' (The Alchemist).

The extracts can then be used as a starting point for a general discussion about reading:
*Qui a lu ça? À ton avis, c'était bien, ennuyeux, trop long, facile à lire?* etc.

**a** Students identify in the forum posts a book or fictional character to correspond with 1–5.

**Solution:**

**1** *L'Alchimiste,* **2** any one of: *À la Croisée des Mondes, Le Seigneur des Anneaux, Harry Potter,* **3** *Les quatre fleuves,* **4** Jean-Baptiste Adamsberg, Harry Potter, **5** Lyra

**b** Students identify the person who corresponds to the details given.

**Solution:**

**1** Voldenuit, **2** Mistercool, **3** Métro-gnome, **4** Tapismajik

**c** They then match each of the opinions to one of the contributors.

**Solution:**

**1** Tapismajik, **2** Mistercool, **3** Alice468, **4** Perruchefolle

**d** Students find in the extracts the French for the English phrases listed, to build up a useful vocabulary about reading. Many of these phrases are also applicable to discussing films and television.

**Solution:**

1 *un auteur*

2 *un personnage*

3 *une liseuse*

4 *un titre*

5 *Je n'aime vraiment pas lire.*

6 *On ne les lâche plus.*

7 *Ces livres t'ouvrent une autre perspective sur le monde.*

8 *J'ai trouvé la fin un peu décevante.*

9 *Ça me permet de m'évader du monde de tous les jours.*

10 *Je suis impatient de lire les autres.*

# 6E Vous aimez la lecture?

### 114 Dossier-langue

### Direct object pronouns

This looks at direct object pronouns. An explanation of preceding direct object agreement in the perfect tense is given in Unit 9, but it could be mentioned here for some students. Refer students as necessary to *Grammaire* 8.2.

### Copymaster 6/4

### Je le sais!

See notes on page 187 in Unit 6 Revision and additional practice.

### Examination Grammar in Action 52

### Using direct object pronouns – *le*, *la*, *les*

This provides further practice of direct object pronouns.

### 115

### 2 C'est quoi comme livre?

Students give a brief definition of each book and identify the author.

> Solution:
>
> 1 *C'est une bande dessinée de René Goscinny.*
>
> 2 *C'est un roman (d'amour) de Jane Austen.*
>
> 3 *C'est un roman fantastique de J R R Tolkien.*
>
> 4 *C'est une pièce de théâtre de William Shakespeare.*
>
> 5 *C'est un roman policier d'Agatha Christie.*
>
> 6 *C'est un livre pour enfants de Roald Dahl.*

### 115 CD 5 Track 14

### 3 Des livres de tous les genres

This gives short descriptions of three books.

a Students read and listen to the first recording then decide whether the sentences are true or false.

b They write down the missing words in the second description and then check their answers by listening to the second recording.

c They then listen to and read the third text and choose the correct option.

d Students identify each of the books described.

> Solution:
>
> a 1 1 F, 2 V, 3 F, 4 V
>
> b 2 1 *avion*, 2 *chien*, 3 *homme*
>
> c 3 1 a, 2 b, 3 a, 4 a, 5 b
>
> d 1 *Les Royaumes du Nord* (Northern Lights), 2 *Tintin au Tibet*, 3 *Macbeth*

### CD 5 Track 14

### Des livres de tous les genres

**Partie a**

Ce livre, le premier tome d'une trilogie, raconte la vie de Lyra qui est orpheline et qui vit à Oxford. Elle adore faire des escapades avec Roger, l'aide-cuisinier. Mais un jour, son meilleur ami, Roger, disparaît. Alors Lyra part à sa recherche et fait un voyage périlleux vers le Grand Nord. Ce voyage lui révèle ses extraordinaires pouvoirs et la conduit à la frontière d'un autre monde.

**Partie b**

C'est une bande dessinée. Dans cette aventure, le reporter part à la recherche de son ami Tchang, qui a disparu après un crash d'avion. Quand le reporter et son chien arrivent à la montagne, ils partent sur les traces de l'abominable homme des neiges.

**Partie c**

C'est une pièce de théâtre que nous avons étudiée en classe. C'est l'histoire d'un général qui rencontre trois sorcières en rentrant chez lui après une bataille. Elles lui disent des choses étranges qu'il répète à sa femme. Elle est très ambitieuse et elle encourage son mari à tuer le roi d'Écosse, qui va leur rendre visite. Le général tue le roi et prend le trône. Mais le roi a deux fils qui s'échappent. Le général commet d'autres meurtres, mais sa femme, qui est devenue folle, se suicide. Finalement, le fils aîné du roi mène une armée d'Angleterre et tue le général.

### 115

### 4 À vous!

a Students work in pairs to ask and answer questions about books and reading.

b They then write about their own opinions and experience of reading, following the style of the example.

c Finally, students describe a book they have read. This could take the form of a review. It could be prepared on the board, perhaps using a class text that all the students have read. As further preparation, students could collect phrases they liked in reviews they have read in order to recycle them in their own work.

This task could also be done as a guessing game for others in the class if the title is omitted.

### 225 Au choix CD 5 Track 22

### [7] Un livre que j'ai lu

See notes on page 186 in Unit 6 Revision and additional practice.

### Examination Grammar in Action 53

### Using the verbs *dire*, *lire*, *écrire*

This provides further practice of irregular verbs appropriate to this topic.

176 Tricolore 4 Teacher Book

# 6F Qu'est-ce qu'on fait?

## 6F Qu'est-ce qu'on fait? pages 116–117

| Aims and objectives | Grammar and skills | Resources |
|---|---|---|
| • understand information about events<br>• discuss going out | • using pronouns to avoid repetition (*le, la, l', les, y*) | **Key language:** SB 124–125<br>**Au choix:** SB 225<br>**Online:** Kerboodle Resources and Assessment<br>**Copymasters:** 6/4, 6/5<br>**CD 5** Tracks 15–16 |

### 116

### 1 Si on sortait?

You could introduce this topic by bringing in recent copies of French entertainment guides. Some oral work could then be based on the adverts in the book, e.g.

– *Pour des renseignements sur …, il faut téléphoner à quel numéro?*
– *Qu'est-ce qu'on peut voir au théâtre?*

**a** Students work out the meaning of these abbreviations, which are commonly used in publicity material.

> **Solution:**
>
> **1** *location* – reservation, booking, **2** *tous les jours, sauf dimanche* – every day except Sunday, **3** *renseignements* – information, **4** *téléphone* – telephone, **5** *samedi* – Saturday, **6** *métro* – underground/tube (station), **7** *février* – February, **8** *réservation* – reservation

**b** They then find out the meaning of the words listed by consulting the glossary or a dictionary, if necessary.

> **Solution:**
>
> **1** on ice, **2** (here) at the box office, **3** free entry, **4** available places/seats, **5** even (numbered) days, **6** odd (numbered) days, **7** until, **8** opening times

**c** Students find in the adverts the right information to answer each of the questions.

> **Solution:**
>
> **1** *Il y a un festival de musiques africaines.*
>
> **2** *Il y a deux pièces de William Shakespeare*: Othello *et* Beaucoup de bruit pour rien.
>
> **3** *La Terre vue du Ciel*
>
> **4** *au Jardin du Luxembourg (Paris); non, c'est gratuit/entrée libre*
>
> **5** *08 25 30 19 98*
>
> **6** *Il y a un spectacle musical sur glace:* Casse-noisettes.

**d** Students search online to find out ticket prices for Aquaboulevard.

### 116 CD 5 Track 15

### 2 C'est pour un renseignement

Students listen to the telephone conversations and note the details.

> **Solution:**
>
> **1 Casse-noisettes**
> sam. matinée: *15h*
> séance du soir: *17h30*
> places à partir de: *20 euros*
>
> **2 Othello**
> prix des places: *15 euros*
> réd: *12 euros pour les étudiants*
> horaires: *mardi–samedi 20h30, dim. 15h30*

### CD 5 Track 15

### C'est pour un renseignement

**1 Casse-noisettes**
– Allô. Vous désirez?
– À quelle heure sont les séances pour le spectacle musical le weekend?
– Pour *Casse-noisettes*, il y a une matinée le samedi, à quinze heures, et puis il y a la séance du soir, à dix-sept heures trente.
– C'est combien, les billets les moins chers pour la matinée?
– Les moins chers sont à vingt euros.
– Merci beaucoup.
– Je vous en prie.

**2 Othello**
– Théâtre du Vésinet, bonjour.
– Bonjour, quel est le prix des places pour *Othello*, s'il vous plaît?
– Quinze euros – pour toutes les places.
– Y a-t-il des réductions?
– Oui. Pour les étudiants, le prix des places est douze euros.
– À quelle heure sont les représentations?
– Du mardi au samedi, les représentations sont à vingt heures trente, et le dimanche, il y a une matinée à quinze heures trente. Le dimanche soir et le lundi, le théâtre est fermé.
– Merci beaucoup.
– De rien.

# 6G Si on allait au cinéma?

### 116 Dossier-langue

### Using pronouns to avoid repetition

This is a good time to revise pronouns and stress their usefulness in improving students' quality of language. Go through the task and encourage them to use pronouns in subsequent activities. Refer students as necessary to *Grammaire* 8.2, 8.4.

Solution:

**a 1** *la*, **b 2** *y*, **c 3** *les*, **d 4** *l'*, **5** *la*, **6** *y*

### Copymaster 6/4

### Je le sais!

If not yet used, this copymaster could be used for practice of direct object pronouns. See notes on page 187 in Unit 6 Revision and additional practice.

### 117

### 3 Qu'est-ce qu'on fait?

This page brings together a wide range of expressions for discussing what to do, expressing opinions about events and arranging to meet.

Students read through the model dialogues and then make up some of their own using the phrases listed.

### Copymaster 6/5

### Inventez des conversations

See notes on page 188 in Unit 6 Revision and additional practice.

### 117 CD 5 Track 16

### 4 Que faire?

Students listen to the recording and note in English the comment made about each suggested idea.

Solution:

**1** no tickets left, had to book a long time in advance, **2** too expensive, **3** it doesn't really interest me, **4** it's closed, **5** yes, would like to go

### CD 5 Track 16

### Que faire?

- Je voudrais bien aller au grand concert de rock au Stade de France.
- Oui, ça serait bien, mais il n'y a plus de billets. Il fallait réserver longtemps à l'avance.
- On peut aller au théâtre, peut-être. Il y a un nouveau spectacle musical qui vient d'ouvrir.
- Oui, mais tu as vu le prix des places? Moi, je n'ai pas assez d'argent pour ça. Si on allait au cinéma? On passe le nouveau James Bond à l'Odéon. On dit que c'est un très bon film.
- Bof, ça ne me dit pas grand-chose, et l'Odéon, c'est trop loin. Tu veux aller à la piscine?
- Non, ce n'est pas possible. La piscine est fermée en ce moment. Mais on pourrait aller à la patinoire. Ça te dit?
- Ah oui, je veux bien faire ça.
- Alors, allons à la patinoire.

### 225 Au choix

### [8] Réponds-moi!

See notes on page 186 in Unit 6 Revision and additional practice.

### 117

### 5 Un message

a Students write a reply to a message about making arrangements to go out.
b They then make up a similar message and write a reply to it.

# 6G Si on allait au cinéma? pages 118–119

| Aims and objectives | Grammar and skills | Resources |
|---|---|---|
| • talk about the cinema and films<br>• describe a film | • superlatives | **Key language:** SB 124–125<br>**Au choix:** SB 225<br>**Online:** Kerboodle Resources and Assessment<br>**Copymasters:** 6/6, 6/7<br>**CD 5** Track 17<br>**GiA:** 55 |

### 118

### 1 Le cinéma

This gives some background information about French cinema and provides some examples of the superlative. Students read the text and answer the questions in French.

Solution:

**1** *à la maison*, **2** *un polar*, **3** *les comédies et les films d'aventures*, **4** *un acteur français*, **5** *elle est actrice*, **6** *l'équivalent français des Oscars*

178  Tricolore 4 Teacher Book

# 6G Si on allait au cinéma?

### 118 Dossier-langue

## Superlatives

The superlative is usually easily understood and absorbed by students. They will also need to understand it more often than they will need to use it. Refer students as necessary to *Grammaire* 4.4 and 5.2.

**Solution:**
1 *la*, 2 *les*, 3 adjective

The use of *de* after the superlative, to mean 'in' or 'of', is not mentioned here but it could be explained to able students, e.g.
- À votre avis, quel est le meilleur dessin animé de tous les films de Disney?
- Quel est le film le plus amusant de James Bond?

### 118

## 2 À propos de cinéma

Students practise using the superlative to complete sentences about the cinema.

**Solution:**
1 *meilleur*, 2 *plus dangereuses*, 3 *plus connus/célèbres*, 4 *plus chers*, 5 *plus récent*, 6 *plus populaires*, 7 *meilleure*, 8 *plus amusants*

### Copymaster 6/6

## C'est le meilleur!

See notes on page 188 in Unit 6 Revision and additional practice.

### Examination Grammar in Action 55

## The superlative

This provides further practice of the superlative.

### 118 CD 5 Track 17

## 3 On décrit des films

Students listen to two competitors from a radio quiz game who have to speak for 30 seconds about a given film title. This provides further practice of the kind of vocabulary used to narrate and discuss films. For each speaker, students pick the correct answer out of the three choices supplied.

**Solution:**
Jurassic Park **1** b, **2** c, **3** b, **4** a, **5** a

Astérix et les Indiens **1** c, **2** b, **3** b, **4** c, **5** c

### CD 5 Track 17

## On décrit des films

– Alors, on continue. C'est à l'équipe A. Le prochain film est *Jurassic Park*. Attendez … vous avez trente secondes. Commencez!

– Euh. *Jurassic Park* est un film américain de science-fiction avec des effets spéciaux absolument fantastiques! Le directeur est Steven Spielberg et les vedettes … euh … les vedettes sont les dinosaures! Dans le film, il s'agit de dinosaures … évidemment, mais qui vivent aujourd'hui – pas du tout à l'époque préhistorique. C'est un très bon film, mais assez effrayant et il …

– Très bon – deux points. Et maintenant, à l'équipe B. Votre film est *Astérix et les Indiens*. Alors, vous avez trente secondes. Commencez!

– *Astérix et les Indiens* est un dessin animé, en couleurs, français, c'est-à-dire, français–allemand, parce que c'est un film de Gerhard Hahn. C'est une aventure d'Astérix et de son ami Obélix – comme d'habitude. Dans cette histoire, leur ami, Panoramix, a été enlevé par un Romain et alors qu'ils sont en train de le chercher, ils découvrent un pays inconnu, plein d'étranges créatures. Beaucoup de mes amis disent que c'est un film très amusant, mais à mon avis, ce n'est pas si bien que les premiers films d'Astérix. Quand même …

– Excellent – trois points.

### 118

## 4 Lexique

Students write the English equivalents of the French phrases to provide some useful vocabulary when describing films.

**Solution:**
*un acteur* – actor, *une actrice* – actress, *des effets spéciaux* – special effects, *une cascade* – stunt, *le rôle (principal)* – (main) role, *une vedette* – (film) star, *sortir* – to come out (film), *en version originale* – with original soundtrack

### 119

## 5 Des films de tous les genres

Although parts a and b of this task are simple matching activities in which students match up a film title first with its type and then with its description, part c also presents key expressions for narrating the plot of a film. The descriptions vary in length and complexity. Most are written in the present tense, the most common tense for narrating a story.

a Students choose the right definition for each of the films listed (1–4).

**Solution:**
**1** C'est un dessin aimé, **2** C'est un film d'amour, **3** C'est un film de science-fiction, **4** C'est un film d'aventures

b They then match each film to the right description (a–d).

**Solution:**
**1** b, **2** d, **3** a, **4** c

c Students find in the descriptions the French for the English phrases listed, which can later be adapted for use in their own descriptions of film or book plots.

Tricolore 4 Teacher Book

## 6H Qu'avez-vous fait?

> **Solution:**
> 1 ça se passe à l'avenir
> 2 se combattre à la mort
> 3 un chef d'œuvre connu
> 4 partout au monde
> 5 à la fin du film
> 6 l'essentiel de la vie
> 7 très touchant
> 8 beaucoup d'effets spéciaux et de cascades
> 9 c'est un film classique
> 10 le réalisateur
> 11 avant la Première Guerre mondiale
> 12 ils tombent amoureux de

**225 Au choix**

### [9] Tu as vu ça?

See notes on page 186 in Unit 6 Revision and additional practice.

**119**

### 6 À vous!

a Students work in pairs to ask and answer questions about the cinema.
b They then write out their answers.

**119**

### 7 Critique d'un film

Students write a review of a film they have seen. They could look at the earlier descriptions and list some useful phrases for describing a film. A more detailed description could also be prepared on the board of a film that is well known to the class. The *Pour vous aider* box provides a structure for this.

**Follow-up activity:**

Using a desktop publishing or word-processing package, students could lay out title, main stars, locations and dates and include an advertising slogan, perhaps using the superlative and genre type, e.g. best suspense film of the year.

**Copymaster 6/7**

### On parle des films

See notes on page 188 in Unit 6 Revision and additional practice.

## 6H Qu'avez-vous fait? pages 120–121

| Aims and objectives | Grammar and skills | Resources |
|---|---|---|
| • talk about an event in the past<br>• make excuses and apologise | • the pluperfect tense | **Key language:** SB 124–125<br>**Au choix:** SB 225<br>**Online:** Kerboodle Resources and Assessment<br>**Copymasters:** 4/3, 6/8, 6/9<br>**CD 5 Track 18**<br>**GiA:** 54 |

**120**

### 1 Un bon weekend ou un désastre?

This is a fairly straightforward reading task in which students attribute statements about a good weekend and a disastrous one to the right person.

> **Solution:**
> 1 D, 2 B, 3 D, 4 B, 5 B, 6 D

**225 Au choix**

### [10] Un bon weekend?

See notes on pages 186–187 in Unit 6 Revision and additional practice.

**Copymaster 4/3**

### Vendredi soir

This provides further practice of the imperfect tense, if not already used in Unit 4. See notes on pages 129–130 in Unit 4 Revision and additional practice.

**120 Dossier-langue**

### The pluperfect tense

This deals with the use and formation of the pluperfect tense. Refer students as necessary to the paradigms in *Grammaire* 14.11.

> **Solution:**
> Find the French: *j'avais acheté, je m'étais entraîné(e), j'étais allé(e), mon ami avait promis*
>
> One more example: *j'avais invité*

180 Tricolore 4 Teacher Book

# 6H Qu'avez-vous fait?

### 120

## 2 Trouvez les paires

Students match pairs of French phrases to complete sentences in the pluperfect tense.

**Solution:**
1 c, 2 f, 3 e, 4 b, 5 d, 6 a

### 120

## 3 Pas de chance

Students put the verb in the pluperfect tense to complete the sentences.

**Solution:**
1 *elle était déjà sortie*, 2 *j'avais oublié*,
3 *le film avait déjà commencé*, 4 *le bus était tombé en panne*, 5 *il n'avait pas reçu*,
6 *ils n'avaient pas pris*

### 120

## 4 En français

Students translate sentences in the pluperfect tense into French.

**Solution:**
1 *Elle avait oublié son parapluie.* 2 *Ils avaient manqué le bus.* 3 *J'avais déjà vu le film.* 4 *Ils n'étaient pas arrivés à temps.* 5 *Nous étions parti(e)s à dix heures/vingt-deux heures.*
6 *Ma copine/Ma petite amie m'avait recommandé le film.*

**Examination Grammar in Action 54**

## Using the pluperfect tense

This provides further practice of the pluperfect tense.

### 120

## 5 Des excuses

This item develops the theme of excuses from the previous task. Students match the French phrases with their English equivalents to provide some useful vocabulary for giving and responding to excuses.

**Solution:**
1 g, 2 a, 3 h, 4 b, 5 f, 6 c, 7 e, 8 d

### 121 CD 5 Track 18

## 6 Le weekend dernier

First, do some oral work based on the images, e.g.
- *À votre avis, qui a fait de la peinture? Qui est allé au cinéma? Qui a fait du sport? Qui a vu une pièce de Shakespeare?* etc.

Students then listen to the conversations and complete the sentences.

**Solution:**
Laurent et Julie: **1** h, **2** d, **3** c, **4** f, **5** i, **6** a
Daniel et Élodie: **1** e, **2** a, **3** d, **4** c, **5** b, **6** f

### CD 5 Track 18

## Le weekend dernier

**Laurent et Julie**
- Laurent, tu as fait du sport pendant le weekend, je suppose?
- Oui. Samedi après-midi, j'ai joué un match de basket.
- Et vous avez gagné?
- Non, malheureusement pas. Mais on a joué assez bien quand-même.
- Et tu as fait autre chose?
- Oui, dimanche je suis allé au match de football, Bordeaux contre Paris Saint-Germain.
- C'était bien?
- Oui, c'était un très bon match. Bordeaux a gagné deux à zéro. Et toi, Julie, tu es sortie pendant le weekend?
- Oui, je suis sortie samedi soir. Je suis allée au théâtre avec une amie.
- Qu'est-ce que tu as vu, comme pièce?
- On a vu une pièce de Shakespeare, *Macbeth*.
- Et c'était bien?
- Assez bien. Je n'aimais pas beaucoup l'acteur qui a joué Macbeth, mais dans l'ensemble, c'était bien.

**Daniel et Élodie**
- Daniel, tu as passé un bon weekend?
- Oui, j'ai passé un très bon weekend. J'ai participé à la Fête de la Peinture.
- Qu'est-ce que c'est exactement?
- Ben, ça a lieu pendant un weekend sur le Pont des Arts à Paris. Le but est d'encourager les gens à faire de la peinture. Alors c'est ouvert à tout le monde. Il y a de vrais artistes qui sont sur le pont pour te donner des conseils.
- Alors qu'est-ce que tu as fait comme peinture?
- Moi, j'ai peint la Seine et les bateaux. Alors, quand on a fini sa peinture, on l'expose sur le pont et si elle est vendue, l'argent va aux victimes du tremblement de terre en Turquie.
- C'est très intéressant.
- Et toi, Élodie, qu'est-ce que tu as fait pendant le weekend?
- Moi, je suis allée au cinéma. J'ai vu un film anglais qui s'appelle *Billy Elliot*.
- Ah? Je ne connais pas. C'était bien comme film?
- Oui. Enfin, moi, je l'ai beaucoup aimé.
- Et c'est quoi comme film? Un film d'aventures?
- Ah non, pas du tout. Ça se passe dans le nord de l'Angleterre. Billy est un garçon de onze ans qui apprend à faire de la boxe, mais il est attiré par un cours de danse qui a lieu dans le même bâtiment. Bref, il décide de devenir danseur, mais son père et son frère, qui sont mineurs en grève, sont tout à fait opposés à l'idée. Alors, c'est un peu l'histoire de sa détermination et de sa vie.
- Alors, c'était triste?
- Un peu, oui. C'était très émouvant et le jeune acteur qui faisait Billy jouait vraiment très bien.
- Et le film était en version française?
- Non, c'était en version originale, mais sous-titré en français.

Tricolore 4 Teacher Book 181

## 6I Contrôle

**121**

### 7 À bientôt!

This brings together some useful phrases for describing a recent event. Students read the email and write a reply describing an event they have attended, using the questions and possible answers as support.

**Copymaster 6/8**

### Un désastre

See notes on page 188 in Unit 6 Revision and additional practice.

**Copymaster 6/9**

### Un weekend récent

See notes on page 188 in Unit 6 Revision and additional practice.

## 6I Contrôle   pages 122–123

| Aims and objectives | Grammar and skills | Resources |
|---|---|---|
| • practise exam techniques<br>• find out what you have learnt | • writing tips | **Key language:** SB 124–125<br>**Online:** Kerboodle Resources and Assessment<br>**Copymasters:** 6/11–6/15<br>**CD 5** Tracks 19–20, 27–32<br>**SCD 2** Tracks 2–7 |

This spread provides assessment tasks, in all four skills, which follow the style of assessment offered by some awarding bodies. It is intended to provide practice in the different assessment techniques as well as to assess knowledge of the content of the unit.

Additional assessment material, using literary extracts for reading and photos for oral work, is provided in the five *C'est extra!* spreads which appear after Units 2, 4, 6, 8 and 10.

Teachers should adapt the tasks as necessary to suit the needs of their students. Board-specific examination practice, written by experienced examiners, is provided online.

## Listening

**122 CD 5 Track 19**

### 1 La musique et moi

a Students listen to the first part of Max's interview and complete the sentences in English.

b Students listen to the second part of the interview and choose the two correct sentences.

**Solution:**

**a**

1 Max likes listening to <u>rock</u> and occasionally <u>classical music</u>.
2 He doesn't like <u>techno</u> because <u>it gets on his nerves</u>.
3 His father prefers <u>watching or listening to sport on the radio</u>.
4 Max listens to the radio in the morning because <u>it wakes him up</u> and <u>it reminds him of the time so he isn't late</u>.
5 He listens to music while doing homework because <u>it helps him concentrate on his homework</u>.

**b** Sentences 2 and 4 are correct.

**CD 5 Track 19**

### La musique et moi

**Partie a**

– Tu aimes quelle sorte de musique?
– En général, j'aime le rock mais de temps en temps, j'écoute aussi de la musique classique. J'aime surtout la musique de Mozart. Ce que je déteste, c'est le techno. Ça m'énerve!
– Et les autres membres de la famille, qu'est-ce qu'ils aiment écouter?
– Ma mère adore l'opéra et elle l'écoute tout le temps, mais mon père n'écoute presque jamais de musique. Il préfère regarder le sport ou écouter un match à la radio.
– Et toi, où est-ce que tu écoutes ta musique?
– Le matin quand je me lève, j'écoute la radio. Ça me réveille un peu, et on dit souvent l'heure, alors je suis rarement en retard pour le collège. Et le soir, j'écoute mon baladeur. J'ai plus de 400 chansons, alors j'en ai un grand choix.
– Tu écoutes aussi de la musique quand tu fais tes devoirs?
– Ah oui, je me concentre beaucoup mieux quand il y a de la musique, mais il faut choisir la bonne musique pour chaque matière. Par exemple, je n'arrive pas à faire mes devoirs d'anglais si c'est de la musique classique. C'est marrant!

**Partie b**

– Est-ce que tu joues d'un instrument?
– Il y a quelques années, je jouais du violon, mais je n'étais pas très doué et je n'en joue plus. Je préfère jouer de la guitare électrique et je joue dans un groupe avec mes copains. Nous répétons chaque weekend et le mois prochain, il y aura un concours pour tous les collèges de la région. Ça s'appelle 'Battle of the Bands' – 'La Guerre des Groupes'! Nous allons y participer et, qui sait, on aura peut-être du succès. On verra.
– Alors, bonne chance!

Tricolore 4 Teacher Book

# 6I Contrôle

## 122 CD 5 Track 20

### 2 Le sport et moi

Students listen to the interview and choose two correct sentences in each section.

Solution:
1 B, E, 2 A, C, 3 C, E

### CD 5 Track 20

### Le sport et moi

– Didier, quand tu étais à l'école, quel genre de sport est-ce que tu pratiquais?
– Quand j'étais à l'école, c'était une école de garçons, donc on faisait essentiellement des sports collectifs. Moi, je jouais au handball et au football.
– Aha. Et, est-ce que tu continues à pratiquer ces sports aujourd'hui?
– Je joue encore quelquefois au football, mais j'ai arrêté le handball. J'étais gardien et je me suis blessé à la main.
– Est-ce qu'il y a un sport que tu voudrais essayer toi, personnellement?
– Oui, j'aimerais beaucoup faire du ski. La neige, le soleil, la vitesse, j'aime beaucoup, et je pense que le ski répondrait parfaitement à toutes ces choses.
– Hmm, hmm. Et tu voudrais aller où faire du ski?
– Oh, je pense que le meilleur endroit pourrait être les Alpes.
– Hum, probablement, oui. Euh, parlons sport à la télé. Est-ce que tu regardes du sport à la télévision?
– Oui, je regarde un petit peu le football, le tennis, la coupe Davis, et tous les quatre ans, je regarde les Jeux Olympiques.
– Très intéressant! Eh bien, merci beaucoup, Didier. Au revoir!
– Merci. Au revoir!

## Speaking

### 122

### 1 Role play

This gives an outline for a role-play conversation at the cinema. Students could think about the questions which might be asked, perhaps looking back through the unit for ideas.

a As preparation, students read the conversation in pairs.
b They invent a slightly different conversation on the same topic.

### 122

### 2 Une conversation

Students work in pairs to make up a conversation based on four of the six points listed. Refer them to the tips on preparation.

## Reading

### 123

### 1 À la télé

Students read the post and answer the questions in English.

Solution:
1 a bit in the evening
2 she thinks they are addicted to TV and computers
3 plays in a basketball team, plays drums in an orchestra
4 practise for a 14 July concert

### 123

### 2 Jules Verne

Students read the text and choose the correct option in each sentence.

Solution:
1 b, 2 a, 3 a, 4 c, 5 b

### 123

### 3 Le match

Students translate the article into English.

Solution:
(sample)
Last Wednesday the girls' football team from our school, St-Exupéry (High School), played against the Maupassant High School team. At half-time it was a draw, but St-Ex won the match easily, thanks to the captain, Audrey Lefèvre, who played very well. She scored three goals/scored a hat trick! The Maupassant spectators were not happy, but at the end everybody left as friends/on friendly terms/in a friendly manner.

## Writing

### 123

### 1 Les loisirs

Students write an article of about 150 words on leisure activities. They should cover all four aspects of the question.

### 123

### 2 À la télé

Students write a blog of about 150 words on television programmes. They should cover all three aspects of the question.

Tricolore 4 Teacher Book

# C'est extra! C

### 123

## Writing tips

This provides tips for improving written work. Students are encouraged to take care to cover all parts of the question, use a range of tenses, and check their work for accuracy, e.g. verb endings, agreements, spellings.

### 123

## 3 Traduction

Students translate the text into French.

> **Solution:**
> (sample)
> J'aime lire le soir, surtout des romans et des bandes dessinées. Je lis aussi des magazines et des blogs sur ma tablette – ça me détend. Je viens de lire une histoire vraie sur un musicien célèbre. Je vais télécharger des chansons pour écouter sa musique.

### 124–125

## Sommaire 6

This is a summary of the main topic vocabulary of the unit, also available on copymaster.

# C'est extra! C   pages 126–127

| Aims and objectives | Grammar and skills | Resources |
| --- | --- | --- |
| • read an extract from a French book<br>• discuss photos<br>• practise exam techniques | • speaking tips | **Key language:** SB 104–105, 124–125<br>**Online:** Kerboodle Resources and Assessment |

This spread provides practice in reading literary texts and gives some cultural background. Students also have practice in talking about photo cards.

## Literature

### 126

### Extracts A–C

A Students read extract A from Camus' *L'étranger* and choose the correct answer to each question.

B They then read extract B from *L'étranger* and answer the questions in English.

C Students read the poem *Déjeuner du matin* by Jacques Prévert and choose the three correct sentences.

> **Solution:**
>
> **A** 1 b, 2 c, 3 a, 4 a, 5 b
>
> **B** (sample)
>
> 1 not interested at first, then they are curious, 2 name, address, profession, date and place of birth, 3 he thought his case was very straightforward, 4 relaxed, amused, curious, 5 very calm, resigned to his fate after having murdered someone; he can't see a way out of his predicament, he knows he has done wrong
>
> **C** Sentences 3, 4 and 6 are true.

## Photo cards

Students work in pairs to make up a conversation based on each photo, using the questions listed as a guideline. They should try to work out what other questions could be asked.

### 127

## Speaking tips

This gives advice on talking about photo cards. It reminds students to answer the questions in full sentences, keeping to the topic and using a variety of tenses.

### 127

### A Le fast-food

This photo is based on a topic from Unit 5. For support, students can look back at Unit 5 *Sommaire* (SB 104–105).

### 127

### B Un concert

This photo is based on a topic from Unit 6. For support, students can look at Unit 6 *Sommaire* (SB 124–125).

Tricolore 4 Teacher Book

# 6 Revision and additional practice

**Resources**
Key language: SB 124–125
Au choix 6: SB 224–225
Online: Kerboodle Resources and Assessment
Copymasters: 6/1–6/15
CD 5 Tracks 21–32
SCD 2 Tracks 2–7

## Au choix

### 224 Au choix

### 1 Mon temps libre

a Students prepare a table giving details of their leisure activities, preferably on a computer so it can be updated at intervals.

b They then ask and answer questions based on the information.

### 224 Au choix

### 2 C'est quel sport?

Students complete the text with the appropriate words.

**Solution:**
1 *populaire*, 2 *ballon*, 3 *nombre*, 4 *vingt*, 5 *gymnase*

### 224 Au choix

### 3 Des adverbes utiles

a Students have to find different types of adverbs and note down their meanings in English.

b Students match up adverbs that are almost the same in meaning.

**Solution:**

a

1 **quand**: *tôt, tard, récemment, enfin*

2 **comment**: *mal, bien, vite, lentement*

3 **où**: *partout, ici, là-bas, loin*

4 **combien (de fois)**: *beaucoup, peu, toujours, rarement*

b

1 c (*en général – d'habitude*)

2 e (*rapidement – vite*)

3 a (*quelquefois – parfois*)

4 b (*finalement – enfin*)

5 d (*d'abord – au début*)

### 224 Au choix

### 4 Les vacances d'un skieur

a Students complete the text for a dream skiing holiday, using the words in the box.

**Solution:**
1 *neige*, 2 *pistes*, 3 *descentes*, 4 *soleil*, 5 *repas*, 6 *ski*

b They then write their own list of requirements for an ideal sports holiday.

### 224 Au choix  CD 5 Track 21

### 5 On parle du sport

Students listen to Marilyn's unscripted interview and then answer the questions in French, orally or in writing. To help with spelling, the following could be displayed: *la marche, le poids, le saut en longueur, le saut en hauteur, l'aérobic*.

**Solution:**
1 any two of: *le volleyball, l'athlétisme, la marche, le poids, le saut en longueur, le saut en hauteur*, 2 *l'aérobic*, 3 *le tennis*, 4 *le tennis*, 5 c (*pas très sportive*)

### CD 5 Track 21

### On parle du sport

– Marilyn, quand tu étais à l'école, quel genre de sport est-ce que tu pratiquais?

– Dans mon école qui était une école privée, nous n'avions pas beaucoup d'opportunités pour le sport. Je me rappelle que nous faisions beaucoup de volleyball, de l'athlétisme, de la marche, du poids, du saut en longueur et du saut en hauteur.

– Hmm, hmm. Euh, et y a-t-il un de ces sports que tu pratiques aujourd'hui?

– Non, pas du tout, parce que ... à l'école, le volleyball, c'est un sport collectif. Euh, les autres sports comme le saut en hauteur, saut en longueur, c'est ... ce sont des sports qu'on a pratiqués parce qu'il fallait les faire, c'était au programme. Donc, euh ...

– Tu ne fais plus de sport donc, aujourd'hui?

– Aujourd'hui, ce que je fais, c'est de l'aérobic.

– De l'aérobic?

– Oui.

– Hmm, hmm. Dis-moi, est-ce qu'il y a un sport que tu voudrais essayer?

Tricolore 4 Teacher Book

# 6 Revision and additional practice

- Oui. J'ai ... pendant longtemps, j'ai voulu essayer le tennis, parce que j'aime beaucoup regarder à la télé ...
- C'est vrai?
- Oui, je ne rate pas Roland Garros ...
- Hmm, hmm.
- Bien que ... c'est un peu difficile, parce que Roland Garros tombe, euh ... ah, oui, tombe toujours en période d'examens, en juin, donc euh ... c'est un peu dur mais ... je regarde quand même.

### 224 Au choix

## 6 La télé

a Students read the message from a French girl, Alex, and answer questions in English.

**Solution:**

1 every evening, 2 it relaxes her, you can learn a lot, 3 too many adverts/adverts interrupt programmes too much, too much violence

b They then answer in French the two questions that Alex asks in her message. (*Est-ce que tu aimes regarder la télé? Et toi, est-ce que tu trouves qu'il y a trop de violence à la télé?*)

### 225 Au choix  CD 5 Track 22

## 7 Un livre que j'ai lu

Able students could listen to this unscripted conversation and note down the details of the book described.

**Solution:**

1 *Le Crime de l'Orient Express*

2 *Agatha Christie*

3 *un roman policier (un polar)*

4 *dans un train*

5 *très bon, facile à lire, on suit bien le livre, on a envie de le lire jusqu'à la fin*

### CD 5 Track 22

### Un livre que j'ai lu

- Bonjour!
- Bonjour!
- Euh, Aude, est-ce que tu as lu quelque chose dernièrement?
- Oui, j'ai lu un roman policier d'Agatha Christie, *Le Crime de l'Ori ... Le Crime de l'Orient Express.*
- *Le Crime de l'Orient Express*? Un très bon ... Un très bon livre! Et est-ce que tu peux nous décrire un peu ... de quoi il s'agit. C'est l'histoire de ... de quoi?
- Ben en fait, c'est un homme qui, donc, se fait assassiner dans l'Orient Express, donc dans le train, et ... il est ... on le retrouve avec douze coups de couteaux dans le corps.
- Hmm, hmm.
- Et ces douze coups de couteaux sont différents. Donc, on suppose qu'il y a douze personnes différentes.
- Ah bon?
- Et donc c'est Hercule Poirot évidemment ...
- Le héros!
- ... le grand détective ... qui mène l'enquête et qui ... à la fin du livre, retrouve les ... les douze coupables, qui étaient tous associés, en fait, autour de la personne qui a été tuée, qui ont tous une relation avec cette personne.
- Hmm, hmm. Et, bien évidemment ... toute l'action se déroule dans le train?
- Voilà!
- Hmm, hmm ... Pourrais-tu me donner ton opinion par rapport à Agatha Christie?
- En général?
- Hmm, hmm.
- J'aime bien! Je trouve qu'elle est facile à lire et ... souvent, ses histoires sont bien liées. On est ... du début à la fin, on ... on suit bien le livre. On a envie de le lire jusqu'à la fin. Donc ça, c'est très important pour un livre, je pense, surtout pour un roman policier.
- Très très bien! Merci beaucoup, Aude!
- Au revoir!

### 225 Au choix

## 8 Réponds-moi!

Students write two replies as follows:

a accepting one invitation and asking a question about the arrangements

b refusing one of the invitations, with reasons.

### 225 Au choix

## 9 Tu as vu ça?

a Students complete the film descriptions with the words supplied.

**Solution:**

A 1 *parodie*, 2 *tueur en série*, 3 *précédente*, 4 *effrayant*

B 1 *psychologue*, 2 *patients*, 3 *connaissance*, 4 *terrifiants*

C 1 *interplanétaire*, 2 *personnages*, 3 *suivent*, 4 *spéciaux*

b They then choose the right title and type for each film described.

**Solution:**

A Scary Movie – *un film comique*, B Le Sixième Sens – *un film d'aventures*, C La Menace Fantôme – *un film de science-fiction*

### 225 Au choix

## 10 Un bon weekend?

Students complete descriptions of a party and a rock concert. This task provides practice in using the imperfect tense; it is also a suitable task to use as preparation for work on the pluperfect tense.

Tricolore 4 Teacher Book

# 6 Revision and additional practice

Solution:

a  1 était, 2 était, 3 connaissais, 4 étaient, 5 avait

b  1 était, 2 avait, 3 était, 4 faisait, 5 avait, 6 était, 7 pouvions

## Copymasters

### Copymaster 6/1

## Mots croisés – les loisirs

Students could do this crossword on leisure at any convenient point in the unit.

Solution:

[crossword grid]

### Copymaster 6/2

## Faire – un verbe utile

This worksheet, which practises the use of *faire*, could be used at any appropriate point.

### 1 On s'amuse

This practises the present tense of *faire* with different expressions.

Solution:

1  Il fait du ski nautique.

2  Elle fait de la planche à voile.

3  Nous faisons de la voile.

4  Je fais des courses.

5  Tu fais une promenade.

6  Ils font du camping.

7  Elles font de l'équitation.

8  Vous faites la cuisine.

### 2 En France

This requires the use of *faire* in different tenses.

Solution:

1 faisons, 2 fera, 3 ferons, 4 ont fait, 5 fais, 6 ai fait, 7 avez fait, 8 fait, fais, 9 faisait, 10 faisait

### 3 Faire + infinitif

This explains and practises the use of *faire* + verb, meaning 'to get something done'.

Solution:

1 faisons, 2 as fait, 3 Fais, 4 a fait, 5 feront, 6 faire

### Copymaster 6/3

## Le Tour de France

This copymaster is mainly for reading for pleasure, but it has an optional matching task.

Those interested could look up more information on the website (www.letour.fr) and perhaps print out the map of the next tour.

### Que savez-vous du Tour de France?

Solution:

1 b, 2 g, 3 e, 4 c, 5 j, 6 h, 7 d, 8 a, 9 i, 10 f

The text could also be used for classroom oral work, perhaps for further practice of the comparative and superlative, if used later in the unit, e.g.

– Est-ce que le premier tour était plus long que le tour moderne?

– Et les étapes du premier tour étaient plus courtes?

– Le coureur le plus vite porte quel maillot? etc.

### Copymaster 6/4

## Je le sais!

These activities could be used with SB 114–115 or 116–117 to practise direct object pronouns.

Solution:

**1 Jeu des définitions**

1 c, 2 f, 3 b, 4 h, 5 g, 6 e, 7 a, 8 d

**2 Une conversation**

1 le, 2 les, 3 l', 4 les, 5 l', 6 la, 7 les, 8 le, 9 l'

**3 Les loisirs**

1  Lucile *la* regarde le soir après le dîner.

2  Est-ce qu'elle *les* aime?

3  Je trouve que nous ne *les* encourageons pas assez.

4  Marc est en train de *l'*enregistrer pour ses parents.

5  Quand est-ce qu'il va *le* commencer?

6  Pourquoi est-ce que tu ne *l'*as pas regardé?

7  Je ne *l'*aime pas au milieu d'une émission.

8  Je ne *le* sais pas.

Tricolore 4 Teacher Book

# 6 Revision and additional practice

### Copymaster 6/5

**Inventez des conversations**

Students read the model conversations and then invent similar ones, using the symbols for ideas.

### Copymaster 6/6

**C'est le meilleur!**

#### 1 Un lexique

Students complete the list of expressions using the superlative.

#### 2 C'est un record!

Students choose the correct expression to complete each sentence.

**Solution:**

1 *le plus long,* 2 *le plus court,* 3 *le plus profond,* 4 *le plus célèbre,* 5 *le plus extraordinaire, le plus lourd,* 6 *les plus populaires, le plus grand,* 7 *la plus violente*

#### 3 Un jeu

Students complete the questions and then choose the correct answers.

**Solution:**

1 *Quel fruit est le plus cultivé?* **C** *la pomme*
2 *Quel fruit est le plus populaire?* **A** *la banane*
3 *Quel continent produit la plus grande quantité de riz?* **C** *l'Asie*
4 *Dans quel pays est-ce qu'on consomme la plus grande quantité de poisson?* **B** *au Japon*
5 *Quel animal est le plus gros?* **B** *la baleine bleue*
6 *Quel animal est le plus grand?* **C** *la girafe*
7 *Quel fleuve est le plus long?* **B** *l'Amazone*
8 *Quelle océan est la plus petite?* **C** *l'Arctique*
9 *Quelle montagne est la plus haute?* **C** *le mont Everest*
10 *Quelle île est la plus grande?* **B** *le Groenland*

### Copymaster 6/7

**On parle des films**

This provides more practice of film and cinema vocabulary.

### 1 Un acrostiche

**Solution:**

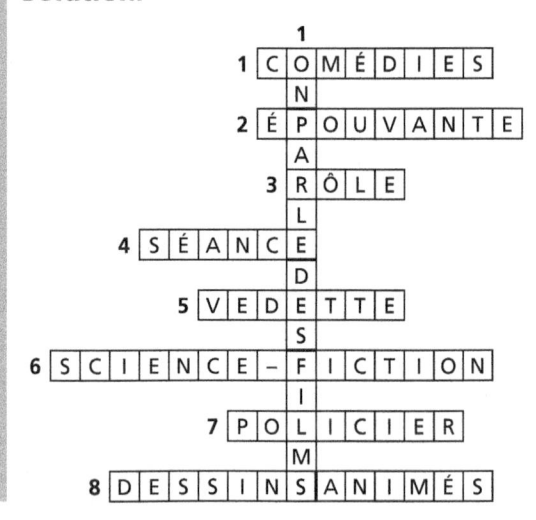

1 COMÉDIES
2 ÉPOUVANTE
3 RÔLE
4 SÉANCE
5 VEDETTE
6 SCIENCE-FICTION
7 POLICIER
8 DESSINS ANIMÉS

### 2 La Jarre

This review of an Iranian film contains some unfamiliar vocabulary, which is explained on the worksheet. Students read the review and then select the six sentences which summarise the story.

**Solution:**

A, C, E, F, G, I

### 3 Un film que j'ai vu

Students could then describe a film which they have seen, following the guidelines on the sheet.

### Copymaster 6/8

**Un désastre**

This worksheet gives practice in using the perfect and imperfect tenses to talk about a disastrous weekend.

#### 1 Un weekend raté

a Students choose from the speech bubbles provided to complete a cartoon strip about Mathieu's disastrous weekend.

**Solution:**

**1** F, **2** C, **3** A, **4** B, **5** G, **6** E, **7** D

b They retell the story using the third person singular.

#### 2 Jacques Malchance

Students write captions for another cartoon strip about a disastrous weekend. They can use either the first or the third person singular.

### Copymaster 6/9

**Un weekend récent**

The pictures and verbal cues provide the stimulus for a short narrative, either spoken or written. Students should cover all the events, but need not necessarily give all the details shown.

188 Tricolore 4 Teacher Book

# 6 Revision and additional practice

> Copymaster 6/10 CD 5 Tracks 23–26

## Tu comprends?

### 1 Un stage d'activités

Students listen and match each conversation to the right letter.

**Solution:**

**1** F, **2** A, **3** E, **4** D, **5** B, **6** G

CD 5 Track 23

**Un stage d'activités**
- Catherine, qu'est-ce que tu fais ce matin?
- Je vais faire de l'escalade. J'aime bien ça.
- Et toi, Karim, que fais-tu aujourd'hui?
- Moi, je fais de la planche à voile. J'adore tous les sports nautiques.
- Lise, tu fais quoi comme activité?
- Moi, je fais de l'équitation.
- Mathieu et Thierry, vous allez faire du VTT?
- Oui, moi, j'adore le cyclisme et le VTT.
- Émilie, qu'est-ce que tu vas faire?
- Moi, je vais faire du roller. Je trouve ça amusant.
- Et Daniel, que fais-tu?
- Je fais de la natation.
- Et toi, Sophie, est-ce que tu fais de la voile?
- Je vais faire de la voile. J'ai toujours voulu essayer ça.

### 2 On va au cinéma?

Students listen and tick the right boxes.

**Solution:**

**1** C, **2** B, **3** B, **4** A, **5** A, **6** C

CD 5 Track 24

**On va au cinéma?**
- Allô, cinéma Dragon.
- Bonjour, madame, qu'est-ce qu'on passe comme film, aujourd'hui?
- Il y a *Le Mexicain*.
- C'est quoi, comme film?
- C'est un film américain. C'est un film d'aventures avec Brad Pitt.
- C'est doublé?
- Non, c'est en version originale et c'est sous-titré en français.
- La prochaine séance commence à quelle heure?
- Ça commence à dix-sept heures trente.
- Et ça finit à quelle heure?
- À dix-neuf heures quarante-cinq.
- C'est combien, les places?
- Six euros.
- Est-ce qu'il y a une réduction pour les étudiants?
- Oui, pour les étudiants, c'est quatre euros cinquante.
- Bon, merci, madame.

### 3 Des projets pour le weekend

Students listen to the two conversations and complete the messages.

**Solution:**

**1** *après-midi*, *le bus*, *14h30*, *la piscine*, **2** *cinéma*, *vendredi*, *le métro*, *18h30*, *café*, *cinéma*

CD 5 Track 25

**Des projets pour le weekend**
1
- Salut, Élodie, ça va?
- Salut, Nicolas! Oui, ça va bien. Et toi?
- Oui, ça va. Tu es libre ce weekend?
- Oui, je suis libre samedi après-midi. Tu veux faire quelque chose ensemble?
- Oui, on pourrait peut-être aller à la piscine.
- Oui, je veux bien. Tu y vas comment?
- Moi, je vais prendre le bus.
- Moi aussi. Alors, rendez-vous où et à quelle heure?
- Si on se retrouvait à quatorze heures trente devant la piscine?
- Bon, d'accord. Alors, quatorze heures trente devant la piscine. Est-ce que Lucie veut venir aussi?
- Je vais lui laisser un mot.

2
- Salut, Catherine, ça va?
- Salut, Thomas, oui, ça va bien. Et toi?
- Oui, ça va. Tu es libre vendredi prochain?
- Oui, je suis libre. Tu veux faire quelque chose ensemble?
- Oui, on pourrait peut-être aller au cinéma.
- Oui, je veux bien. Tu y vas comment?
- Moi, je vais prendre le métro.
- Moi aussi. Alors, rendez-vous où et à quelle heure?
- Si on se retrouvait à dix-huit heures trente au café à côté du cinéma?
- Bon, d'accord. Alors, dix-huit heures trente au café à côté du cinéma.
- Est-ce que Roland veut venir aussi?
- Je vais lui envoyer un e-mail.

### 4 On parle des loisirs

Students listen to the conversations and complete the text.

**Solution:**

**Jonathan**: **1** H *nager*, **2** G *six*, **3** K *printemps*, **4** E *l'informatique*

**Émilie**: **5** B *chante*, **6** J *le piano*, **7** D *la flûte*, **8** L *prochain*, **9** M *des promenades*, **10** C *le chien*, **11** F *la lecture*, **12** A *bowling*

Tricolore 4 Teacher Book 189

# 6 Revision and additional practice

🔊 **CD 5 Track 26**

### On parle des loisirs
**Jonathan**
- Quel est ton passetemps préféré?
- J'aime tous les sports, surtout la natation et le ski.
- Quand est-ce que tu as appris à nager?
- J'ai commencé à l'âge de six ans.
- Et où est-ce que tu fais du ski?
- Je vais dans les Alpes avec mon père, pendant les vacances de printemps.
- Et à part le sport, qu'est-ce que tu aimes faire?
- J'aime l'informatique et le cinéma.

**Émilie**
- Qu'est-ce que tu as comme passetemps?
- Moi, j'aime beaucoup la musique. Je joue du piano et de la flûte et je chante dans une chorale.
- Quand est-ce que tu as commencé à jouer d'un instrument?
- J'ai commencé à apprendre le piano à l'âge de sept ans et la flûte un peu plus tard, à l'âge de neuf ans. Je joue de la flûte dans l'orchestre du collège. Le mois prochain, nous allons donner un concert à l'hôtel de ville.
- Et à part la musique, qu'est-ce que tu fais? Du sport?
- Pas beaucoup. Je ne suis pas très sportive. Je fais des promenades quelquefois, le weekend, avec le chien, mais c'est tout. J'aime la lecture, surtout les livres de science-fiction. Récemment, j'ai lu *Les Royaumes du Nord* de Philip Pullman. C'est un très bon livre.
- Tu sors de temps en temps avec tes amis?
- Oui, le weekend, surtout. Le weekend dernier, j'ai fait du bowling avec des amis. C'était amusant.

## Révision: Unité 6

These worksheets can be used for an informal test of listening and reading or for revision and extra practice, as required.

> 🔊 Copymaster 6/11 CD 5 Tracks 27–29
> SCD 2 Tracks 2–4

### Révision 6: Écouter – Partie A
#### 1 Des activités
Students listen and, by each day of the week, write the letters representing the correct activities.

**Solution:**

| Monday | Ex: G | |
|---|---|---|
| Tuesday | E | |
| Wednesday | I | |
| Thursday | (day) A | (evening) B |
| Friday | (day) free | (evening) C |

🔊 **CD 5 Track 27, SCD 2 Track 2**

### Des activités
Voilà, tout est organisé. On va vérifier le programme pour la semaine:

Lundi – on fait une randonnée à la campagne … euh … oui, c'est ça – une randonnée.

Mardi – il y a de l'équitation – si vous aimez monter à cheval.

Mercredi, maintenant. Ah oui, mercredi, on va à la nouvelle piscine. La natation est toujours très populaire quand il fait chaud.

Jeudi – pendant la journée, on peut aller à la patinoire, puis le soir, on va au cinéma. Donc, deux activités le jeudi: la patinoire et le cinéma.

Vendredi, pendant toute la journée, vous êtes libres, puis … voyons … ah oui, le soir, on va aller au théâtre. C'est ça, on va voir une pièce de théâtre.

### 2 Qu'est-ce que tu fais comme loisirs?
Students listen and write the correct letter to show each person's favourite leisure activity.

> **Solution:**
> **1** Camille A, F, **2** Florent D, C, **3** Louise B, E

🔊 **CD 5 Track 28, SCD 2 Track 3**

### Qu'est-ce que tu fais comme loisirs?
- Alors, Martin, quels sont tes passetemps favoris?
- Ben, moi, j'aime faire de la planche à voile et j'aime aussi la natation.
- La planche à voile et la natation, c'est bien.
- Et puis, Camille, qu'est-ce que tu fais quand tu as du temps libre?
- J'aime lire des bandes dessinées, comme Tintin et Astérix, et j'aime beaucoup faire la cuisine, surtout les gâteaux au chocolat.
- Ah bon. Tu aimes faire la cuisine, c'est très bien, ça!
- Et toi, Florent, quels sont tes passetemps favoris?
- D'abord, le roller. Moi, j'adore ça! Et puis le vélo. Je fais du roller surtout en hiver et puis en été, je fais du vélo.
- Bonne idée!
- Louise, maintenant! Quels sont tes passetemps, Louise?
- Je joue aux échecs – je suis fana du jeu d'échecs! Et puis, j'aime jouer à l'ordinateur, surtout avec notre nouveau PC.

Tricolore 4 Teacher Book

# 6 Revision and additional practice

## 3 On parle du cinéma

Students listen to Maxime, Camille and Daniel discussing their favourite films. They complete the grid with the type and nationality of the film and two opinions given.

**Solution:**

| Name | Type of film | Nationality of film | Opinions |
|------|--------------|---------------------|----------|
| Maxime | (Ex:) cartoon | French | 1 super/great |
|  |  |  | 2 funny/amusing |
| Camille | love story/romance | French (1) | 1 (sometimes) very funny |
|  |  |  | 2 fantastic |
| Daniel | crime/detective | American (1) | 1 exciting |
|  |  |  | 2 (quite) original |

🔊 CD 5 Track 29, SCD 2 Track 4

### On parle du cinéma

- Dans cette édition de 'Ciné-mag', des jeunes, qui sont amateurs de cinéma, vous parlent de leurs films favoris. Maxime, d'abord. Tu nous parles de quel film, Maxime?
- Ben moi, j'adore les dessins animés – c'est une vraie passion et j'aime surtout Astérix.
- Et quel dessin animé as-tu choisi?
- Impossible de choisir! Tous les films français d'Astérix sont supers. Je n'ai vraiment pas de film favori – ils sont tous amusants.
- Merci, Maxime.
- Et toi Camille. Quel est ton film préféré?
- Pour moi, c'est un film français, très célèbre; c'est *Jules et Jim*, un film de François Truffaut.
- C'est un film d'amour, n'est-ce pas?
- Oui, mais c'est aussi un film très drôle quelquefois – à mon avis, un film fantastique.
- Et toi, Daniel, qu'est-ce que tu as choisi?
- J'ai choisi un film américain très populaire. C'est *Gangster 3*.
- Donc, un film policier?
- Oui, oui. C'est un film policier, bien sûr! Moi, j'ai vu ce film au moins trois fois et chaque fois, je l'ai trouvé passionnant. En plus, je crois que c'est un film assez original.

🔊 Copymaster 6/12  CD 5 Tracks 30–32
SCD 2 Tracks 5–7

## Révision 6: Écouter – Partie B

### 1 Si on sortait?

Students first look at the adverts and then listen to the discussion between David and Caroline. They note down the letters for the possibilities discussed and rejected and for the one selected. They also write the place and time arranged for meeting.

**Solution:**
1 E, 2 D, 3 B, 4 I, 5 8.30 pm/20.30

🔊 CD 5 Track 30, SCD 2 Track 5

### Si on sortait?

- Ah, te voilà Caroline. Salut!
- Salut! Dis, tu es libre ce soir, David?
- Oui, je crois. Qu'est-ce qu'on fait? Tu veux jouer au tennis?
- Ah non. On fait ça tous les weekends. Tu veux aller aux Championnats de Judo?
- Ah non, je n'ai pas tellement envie de voir ça. Il y a la soirée Rock dans la Salle des Fêtes; ça te dit quelque chose?
- Bof, si tu veux, mais il fait vraiment trop chaud pour le Rock. Tiens! C'est ce weekend où il y aura la fête foraine, non?
- Ah oui, je crois. Bonne idée, allons-y.
- D'accord. Si on se voyait sur la place à huit heures? Ça va?
- Disons huit heures et demie – on dîne assez tard le samedi chez nous.
- À huit heures et demie, entendu!

## 2 On parle de la télé

Students listen to the conversation about television programmes and decide whether statements are true or false.

**Solution:**
1 true, 2 true, 3 false, 4 false, 5 true, 6 false, 7 false, 8 true

🔊 CD 5 Track 31, SCD 2 Track 6

### On parle de la télé

J: Tu es allée en ville ce matin, Laura, comme d'habitude?
L: Non, pas ce matin. Comme il pleuvait tant, j'ai regardé les dessins animés à la télé avec ma petite sœur. C'était amusant, quand même.
J: Oui, oui, moi aussi, j'adore les dessins animés.
J: Tu as vu le match de rugby hier soir?
L: Ah non. Le sport à la télé, ça ne me dit rien du tout. J'ai regardé le magazine sur les sciences, c'était vraiment bien. Puis il y avait *Le jeu des vingt questions* – mais c'était nul!
L: Ce soir ce sera *Madison*. C'est une nouvelle série canadienne. Tu vas regarder ça?
J: Certainement pas. Les feuilletons, les télé-romans, tous les trucs comme ça, je les trouve pénibles.
L: Dommage! Alors, tu ne veux pas regarder l'émission chez moi? Je voulais t'inviter.
J: Ça alors! Si, je veux bien le regarder avec toi, mais mes parents vont aller au cinéma et je dois faire du babysitting.
J: Mais attends, j'ai une bonne idée. Si tu venais chez moi? On pourrait faire du babysitting ensemble. Tu peux regarder la série et après, il y a un documentaire sur l'espace. Ça t'intéresse?
L: Bien sûr, ça m'intéresse. La série commence à vingt heures, alors j'arrive vers dix-neuf heures quarante-cinq.
J: D'accord. À ce soir alors.

Tricolore 4 Teacher Book

# 6 Revision and additional practice

## 3 Le weekend dernier

Students listen to the conversation about the weekend's activities and answer questions in English.

**Solution:**

**1** 5 kilometres, **2** one girl, **3** she went to a rugby match (Lille v Toulouse), **4** Lille, **5** Toulouse 30 – Lille 27, **6** classical guitar, **7** excellent guitarists; any one of: friend didn't like choice of music/it was too long

🔊 CD 5 Track 32, SCD 2 Track 7

### Le weekend dernier

– Émilie, tu as fait du sport ce weekend?
– Bien sûr que oui! Samedi après-midi, j'ai participé à un concours de VTT. Cinq kilomètres de terrain difficile dans la forêt – c'était dur!
– Et tu as gagné?
– Non, malheureusement pas. Mais j'ai fini en sixième place, et j'étais la deuxième des filles. J'ai reçu une belle médaille quand même.
– Très bien! Et tu as fait autre chose?
– Oui, dimanche je suis allée au match de rugby, Lille contre Toulouse.
– C'était bien?
– Oui, c'était un très bon match. À la mi-temps, c'est Lille qui gagnait, mais à la fin, Toulouse a gagné trente à vingt-sept. C'était passionnant. Et toi, Lucas, tu es sorti pendant le weekend?
– Oui, je suis sorti samedi soir. Je suis allé à un concert en ville avec une amie.
– Ah oui? C'était quoi comme concert?
– C'était un concert de guitare classique.
– Et c'était bien?
– Assez bien. Enfin, moi, je l'ai beaucoup aimé, et les joueurs de guitare étaient excellents. Mais mon amie n'aimait pas beaucoup le choix de musique, et à son avis, c'était trop long.

> Copymaster 6/13

## Révision 6: Lire – Partie A (1)

### 1 C'est quelle image?

Students match the activity to the correct notice.

**Solution:**

**1** A, **2** E, **3** F, **4** B, **5** D

### 2 À l'Aquaparc

Students read the advertisement and decide which of the statements can be done.

**Solution:**

Tick statements: 3, 4, 7, 8, 9

> Copymaster 6/14

## Révision 6: Lire – Partie A (2)

### 3 La musique – c'est leur passion!

Students complete the article with letters representing the words from the list.

**Solution:**

**1** g, **2** f, **3** j, **4** e, **5** h

### 4 Infos-Jeunes

Students read the contents page from this magazine for young people and choose the correct option from the statements that follow.

**Solution:**

**1** c, **2** c, **3** a, **4** a, **5** b

> Copymaster 6/15

## Révision 6: Lire – Partie B

### 1 Arromanches 360

This is an interpreting task in which students find out details for friends planning a visit to France.

**Solution:**

**1** The price of freedom/liberty
**2** 18 minutes
**3** The allied landings in Normandy (or any similar answer that shows they realise which event is referred to)
**4** any two of: nine screens, circular, makes you feel as if you are part of the action
**5** nine synchronised cameras used, cameras placed on tanks, helicopters, boats, etc.

### 2 Les 400 coups

Students read this description of the film and tick vrai or faux after each statement.

**Solution:**

**1** V, **2** V, **3** F, **4** F, **5** V, **6** V, **7** V

> Copymaster Sommaire 6

## Sommaire 6

This is a summary of the main topic vocabulary of the unit, also available on SB 124–125.

# Unité 7

## Unité 7  Nouveaux horizons  pages 128–149

| Aims and objectives | Grammar and skills | Vocabulary |
|---|---|---|
| **7A À propos des vacances  pages 128–129** | | |
| • talk about different types of holidays<br>• say what you prefer in terms of location, activities, etc. | | Holidays<br>At the seaside |
| **7B Des vacances à l'étranger  pages 130–131** | | |
| • talk about holidays abroad | • the future tense (revision)<br>• prepositions with towns, countries, continents | Countries and continents<br>The future tense (revision) |
| **7C Ce que je voudrais faire  pages 132–133** | | |
| • talk about an ideal holiday | • the conditional | |
| **7D À l'hôtel  pages 134–135** | | |
| • find out about hotels (location, facilities, services, etc.)<br>• explain problems | | At the hotel |
| **7E En vacances  pages 136–137** | | |
| • ask for tourist information<br>• discuss camping | • *avoir lieu* | At the tourist office<br>Camping<br>Useful equipment |
| **7F Des vacances actives  pages 138–139** | | |
| • find out about activity holidays<br>• talk about youth hostelling | • *avant de* + infinitive, *après avoir/être* + infinitive | At the youth hostel |
| **7G Et maintenant … la météo  pages 140–141** | | |
| • discuss weather conditions | • use different tenses | The weather |
| **7H On s'amuse … ou pas?  pages 142–143** | | |
| • use different tenses and expressions of time | • talking about the future, the present and the past | |
| **7I Souvenirs de vacances  pages 144–145** | | |
| • talk about previous holidays<br>• express opinions | | |
| **7J Contrôle  pages 146–147** | | |
| • practise exam techniques<br>• find out what you have learnt | | |
| **Sommaire  pages 148–149** | | |
| This lists the main topic vocabulary covered in the unit. | | |
| **Revision and additional practice** | | |
| • **Au choix 7**: SB 226–227<br>• **Online**: Kerboodle Resources and Assessment<br>• **Copymasters**: 7/1–7/15<br>• **CD 6** Tracks 15, 20–32<br>• **SCD 2** Tracks 8–14 | | |

## Resources

**Student Book** 128–149

**CDs 5–6, Student CD 2**

### Copymasters

| | |
|---|---|
| 7/1 | Jeux de vocabulaire – les vacances |
| 7/2 | À l'hôtel |
| 7/3 | À Amboise |
| 7/4 | Des vacances jeunes |
| 7/5 | Vive les vacances! |
| 7/6 | Les Alpes |
| 7/7 | Avez-vous passé de bonnes vacances? |
| 7/8 | Mots croisés – les vacances |
| 7/9 | Tu comprends? |
| 7/10 | Révision 7: Écouter – Partie A |
| 7/11 | Révision 7: Écouter – Partie B |
| 7/12 | Révision 7: Lire – Partie A (1) |
| 7/13 | Révision 7: Lire – Partie A (2) |
| 7/14 | Révision 7: Lire – Partie B (1) |
| 7/15 | Révision 7: Lire – Partie B (2) |
| | Sommaire 7 |

Tricolore 4 Teacher Book

# 7A À propos des vacances

## Au choix SB 226–227

1. Lexique
2. On parle des vacances
3. Sondage vacances
4. Vacances de Pâques
5. Mes vacances de rêve
6. Hôtel du château
7. À l'hôtel
8. Le jeu des définitions
9. Des questions
10. Nos vacances
11. Voyage en Afrique
12. On consulte la météo
13. Des prévisions météorologiques

## Examination Grammar in Action 56–64

Using prepositions with places
Using the future tense with *si* and *quand*
Using the conditional (1)
Using the conditional (2)
Using the perfect and imperfect tenses
Before and after
Using different verbs to describe weather
Referring to past, present and future (1)
Referring to past, present and future (2)

## 7A À propos des vacances   pages 128–129

| Aims and objectives | Grammar and skills | Resources |
| --- | --- | --- |
| • talk about different types of holidays<br>• say what you prefer in terms of location, activities, etc. |  | **Key language**: SB 148–149<br>**Au choix**: SB 226<br>**Online**: Kerboodle Resources and Assessment<br>CD 5 Tracks 33–34, CD 6 Track 20 |

### 128

### La France, pays de vacances

France has always been a popular tourist destination and there could be a short discussion about the appeal of France, e.g. *Pourquoi est-ce qu'il y a tant de touristes en France? Qu'est-ce qui les attire? C'est un grand pays avec beaucoup de variété – il y a la mer, les montagnes (pour le ski), des villes intéressantes, des ruines romaines (le pont du Gard, les arènes de Nîmes). On y mange bien. Le climat est agréable, etc.*

Then explain about public holidays: *Un jour férié, qu'est-ce que c'est? Donnez-moi un exemple d'un jour férié.* Students work in pairs to list all the public holidays in France.

### Introduction

Start with a general discussion about the value of holidays and what people expect from them, listing some ideas on the board, e.g.

- *À quoi servent les vacances? Pourquoi les gens partent-ils en vacances? Qu'est-ce qu'ils cherchent? Qu'est-ce qu'ils espèrent trouver?*
- *Souvent, on espère trouver le beau temps, le soleil, de belles plages, la mer, la montagne, la campagne …*
- *Quelquefois, on cherche surtout du repos, du calme, du temps libre, le temps de lire ou de se détendre.*
- *D'autres personnes préfèrent les vacances actives, par exemple apprendre un nouveau sport, visiter une région ou un pays différent.*

### 128  CD 5 Track 33

### 1 Pourquoi partir en vacances?

First, go through the list of reasons and check that these are clearly understood, e.g.

a *avoir du beau temps* – ça veut dire avoir du soleil, du ciel bleu sans nuage

b *se reposer* – qu'est-ce que ça veut dire? (ne rien faire, ne pas être pressé, ni stressé, se détendre)

c *passer du temps avec la famille/des amis* – ça, c'est important pour des gens qui travaillent et qui ne peuvent pas passer beaucoup de temps avec leur famille ou leurs amis normalement

d *se dépayser* – ça veut dire changer de pays, de milieu

e *se faire bronzer* – ça veut dire s'allonger au soleil pour avoir la peau bronzée, mais il faut faire attention à ne pas se brûler au soleil

f *rencontrer de nouvelles personnes* – ça, c'est important surtout pour les jeunes

g *lire* – on vend beaucoup de romans dans les aéroports aux gens qui partent en vacances

h *faire du sport*

i *bien manger, bien boire* – et aussi ne pas devoir faire la cuisine soi-même

j *visiter des monuments, des musées, des expositions*

k *autre chose*

Then students listen to the recording and note down the letter by each reason mentioned.

**Solution:**
**1** a, **2** h, **3** c, **4** a + i, **5** a + d, **6** f, **7** h, **8** j

Tricolore 4 Teacher Book

# 7A À propos des vacances

🔊 CD 5 Track 33

## Pourquoi partir en vacances?

Les vacances – ça, c'est important pour beaucoup de personnes. Mais qu'attend-on surtout des vacances? C'est ça qu'on veut découvrir, en posant des questions aux gens dans la rue. Qu'est-ce qui est important pour des vacances réussies?

1 – Bonjour, madame. Que cherchez-vous surtout quand vous partez en vacances?
  – Pour moi, c'est le beau temps. J'adore les pays chauds, alors j'essaie toujours de passer mes vacances dans un pays ou une région où le beau temps est presque garanti.

2 – Et vous, monsieur? Le beau temps, est-il important pour vous?
  – Oui et non. Bien sûr, je préfère le soleil à la pluie, mais je n'aime pas trop les pays chauds. Ce qui est important pour moi pendant les vacances, c'est de faire du sport, comme le ski ou la voile. J'ai un travail assez stressant, donc j'ai besoin de vacances actives pour me détacher un peu de mon travail.

3 – Et vous, madame. Que cherchez-vous surtout quand vous partez en vacances?
  – Comme j'ai deux enfants et que je travaille à plein temps, les vacances, c'est pour profiter de la vie de famille. Donc, ce qui est important, c'est de passer du temps avec mes enfants. Normalement, nous partons à la plage ou nous faisons du camping.

4 – Et vous, monsieur? À votre avis, quelle est la condition la plus importante pour des vacances réussies?
  – Pour moi, d'abord, il y a le soleil. C'est ça qui compte le plus. Ensuite, j'aime bien aller dans de bons hôtels et manger dans de bons restaurants.

5 – Et vous, madame. Que cherchez-vous surtout, quand vous partez en vacances?
  – Moi, le soleil aussi. Puis j'aime me dépayser – changer de routine complètement, ne pas avoir d'horaires.

6 – Et vous, monsieur?
  – Pour moi, ce sont les vacances découvertes que j'aime le plus – rencontrer de nouvelles personnes et découvrir un autre pays.

7 – Et vous, madame. Quel type de vacances préférez-vous?
  – Moi, j'aime surtout des vacances actives, par exemple faire des sports nautiques, comme la plongée sous-marine.

8 – Et vous, monsieur. Que cherchez-vous pendant les vacances?
  – Moi, j'adore l'histoire et l'art. Alors j'aime bien visiter les monuments historiques et les musées. Je trouve ça passionnant.
  – Eh bien, voilà – on a entendu quelques avis différents sur des vacances réussies, mais on est tous d'accord sur un point: les vacances, ça, c'est important.

128

## 2 L'essentiel en vacances

Students should then discuss and note down factors that are important or not important for their own holidays. This could be followed by a quick poll in class to see which factors are considered most important.

226 Au choix

## [1] Lexique

See notes on page 217 in Unit 7 Revision and additional practice.

226 Au choix  CD 6 Track 20

## [2] On parle des vacances

See notes on pages 217–218 in Unit 7 Revision and additional practice.

128–129  CD 5 Track 34

## 3 On parle des vacances

Students listen and follow the texts and then do the tasks, referring to the texts as necessary.

a  Students find in the texts the French for the English expressions listed, to use in their own work.

Solution:

1 *On va toujours au même endroit.*
2 *Ça doit être bien.*
3 *Tu aimes aussi faire autre chose?*
4 *Tu pars en vacances avec tes parents?*
5 *Ça sera amusant, non?*
6 *J'espère bien que oui.*
7 *Ça s'est bien passé?*

b  They then choose the sentence which summarises each person's view.

Solution:

1 e, 2 a, 3 b, 4 c, 5 d

c  Students note something positive and something negative mentioned by each person.

Solution:

1 *positif: il fait beau au bord de la mer, il aime nager; négatif: toujours le même endroit*

2 *positif: elle aime être à la montagne, on peut faire beaucoup d'activités sportives; négatif: il n'y a rien à faire le soir*

3 *positif: il aime l'Italie et la Grèce, il fait toujours beau; négatif: il n'aime pas visiter les musées avec ses parents*

4 *positif: beaucoup d'activités sportives; négatif: il pleut assez souvent*

5 *positif: amusant de partir avec un copain/ d'être indépendant; négatif: les repas n'étaient pas bons*

## 7B Des vacances à l'étranger

🔊 CD 5 Track 34

### On parle des vacances

1. – Djamel, qu'est-ce que tu fais généralement pendant les vacances?
   – Je passe mes vacances au Maroc avec mes parents. Nous allons chez mes grands-parents. Ils habitent à Rabat. C'est bien parce que c'est au bord de la mer. J'adore y aller parce que j'aime nager. Il fait beau et il y a de belles plages. Mais on va toujours au même endroit. Ce serait bien de changer un peu et de voir quelque chose de différent.

2. – Et toi, Élodie, est-ce que tu vas à l'étranger aussi?
   – Non, normalement, nous restons en France. Mes parents louent un appartement dans les Alpes. J'aime bien être à la montagne et on peut faire beaucoup d'activités, comme des randonnées à VTT, du canoë-kayak et de l'escalade.
   – Ça doit être bien.
   – Oui, pour les activités sportives, c'est très bien, mais il n'y a pas beaucoup de choses à faire le soir. Il n'y a pas de discothèque, ni de cinéma.

3. – Et toi, Jonathan, tu préfères passer les vacances à l'étranger ou rester ici, en France?
   – Moi, je préfère aller à l'étranger. Normalement, nous allons en Italie ou en Grèce.
   – Ça doit être intéressant, non?
   – Oui et non. J'aime bien ces pays et il fait toujours beau, mais mes parents aiment visiter beaucoup de monuments et de musées et ça ne m'intéresse pas. Moi, j'aimerais mieux rester sur la plage.
   – Tu aimes aussi faire autre chose?
   – Oui, j'aime faire des photos.

4. – Stéphanie, tu pars en vacances avec tes parents?
   – Oui, normalement, mais cette année, on ne part pas en famille. Alors, moi, je vais faire un camp d'adolescents avec une amie. Nous allons en Bretagne.
   – Ça sera amusant, non?
   – Oui, j'espère bien que oui. On va faire beaucoup d'activités – de la voile, de la planche à voile, de l'équitation, etc. Ça devrait être bien, mais le beau temps n'est pas garanti. Il pleut assez souvent en Bretagne et faire du camping sous la pluie, ce n'est pas très agréable!

5. – Et toi, Marc, tu passes les vacances en famille ou avec des amis?
   – Normalement, je passe mes vacances avec ma famille, mais l'année dernière, je suis parti avec un copain dans les Pyrénées. C'était un voyage organisé et on a logé dans des auberges de jeunesse.
   – Ça s'est bien passé?
   – Oui, en général, c'était bien, mais les repas n'étaient pas toujours bons.
   – Alors, qu'est-ce que tu préfères – les vacances en famille ou avec des amis?
   – J'aime bien mes parents et on a passé de bonnes vacances ensemble. Mais c'était amusant de partir avec un copain et d'être un peu plus indépendant.

📖 129

### 4 Voilà pourquoi

Students complete the sentences with a suitable phrase or adjective, referring to the help box as needed.

📖 129

### 5 À vous!

a Students work in pairs to talk about holidays in general.

b They then write a short paragraph on similar lines. Students could exchange their work for peer assessment, using appropriate criteria. A more structured version of this task is given in *Au choix* task 3.

📖 226 Au choix

### [3] Sondage vacances

See notes on page 218 in Unit 7 Revision and additional practice.

---

## 7B Des vacances à l'étranger   pages 130–131

| Aims and objectives | Grammar and skills | Resources |
|---|---|---|
| • talk about holidays abroad | • the future tense (revision)<br>• prepositions with towns, countries, continents | **Key language:** SB 148–149<br>**Au choix:** SB 226<br>**Online:** Kerboodle Resources and Assessment<br>**CD 5** Tracks 35–36<br>**GiA:** 56–57 |

### Introduction

First, talk briefly about the adverts for different holidays, e.g.

– *Voici de la publicité pour des vacances à l'étranger.*
– *Le Sénégal, ça se trouve où? En Europe? En Amérique? C'est un pays francophone? (Oui, au Sénégal, la langue officielle est le français, mais on parle aussi d'autres langues.)*
– *Et le Maroc? (Au Maroc, la langue officielle est l'arabe, mais on parle aussi français.)*
– *La Guadeloupe se trouve aux Antilles. C'est près de quel continent? (L'Amérique du Sud et L'Amérique du Nord.)*
– *Et la Réunion. C'est une île aussi, mais pas aux Antilles. (La Réunion se trouve sur l'océan Indien, à l'est de l'Afrique.)*

196   Tricolore 4 Teacher Book

# 7B Des vacances à l'étranger

– À votre avis, quel temps fait-il dans ces pays? Est-ce qu'il fait chaud ou froid? (Dans tous ces endroits il fait chaud la plupart du temps, mais il y a une saison où il pleut beaucoup.)

### 130 CD 5 Track 35

## 1 Vous partez en vacances?

Students listen to the conversations and note with a tick or a cross whether the people are taking a holiday this year and, if so, where.

They could then listen again and find out the reason why the other people aren't taking a holiday (*pour faire des économies*).

**Solution:**

**1** ✓ D (*au Maroc*), **2** ✗, **3** ✓ A (*au Sénégal*), **4** ✗, **5** ✓ B (*à la Réunion*), **6** ✓ C (*en Guadeloupe*)

### CD 5 Track 35

### Vous partez en vacances?

1 – Partez-vous en vacances cet été?
 – Oui, nous pensons aller au Maroc.
 – Vous le connaissez déjà?
 – Oui, nous y sommes allés il y a deux ans.

2 – Que pensez-vous faire pour les vacances?
 – Cette année, je ne prends pas de vacances. L'année dernière, je suis allé au Canada. Alors cette année, je reste à la maison pour faire des économies.

3 – Partez-vous en vacances cet été?
 – Oui. Au mois de juillet, je vais partir avec un groupe de jeunes au Sénégal.
 – C'est bien, ça. Vous allez à Dakar?
 – Oui, on prendra l'avion pour Dakar, puis on va partir en expédition pour découvrir le pays.

4 – Partez-vous en vacances cette année?
 – Euh, cette année ... non, je ne vais pas partir en vacances. Cette année, je fais des économies, car l'année prochaine, je voudrais aller au Vietnam. J'ai une amie qui travaille là-bas et elle m'a invitée chez elle.

5 – Que pensez-vous faire pour les vacances?
 – Ça fait deux ou trois ans qu'on n'a pas pris de vacances, alors cette année, on fera quelque chose de spécial. On ira à la Réunion.
 – Ah bon, c'est où ça?
 – C'est sur l'océan Indien, près de Madagascar. On dit que c'est une île très intéressante à découvrir à pied. Il y a des montagnes, des cirques, des volcans.

6 – Partez-vous en vacances cette année?
 – Oui, nous allons aux Antilles. Ça fait longtemps qu'on a envie d'y aller ... eh bien, on a finalement décidé d'y aller cette année, en juillet.
 – Vous allez en Guadeloupe?
 – Oui, nous prendrons l'avion pour la Guadeloupe et nous allons rester dans un hôtel là-bas, mais j'espère qu'on pourra aussi faire une petite croisière pour visiter d'autres îles pendant notre séjour.

### 130

## 2 Idées vacances

This provides some vocabulary practice based on the adverts for holidays.

a Students find specific items of vocabulary in the adverts.

**Solution:**

**1** *le français*; any of: *Dakar, Marrakech, Casablanca, Rabat, Meknès, Fès; sénégalaise*

**2** *le Sénégal, le Maroc; la Guadeloupe, la Réunion*

**3** any three of: *un singe, un buffle, une antilope, un hippopotame*; any three of: *la brousse, la plage, forêts, cirques, montagnes, volcans*

**4** any four of: *le tennis, le volleyball, le ping-pong, la pétanque, la planche à voile, la plongée sous-marine*

b Students match up destinations with reasons, to complete the sentences.

**Solution:**

**1** d, **2** c, **3** b, **4** a

c Students choose one of the four destinations that they are most interested in and note down some details about it in French.

d They then give reasons for their choice.

### 131 Dossier-langue

## The future tense (*le futur simple*)

Remind students how to form the future tense and mention that several verbs which are irregular in the present tense, e.g. *prendre, partir, sortir*, are regular in the future tense. Some commonly used irregular stems are listed. Refer students as necessary to *Grammaire* 14.9.

### 131

## 3 Des vacances à la neige

This gives practice in selecting the correct verb and using it in the future tense, to complete a note about holidays.

**Solution:**

**1** *partiras*, **2** *ferai*, **3** *irons*, **4** *prendrons*, **5** *aura*, **6** *fera*, **7** *serons*, **8** *pourrons*

### 226 Au choix

## [4] Vacances de Pâques

See notes on page 218 in Unit 7 Revision and additional practice.

Tricolore 4 Teacher Book 197

# 7B Des vacances à l'étranger

## Countries of the world

Revise the names of countries in the world by trying to think of a country for different letters of the alphabet, or with a brainstorming session. The following list gives some ideas, but only the main ones need to be learnt:

l'Angleterre,
    l'Allemagne,
    l'Autriche,
    l'Afrique du Sud,
    l'Australie
la Belgique
le Canada
le Danemark
l'Espagne, les États-Unis
la France
la Grèce
la Hollande, la Hongrie
l'Irlande, l'Italie
le Japon
le Kenya

le Luxembourg
Malte
la Norvège
l'Ouganda
le Portugal
le Québec (pas un pays mais une province du Canada)
la Russie
la Suisse
la Turquie
l'Uruguay
le Vietnam
le Yémen
le Zaïre

**131 Dossier-langue**

### Prepositions with the names of places

This summarises the use of prepositions with towns, countries and continents. Refer students as necessary to *Grammaire* 10.4.

**Examination Grammar in Action 56**

### Using prepositions with places

If not already used, this provides further practice of using prepositions with places, if required.

**131**

## 4 Où iront-ils?

This task gives practice in using the future tense and the correct preposition with countries and cities.

**Solution:**

1 *Samedi prochain, je partirai à Vienne en Autriche.*

2 *Nous passerons le weekend prochain à Madrid en Espagne.*

3 *La semaine prochaine, mon frère ira à San Francisco aux États-Unis.*

4 *Pendant les vacances, je travaillerai à Montréal au Canada.*

5 *Cette année, notre classe fera un voyage scolaire à Bruxelles en Belgique.*

6 *En août, ma famille ira à Cape Town en Afrique du Sud.*

7 *L'année prochaine, vous partirez à Sydney en Australie?*

8 *Dans deux ans, ma sœur fera un stage à Rome en Italie.*

**Examination Grammar in Action 57**

### Using the future tense with *si* and *quand*

This provides further practice of the future tense with *si* and *quand*.

**131 CD 5 Track 36**

## 5 Tu aimes les vacances à l'étranger?

a Students listen to the conversations and find the phrase in English which relates to each person's view.

**Solution:**
**1** d, **2** f, **3** b, **4** a, **5** e, **6** c

b Students write their own views, using similar language.

**CD 5 Track 36**

### Tu aimes les vacances à l'étranger?

1 – Tu aimes partir à l'étranger?
   – Moi, non, pas tellement. Je n'aime pas faire de longs voyages et je ne suis pas forte en langues, alors je préfère rester en France.

2 – Et toi, tu aimes voyager à l'étranger?
   – Oui, moi, j'adore visiter des pays différents. Il est toujours intéressant de découvrir d'autres pays et j'aime essayer d'apprendre d'autres langues. Je voudrais visiter un pays de chaque continent.

3 Quant à moi, j'adore voyager surtout à la montagne ou dans le désert. J'aime voir des paysages impressionnants. Faire du snowboard dans les montagnes Rocheuses au Canada, ce seraient des vacances idéales pour moi.

4 Alors moi, en revanche, je n'aime pas beaucoup aller à l'étranger. D'abord, je n'aime pas les pays où il fait très chaud – je ne supporte pas bien la chaleur. Et en plus, je n'aime pas beaucoup la cuisine étrangère. On mange quelquefois des plats bizarres dans certains pays.

5 – Et toi, tu aimes voyager à l'étranger?
   – Non, pas beaucoup. D'abord, prendre l'avion, c'est mauvais pour l'environnement. Et puis, il y a des pays où le mode de vie et les coutumes sont très différents des nôtres et je trouve ça difficile. J'aimerais mieux rester en France.

6 – Aller à l'étranger, ça t'intéresse ou pas?
   – Ah oui, ça m'intéresse beaucoup. J'adore le soleil, alors j'aime bien voyager dans les pays où le beau temps est presque garanti, comme la Grèce et la Turquie. Et en plus, j'aime bien goûter à la cuisine étrangère. C'est très intéressant, même si ce n'est pas toujours délicieux!

Tricolore 4 Teacher Book

# 7C Ce que je voudrais faire

## 7C Ce que je voudrais faire   pages 132–133

| Aims and objectives | Grammar and skills | Resources |
|---|---|---|
| • talk about an ideal holiday | • the conditional | **Key language:** SB 148–149<br>**Au choix:** SB 226<br>**Online:** Kerboodle Resources and Assessment<br>**Copymasters:** 7/1<br>**CD 5** Track 37<br>**GiA:** 58–59 |

### 132   CD 5 Track 37

### 1 Des vacances de rêve

Students listen to each of the three parts of the recording and do the linked tasks.

**1 Magali**

a The text is a straight transcript of the first conversation on the recording. Students choose the correct words to complete the text.

**Solution:**
1 *croisière*, 2 *bateau*, 3 *piscine*, 4 *pays*, 5 *mois*

b They summarise in six points how Magali sees an ideal holiday.

**Solution:**
a cruise around the world, in a large boat with superb view of the ocean, good pool, good restaurants, stopovers in all the main countries, for three months

**2 André**

a Students listen to the recording and follow the text to find four errors. They correct the errors (underlined in the Solution text below).

**Solution:**
Alors, pour moi, les vacances idéales seraient des vacances au soleil, là où il fait chaud, avec la plage, la mer, des vagues. Comme ça, le jour, je pourrais faire de la planche à voile ou <u>de la natation</u>; et le soir, je pourrais sortir dans les bars et dans les discothèques. Ça pourrait être <u>en Espagne</u> ou <u>au Portugal</u>. Le matin, je dormirais tard; l'après-midi, j'irais à la plage et le soir, je sortirais avec <u>mes amis</u>.

b They translate the text as printed in their book.

**Solution:**
(sample)
Well, for me, the ideal holiday would be a holiday in the sun, somewhere where it's hot, with a beach, the sea and waves. In that way, I could go windsurfing or waterskiing during the day; and in the evenings, I could go out to bars and night clubs. It could be in Greece or Italy. In the mornings I would sleep late; in the afternoons, I'd go to the beach and in the evenings, I'd go out with my family.

**3 Dominique**

a Students complete a résumé of the third conversation, using verbs in the third person.

**Solution:**
1 *Égypte*, 2 *île*, 3 *quatre*, 4 *avion*, 5 *croisière*, 6 *mois*, 7 *plage*, 8 *grande*, 9 *part*

b They find the two correct statements.

**Solution:**
3, 5

### CD 5 Track 37

### Des vacances de rêve

1 – Magali, pourrais-tu décrire tes vacances de rêve?
– Mes vacances de rêve, ce serait une croisière autour du monde. Ce serait à bord d'un grand bateau avec une superbe vue sur l'océan. Et il y aurait tous les conforts – une belle piscine, de bons restaurants, etc. Et on ferait des escales dans les principaux pays, comme la Chine, le Japon, l'Amérique.
– Et tu partirais combien de temps en croisière?
– Trois mois. Oui, ça serait parfait.

2 – Et toi, André, tu peux nous parler de tes vacances idéales?
– Alors, pour moi, les vacances idéales seraient des vacances au soleil, là où il fait chaud, avec la plage, la mer, des vagues. Comme ça, le jour, je pourrais faire de la planche à voile ou de la natation; et le soir, je pourrais sortir dans les bars et dans les discothèques.
– Oui, et ça serait où, par exemple?
– Ça pourrait être en Espagne ou au Portugal.
– Et ça se passerait comment exactement?
– Bon, le matin, je dormirais tard; l'après-midi, j'irais à la plage et le soir, je sortirais avec mes amis.

3 – Et toi, Dominique, si tu avais beaucoup d'argent où voudrais-tu aller?
– Moi, je voudrais visiter plusieurs pays, particulièrement l'Égypte, l'Australie, et je voudrais terminer mes vacances sur une île des Antilles.
– Alors ces vacances de rêve dureraient assez longtemps?
– Bien sûr, j'aimerais bien partir de trois à quatre mois.
– Alors, tu commencerais en Égypte?
– Oui, je prendrais l'avion jusqu'au Caire et j'irais voir les Pyramides. Puis je ferais une croisière sur le Nil pour visiter les temples anciens et prendre beaucoup de photos.
– Et ensuite, tu irais en Australie?
– Oui, alors je passerais peut-être un mois en Australie pour visiter un peu de tout.
– Et puis tu prendrais l'avion pour les Antilles?

# 7D À l'hôtel

– Oui, j'irais peut-être en Guadeloupe pour pouvoir me reposer pendant un mois sur la plage.
– C'est fantastique. Et dis-moi, est-ce qu'il y a une différence entre tes vacances de rêve et les vacances que tu passeras cette année?
– Oui, il y en a une grande. Cet été, je ne pars pas en vacances!
– Oh!

**133 Dossier-langue**

## The conditional

This explains the use of the conditional. With some students it will be sufficient just to practise a few key phrases, e.g. *je voudrais* – I would like, *j'aimerais* – I would like, *on pourrait* – one/we could, *ce serait* – it would be. Refer students as necessary to *Grammaire* 14.10.

**133**

## 2 Des expressions utiles

Students match the French phrases with their English equivalents, to provide some useful phrases using the conditional.

Solution:

1 g, 2 e, 3 h, 4 a, 5 b, 6 d, 7 f, 8 c

**133**

## 3 Un weekend idéal

Students complete the two accounts by putting the verbs in the correct form of the conditional.

Solution:

a 1 *passerais*, 2 *prendrait*, 3 *voyagerait*, 4 *logerions*, 5 *visiterait*, 6 *mangerait*, 7 *irions*, 8 *goûterions*, 9 *ferait*, 10 *achèterais*

b 1 *serait*, 2 *commencerait*, 3 *sortirais*, 4 *irions*, 5 *ferait*, 6 *ferais*, 7 *mangerais*, 8 *irais*, 9 *voudrais*, 10 *ferais*, 11 *irais*, 12 *serait*, 13 *gagnerait*, 14 *prendrais*

**133**

## 4 Mon weekend idéal

Students work in pairs to talk about a dream weekend. They could read the example and then adapt it using some of the ideas listed.

If appropriate, collect additional ideas from the class before they begin.

**133**

## 5 Mes vacances idéales

Students write their own account of how they would spend their ideal holiday, giving their reasons. As with the previous task, ideas can be collected from the class before they begin.

**226 Au choix**

## [5] Mes vacances de rêve

See notes on page 218 in Unit 7 Revision and additional practice.

**Copymaster 7/1**

## 2 Jeux de vocabulaire – les vacances

See notes on page 219 in Unit 7 Revision and additional practice.

**Examination Grammar in Action 58–59**

## Using the conditional (1) and (2)

These pages provide further practice of the conditional, as required.

# 7D À l'hôtel   pages 134–135

| Aims and objectives | Grammar and skills | Resources |
|---|---|---|
| • find out about hotels (location, facilities, services, etc.)<br>• explain problems | | **Key language**: SB 148–149<br>**Au choix**: SB 226–227<br>**Online**: Kerboodle Resources and Assessment<br>**Copymasters**: 7/2<br>**CD 5** Tracks 38–39, **CD 6** Tracks 2–3 |

## Introduction

Check what students know about French hotels from earlier work or personal experience. If wished, some background information could be given, e.g.

– *Tous les hôtels sont obligés d'afficher leurs prix à la réception et dans les chambres. Souvent, on paie presque le même prix si la chambre est occupée par une, deux ou trois personnes, donc il est moins cher de partager une chambre, si possible. Il y a des chaînes d'hôtel qui offrent des chambres standardisées dans tous leurs hôtels. Connaissez-vous les noms de quelques chaînes d'hôtels?*

Some names of these could be written on the board and any available publicity could be shown to the class, e.g.

– *Il y a les hôtels Sofitel et les hôtels Novotel – ce sont de grands hôtels 3 ou 4 étoiles. Il y a des hôtels plus économiques, comme des hôtels Ibis et des hôtels Arcade qui sont classés 2 ou 3 étoiles. Et il y a des réseaux hôtels qui offrent des*

Tricolore 4 Teacher Book

# 7D À l'hôtel

*chambres pour trois personnes à des prix très raisonnables. Ces hôtels sont souvent situés en dehors des grandes villes, donc ils sont plutôt pour les touristes en voiture, et ils fonctionnent 24 heures sur 24 avec une carte de crédit.*

### 134

## 1 Hôtels au choix

This introduces the topic of hotels. The hotels in the adverts are fictitious but the information is based on authentic adverts. First, talk briefly about what you might look for when choosing a hotel.

– *Quand on choisit un hôtel, on doit penser à ce qui est important, par exemple, le tarif peut être important si on n'a pas beaucoup d'argent. Si on voyage en voiture, on va peut-être choisir un hôtel avec un parking. Si on n'a pas de voiture, on va peut-être choisir un hôtel au centre-ville. Si on prend l'avion, on va peut-être choisir un hôtel près de l'aéroport.*

Then ask some quick oral questions, e.g. *Trouvez un hôtel près d'un aéroport (Hôtel Napoléon, Hôtel Bon Séjour); Trouvez un hôtel trois étoiles (Hôtel Victor Hugo); Quel hôtel n'accepte pas d'animaux? (Hôtel Victor Hugo).*

In task 1, students choose a suitable hotel for different visitors.

**Solution:**

**1** A *(Hôtel Napoléon)*, **2** C *(Hôtel Bon Séjour)*,
**3** B *(Hôtel Victor Hugo )*, **4** C *(Hôtel Bon Séjour)*,
**5** A *(Hôtel Napoléon)*

### 134 CD 5 Track 38 Copymaster 7/2

## 2 On téléphone à l'hôtel

Students listen to the four messages and note down the details of accommodation. A grid for recording answers is given on Copymaster 7/2.

**Solution:**

|   | 1 | 2 | 3 | 4 |
|---|---|---|---|---|
| a | 2 | 1 | 1 | 2 |
| b | 3 | 4 | 3 | 1 |
| c | 4 | 2 ad. 1 enf. | 1 | 5 |
| d | 23 mars | 13 avril | 23 oct. | 14 juillet |
| e | demi-pension | r.d.c ou 1er étage | balcon + vue s. mer | fax pour confirmer |
| f | Lacan | Renard | Padfield | Jones |
| g | 01 54 82 39 67 | 02 48 25 16 91 | 00 44 11 89 74 63 25 | 00 44 20 85 64 15 16 |

### CD 5 Track 38

### On téléphone à l'hôtel

– Hôtel de Paris, bonjour. Il n'y a personne au bureau en ce moment. Veuillez donner votre nom, votre numéro de téléphone et la raison de votre appel après le signal sonore.

**1** Bonsoir. Je voudrais faire une réservation. Je voudrais réserver deux chambres à deux lits avec douche ou salle de bains. C'est pour quatre personnes. Nous arriverons le 23 mars et nous voulons rester trois nuits. Nous voudrions prendre la demi-pension, si possible. C'est au nom de Lacan, L–A–C–A–N. Mon numéro de téléphone est le 01 54 82 39 67.

**2** Bonsoir. Je voudrais faire une réservation. Je voudrais réserver une chambre pour deux personnes et un enfant de neuf ans. Nous arriverons le 13 avril et nous voulons rester quatre nuits. Nous voudrions une chambre au rez-de-chaussée ou au premier étage, si possible. C'est au nom de Renard, R–E–N–A–R–D. Mon numéro de téléphone est 02 48 25 16 91.

**3** Bonjour, monsieur. Je voudrais réserver une chambre pour une personne, si possible avec balcon et vue sur mer. J'arriverai le 23 octobre pour trois nuits. C'est au nom de Padfield, P–A–D–F–I–E–L–D. Je téléphone de l'Angleterre, c'est donc le 00 44 11 89 74 63 25.

**4** Bonjour. Je voudrais réserver deux chambres. C'est pour cinq personnes au total. Alors, je voudrais une chambre à deux lits avec douche et une chambre à trois lits avec douche. C'est pour une nuit seulement, le 14 juillet. C'est au nom de Jones, J–O–N–E–S. Vous pouvez m'envoyer un fax pour confirmer la réservation. Le numéro de fax est le 00 44 20 85 64 15 16. Merci et au revoir.

### 134 CD 5 Track 39

## 3 Pour trouver l'hôtel

In this task students listen and complete the written directions to each hotel.

**Solution:**

**1** *cinq (direction centre-ville), droite et continuer tout droit, votre gauche, centre sportif, derrière*

**2** *centre-ville, gauche, droite, station-service*

**3** *port, prochaine, coin*

### CD 5 Track 39

### Pour trouver l'hôtel

**1** – Bonjour, madame. Pouvez-vous me donner des directions pour arriver à l'hôtel?
– Oui, alors de l'autoroute, vous prenez la sortie cinq, direction centre-ville. Puis au rond-point, tournez à droite. Continuez tout droit et vous verrez l'hôtel à votre gauche, en face du centre sportif.
– Est-ce qu'il y a un parking à l'hôtel?
– Oui, il y a un parking derrière l'hôtel.
– Alors, c'est la sortie cinq, puis à droite et l'hôtel est à gauche, en face du centre sportif. Merci.

**2** – Bonjour, monsieur. Pouvez-vous me donner des directions pour arriver à l'hôtel?
– Oui, alors suivez la direction du centre-ville. Puis au carrefour, tournez à gauche. Continuez tout droit et vous verrez l'hôtel à droite, en face d'une station-service.
– Est-ce qu'il y a un parking à l'hôtel?
– Ah non, je regrette, il n'y a pas de parking à l'hôtel, mais vous pouvez stationner dans la rue.

# 7D À l'hôtel

– Alors, il faut suivre le centre-ville, puis au carrefour, on tourne à gauche et c'est un peu plus loin à droite, en face d'une station-service. Merci.

3 – Bonjour, madame. Pouvez-vous me donner des directions pour arriver à l'hôtel?
– Oui, alors du centre-ville, vous prenez la direction du port. Vous arriverez à des feux. Continuez tout droit aux feux et prenez la prochaine rue à gauche. Vous verrez l'hôtel au coin de la rue.
– Et est-ce qu'il y a un parking à l'hôtel?
– Oui, il y a un parking à côté de l'hôtel.
– Alors, c'est la direction du port, tout droit aux feux, puis la prochaine rue à gauche et l'hôtel est au coin de la rue. Merci, madame.

📖 135

## 4 On fait des réservations

Students work in pairs to practise a dialogue about booking hotel accommodation. The basic dialogue could be varied, changing first one detail, then two, etc.

📖 135

## 5 Un mail à l'hôtel

Students write an email to a hotel for one of the people listed or for themselves.

📖 🔊 135 CD 6 Tracks 2–3

## 6 À la réception d'un hôtel

### a Des questions

First, go through the pictures and check that students understand what they represent. Students then listen to the conversations and note down the letter of the appropriate picture in each case.

**Solution:**
**1** F, **2** A, **3** B, **4** E, **5** G, **6** C, **7** D

🔊 CD 6 Track 2

### À la réception d'un hôtel

**a Des questions**

1 – Bonjour, madame. Le petit déjeuner est servi à quelle heure, s'il vous plaît?
– Entre sept heures et neuf heures et demie.
– Peut-on le prendre dans la chambre?
– Oui, si vous voulez.

2 – Monsieur, madame?
– Nous avons fait une réservation au nom de Laroche.
– Ah oui. C'est la chambre vingt-trois au deuxième étage. Voici la clef.
– Merci … y a-t-il un ascenseur?
– Oui, c'est un peu plus loin à droite.

3 – Bonjour, madame. C'est à quelle heure, le dîner, s'il vous plaît?
– À partir de dix-neuf heures, monsieur.
– Faut-il réserver une table?
– Non, ce n'est pas nécessaire.

4 – L'hôtel ferme à quelle heure la nuit, s'il vous plaît?
– À minuit. Si vous rentrez plus tard, demandez une clef à la réception.

5 – Est-ce que je peux mettre ce paquet dans le coffre?
– Oui … attendez je vais vous donner un reçu.

6 – Est-ce qu'il y a un parking à l'hôtel, madame?
– Non, mais vous pouvez stationner en face de l'hôtel jusqu'à neuf heures du matin.
– Bon, est-ce que je peux laisser mes bagages là?
– Oui, bien sûr.

7 – Nous partons ce matin. Pouvez-vous préparer la note, s'il vous plaît?
– Oui, monsieur. La voilà.
– Merci. Est-ce que vous acceptez les cartes de crédit?
– Oui, monsieur.

### b Des problèmes

This is a similar task but, in addition, students identify the mood of each customer – *calme* (*C*) or *fâché* (*F*). They could also note which problem illustrated is not mentioned in the recording.

**Solution:**
**1** M (*C*), **2** K (*C*), **3** J (*F*), **4** I (*F*), **5** H (*C*), **6** P (*F*), **7** O (*F*), **8** L (*C*); Not mentioned: N – *il n'y a pas de cintres*

🔊 CD 6 Track 3

### À la réception d'un hôtel

**b Des problèmes**

1 – On peut vous aider?
– Le chauffage dans ma chambre ne marche pas.
– C'est quelle chambre?
– La chambre seize.
– Bon, on va s'en occuper.

2 – Il n'y a pas de savon dans notre chambre.
– C'est quelle chambre?
– La chambre cinq.
– Bon, on va s'en occuper.

3 – Madame?
– La douche dans ma chambre ne marche pas.
– C'est quelle chambre?
– La chambre huit.
– Bon, on va s'en occuper, madame.
– Est-ce que vous pouvez organiser ça tout de suite. Je voudrais prendre une douche.
– Oui, oui, madame.

4 – Je peux vous aider?
– La télévision dans ma chambre ne marche pas.
– C'est quelle chambre?
– La chambre quinze.
– Bon, on va s'en occuper.

# 7E En vacances

– Ça va être long, parce que je voudrais regarder l'émission de dix-huit heures.
– Non, on va essayer de régler ça dans une demi-heure.

5  – Bonjour, on peut vous aider?
   – Il n'y a pas de serviettes dans notre chambre.
   – Je suis désolée. C'est quelle chambre, s'il vous plaît?
   – La chambre numéro vingt-quatre.
   – Bon. On va s'en occuper. Il n'y a pas d'autre problème?
   – Non, c'est tout.

6  – Monsieur, madame?
   – Nous avons fait une réservation.
   – C'est à quel nom?
   – Lefèvre.
   – Ah oui. Une chambre à un grand lit avec douche.
   – Ah non, madame. Nous avons réservé une chambre à deux lits avec salle de bains.
   – Ah bon. Attendez un moment.
   – Voilà la confirmation – c'est bien marqué – une chambre à deux lits avec salle de bains.
   – Oui, oui, je vois. Il y a eu une erreur de notre part. Je fais venir le patron.

7  – Nous partons ce matin. Pouvez-vous préparer la note, s'il vous plaît.
   – Oui, madame. La voilà.
   – Bon, merci. ... Excusez-moi, madame. Il y a une erreur – nous sommes restés deux nuits, pas trois.
   – Laissez-moi voir.
   – Ici, c'est marqué trois nuits, mais nous sommes arrivés le vingt-deux et nous partons aujourd'hui – donc ça fait deux nuits seulement.
   – Oui, vous avez raison. C'est une erreur de notre part. Excusez-nous, madame.
   – Hmm.

8  – Bonjour, madame. Serait-il possible de changer de chambre? Il y avait beaucoup de bruit hier soir et on ne pouvait pas dormir.
   – Bon, je vais voir. Oui, je peux vous donner la chambre dix-neuf à l'arrière de l'hôtel. Ça devrait être plus tranquille.
   – Merci.
   – Alors, dès que la chambre est prête, je vous appellerai.
   – Ce sera dans combien de temps?
   – Une heure, environ.

c  Students read through the sentences and choose a picture to represent each one. They can then list them in their exercise books in two sections: *les questions*; *les problèmes*. Explain to students that two pictures have no corresponding sentences. They should identify the pictures and make up a suitable question or statement.

**Solution:**

**1** A, **2** J, **3** P, **4** B, **5** C, **6** H, **7** O, **8** K, **9** I, **10** L, **11** M, **12** E, **13** D, **14** G (Pictures F and N have no corresponding sentences.)

*Les questions*: 1, 4, 5, 12, 13, 14

*Les problèmes*: 2, 3, 6, 7, 8, 9, 11

**226** Au choix

## [6] Hôtel du château

See notes on page 218 in Unit 7 Revision and additional practice.

**227** Au choix

## [7] À l'hôtel

See notes on page 218 in Unit 7 Revision and additional practice.

# 7E En vacances   pages 136–137

| Aims and objectives | Grammar and skills | Resources |
|---|---|---|
| • ask for tourist information<br>• discuss camping | • *avoir lieu* | **Key language:** SB 148–149<br>**Au choix:** SB 227<br>**Online:** Kerboodle Resources and Assessment<br>**Copymasters:** 7/3<br>**CD 6** Tracks 4–7 |

## Introduction

Start with a general discussion about the sort of printed tourist information that can often be freely obtained from local tourist offices, e.g. *Que peut-on obtenir comme documentation touristique d'un office du tourisme? Un plan de la ville, une liste des hôtels, ...* If possible, show actual examples of tourist material. List suggestions on the board.

**136** CD 6 Track 4

## 1 À l'office de tourisme

a  Check that the visuals are clearly understood before students listen to the conversations and do the matching task.

**Solution:**

**1** C, **2** H, **3** G, **4** A, **5** E, **6** F, **7** D, **8** B

## 7E En vacances

**b** Students then do the *vrai ou faux?* task.

Solution:
**a** F *(trois kilomètres de la ville)*, **b** F *(chaque samedi)*, **c** V, **d** V, **e** F *(à 21h00)*, **f** V

### CD 6 Track 4

### À l'office de tourisme

1 – Pouvez-vous me donner une petite documentation sur la ville, s'il vous plaît?
– Voilà un dépliant sur la ville. Vous y trouverez tous les renseignements nécessaires. Et là, vous avez un plan de la ville.

2 – Bonjour, madame, est-ce qu'il y a un camping près d'ici?
– Voilà une liste des terrains de camping dans la région. Il y a un grand camping à trois kilomètres de la ville.

3 – Qu'est-ce qu'on peut faire le soir ici? Est-ce qu'il y a des spectacles?
– Chaque samedi, il y a un spectacle 'son et lumière' dans la cour du château. Là, vous avez une petite fiche avec tous les détails. Sinon, la vieille ville est très animée le soir. Il y a des acteurs, des jongleurs, etc.

4 – Je passe quelques jours dans la région. Qu'est-ce qu'il y a d'intéressant à voir?
– Les musées, les monuments historiques, ça vous intéresse?
– Oui.
– Alors, voilà un dépliant sur les principaux musées et les monuments historiques dans la région.

5 – Est-ce qu'on peut faire des excursions en car?
– Oui, voilà une liste des excursions en car avec tous les détails.

6 – Bonjour, madame. Je suis ici avec ma famille. Nous cherchons une piscine pour les enfants. Est-ce qu'il y a une piscine dans la ville?
– Oui, il y a une grande piscine de loisirs qui s'appelle Aquarive avec des toboggans et des saunas.
– Ah bon. C'est ouvert tous les jours?
– Oui, en été, c'est ouvert tous les jours de dix heures à vingt-et-une heures.

7 – Bonjour, madame. Nous voudrions faire une promenade à vélo dans la région. Est-ce qu'on peut louer des vélos quelque part?
– Oui, voici le dépliant d'un magasin de cyclisme qui loue des vélos.

8 – Bonjour, madame. Nous venons d'arriver ici et nous cherchons une chambre pour trois nuits. Pouvez-vous nous recommander quelque chose qui n'est pas très cher.
– Nous ne faisons pas de réservation ici, mais je peux vous donner une liste des hôtels et chambres d'hôte de la région avec tous les détails.

### 136

### 2 C'est à vous

Students make up a suitable question for each visual.

### 136

### 3 Des questions et des réponses

The questions cover the sort of language which students might need when requesting information at a tourist office. Students read through the questions and find the appropriate answer for each one. This could also be done in pairs, with one student reading the question and the other finding and reading the appropriate answer.

Solution:
**1** h, **2** j, **3** e, **4** a, **5** g, **6** i, **7** b, **8** d, **9** f, **10** c

### 136 CD 6 Track 5

### 4 Des idées loisirs

Students listen to the announcements and note down details of the different excursions.

Solution:

1 **Au Parc Astérix: a** *samedi 27 juillet,* **b** *8h30, gare routière,* **c** *piquenique + boisson, prenez imperméable*

2 **Au Mont Saint-Michel: a** *vendredi 12 juin,* **b** *9h15, office de tourisme,* **c** any two of: *en car de luxe climatisé, arrêt pour repas en route, n'oubliez pas appareil photo*

3 **Au Futuroscope: a** *mercredi 10 août,* **b** *8h15, place du marché,* **c** *piquenique + boisson, chapeau de soleil + crème solaire*

4 **À Versailles: a** *jeudi 8 mai,* **b** *14h, hôtel de ville,* **c** *visite du château et des jardins, spectacle son et lumière à 20h30*

### CD 6 Track 5

### Des idées loisirs

1 La visite au Parc Astérix aura lieu le samedi vingt-sept juillet. Départ à huit heures trente de la gare routière. Il faut prévoir un piquenique et une boisson pour la route. En cas de mauvais temps, prenez aussi un imperméable.

2 La visite au Mont Saint-Michel aura lieu le vendredi douze juin. Inscrivez-vous à l'office de tourisme. Départ à neuf heures quinze de l'office de tourisme. Le voyage s'effectuera en car de luxe climatisé. On va s'arrêter en route pour prendre un repas. N'oubliez pas votre appareil photo.

3 La visite au Futuroscope aura lieu le mercredi dix août. Départ à huit heures quinze de la place du marché. Apportez un piquenique et une boisson pour la route. N'oubliez pas un chapeau, pour le soleil, et de la crème solaire.

4 La visite à Versailles aura lieu le jeudi huit mai. Inscrivez-vous à l'office de tourisme. Départ à quatorze heures de l'hôtel de ville. La visite comprend la visite du château et des jardins et le spectacle son et lumière qui aura lieu à vingt heures trente.

Tricolore 4 Teacher Book

# 7E En vacances

**136 Dossier-langue**

## avoir lieu – to take place

This explains the phrase *avoir lieu* – to take place, with examples in the future and perfect tenses.

**Copymaster 7/3**

## À Amboise

See notes on page 220 in Unit 7 Revision and additional practice.

## Camping

Introduce the theme of camping by asking students for their opinions and impressions. Mention that camping is very popular in France and that there are a large number of sites.

Some students may have been camping with youth organisations such as the Guides or Scouts. *Le scoutisme* is less common in France but there are *des camps d'ado*, which are like *colonie de vacances* but for teenagers.

**136 CD 6 Track 6**

## 5 Aimez-vous faire du camping?

Students listen to the recording, read through the opinions about camping and decide which corresponds most closely to each speaker. Mention that students will not need to allocate all of the opinions listed.

**Solution:**

**1** b, **2** g, **3** d, **4** f, **5** c

**CD 6 Track 6**

### Aimez-vous faire du camping?

Quels sont les avantages et les inconvénients du camping? Pour les découvrir, notre reporter, Pierre Lefèvre, est allé interroger d'abord les Français qui aiment le camping et ensuite, ceux qui préfèrent une autre formule d'hébergement.

**1 Paul Martin**

Moi, j'aime beaucoup faire du camping. On est libre, on est près de la nature et puis on s'amuse bien. Aux terrains de camping où j'ai été, il y a toujours eu beaucoup de choses à faire – natation, pêche, cyclisme, tennis, etc. On rencontre beaucoup de gens, souvent des étrangers, et on se fait facilement des amis.

**2 Marie Ferry**

J'aime faire du camping, mais je préfère aller dans une ferme plutôt que d'aller dans un de ces grands terrains de camping, qui ressemblent à un hôtel et où il y a beaucoup de gens. Si on fait du camping à la ferme, il n'y a jamais plus de quatre ou cinq tentes. Souvent, on peut visiter la ferme et faire la connaissance du fermier et de sa famille, voir les animaux de la ferme, etc. Pour moi, ça c'est plus intéressant.

**3 Yves Lambert**

À mon avis, le camping est un excellent moyen de passer des vacances sans dépenser beaucoup d'argent. J'ai voyagé dans plusieurs pays et j'ai fait du camping un peu partout en Europe. On trouve des terrains qui sont très confortables avec douches, piscine, restaurant, terrain de jeux, etc. ou des terrains de camping plus simples, mais il y a toujours un minimum de confort.

**4 Carole Duverger**

Le camping, ça va quand il fait beau, mais quand il pleut – ou quand il y a trop de vent – non, ça ne me plaît pas.

**5 Madeleine Morand**

Moi, je préfère aller à l'hôtel. C'est plus confortable et on dort beaucoup mieux.

**137**

## 6 Lexique

Students copy the words given in this vocabulary list and add the English, referring to Unit 7 *Sommaire* if needed (SB 148–149).

**137**

## 7 Un terrain de camping

**a** Students complete the description of the campsite, using the words listed.

**Solution:**

**1** près, **2** plus, **3** ouvert, **4** bicyclettes, **5** nager, **6** équitation, **7** acheter, **8** la lessive

**b** Students decide whether the campsite would meet the requirements in each case.

**Solution:**

The campsite would meet all needs except those mentioned in 2 and 4.

**137 CD 6 Track 7**

## 8 On arrive au camping

**a** Students listen to the conversations at the campsite office and note down the number of nights, the number of people and whether they need a pitch for a tent or a caravan. Able students could also note down what other information was requested, if any.

**Solution:**

|   | nuits | personnes | caravane/tente |
|---|---|---|---|
| 1 | 4 | 3 | caravane |
| 2 | 2 | 2 | tente |
| 3 | 7 | 5 | caravane |
| 4 | 5 | 6 | 3 tentes |
| 5 | 1 | 1 | tente |
| 6 | (3) | (2) | (caravane) complet |

**b** Students practise reading a similar conversation and then invent different ones, changing some details.

## 7E En vacances

🔊 CD 6 Track 7

### On arrive au camping

1. – Bonjour, monsieur. Avez-vous de la place, s'il vous plaît?
   – C'est pour une caravane ou une tente?
   – Une caravane.
   – Et c'est pour combien de nuits?
   – Quatre nuits.
   – Oui, il y a de la place. C'est pour combien de personnes?
   – Un adulte et deux enfants.
   – Alors, une caravane, trois personnes, pour quatre nuits.
   – Est-ce qu'il y a des jeux pour enfants au camping?
   – Oui, monsieur, c'est derrière le bureau.

2. – Bonjour, monsieur. Avez-vous de la place, s'il vous plaît, pour une tente?
   – C'est pour combien de nuits?
   – Deux nuits.
   – Oui. C'est pour combien de personnes?
   – Deux personnes.
   – Alors, un emplacement, deux nuits, deux personnes.
   – Le village, c'est loin d'ici?
   – Non, c'est à trois kilomètres environ.

3. – Bonjour, monsieur. Nous avons réservé un emplacement pour une caravane.
   – C'est à quel nom, s'il vous plaît?
   – Masson.
   – Ah oui. Vous voulez rester une semaine, n'est-ce pas?
   – Oui, c'est ça.
   – Et vous êtes combien de personnes?
   – Deux adultes et trois enfants.
   – Alors, une caravane, cinq personnes, sept nuits.

4. – Bonjour, monsieur. Nous avons fait une réservation.
   – C'est à quel nom, s'il vous plaît?
   – Roland.
   – Ah oui. Vous voulez trois emplacements pour six personnes. C'est pour trois tentes?
   – Oui, trois tentes.
   – Et vous restez cinq nuits?
   – C'est ça.
   – Vous voulez être à l'ombre ou au soleil?
   – À l'ombre.
   – Alors, trois emplacements, six personnes, pour cinq nuits.

5. – Bonjour, monsieur. Avez-vous de la place pour une tente, s'il vous plaît?
   – C'est pour combien de nuits?
   – Une nuit seulement.
   – C'est pour combien de personnes?
   – Une personne seulement.
   – Oui, je vous donne un emplacement là-bas, à droite.
   – C'est à l'ombre?
   – C'est assez ombragé, oui.
   – Est-ce qu'il y a une piscine au camping?
   – Non, mais vous pouvez vous baigner dans la mer.
   – Ah bon, et la plage, c'est loin?
   – Non, c'est à un kilomètre environ.

6. – Bonjour, monsieur. Avez-vous de la place pour une caravane et deux adultes pour trois nuits, s'il vous plaît?
   – Vous avez réservé?
   – Non.
   – Je suis désolé, madame, mais maintenant, nous sommes complets.

📖 227 Au choix

### [8] Le jeu des définitions

See notes on page 218 in Unit 7 Revision and additional practice.

📖 137

### 9 À vous!

a Students discuss their own experiences and opinions of camping holidays in pairs or small groups, e.g.
   – *Parlez du camping à deux ou en groupes. Avez-vous fait du camping? Ça vous a plu? Quels sont les avantages et les inconvénients?*

**Exemple:**
– *As-tu fait du camping?*
– *Oui. L'année dernière, j'ai fait du camping avec ma famille.*
– *Est-ce que ça te plaît?*
– *Oui. Et toi?*
– *Moi, je n'ai jamais fait ça. Quels sont les avantages du camping?*
– *Ça ne coûte pas cher.*
– *Oui, et on rencontre souvent des gens intéressants.*

They can also use the questions as a framework for their discussion or written work.

b Students then write a message to a friend about camping experiences.

# 7F Des vacances actives   pages 138–139

| Aims and objectives | Grammar and skills | Resources |
|---|---|---|
| • find out about activity holidays<br>• talk about youth hostelling | • *avant de* + infinitive, *après avoir/être* + infinitive | **Key language:** SB 148–149<br>**Au choix:** SB 227<br>**Online:** Kerboodle Resources and Assessment<br>**Copymasters:** 7/4<br>**CD 6** Tracks 8–10<br>**GiA:** 60–61 |

### 138

## 1 Idées vacances

**a** Students read the four messages and find the French for some useful expressions.

**Solution:**
**1** *j'adore la mer*, **2** *Qu'est-ce que c'est exactement?* **3** *pas cher*, **4** *J'aimerais bien en savoir plus*.

**b** They then complete the replies (a–d).

**Solution:**

a  **1** *pied*, **2** *sport*, **3** *nager*

b  **1** *offrent*, **2** *avez*, **3** *randonnées*

c  **1** *séjour*, **2** *bâtiment*, **3** *logé*

d  **1** *auberges*, **2** *prix*, **3** *trouverez*

**c** Students find some more useful French expressions from the replies.

**Solution:**
**1** *tous ceux qui sont en bonne santé physique*, **2** *qui comprend*, **3** *des balades en VTT*, **4** *un chantier*, **5** *faire un sentier*, **6** *un travail bénévole*, **7** *gratuitement*, **8** *l'hébergement*

**d** They match up the four messages with replies a–d.

**Solution:**
Isabelle b, Hélène a, Daniel d, Lucas c

### 138

## 2 Les auberges de jeunesse

**a** Students match the French words with their English equivalents, to provide useful vocabulary that they can reuse.

**Solution:**
**1** i, **2** d, **3** f, **4** e, **5** b, **6** h, **7** a, **8** g, **9** c

**b** First, go through the questions orally to see if anyone knows the answers from earlier work or from personal experience. Ask those who have stayed in a youth hostel a few questions, e.g.
– *Y a-t-il quelqu'un qui est allé dans une auberge de jeunesse?*
– *C'était où?*
– *C'était bien?*
– *Tu étais avec ta famille ou avec un groupe?*

Students then choose the correct answer to each question.

**Solution:**
**1** c, **2** f, **3** g, **4** a, **5** b, **6** e, **7** d

Information about youth hostels can be obtained from FUAJ at www.fuaj.org.

### 139 CD 6 Track 8

## 3 À l'auberge de jeunesse

First, check that students understand the questions in French. These are listed for use with the listening task and also to give students a reference list of useful questions.

Students then listen and answer the three questions about each conversation.

**Solution:**

**1 a** *3 personnes*, **b** *3 euros*, **c** *oui (le dîner, le petit déjeuner)*

**2 a** *au premier étage*, **b** *dans un garage derrière l'auberge*, **c** *à 23h30*

**3 a** *2 personnes*, **b** *5 nuits*, **c** *entre 7h30 et 9h*

**4 a** *non*, **b** *non*, **c** *à côté du magasin*

### CD 6 Track 8

### À l'auberge de jeunesse

1  – Bonjour, nous avons réservé trois places pour une nuit.
– Bon. C'est à quel nom?
– Danièle Legrand.
– Ah oui. C'est pour deux filles et un garçon.
– Oui, c'est ça.
– Alors, les filles sont au dortoir quatre et le garçon au dortoir sept. Vous voulez louer des draps?
– Oui, pour une personne, s'il vous plaît.
– Alors, ça coûte trois euros pour la location des draps.
– Bon. Et pour les douches, est-ce qu'il faut payer un supplément?
– Non, c'est compris.
– Bon. Est-ce qu'on peut prendre des repas à l'auberge?
– Oui, vous voulez prendre le dîner et le petit déjeuner?
– Oui. Ça coûte combien?
– Le dîner, c'est neuf euros et le petit déjeuner, c'est trois virgule cinquante euros.

# 7F Des vacances actives

2
- Bonjour. Avez-vous de la place, s'il vous plaît?
- C'est pour combien de personnes?
- Deux filles.
- Et c'est pour combien de nuits?
- Une nuit seulement.
- Oui, il y a de la place. Alors, vous êtes au dortoir six, au premier étage.
- D'accord. Et où est-ce que nous pouvons mettre nos vélos?
- Il y a un garage derrière l'auberge.
- Bon, merci. Et l'auberge ferme à quelle heure, le soir?
- On ferme ici à vingt-trois heures trente. Si vous avez l'intention de rentrer plus tard, il faut demander une clef au bureau.

3
- Bonjour. Nous avons réservé deux places pour cinq nuits.
- Bon. Vous avez la lettre de confirmation et vos cartes?
- Oui, voilà.
- Merci. Vous voulez louer des draps?
- Non, merci.
- Bon, vous êtes au dortoir cinq au premier étage. Vous voulez prendre les repas?
- Seulement le petit déjeuner.
- Bon, alors, le petit déjeuner est servi entre sept heures trente et neuf heures.
- Bon, merci.

4
- Bonjour. Avez-vous de la place pour trois garçons, s'il vous plaît?
- Avez-vous réservé?
- Non.
- Je suis désolée, mais nous sommes complets. Il y a un petit hôtel dans le village à trois kilomètres d'ici, ou il y a un terrain de camping à huit kilomètres.
- Bon. On va téléphoner à l'hôtel. Vous avez les coordonnées?
- Oui … voilà.
- Et il y a un téléphone public ici?
- Oui, c'est à côté du magasin.
- Bon, merci.

**227 Au choix**

## [9] Des questions

See notes on page 218 in Unit 7 Revision and additional practice.

**Copymaster 7/4**

## Des vacances jeunes

See notes on page 220 in Unit 7 Revision and additional practice.

**139 CD 6 Track 9**

## 4 On loue des vélos

The recording provides practice in understanding the main language used when hiring something, in this case, bikes. Students listen to the recording and complete the sentences.

Solution:
1 *louer*, 2 *Château*, 3 *trois, deux, un*, 4 *18*, 5 *50*, 6 *assurance*, 7 *mercredi*, 8 *deux*, 9 *carte de crédit*

**CD 6 Track 9**

### On loue des vélos

- Est-ce qu'on peut louer des vélos ici?
- Non, on ne fait pas de location ici à l'auberge, mais il y a un magasin de cyclisme dans la rue du Château où on peut louer des vélos.
- Bon, merci. Alors, c'est la rue du Château.

**Au magasin**
- Bonjour, monsieur. Je voudrais louer des vélos, s'il vous plaît. Nous sommes en vacances et nous aimerions visiter la région à vélo.
- Oui, alors vous voulez combien de vélos?
- Trois; deux pour femme et un pour homme.
- Alors, un VTT, c'est dix-huit euros la journée. Il faut payer une caution de cinquante euros pour chaque vélo. Ça va?
- Oui. Et est-ce qu'il faut prendre une assurance?
- Non, l'assurance est comprise.
- Bon, alors, je voudrais louer trois vélos pour deux jours, à partir de mercredi.
- Oui, je vais réserver les trois vélos. Le magasin est ouvert à neuf heures.
- Très bien. Est-ce que je peux payer avec une carte de crédit?
- Oui, on accepte les cartes de crédit.
- Bon, merci. À mercredi alors.

**139 CD 6 Track 10**

## 5 Vacances à vélo

Students listen to the conversation and then do the tasks.

a They choose the correct answer to complete each sentence.

Solution:
1 b, 2 a, 3 a, 4 a, 5 c, 6 c, 7 a, 8 b, 9 b, 10 b

b They then find and correct the error in each of the sentences.

Solution:
1 *Après avoir pris le train, les filles ont pris le bateau à Belle-Île.*
2 *Après être arrivées sur l'île, elles ont loué des vélos.*
3 *Ensuite elles ont fait le tour de l'île.*
4 *Après le premier jour, ça allait bien.*
5 *Avant de rentrer, elles ont visité le phare de Goulphar.*
6 *Après avoir fait du vélo toute la journée, elles sont allées à l'auberge de jeunesse pour la nuit.*

# 7F Des vacances actives

🔊 CD 6 Track 10

## Vacances à vélo

- Salut, Laure. Tu as passé de bonnes vacances?
- Oui, merci.
- Qu'est-ce que tu as fait?
- Je suis allée à Belle-Île avec Charlotte.
- Belle-Île, c'est où, ça?
- C'est en Bretagne, c'est une île à l'ouest de Quiberon.
- Alors, comment avez-vous voyagé?
- Nous avons pris le train jusqu'à Quiberon, puis le bateau.
- Et qu'est-ce que vous avez fait sur l'île?
- Nous avons loué des vélos et nous avons fait le tour de l'île.
- C'était fatigant?
- Le premier jour, c'était un peu fatigant, mais après, ça allait mieux.
- Il y avait beaucoup de voitures?
- Non, il n'y avait pas beaucoup de circulation.
- Le paysage, c'était comment?
- C'était magnifique.
- Est-ce qu'il a fait beau?
- Heureusement oui, il a fait beau, mais un peu trop chaud.
- Qu'est-ce que vous avez vu?
- Un jour, nous avons visité le phare de Goulphar. On a grimpé jusqu'en haut. C'était intéressant.
- Et la nuit, vous avez logé à l'hôtel?
- Non, nous avons logé à l'auberge de jeunesse.
- C'était bien?
- Oui, c'était très sympa.

## Using the perfect and imperfect tenses

At this point, it might be appropriate for some students to revise the use of the two main past tenses. Ask them which past tenses they know and write these on the board. Then ask them to find examples of each tense and to work out which is used for general description in the past and which for completed actions. Use this as a starting point to summarise the different uses of the imperfect and perfect tenses. Students can then read through the explanation in *Grammaire* 14.6–14.8.

**Examination Grammar in Action 60**

## Using the perfect and imperfect tenses

This provides further practice of the perfect and imperfect tenses. The preceding direct object is covered in Unité 9 (SB 177).

**137 Dossier-langue**

## 'Before' and 'after'

This covers *avant de* + infinitive and *après avoir/être* + past participle, which can be useful structures for able students to learn. Refer students as necessary to *Grammaire* 16.11.

**139**

## 6 Vacances en Provence

Students put the words in the correct order to form sentences using *avant de* and *après avoir/être*.

Solution:

1 *Avant de partir en vacances, nous avons réservé un emplacement au camping.*
2 *Après avoir quitté Paris, nous avons pris l'autoroute du sud.*
3 *Après être arrivés à Nîmes, on a trouvé le terrain de camping.*
4 *Avant d'installer la tente, on a acheté des glaces.*
5 *On a déjeuné au café après avoir nagé à la piscine.*

**Examination Grammar in Action 61**

## Before and after

This provides practice in using *avant de* and *après avoir*.

**227 Au choix**

## [10] Nos vacances

See notes on page 218 in Unit 7 Revision and additional practice.

**227 Au choix**

## [11] Voyage en Afrique

See notes on pages 218–219 in Unit 7 Revision and additional practice.

**139**

## 7 À vous!

a In pairs, students talk about activity holidays.
b Students write a paragraph about a recent activity holiday.

# 7G Et maintenant … la météo

## 7G Et maintenant … la météo  pages 140–141

| Aims and objectives | Grammar and skills | Resources |
|---|---|---|
| • discuss weather conditions | • use different tenses | **Key language**: SB 148–149<br>**Au choix**: SB 227<br>**Online**: Kerboodle Resources and Assessment<br>**CD 6** Tracks 11–12, 21<br>**GiA**: 62 |

### Introduction

First, revise weather expressions in the present tense, using flashcards or referring to actual weather conditions, e.g.
- *Quel temps fait-il?*
- *Est-ce qu'il fait froid/beau/chaud?*
- *Est-ce qu'il pleut/neige?*
- *Y a-t-il du brouillard/du vent?*

Students could consult a website, e.g. the one for Météo France (www.meteo.fr), to look at weather conditions in France or one of the major cities of the world.

**140  CD 6 Track 11**

### 1 La météo

This presents symbols and weather expressions often found on weather maps. First, check that students recognise the corresponding weather conditions. With less able students, the symbols can be used to practise the basic weather expressions in pairs, with one student saying a weather expression and the other pointing to the appropriate symbol, e.g. *il neige* (C), *il y a du soleil* (A).

Alternatively, describe a sequence of weather conditions, with students writing down the corresponding letters.

Start with the basic weather expressions, as revised above, and then move on to the expressions more frequently found in weather forecasts, e.g.
- *Il fait un temps ensoleillé/nuageux/pluvieux.*
- *Le ciel est couvert.*
- *Il y a un risque d'orages.*
- *Averses et belles éclaircies.*

The recording can then be played; students note down the appropriate letter for the different times and days listed.

**Solution:**
1 F, 2 A, 3 E, H, 4 J, 5 I, 6 D

**CD 6 Track 11**

### La météo

Ce matin, il y a du brouillard sur toute la région, mais l'après-midi, le temps sera beau et ensoleillé. Demain matin, le ciel sera couvert et il y aura des averses. Le mauvais temps va continuer dans l'après-midi avec un risque d'orages plus tard dans la journée. Après-demain, il fera nettement plus froid avec un vent fort venant de l'est. La nuit, il va geler. Mais le beau temps va retourner pour le weekend avec de belles éclaircies et des températures normales pour la saison.

**140**

### Pour vous aider: Pour décrire le temps

This sets out some key language for describing weather conditions, in different tenses.

To practise using weather expressions with different tenses, write some weather descriptions (*averses, belles éclaircies, pluie, brume, vents forts, orages, neige*, etc.) on the board. Ask about the weather in the past, present or future, and point to one of the descriptions. Students should use the correct tense to describe the weather that matches the description, e.g.
- *Quel temps a-t-il fait hier?* (averses)
- *Hier, il a plu/il y a eu des averses.*
- *Quel temps fera-t-il demain?* (belles éclaircies)
- *Demain, il fera beau.*

**Examination Grammar in Action 62**

### Using different verbs to describe weather

This provides more practice in using different verbs, including *faire*, for describing weather.

**140  CD 6 Track 12**

### 2 On parle du temps

**a** Students first listen to the conversations to note down the weather described. This could be done in French or by referring to the symbols in task 1, *La météo*.

**Solution:**
1 froid, 2 beau/chaud, 3 pluie, 4 neige, 5 temps splendide/beau, 6 froid/frais, 7 pluie/averses, 8 brouillard

**b** They listen again and note down whether the speakers are referring to the past, present or future.

**Solution:**
1 Pr, 2 P, 3 P, 4 F, 5 P, 6 F, 7 F, 8 P

Tricolore 4 Teacher Book

# 7G Et maintenant … la météo

### CD 6 Track 12

**On parle du temps**

1 – Il fait froid, hein?
  – Oui, il fait très froid pour la saison.
2 – Il faisait beau pendant vos vacances au Maroc?
  – Oui, il faisait beau et il faisait chaud, même trop chaud, souvent trente degrés.
3 – Vous avez eu du beau temps en Bretagne?
  – Non, malheureusement pas – il a plu presque tous les jours.
4 – On dit qu'il neigera demain.
  – Oui, c'est embêtant. Je dois aller à Strasbourg demain en voiture. J'espère qu'il n'y aura pas de problèmes sur les routes.
5 – Vous avez eu de la chance, non, avec le temps?
  – Oui, c'est vrai. Il a fait un temps splendide.
6 – Selon la météo, le temps va changer.
  – Oui, on dit qu'il fera plus frais.
7 – N'oubliez pas votre parapluie. On dit qu'il pleuvra plus tard.
  – Ah oui, c'est vrai, on a prévu des averses pour ce soir.
8 – Vous êtes bien arrivés à Montréal?
  – Oui … enfin, il y a eu un petit retard à cause du temps.
  – Ah bon? Qu'est-ce qui s'est passé?
  – Il y avait du brouillard ce matin, donc on a roulé très lentement.

### 140

## 3 Quel temps!

Students complete the text with verbs in the imperfect tense.

**Solution:**

1 **a** *il faisait*, **b** *il pleuvait*

2 **a** *j'étais*, **b** *nous vivions*, **c** *nous prenions*, **d** *le temps était*, **e** *ça bougeait*

3 **a** *il faisait*, **b** *il roulait*, **c** *c'était*

4 **a** *il faisait*, **b** *la mer était*, **c** *on ne pouvait pas*, **d** *il y avait*

### 140  227 Au choix

## 4 On consulte la météo

This task is combined with *Au choix* task 12, SB 227. It is a pair-work task, practising different tenses: one student asks about the weather in different places (*Au choix* task 12); the other refers to the appropriate weather map to reply (SB 140).

### 141

## 5 Alerte au cyclone

This gives information about extreme weather conditions on the island of Réunion, off Madagascar in the Indian Ocean. When students have read the article, check that the main points have been understood, e.g.

– *De quoi parle cet article? De ce qu'il faut faire en cas de …?*
– *Où y a-t-il des risques de cyclones? (Dans des régions tropicales, comme par exemple l'île de la Réunion.)*
– *Un cyclone, ça peut être dangereux?*

Explain any difficult vocabulary, e.g.

– *un cyclone*: c'est une tempête, c'est quand il y a des vents très forts;
– *des dégâts effroyables*: ça veut dire beaucoup de dommages;
– *des zones inondables*: ça veut dire des zones qui risquent d'être couvertes d'eau;
– *lorsque tout danger est écarté*: ça veut dire qu'il n'y a plus de danger.

**a** Students read the statements and decide whether they are true or false. Some students could also correct the false statements.

**Solution:**

**1** V, **2** V, **3** V, **4** F – *c'est 36 heures avant*, **5** V, **6** F – *les bateaux doivent rentrer au port*, **7** F – *ils doivent fermer les fenêtres et les volets*, **8** V

**b** Students match up pairs of sentences to give reasons why certain actions need to be taken.

**Solution:**

**1** d, **2** e, **3** b, **4** a, **5** c

### 141

## 6 Quel temps fera-t-il?

Students consult an authentic weather report to describe the weather forecast. This is most suitable for able students. Explain the word *dicton*: *Un dicton, c'est une maxime ou un proverbe, comme par exemple, 'En avril, ne te découvre pas d'un fil'*.

**Solution:**
(sample)

1 *Il y aura du soleil, mais il y aura peut-être un peu de vent.*

2 *Le temps sera brumeux le matin, mais il y aura du soleil l'après-midi.*

3 *Il pleuvra/Il y aura des averses.*

4 *Le temps sera un peu brumeux et nuageux.*

5 *Le temps sera brumeux et nuageux le matin, mais il y aura du soleil en fin de matinée.*

6 *Le temps sera nuageux et il y aura peut-être des averses.*

### 141

**Proverbes et expressions**

Some students may be interested in these proverbs and expressions linked to the weather and could work out the English equivalents. They could also find the French for other proverbs on a website.

# 7H On s'amuse ... ou pas?

**Solution:**
1 Every cloud has a silver lining.
2 He's got his head in the clouds.
3 When I saw him, it was love at first sight.

🔊 **227 Au choix CD 6 Track 21**

### [13] Des prévisions météorologiques

See notes on page 219 in Unit 7 Revision and additional practice.

## 7H On s'amuse ... ou pas?   pages 142–143

| Aims and objectives | Grammar and skills | Resources |
|---|---|---|
| • use different tenses and expressions of time | • talking about the future, the present and the past | **Key language**: SB 148–149<br>**Online**: Kerboodle Resources and Assessment<br>**Copymasters**: 7/5, 7/6<br>**CD 6** Track 13<br>**GiA**: 63–64 |

### 142

### 1 Un message pour rassurer les parents

Students read through the message about a holiday and look at the pictures to see what actually happened. They then find the correct ending for each sentence (1–7) to give a more accurate description of the holiday.

The message also presents examples of how different tenses and expressions of time are used to describe events in the past, present and future.

**Solution:**
1 g, 2 e, 3 a, 4 f, 5 b, 6 d, 7 c

### 142 Dossier-langue

### Talking about the future, the present and the past

This summarises different ways of talking about the future, the present and the past. Go through the captions to the cartoons and the explanation with the class, looking for examples of each tense in the letter to parents.

Talented students could try making up their own cartoons showing the sequence of tenses. Refer students as necessary to *Grammaire* 14.

▶ **Copymaster 7/5**

### Vive les vacances!

See notes on pages 220–221 in Unit 7 Revision and additional practice.

### 143 CD 6 Track 13

### 2 De quand parle-t-on?

a Students listen to the eight conversations and note whether the conversation mainly refers to the future (F), present (Pr) or past (P).

**Solution:**
1 F, 2 Pr, 3 F, 4 P, 5 F, 6 P, 7 Pr, 8 P

b They also note which expressions of time (a–q) are used in each conversation.

**Solution:**
1 a, 2 b, 3 f, 4 i, 5 d, 6 m, 7 l, 8 e

c Students then categorise the expressions of time according to which time frame they refer to. In the case of *ce soir* and *aujourd'hui*, explain that these can be used with different tenses to refer to the present, future or even past.

**Solution:**
*futur*: a, d, j, k, n, p, q; *présent*: b, g; *passé*: c, e, h, i, m, o; *variable*: f, l

🔊 **CD 6 Track 13**

### De quand parle-t-on?

1 – Et pour demain, le ciel restera couvert et nuageux sur l'ensemble du pays. Seule, la région méditerranéenne verra un peu de soleil avec quelques éclaircies en fin d'après-midi.

2 – Je travaille pour la chaîne d'hôtels Novotel. En ce moment, je suis réceptionniste à l'hôtel Paris, Gare de Lyon. C'est un nouvel hôtel, assez grand avec environ 250 chambres et une piscine.

3 – Allô. L'hôtel du Château.
– Bonsoir, monsieur. Madame Duval à l'appareil. Je vous téléphone parce que nous arriverons plus tard que prévu ce soir ... vers vingt heures. Ça va?
– Oui, madame. Ne vous inquiétez pas. Nous garderons votre chambre. Merci d'avoir téléphoné.

4 – Est-ce que tu es déjà parti à l'étranger?
– Oui ... il n'y a pas longtemps, c'était à Pâques, l'année dernière.
– Et c'était où?
– En Angleterre, en voyage scolaire.
– Ça s'est bien passé?
– C'était bien, oui. On a visité Oxford, Londres, Windsor. C'était très intéressant.

5 – La fête de la science, c'est quoi exactement?
– C'est un weekend où on organise beaucoup d'activités à thème scientifique, des jeux, des expositions, etc.
– Et ça commence quand?
– Le deux juin.

212  Tricolore 4 Teacher Book

# 7I Souvenirs de vacances

- Dans cinq jours alors?
- Oui, c'est ça.
- Et tu y vas?
- Oui, j'y vais avec le club de maths.

6  - Avez-vous déjà visité La Cité des Sciences à la Villette?
- Oui, on y est allés avant-hier.
- Et comment l'avez-vous trouvée?
- C'était très bien, mais un peu fatigant.

7  - Bonjour, tout le monde et bienvenue au Camping Beau Soleil! Aujourd'hui, nous organisons un tournoi de tennis pour les jeunes de douze à seize ans. Ça va commencer tout de suite. Alors, tous les jeunes amateurs de tennis, rendez-vous immédiatement aux courts de tennis.

8  - Ça fait longtemps que vous êtes rentrés de vacances?
- Ça fait une semaine. Nous sommes rentrés samedi dernier.
- Et ça s'est bien passé à la Réunion?
- Ah oui, très bien. C'était vraiment magnifique.
- Vous n'avez pas eu de problèmes?
- Non, aucun problème.

**Follow-up activity:**

Students could work in pairs, groups or teams. One side says an expression of time; the other has to complete the sentence using a verb in an appropriate tense. They then give a different expression for the other side to complete.

143

## 3 Un problème à l'aéroport

a  Students read the text and answer the questions in English.

Solution:

1 The flight was delayed by five hours. 2 night, 3 on the seats, 4 She put them under her jacket and then rested her head on the jacket. 5 The husband's bag containing his passport, ticket, keys to the flat, etc. were no longer there. 6 One of the staff from the airline company helped them to obtain a temporary passport and a replacement ticket. 7 They are very careful and keep a photocopy of their passport in their suitcase.

b  They complete a résumé.

Solution:

1 *décembre*, 2 *cinq*, 3 *temps*, 4 *se reposer*, 5 *passeport*, 6 *billet*, 7 *clés*, 8 *obtenir*, 9 *photocopie*, 10 *été*

143

## 4 Un message

This gives practice in writing about a holiday using different tenses.

Solution:

1 *sommes arrivés*, 2 *louons*, 3 *est*, 4 *fait*, 5 *faisait*, 6 *sommes restés*, 7 *a perdu*, 8 *nageait*, 9 *a joué*, 10 *n'était pas*, 11 *fera*, 12 *irons*, 13 *espère*, 14 *passes*

143

## 5 À vous!

a  Students practise asking and answering questions about a day in the holiday when there was a problem.

b  They write a message describing a day in the holidays. It might be appropriate to use the recording *Des vacances récentes* (SB 144, task 1) here to give further ideas.

Copymaster 7/6

### Les Alpes

See notes on page 221 in Unit 7 Revision and additional practice.

Examination Grammar in Action 63–64

### Referring to past, present and future (1) and (2)

These pages provide more practice of time expressions and the use of different tenses.

# 7I Souvenirs de vacances   pages 144–145

| Aims and objectives | Grammar and skills | Resources |
|---|---|---|
| • talk about previous holidays<br>• express opinions | | **Key language**: SB 148–149<br>**Online**: Kerboodle Resources and Assessment<br>**Copymasters**: 7/7, 7/8<br>**CD 6** Tracks 14–16 |

144 CD 6 Track 14

## 1 Des vacances récentes

Students listen to the recording and do the multiple-choice task.

Solution:

a  1 a, 2 b, 3 c, 4 b, 5 a, 6 b, 7 a

b  1 b, 2 a, 3 b, 4 c, 5 b, 6 a, 7 c

Tricolore 4 Teacher Book   213

# 7I Souvenirs de vacances

🔊 **CD 6 Track 14**

### Des vacances récentes

**Magali**

J'ai passé mes vacances avec ma famille, en Espagne. Malheureusement, le jour de notre départ, il y avait des problèmes à l'aéroport et notre vol a eu un retard de cinq heures. Mais enfin, quand nous sommes arrivés à l'hôtel, tout allait bien. On était tout près de la mer. Il y avait une belle piscine et une discothèque était organisée tous les soirs. Il y avait du monde à l'hôtel et quelquefois, on a dû attendre assez longtemps au restaurant. On a passé des super vacances. Il a fait très beau et on s'est baignés tous les jours.

**Nicolas**

J'ai passé mes vacances avec un copain en Bretagne. Nous avons fait du camping. Un jour, nous avons décidé de faire une promenade à vélo. Nous avons laissé les vélos contre un mur pendant deux minutes pendant que nous faisions des achats dans un magasin. Hélas, quand nous sommes sortis du magasin, mon vélo avait disparu, mais celui de mon copain, Kévin, était toujours là. On est allés directement au commissariat. On nous a expliqué que beaucoup de vélos étaient volés en été, mais que la plupart sont retrouvés, abandonnés plus tard. En effet, c'est ce qui s'est passé. Au bout de trois jours, on m'a averti qu'on avait retrouvé mon vélo. Malheureusement, la roue était tordue, mais à part ça, le vélo n'était pas fortement endommagé. À part ça, j'ai passé de bonnes vacances, car j'adore être en plein air et on a eu du beau temps.

📖 **144**

### 2 Forum des jeunes: Les vacances

a Students find the French for the English phrases listed.

**Solution:**

1 *après être arrivé à Paris …*

2 *par contre*

3 *ce que j'ai aimé le plus, (c'étaient) …*

4 *pour la première fois de ma vie*

5 *sous peine d'amende*

6 *il y a un mélange de cultures*

7 *grâce à ce travail, j'ai pu me faire plein d'amis*

8 *le seul gros problème était …*

b They then identify the correct person.

**Solution:**

**1** Cherchelesoleil, **2** Supersportif, **3** Alamode, **4** Foudefraises, **5** Cherchelesoleil, **6** Alamode, **7** Foudefraises, **8** Supersportif

🖱 🔊 **Copymaster 7/7 CD 6 Track 15**

### Avez-vous passé de bonnes vacances?

See notes on pages 221–222 in Unit 7 Revision and additional practice.

📖 **145**

### 3 Des photos de vacances

This provides practice of the photo description task required in some oral exams. Working in pairs, students choose one of the photos and use it as the basis for a short conversation.

📖 🔊 **145 CD 6 Track 16**

### 4 C'était comment, les vacances?

a Students listen to the conversation and read through sentences 1–9. They then listen again and note down which ones they hear.

**Solution:**
1, 3, 4, 5, 7, 8, 9

🔊 **CD 6 Track 16**

### C'était comment, les vacances?

– Tu as passé de bonnes vacances?
– Non, franchement, non.
– Mais pourquoi? Qu'est-ce qui s'est passé?
– Bon, d'abord, l'hôtel était assez loin du centre-ville … puis tout était très cher.
– Et les plages … il y avait de belles plages?
– Non, les plages n'étaient pas très propres et en plus, il y avait trop de monde.
– Alors, tu as pu visiter la région peut-être, faire des excursions?
– Non, pas vraiment … on avait besoin d'une voiture pour visiter la région … il n'y avait pas d'excursions en car. C'était vraiment décevant. Et toi, qu'est-ce que tu as fait pendant les vacances?
– Moi, je suis allée en Corse … dans un petit village au bord de la mer.
– Et qu'est-ce qu'il y avait à faire?
– Eh bien, à part la plage, il n'y avait pas grand-chose à faire. Mais comme moi, j'adore l'eau, j'ai passé tous les jours sur la plage. J'ai fait de la planche à voile et du ski nautique.
– Et l'eau était bonne?
– Ah oui … c'est la Méditerranée, alors la mer était bonne.
– Et vous avez eu du beau temps?
– Oui, il a fait un temps splendide.

b Students read sentences a–i and compare them with sentences 1–9. They identify a sentence in a–i that expresses the opposite of each sentence 1–9.

**Solution:**
**1** g, **2** e, **3** f, **4** h, **5** b, **6** i, **7** c, **8** a, **9** d

📖 **145**

### 5 Vos vacances – succès ou désastre?

In this pair-work task, one student asks the questions, the other describes first a successful holiday, then a disastrous one. Students then change roles.

Tricolore 4 Teacher Book

## 7J Contrôle

**145**

### 6 À vous!

a Students work in pairs to talk about a recent holiday.
b They then write a more general article about holidays, using a range of tenses.

**Follow-up activity:**
For further practice, students could work in pairs to make up a long conversation using the questions about holidays in other tasks. Each should try to be the last person to speak.

**Copymaster 7/8**

### Mots croisés – les vacances

See notes on page 222 in Unit 7 Revision and additional practice.

## 7J Contrôle   pages 146–147

| Aims and objectives | Grammar and skills | Resources |
|---|---|---|
| • practise exam techniques<br>• find out what you have learnt |  | **Key language:** SB 148–149<br>**Online:** Kerboodle Resources and Assessment<br>**Copymasters:** 7/10–7/15<br>**CD 6** Tracks 17–19, 26–32<br>**SCD 2** Tracks 8–14 |

This spread provides assessment tasks, in all four skills, which follow the style of assessment offered by some awarding bodies. It is intended to provide practice in the different assessment techniques as well as to assess knowledge of the content of the unit.

Additional assessment material, using literary extracts for reading and photos for oral work, is provided in the five *C'est extra!* spreads which appear after Units 2, 4, 6, 8 and 10.

Teachers should adapt the tasks as necessary to suit the needs of their students. Board-specific examination practice, written by experienced examiners, is provided online.

## Listening

**146 CD 6 Track 17**

### 1 Des vacances en famille

Students listen to Cécile talking about holidays with her family and choose the correct answer.

**Solution:**
1 b, 2 c, 3 a, 4 c, 5 b

**CD 6 Track 17**

### Des vacances en famille

– Qu'est-ce que tu fais généralement pendant les grandes vacances?
– D'habitude, nous partons en famille et nous louons un appartement ou nous faisons du camping en France.
– Où allez-vous normalement?
– Nous allons souvent en Dordogne ou au bord de la mer, en Bretagne.
– Comment voyagez-vous?
– Nous prenons la voiture parce que nous sommes quatre personnes et un chien et il y a toujours beaucoup de bagages. Ça marche bien en général, mais quelquefois il y a des embouteillages sur l'autoroute et alors ça c'est vraiment pénible.
– Qu'est-ce que tu aimes faire comme activités?
– Au début des vacances, j'aime me relaxer, faire la grasse matinée, m'allonger sur le sable. Puis au bout de quelques jours, j'aime être plus active – jouer au volley ou au badminton, nager dans la mer, faire de la planche à voile etc. Ma sœur aime visiter les villes et faire du shopping mais ça ne m'intéresse pas.

**146 CD 6 Track 18**

### 2 Un séjour en Angleterre

Students listen to Cécile talking about her visit to England and answer the questions in English.

**Solution:**
1 two years ago, 2 a hotel near the town centre, 3 by coach, it was a long journey, 4 it was raining heavily when they arrived, but after two days they had good weather, 5 it was quite good but not varied enough, often ate the same vegetables, carrots and peas, 6 a lot of traffic, enjoyed visiting the shops and speaking English, clothing was cheaper

**CD 6 Track 18**

### Un séjour en Angleterre

– Tu es déjà partie à l'étranger?
– Oui, il y a deux ans je suis allée en Angleterre en voyage scolaire.
– Où êtes-vous allés?
– Nous sommes allés à York pendant une semaine. Nous avons logé dans un hôtel près du centre-ville et nous avons fait des excursions dans le Yorkshire.

# 7J Contrôle

- Ça s'est bien passé?
- Oui, c'était bien. Le voyage était long. Nous avons voyagé en car de Paris à York.
- Et quel temps a-t-il fait?
- Quand nous sommes arrivés à Douvres, il pleuvait beaucoup. Mais après deux jours ça a changé et nous avons eu du beau temps.
- Quelles ont été tes impressions de ce pays?
- Il y avait des différences, bien sûr, par exemple la nourriture. Un jour on a mangé du 'Yorkshire pudding', c'était assez bon. Mais j'ai trouvé que les repas n'étaient pas très variés, par exemple on a mangé les mêmes légumes presque tous les jours – des petits pois et des carottes.
- Et à part la cuisine?
- Il y avait beaucoup de circulation sur les routes. J'ai bien aimé aller dans les magasins et j'ai trouvé que les vêtements étaient moins chers que chez nous en France. C'était amusant de parler anglais dans les magasins. En général ça m'a plu comme séjour.

### 146 CD 6 Track 19

## 3 À propos des vacances

Students listen to the conversation and choose the three statements which correspond with the recording.

**Solution:**
D, E, G

### CD 6 Track 19

### À propos des vacances

- De manière générale, que penses-tu des vacances à l'étranger?
- C'est bien de visiter d'autres pays de temps en temps, mais moi, personnellement, je préfère passer mes vacances en France.
- Est-ce qu'il y a un pays que tu voudrais visiter un jour?
- Oui, je voudrais aller en Italie, parce que j'aime la cuisine italienne et que je voudrais voir Venise.
- Comment seraient tes vacances idéales?
- Pour mes vacances de rêve, j'irais dans une belle villa près de la mer. Je ferais un stage de plongée sous-marine parce que j'ai toujours voulu faire ça. J'inviterais tous mes meilleurs amis et on ferait la fête!
- Et dernière question: à ton avis les vacances, c'est important?
- Ah oui, les vacances, c'est très important. Tout le monde a besoin de se relaxer de temps en temps et de changer de routine.

## Speaking

### 146

### 1 Role play

This gives an outline for a role-play conversation at a tourist office. Students could think about the questions which might be asked, perhaps looking back through the unit for ideas.

a As preparation, students read the conversation in pairs.
b They invent a slightly different conversation on the same topic.

### 146

### 2 Une conversation

Students work in pairs to make up a conversation, using the questions listed as a guideline.

## Reading

### 147

### 1 Notre voyage en France

Students read Jonathan's blog and answer the questions in English.

**Solution:**

1 He goes kayaking in the river and he's always wanted to go kayaking in the sea.
2 He found details of a course on the internet.
3 by plane
4 The flight was delayed by two hours because of fog.
5 by shuttle bus, metro and bus

### 147

### 2 Le stage en kayak

Students read more of Jonathan's blog and answer the questions in French.

**Solution:**

1 *à l'auberge de jeunesse*
2 *français*
3 *Ils ont visité des petits ports et des villages sur la côte et ils ont fait un piquenique sur la plage.*
4 *Il a fait beau, même un peu trop chaud.*
5 *pour voir le coucher du soleil*
6 *Il veut faire un autre stage comme ça, peut-être en Corse ou dans un autre pays.*

### 147

### 3 Translation

Students translate the passage into English.

**Solution:**

(sample)
I like holidays abroad because I find that it's interesting to find out about other countries and a different culture. Also, it's good to practise languages and to taste regional food. Last year I had a great holiday in Morocco. As I really like active holidays, I'd like to visit Canada and go skiing in the Rocky Mountains. That would be my dream holiday.

Tricolore 4 Teacher Book

# 7 Revision and additional practice

## Writing

### 1 Les vacances à l'étranger
*147*

Students write an article of about 150 words about holidays abroad.

### 2 Traduction
*147*

Students translate a short message into French.

**Solution:**
(sample)

*Nous sommes bien arrivés ici en Suisse hier soir. Le camping est bien situé près d'un lac avec une vue super sur les montagnes. Demain on va louer des vélos pour découvrir la région. Quand j'aurai plus d'argent, je voudrais faire des vacances de ski dans les Alpes. Tout va bien.*

### Sommaire 7
*148–149*

This is a summary of the main topic vocabulary of the unit, also available on copymaster.

# 7 Revision and additional practice

**Resources**

**Key language**: SB 148–149
**Au choix 7**: SB 226–227
**Online**: Kerboodle Resources and Assessment
**Copymasters**: 7/1–7/15
**CD 6** Tracks 15, 20–32
**SCD 2** Tracks 8–14

## Au choix

*226 Au choix*

### 1 Lexique

This gives some of the holiday vocabulary used in later items. Students copy out the list and add the English.

**Solution:**

**1** abroad, **2** lively, **3** to get a sun tan, **4** a tour, **5** a cruise, **6** to bathe, **7** to get away from it all, **8** accommodation, **9** beach, **10** a country walk, hike, **11** sand, **12** a course, **13** to swim, **14** a stay

*226 Au choix CD 6 Track 20*

### 2 On parle des vacances

This activity uses the same recording as task 3 on SB 128–129. Able students could do this *Au choix* task first as a listening activity, before reading the corresponding texts on SB 129.

**Solution:**

**1** b, **2** c, **3** a, **4** c, **5** b

🔊 CD 6 Track 20

### On parle des vacances

1 – Djamel, qu'est-ce que tu fais généralement pendant les vacances?
– Je passe mes vacances au Maroc avec mes parents. Nous allons chez mes grands-parents. Ils habitent à Rabat. C'est bien parce que c'est au bord de la mer. J'adore y aller parce que j'aime nager. Il fait beau et il y a de belles plages. Mais on va toujours au même endroit. Ce serait bien de changer un peu et de voir quelque chose de différent.

2 – Et toi, Élodie, est-ce que tu vas à l'étranger aussi?
– Non, normalement, nous restons en France. Mes parents louent un appartement dans les Alpes. J'aime bien être à la montagne et on peut faire beaucoup d'activités, comme des randonnées à VTT, du canoë-kayak et de l'escalade.
– Ça doit être bien.
– Oui, pour les activités sportives, c'est très bien, mais il n'y a pas beaucoup de choses à faire le soir. Il n'y a pas de discothèque, ni de cinéma.

3 – Et toi, Jonathan, tu préfères passer les vacances à l'étranger ou rester ici, en France?
– Moi, je préfère aller à l'étranger. Normalement, nous allons en Italie ou en Grèce.
– Ça doit être intéressant, non?
– Oui et non. J'aime bien ces pays et il fait toujours beau, mais mes parents aiment visiter beaucoup de monuments et de musées et ça ne m'intéresse pas. Moi, j'aimerais mieux rester sur la plage.
– Tu aimes aussi faire autre chose?
– Oui, j'aime faire des photos.

4 – Stéphanie, tu pars en vacances avec tes parents?
– Oui, normalement, mais cette année, on ne part pas en famille. Alors, moi, je vais faire un camp d'adolescents avec une amie. Nous allons en Bretagne.
– Ça sera amusant, non?
– Oui, j'espère bien que oui. On va faire beaucoup d'activités – de la voile, de la planche à voile, de l'équitation, etc. Ça devrait être bien, mais le beau temps n'est pas garanti. Il pleut assez souvent en Bretagne et faire du camping sous la pluie, ce n'est pas très agréable!

5 – Et toi, Marc, tu passes les vacances en famille ou avec des amis?

# 7 Revision and additional practice

> – Normalement, je passe mes vacances avec ma famille, mais l'année dernière, je suis parti avec un copain dans les Pyrénées. C'était un voyage organisé et on a logé dans des auberges de jeunesse.
> – Ça s'est bien passé?
> – Oui, en général, c'était bien, mais les repas n'étaient pas toujours bons.
> – Alors, qu'est-ce que tu préfères – les vacances en famille ou avec des amis?
> – J'aime bien mes parents et on a passé de bonnes vacances ensemble. Mais c'était amusant de partir avec un copain et d'être un peu plus indépendant.

**226 Au choix**

## 3 Sondage vacances

This can be used as an alternative to À vous! on SB 129. Students interview each other about their preferred holiday arrangements and note down the replies given, either as letters or as brief notes.

**226 Au choix**

## 4 Vacances de Pâques

This short task gives practice in using the future tense of different verbs, mainly common irregular ones.

> Solution:
> 1 *partiras*, 2 *ferai*, 3 *irons*, 4 *prendrons*, 5 *aura*, 6 *fera*, 7 *serons*, 8 *pourrons*

**226 Au choix**

## 5 Mes vacances de rêve

This gives a more structured framework for describing an ideal holiday.

**226 Au choix**

## 6 Hôtel du château

This reading text is based on the sort of general information often listed in hotels and is followed by a *vrai ou faux?* task.

> Solution:
> 1 *F*, 2 *V*, 3 *V*, 4 *V*, 5 *F*

**227 Au choix**

## 7 À l'hôtel

Students complete sentences about hotel accommodation.

> Solution:
> 1 *chambre*, 2 *salle de bains, douche*, 3 *Combien*, 4 *petit déjeuner*, 5 *voir*, 6 *prends*, 7 *remplir*, 8 *complet*

**227 Au choix**

## 8 Le jeu des définitions

Students read the definitions and give the correct answers. They can refer to Unit 7 *Sommaire* (SB 149) for help with the vocabulary.

> Solution:
> 1 *un sac de couchage*, 2 *un matelas pneumatique*, 3 *une lampe de poche*, 4 *des piles*, 5 *des allumettes*, 6 *un ouvre-boîtes*

**227 Au choix**

## 9 Des questions

This gives practice in asking questions when staying at a youth hostel.

> Solution:
> 1 *Vous avez de la place pour deux personnes pour trois nuits?*
> 2 *Vous faites des repas?*
> 3 *Le petit déjeuner est à quelle heure?*
> 4 *L'auberge ferme à quelle heure?*

**227 Au choix**

## 10 Nos vacances

Students combine each pair of sentences using *après avoir* or *avant de*.

> Solution:
> 1 *Après avoir acheté des provisions, nous avons fait la cuisine.*
> 2 *Après avoir loué des vélos, on a fait le tour de la région.*
> 3 *Après avoir joué au volley, mon frère a perdu ses lunettes de soleil.*
> 4 *Ils ont mangé avant d'aller au cinéma.*
> 5 *J'ai acheté de nouvelles balles avant de jouer au tennis.*
> 6 *On a rangé la tente avant de sortir.*

**227 Au choix**

## 11 Voyage en Afrique

This task involves deciding whether the imperfect or perfect tense should be used and producing the correct form. It can be prepared orally in class before students write out the correct verbs. It is in two parts, so students could do just one part or both.

> Solution:
> a 1 *Quand j'avais 21 ans, j'ai décidé de faire un voyage en Afrique.*
> 2 *Pendant le voyage, j'ai fait la connaissance d'un Américain, James, qui faisait le tour du monde.*
> 3 *Nous avons décidé de voyager ensemble.*

218 Tricolore 4 Teacher Book

## 7 Revision and additional practice

4 *Pendant que nous étions en Tunisie, James a acheté un véhicule tout terrain.*

5 *Nous avons fait un safari et j'ai pris des photos superbes.*

6 *Le passage, les animaux – tout était magnifique.*

b 1 *Pendant que nous traversions le désert, le véhicule est tombé en panne.*

2 *Finalement, nous avons réparé le véhicule et nous sommes arrivés à un petit hôtel.*

3 *James, qui avait été piqué par des moustiques, est tombé malade.*

4 *Enfin, James a récupéré et a décidé de continuer son voyage.*

5 *Et moi, je suis rentré en France.*

**227 Au choix 140**

### 12 On consulte la météo

In this pair-work task, which practises different tenses, one student asks about the weather in different places, and the other refers to the appropriate weather map to reply (SB 140).

**227 Au choix CD 6 Track 21**

### 13 Des prévisions météorologiques

Students listen to the recording and answer the questions in French. For additional help, the correct answers could be written on the board in jumbled order. Explain that *le mistral* is a strong, cold wind that blows in the south of France.

Solution:

1 *Il y a du vent et il pleut.*
2 *Oui, ça va continuer.*
3 *Oui, le soleil brillera.*
4 *Oui, il y aura aussi de la pluie.*
5 *Il fera un temps variable (belles éclaircies, suivies d'averses orageuses).*
6 *Oui, il neigera dans les Alpes (à partir de 800 m).*

**CD 6 Track 21**

### Des prévisions météorologiques

– Et maintenant, la météo avec Claude Dubois. Le vent et la pluie toujours au programme?

– C'est ça, oui. À côté de la Manche et de la Bretagne, le vent sera fort jusqu'à dimanche soir. Et près de la Méditerranée, le mistral se maintiendra encore jusqu'à lundi. Le mistral amènera un grand rafraîchissement, mais aussi un ciel assez dégagé, le soleil brillera, mais il y aura aussi des averses. Donc, du temps variable dans la région méditerranéenne. Les températures seront proches des valeurs normales pour la saison, mais la présence du vent donnera une sensation de fraîcheur assez marquée. Dans tout le reste du pays, ce sera du temps très variable: parfois de belles éclaircies suivies, une demi-heure plus tard, par une violente averse de caractère orageux. Les averses seront plus nombreuses dans l'après-midi.

– Et en montagne?

– Dans les Alpes, il y aura des giboulées de neige à partir de 800 mètres et à partir de 1 200 mètres dans les Pyrénées.

## Copymasters

**Copymaster 7/1**

### Jeux de vocabulaire – les vacances

This provides further practice of holiday vocabulary and can be used at any appropriate point.

### 1 Ça commence par un 's'

Students read each definition and find a suitable answer beginning with 's'.

Solution:

**1** *le sable*, **2** *le soleil*, **3** *une semaine*, **4** *une saison*, **5** *le sud*, **6** *la Suisse*, **7** *un short*, **8** *une serviette*

### 2 Trouvez les synonymes

Students find the words that mean the same as each of those listed.

Solution:

**1** e, **2** c, **3** b, **4** f, **5** a, **6** d

### 3 Mots croisés

Solution:

|   |   |   |   |   |   |   |   |   |   |
|---|---|---|---|---|---|---|---|---|---|
| ¹P | Â | Q | U | E | ²S |   | ³C |   |   |
| R |   |   |   |   | ⁴A | V | R | I | L |
| E |   |   | ⁵D |   | I |   | R |   |   |
| ⁶M | A |   | É |   | N |   | ⁷C | ⁸E |   |
| I |   |   | ⁹F | Ê | T | E | ¹⁰U | N |   |
| ¹¹E | N |   | I |   |   |   | I |   |   |
| R |   |   | L |   | ¹²S | ¹³É | T | ¹⁴É |   |
|   |   |   | ¹⁵F | É | R | I | É |   | G |
| ¹⁶M | A | I |   |   |   | ¹⁷B | A | L |   |
| A |   |   | ¹⁸N | O | Ë | L |   | E |   | I |
| R |   |   |   |   |   |   | ¹⁹P | A | Y | S |
| ²⁰S | É | J | O | U | R |   | U |   | E |   |

**Copymaster 7/2**

## À l'hôtel

### 1 On téléphone à l'hôtel

This is a grid for use with task 2 on SB 134. See TB 201.

### 2 Inventez des conversations

Students work in pairs to make up conversations for booking accommodation.

Tricolore 4 Teacher Book **219**

# 7 Revision and additional practice

## 3 Un acrostiche

This provides practice of hotel vocabulary.

**Solution:**

1. ESCALIER
2. CINTRE
3. SAVON
4. SERVIETTE
5. OREILLER

(6 down: COUSSIN)

### Copymaster 7/3

## À Amboise

This provides practice in understanding tourist information. Students consult the leaflet to do the tasks.

**Solution:**

**1 Des activités**

a, b, d, f, g, i

**2 Vrai ou faux?**

1 PM, 2 V, 3 V, 4 F, 5 V, 6 V, 7 F, 8 PM

**3 Un acrostiche**

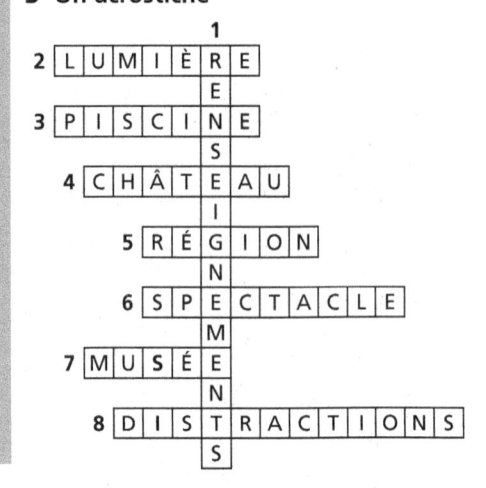

2. LUMIÈRE
3. PISCINE
4. CHÂTEAU
5. RÉGION
6. SPECTACLE
7. MUSÉE
8. DISTRACTIONS

(1 down: MONUMENTS)

### Copymaster 7/4

## Des vacances jeunes

This covers vocabulary linked to camping, youth hostelling and work-camp holidays.

### 1 Un acrostiche

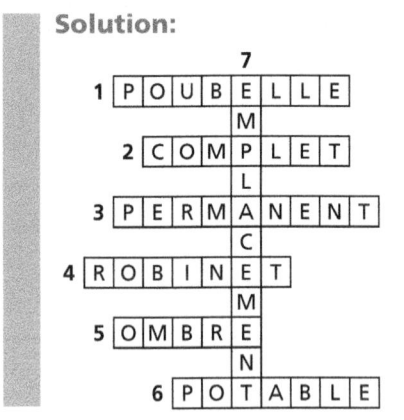

**Solution:**

1. POUBELLE
2. COMPLET
3. PERMANENT
4. ROBINET
5. OMBRE
6. POTABLE

(7 down: EMPLACEMENT)

### 2 Trouvez les contraires

**Solution:**

1 h, 2 c, 3 f, 4 a, 5 g, 6 d, 7 b, 8 e

### 3 Complétez les groupes

Students find a fourth word to go with other words in a group.

**Solution:**

1 b, 2 e, 3 d, 4 f, 5 a, 6 c

### 4 Si on faisait un chantier?

This gives information about a work-camp, with questions in English.

**Solution:**

1 any of: not expensive, meet people, community work, valuable experience, opportunity to visit region, take part in sport

2 half the time for work (half for leisure)

3 renovating the interior of the youth hostel

4 youth hostel

5 any three of: walks, mountain biking, summer skiing, swimming, ice skating, tennis

6 28 August

### Copymaster 7/5

## Vive les vacances!

This worksheet provides further practice in recognising and using the past and future tenses.

### 1 Vacances à venir ou vacances passées?

In this task, students have to note whether each sentence refers to a past or future holiday.

**Solution:**

*Vacances à venir:* 1, 4, 5, 8, 9, 12
*Vacances passées:* 2, 3, 6, 7, 10, 11

220  Tricolore 4 Teacher Book

# 7 Revision and additional practice

For further practice, students could be asked to imagine that the person describing a future holiday has now returned from that holiday and is describing how it was, i.e. changing the sentences in the future tense to the past tense.

## 2 Vacances à Saint-Malo

This links holiday activities to weather.

**a Que fera-t-on?**

Students use the future tense to reply to questions about the programme of events.

> **Solution:**
>
> 1 *Lundi, on fera un tour des remparts ou on visitera l'aquarium.*
>
> 2 *On ira au Mont Saint-Michel jeudi.*
>
> 3 *On fera une excursion en bateau mardi, s'il fait beau.*
>
> 4 *S'il pleut, on visitera le musée de cire et le château.*
>
> 5 *On fera du shopping vendredi.*
>
> 6 *Oui, on ira à la plage mercredi, s'il fait beau.*

**b Quel temps a-t-il fait?**

Students describe the weather on each day using the perfect tense.

> **Solution:**
>
> lu. *il a fait (assez) beau*
> ma. *il a plu/il y avait de la pluie*
> mer. *il a fait beau/du soleil*
> je. *il a fait mauvais/était couvert*
> ven. *il a fait beau/du soleil*

**c Qu'a-t-on fait?**

Finally, they describe the week's activities in the light of the weather, using the past tenses.

> **Solution:**
>
> (sample)
> *Lundi, on a fait un tour des remparts. Mardi, on a visité le musée de cire et le château. Mercredi, on est allés à la plage. Jeudi, on est allés au cinéma. Vendredi, on a visité la vieille ville et on a fait du shopping.*

**Copymaster 7/6**

## Les Alpes

This provides optional reading for pleasure. It consists of a quiz about the Alps and information about the work of a ski instructor, mountain guide and hotel receptionist.

> **Solution:**
>
> **1 Six questions sur les Alpes**
>
> **1** C, **2** A, **3** B, **4** B, **5** C, **6** A
>
> **2 Je travaille dans la région**
>
> **1** Élisabeth, **2** Anne, **3** Anne, **4** Élisabeth, **5** Pierre, **6** Élisabeth, **7** Pierre, **8** Pierre

**Copymaster 7/7   CD 6 Track 15**

## Avez-vous passé de bonnes vacances?

**1 Avez-vous passé de bonnes vacances?**

Students listen to Louise and Simon talking about recent holidays and answer the questions in English.

> **Solution:**
>
> **a Louise:** **1** Rhodes in Greece, **2** very pretty, **3** August, **4** good weather, sun, **5** by plane, **6** with friends in a house, **7** a fortnight/15 days, **8** on the beach, swimming in the sea
>
> **b Simon:** **1** spring, **2** Montreal, Quebec, **3** rained a lot, wasn't fine, **4** in centre of Montreal, **5** 10 days, **6** visited the town, museums, Olympic tower, the region of Quebec, **7** very interesting

**CD 6 Track 15**

### Avez-vous passé de bonnes vacances?

**Louise Beauchamp**

– Où êtes-vous partis en vacances?
– En Grèce … Nous sommes allés en Grèce, cette année.
– Ah bon? Et dans quel endroit exactement?
– À Rhodes. Vous connaissez?
– Non. C'est joli?
– Oui, c'est très joli.
– Vous y êtes allés quand?
– En août … nous sommes partis le douze août et nous sommes rentrés le vingt-six.
– Et vous avez eu du beau temps?
– Ah oui, du beau temps, du soleil.
– Et comment avez-vous voyagé?
– En avion. Mon mari n'aime pas beaucoup prendre l'avion … mais, bon, il n'y avait pas d'autre moyen et … en tout cas, il n'y avait aucun problème.
– Et vous êtes allés à l'hôtel?
– Non, chez des amis. Nous avons des amis grecs qui ont une maison à Rhodes, donc on est allés chez eux.
– Et vous y avez passé combien de temps?
– Quinze jours.
– Et qu'est-ce que vous avez fait?
– Eh bien, on est allés à la plage tous les jours, on s'est baignés dans la mer … voilà.
– C'était donc très agréable?
– Ah oui, on a passé des vacances merveilleuses.

**Simon Duval**

– Et vous, vous êtes partis en vacances?
– Oui … mais c'était plus tôt, au printemps. Nous sommes allés au Québec.
– Ah bon? Et vous êtes allés où exactement … dans quel endroit?
– À Montréal.
– À Montréal – c'est une grande ville, non?
– Oui, assez grande.
– Et vous y êtes allés quand?
– Au printemps … en avril.
– Et vous avez eu du beau temps?

Tricolore 4 Teacher Book   **221**

# 7 Revision and additional practice

- Hmm, non … pas tellement. Il a plu assez souvent et il n'a pas fait beau.
- Et comment avez-vous voyagé?
- En avion. Ça s'est bien passé.
- Et vous êtes allés à l'hôtel?
- Oui, nous sommes allés dans un hôtel au centre de Montréal.
- Et vous y avez passé combien de temps?
- Dix jours.
- Et qu'est-ce que vous avez fait?
- Eh bien, on … on a visité la ville, les musées, la tour Olympique, tout ça, et on a visité un peu la région de Québec.
- Alors malgré le temps, vous avez passé de bonnes vacances?
- Oui, c'était très intéressant.

## 2 Faites des conversations
Students work in pairs to create their own conversations.

**Copymaster 7/8**

## Mots croisés – les vacances
This holiday crossword brings together many of the themes of this unit.

**Solution:**

[crossword grid with answers including PLAGE, VILLAGE, APPAREIL, TES, ÉCLAIRCIES, ICI, SÉJOUR, OMBRE, NUIT, DOUANE, EMPLACEMENT, EAU]

**Copymaster 7/9   CD 6 Tracks 22–25**

## Tu comprends?

### 1 La météo
Students listen and note down the appropriate letters.

**Solution:**

| lundi | matin | A |
| | après-midi | A |
| mardi | matin | C |
| | après-midi | G |
| mercredi | matin | F |
| | après-midi | B |
| jeudi | matin | E |
| | après-midi | H |

🔊 **CD 6 Track 22**

### La météo
Voici la météo pour aujourd'hui, lundi seize mars, et pour le début de la semaine.

Il pleut depuis tôt ce matin, et cet après-midi, il va continuer à pleuvoir sur toute la région. Mardi matin, le temps sera nuageux. L'après-midi, il neigera en montagne, et plus tard, sur l'ensemble de la région. Mercredi matin, il y aura du brouillard, mais le beau temps va revenir et l'après-midi, il fera beau et il y aura du soleil. Jeudi, il y aura du vent fort le matin, et il fera très froid l'après-midi.

### 2 On téléphone à l'hôtel
Students listen and complete the details.

**Solution:**

| Nom: Duval |
|---|
| Date d'arrivée: 11 avril |
| Heure approx. d'arrivée: 18h00 |
| Nuits: 3 |
| Chambre:<br>Personnes: 2<br>Tarif:   chambre avec balcon: 64 euros<br>           chambre sans balcon: 50 euros |
| Hôtel: parking ✓   restaurant ✗ |

🔊 **CD 6 Track 23**

### On téléphone à l'hôtel
- Allô, hôtel Saint-Nicolas.
- Bonjour, je voudrais réserver une chambre pour deux personnes, s'il vous plaît.
- Oui, c'est pour quelle date et pour combien de nuits?
- C'est pour le onze avril, pour trois nuits.
- Nous avons une chambre à soixante-quatre euros avec balcon et vue sur la mer.
- Avez-vous quelque chose de moins cher?
- Oui, nous avons d'autres chambres à l'arrière de l'hôtel, sans balcon, à cinquante euros. Vous préférez ça?
- Oui, s'il vous plaît, et je voudrais une chambre non-fumeurs, si possible.
- Oui, j'ai noté. C'est à quel nom?
- Duval. Ça s'écrit D–U–V–A–L.
- Et vous arriverez vers quelle heure?
- On arrivera en fin d'après-midi, vers dix-huit heures. Est-ce qu'il y a un parking à l'hôtel?
- Oui, il y a un parking à l'arrière de l'hôtel.
- Est-ce qu'il y a un restaurant à l'hôtel?
- Ah non, monsieur, je regrette, il n'y a pas de restaurant.
- Merci, madame. Au revoir.

### 3 Des vacances récentes
Students listen to a conversation about a holiday and tick the appropriate boxes.

**Solution:**

**1** A, **2** C, **3** B, **4** A, **5** B, **6** B, **7** C

Tricolore 4 Teacher Book

# 7 Revision and additional practice

## Révision: Unité 7

These worksheets can be used for an informal test of listening and reading or for revision and extra practice as required.

> Copymaster 7/10  CD 6 Tracks 26–29
> SCD 2 Tracks 8–11

### Révision 7: Écouter – Partie A

#### 1 À l'office de tourisme

Students match short conversations with pictures of the items requested. Key items are repeated in the course of the conversations.

Solution:
**1** F, **2** C, **3** E, **4** B, **5** D, **6** G

CD 6 Track 26, SCD 2 Track 8

### À l'office de tourisme

**Exemple:**
– Bonjour, madame. Je voudrais un plan de Nice, s'il vous plaît.
– Un plan de Nice – oui, monsieur. Le voilà.

**1** – Bonjour, madame. Nous sommes en vacances ici, à Nice. Avez-vous une liste des restaurants ici?
– Bien sûr, monsieur. Voici une liste des restaurants.

**2** – Vous voudriez autre chose – une liste des musées, peut-être?
– Avez-vous un dépliant sur le musée des trains miniatures? Ça m'intéresse beaucoup.
– Certainement. Voilà, monsieur. Le musée des trains miniatures est très intéressant.

**3** – Bonjour, madame. Nous voudrions passer quelques jours à Nice. Avez-vous une liste des terrains de camping, s'il vous plaît?
– Oui, monsieur. Les listes des campings sont par là. Servez-vous!

**4** – Pardon, madame. Je suis en voiture et il est très difficile de se garer. Avez-vous une liste des parkings à Nice?
– Une liste des parkings – bien sûr! La voilà!

**5** – Bonjour, madame. Avez-vous un horaire des trains, Nice à Paris, s'il vous plaît?
– Un horaire Nice–Paris … voyons … Ah oui. Voilà, mademoiselle.

**6** – Bonjour, madame. Nous sommes en vacances ici et nous voudrions aller à un concert ou un spectacle. Avez-vous une liste des concerts et des autres évènements?
– Bien sûr, monsieur. Voici un dépliant de tout ce qu'on peut voir ce mois-ci.
– Ah, merci bien, madame.

#### 2 La météo

Students listen to the weather forecast and write the correct letter for each announcement.

Solution:
**1** A, **2** E, **3** B, **4** G, **5** H, **6** D

---

CD 6 Track 24

### Des vacances récentes

– L'année dernière, je suis allé en France avec ma famille. Nous avons passé une semaine à Nice, où nous avons loué un appartement. Il a fait un temps splendide, mais l'après-midi, il faisait trop chaud pour aller sur la plage. Nice est une belle ville avec un joli marché.
– Est-ce que vous avez fait des excursions?
– Oui, un jour, nous avons fait une excursion à Monte-Carlo et nous avons visité l'aquarium.
– Qu'est-ce que tu as acheté comme souvenirs?
– J'ai acheté un tee-shirt.
– Vous êtes rentrés directement à Bruxelles?
– Non, avant de rentrer, nous avons passé deux nuits dans un camping à Annecy.
– Vous voudriez retourner à Nice?
– Oui, nous avons bien aimé Nice et la région et nous allons y retourner l'année prochaine.

### 4 Les vacances en questions

Students listen and complete the text.

Solution:
**1** K (*tennis*), **2** I (*nager*), **3** A (*Alpes*),
**4** F (*excellent*), **5** G (*famille*), **6** B (*amie*),
**7** E (*examens*), **8** H (*montagne*), **9** D (*États-Unis*),
**10** J (*paysage*)

CD 6 Track 25

### Les vacances en questions

– Qu'est-ce que tu fais pendant les vacances, d'habitude?
– Ça dépend – pendant les grandes vacances, je pars en vacances avec ma famille. D'habitude, nous faisons du camping en France, pendant deux semaines. Autrement, je sors avec mes amis, je vais au cinéma, je joue au tennis ou je joue sur l'ordinateur.
– Où préfères-tu passer des vacances?
– Je préfère aller au bord de la mer, parce que j'adore nager et les sports nautiques.
– Quel genre de vacances préfères-tu?
– Moi, je préfère des vacances actives et sportives; par exemple, l'année dernière, je suis partie en voyage scolaire aux Alpes. Nous avons fait beaucoup d'activités sportives – c'était vraiment excellent.
– Tu préfères passer les vacances en famille ou avec des amis?
– Je m'entends bien avec ma famille, mais j'aime avoir un peu d'indépendance aussi. C'est bien si je peux emmener une amie avec nous.
– Qu'est-ce que tu vas faire pendant les prochaines vacances?
– Pendant les vacances de Pâques, je dois réviser, parce que, en juin, je dois passer des examens importants.
– Est-ce que tu as des projets de vacances cet été?
– Non, pas encore, mais je voudrais partir avec mes amis. Nous pensons aller à la montagne pour quelques jours.
– Est-ce qu'il y a un pays que tu voudrais visiter un jour?
– Oui, j'aimerais beaucoup aller aux États-Unis. Je voudrais visiter New York et aussi la Californie. J'ai vu beaucoup de photos de la Californie et le paysage est très impressionnant.

# 7 Revision and additional practice

🔊 CD 6 Track 27, SCD 2 Track 9

### La météo
C'est aujourd'hui, le neuf avril. Voici la météo pour le weekend.

**Exemple:**
Cet après-midi, le temps restera nuageux sur toute la France. Alors du temps nuageux pour tout le monde.

1 Ce soir, il y aura probablement quelques averses, surtout dans le nord-ouest. Alors, attention, il va pleuvoir ce soir.
2 Demain matin, il y aura du vent dans beaucoup de régions. On prévoit du vent demain matin.
3 Mais le temps va changer et l'après-midi, il y aura du soleil sur toute la France. Alors samedi après-midi, on va avoir du beau temps et du soleil.
4 Dimanche matin, il fera froid avec une température de cinq degrés. Il va faire froid dimanche matin.
5 L'après-midi, il y aura de la neige dans les Alpes. Tous les skieurs, faites attention: il va neiger dimanche après-midi.
6 Dans le sud de la France, il risque d'y avoir des orages. Alors dimanche soir, on prévoit des orages dans le sud de la France.

## 3 Projets de vacances
Students listen to Alex talking about his holiday plans and answer the questions in English.

**Solution:**
**1** by train, **2** Italy, Greece, **3** youth hostels, **4** one of: cheap, nice/fun

🔊 CD 6 Track 28, SCD 2 Track 10

### Projets de vacances
– Alex, tu penses aux vacances cette année? Tu as fait des projets?
– Oui, je vais partir à l'étranger pendant les grandes vacances.
– Ah bon. Tu vas en vacances avec ta famille?
– Non je vais partir avec deux amis du lycée.
– Qu'est-ce que vous allez faire?
– Nous allons faire un tour d'Europe en train.
– Vous allez voyager en train. Vous visiterez beaucoup de pays alors?
– Oui, nous avons l'intention de commencer notre voyage dans le sud de l'Europe, en visitant l'Italie et la Grèce, puis de continuer notre voyage dans le centre et le nord de l'Europe.
– Vous aurez du beau temps je pense en Italie et en Grèce. Et vous allez loger où?
– On va loger dans des auberges de jeunesse. Ce n'est pas cher et c'est sympa.

## 4 Souvenirs de vacances
Students listen to the comments about past holidays and choose the statement which best reflects what they say.

**Solution:**
**1** h, **2** d, **3** f, **4** b

🔊 CD 6 Track 29, SCD 2 Track 11

### Souvenirs de vacances
**Magali**
Je suis allée en Guadeloupe et j'ai eu des vacances très réussies.
**Stéphane**
Le premier jour au camping, je me suis cassé le doigt en tombant de mon vélo!
**Nicolas**
Il y avait des milliers de visiteurs sur la plage, il n'y avait pas de place pour s'asseoir!
**Daniel**
Je m'intéresse beaucoup aux bateaux et en vacances, j'ai appris à faire du kayak.
**Laurent**
Il n'y avait rien à faire le soir et en plus, il n'y avait même pas de télé dans l'appartement.

🔊 Copymaster 7/11 CD 6 Tracks 30–32
SCD 2 Tracks 12–14

## Révision 7: Écouter – Partie B

### 1 À l'hôtel
Students listen to a recorded message booking a room at the hotel and write down the details in figures and in French.

**Solution:**
**1** 12 juillet, **2** deux nuits, **3** deux, **4** b (avec salle de bains), **5** 20h00, **6** quatre, **7** Martin

🔊 CD 6 Track 30, SCD 2 Track 12

### À l'hôtel
Allô. Je voudrais réserver une chambre pour samedi prochain, le douze juillet, jusqu'au lundi matin, s'il vous plaît. On partira lundi matin, assez tôt.
Je voudrais une chambre à deux lits pour deux personnes avec salle de bains, si possible.
En plus, je voudrais réserver une table au restaurant pour quatre personnes pour le dîner à huit heures du soir. Nous aurons des invités.
C'est au nom de Martin. Ça s'écrit M-A-R-T-I-N. Merci et au revoir.

### 2 Vélos à louer
Students listen to the conversations about hiring bikes and complete the sentences, using figures or in English.

**Solution:**
**1** visit the region, **2** four, **3** 50 euros, deposit, **4** Insurance, **5** 8.30 am, **6** by credit card

🔊 CD 6 Track 31, SCD 2 Track 13

### Vélos à louer
À l'office de tourisme
– Pardon, madame. Est-ce qu'on peut louer des vélos ici?
– Non, on ne peut pas les louer ici, à l'office de tourisme, mais il y a un magasin de cyclisme en ville où il y en a.

Tricolore 4 Teacher Book

# 7 Revision and additional practice

– C'est où, le magasin?
– C'est tout près du parc. Vous le trouverez sans problème. C'est marqué 'Location de vélos'.
– Ah, bon. Merci, madame.

**Au magasin**
– Bonjour, monsieur. Nous sommes en vacances ici et nous voudrions louer des vélos pour visiter la région.
– Oui, alors vous êtes combien?
– Mon frère et moi, ma femme et notre fils qui a quatorze ans.
– Donc, quatre vélos en tout, c'est ça?
– Oui, c'est ça.
– Alors, un VTT, c'est dix-huit euros la journée. Il faut payer une caution de cinquante euros pour chaque vélo. Ça va?
– Oui. Et l'assurance? Il faut payer l'assurance en plus?
– Non, l'assurance est comprise.
– Bon, alors, je voudrais louer quatre vélos pour deux jours pour demain. C'est possible?
– Oui, je vais réserver les quatre vélos. C'est à quel nom?
– Michel. Je m'appelle David Michel.
– Alors, le magasin sera ouvert demain matin à huit heures et demie.
– Très bien. Vous acceptez les cartes de crédit ou je pourrais payer avec des chèques de voyage?
– Non, non, ça va, on accepte les cartes de crédit.
– Bon, merci. À demain alors.
– Entendu!

## 3 Luc parle de ses vacances

Students listen to Luc talking about his recent holiday and answer the questions in English.

**Solution:**
1 his parents and his sister
2 they go there every year
3 gone camping with his friends
4 sunny
5 foggy
6 had to cancel the regatta/boat/yacht races
7 disappointed/not a success

🔊 CD 6 Track 32, SCD 2 Track 14

**Luc parle de ses vacances**
Au mois de mai, pour la fête de l'Ascension, je suis allé avec mes parents et ma sœur passer cinq jours à La Rochelle. Ce n'est pas mal, mais on y va tous les ans et ça ne change pas beaucoup; franchement, c'est un peu ennuyeux. Mes parents sont gentils, mais de préférence, j'aimerais partir avec mes copains, faire du camping, par exemple.

En plus, cette année, à La Rochelle, on avait des problèmes avec le temps. D'habitude, il y a du soleil et on peut se bronzer, mais malheureusement, cette année, il y a eu beaucoup de brouillard et on a dû annuler les régates et les courses de bateaux à voile. Nous étions tous très déçus à cause du temps et on ne peut pas dire que c'étaient des vacances très réussies.

---

**Copymaster 7/12**

## Révision 7: Lire – Partie A (1)

### 1 Au camping
Students identify a picture to represent each sign.

**Solution:**
1 B, 2 A, 3 H, 4 F, 5 C, 6 G, 7 D

### 2 Forum des jeunes
Students read the contributions to an internet discussion about holidays. They identify which person is being referred to in each question.

**Solution:**
1 L, 2 F, 3 R, 4 J, 5 S, 6 R

---

**Copymaster 7/13**

## Révision 7: Lire – Partie A (2)

### 3 Quel hôtel?
Students choose a hotel for each group of people.

**Solution:**
1 a, 2 c, 3 d, 4 b, 5 a, 6 c, 7 d

---

**Copymaster 7/14**

## Révision 7: Lire – Partie B (1)

### 1 Un message de confirmation
Students identify information about a hotel booking.

**Solution:**
1 T, 2 ?, 3 F, 4 T, 5 T

### 2 La météo
Students match the weather symbols to the cities.

**Solution:**
1 C, 2 H, 3 D, 4 A, 5 F

---

**Copymaster 7/15**

## Révision 7: Lire – Partie B (2)

### 3 Des vacances pour tous les goûts
Students read the article and do the two tasks. In part A, they choose the correct answers. In part B, they match the titles to each course description.

**Solution:**
A 1 c, 2 c, 3 windsurfing, mountain biking, cooking
B 1 B, 2 F, 3 C, 4 A, 5 E

---

**Copymaster Sommaire 7**

## Sommaire 7

This is a summary of the main topic vocabulary of the unit, also available on SB 148–149.

Tricolore 4 Teacher Book  225

# Unité 8

# Unité 8  À votre santé!  pages 150–171

| Aims and objectives | Grammar and skills | Vocabulary |
|---|---|---|
| **8A Le corps humain  pages 150–151** | | |
| • revise parts of the body<br>• describe pain or injury | • reflexive verbs and parts of the body<br>• *avoir mal à* | Parts of the body |
| **8B Votre santé en vacances  pages 152–153** | | |
| • talk about holiday health | • the imperative<br>• expressions with *avoir* | Expressions with *avoir* |
| **8C Problèmes et accidents  pages 154–155** | | |
| • find out about a chemist's shop<br>• describe minor symptoms<br>• understand information about an accident | • relative pronouns *qui, que* | At the chemist's |
| **8D En faisant du sport  pages 156–157** | | |
| • describe two things that happened at the same time<br>• find out about emergency services | • *en* + the present participle | Emergencies, warnings, instructions |
| **8E Ça fait mal  pages 158–159** | | |
| • make an appointment for the doctor or dentist<br>• describe symptoms | | At the dentist's<br>At the doctor's |
| **8F C'est dur d'être ado  pages 160–161** | | |
| • talk about personal feelings and problems | | |
| **8G Le tabac, l'alcool, la drogue  pages 162–163** | | |
| • discuss smoking, drugs, alcohol and addiction | | |
| **8H Forme et santé  pages 164–165** | | |
| • discuss and compare lifestyles | | Healthy and unhealthy lifestyles |
| **8I Contrôle  pages 166–167** | | |
| • practise exam techniques<br>• find out what you have learnt | | |
| **Sommaire  pages 168–169** | | |
| This lists the main topic vocabulary covered in the unit. | | |
| **C'est extra! D  pages 170–171** | | |
| • read an extract from a French book<br>• discuss photos<br>• practise exam techniques | • the past historic<br>• working out meanings | |
| **Revision and additional practice** | | |
| **Au choix 8**: SB 228–229<br>**Online**: Kerboodle Resources and Assessment<br>**Copymasters**: 8/1–8/10<br>**CD 7** Tracks 10, 15–26<br>**SCD 2** Tracks 15–21 | | |

## Resources

**Student Book** 150–171

**CDs 6–7, Student CD 2**

### Copymasters

| | |
|---|---|
| 8/1 | Le corps humain |
| 8/2 | Jeux de vocabulaire |
| 8/3 | Un accident |
| 8/4 | Comment cesser de fumer? |
| 8/5 | Tu comprends? |
| 8/6 | Révision 8: Écouter – Partie A |
| 8/7 | Révision 8: Écouter – Partie B |
| 8/8 | Révision 8: Lire – Partie A |
| 8/9 | Révision 8: Lire – Partie B (1) |
| 8/10 | Révision 8: Lire – Partie B (2) |
| | Sommaire 8 |

## 8A Le corps humain

**Au choix** SB 228–229
1. Une machine magnifique!
2. Traduction
3. Je me sens un peu malade
4. Ça me fait mal
5. Comment a-t-il fait ça?
6. Pour avoir de belles dents
7. Traduction
8. Le sida
9. Une campagne anti-tabac
10. Charles Martin

**Examination Grammar in Action** 65–68

Using *avoir mal* and *se faire mal*
Using the verb *avoir*
Using *qui* and *que*
Using *en* + present participle

## 8A Le corps humain pages 150–151

| Aims and objectives | Grammar and skills | Resources |
|---|---|---|
| • revise parts of the body<br>• describe pain or injury | • reflexive verbs and parts of the body<br>• *avoir mal à* | **Key language:** SB 168–169<br>**Au choix:** SB 228<br>**Online:** Kerboodle Resources and Assessment<br>**Copymasters:** 8/1<br>**CD 6** Tracks 33–34, **CD 7** Track 15<br>**GiA:** 65 |

### 150

### 1 Le corps humain

Students refer to Unit 8 *Sommaire* (SB 168–169) to write a list of the numbered parts of the body.

**Solution:**

**1** *les cheveux/la tête*, **2** *le sourcil*, **3** *la bouche*, **4** *l'oreille*, **5** *le visage*, **6** *le menton*, **7** *la gorge/le cou*, **8** *la dent/la langue*, **9** *la lèvre*, **10** *le nez*, **11** *l'œil/les yeux*, **12** *le poignet*, **13** *le pouce*, **14** *le doigt*, **15** *l'épaule*, **16** *le bras, le coude*, **17** *l'estomac/le ventre/la taille*, **18** *la cuisse*, **19** *le genou*, **20** *le pied*, **21** *les orteils/les doigts de pied*, **22** *la cheville*, **23** *le talon*, **24** *la jambe*, **25** *le derrière/la hanche*, **26** *le dos*, **27** *le bras/le coude*, **28** *le cou*, **29** *la main*

**Copymaster 8/1**

### Le corps humain

See notes on page 250 in Unit 8 Revision and additional practice.

### 228 Au choix CD 7 Track 15

### [1] Une machine magnifique!

See notes on pages 247–248 in Unit 8 Revision and additional practice.

### 150 CD 6 Track 33

### 2 Sur l'ordinateur

a First, go through the text and explain that the missing words are all parts of the body. Some words are used more than once. Students then listen to the recording to note down the missing words.

**Solution:**

**1** *épaules*, **2** *dos*, **3** *poignets*, **4** *doigts*, **5** *bras*, **6** *yeux*, **7** *yeux*, **8** *yeux*, **9** *yeux*, **10** *dos*, **11** *pieds*, **12** *genoux*, **13** *coudes*, **14** *bras*, **15** *poignets*, **16** *épaules*, **17** *mains*

b Students give at least five points of advice in English.

**Solution:**

Any five of:

Glance away from the screen every ten minutes and look at something different.

Take a ten-minute break every hour.

Sit on an adjustable chair, if possible.

Put both feet flat on the floor.

Knees and elbows must be at an angle of 90 degrees.

The keyboard must be at the same level as the arms.

Keep your wrists flat and relaxed when typing.

Shrug your shoulders and shake your hands from time to time.

### CD 6 Track 33

### Sur l'ordinateur

– Voici quelques conseils pour protéger votre santé.
– Si vous vous asseyez devant un ordinateur pendant de longues périodes, ça peut vous donner mal aux épaules et mal au dos.
– Et le travail sur clavier peut contribuer à certains problèmes de poignets, de doigts et de bras.
– Il est important aussi de se reposer les yeux de temps en temps.

# 8A Le corps humain

**Les yeux**
- Toutes les dix minutes, éloignez vos yeux de l'écran et regardez quelque chose d'autre.
- Toutes les heures, prenez une pause de dix minutes pour vous reposer les yeux.

**Le corps**
- Si possible, asseyez-vous sur une chaise réglable, qui soutient le dos.
- Mettez les deux pieds à plat sur le plancher. Les genoux et les coudes doivent faire un angle de quatre-vingt-dix degrés.
- Le clavier doit être au même niveau que les bras.
- Quand vous tapez, gardez les poignets plats et détendus.
- De temps en temps, haussez les épaules et secouez les mains.

### 151

## 3 Attention aux oreilles!

This article explains the potential harmful effects that loud noise can have on your hearing.

a Students read the article and answer questions in English.

**Solution:**

1 damage to hearing, caused by loud noise

2 an ambulance siren/loud music at a concert or club

3 people who listen through headphones, where the volume is set at above half the maximum volume most days; people who go to clubs/concerts with loud music; those who listen regularly to loud music at home, in the car or on public transport; musicians who regularly rehearse and perform

4 Adopt the 60 rule: no more than 60% volume for no more than 60 minutes.

5 Keep away from loudspeakers. Take a 30-minute break outside or in a quiet area every two hours, or 10 minutes every 45 minutes. Use ear plugs if the sound level is uncomfortable or painful. Make sure you're in a quiet area before removing them.

b Students translate part of the article.

**Solution:**
(sample)

**Who's affected?/Who does this concern?**

We're all affected/It concerns all of us, especially if:

- we listen to an MP3 player/mobile through headphones every day or nearly every day, for a long time and at a high volume (that is, above half the maximum volume)
- we go to concerts or clubs, even (if only) occasionally
- we are in the habit of listening to loud music at home, in the car or on public transport
- we are musicians and are part of a group who rehearse and perform regularly.

### 151 CD 6 Track 34

## 4 J'ai mal partout!

a Students first listen to the recording and match the speakers with the pictures.

**Solution:**

1 F, 2 C, 3 H, 4 K, 5 G, 6 E, 7 B, 8 J, 9 L, 10 D, 11 I, 12 A

b Then they describe each person's problem using third person verbs. In the recording, both *j'ai mal* and *je me suis fait mal* are used, but students need only use *avoir mal* when describing the problem.

### CD 6 Track 34

### J'ai mal partout!

1 J'ai joué un match de tennis très long hier. Ça a duré trois heures et aujourd'hui, j'ai mal au bras.

2 J'ai porté ma grosse valise à la gare et puis ce soir, j'ai joué au squash. Maintenant, j'ai mal à l'épaule.

3 J'ai dû trop manger à midi. J'ai mal à l'estomac. C'est probablement un peu d'indigestion.

4 Nous avons eu un accident de la route en rentrant à Lyon. Heureusement, ce n'était pas grave, mais depuis l'accident, j'ai mal au cou.

5 J'ai joué au football hier et je suis tombé plusieurs fois. Je me suis fait mal au genou.

6 Je suis tombée de mon vélo et je me suis fait une entorse de la cheville. J'ai très mal à la cheville.

7 Je suis allé au gymnase hier et aujourd'hui j'en souffre. J'ai mal au coude.

8 J'ai marché pendant des heures à Paris. Je suis très fatiguée et j'ai mal aux pieds.

9 En faisant la cuisine, je me suis coupé le doigt et ça fait mal.

10 Je suis très enrhumé – c'est peut-être la grippe et en plus j'ai mal à l'oreille.

11 J'ai fait du ski ce weekend et je tombais tout le temps. Hélas, j'ai fait une très mauvaise chute et je me suis cassé la jambe.

12 J'ai bien travaillé dans le jardin hier, mais j'ai dû en faire trop. Aujourd'hui, j'ai mal au dos.

**Follow-up activity:**

For further oral practice of *avoir mal* + parts of the body, use a tissue with a red stain which can be put on the hand, finger, arm, head, etc., prompting students to respond with *J'ai mal à la main/au doigt/au bras/à la tête*, etc.

### 151 Dossier-langue

## Reflexive verbs and parts of the body

This explains the use of reflexive verbs such as *se faire mal* in the perfect tense with parts of the body. Refer students as necessary to *Grammaire* 15.5.

If appropriate, explain that when a reflexive verb is used in the perfect tense with a part of the body, the past participle does not agree with the subject. This is because the reflexive pronoun (*me*, *te*, *se*, etc.) is an indirect object and *mal* is the direct object.

# 8B Votre santé en vacances

You could go through *J'ai mal partout!* (task 4) orally with the class, changing the sentences to practise *il s'est fait mal …*, etc.

> 228 Au choix

## [2] Traduction

See notes on page 248 in Unit 8 Revision and additional practice.

> 228 Au choix

## [4] Ça me fait mal

See notes on page 248 in Unit 8 Revision and additional practice.

**Examination Grammar in Action 65**

### Using *avoir mal* and *se faire mal*

This provides further practice of parts of the body, *avoir mal* and reflexive verbs with parts of the body, if required.

## 8B Votre santé en vacances   pages 152–153

| Aims and objectives | Grammar and skills | Resources |
|---|---|---|
| • talk about holiday health | • the imperative<br>• expressions with *avoir* | **Key language:** SB 168–169<br>**Au choix:** SB 228<br>**Online:** Kerboodle Resources and Assessment<br>**CD 6** Track 35<br>**GiA:** 66 |

### Introduction

Introduce the topic of health in summer and write some of the key vocabulary on the board, e.g.

*En été, d'habitude on va bien, on n'a pas beaucoup de problèmes de santé. Cependant, il faut faire attention à certaines choses:*

– *Le soleil: ça fait du bien mais ce n'est pas bien de rester longtemps au soleil surtout à midi quand le soleil est très fort car on risque de se brûler. Les personnes qui sont blondes ou rousses et qui ont la peau claire doivent faire très attention.*

– *Boire: il est important de boire surtout si on fait du sport.*

– *Les guêpes et les abeilles: ce sont des insectes qui piquent. Si les insectes posent un grand problème on peut mettre une crème anti-insectes.*

– *Se baigner: nager, ça fait du bien aussi mais ne vous baignez pas tout de suite après un grand repas – vous risquez d'avoir des crampes.*

> 152

### 1 La santé l'été

Students read the article from a teenage magazine and then do the tasks.

a  Students choose an appropriate title for each paragraph.

> **Solution:**
> **1** E, **2** A, **3** D, **4** C, **5** B

b  They then complete the advice about sun protection.

> **Solution:**
> **1** *une crème solaire*, **2** *un chapeau et des lunettes de soleil*, **3** *de l'eau régulièrement*, **4** *dormir/s'endormir sur la plage en plein soleil*, **5** *15 heures*

c  Finally, they reply to questions in French according to the information in the article.

> **Solution:**
> **1** *en fin d'après-midi (ou tôt le matin)*, **2** *pour récupérer l'eau et les sels minéraux perdus et éviter crampes et courbatures*, **3** *un produit antiseptique*, **4** *mettre une crème anti-moustique et se couvrir*, **5** *une heure*, **6** *après avoir bu de l'alcool/si la baignade est interdite*

> 152 Dossier-langue

### Verbs: The imperative

This revises the imperative or command form, including negative forms, reflexive and irregular verbs.

> **Solution:**
> Be kind – *Sois/Soyez gentil(le)(s)!*
> Don't be afraid – *N'aïe/ayez pas peur!*

> 153 CD 6 Track 35

### 2 Les problèmes de l'été

Students listen to the recording, which is in two parts, and then do the tasks.

a  Students note the five symptoms mentioned in the recording.

> **Solution:**
> b *(On a le visage très rouge.)* d *(On a mal à la tête.)* e *(On a envie de vomir.)* g *(On se sent fatigué.)* h *(On a soif).*

b  They then choose the correct option to complete each of the sentences.

> **Solution:**
> **1** a, **2** b, **3** a, **4** b, **5** a, **6** a

# 8B Votre santé en vacances

🔊 CD 6 Track 35

## Les problèmes de l'été

a **Un coup de chaleur**
- Bonjour et bienvenue aujourd'hui au Docteur Lagarde qui va nous renseigner sur les problèmes de l'été. D'abord, le coup de chaleur. Docteur, un coup de chaleur, qu'est-ce que c'est exactement? Quand est-ce que ça peut arriver?
- Un coup de chaleur, ça peut arriver si on reste longtemps en plein soleil par exemple, si on assiste à un match ou si on est sur la plage et il fait très chaud.
- Quels sont les symptômes?
- Si une personne a le visage très rouge, si elle a mal à la tête et a envie de vomir. Si elle se sent fatiguée et a soif, c'est, sans doute, un coup de chaleur.

b **Les insectes**
- Passons maintenant à un autre problème de l'été – les piqûres d'insectes. Est-ce qu'il y a des choses qu'on peut faire pour éviter les piqûres d'insectes?
- Oui, on peut utiliser un produit anti-insectes, comme une crème qu'on peut acheter à la pharmacie. Et puis, le soir et la nuit, il faut bien se couvrir, car les moustiques sont plus nombreux le soir et la nuit … alors on doit protéger ses bras et ses jambes en portant un vêtement à manches longues et un pantalon ou une jupe longue au lieu d'un short.
- Donc, le soir et la nuit, couvrez-vous bien.
- Oui, c'est ça. Et évitez les couleurs foncées – le noir et le bleu marine. Mettez de préférence des couleurs claires. Et ne mettez pas de parfum – les moustiques sont attirés par ça.
- Bon, alors pour résumer. Pour éviter les piqûres de moustiques, utilisez une crème anti-insectes, évitez les couleurs foncées et le parfum et le soir et la nuit, couvrez-vous bien. C'est bien ça? Et maintenant, la dernière question – qu'est-ce qu'il faut faire si on se fait piquer par une guêpe ou une abeille?
- Bon, s'il s'agit d'une abeille, il faut retirer le dard d'abord. Puis pour toutes les piqûres, il faut nettoyer la blessure avec de l'eau ou un produit antiseptique. On peut aussi appliquer des glaçons pour calmer la douleur.
- Bon, merci, docteur. Maintenant, on est bien renseigné sur le coup de chaleur et les piqûres d'insectes. C'est tout pour notre émission d'aujourd'hui.

📖 **153 Dossier-langue**

## Expressions with *avoir*

This summarises expressions with *avoir* and explains the different ways in which they are translated into English.

📖 **153**

## 3 Des expressions utiles

Students complete the list of useful expressions with *avoir*.

**Solution:**

**1** to be hot, **2** *avoir froid*, **3** to be hungry, **4** *avoir soif*, **5** to need, **6** to be lucky, **7** to take place, **8** to be afraid (of)

📖 **153**

## 4 En vacances

a Students complete sentences with the verb indicated by the words in English.

**Solution:**

**1** *on a le droit*, **2** *ils ont chaud*, **3** *Tu as raison*, **4** *Elles ont tort*, **5** *il a de la fièvre*

b They then complete each sentence with the correct part of the appropriate verb.

**Solution:**

**1** *j'ai peur*, **2** *j'ai soif*, **3** *elle a faim*, **4** *Nous avons besoin*, **5** *Vous avez de la chance*

c They translate some sentences into French. Students may need help with the appropriate negative in 4.

**Solution:**

**1** *Est-ce que tu as/vous avez mal à la tête et mal au cœur?*

**2** *Non, mais j'ai de la fièvre et j'ai sommeil.*

**3** *J'ai honte de dire/d'avouer que j'ai peur des insectes.*

**4** *Mon amie a de la chance. Elle n'a peur de rien.*

**Examination Grammar in Action 66**

## Using the verb *avoir*

This gives more practice in using the verb *avoir* in the present and perfect tenses and with different expressions.

📖 **228 Au choix**

## [3] Je me sens un peu malade

See notes on page 248 in Unit 8 Revision and additional practice.

📖 **153**

## 5 À vous!

Students translate into French some tips on holiday health.

**Solution:**

(sample)

**1** *Il faut mettre une crème solaire avant de sortir au soleil.*

**2** *Il est important de boire de l'eau régulièrement.*

**3** *Il ne faut pas se baigner après avoir bu de l'alcool.*

**4** *Quand le soleil est très fort, il vaut mieux chercher de l'ombre.*

# 8C Problèmes et accidents

## 8C Problèmes et accidents  pages 154–155

| Aims and objectives | Grammar and skills | Resources |
|---|---|---|
| • find out about a chemist's shop<br>• describe minor symptoms<br>• understand information about an accident | • relative pronouns *qui, que* | **Key language**: SB 168–169<br>**Online**: Kerboodle Resources and Assessment<br>**Copymasters**: 8/2, 8/3<br>**CD 6** Track 36<br>**GiA**: 67 |

## Introduction

Introduce the topic of *la pharmacie* with a quick quiz to see what students remember from earlier work, e.g.

– Où est-ce qu'on peut acheter des médicaments en France? *(À la pharmacie.)*
– Quel signe voit-on souvent à l'extérieur d'une pharmacie? *(Une croix verte.)*
– Comment s'appelle la personne qui s'occupe de la pharmacie et qui prépare les médicaments sur ordonnance? *(Le pharmacien/La pharmacienne.)*
– Qui écrit une ordonnance? *(Le médecin.)*
– Qu'est-ce qu'on peut acheter dans une pharmacie? *(Des médicaments comme par exemple de l'aspirine, des comprimés, des crèmes, des produits antiseptiques, etc.)*
– Il y a toujours une pharmacie qui est ouverte la nuit et le dimanche. Ça s'appelle la pharmacie de … ? *(garde)*

### 154

## 1 Les pharmacies en France

First, explain that French people have to pay for items bought on prescription, although they can reclaim between 35% and 65% of the cost. The cost of common remedies and items such as bandages are refunded at the lower rate. In order to reclaim the cost, a small detachable label (*la vignette*) showing the name and price of the contents has to be stuck to the *feuille de soins* (obtained from the doctor). Students might also be interested to know that the chemist can be consulted about various things, including the identification of wild mushrooms!

Students then complete the sentences.

**Solution:**

**1** g (*verte*), **2** b (*payer*), **3** f (*un rhume ou une toux*), **4** c (*un médecin*), **5** a (*des pastilles, des sirops, des pommades*), **6** d (*une ordonnance*), **7** e (*une pharmacie*)

### 154

## 2 Lexique

Students copy and complete the list of vocabulary for minor ailments and remedies.

**Solution:**

*une ordonnance* – prescription, *le savon* – soap, *du sparadrap* – sticking plaster, *vomir* – to be sick

### Copymaster 8/2

## Jeux de vocabulaire

See notes on page 250 in Unit 8 Revision and additional practice.

### 154 CD 6 Track 36

## 3 Chez le pharmacien

Read out the list of items (a–h) so that students recognise the pronunciation.

**a** Students listen to the conversations and find the appropriate items purchased each time.

**Solution:**

**1** c, **2** b, **3** g, **4** d, **5** a, **6** e, **7** a, f, **8** h

**b** They then reply to questions in English. Able students could be asked to note down as much other information as possible.

**Solution:**

**1** a cold, **2** blackcurrant and lemon, **3** one, **4** a cough, **5** cut finger, slicing bread, **6** five minutes, **7** stung by a wasp, **8** sunstroke, rest, stay out of the sun, drink a lot

### CD 6 Track 36

## Chez le pharmacien

1 – Ah, je suis très enrhumée. Pouvez-vous me conseiller quelque chose?
 – Vous pouvez prendre de l'aspirine. Avez-vous mal à la gorge aussi?
 – Non, la gorge, ça va. Bon, je prendrai un paquet d'aspirines, s'il vous plaît, et donnez-moi aussi une boîte de mouchoirs en papier.
 – Voilà, madame.
2 – Je voudrais des pastilles pour la gorge, s'il vous plaît.
 – Oui, il y a celles-ci au cassis ou celles-là au citron.
 – Je prendrai celles au citron.
 – Bon, un grand paquet ou un petit paquet?
 – Un grand paquet, s'il vous plaît.
3 – Avez-vous quelque chose contre la diarrhée?
 – Oui, nous avons ce médicament-là.
 – Bon, je prends ça.
 – Vous voulez autre chose?
 – Non, c'est tout.
4 – Je tousse beaucoup. Pouvez-vous me conseiller quelque chose contre la toux?

Tricolore 4 Teacher Book   **231**

# 8C Problèmes et accidents

– Oui, ce sirop est très bon.
– Très bien.
– Et avec ceci?
– C'est tout, merci.

5 – Je me suis coupé le doigt. Pouvez-vous me mettre un pansement?
– Faites voir votre main. Oh là là! Comment avez-vous fait ça?
– En coupant du pain.
– Bon, je vais m'occuper de ça … Voilà, c'est fini. Ça vous fait toujours mal?
– Non, ça va beaucoup mieux.
– Vous vouliez autre chose?
– Oui, un tube de crème antiseptique.
– Comme ça, ou comme ça?
– Le plus grand, s'il vous plaît.

6 – J'ai une ordonnance. La voilà.
– Merci, monsieur. Vous voulez revenir dans un quart d'heure?
– Non, je préfère attendre.
– Très bien. Asseyez-vous, on en aura pour cinq minutes …

7 – Mon fils s'est fait piquer par une guêpe. Est-ce que vous pouvez le soigner?
– Oui madame. Allez, jeune homme. Laisse-moi voir. Ça t'a fait mal, n'est-ce pas? On va te mettre une crème et ça ira mieux. Ce n'est pas grave, madame. Je vais lui mettre un peu de crème. Vous vouliez autre chose?
– Euh … oui, du lait ou une crème anti-moustiques.

8 – Avez-vous une crème solaire qui donne une très bonne protection?
– Oui, prenez une crème numéro 15 ou plus.
– Bon, je prendrai celle-ci. Et pouvez-vous me donner des conseils pour ma sœur. Elle est restée longtemps au soleil hier et aujourd'hui elle a mal à la tête et elle a vomi.
– Oui, c'est sûrement un coup de chaleur. Elle devrait se reposer, rester hors du soleil et boire beaucoup. Si ça ne va pas mieux dans deux jours, il faut consulter un médecin.

### 154

## 4 Des expressions utiles

Students complete the sentences in French to provide useful expressions that they can refer to as they work through the unit.

**Solution:**

1 Je suis très <u>enrhumé(e)</u>.
2 Je voudrais <u>des pastilles</u> pour la gorge, s'il vous plaît.
3 Pouvez-vous me <u>conseiller</u> quelque chose?
4 J'ai mal au cœur et j'ai <u>vomi</u> pendant la nuit.
5 Le médecin m'a donné une <u>ordonnance</u> pour des médicaments.
6 Avez-vous un <u>médicament</u> contre la diarrhée?
7 Je me suis coupé le doigt. Pouvez-vous me mettre <u>un pansement</u>?
8 Mon fils s'est fait <u>piquer</u> par une guêpe.

### 154

## 5 Infos santé

a  Students match up the two parts of each sentence, which all include the relative pronoun *qui*.

**Solution:**
**1** d, **2** b, **3** c, **4** e, **5** a

b  They translate the complete sentences into English.

**Solution:**
(sample)

1 People who are not well but who are not really ill often go to the chemist's.
2 A doctor is the person who cares for ill people and who writes prescriptions for medication.
3 It's the chemist who prepares the prescriptions and who sells the medication.
4 The cross of a chemist's shop relates to the monks and nuns who used to care for the sick/injured people and who wore a cross on their clothes.
5 The cross is green like the colour of plants which form the basis for many drugs/medicines.

### 155 Dossier-langue

## Relative pronouns: *qui*

Students read through this summary of *qui* used as a relative pronoun and then do the tasks. Refer them as necessary to *Grammaire* 9.1.

### 155

## 6 En une phrase

Students link pairs of sentences together using *qui*.

**Solution:**

1 *Le garçon qui a eu un accident de vélo est à l'hôpital.*
2 *La fille qui est tombée du cheval s'est fait mal au bras.*
3 *Le skieur qui est tombé hier va mieux aujourd'hui.*
4 *C'était peut-être le poisson qui m'a rendu malade.*
5 *On va d'abord à la pharmacie qui se trouve près de l'hôtel.*
6 *Prenez ce médicament qui est très efficace.*

# 8D En faisant du sport

### 155

## 4 Des conséquences heureuses

Students read the article and answer questions in English.

> **Solution:**
> **1** to get a divorce, **2** crashed into another car coming from the right, **3** Mr X's car was badly damaged but there was no damage to the other car, **4** broke left arm + cuts to face, **5** broke left leg, **6** it was his wife, **7** hospital, **8** decided not to get divorced

For additional practice, students could correct the mistakes in the following list of statements in French. The correct words are given in brackets.

1 *Monsieur X a percuté une cycliste en roulant à Toul. (une voiture)*
2 *Les deux véhicules n'ont pas été endommagées. (La voiture de Monsieur X a été fortement endommagée.)*
3 *Monsieur X s'est cassé le bras droit et a subi quelques blessures au visage. (le bras gauche)*
4 *La conductrice de l'autre voiture, en fait Madame X, s'est cassé le pied gauche. (s'est cassé la jambe gauche)*
5 *En arrivant à l'hôtel, Monsieur et Madame X ont été placés dans la même chambre. (En arrivant à l'hôpital …)*
6 *Après une semaine de discussions, il n'était plus question de mariage. (de divorce)*

### 155 Dossier-langue

## Relative pronouns: *que*

This explains the use of *que*. Encourage students to make up a rule for themselves about when to use *qui* and when to use *que*. Refer them as necessary to *Grammaire* 9.2.

### 155

## 8 Un accident d'équitation

a Students decide whether to use *qui* or *que* (*qu'*) to complete each sentence.

> **Solution:**
> **1** qui, **2** qu', **3** qui, **4** qui, **5** qui, **6** que

b Students translate the completed sentences into English.

---

**Examination Grammar in Action 67**

### Using *qui* and *que*

This provides further practice in using *qui* and *que*.

**Copymaster 8/3**

### Un accident

See notes on page 250 in Unit 8 Revision and additional practice.

---

# 8D En faisant du sport    pages 156–157

| Aims and objectives | Grammar and skills | Resources |
|---|---|---|
| • describe two things that happened at the same time<br>• find out about emergency services | • *en* + the present participle | **Key language:** SB 168–169<br>**Au choix:** SB 228<br>**Online:** Kerboodle Resources and Assessment<br>**CD 6** Tracks 37–39<br>**GiA:** 68 |

### 156 CD 6 Track 37

## 1 Ça s'est passé comment?

This task provides practice in using reflexive verbs with parts of the body and introduces examples of the present participle. Go through the visuals in the Student Book, asking about the different injuries, e.g.

– *Paul/M. Perrec, qu'est-ce qu'il a fait?*
– *Nicole/Mme Denis, qu'est-ce qu'elle a fait?*

Students then listen to the recording and find the corresponding activity linked to each injury.

> **Solution:**
> **1** d, **2** a, **3** c, **4** g, **5** b, **6** e, **7** f

### CD 6 Track 37

### Ça s'est passé comment?

1 – Bonjour monsieur, qu'est-ce que vous avez fait?
 – Je me suis fait mal au genou.
 – Ah oui, je vois. Comment avez-vous fait ça?
 – En jouant au rugby.
2 – Oui, mademoiselle. Qu'est-ce qui s'est passé?
 – Je me suis coupé le doigt en coupant du pain. Ça saigne beaucoup.
 – Faites voir votre main … Oui. Ça saigne toujours. On va la traiter, puis on va mettre un pansement.
3 – Oui monsieur. Qu'est-ce qui vous amène?
 – J'ai très mal au dos, docteur.
 – Vous vous êtes exercé trop?
 – Oui, je crois. J'ai fait beaucoup de jardinage, c'est peut-être à cause de ça.

Tricolore 4 Teacher Book

# 8D En faisant du sport

4
- Bonjour madame. Qu'est-ce qui ne va pas?
- Je suis tombée en descendant l'escalier et j'ai très mal à la cheville.
- Ah oui, c'est probablement une entorse. Oui, vous vous êtes fait une entorse de la cheville.

5
- Alors, mademoiselle, qu'est-ce qui est arrivé?
- Je me suis fait piquer par une guêpe dans la bouche.
- Ah oui, c'est désagréable ça. Comment ça s'est passé?
- En buvant du coca. Il y avait une guêpe dans la canette. Et quand j'ai bu, ça m'a piquée. Alors j'ai sucé un glaçon tout de suite.
- Vous avez bien fait.

6
- Oui, monsieur. Qu'est-ce qui ne va pas?
- Je me suis brûlé la main, docteur.
- Ah oui. Comment avez-vous fait ça?
- En faisant la cuisine.

7
- Oui monsieur. Qu'est-ce qui vous amène?
- Je me suis fait mordre par un chien … ici à la jambe.
- Ah oui. On va nettoyer ça. Vous avez été vacciné contre le tétanos?
- Oui.
- Ça s'est passé où, exactement?
- Je m'approchais d'une maison dans le village pour livrer un paquet, puis le chien m'a attaqué.

For further practice, ask some more general questions, e.g.
- Comment peut-on … avoir de bons résultats? (En travaillant bien en classe.)
  … faire plaisir au prof? (En faisant ses devoirs à l'heure.)
  … trouver un petit job? (En contactant un supermarché.)

**228 Au choix**

## [5] Comment a-t-il fait ça?

See notes on pages 248–249 in Unit 8 Revision and additional practice.

**Follow-up activity:**

Some students might like to draw cartoons with captions containing a present participle, e.g. (drawing of jam stuck on book) *Elle a fait ses devoirs en mangeant une tartine de confiture.*

**Examination Grammar in Action 68**

## Using *en* + present participle

This provides further practice of *en* with the present participle, if required.

**156**

## 3 Que faire?

This gives details of emergency telephone numbers and the SAMU service. Students find the French for the English phrases listed.

**Solution:**
1 *n'importe qui*, 2 *un témoin*, 3 *(le) secours*, 4 *en composant*, 5 *les pompiers*, 6 *gratuit*

b Students work out the meaning of other expressions starting with *n'importe*, and then work out the French for 'anyhow'.

**Solution:**
anyone, anywhere, anytime; *n'importe comment*

**156 Dossier-langue**

## *En* + the present participle

This explains the use of *en* + present participle. For additional help, write some commonly used verbs on the board and get students to form the present participle.

At the end of the explanation, students could redo task 4 *Ça me fait mal* (*Au choix*, SB 228), but this time using the present participle to explain the cause of the problem.

Refer students as necessary to *Grammaire* 14.14.

**156**

## 2 Un bon conseil

Students give a suitable reply to each of the questions, using the present participle. Some possible verbs are given to help.

**Solution:**
(sample)
1 *En buvant de l'eau.*
2 *En mettant une crème anti-moustique.*
3 *En restant à l'ombre.*
4 *En téléphonant le 112.*
5 *En allant à la pharmacie.*

**157 CD 6 Track 38**

## 4 Allô, les secours

Students listen to the recording and correct the statements in their books.

**Solution:**
1 *Un jeune homme s'est brûlé la <u>jambe</u> en faisant un barbecue.*
2 *Il y a eu un accident près de la route <u>D40</u>. Un cycliste est tombé et s'est coupé <u>la main</u> et ça saigne beaucoup.*
3 *Un skieur s'est fait mal à la <u>jambe</u> sur la piste <u>rouge</u>, près de la <u>balise 7</u>.*
4 *Une fille s'est fait mordre par un serpent à <u>5 kilomètres</u> environ de Die. Les secours arriveront dans une <u>demi-heure</u>.*

Tricolore 4 Teacher Book

# 8D En faisant du sport

Able students could be asked to identify additional details and note them down in English, e.g. what kind of accident occurred (2 details); where the accident happened; what the caller is asked to do to help the victim. Finally, students should go back over their answers and say what kind of accident has happened, using the phrase *il s'agit d'*, e.g.

1 *Il s'agit d'un accident au camping.*
2 *Il s'agit d'un accident de vélo.*
3 *Il s'agit d'un accident de ski.*
4 *Il s'agit d'un accident à la campagne.*

### CD 6 Track 38

## Allô, les secours

1 – Bonjour. Ici le Camping des Sapins. Je vous téléphone parce qu'un jeune homme s'est brûlé la jambe en faisant un barbecue. Pouvez-vous envoyer un médecin?
 – Oui, on arrive tout de suite. En attendant notre arrivée, il faut refroidir la brûlure avec de l'eau froide pendant au moins dix minutes.
 – Oui, c'est ce qu'on fait.

2 – Allô, les secours? Il y a eu un accident près de la route D40.
 – Oui, vous téléphonez d'où?
 – De la maison; le numéro est le 05 27 12 09 60.
 – Et qu'est-ce qui s'est passé?
 – Un cycliste est tombé de son vélo et s'est coupé la main. Il saigne beaucoup.
 – Est-ce qu'il y a quelqu'un avec le blessé?
 – Oui, une dame essaie d'arrêter l'hémorragie en appuyant sur la plaie avec la main.
 – Bon, c'est ce qu'il faut faire. On vient tout de suite.

3 – Service de secours, bonjour.
 – Bonjour, un skieur a fait une mauvaise chute et s'est fait mal à la jambe. Il ne peut pas la bouger.
 – Bon, il est où exactement?
 – Sur la piste rouge qui s'appelle Faust, près de la balise 7.
 – Bon, pouvez-vous rester avec la victime et lui dire de ne pas bouger? On arrive le plus tôt possible.

4 – Bonjour. Je vous téléphone parce que … parce qu'il y a eu un accident à la campagne.
 – Bon, donnez-moi votre numéro de téléphone.
 – Euh … je téléphone d'une cabine publique près de Die … ah, voici le numéro, c'est le 05 34 61 09 42.
 – Et qu'est-ce qui s'est passé?
 – Nous faisions une promenade dans la campagne et ma copine s'est fait mordre par un serpent.
 – Vous avez vu le serpent?
 – Moi, non, mais ma copine, elle croit que c'était peut-être une vipère.
 – Et l'accident a eu lieu où?
 – À cinq kilomètres environ de Die, près de la route de St-Roman.
 – Bon, écoutez-moi bien. Il faut allonger la victime sur le dos et lui demander de ne pas bouger pour ne pas diffuser trop de venin dans le corps. On arrivera dans une demi-heure.

### 157 CD 6 Track 39

## 5 Vous êtes journaliste

a Students listen to an account of a skiing accident and complete the summary. For support, the missing words could be written on the board in jumbled order.

**Solution:**

1 *après-midi*, 2 *mauvais*, 3 *neigeait*, 4 *alerté*, 5 *suivi*, 6 *la jambe*

b They then listen to an account of an accident at sea and find seven things that differ from the printed version.

**Solution:**

1 *à 14h30*, 2 *à La Rochelle*, 3 *19 ans*, 4 *planche à voile*, 5 *mauvais*, 6 *sa planche*, 7 *mais elle a récupéré*

### CD 6 Track 39

## Vous êtes journaliste

**Accident de montagne**

Un accident s'est produit hier après-midi à Val d'Isère. Un skieur a décidé de faire du ski hors-piste malgré le mauvais temps. Il neigeait et les conditions étaient difficiles. Comme il n'est pas revenu au chalet en fin d'après-midi, on a alerté le service de sécurité. Les guides ont suivi des traces de ski et ils ont trouvé le skieur par terre. Il s'était cassé la jambe.

**Accident en mer**

Hier, à quatorze heures trente, un accident s'est produit à La Rochelle. Une jeune fille de dix-neuf ans faisait de la planche à voile en mer. Il faisait mauvais. La jeune fille est tombée à l'eau et n'a pas pu regagner sa planche. Le service de sécurité est venu à son aide. La jeune fille souffrait du choc, mais elle a récupéré plus tard.

### 157

## 6 112 – le numéro d'urgence

Students find the missing words to complete the text.

**Solution:**

1 *numéro*, 2 *seulement*, 3 *anglaise*, 4 *compose*, 5 *secours*, 6 *alertée*, 7 *rapide*, 8 *blessés*

### 157

## 7 Il y a eu un accident

a Students work in pairs to ask about and give details of an accident, selecting from the options given. They can use the ideas for a *dialogue à conséquences*.

b Students then write a short report of one accident.

Tricolore 4 Teacher Book 235

# 8E Ça fait mal

## 8E Ça fait mal  pages 158–159

| Aims and objectives | Grammar and skills | Resources |
|---|---|---|
| • make an appointment for the doctor or dentist<br>• describe symptoms | | Key language: SB 168–169<br>Au choix: SB 229<br>Online: Kerboodle Resources and Assessment<br>CD 7 Tracks 2–4 |

## Introduction

Start with a class discussion to find out what students already know about health care in France. If possible, show students a European Health card.

– *Est-ce qu'il faut payer pour consulter un médecin en France ou est-ce que c'est gratuit? Et dans d'autres pays?*
– *En France et dans beaucoup d'autres pays il faut payer pour consulter le médecin, le dentiste, pour une ambulance et pour des médicaments. Mais si vous avez la carte européenne, la Sécurité Sociale vous remboursera environ 75% de vos frais. Il vous restera donc environ 25% à payer vous-même. Mais si vous avez un accident grave ou si vous devez faire un séjour à l'hôpital, 25% des frais peuvent toujours être une somme énorme. Voilà pourquoi la plupart des Français ont une assurance privée pour payer la différence.*
– *Alors qu'est-ce qu'on conseille aux touristes de faire avant de voyager à l'étranger?*
– *On leur conseille d'obtenir la carte européenne avant de partir et, pour être plus sûr, à prendre aussi une assurance de voyage. Cela ne coûte pas cher, et, souvent, cela couvre aussi les pertes d'argent, de bagages, etc.*

*Si vous devez consulter un médecin ou un dentiste, il faut vérifier qu'ils soient conventionnés. La plupart le sont, mais s'ils ne sont pas conventionnés, la Sécurité Sociale ne vous remboursera pas les frais.*

*Et si vous souffrez d'une maladie à long terme ou si vous devez prendre des médicaments régulièrement, allez voir votre médecin avant de partir.*

📖 **158**

### 1 Pour se faire soigner en France

Students complete information about health care in France.

**Solution:**
**1** h, **2** e, **3** c, **4** b, **5** a, **6** g, **7** d, **8** f

📖 🔊 **158 CD 7 Track 2**

### 2 C'est quand, votre rendez-vous?

Students listen to the recording and note the day and time of each appointment.

**Solution:**
**1** (ce soir) mercredi à 19h00, **2** vendredi à 14h00, **3** le mercredi 12 avril à 10h15, **4** mardi à 15h30, **5** le 23 mai à 9h15, **6** mardi à 16h45

🔊 **CD 7 Track 2**

### C'est quand, votre rendez-vous?

1 – Allô.
  – Bonjour, madame. Est-ce que je peux avoir un rendez-vous avec le dentiste? J'ai mal aux dents et j'aimerais voir un dentiste le plus tôt possible.
  – Demain matin, ça ira?
  – Ce n'est pas possible aujourd'hui?
  – Voyons … aujourd'hui, on est mercredi … oui, si vous venez à dix-neuf heures …
  – Entendu. Merci, madame.
  – C'est à quel nom, monsieur?
  – Duhamel.
  – Alors, ce soir à dix-neuf heures.

2 – Bonjour. Je voudrais prendre un rendez-vous avec le docteur.
  – Oui, vendredi à quatorze heures, ça vous va?
  – Ce n'est pas possible jeudi?
  – Non, je regrette, il n'y a pas de consultation le jeudi.
  – Ah, bon.
  – Alors, vendredi à quatorze heures, ça va?
  – Oui, très bien.

3 – Allô, bonjour, madame. Je voudrais prendre un rendez-vous avec la dentiste, Madame Hervé.
  – Oui, madame … Voyons, le mercredi douze avril, ça vous va?
  – Ce n'est pas possible avant? La semaine prochaine, par exemple?
  – Ah non. Madame Hervé est en vacances la semaine prochaine.
  – Bon, alors, d'accord. Le mercredi douze avril à quelle heure?
  – Le matin, à dix heures quinze.
  – Oui, dix heures quinze. Bon, merci, madame. Au revoir.

4 – Bonjour, madame. Est-ce que je peux avoir un rendez-vous avec le docteur Lebrun? J'ai mal au pied. Je dois avoir une infection et je voudrais voir le docteur le plus tôt possible.
  – Oui, monsieur. Alors, mardi, à quinze heures trente.
  – Mardi? Ce n'est pas possible aujourd'hui?
  – Non, je regrette, le docteur Lebrun n'est pas ici cet après-midi.
  – Bon alors, mardi, à quinze heures trente. Entendu.
  – C'est à quel nom, monsieur?
  – Bresson.

5 – Bonjour, madame. Est-ce que je peux avoir un rendez-vous avec le dentiste … le matin avant dix heures, si possible?
  – Euh … oui, je peux vous donner un rendez-vous le vingt-trois mai, à neuf heures quinze.

236 Tricolore 4 Teacher Book

# 8E Ça fait mal

- Oui, très bien. Le vingt-trois mai, à neuf heures quinze.
- C'est à quel nom, madame?
- Duval.
6 - Bonjour, madame. Je voudrais prendre un rendez-vous avec le docteur … après seize heures si possible.
- Oui, bon … lundi, à dix-sept heures vingt, ça vous va?
- Ce n'est pas possible mardi?
- Si, mardi, c'est possible. Je peux vous donner un rendez-vous à seize heures quarante-cinq.
- Oui, ça m'arrange mieux.
- Alors, mardi, à seize heures quarante-cinq.

**158**

## 3 Lexique

Students complete a list of vocabulary and expressions for visiting the dentist.

Solution:
**1** toothbrush, **2** to brush, **3** dentist, **4** toothpaste, **5** treatment, **6** *un rendez-vous*, **7** *aux dents*, **8** *mal*

**158 CD 7 Track 3**

## 4 Mal aux dents

Students listen to the recording and follow the text at the same time. They then note the differences between what they read and what they hear.

Solution:
*Selon l'enregistrement, Monsieur Moreau a mal aux dents depuis deux jours. Il croit qu'il a perdu un plombage. La dentiste dit, 'Je vais la replomber.' Il doit payer 200 euros.*

**CD 7 Track 3**

### Mal aux dents

- Bonjour, Monsieur Moreau. Alors, qu'est-ce qui ne va pas?
- Bonjour, madame. J'ai mal aux dents.
- Depuis combien de temps?
- Depuis deux jours.
- Et c'est quelle dent qui vous fait mal?
- Celle-ci. Je crois que j'ai perdu un plombage.
- Laissez-moi voir. Oui, en effet. Je vais la replomber tout de suite. Vous voulez une piqûre?
- Oui, s'il vous plaît.
- Voilà, c'est fait.
- Merci, madame. Je vous dois combien?
- Ce sera 200 euros. Vous payerez à la réception.
- Merci, madame. Au revoir.

**b** As a follow-up activity, students could practise the conversation in pairs.

**229** Au choix

## [6] Pour avoir de belles dents

See notes on page 249 in Unit 8 Revision and additional practice.

**158 CD 7 Track 4**

## 5 Dans le cabinet du médecin

Students listen to four conversations at the doctor's and do a different comprehension task for each one.

**a** Students listen and do the *vrai ou faux?* task. Able students could also correct the false statements.

Solution:
**1** faux – elle a mal au ventre, **2** faux – elle a vomi deux fois, **3** vrai, **4** faux – il lui a dit de revenir dans trois jours

**b** They correct the mistake in each of the sentences.

Solution:
**1** *L'homme a mal au dos.*
**2** *Il a fait des exercices de gym récemment.*
**3** *Le docteur lui a conseillé de faire un autre sport comme, par exemple, la natation.*
**4** *Il lui a donné une ordonnance.*

**c** Students answer questions in French.

Solution:
**1** *à la cheville*
**2** *une entorse*
**3** *Rester à la maison et marcher le moins possible. Elle doit essayer de ne pas se mettre sur son pied.*

**d** Finally, they complete the summary with the right words.

Solution:
**1** *Un garçon anglais a eu un accident en faisant du ski.*
**2** *Il s'est fait mal à la jambe.*
**3** *On lui a fait faire une radio.*
**4** *Il a la jambe cassée.*
**5** *On va lui mettre la jambe dans le plâtre.*

**CD 7 Track 4**

### Dans le cabinet du médecin

1 - Bonjour, docteur.
- Bonjour, mademoiselle. Alors, qu'est-ce qui ne va pas?
- J'ai mal au ventre, docteur, et j'ai vomi deux fois hier.
- Bon. Ça fait longtemps que vous avez mal au ventre?
- Depuis deux jours.

Tricolore 4 Teacher Book **237**

# 8E Ça fait mal

- Avez-vous mangé quelque chose que vous ne mangez pas d'habitude?
- Non, je ne crois pas.
- Avez-vous la diarrhée?
- Oui, un peu.
- Bon, je vais vous donner une ordonnance. Si ça ne va pas mieux au bout de trois jours, revenez me voir.
- C'est grave?
- Non, je ne crois pas.
- Merci, docteur.

2
- Bonjour, docteur.
- Bonjour, monsieur. Qu'est-ce qui ne va pas?
- J'ai mal au dos, docteur, et je ne dors pas bien.
- Vous avez mal au dos depuis longtemps?
- Oui, je souffre beaucoup du dos. Mais c'est plus grave depuis samedi.
- Bon. Allongez-vous sur le lit, s'il vous plaît. Je vais vous examiner. Avez-vous d'autres symptômes?
- Je suis un peu constipé.
- Ça vous fait mal quand j'appuie ici?
- Un peu. Aïe! Là, surtout, ça me fait mal.
- Bon. Vous avez fait du sport ou des exercices récemment?
- Oui, j'ai fait des exercices de gym. Je voulais me remettre en forme.
- Je vois. Il faut faire très attention, à votre âge. Il ne faut pas vous forcer trop. Si vous voulez vous mettre en forme, commencez très doucement, sinon vous risquez de vous faire mal.
- Oui, docteur.
- Vous faites de la natation?
- Non, docteur.
- La natation est un bon sport pour les personnes d'un certain âge. Vous ne risquez pas de vous dépenser de la même façon. Bon, je vais vous donner une ordonnance pour une pommade.
- Merci, docteur. Au revoir.

3
- Bonjour, madame.
- Bonjour, docteur.
- Qu'est-ce qui ne va pas?
- Je suis tombée et je me suis fait mal à la cheville.
- Laissez-moi voir. Oui, elle est assez enflée. Vous vous êtes fait une entorse, probablement.
- C'est grave?
- Non, ce n'est pas grave, mais ça va être douloureux pendant quelques jours. On va vous mettre un pansement et un bandage pour immobiliser le pied. Il faut rester à la maison et marcher le moins possible. Essayez de ne pas vous mettre sur votre pied.
- Merci, docteur.

4
- Bonjour, docteur. Mon ami a eu un accident de ski. Il est anglais et il ne parle pas bien le français.
- Bon. L'accident est arrivé comment?
- Il descendait la piste quand il est tombé.
- Oui, et il a mal à la jambe?
- Oui, il a très mal, surtout en bas du genou.
- Bon. On va lui faire une radio.
- Oui, comme je le soupçonnais, il a la jambe cassée. Il va falloir mettre la jambe dans le plâtre.
- Mon Dieu! Il doit rentrer en Angleterre la semaine prochaine. Est-ce que ce sera possible?
- Oui, probablement. S'il n'y a pas de complications, il pourra marcher avec des béquilles.
- Ah bon.
- Expliquez-lui que je vais lui donner quelque chose contre la douleur et qu'ensuite, on va lui mettre la jambe dans le plâtre.

159

## 6 Des expressions utiles

Students match the French phrases with their English equivalents to provide some useful vocabulary linked to medical care.

**Solution:**
**1** c, **2** i, **3** g, **4** f, **5** a, **6** h, **7** b, **8** d, **9** e, **10** j

159

## 7 Qui dit ça?

Students copy the phrases in two lists: what the doctor might say; what the patient might need to say.

**Solution:**
*le médecin*: 1, 6, 8, 10
*le/la malade*: 2, 3, 4, 5, 7, 9, 11, 12

159

## 8 Qu'est-ce qui ne va pas?

Students work in pairs to practise describing symptoms to a doctor.

159

## 9 À l'hôpital

Students choose the correct words to complete the message.

**Solution:**
**1** *hôpital*, **2** *cassé*, **3** *épaule*, **4** *trois*, **5** *écoute*, **6** *viennent*, **7** *cartes*, **8** *ennuyeux*, **9** *rentrer*

159

## 10 À vous!

Students write a similar message to a friend.

# 8F C'est dur d'être ado   pages 160–161

| Aims and objectives | Grammar and skills | Resources |
|---|---|---|
| • talk about personal feelings and problems | | **Key language:** SB 168–169<br>**Au choix:** SB 229<br>**Online:** Kerboodle Resources and Assessment<br>**CD 7** Tracks 5–6 |

### 160

## 1 Heureux, mais stressés

This short article introduces the topic of health and specific problems of young people. Students read through the article and do the *vrai ou faux*? task.

**Solution:**
*1 V, 2 V, 3 F, 4 V, 5 F, 6 V*

### 160  CD 7 Track 5

## 2 Ça va ou ça va pas?

Present some of the expressions orally first and write these in two columns on the board, e.g.

**positive:** *ça va bien, je me sens bien dans ma peau, je suis en pleine forme*

**negative:** *j'ai le moral à zéro, j'en ai marre, j'ai le cafard, je me sens mal dans ma peau.*

Explain the expression *se sentir/être bien/mal dans sa peau* (to feel at ease with oneself/uncomfortable). Students then listen to the recording and note whether the speaker feels good (✓) or not (✗) and why.

**Solution:**

1 ✗ *Il a eu de mauvaises notes.*

2 ✗ *Elle s'est disputée avec sa mère.*

3 ✓ *Il vient de passer des vacances super.*

4 ✗ *Elle a des boutons et se sent moche.*

5 ✓ *Il a reçu une lettre de sa copine/amie. Elle l'a invité chez elle pour Pâques.*

6 ✓ *Elle a gagné son match de tennis et on l'a invitée à aller au cinéma.*

7 ✗ *Il vient d'apprendre qu'un copain a eu un accident de moto.*

8 ✗ *Elle se sent seule.*

### CD 7 Track 5

## Ça va ou ça va pas?

1 – Salut, Philippe, ça va?
  – Non, pas tellement.
  – Pourquoi? Qu'est-ce qui ne va pas?
  – J'ai vraiment le moral à zéro. J'ai eu de mauvaises notes en anglais; pourtant, j'ai bien travaillé. Et nous avons un examen la semaine prochaine. Moi, j'ai toujours le trac avant les examens … j'ai peur de rater.

2 – Bonjour, Émilie, ça va?
  – Bof … non, ça ne va pas bien aujourd'hui. J'en ai marre.
  – Pourquoi? Qu'est-ce qui s'est passé?
  – Eh bien, je me suis disputée encore avec ma mère. Elle me critique toujours. Elle n'aime pas mes vêtements, elle trouve que je n'aide pas assez à la maison. C'est vraiment pénible.

3 – Tiens, David, comment ça va?
  – Moi, ça va bien. Je suis bien content. Je viens de passer des vacances super dans les Alpes. On a eu un temps magnifique et on a fait du ski tous les jours.

4 – Mais Hélène, qu'est-ce qui ne va pas?
  – J'ai le cafard. J'ai des boutons et de l'acné. Chaque fois que je me regarde dans la glace, je me trouve affreuse, moche.
  – Mais, ce n'est pas vrai. Ne t'inquiète pas pour ça.

5 – Bonjour, Pierre, comment vas-tu?
  – Très bien. Je me sens vraiment bien dans ma peau aujourd'hui. Oui … j'ai reçu une lettre de ma copine en Angleterre. Elle m'a invité chez elle pour Pâques. Voilà … tout va bien!

6 – Salut, Sophie, ça va?
  – Oui, très bien. Je suis en pleine forme.
  – Ah bon?
  – Oui, tu sais, j'ai passé un excellent weekend. J'ai gagné mon match de tennis samedi, et puis après le match, j'ai discuté un peu avec les autres jeunes du club, puis Dominique m'a invitée à sortir avec lui. On ira au cinéma mercredi. Ça va être chouette.

7 – Ça va, Clément?
  – Non, pas tellement … je viens de recevoir de mauvaises nouvelles.
  – Ah bon? Qu'est-ce qui s'est passé?
  – C'est un copain qui a eu un accident de moto. Il est à l'hôpital.
  – C'est grave?
  – Oui, il paraît que oui.

8 – Alors, Claire, ça va mieux maintenant à Lille?
  – Un peu … mais il me manque mes amis de Paris. Ici, je suis souvent seule … je ne connais presque personne. Je n'ai pas d'amis. Je voudrais sortir plus souvent, mais je suis trop timide.

### 160

## 3 Des expressions utiles

Students complete the useful expressions with a word from the box.

**Solution:**

*1 forme, 2 bonne, 3 idées, 4 bien, 5 peau, 6 sens, 7 moral, 8 triste, 9 humeur*

## 8F C'est dur d'être ado

### 161

### 4 Ça va?

Students could be offered the choice of doing either part a or part b of this task, or half the class could do one part and the rest the other.

Students have to write six reasons to explain why they are feeling (a) depressed and fed up or (b) in a really good mood. To help them, you could have a brainstorming session in class or in groups and any ideas could be written on the board. Encourage students to use as many different tenses as possible, e.g.

– *Je suis fatigué(e). Nous avons un contrôle de maths demain. Je n'ai pas fait mes devoirs. Il fait mauvais. Je n'ai pas de projets pour le weekend. On ne m'a pas invité(e) à une fête …*

– *J'ai bien dormi. J'ai eu une bonne note en maths. J'ai reçu une lettre de mon ami(e) …*

Then they could choose two to copy from the board and write four more on their own.

### 161

### 5 À discuter

Students work in pairs or small groups to discuss how they overcome feelings of depression, anger, etc.

### 161 CD 7 Track 6

### 6 Le stress

Students listen to this interview about stress and then answer the questions in English.

**Solution:**

1 yes, both children and adults

2 society is more complex, life is more rushed, there's never enough time, fear of unemployment

3 it can be stimulating, it can push you to do more.

4 increase in irritability, anxiety, distress, tiredness

5 taking part in sport, doing something relaxing, having a sense of humour

### CD 7 Track 6

### Le stress

– Docteur, on parle beaucoup de stress. Est-ce que les gens sont vraiment plus stressés de nos jours?

– Oui, certainement. Les gens sont de plus en plus stressés à tous les niveaux – les enfants et les adultes.

– Quelles sont les origines de ce stress?

– La société est plus complexe. Ça va de plus en plus vite … on a l'impression qu'on n'a jamais assez de temps. Dans un foyer, les deux parents travaillent et il y a toujours la peur du chômage. Il y a souvent des problèmes.

– Est-ce que le stress est toujours négatif?

– Non, le stress n'est pas forcément quelque chose de mauvais … il y a aussi des aspects positifs … ça stimule, ça vous permet de faire un peu plus.

– Quels sont les symptômes du stress?

– On peut noter une augmentation de l'irritabilité, de l'anxiété, de l'angoisse. Mais le symptôme le plus courant, c'est la fatigue.

– Qu'est-ce qu'on peut faire pour réduire ou éliminer le stress?

– Tous les médecins sont d'accord – il n'existe pas de pilule anti-stress. En France, on prend de plus en plus de tranquillisants ou on a recours à l'alcool ou au tabac. Hélas, ce n'est pas le remède idéal. Quand on est stressé, le traitement physique est peut-être le plus efficace – ça peut être le sport ou la relaxation. Tout ce qui permet de décharger les tensions en douceur ou en force. Certaines personnes pensent que l'humour, la plus vieille recette anti-stress, est très efficace.

### 229 Au choix

### [7] Traduction

See notes on page 249 in Unit 8 Revision and additional practice.

### 161

### 7 Des messages

a Students find the French for the English phrases listed.

**Solution:**

**1** *je me sens moche*, **2** *chaque fois*, **3** *rien ne me va*, **4** *À quoi je sers?* **5** *comment m'en sortir*, **6** *je m'en fiche*, **7** *tant pis*, **8** *je croque la vie à pleines dents*

b They then choose an appropriate title for each message from those listed.

**Solution:**

**1** b, **2** e, **3** f

c Students find a synonym for each word listed.

**Solution:**

**1** *des fringues*, **2** *ça me démoralise*, **3** *totalement*, **4** *tellement*, **5** *lorsque*, **6** *c'est ça l'essentiel*

### 161

### 8 Des réponses

a Students complete the replies with the missing words.

**Solution:**

**1** **1** *sentent*, **2** *prendre*, **3** *trouverez*, **4** *voyez*, **5** *mettre*

**2** **1** *trouvez*, **2** *peau*, **3** *parce que*, **4** *importance*, **5** *donnent*

240 Tricolore 4 Teacher Book

## 8G Le tabac, l'alcool, la drogue

**b** They then decide which reply goes with each message (task 7) and which one has no reply.

> **Solution:**
> *Pour le message numéro 1, la réponse est numéro 2.*
>
> *Pour le message numéro 2, la réponse est numéro 1.*
>
> *Le message numéro 3 n'a pas de réponse.*

If appropriate, students could write their own short messages and comments to a website about teenage health. These could cover general opinions about adolescence or imaginary personal problems. It is probably best to avoid real problems. Some phrases could be written on the board, e.g.

- *Je ne m'entends pas avec mes parents.*
- *Je suis content(e) d'être adolescent.*
- *Je suis mal dans ma peau.*
- *Personne ne m'écoute.*

## 8G Le tabac, l'alcool, la drogue    pages 162–163

| Aims and objectives | Grammar and skills | Resources |
|---|---|---|
| • discuss smoking, drugs, alcohol and addiction | | **Key language:** SB 168–169<br>**Au choix:** SB 229<br>**Online:** Kerboodle Resources and Assessment<br>**Copymasters:** 8/4<br>**CD 7** Tracks 7–10, 16 |

### 162 CD 7 Track 7

### 1 On parle du tabac

Students listen to a series of interviews and do the tasks.

**a** Students answer questions in French.

> **Solution:**
> **1** *une*, **2** *deux*, **3** *deux*

**b** They then note in which order expressions A–J are used, and reasons for and against smoking.

> **Solution:**
>
> **1** B, H, C, A, G, D, I, E, J, F
>
> **2 Pour fumer**
>
> any two of: *pour faire comme les autres; c'est calmant; ça donne de l'assurance; ça fait adulte; par curiosité; ça m'aide à me détendre; c'est chic.*
>
> **3 Pour ne pas fumer**
>
> any three of: *un mauvais goût dans la bouche; c'est mauvais pour la santé; la fumée, c'est gênant pour les non-fumeurs; ça gêne pour le sport; fumer n'est ni chic ni romantique; c'est une mauvaise habitude qui peut tuer.*

### CD 7 Track 7

### On parle du tabac

1 – Est-ce que tu fumes?
  – Non.
  – Est-ce que tu n'as jamais fumé?
  – Non, pas vraiment. J'ai essayé une cigarette une fois, mais ça ne me plaisait pas – j'avais un mauvais goût dans la bouche.

2 – Est-ce que tu fumes?
  – Oui, de temps en temps.
  – Quand as-tu commencé à fumer?
  – Quand j'avais quatorze ans. J'ai allumé ma première cigarette au réveillon du Nouvel An.
  – Et pourquoi as-tu décidé de fumer?
  – Pour faire comme les autres … par curiosité … pour voir comment c'était.
  – Et tu fumes beaucoup?
  – Non, je sais que c'est mauvais pour la santé, mais je fume quelquefois, en soirée, quand je suis avec des copains qui fument. C'est calmant. Ça m'aide à me détendre.

3 – Est-ce que tu fumes?
  – Non, je suis asthmatique, donc je supporte très mal la fumée.
  – Tu n'as jamais fumé alors?
  – Non.
  – Que penses-tu de la loi anti-tabac?
  – Il y a eu plein de débats là-dessus. Il y a des gens qui sont vraiment contre et ça doit être dur quand même pour les fumeurs, mais je crois que c'est bon dans un certain sens. C'est vrai que la fumée, c'est gênant pour les non-fumeurs, surtout pour les asthmatiques.

4 – Est-ce que tu fumes?
  – Non, je ne fume plus maintenant.
  – Et tu fumais avant?
  – Oui, quand j'avais quinze ans.
  – Pourquoi?
  – Pour faire adulte … ça me donnait de l'assurance.
  – Et quand as-tu décidé d'arrêter?
  – Il y a deux ans. J'aime faire du sport et peu à peu, je remarquais que j'avais du mal à courir. J'étais très vite essoufflée. Je me rendais compte que fumer, ça gêne pour le sport. Alors j'ai décidé d'arrêter de fumer. Ça a été dur, mais quand j'ai réussi, je me sentais tellement mieux.

5 – Est-ce que tu fumes?
  – Non.
  – Est-ce que tu n'as jamais fumé?
  – Si, je fumais avant, mais maintenant je ne fume plus.

# 8G Le tabac, l'alcool, la drogue

### 162

- Et quand as-tu commencé?
- J'ai allumé ma première cigarette quand j'avais seize ans … c'était pendant les vacances.
- Pourquoi est-ce qu'on fume, à ton avis?
- Il y en a qui pensent que ça fait adulte, que c'est chic. Mais c'est faux … fumer n'est ni chic ni romantique, c'est une mauvaise habitude qui peut tuer.

### 162

## 2 Le tabac en questions

Students find the correct answer to each question.

> **Solution:**
> 1 f, 2 c, 3 a, 4 b, 5 d, 6 e

### 229 Au choix

## [9] Une campagne anti-tabac

See notes on page 249 in Unit 8 Revision and additional practice.

### 162

## 3 À discuter

In pairs or groups, students discuss smoking. The following activities could be done in addition to or instead of those suggested in the Student Book:

**1 Brainstorming**

Have a brainstorming session, with students giving reasons for smoking or not smoking. Write these on the board. Then see how many they can remember when the list has been rubbed off.

**2 Débat – pour ou contre?**

Students work in groups or pairs. One student or group gives a reason for smoking, the other gives a reason for not doing so. See who can continue for the longest, e.g.

*Pour:* on veut faire comme les autres, c'est une habitude, ça me calme, ça fait adulte, ça me donne de l'assurance, etc.

*Contre:* c'est mauvais pour la santé, ça coûte cher, ça gêne pour le sport, ça dérange les autres, etc.

### 162

## 4 L'alcool est-il un problème?

a Students complete the text by choosing a word from those listed.

> **Solution:**
> 1 *boivent*, 2 *boit*, 3 *la bière*, 4 *un verre*, 5 *sociable*, 6 *vendent*, 7 *alcool*, 8 *les maladies*

b They then find in the text the French for the English phrases listed, to use in their own work.

> **Solution:**
> 1 *faire comme les autres*, 2 *pour paraître plus rassuré(e)*, 3 *moins timide*, 4 *à des prix réduits*, 5 *qui entraîne*, 6 *l'ivresse*, 7 *à court et à long terme*

### 163

## 5 Les drogues, on s'informe

First, go through the list of specialised vocabulary with students, who then read the article and do the tasks.

a Students find an appropriate title for each paragraph.

> **Solution:**
> 1 C, 2 F, 3 E, 4 B, 5 A, 6 D

b They then answer questions in English.

> **Solution:**
>
> 1 To understand why people take drugs, what are the risks, how you can help someone who takes drugs.
>
> 2 Adolescence is a sensitive time because adolescents are concerned about the meaning of life, want to be independent and choose a way forward but are ill at ease with themselves.
>
> 3 Mostly it's for pleasure or out of curiosity. Others take drugs to feel better in themselves.
>
> 4 When they try to stop, they are physically and psychologically ill and become obsessed with finding drugs or money to serve their addiction.
>
> 5 Aids
>
> 6 Help is free and anonymous. You can speak to specialists to find a form of treatment that is adapted to the problems and personality of each person.

### 163 CD 7 Tracks 8–9

## 6 Il n'y a pas de drogués heureux

a **Une toxicomane**

Students listen to the interview and complete the résumé.

> **Solution:**
> 1 *quatorze*, 2 *la vie*, 3 *croyais*, 4 *pu*, 5 *journée*, 6 *prends*, 7 *faire*, 8 *déprimée*, 9 *pensais*, 10 *difficile*

### CD 7 Track 8

### Il n'y a pas de drogués heureux

**Témoignage A: Une toxicomane**

- Quand avez-vous commencé à consommer de la drogue?
- J'ai commencé à fumer quand j'avais quatorze ans.
- Pourquoi?
- Je ne sais pas exactement. La première fois, c'était pendant une fête … avec des copains. Puis je m'ennuyais dans la vie.
- Étiez-vous consciente des risques?
- Oui et non. Je croyais être capable de m'arrêter quand je le voulais, mais je n'ai pas pu.

242 Tricolore 4 Teacher Book

# 8H Forme et santé

– Est-ce que vous prenez toujours de la drogue?
– Oui, je fume à longueur de journée et je prends de la coke. J'ai envie de ne plus rien faire d'autre.
– Quand vous n'avez pas de produit, comment vous sentez-vous?
– Quand je n'ai plus de produit, je suis complètement déprimée. Je ne pensais pas qu'il serait si difficile de s'en passer.
– Voulez-vous arrêter?
– Oui, mais je ne me sens pas du tout capable d'arrêter toute seule. J'ai besoin d'aide.

**b Un ancien toxicomane**

Students listen to the recording and decide whether the sentences are *vrai* (V), *faux* (F) ou *pas mentionné* (PM). They correct the false statements.

**Solution:**

**1** F *(dix ans)*, **2** F *(il vivait seul)*, **3** V, **4** V, **5** V, **6** V, **7** PM, **8** V

For additional practice, ask some questions in English, e.g.

1 For how long had the speaker been a drug addict?
2 What was he addicted to?
3 Mention two things about the life he was living.
4 What happened after he fell into a coma?
5 Who helped him?
6 How does he describe the recovery process?

**CD 7 Track 9**

## Il n'y a pas de drogués heureux

**Témoignage B: Un ancien toxicomane**

– Vous étiez toxicomane pendant combien de temps?
– Pendant dix ans.
– Qu'est-ce que vous preniez?
– De l'héroïne ... j'étais accro de l'héroïne.
– Et vous viviez comment?
– J'étais seul. Tout ce qui comptait pour moi, c'était de me procurer ma poudre. J'étais malade dans mon corps, dans ma tête. Il n'y avait plus de plaisir, plus rien que le vide et la solitude. Je croyais que j'avais tout perdu – mes copains, ma famille.
– Alors, qu'est-ce qui s'est passé?
– Après un coma pour surdose, on m'a admis au centre de désintoxication. Là, j'ai rencontré un psychiatre qui m'a beaucoup aidé. Il y a eu un déclic. Ça a été long et dur, mais maintenant, je respire.

**Follow-up activity:**

Different groups in the class could research on the internet the various themes covered in the spread (Aids, tobacco, alcohol, drugs).

**Copymaster 8/4 CD 7 Track 10**

## Comment cesser de fumer?

See notes on pages 250–251 in Unit 8 Revision and additional practice.

**229 Au choix CD 7 Track 16**

## [8] Le sida

See notes on page 249 in Unit 8 Revision and additional practice.

## 8H Forme et santé   pages 164–165

| Aims and objectives | Grammar and skills | Resources |
|---|---|---|
| • discuss and compare lifestyles | | **Key language:** SB 168–169<br>**Au choix:** SB 229<br>**Online:** Kerboodle Resources and Assessment<br>**CD 7** Track 11 |

**164 CD 7 Track 11**

### 1 Pour avoir la forme

a In this task, students listen to a series of street interviews and note down the responses, according to the categories listed (a–f).
b They then write a short summary of the views given.

**Solution:**

|   | 1 | 2 | 3 | 4 | 5 | 6 |
|---|---|---|---|---|---|---|
| a | ✓ | ✓ |   | ✓ |   | ✓ |
| b |   |   |   |   | ✓ |   |
| c | ✓ |   |   |   | ✓ | ✓ |
| d |   | ✓ |   |   |   |   |
| e |   |   |   | ✓ |   | ✓ |
| f |   |   | ✓ |   |   |   |

# 8I Contrôle

> 🔊 **CD 7 Track 11**
>
> **Pour avoir la forme**
>
> – Bonjour, monsieur. On fait un sondage sur la forme. À votre avis, qu'est-ce qu'il faut faire pour avoir la forme?
> – La forme ... bon, bien manger ... c'est-à-dire manger régulièrement et équilibré ... et en plus, il faut faire de l'exercice régulièrement.
> – Bon, merci. Et vous, madame, qu'en pensez-vous?
> – Bon alors, suivre un régime équilibré avec toutes les vitamines nécessaires ... eh bien ... éviter le stress, savoir se détendre.
> – Merci, madame. Et vous, monsieur, à votre avis, qu'est-ce qu'on doit faire pour avoir la forme?
> – Bon – il faut avoir une attitude positive, oui, être optimiste – c'est ça surtout.
> – Merci. Et vous, madame, quel est votre avis?
> – Pour avoir la forme, on doit ... on ne doit pas fumer ... ça c'est clair ... et pas trop manger non plus ... mais manger régulièrement et équilibré ... voilà.
> – Merci. Passons à vous, monsieur?
> – Bon, à mon avis, il faut faire de l'exercice ... faire du sport assez régulièrement ... et bien dormir, ça, c'est important – si on ne dort pas bien on est fatigué, on n'a vraiment pas la forme.
> – Et vous, madame. On fait un sondage sur la forme. À votre avis, qu'est-ce qu'il faut faire pour avoir la forme?
> – Alors, je dirais ... bon ... il faut bien manger, ça, c'est important et puis faire du sport, puis ne pas fumer. Ça c'est mon avis.

📖 **164**

## 2 C'est bon pour la santé?

Students read through the list of actions and classify them accordingly.

> **Solution:**
> 1 ✓, 2 ✗, 3 ✗, 4 ✓, 5 ✗, 6 ✓, 7 ✗, 8 ✓, 9 ✗, 10 ✓, 11 ✓, 12 ✗, 13 ✓, 14 ✓

📖 **164**

## 3 J'ai changé mon mode de vie

Students complete this post on a health forum by writing the verbs in the correct tense.

> **Solution:**
> **1** je mène, **2** je fumais, **3** je ne faisais pas, **4** je vivais, **5** je trouvais, **6** je pensais, **7** je trouvais, **8** je me suis décidée, **9** je me suis inscrite, **10** j'ai décidé, **11** je fume, **12** je me sens

📖 **229 Au choix**

## [10] Charles Martin

See notes on page 249 in Unit 8 Revision and additional practice.

📖 **165**

## 4 En forme, le jour J

This contains advice about how to be in good form when taking exams. The text is followed by questions in English.

> **Solution:**
> 1 eat a bit of everything, without overdoing it
> 2 after a week or a fortnight
> 3 fruit and vegetables
> 4 when under stress or pressure
> 5 any two of: try to identify the cause; speak to someone else about it, such as an adult or a teacher; do breathing exercises; try to keep things in perspective

📖 **166**

## 5 À vous!

a Students work in pairs to ask and answer questions about health and general fitness.

b They then write a few sentences to describe their general fitness.

# 8I Contrôle    pages 166–167

| Aims and objectives | Grammar and skills | Resources |
|---|---|---|
| • practise exam techniques<br>• find out what you have learnt | | **Key language**: SB 168–169<br>**Online**: Kerboodle Resources and Assessment<br>**Copymasters**: 8/6–8/10<br>**CD 7** Tracks 12–14, 20–26<br>**SCD 2** Tracks 15–21 |

This spread provides assessment tasks, in all four skills, which follow the style of assessment offered by some awarding bodies. It is intended to provide practice in the different assessment techniques as well as to assess knowledge of the content of the unit.

Additional assessment material, using literary extracts for reading and photos for oral work, is provided in the five *C'est extra!* spreads which appear after Units 2, 4, 6, 8 and 10.

Teachers should adapt the tasks, as necessary to suit the needs of their students. Board-specific examination practice, written by experienced examiners, is provided online.

Tricolore 4 Teacher Book

# 8I Contrôle

## Listening

📖 🔊 **166** CD 7 Track 12

### 1 La forme et le sport

Students listen to Lucas talking about how he keeps fit and answer questions in English.

> **Solution:**
> **1** a, b, d, e, **2** tennis, badminton, swimming, **3** twice a week, **4** his mother

🔊 CD 7 Track 12

### La forme et le sport

- Qu'est-ce qu'il faut faire pour avoir la forme?
- À mon avis, il faut faire de l'exercice, manger régulièrement, ne pas être trop gros, ne pas être trop maigre. Personnellement, je trouve que le sport est très important pour garder la forme.
- Qu'est-ce que tu fais comme sport?
- Je fais du tennis, du badminton et de la natation, mais le plus souvent je joue au badminton.
- Quand fais-tu du sport?
- C'est surtout le mercredi et le samedi. Je joue au badminton ou on va à la piscine avec des amis. J'essaie de faire du sport deux fois par semaine.
- Est-ce que ta famille fait du sport?
- Mon père, non, pas tellement. Ma mère va au gymnase une fois par semaine et elle fait du yoga. Mon frère est comme mon père; il ne fait pas beaucoup de sport. Il n'aime pas les sports d'équipe, mais il fait quelquefois du vélo.

📖 🔊 **166** CD 7 Track 13

### 2 L'importance du sport

Students listen to the discussion about sport and complete the sentences in English.

> **Solution:**
> **1** When I was at primary school, I used to do judo and play football.
> **2** I do less sport now because I don't have much free time.
> **3** I'd like to try sub-aqua/scuba diving because it would be wonderful to see tropical fish and turtles.
> **4** For me, sport is important because it helps me relax and reduces stress.

🔊 CD 7 Track 13

### L'importance du sport

- Qu'est-ce que tu faisais comme sport quand tu étais plus jeune?
- Quand j'allais à l'école primaire, je faisais du judo une fois par semaine et je jouais au football. Je fais moins de sport maintenant parce que je n'ai pas beaucoup de temps libre.
- Est-ce qu'il y a un sport que tu voudrais essayer un jour?
- J'aimerais bien faire de la plongée sous-marine, surtout dans un pays chaud comme l'Égypte, mais ça coûte cher. Ce serait merveilleux de voir des poissons tropicaux et des tortues de mer.
- À ton avis, pourquoi le sport est-il important?
- Pour moi, ça m'aide à me relaxer et ça réduit le stress. Quand j'ai des problèmes, je me détends en faisant du sport.

📖 🔊 **166** CD 7 Track 14

### 3 Une vie saine

Students listen to a conversation and choose the three statements which correspond to the recording.

> **Solution:**
> C, D, F

🔊 CD 7 Track 14

### Une vie saine

- Manger bien, qu'est-ce que ça veut dire?
- Pour manger bien, on doit prendre des repas réguliers, manger beaucoup de fruits et de légumes, ne pas manger trop de sucreries.
- Qu'est-ce que tu aimes comme fruits et légumes?
- Comme fruits, j'aime les pommes et les bananes, mais je n'aime pas beaucoup les oranges. Je n'aime pas beaucoup les légumes, mais je mange des petits pois et des carottes.
- Est-ce que tu grignotes entre les repas?
- Quelquefois mais je sais que ce n'est pas bien. Quand même, de temps en temps, je mange du chocolat ou un paquet de chips.
- Qu'est-ce qu'on peut faire pour éviter le stress?
- Ça dépend. Si on a des difficultés au collège, par exemple, c'est bien de parler de ses problèmes avec un ami. Il est important aussi de bien dormir. Si on est fatigué, tout est plus difficile.

## Speaking

📖 **166**

### 1 Role play

This gives an outline for a role-play conversation about healthy lifestyles. Students could think about the questions which might be asked, perhaps looking back through the unit for ideas.

**a** As preparation, students read the conversation in pairs.

**b** They invent a slightly different conversation on the same topic.

📖 **166**

### 2 Une conversation

Students work in pairs to make up a conversation, using the questions listed as a guideline.

Tricolore 4 Teacher Book

# C'est extra! D

## Reading

### 📖 167

### 1 Forum: Être en forme

Students read the contributions to a forum about health and decide who is described in each statement in French.

**Solution:**
**1** E (Édouard), **2** C (Chloë), **3** B (Benoît), **4** D (Daniel), **5** B + C, **6** E

### 📖 167

### 2 Translation

Students translate the passage into English.

**Solution:**
(sample)
I'm lucky: I'm nearly always fit/healthy/in good form and I'm rarely ill. The last time I was ill was two years ago, when I had flu and I missed a week of school. In general, I lead an active life, I have fun, I laugh, I'm optimistic and positive. All that's important for good health/to be in good form.

### 📖 167

### 3 Un problème de notre temps: L'obésité

Students read the article about obesity and answer the questions in English.

**Solution:**
**1** type 2 diabetes, **2** it kills more than HIV, TB and malaria together, **3** any three of: sedentary lifestyle, diet, genetic factors, psychological factors, **4** a sugar tax, **5** banning TV advertising for sugar products

## Writing

### 📖 167

### 1 Un mode de vie sain

Students write an article of about 150 words, aiming to encourage young people to lead a healthy lifestyle.

### 📖 167

### 2 Traduction

Students translate a short message into French.

**Solution:**
(sample)
*Il est très difficile d'arrêter de fumer, alors à mon avis, il vaut mieux ne pas commencer. Mon oncle fumait vingt cigarettes par jour. Puis il y a deux ans, il est tombé malade. Il a décidé d'arrêter de fumer/de ne plus fumer, mais ce n'était pas facile. Quand il voulait une cigarette, il a bu un verre d'eau ou il a mangé une pomme. Il a commencé à aller à un gymnase une fois par semaine. Après un an/Au bout d'un an sans fumer, il se sent beaucoup mieux.*

### 📖 168–169

### Sommaire 8

This is a summary of the main topic vocabulary of the unit, also available on copymaster. It includes a list of common abbreviations and acronyms, covering all topics.

The photo on SB 169 could be used for additional photo description.

---

# C'est extra! D   pages 170–171

| Aims and objectives | Grammar and skills | Resources |
|---|---|---|
| • read an extract from a French book<br>• discuss photos<br>• practise exam techniques | • the past historic<br>• working out meanings | **Key language:** SB 148–149, 168–169<br>**Online:** Kerboodle Resources and Assessment |

This spread provides practice in reading literary texts and gives some cultural background. Students also have practice in talking about photo cards.

## Literature

### 📖 170 Dossier-langue

### The past historic

This explains the past historic tense, which is often used in formal written and literary works. In many cases, students will be able to recognise the verb because the past historic is similar to the past participle. The main exceptions are listed.

# 8 Revision and additional practice

📖 **170**

## Extracts A–B

Introduce the book *Les Misérables,* by Victor Hugo, by reading the short introductory text. The story may be familiar to many students from the musical and the film. Interested students could find out more about the book and the work of Victor Hugo.

Before students begin work on the extracts, look at the tips on SB 171 for working out meanings. Some vocabulary is also given below each extract.

**A** Students read extract A and answer the questions in English.

**B** Ask students if they know anything about the character Cosette from having seen the film or the musical. Students then read extract B and answer the questions in English.

**Solution:**

**A 1** the noise of a violent blow/punch hitting the shop window and the protective wire mesh
 **2** an arm passing through the hole (made in the window and wire mesh by the punch) and seizing a loaf of bread
 **3** he ran out and chased after the thief
 **4** his arm was covered in blood
 **5** on a cart to which he was chained by a chain around his neck
 **6** he was dressed in prison clothing, everything that identified him was removed and he was given a number instead of his name

**B 1** to the spring in the woods
 **2** the light from candles in houses she passed, indicating life and people
 **3** frightened, she found it impossible to go on
 **4** she put the bucket down and scratched her head; she was terrified and hesitant about going further
 **5** the fields, which were dark and deserted
 **6** wild animals and perhaps ghosts

📖 **171**

## Working out meanings

This gives some strategies for working out the meaning of unknown words in French.

## Photo cards

Students work in pairs to make up a conversation based on each photo, using the questions listed as a guideline. They should try to work out what other questions could be asked.

📖 **171**

### A Au bord de la mer

This photo is based on a topic from Unit 7. For support, students can look back at Unit 7 *Sommaire* (SB 148–149) and *À vous!* (SB 145).

📖 **171**

### B L'exercice, c'est bon pour la santé

This photo is based on a topic from Unit 8. For support, students can look at Unit 8 *Sommaire* (SB 168–169) and *À vous!* (SB 165).

# 8 Revision and additional practice

**Resources**

Key language: SB 168–169
Au choix 8: SB 228–229
Online: Kerboodle Resources and Assessment
Copymasters: 8/1–8/10
CD 7 Tracks 10, 15–26
SCD 2 Tracks 15–21

## Au choix

📖 🔊 **228 Au choix CD 7 Track 15**

### 1 Une machine magnifique!

This fairly light-hearted quiz about the human body provides further practice of vocabulary. Students should guess the answers then listen to check them.

Alternatively, read through the questions and explain any new terms, e.g. *les dents de sagesse* (wisdom teeth). There could be a show of hands for each reply, or students could write down their choice.

**Solution:**

**1** b *206 (Le plus gros se trouve dans la jambe, le plus petit se trouve dans l'oreille.)*

**2** c *32*  **3** a *(entre 4 et 5 litres)*

**4** a *660*  **5** b *37°C*

**6** b *entre 13 et 17 fois (… quand on ne fait pas d'exercice. Quand on fait de l'exercice on peut respirer jusqu'à 80 fois en une minute.)*

**7** c *les dents (… ou plus exactement l'émail des dents.)*

Tricolore 4 Teacher Book   **247**

# 8 Revision and additional practice

🔊 **CD 7 Track 15**

### Une machine magnifique!

– Bonjour et bienvenue à notre jeu: la vie en questions. Aujourd'hui, ce sont des questions sur le corps humain. Comme toujours, vous allez entendre une question et trois réponses possibles. Vous devez choisir la bonne réponse. Après une petite pause, vous entendrez la bonne réponse. Vous êtes prêts? Bon, on commence. Question un: il y a combien d'os en moyenne dans le corps humain?

  a) 112, b) 206, c) 324.

– La bonne réponse est b. Il y a 206 os dans le corps humain. Le plus gros se trouve dans la jambe et le plus petit se trouve dans l'oreille.

– La deuxième question: un (ou une) adulte a combien de dents, normalement (y compris les dents de sagesse)?

  a) 16, b) 24, c) 32.

– Vous l'avez trouvé? Eh bien, la réponse correcte est c. Un adulte a 32 dents.

– Troisième question: on a combien de litres de sang?

  a) entre 4 et 5 litres, b) entre 6 et 7 litres, c) plus de 8 litres.

– Et la bonne réponse est a. Il y a entre 4 et 5 litres de sang dans le corps humain.

– Question quatre. Plus de la moitié du corps humain se compose de muscles. Il y a environ combien de muscles en tout?

  a) 660, b) 770, c) 880.

– La réponse correcte est a – il y a 660 muscles en tout.

– Et voici une question plus facile, la question cinq: quelle est la température du corps humain, normalement?

  a) 32°, b) 37°, c) 100°.

– La bonne réponse est b – 37°.

– Alors, question six: on respire combien de fois par minute, en moyenne?

  a) entre 5 et 10 fois, b) entre 13 et 17 fois, c) plus de 100 fois.

– La réponse correcte est b. On respire entre 13 et 17 fois, normalement, mais quand on fait de l'exercice, on respire beaucoup plus vite, jusqu'à 80 fois par minute.

– Et maintenant, la dernière question, question sept: quelle est la partie la plus dure du corps?

  a) les os, b) la tête, c) les dents.

– Vous le savez? La bonne réponse est c – les dents, ou plus exactement, l'émail des dents.

– Voilà c'est la fin de l'émission. J'espère que vous avez eu beaucoup de réponses correctes. À demain pour une autre émission du jeu: La vie en questions.

📖 **228 Au choix**

## 2 Traduction

Students translate six sentences into French.

**Solution:**

1 *Le bébé a mal aux oreilles.*

2 *J'ai mal aux pieds.*

3 *Il est tombé et s'est fait mal au poignet.*

4 *Mon ami(e) a mal à la gorge.*

5 *Elle a aussi mal à la tête.*

6 *Après le match de football, il avait mal au genou.*

📖 **228 Au choix**

## 3 Je me sens un peu malade

Students complete a conversation and could then practise it in pairs, varying the symptoms and advice.

**Solution:**

1 *sens*, 2 *mal*, 3 *envie*, 4 *chaud*, 5 *j'ai*, 6 *fatigué(e)*, 7 *médecin*

📖 **228 Au choix**

## 4 Ça me fait mal

This provides practice of *se faire mal* with parts of the body.

**Solution:**

*Sanjay s'est fait mal au pied.*

*Lucie s'est fait mal à la jambe.*

*Olivier s'est fait mal à la main.*

*Magali s'est fait mal au dos.*

*Luc s'est fait mal au bras.*

*Alain et Claire se sont fait mal à la cheville.*

*Daniel et Roland se sont fait mal au genou.*

*Élodie s'est fait mal à l'œil.*

After students have learnt the structure *en* + present participle, they could redo this task, adding more detail about how each injury occurred.

**Solution:**

*Sanjay … en jouant au rugby.*

*Lucie … en faisant du ski.*

*Olivier … en jouant au basket.*

*Magali … en faisant de la gymnastique.*

*Luc … en faisant du judo.*

*Alain et Claire … en faisant de l'athlétisme.*

*Daniel et Roland … en jouant au football.*

*Élodie … en jouant au tennis/badminton.*

📖 **228 Au choix**

## 5 Comment a-t-il fait ça?

Students describe how each incident occurred, using the present participle. If wished, write the following list of verbs on the board:

*lire la lettre; descendre l'escalier; faire la vaisselle; nettoyer la salle à manger; jouer au tennis.*

Tricolore 4 Teacher Book

# 8 Revision and additional practice

Solution:
1 *En nettoyant la salle à manger*
2 *En jouant au tennis.*
3 *En lisant la lettre.*
4 *En faisant la vaisselle.*
5 *En descendant l'escalier.*

**229 Au choix**

## 6 Pour avoir de belles dents

Students complete advice about dental care.

Solution:
1 *soir*, 2 *dents*, 3 *deux*, 4 *dentiste*, 5 *santé*, 6 *vite*, 7 *éliminer*, 8 *brosse*

**229 Au choix**

## 7 Traduction

Students translate a short text into French.

Solution:
(sample)
*Les gens sont plus stressés aujourd'hui parce que la société est plus complexe. Le stress n'est pas toujours/forcément quelque chose de mauvais. Quand on est stressé, on est souvent fatigué. Pour être moins stressé/Pour réduire le stress, on peut faire une promenade ou faire du sport, on peut manger/suivre un régime équilibré, prendre le temps de se relaxer/se détendre et de rire.*

**229 Au choix  CD 7 Track 16**

## 8 Le sida

This is an optional extended reading item about Aids. Students read the article then match the appropriate question to each numbered section. They could check their answers by listening to the recorded text.

Solution:
1 b, 2 d, 3 c, 4 e, 5 a

**CD 7 Track 16**

### Le sida

– Qu'est-ce que le sida?
– Le sida est la forme la plus grave d'une maladie due à un virus: le VIH (HIV en anglais). Ce virus détruit les défenses naturelles qui protègent le corps de beaucoup de maladies, comme la grippe, la pneumonie, le cancer.
– Que veut dire être 'séropositif'?
– Quand une personne possède le virus dans ses cellules, on dit qu'elle est séropositive. Une personne séropositive n'est pas malade du sida, mais elle peut avoir le sida dans les années qui suivent. Et une personne séropositive peut transmettre la maladie.
– Comment est-ce qu'on attrape le sida?
– Il y a quatre modes de transmettre le sida:
  – les rapports sexuels avec une personne infectée;
  – l'utilisation des seringues et aiguilles contaminées;
  – une femme séropositive peut transmettre la maladie à son bébé;
  – les transfusions sanguines avant 1985.
– Aujourd'hui, les dons de sang sont contrôlés systématiquement. Les risques de contamination sont devenus exceptionnels pour le receveur et nuls pour la personne qui donne son sang.
– Est-ce qu'il y a un risque à travailler à côté d'une personne séropositive?
– Non. On peut, en toute sécurité, travailler à côté d'une personne infectée, travailler avec elle, la toucher, lui serrer la main, se baigner dans la même piscine, etc.
– Est-ce que le sida existe dans tous les pays?
– Oui, le sida est présent dans le monde entier et se développe rapidement.
– Comment savoir si l'on est séropositif?
– Si on a l'impression d'avoir pris un risque, on peut faire un test de dépistage pour savoir si l'on est séropositif.

**229 Au choix**

## 9 Une campagne anti-tabac

Students read this leaflet about smoking and answer the questions in English.

Solution:
1 risk of inhaling toxic substances, risk of lung cancer
2 social and peer pressure, likely to smoke if a best friend smokes
3 before the age of 16
4 symptoms are not apparent until the disease is advanced

**229 Au choix**

## 10 Charles Martin

In this task, students have to describe how Charles Martin's life has changed. This can be prepared orally first, e.g.
– *Charles, fumait-il autrefois?*
– *Comment mangeait-il?*
– *Est-ce qu'il avait la forme?*

Some of the answers could be written on the board and the task could then be completed for homework.

Tricolore 4 Teacher Book   249

# 8 Revision and additional practice

## Copymasters

### Copymaster 8/1

## Le corps humain

### 1 Le corps humain
The visual could be labelled by students and filed for reference.

**Solution:**

**1** le visage, **2** le cou/la gorge, **3** le bras, **4** le dos, **5** le ventre/l'estomac, **6** le genou, **7** le pied, **8** la tête, **9** l'œil/les yeux, **10** le nez, **11** la poitrine, **12** le doigt, **13** l'orteil/le doigt de pied, **14** les cheveux, **15** la bouche, **16** l'épaule, **17** la jambe, **18** l'oreille, **19** la dent, **20** la gorge/le cou, **21** la main

### 2 L'abc du corps
Students could say or write appropriate words to complete the list.

**Solution:**

(sample) **A** l'abdomen, **B** le bras, **C** le cou, le coude, **D** la dent, **E** l'estomac, **F** le front, **G** le genou, **H** la hanche, **L** la lèvre, **M** le menton, **N** le nez, **O** l'oreille, **P** le pied, **S** les sourcils, **T** le talon, **V** le ventre, **Y** les yeux

### Copymaster 8/2

## Jeux de vocabulaire

This provides practice of the vocabulary used on SB 152–155.

### 1 Mots croisés

**Solution:**

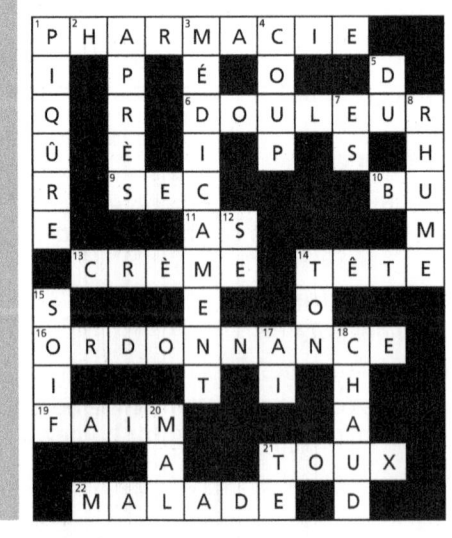

|   | 1 | 2 |   | 3 |   | 4 |   |   |   |
|---|---|---|---|---|---|---|---|---|---|
|   | P | H | A | R | M | A | C | I | E |
|   | I |   | P |   | É |   | O |   |   |
|   | Q |   | R |   | D | O | U | L | E | U | R |
|   | Û |   | È |   | I |   | P |   | S |   | H |
|   | R |   | S | E | C |   |   |   |   | B | U |
|   | E |   |   | A | S |   |   |   |   |   | M |
|   |   | C | R | È | M | E |   | T | Ê | T | E |
|   | S |   |   |   | E |   | O |   |   |   |   |
|   | O | R | D | O | N | N | A | N | C | E |   |
|   | I |   |   |   | T |   | I |   | H |   |   |
|   | F | A | I | M |   |   |   |   | A |   |   |
|   |   |   | A |   |   | T | O | U | X |   |   |
|   |   |   | M | A | L | A | D | E |   | D |   |

### 2 Trouvez les synonymes

**Solution:**

**1** e, **2** d, **3** a, **4** f, **5** b, **6** c

### 3 Chasse à l'intrus

**Solution:**

**1** du déodorant – ce n'est pas un médicament

**2** de la chaleur – ce n'est pas un produit de beauté

**3** une piqûre – ce n'est pas un insecte

**4** la pilule – ce n'est pas un problème de santé

**5** un ingénieur – ce n'est pas un métier médical ou paramédical

### Copymaster 8/3

## Un accident

This worksheet could be used for more practice of describing a road accident, if required.

### 1 Un extrait du journal
Students read the report of the road accident and answer the questions in English.

**Solution:**

**1** C, **2** a car and a moped/motorised bike, **3** yes (the person on the moped), **4** he didn't stop, **5** witnesses

### 2 Un témoin
Students could work on this in pairs for speaking practice or it could be done as a written task.

**Solution:**

(sample)

**1** Il était cinq heures et demie.

**2** Il pleuvait.

**3** Non, il n'y avait pas beaucoup de circulation.

**4** Un cycliste descendait la rue Bonaparte quand il est entré en collision avec une voiture. L'automobiliste ne s'est pas arrêté.

**5** Non, je ne l'ai pas pris.

**6** C'était une Renault blanche.

**7** C'était un homme. Il avait les cheveux bruns et une barbe. Il portait des lunettes.

### Copymaster 8/4 CD 7 Track 10

## Comment cesser de fumer?

When students have listened to the recording and/or read the text they can do one or both tasks.

**Solution:**

**1 Un résumé**

**1** B depuis, **2** L trois, **3** K trente, **4** C deux, **5** E jour, **6** H quelques, **7** F médecin, **8** I réduit, **9** A ans, **10** D eau, **11** G pomme, **12** J sans

Tricolore 4 Teacher Book

# 8 Revision and additional practice

## 2 Un acrostiche

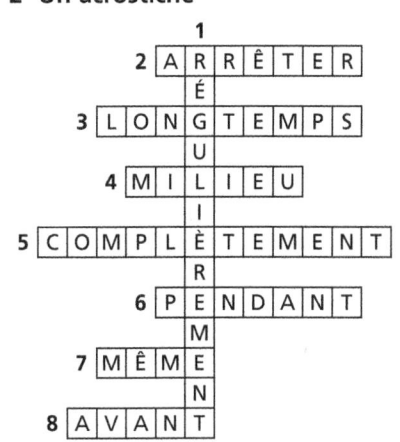

```
    1
  2 A R R Ê T E R
    É
  3 L O N G T E M P S
    U
  4 M I L I E U
    I
5 C O M P L È T E M E N T
        R
      6 P E N D A N T
        M
      7 M Ê M E
        N
      8 A V A N T
```

### 🔊 CD 7 Track 10

## Comment cesser de fumer?

– Monsieur François Clia a arrêté de fumer, il y a trois ans. Il fumait depuis l'adolescence et aujourd'hui il a quarante ans. Ça n'a pas été facile: il avait déjà essayé d'arrêter de fumer trois fois avant de s'arrêter pour de bon.

– Monsieur Clia, racontez-nous votre premier arrêt.

– C'était il y a une dizaine d'années, quand j'avais trente ans. Je travaillais avec deux copains dans le même bureau. Nous fumions chacun deux paquets par jour. Un matin, l'un d'entre nous, Henri, a lancé un pari: qui tiendrait le plus longtemps sans cigarette? C'était en milieu de semaine. On s'est arrêté pendant deux, trois jours, puis après le weekend, tout le monde refumait.

– Alors, vous vous êtes arrêté pendant quelques jours seulement. Et la deuxième fois?

– C'était à la suite d'une bronchite. Mon médecin m'a conseillé d'arrêter. J'ai diminué 'ma dose' de dix cigarettes par jour à cinq, mais ensuite, c'est devenu plus difficile. Et après, j'ai repris comme avant.

– Puis la troisième fois?

– C'était quand ma femme attendait son second enfant. Elle a arrêté de fumer et je me suis senti un peu obligé de faire comme elle. C'était dur, mais j'ai tenu pendant deux ans.

– Enfin, vous vous êtes arrêté pour de bon. Pouvez-vous nous raconter ça?

– Cette fois-là, je voulais vraiment en finir avec le tabac. Tous les dimanches matin, avec mon fils de douze ans, nous avions pris l'habitude de courir pendant trois quarts d'heure. Et régulièrement, il me distançait: j'arrivais après lui complètement essoufflé. Je me suis décidé d'arrêter. J'ai prévenu mes collègues de bureau, la famille. Tous m'ont donné un coup de main.

– Et comment avez-vous donc réussi, cette fois?

– Il n'existe pas de remède miracle. Cependant, il y a certains petits trucs qui m'ont aidé. Je me suis mis au chewing-gum. J'ai bu un verre d'eau ou j'ai croqué une pomme quand j'avais envie de fumer. J'ai fait aussi des exercices de respiration. Au début, j'étais plus irritable et, à d'autres moments, fatigué et apathique. Puis j'ai réorganisé un peu ma vie. Je me suis mis au sport: le jogging le dimanche matin avec mon fils, et la natation une fois par semaine. Au bout d'un an sans tabac, je me sentais beaucoup mieux et j'ai fait le calcul de ce que j'avais économisé: suffisant pour un beau petit voyage!

### 🔊 Copymaster 8/5  CD 7 Tracks 17–19

## Tu comprends?

### 1 Il y a un problème

Students listen and choose the correct letter in each case.

**Solution:**
**1** G, **2** D, **3** H, **4** A, **5** C, **6** F, **7** E

### 🔊 CD 7 Track 17

### Il y a un problème

**Exemple:** Mon père est tombé dans l'escalier et il s'est fait mal à la jambe.

1 Il y a eu un accident. Il faut appeler les secours.
2 Mon fils a mal à la main. Il s'est fait piquer par une guêpe.
3 Je suis désolée, je ne peux pas sortir ce soir. Ma mère est au lit. Elle est malade.
4 Je dois aller à la pharmacie pour acheter des médicaments.
5 Je suis très enrhumée et j'ai mal à la gorge. Passe-moi un mouchoir, s'il te plaît.
6 Mon frère est allé à l'hôpital. Il s'est cassé le bras.
7 Ma sœur a très mal aux dents. On va téléphoner au dentiste.

### 2 Chez le médecin

Students listen and tick the right boxes.

**Solution:**
**1** A, **2** C, **3** B, **4** B, **5** B, **6** B

### 🔊 CD 7 Track 18

### Chez le médecin

– Bonjour, qu'est-ce qui ne va pas?
– J'ai mal à l'estomac. J'ai la diarrhée et j'ai vomi pendant la nuit.
– Quand est-ce que ça a commencé?
– Ça a commencé hier soir. À midi, j'ai mangé au restaurant avec des amis.
– Qu'est-ce que vous avez mangé au restaurant?
– J'ai mangé des crevettes. C'est peut-être ça.
– Oui, c'est possible. Bon, avez-vous pris quelque chose?
– Non, je n'ai rien pris.
– Avez-vous des allergies?
– Non, je n'ai pas d'allergies.
– Bon, aujourd'hui, ne mangez rien, mais buvez beaucoup d'eau. Je vais vous donner une ordonnance aussi. Quand est-ce que vous allez rentrer chez vous?
– Je vais rentrer dans deux jours.
– Si ça ne va pas mieux dans trois jours, allez voir votre médecin, chez vous.

# 8 Revision and additional practice

## 3 On parle de la santé

a Students listen and complete the text.

> **Solution:**
> **1** F *natation*, **2** A *bonbons*, **3** H *repas*, **4** B *cyclisme*,
> **5** D *exercice*, **6** C *danse*, **7** G *ordinateur*

🔊 CD 7 Track 19

### On parle de la santé

**a L'exercice et la nourriture**

– Marc, qu'est-ce que tu fais pour être en forme?
– Moi, pour garder la forme, je fais du sport … deux, trois fois par semaine, en général.
– Quel genre de sport?
– Alors, du tennis, du badminton, de la natation. Mais le plus souvent, du badminton. Normalement, je joue avec mes amis, le samedi après-midi.
– Et toi, Stéphanie, tu fais du sport aussi?
– Moi, non, je ne suis pas très sportive. Mais je fais attention à ce que je mange. J'essaie de ne pas manger trop de bonbons ni de chocolat. Je mange beaucoup de fruits et de légumes et j'essaie de manger des repas réguliers.
– Et toi, Laurent?
– Moi aussi, je mange comme il faut et je fais un peu de sport – du cyclisme et du jogging surtout – alors, plutôt des sports individuels.
– Julie, est-ce que tu fais de l'exercice régulièrement?
– Oui, je fais de la danse et je marche beaucoup. Je trouve que l'exercice est très important. Aujourd'hui, on a tendance à passer trop de temps assis devant son ordinateur.

b Students listen and answer questions in English.

> **Solution:**
> **1** because he likes doing sport and found that he had difficulty running
> **2** it's expensive; it's bad for your health
> **3** they smoked to see what it was like and then found it hard to stop; they smoke to relax
> **4** she drinks very little herself; she thinks drinking is OK in moderation
> **5** aggressive behaviour

🔊 CD 7 Track 19

### On parle de la santé

**b Le tabac et l'alcool**

– Marc, tu fumes?
– Non, je fumais avant, mais il y a six mois, j'ai décidé d'arrêter. J'aime faire du sport et peu à peu, je remarquais que j'avais du mal à courir. J'ai décidé d'en finir avec les cigarettes. Ça a été dur, mais quand j'ai réussi, je me suis senti tellement mieux.
– Et Julie, tu fumes?
– Non, moi, je ne fume pas. Ça coûte cher et c'est mauvais pour la santé. Mais j'ai des amis qui fument.
– Pourquoi fument-ils, à ton avis?
– Ils ont fumé quelques cigarettes pour essayer, puis ils ont trouvé que c'était difficile d'arrêter. J'ai une copine qui fume et elle dit que ça l'aide à se détendre, mais à mon avis, il vaut mieux trouver d'autres moyens de se relaxer.
– Julie, beaucoup de jeunes boivent au weekend ou en soirée. Qu'en penses-tu?
– Moi, personnellement, je bois très peu d'alcool. Je préfère l'Orangina. Mais je connais des garçons qui boivent de la bière. Ça va, si on boit avec modération, mais quelquefois, on voit quelqu'un qui a trop bu et qui commence à être agressif et je n'aime pas ça.

## Révision: Unité 8

These worksheets can be used for an informal test of listening and reading or for revision and extra practice, as required.

🔊 Copymaster 8/6  CD 7 Tracks 20–23
SCD 2 Tracks 15–18

### Révision 8: Écouter – Partie A

#### 1 À la pharmacie

Students listen to the conversations at the chemist's and write the correct letter for each customer. Key words are repeated within each dialogue.

> **Solution:**
> **1** D, **2** A, **3** E, **4** C, **5** H

🔊 CD 7 Track 20, SCD 2 Track 15

### À la pharmacie

**Exemple:**
– Je voudrais de l'aspirine, s'il vous plaît. Un paquet comme ça.
– Voilà, madame. Voici un petit paquet d'aspirine.

**1**
– Un tube de dentifrice, s'il vous plaît, comme ça.
– Un grand tube ou un petit?
– Un grand, s'il vous plaît.

**2**
– Du sirop, s'il vous plaît. Du sirop contre la toux. Qu'est-ce que vous recommandez? Ce sirop est très bon, monsieur.
– Alors, je prends ça.

**3**
– Avez-vous des pastilles pour la gorge, s'il vous plaît?
– Oui, il y a un grand choix de pastilles. Regardez!
– Alors, donnez-moi ce paquet de pastilles-là. Oui, celui-là. Merci.

**4**
– Je vais partir en vacances, donc j'ai besoin d'une crème anti-insectes, s'il vous plaît.
– Une crème.
– Oh, en tube, s'il vous plaît.
– Voilà, un grand tube de crème. Les insectes n'aiment pas ça!

**5**
– Une brosse à dents, s'il vous plaît.
– Une brosse à dents. De quelle couleur?
– Voyons, euh … rouge, je crois, oui, rouge. Celle-là en rouge!

252  Tricolore 4 Teacher Book

# 8 Revision and additional practice

## 2 Ça fait mal?
Students listen to people complaining about their various aches and pains. They identify a picture to represent each person.

**Solution:**
1 H, 2 A, 3 F, 4 B, 5 D

---

🔊 CD 7 Track 21, SCD 2 Track 16

### Ça fait mal?
**Exemple:**
Regarde ma main gauche! Je me suis brûlé en faisant la cuisine et ça me fait très mal.

1 Mon pied me fait très mal – je vais enlever mes chaussures.
2 J'ai travaillé à l'ordinateur toute la journée et maintenant, j'ai très mal au cou.
3 – J'ai mal à l'épaule, je ne sais pas pourquoi.
   – Ton épaule? C'est parce que tu as porté cette valise lourde hier.
4 Je suis très enrhumé et mon nez me fait très mal!
5 Aïe! Je mangeais des bonbons et je me suis cassé une dent! Maintenant, il faut aller chez le dentiste.

---

## 3 Qu'est-ce qui ne va pas?
Students listen to Sarah's conversation with the doctor and answer the questions in English.

**Solution:**
1 played tennis all afternoon, 2 stay in bed, drink water, 3 whether it's serious/whether she should go to hospital (accept either), 4 return in three days if not better

---

🔊 CD 7 Track 22, SCD 2 Track 17

### Qu'est-ce qui ne va pas?
– Bonjour, docteur.
– Bonjour. Alors qu'est-ce qui ne va pas?
– J'ai mal à la tête et j'ai de la fièvre.
– Avez-vous passé beaucoup de temps au soleil?
– Oui, hier, j'ai joué au tennis dans le parc pendant tout l'après-midi.
– Il faut faire attention. Le soleil est très fort en ce moment. Bon. Pour l'instant, je ne vais pas vous donner de médicaments. Il faut surtout rester au lit et boire de l'eau.
– C'est grave? Je dois aller à l'hôpital?
– Non, non, je ne pense pas. Mais si ça ne va pas mieux dans trois jours, revenez me voir.
– Merci, docteur. Au revoir.

---

## 4 Pour avoir la forme
Students listen to the discussion and select the statement that best represents the opinions of each speaker.

**Solution:**
1 f, 2 c, 3 h, 4 g, 5 d

---

🔊 CD 7 Track 23, SCD 2 Track 18

### Pour avoir la forme
**Exemple:**
– Qu'est-ce qu'il faut faire pour avoir la forme? Qu'est-ce que vous en pensez, madame?
– Pas de stress. Essayez d'éviter le stress. C'est tout ce qu'il faut!
– Très bien.

1 – Et vous, monsieur. À votre avis, qu'est-ce qu'il faut faire pour avoir la forme?
  – Euh, il faut faire de l'exercice. Ça, c'est essentiel!
2 – Mademoiselle, pour avoir la forme, il faut faire quoi, à votre avis?
  – La forme? Euh … il faut bien manger, c'est-à-dire manger beaucoup de fruits et de légumes, des produits riches en vitamines, etcetera, et manger régulièrement.
3 – Monsieur, on discute de la forme. Pour avoir la forme, qu'est-ce qu'il faut faire, à votre avis?
  – Eh bien … bien dormir, ça, c'est important. On ne peut pas rester en forme si on ne dort pas bien.
4 – Merci. Et vous, madame. À votre avis, pour avoir la forme, qu'est-ce qu'on doit faire?
  – Alors, on ne doit pas fumer. Ça, c'est évident!
5 – Et vous, monsieur, quel est votre avis?
  – Quoi, pour avoir la forme? Ben, il faut s'amuser avec ses amis, être heureux, se relaxer et rire beaucoup!
– Merci.

---

Copymaster 8/7  CD 7 Tracks 24–26
SCD 2 Tracks 19–21

## Révision 8: Écouter – Partie B

### 1 Ça s'est passé comment?
Students listen to each person describing how something happened and choose the correct answer.

**Solution:**
1 a, 2 c, 3 b, 4 a, 5 c

---

🔊 CD 7 Track 24, SCD 2 Track 19

### Ça s'est passé comment?
**Exemple: Marie**
Je me suis cassé la jambe. Hier, je faisais une promenade à cheval lorsqu'une moto s'est arrêtée juste devant moi et je suis tombée de mon cheval.

**1 Charles**
Je me suis fait mal à la main gauche. Je grimpais sur les rochers et j'ai glissé – c'est comme ça que je l'ai fait.

**2 Christophe**
Je me suis coupé le doigt. J'étais en train de préparer le dîner et j'utilisais un nouveau couteau pour préparer les légumes.

**3 Sandrine**
Je me suis fait piquer par une guêpe. Je travaillais dans le jardin et je n'avais pas remarqué qu'il y avait une guêpe sous une feuille.

# 8 Revision and additional practice

**4 José**
Je me sens vraiment malade – c'est peut-être un coup de chaleur. Je me suis allongé sur la plage et je me suis endormi.

**5 Lucie**
Je me suis brûlé le bras et ça me fait très mal. Avec mon frère on grillait des saucisses sur notre barbecue et je n'ai pas fait assez attention.

## 2 Attention sur les routes!

Students listen to the report of the two accidents and answer the questions in English.

**Solution:**
1 fallen trees on the roads, 2 three (driver and two passengers), 3 motorcyclist, 4 two, 5 two, 6 no, 7 van not going very fast

🔊 CD 7 Track 25, SCD 2 Track 20

### Attention sur les routes!

Les conditions sur les routes sont particulièrement dangereuses en ce moment à cause du mauvais temps d'hier soir. Les routes sont très glissantes à cause de la pluie et beaucoup d'arbres sont tombés sur les routes.

Près de Boulogne, une voiture qui transportait trois personnes est rentrée dans un arbre qui était tombé en travers de la route. Un motocycliste a trouvé le véhicule et a alerté les secours. On a transporté l'automobiliste et les deux passagers à l'hôpital. L'automobiliste et un des passagers sont dans un état grave, mais stable; l'autre passager souffrait du choc, mais n'a pas eu d'autres blessures.

Dans un autre accident, aux environs de Calais, un automobiliste a freiné pour éviter un arbre sur la route, mais a perdu le contrôle de son véhicule et est entré en collision avec une camionnette. Heureusement, la camionnette ne roulait pas vite et les deux conducteurs ne sont pas grièvement blessés.

## 3 La vie des jeunes

Students listen to three teenagers talking about their state of mind and morale, and select the option that is most appropriate.

**Solution:**
1 b, 2 c, 3 b, 4 c, 5 a, 6 a, 7 c, 8 b

🔊 CD 7 Track 26, SCD 2 Track 21

### La vie des jeunes

**Conversation un: Daphné**
- Ça va mieux, Daphné?
- Oui, oui, beaucoup mieux! En effet, cette semaine je suis en pleine forme.
- Tant mieux, parce que l'autre jour, tu avais le moral à zéro!
- C'est vrai, j'en avais ras le bol. Mais dimanche j'ai eu un coup de téléphone d'un ancien ami, Bertrand, et on est sortis ensemble dimanche après-midi et on a beaucoup rigolé – ça m'a fait du bien.

**Conversation deux: Mathieu**
- Salut, Mathieu, ça va?
- Non, en fait, pour le moment, ça ne va pas très bien.
- Pourquoi?
- Je ne sais pas vraiment. Je ne dors pas bien la nuit et pendant la journée, je suis toujours très fatigué.
- Tu ne dors pas bien? Tu sais pourquoi?
- Je suis très stressé à cause des examens et donc, je travaille très tard la nuit – c'est sans doute ça qui m'empêche de dormir.
- Alors, après les examens, ça ira mieux.
- Tu crois? Après les examens, il y aura les résultats – c'est ça qui me rend vraiment stressé!

**Conversation trois: Marie-Claire**
- Dis, Marie-Claire, comment va ta sœur, Céline? On a toujours des ennuis avec elle et son petit ami?
- Oui, toujours, c'est vraiment pénible.
- Mais je croyais que tu t'entendais bien avec ta petite sœur.
- Oui, oui, je m'entends bien avec elle, en principe. Mais, je m'entends bien avec mes parents aussi et ma mère et ma sœur se disputent tout le temps.
- À cause de quoi?
- Surtout à cause de son petit ami. Elle se laisse influencer par lui et quand il est là, elle fume et elle boit trop – elle n'a que seize ans, tu sais!

▶ Copymaster 8/8

## Révision 8: Lire – Partie A

### 1 Le corps humain

Students note the letter for the different parts of the body.

**Solution:**
1 D, 2 F, 3 A, 4 G, 5 H

### 2 Attention!

Students choose the correct picture for each sentence.

**Solution:**
1 F, 2 B, 3 C, 4 G, 5 D

### 3 Un coup de soleil

Students pick the right letters to complete the article.

**Solution:**
1 e, 2 c, 3 d, 4 b, 5 g

# 8 Revision and additional practice

### Copymaster 8/9

## Révision 8: Lire – Partie B (1)

### 1 Allô parents, ici ados
Students read the article and answer the questions in English.

**Solution:**
**1** c, d, **2** c, **3** a, **4** b

### 2 Êtes-vous bien dans votre assiette?
Students read the article and find the correct word to fill each gap.

**Solution:**
**1** a, **2** e, **3** i, **4** d, **5** f, **6** c, **7** b, **8** j

### Copymaster 8/10

## Révision 8: Lire – Partie B (2)

### 3 Le tabagisme
Students read the opinions and then write the name of the appropriate person to complete sentences 1–8.

**Solution:**
**1** Nita, **2** Cécile, **3** Sophie, **4** Fatima, **5** Karim, **6** Paul, **7** Marc, **8** Roland

### Copymaster Sommaire 8

## Sommaire 8
This is a summary of the main topic vocabulary of the unit, also available on SB 168–169.

# Unité 9

# Unité 9   Projets d'avenir   pages 172–191

| Aims and objectives | Grammar and skills | Vocabulary |
|---|---|---|
| **9A Que ferez-vous? pages 172–173** | | |
| • talk about exams<br>• discuss plans for the future | • talking about plans | Exams<br>Future plans |
| **9B Spécial examens  pages 174–175** | | |
| • discuss exam preparation and revision | • *pendant, depuis, pour*<br>• verbs with an infinitive | Exams |
| **9C Un stage en entreprise  pages 176–177** | | |
| • exchange information and opinions about work experience<br>• prepare for the world of work | • direct object pronouns in the perfect tense | Work experience placement |
| **9D Mon métier  pages 178–179** | | |
| • discuss your choice of further education and career<br>• talk about finding a job and avoiding unemployment | • verbs with prepositions | Jobs<br>The world of work<br>Unemployment<br>Aspects of work |
| **9E Au travail  pages 180–181** | | |
| • understand job advertisements<br>• discuss different aspects of a job | • *quand* + future tense | The world of work<br>Aspects of work |
| **9F Pour gagner de l'argent  pages 182–183** | | |
| • discuss pocket money<br>• discuss part-time jobs | | Pocket money and part-time work |
| **9G Un job pour l'été  pages 184–185** | | |
| • find out about holiday work<br>• prepare a CV<br>• apply for jobs and prepare for interviews | | Aspects of work |
| **9H On peut rêver  pages 186–187** | | |
| • discuss what you would do<br>• discuss marriage and the future | • the conditional<br>• *si* + imperfect + conditional | Future plans |
| **9I Contrôle  pages 188–189** | | |
| • practise exam techniques<br>• find out what you have learnt | • speaking tips<br>• writing tips | |
| **Sommaire  pages 190–91** | | |
| • This lists the main topic vocabulary covered in the unit. | | |
| **Revision and additional practice** | | |
| • **Au choix 9**: SB 230–231<br>• **Online**: Kerboodle Resources and Assessment<br>• **Copymasters**: 9/1–9/15<br>• **CD 8** Tracks 6–17<br>• **SCD 2** Tracks 22–28 | | |

## Resources

**Student Book** 172–191

**CDs 7–8, Student CD 2**

## Copymasters

9/1   Deux verbes dans une phrase (1)
9/2   Deux verbes dans une phrase (2)
9/3   Deux verbes dans une phrase (3)
9/4   Des métiers
9/5   Jeux de mots – les métiers
9/6   On cherche des renseignements
9/7   Les 7 piliers du CV
9/8   Un emploi pour les vacances
9/9   Tu comprends?
9/10  Révision: Écouter – Partie A
9/11  Révision: Écouter – Partie B
9/12  Révision: Lire – Partie A (1)
9/13  Révision: Lire – Partie A (2)
9/14  Révision: Lire – Partie B (1)
9/15  Révision: Lire – Partie B (2)
      Sommaire 9

Tricolore 4 Teacher Book

# 9A Que ferez-vous?

**Au choix** SB 230–231

1. À l'avenir
2. Comment se préparer
3. On a fait ça
4. En stage au bureau
5. Un mail à écrire
6. On cherche du travail
7. Petites annonces
8. Les jobs
9. Si …

**Examination Grammar in Action** 69–71

Using the verb *savoir*
Using the verbs *pouvoir* and *vouloir*
Using two verbs together

## 9A Que ferez-vous?   pages 172–173

| Aims and objectives | Grammar and skills | Resources |
|---|---|---|
| • talk about exams<br>• discuss plans for the future | • talking about plans | **Key language**: SB 190–191<br>**Au choix**: SB 230<br>**Online**: Kerboodle Resources and Assessment<br>**CD 7** Tracks 27–28 |

### 172

### 1 Les examens en France

This item serves both as background information and as revision of some of the vocabulary for exams and subjects studied.

Remind students of the pattern of secondary education in France (*l'entrée en 6ème* at about age 11, *collège – 5ème, 4ème, 3ème* – changing to *lycée – seconde, première, terminale*).

Perhaps have a short brainstorming session to cover as much information as possible about education in France, names of school subjects, differences from the British system, e.g. *redoublement*, holidays, etc.

Students then read the information from Adeline and complete the sentences that follow, either orally or in writing.

**Solution:**
1 *la terminale*, 2 *le baccalauréat*, 3 *le bac de français*, 4 *l'anglais et l'allemand*, 5 *la biologie*

### 172

### 2 Des expressions utiles

This French/English matching task provides a useful vocabulary list for the topic.

**Solution:**
1 d, 2 i, 3 b, 4 f, 5 g, 6 a, 7 h, 8 c, 9 e

### 172 Dossier-langue

### Talking about plans

Six ways of expressing intention are summarised here and then practised on this spread. Refer students as necessary to *Grammaire* 14.9, 14.12, 16.9 and 18.3.

### 230 Au choix

### [1] À l'avenir

See notes on page 275 in Unit 9 Revision and additional practice.

### 172

### 3 Que ferez-vous?

Students complete the conversations with the correct part of the verbs. When the verbs have been checked, students could practise the conversations in pairs.

**Solution:**
1 *ferez*, 2 *viendra*, 3 *aura*, 4 *arrivera*, 5 *ferons*, 6 *auras*, 7 *feras*, 8 *sauras*, 9 *partirai*, 10 *reviendrai*, 11 *travaillerai*, 12 *feras*, 13 *quitteras*, 14 *quitterai*

### 172 CD 7 Track 27

### 4 Une interview avec Pierre

Students complete the text then listen to the interview to check. The answers contain examples of the different ways of expressing intention.

**Solution:**
1 *espère*, 2 *serai*, 3 *voudrais*, 4 *pense*, 5 *l'intention de*, 6 *voudrais*

### CD 7 Track 27

### Une interview avec Pierre

– Pierre, as-tu l'intention de continuer tes études après l'école?
– Oui, oui. J'espère faire des études à l'Université de Paris.
– Qu'est-ce que tu aimerais faire plus tard?
– Si j'ai de bonnes notes à l'université, je serai peut-être prof d'histoire-géo.

Tricolore 4 Teacher Book   257

## 9A Que ferez-vous?

- Et, sinon, qu'est-ce que tu voudrais faire?
- Sinon, je pense travailler comme photographe ou comme journaliste.
- As-tu l'intention de voyager?
- Oui, bien sûr, je voudrais voyager, surtout aux États-Unis.
- Merci, Pierre et à bientôt!

### 173

### 5 Des projets après l'école

Students read through the summaries of the courses of study and future plans of four young people. They then match the statements with the correct people, writing the full name or just the initial.

Solution:
**1** Alexis (A), **2** Clara (C), **3** Alexis (A), **4** Leila (L), **5** Clara (C), **6** Leila (L), **7** Nathan (N)

Some useful phrases could be picked out in a 'find the French' task, e.g.
1 he has gone in for sciences – *il s'est orienté vers les sciences*
2 enough money to travel – *assez d'argent pour voyager*
3 when he gets back – *quand il reviendra*
4 first of all – *d'abord*
5 his/her dream is to go – *son rêve est d'aller*
6 she hopes to go to university – *elle espère aller à la fac*
7 to teach – *enseigner*
8 a law course/degree – *une fac de droit*
9 for the first year – *pour la première année*

For further practice, students could work in pairs: one assumes the identity of one of the young people, the other asks a maximum of four questions, to which the answer can only be *oui* or *non*, in order to identify the person.

### CD 7 Track 28

### On parle des examens et après

As an additional task, able students could listen to two students talking about future plans and note down in English whether the speakers intend to continue with their studies and their chosen career. The second interview is more difficult.

Solution:
Didier: will continue with studies, wants to be a lawyer (*avocat*)

Marilyn: may continue unless she gets a job; was intending to teach English, but now thinks she will teach French to foreigners

### CD 7 Track 28

### On parle des examens et après

1 – Didier, quelle est la prochaine étape dans tes études?
– Eh bien, ce sont les examens en juin, puisque je suis actuellement en deuxième année de droit et il y aura donc une sélection importante.
– Hmm, hmm. Et, supposons que tu sois reçu à tes examens. Euh, est-ce que tu penses continuer?
– Oui. Il me faudrait encore à peu près quatre ans pour faire avocat.
– Donc le projet professionnel que tu as, c'est de devenir avocat, c'est ça?
– Tout à fait. C'est mon but, oui.
– Et quelles sont les possibilités pour toi de devenir avocat?
– Je pense que j'ai les facultés pour arriver à ce niveau-là, mais je sais que c'est difficile, puisqu'en France, vingt-cinq pour cent des jeunes sont au chômage.

2 – Marilyn, quelle est la prochaine étape dans tes études?
– Comme chaque année, les examens, sessions de mai et juin.
– Hmm, hmm. Et après ces examens, est-ce que tu penses continuer?
– Oui et non. En fait, j'ai ... j'ai plusieurs projets ... soit travailler ... ou continuer.
– Hmm, hmm. Donc tu ne sais pas exactement ce que tu vas faire après, pour le moment?
– Pas vraiment, parce que ... enfin, tout dépendra, si je reçois ... si j'ai ... si j'ai été acceptée pour le travail. Sinon, j'ai la possibilité de continuer des études.
– Hmm, hmm. Supposons que tu ... sois reçue à tes examens, est-ce que, à partir de là, tu as un projet professionnel?
– Si, euh, de ... depuis que j'ai commencé, j'ai voulu enseigner l'anglais.
– Hmm, hmm.
– Mais ... finalement, à cause de ... l'expérience que j'ai en ce moment de ... d'être assistante française dans un lycée anglais, j'ai trouvé cela très ... très intéressant finalement de ... d'enseigner le français à des étrangers. Donc, je pense que c'est ce que je ferai.

### 173

### 6 Témoignage

Students read the account of education in a developing country and decide whether the statements are true or false. They should correct the false sentences.

Solution:
(sample) **1** F (*Il a passé une grande partie de sa vie sans éducation*), **2** V, **3** V, **4** F (*Il n'y a pas de bâtiment, leur école est sous un arbre*), **5** V, **6** F (*Ils doivent se réfugier quand il pleut et leurs cahiers sont mouillés*), **7** V, **8** F (*Leur éducation est beaucoup affectée par la guerre*)

For further exploitation, ask students to find the following phrases in the text. Encourage them to use similar phrases in their own work:

Tricolore 4 Teacher Book

1 I am lucky – *j'ai de la chance*
2 for two years – *pendant deux ans*
3 once – *une fois*
4 nothing to eat – *rien à manger*
5 nothing at all – *rien du tout*
6 that's annoying – *ça, c'est embêtant!*
7 I hope to become – *j'espère devenir*
8 I'd like to be able to drive – *j'aimerais pouvoir conduire*

## 9B Spécial examens

### 173

### 7 À vous!

a Students work in pairs, asking and answering the questions and referring to the opinions on the page if necessary.

b Students write a paragraph about their future plans, using the questions as a framework.

# 9B Spécial examens   pages 174–175

| Aims and objectives | Grammar and skills | Resources |
| --- | --- | --- |
| • discuss exam preparation and revision | • *pendant, depuis, pour*<br>• verbs with an infinitive | **Key language**: SB 190–191<br>**Au choix**: SB 230<br>**Online**: Kerboodle Resources and Assessment<br>**Copymasters**: 9/1, 9/2, 9/3<br>**CD 7** Track 29, **CD 8** Track 6<br>**GiA**: 69–71 |

### 174

### 1 Les examens approchent

a Students read through the different views on revising for exams and find the French for some key phrases.

**Solution:**

1 *je préfère travailler avec un copain*
2 *on pourra discuter*
3 *il faut bien préparer son bureau*
4 *n'hésite pas à t'acheter quelques nouveaux trucs*
5 *quand je suis en train de réviser*
6 *je réussis à travailler sans interruption*
7 *ce n'est pas marrant de réviser*
8 *n'oublie pas de tout sauvegarder*
9 *avant d'éteindre l'ordinateur*

b Students read through the article again and match up each of the opinions listed with the correct writer.

Many items contain examples of verbs followed directly by an infinitive or by *à* or *de* and these are explained and used further in subsequent items.

**Solution:**
**1** E (Enzo), **2** K (Karim), **3** M (Mélanie), **4** A (Anissa), **5** A (Anissa), **6** M (Mélanie)

### 174 Dossier-langue

### *pendant, depuis, pour*

This item looks at three words that all mean 'for', but each one is used in a different context. This could be extended to other prepositions (e.g. 'to', 'from', 'by' in English, or *à*, *de*, *par* in French).

Five examples of *pour* + infinitive in the text are:
*pour se détendre un peu*
*pour m'amuser*
*pour les écouter plus tard*
*pour m'empêcher d'oublier des détails*
*pour faire ressortir les choses importantes.*

### 230 Au choix CD 8 Track 6

### [2] Comment se préparer

See notes on page 275 in Unit 9 Revision and additional practice.

### 175 Dossier-langue

### Verbs with an infinitive

This item includes a task in which students find the French for the verbs listed and divide them into three groups according to whether they are followed directly by an infinitive, by *à* or by *de*.

Fuller lists and explanations are provided in *Grammaire* 18.1–18.3. There is more detailed practice of each type of sequence on Copymasters 9.1–9.3 (see TB 260).

### 175

### 2 Des phrases utiles

a Students match the pairs to find examples of the three kinds of verbs, and write the sentences in English.

b They then translate sentences into French.

**Solution:**

a 1 c (You must decide to go to bed early)
  2 f (I don't hesitate to give myself presents)
  3 b (I like knowing/to know how to speak French)

Tricolore 4 Teacher Book   259

# 9B Spécial examens

   **4** e (He encourages his pupils/students to work well),

   **5** a (We cannot work all the time)

   **6** d (It is better to rest a little)

**b** **1** *J'évite de regarder des réseaux sociaux.*

   **2** *Nous avons/On a commencé à réviser à sept heures.*

   **3** *Mon ami(e)/Mon copain/Ma copine m'a aidé à comprendre.*

   **4** *J'ai décidé de faire des listes.*

   **5** *J'essaie de me coucher de bonne heure.*

   **6** *Je ne réussis pas à me détendre.*

175

## 3 Des 'astuces' pour les révisions

After some oral practice, students write their own list of revision tips, adapting or inventing new ones. The teacher could suggest how many they should prepare.

More able students could also use the material as a starting point for discussion, e.g.

– À mon avis, il vaut mieux réviser jusqu'au dernier moment.

– Ce n'est pas une bonne idée de réviser en écoutant de la musique …

Copymasters 9/1, 9/2, 9/3

## Deux verbes dans une phrase (1), (2) and (3)

See notes on pages 276–277 in Unit 9 Revision and additional practice.

175  CD 7 Track 29

## 4 Les examens et moi

**a** For further consolidation, students listen to Laura talking about her exams and future plans. They choose the correct option in each sentence.

**b** They then listen to Daniel and answer the questions in French.

**c** Finally, students write their own personal summary, based on the résumé supplied.

**Solution:**

**a**  **1** b, **2** a, **3** c, **4** a, **5** c, **6** b

**b** (sample) **1** *Il est moins fort en anglais et géo.* **2** *Il les écoute dans le bus.* **3** *Il travaillera au supermarché.* **4** *Il espère partir en vacances avec des copains.* **5** *Il étudiera la musique, la physique et l'informatique.* **6** *Il pense voyager pendant une année.*

CD 7 Track 29

### Les examens et moi

**a**  Laura – une jeune Française qui habite en Angleterre

Je prépare le GCSE en neuf matières: anglais (langue et littérature), français, histoire, maths, deux sciences, c'est à dire physique et chimie, musique et informatique. Ma matière préférée est l'informatique, mais j'aime aussi la musique et les maths.

Pour m'aider à réviser, j'ai préparé un très grand emploi du temps que j'ai affiché sur le mur de ma chambre et chaque soir, je coche les choses que j'ai finies.

Tout de suite après les examens, j'espère partir en vacances avec mes trois amis. On va passer deux semaines à faire du camping en Normandie.

L'année prochaine, j'irai au 'Further Education College' pour faire des études commerciales.

Quand j'aurai fini mes études au 'Further Education College', j'ai l'intention de continuer mes études à l'université et plus tard, je voudrais travailler à l'étranger dans une entreprise internationale.

**b**  Daniel – un jeune Anglais qui a une mère française

Moi, je déteste les examens, mais je prépare mon GCSE de français, anglais, musique, géo, biologie, physique, mathématiques, informatique, technologie et éducation physique – c'est trop! Je suis sûr que je vais rater l'anglais et la géo, mais j'espère être reçu dans les autres matières.

Pour m'aider à réviser, j'enregistre des notes et je les écoute dans le bus sur mon portable.

Après les examens, je travaillerai au supermarché, puis j'espère partir en vacances à Ténériffe avec une bande de copains.

L'année prochaine, si je suis reçu aux examens, j'entrerai en première et j'étudierai la musique, la physique et l'informatique.

Quand je quitterai l'école, je pense travailler et voyager pendant une année, puis aller à l'université et plus tard, je voudrais être ingénieur du son.

Examination Grammar in Action 69–71

## Using the verb *savoir*
## Using the verbs *pouvoir* and *vouloir*
## Using two verbs together

These three pages provide further practice of using these verb structures, if required.

# 9C Un stage en entreprise   pages 176–177

| Aims and objectives | Grammar and skills | Resources |
|---|---|---|
| • exchange information and opinions about work experience<br>• prepare for the world of work | • direct object pronouns in the perfect tense | Key language: SB 190–191<br>Au choix: SB 230<br>Online: Kerboodle Resources and Assessment<br>CD 7 Track 30 |

Schools do work experience at different points, so some students may have already done this while others may be planning to do a work placement in a year's time.

### 176

## 1 Un stage en entreprise

First, check that students understand the meaning of *un stage en entreprise* and discuss experiences, if appropriate, e.g.
- *Qui a fait un stage en entreprise? Quand? Richard, c'était intéressant, ton stage?*

Students can then read through the introductory section and answer some questions, e.g.
- *Est-ce que les jeunes Français font un stage en entreprise?*
- *À quel âge, d'habitude?*
- *À votre avis, c'est une bonne idée pour des Britanniques de faire un stage en France?*
- *Est-ce que ces jeunes sont contents de leur stage?*

Students now do the *vrai ou faux?* activity, writing a corrected version of the false sentences.

**Solution:**
(sample)

**1** V, **2** V, **3** F (*Normalement, ils ont déjà fait un échange scolaire/une visite en France*), **4** F (*Ils sont logés dans une famille française*), **5** F (*Pour les Anglais en France, les stages durent d'habitude quatre ou cinq jours*), **6** PM, **7** V, **8** PM

### 176–177

## 2 On fait un stage en France

Students read the accounts of work experience, written by four young people. These could be allocated to different students or groups, who then report back to the others. Plenty of useful oral work could be based on this material.

**a** Students find in the accounts the French for the English phrases listed, to provide vocabulary support.

**Solution:**

1 *en plus, j'ai appris comment …*
2 *le plus intéressant, c'était …*
3 *ce que je faisais*
4 *j'ai choisi de faire mon stage*
5 *celui que j'ai préféré était …*

6 *on m'a tout expliqué*
7 *une chose qui m'a surprise, c'est que …*
8 *tout le monde a été très accueillant*
9 *une occasion à ne pas manquer*

**b** They then complete the sentences. They only need to write the initials, but whole sentences should be read out if the answers are checked orally.

Questions 1–8 test comprehension, but for questions 9 and 10, students express their own preferences for the descriptions and for the jobs themselves. This could be followed by a quick class survey to see which jobs seemed the most interesting.

**Solution:**

**1** L, **2** K, **3** I, **4** I, **5** K, **6** L + H, **7** I, **8** H

### 177 Dossier-langue

## Direct object pronouns in the perfect tense

The work experience accounts contain several examples of preceding direct object agreement. If appropriate, refer students to this optional *Dossier-langue* and to *Au choix* task 3 (see below) and *Grammaire* 8.2d. The agreement with the relative pronoun *que* (*Grammaire* 8.2d, 9.2) is more complicated and could be omitted for most students.

### 230 Au choix

## [3] On a fait ça

See notes on page 275 in Unit 9 Revision and additional practice.

### 177 CD 7 Track 30

## 3 Mon stage en entreprise

Students first read through the questions then listen to the recordings of young French people talking about their work experience. They make notes in French on the answers given by each person, using *Pour vous aider* as support.

When checking their answers, they should read them aloud as a complete reply, e.g. *J'ai travaillé dans un magasin de photos.*

# 9C Un stage en entreprise

**Solution:**
See transcript.

🔊 CD 7 Track 30

## Mon stage en entreprise

**1 Alain**
- Bonjour, Alain. Bien … ton stage en entreprise, tu l'as fait où?
- J'ai travaillé dans un magasin de photos en ville – il s'appelle Photo-Presse – c'est un grand magasin.
- Et quels étaient tes horaires?
- Tous les jours sauf lundi et dimanche, de neuf heures à cinq heures de l'après-midi et avec une heure pour le déjeuner – de midi à une heure.
- Qu'est-ce que tu as fait comme travail?
- J'ai servi les clients, j'ai utilisé une machine pour imprimer les photos et deux ou trois fois, j'ai aidé un des photographes qui avait pour spécialité de photographier les enfants.
- Ça t'a plu comme travail?
- C'était un peu ennuyeux, mais j'ai beaucoup aimé le travail avec le photographe.
- Tu voudrais faire cette sorte de travail toi-même, plus tard?
- Devenir photographe – oui, j'aimerais beaucoup ça. Mais travailler dans un magasin – absolument pas!

**2 Laura**
- Dis-moi, Laura, où as-tu fait ton stage en entreprise?
- J'ai travaillé dans le bureau d'un journal régional. L'Info-Midi – c'est un hebdomadaire. J'ai eu de la chance d'y aller. C'est que mon oncle fait partie de la rédaction de ce journal et c'est lui qui m'a trouvé cette place.
- Quels étaient tes horaires?
- J'ai travaillé de huit heures et demie du matin jusqu'à quatre heures de l'après-midi, mais pas tous les jours. Comme le journal paraît le vendredi soir, on ne travaille pas au bureau le samedi, et le lundi aussi, c'est assez calme. Donc, je travaillais de mardi à vendredi seulement.
- Et qu'est-ce que tu as fait?
- Un peu de tout! J'ai surtout travaillé à la réception, avec les clients qui demandent des renseignements ou qui apportent les petites annonces, tout ça. Des fois, j'ai fait du classement et puis … euh … en plus j'ai répondu au téléphone quand on était très pressé.
- C'était bien, ton stage? Comment l'as-tu trouvé?
- Ben oui, c'était bien. Le travail était varié et les gens étaient assez gentils … oui, oui, enfin, c'était intéressant … la plupart du temps.
- Et plus tard, est-ce que tu voudrais faire un travail comme ça?
- Non, pas vraiment … surtout pour un petit journal comme ça. Être journaliste et travailler pour un quotidien national, peut-être, mais je ne voudrais pas passer ma vie au bureau.

📖 177

## 4 À vous!

This pair-work task is in two alternative parts:
– for those who have done their work experience
– for those still to do it.

In each case students discuss what they have done or wish to do, before writing down details as a list of preferences. Alternatively, students could write these as a message or as the script for a short presentation. In case students do not wish to describe their own experiences, for any reason, their account could be imaginary.

Varying degrees of help will be needed and, with less able students, you could suggest basing their work closely on the outline for the listening item (task 3) and could go through this with them in stages.

A writing frame could be produced, based on the prompts in the Student Book.

Able students could be encouraged to refer to the information available, but also to go beyond the basic facts, adding information and details of their own, e.g.

- *Pour vous aider, vous pouvez regarder encore les descriptions des élèves, écouter encore les jeunes Français et utiliser des phrases de l'activité précédente.*
- *En plus, si vous voulez, vous pouvez raconter quelque chose qui est arrivé pendant votre stage ou que vous avez trouvé amusant ou étonnant. Si possible, ajoutez des réflexions, par exemple: Pour faire cet emploi, il vaut mieux (être patient/aimer les animaux/savoir travailler sur l'ordinateur/ avoir un sens de l'humour/ne pas être trop égoïste/ s'intéresser à la médecine/etc.).*

If able students choose to do a presentation, they could be encouraged to prepare and work from a 'cue card', e.g.

| | |
|---|---|
| Où? | dans une station-service |
| Horaires | 8h30 à 16h30, pendant 2 semaines |
| Travail | J'ai servi les clients, j'ai répondu au téléphone. |
| Description | assez dur, un peu ennuyeux |
| Réflexions | Je ne voudrais pas faire ça comme métier. |

📖 230 Au choix

## [4] En stage au bureau

See notes on page 275 in Unit 9 Revision and additional practice.

Tricolore 4 Teacher Book

# 9D Mon métier

## 9D Mon métier   pages 178–179

| Aims and objectives | Grammar and skills | Resources |
|---|---|---|
| • discuss your choice of further education and career<br>• talk about finding a job and avoiding unemployment | • verbs with prepositions | **Key language**: SB 190–191<br>**Au choix**: SB 230<br>**Online**: Kerboodle Resources and Assessment<br>**Copymasters**: 9/4, 9/5<br>**CD 7** Tracks 31–32 |

**178  CD 7 Track 31**

### 1 Comment choisir un métier

Discuss points to consider when choosing a job. Students read through the 12 reasons and then listen to the recording and jot down the numbers of the reasons in the order in which they are mentioned. For further practice, they could suggest a job that matches each reason, referring to Unit 9 *Sommaire* (SB 190–191) for help.

**Solution:**
2, 6, 1, 4, 5, 3, 7, 8, 12, 11, 10, 9

**CD 7 Track 31**

#### Comment choisir un métier

- Quelles sont, pour vous, les raisons qui comptent pour choisir un métier?
- Un métier qui est intéressant, c'est très important!
- Et un travail qui donne du contact avec le public.
- Moi, je cherche surtout un métier bien payé.
- Et prestigieux, je voudrais un métier prestigieux.
- Et, si possible, où on aura beaucoup de vacances.
- Oui, beaucoup de vacances, et un métier où on peut voyager à l'étranger …
- Tout ça, c'est très égoïste. Moi, je cherche un métier qui permet d'aider les gens ou d'aider à protéger l'environnement.
- Moi, je voudrais travailler en équipe; j'aime les métiers où on rencontre beaucoup de gens.
- Ah non, pour moi, je choisirais plutôt un travail où on pourra prendre ses propres décisions.
- Et en plus, il faut penser à l'avenir – moi, je voudrais quelque chose qui offre beaucoup de débouchés.
- Alors moi, je cherche un travail qui m'aidera à acquérir de nouvelles compétences.
- Oui, ça aussi, c'est une bonne raison.

**Follow-up activities:**

Ask students which reasons they think are important and why. They could discuss this in pairs or groups, carry out *sondages,* and choose and write down in order of preference the three reasons they think are most important.

**178**

### 2 Il y a beaucoup de métiers!

This provides more detailed practice of career and work vocabulary. Students find an example of a job for any 10 (or more) of the categories. The class could be split into groups or pairs to do this, with results collated.

**Copymaster 9/4**

### Des métiers

See notes on page 277 in Unit 9 Revision and additional practice.

**Copymaster 9/5**

### Jeux de mots – les métiers

See notes on page 277 in Unit 9 Revision and additional practice.

**178  CD 7 Track 32**

### 3 Je voudrais faire ça

Students should copy the grid, then listen and fill in details. They could just make brief notes for the reasons for each choice of job, but these could be explained more fully when giving answers orally.

**Solution:**
(sample)

| Nom | Métier | Raison(s) |
|---|---|---|
| Élisabeth | maquilleuse | est assez artiste; aimerait travailler dans le théâtre; pas dans un salon de beauté – trop ennuyeux |
| Antoine | vétérinaire | adore les animaux (surtout les animaux de ferme); aime être en plein air; métier varié et intéressant |
| Klara | institutrice | aime beaucoup les petits enfants; ne voudrait pas être prof dans un collège/lycée – grandes classes de jeunes |
| Mathieu | pilote d'avion | adore voyager; bien payé; pas pilote de guerre – trop dangereux, il est pacifiste |
| Kévin | journaliste | beaucoup de concurrence et mal payé, mais un métier passionnant; voudrait être indépendant, prêt à travailler dur |

The recording includes some useful phrases which could be developed as a 'find the French' or a matching activity, e.g.

Tricolore 4 Teacher Book

# 9D Mon métier

on the other hand, I wouldn't like … – *par contre, je ne voudrais pas …*

that would be too boring – *ce serait trop ennuyeux*

… which interests me a lot – *… ce qui m'intéresse beaucoup*

in any case, … – *de toute façon, …*

on the other hand, … – *en revanche, …*

I'm definitely not interested in … – *je ne m'intéresse absolument pas à …*

that doesn't appeal to me at all – *ça ne me dit rien*

from the age of eight – *depuis l'âge de huit ans*

on the one hand … , on the other hand … – *d'une part … , d'autre part …*

what's more – *en plus*

there's a lot of competition – *il y a beaucoup de concurrence*

I'm prepared to work hard – *je suis prêt à travailler dur*

### CD 7 Track 32

## Je voudrais faire ça

- Moi, je m'appelle Élisabeth. Comme métier, je voudrais être maquilleuse parce que je suis assez artiste et, en plus, j'aimerais travailler dans le théâtre. Par contre, je ne voudrais pas travailler dans un salon de beauté – ce serait trop ennuyeux.
- Je suis Antoine et le métier que je voudrais faire, c'est vétérinaire. J'aimerais faire ça parce que j'adore les animaux, surtout les chevaux, les vaches et les animaux de ferme. Comme ça, je travaillerais souvent en plein air, ce qui m'intéresse beaucoup. De toute façon, ce serait un métier très varié et intéressant.
- Je m'appelle Klara, je suis belge. Comme métier, j'espère devenir institutrice. Je sais que ce n'est pas un métier bien payé, mais j'aime beaucoup les petits enfants. En revanche, je ne m'intéresse absolument pas à l'enseignement dans un collège ou un lycée. Être prof devant une grande classe de jeunes, ça ne me dit rien!
- Je suis Mathieu et mon rêve est d'être pilote d'avion. Je veux être pilote depuis l'âge de huit ans. D'une part, c'est parce que j'adore voyager, surtout en avion, et d'autre part, c'est parce que les pilotes sont très bien payés. Mais je serais pilote civil, pas pilote de guerre parce que ça, c'est trop dangereux, et en plus, je suis pacifiste.
- Je m'appelle Kévin et j'aimerais travailler comme journaliste. Je sais qu'il y a beaucoup de concurrence pour ce métier, et c'est souvent très mal payé, ce qui est un grand désavantage. Quand même, je trouve que c'est un métier passionnant et je suis sûr que je pourrai y réussir. Je voudrais être indépendant et je suis prêt à travailler dur.

### 178

## 4 Du pour et du contre

This item provides practice in giving reasons for and against a selection of jobs. Students read through the advantages and disadvantages and choose those that they consider appropriate for each one.

### 230 Au choix

## [5] Un mail à écrire

See notes on page 275 in Unit 9 Revision and additional practice.

### 179

## 5 Le chômage – peut-on l'éviter?

This item touches on unemployment, but treats the subject as constructively as possible, linking it with positive suggestions about planning for the future, most of which are relevant to the students now.

a Students read the comments and could make notes about the advice given. They match the titles (A–F) to the comments (1–6).

b They then translate the advice into English.

Solution:

a **1** E, **2** D, **3** B, **4** F, **5** A, **6** C

b (sample)

 **1** Think about your CV in advance. When I discuss work experience, holiday jobs or volunteer projects with my students, I always advise them to choose something that relates to their future career.

 **2** Find out in advance what you will be asked for in terms of certificates, training or qualifications for the jobs you are interested in. And think about doing voluntary work to show your values and improve your CV.

 **3** When choosing which courses to take, I advise young people not to choose anything too fashionable. Talk to information centres, look on the internet – there is a huge choice of careers.

 **4** My father often told me that you always have to have several strings to your bow! You are not going to do just one job for your whole life. So, while specialising in sciences, I am not dropping music or my ICT lessons.

 **5** If you are offered a 'course choice' test (test to see which course is best for you), take advantage of it. To follow the right career path, you have to know yourself well.

 **6** Ask your friends who have already found work to give you their impressions or even to introduce you into the same company. Knowing the right people is often what counts!

### 179 Dossier-langue

## Verbs with prepositions

Students read through the *Dossier-langue* on asking and advising, and then translate four sentences. Refer students as necessary to *Grammaire* 18.4).

# 9E Au travail

**Solution:**
(sample)

1 *Le professeur dit/demande à la classe d'écrire un CV.*
2 *Ses parents lui ont dit de trouver du travail/ un job.*
3 *Ils permettent/On permet à mon frère de travailler avec des animaux.*
4 *Je te/vous conseille de faire un stage en entreprise.*

### 179

## 6 À vous!

a Students take turns to ask each other questions about their future plans, choice of jobs and the reasons for their choice.
b They then choose a topic and write 80 words or more on it.

## 9E Au travail   pages 180–181

| Aims and objectives | Grammar and skills | Resources |
|---|---|---|
| • understand job advertisements<br>• discuss different aspects of a job | • *quand* + future tense | **Key language:** SB 190–191<br>**Au choix:** SB 231<br>**Online:** Kerboodle Resources and Assessment<br>**Copymasters:** 9/6<br>**CD 7** Tracks 33–34 |

### 180

## 1 Petites annonces: Offres d'emploi

This task introduces the language of adverts. Students could be allocated different adverts to work on in detail or could read through them all, just to get the gist at first. Make sure that they understand any unfamiliar words, such as *la formation, le SMIC, animateur/animatrice*, etc.

Some initial oral work could be based on these adverts, e.g.
– *Qui s'intéresse à cet emploi?*
– *À ton avis, es-tu matinal(e)/dynamique?*
– *Es-tu disponible au mois de juillet?*
– *Veux-tu travailler dans une équipe?*

a Students then read the statements and link each to the correct advert.
b They then answer the questions in English.

**Solution:**

a **1** D, **2** E, **3** D, **4** D, **5** B, **6** B, **7** D, **8** A, **9** B, **10** B

b **1** *Brevet* (A); *bac* (E), **2** language test and interview, **3** 2 or 3 years in hospitality/hotel/restaurant, **4** 12 September, 16.30–22.30, **5** D – delivering newspapers

### 180 Dossier-langue

### *quand* + future tense

This looks at the use of the future tense with *quand*. Very able students might be able to use the future perfect in phrases like *quand j'aurai terminé mes études, …*

### 181

## 2 À vous de choisir

a Students read the statements and decide on the most suitable advertised job for each person.
b Finally, they find in the text the French for the English phrases listed, to use in their own work.

**Solution:**

a **1** B, **2** A, **3** E, **4** D, **5** A (B also possible), **6** C

b **1** *pendant l'été*, **2** *ça va sans dire*, **3** *j'avoue*, **4** *à mi-temps, à temps partiel*, **5** *ma propre voiture*, **6** *quelque chose de sportif*, **7** *pendant un an*

### 181

## 3 Des expressions utiles

This matching activity provides useful job-related vocabulary.

**Solution:**

**1** j, **2** c, **3** e, **4** l, **5** a, **6** h, **7** n, **8** k, **9** g, **10** b, **11** m, **12** i, **13** d, **14** f

### 181  CD 7 Track 33

## 4 C'est comme ça, le travail

In this item, the speakers are four of the young people from task 2 who have obtained the work they wanted. Students listen to the recording and match the descriptions of the work being done (a–d in section A *Le travail*) with the names of the successful candidates.

They also select (from section B *L'opinion*) the words and phrases that represent each speaker's opinion of the work.

Tricolore 4 Teacher Book   **265**

# 9E Au travail

**Solution:**

Kémi – a (*mal payé, mais intéressant*)

Charlotte – c (*dur, ennuyeux*)

Jean-Michel – b (*très dur, assez bien payé*)

Hélène – d (*fatigant, intéressant, amusant*)

### CD 7 Track 33

### C'est comme ça, le travail

**Kémi**

Je suis drôlement content parce que j'ai trouvé un travail très satisfaisant. J'organise des activités sportives dans un club de vacances pour les enfants. C'est mal payé, ça va sans dire, mais c'est très, très intéressant!

**Charlotte**

J'ai trouvé une situation dans la restauration rapide, mais je ne crois pas que je vais rester ici. Je sais qu'il faut travailler dans le restaurant pour apprendre, mais le travail est très dur et très ennuyeux.

**Jean-Michel**

Je me lève très tôt – vers cinq heures au plus tard! Puis il faut livrer des tas, des tas de journaux dans les kiosques de Paris. Comme travail, il est très, très dur – mais assez bien payé, quand même.

**Hélène**

J'ai vraiment eu de la chance de trouver ce travail pour l'été. J'adore la musique et ici, je travaille surtout avec des enfants qui jouent d'un instrument. En plus, je parle italien avec une famille qui est ici en visite. C'est fatigant, mais c'est intéressant et quelquefois amusant aussi.

**181 CD 7 Track 34**

## 5 Mon ami fait ça

a Students listen to two people, each describing the work of a friend, and note down the details in English according to the headings 1–5.

The first description is easier and follows the order of the five headings. Students might need to hear the second speaker several times since the information is not as clearly matched to the headings.

**Solution:**

**Christophe:**

1 in a pharmacy/at the chemist's

2 He serves the customers and helps the chemist.

3 He had to study at university for a long time.

4 He doesn't like the fact that he can't make up prescriptions.

5 He likes being in contact with the public and the job is very varied.

**Viviane:**

1 in Senegal

2 She works as a teacher in a *collège*/secondary school.

3 She did special training in Paris.

4 She can't visit the region because there is hardly any public transport.

5 She likes working with children and she gets on well with the other teachers.

b Students then choose one of the people from this page (tasks 4 and 5) and write, in French, three or four sentences about their job.

### CD 7 Track 34

### Mon ami fait ça

**1 Marc parle de Christophe**

Mon ami Christophe travaille dans une pharmacie et pour ça, il a dû faire de longues études à l'université. Il sert les clients qui achètent des choses dans le magasin et il aide le pharmacien, mais il n'a pas encore le droit de préparer les médicaments pour les ordonnances.

C'est la seule chose qu'il n'aime pas, car il voudrait préparer les ordonnances lui-même, mais il doit passer un autre diplôme avant de faire ça. À part ça, il aime beaucoup ce travail, parce qu'il est en contact avec le public et c'est très varié.

**2 Élise parle de Viviane**

Ma correspondante Viviane prend une année sabbatique. Elle passe une année à l'étranger avant de commencer ses cours à l'université. Elle travaille au Sénégal, en Afrique, comme professeur dans un collège et elle fait un peu de tout – des maths, du français, des sciences et de l'éducation physique.

Avant de commencer, elle a fait un stage spécial à Paris. Elle aime beaucoup travailler avec les enfants et elle s'entend bien avec les autres profs. Quand même, elle voudrait visiter un peu le pays, mais il n'y a presque pas de transport en commun dans la région où elle travaille.

**231 Au choix**

## [6] On cherche du travail

See notes on page 276 in Unit 9 Revision and additional practice.

**Copymaster 9/6**

## On cherche des renseignements

See notes on pages 277–278 in Unit 9 Revision and additional practice.

**Follow-up activities:**

If there is time, the adverts could be exploited further, with students ringing up and asking about jobs or being interviewed for them by the teacher. Very able students could discuss whether they would apply or be qualified for these jobs, giving reasons.

Students could also conduct a web search for job opportunities. There are many sites offering jobs but a lot ask you to complete a CV and submit it. Looking for jobs on search engine sites may be best. See 9G *Un job pour l'été* (SB 184–185) for more work on job applications and CVs.

# 9F Pour gagner de l'argent

## 9F Pour gagner de l'argent   pages 182–183

| Aims and objectives | Grammar and skills | Resources |
|---|---|---|
| • discuss pocket money<br>• discuss part-time jobs |  | Key language: SB 190–191<br>Au choix: SB 231<br>Online: Kerboodle Resources and Assessment<br>CD 7 Tracks 35–36 |

### 182

### 1 Forum des jeunes: L'argent de poche

Students read the comments from teenagers on an internet forum about pocket money. They match each question 1–9 to the correct person (or people).

**Solution:**

1 Chocolat+, 2 Bonne Génie, Méloman, 3 Bonne Génie, 4 100sass, 5 Chocolat+, 6 Sportive7, 7 100sass, Chocolat+, 8 Méloman, 9 Sportive7

### 182 CD 7 Track 35

### 2 Sondage: des petits emplois

This item is based on a survey of part-time jobs, carried out at a school. Students read the questions, listen to the interviews with Denis and Camille, then note their replies, in French.

**Solution:**

Denis: 1 *dix-sept ans*, 2 *travaille dans un café, voudrait travailler dans une ferme*, 3 *le samedi et deux soirs en semaine, 18h00–21h00*, 4 *ramasser les verres et les tasses, essuyer les tables, quelquefois au bar*, 5 *fatigant*

Camille: 1 *dix-huit ans*, 2 *fait du babysitting*, 3 *deux ou trois soirs, heures variables*, 4 *joue avec les enfants, les lave et les met au lit*, 5 *satisfaisant*

### CD 7 Track 35

### Sondage: des petits emplois

- Quel âge avez-vous, Denis?
- J'ai dix-sept ans.
- Avez-vous un job ou voudriez-vous en avoir un?
- Oui. J'ai un job.
- C'est quoi comme travail?
- Je travaille dans un café, mais j'aimerais mieux travailler dans une ferme, car j'aime le plein air et les animaux.
- Quels jours travaillez-vous et quels sont vos horaires de travail?
- Je travaille le samedi, toute la journée, et deux soirs pendant la semaine de six heures à neuf heures.
- En quoi consiste le travail?
- Je dois ramasser les verres et les tasses et essuyer les tables. Quelquefois, je travaille au bar. Je préfère ça, car on gagne plus et on vous donne des pourboires.
- Lequel de ces mots décrit le mieux votre job? Intéressant, satisfaisant, varié, ennuyeux, amusant, fatigant, dur ou une autre expression.
- Mmm … je dirais fatigant – le travail est très fatigant, surtout le samedi.
- Merci, Denis … Et maintenant, Camille. Quel âge avez-vous Camille?
- J'ai dix-huit ans.
- Avez-vous un job ou voudriez-vous en avoir un?
- Oui. J'ai un job.
- C'est quoi comme travail?
- Je fais du babysitting.
- Quels jours travaillez-vous et quels sont vos horaires de travail?
- Ça dépend. Je travaille deux ou trois soirs pendant la semaine, mais les heures sont variables.
- En quoi consiste le travail?
- Je dois jouer avec les enfants, les laver et les mettre au lit.
- Lequel de ces mots décrit le mieux votre job? Intéressant, satisfaisant, varié, ennuyeux … ?
- Oh, c'est très satisfaisant – j'adore les enfants.

### 182

### 3 Mon job

Students match some core questions with possible answers.

**Solution:**
1 b, 2 f, 3 a, 4 c, 5 d, 6 e

### 182  CD 7 Track 36

### 4 Pour gagner de l'argent

**a** First, students read the opinions (1–10) and decide whether each is positive or negative.

**Solution:**
1 N, 2 P, 3 P, 4 P, 5 N, 6 P, 7 N, 8 N, 9 N, 10 P

**b** They then listen to five young people talking about their part-time jobs and match each of them to the correct opinions.

**Solution:**

Maxime 3, 5; Camille 6, 9; Denis 10, 1; Manon 2, 8; Kévin 7, 4

Tricolore 4 Teacher Book   267

## 9G Un job pour l'été

🔊 CD 7 Track 36

### Pour gagner de l'argent

– Je m'appelle Maxime. Pour gagner de l'argent, je travaille le samedi dans une grande surface avec des amis. Nous allons chercher les chariots abandonnés. C'est dur, mais on s'amuse ensemble!

– Moi, je suis Camille et je fais surtout du babysitting. Je ne gagne pas trop, mais j'adore les enfants.

– Je suis Denis et je travaille dans un café. Le travail est très fatigant, mais je m'entends bien avec les autres employés.

– Moi, je m'appelle Manon. Pendant les vacances, je travaille dans une boutique en ville. J'aime beaucoup ce travail, car on y vend tous les vêtements à la mode, mais l'inconvénient, c'est qu'il faut travailler le samedi.

– Je suis Kévin et je travaille dans le bureau d'objets trouvés à la gare SNCF. C'est intéressant comme travail, mais quelquefois, il y a des clients difficiles.

📖 183

### 5 Du travail ou des devoirs?

Students read this article about the conflict between part-time jobs and study, and answer the questions in English. Check comprehension of key phrases and write some on the board. Some oral work could be done in preparation for task 6.

**Solution:**

1 give Spanish tuition; babysit
2 bilingual French/Spanish; likes children and has years of experience doing babysitting; available during week and at weekends
3 after school (4 pm)
4 serious/hard-working, dynamic, motivated, good with children
5 to fund their hobbies; for going out at night; to buy clothes; to buy a scooter
6 their school work suffers; too tired and no time to do homework; education is very important and they need to concentrate on their studies

📖 231 Au choix

### [7] Petites annonces

See notes on page 276 in Unit 9 Revision and additional practice.

📖 183

### 6 À vous!

a Students work in pairs to ask and answer questions about jobs, pocket money and school work.
b They then write about a job they do or would like to do, and say what they do or would like to do with the money.

## 9G Un job pour l'été   pages 184–185

| Aims and objectives | Grammar and skills | Resources |
|---|---|---|
| • find out about holiday work<br>• prepare a CV<br>• apply for jobs and prepare for interviews |  | **Key language:** SB 190–191<br>**Au choix:** SB 231<br>**Online:** Kerboodle Resources and Assessment<br>**Copymasters:** 9/7, 9/8<br>**CD 7** Tracks 37–38 |

📖 184

### 1 Qu'est-ce qu'il y a comme travail?

Students read the information and the five adverts and then find out details of the jobs.

This could be done with students working in pairs, one asking the questions and the other supplying the information.

**Solution:**

1 **a** 17 ans, **b** 18 ans, **c** 17 ans, **d** 18 ans
2 **a** entre 24 et 30 heures, **b** 20 heures, **c** 30 heures
3 **a** B (animateur), E (chantier), **b** B (animateur), C (fastfood), E (chantier), **c** C (fastfood)
4 **a** B, **b** D, E, **c** C, **d** A, **e** E

### C'est quel job?

As follow-up, students could do a guided pair-work activity, based on the adverts. Each person chooses one of the jobs and asks questions to discover which job their partner has chosen. Answers to the questions can only be *oui, non* or *je ne sais pas*.

Display some possible questions, e.g.

*Vous serez nourri(e) et logé(e)?*

*C'est un travail avec les enfants/en plein air?*

*C'est pour filles et garçons (ou on ne sait pas)?*

*Est-ce qu'il faut   avoir 18 ans?*
                    *suivre une formation?*
                    *se lever de bonne heure?*

Tricolore 4 Teacher Book

# 9G Un job pour l'été

**184** CD 7 Track 37

## 2 Des petits emplois

a Students listen to five young people talking about holiday jobs and write notes in English about each speaker, saying (1) what they did, and (2) whether they liked the job or not and why.

**Solution:**

1   1 sold doughnuts, toys and crisps on beach in Cannes
    2 didn't earn much, but made lots of friends
2   1 sold newspapers in kiosk at station
    2 had to get up really early, didn't earn much, had to stay in town
3   1 au pair in Spain
    2 ideal for improving foreign language; get food, accommodation and pocket money
4   1 grape picking
    2 hard work, 10 hours a day, very hot
5   1 worked in holiday camp for seven- to nine-year-olds in Montreal, cooking and playing with the children
    2 fantastic, got food and accommodation (but not air fare), wants to do it again next year

b Students then choose one of the jobs described and ask and answer questions about it, referring to the *Pour vous aider* table.

c Finally, they write (in French) about whether they would like to do the job or not, giving reasons.

CD 7 Track 37

### Des petits emplois

Voici des témoignages de quelques membres d'un club des jeunes.

1 Je m'appelle Sébastien. Moi, pendant le mois d'août, j'ai fait la vente 'à la criée' sur la plage à Cannes. J'ai dix-huit ans et j'ai dû obtenir un permis à la mairie. J'ai vendu des beignets, des petits jouets et des chips. Je n'ai pas fait fortune, mais je me suis fait beaucoup d'amis.

2 Je suis Anton et j'ai travaillé comme vendeur de journaux dans un kiosque à la gare. J'ai dû me lever très, très tôt. Je n'ai pas gagné beaucoup d'argent et j'ai dû rester en ville. L'année prochaine, je voudrais travailler à la campagne ou au bord de la mer.

3 Je m'appelle Karine et comme boulot, j'ai travaillé comme jeune fille au pair en Espagne. Pour ça, il faut être célibataire et âgée de 18 ans, au moins, et naturellement, j'ai dû parler espagnol. À mon avis, c'est un job idéal si on veut se perfectionner dans une langue étrangère – on est logée et nourrie et on reçoit de l'argent de poche.

4 Je m'appelle Jean-François et l'an dernier, j'ai fait les vendanges au mois de septembre. C'était très dur comme travail. J'ai fait dix heures par jour et il faisait très chaud!

5 Je suis Alexandra et j'ai dix-sept ans. Comme boulot de vacances, j'ai travaillé à Montréal, dans un camp pour les enfants de sept à neuf ans. J'étais nourrie et logée, mais j'ai dû payer le voyage moi-même. J'ai des amis qui habitent à Montréal et ils m'ont trouvé ce job. C'était fantastique! J'ai fait la cuisine et j'ai joué avec les enfants. On s'est déguisé et on a inventé toutes sortes de jeux. Je voudrais le faire encore une fois l'année prochaine.

**231** Au choix

### [8] Les jobs

See notes on page 276 in Unit 9 Revision and additional practice.

Copymaster 9/8

### Un emploi pour les vacances

See notes on page 278 in Unit 9 Revision and additional practice.

**185**

## 3 Ce job m'intéresse

This item deals with applying for a holiday job and includes a CV and a letter of application for a job. This could equally be done as an email.

a Students read Joseph's CV and then discuss it in class, using the third person, e.g.
   – *Joseph habite où? Qu'est-ce qu'il a comme diplômes?*
   They then go on to plan and write their own CV based on the model.

b Students first study the letter of application written by Joseph for the job of *animateur*. This provides a model for students' own letters. They can apply for the same or a different job, but the main emphasis should be on the details about themselves.

Some students will be able to write this letter unaided but, for many, detailed preparation will be needed, such as 'analysing and annotating' the letter so that the writers include each part, e.g.
– introduction stating the purpose of the letter and the job applied for
– reason for interest in this job
– personal details: age, future plans
– leisure interests
– work experience
– dates when available
– formula for signing off.

An annotated version could be displayed on the whiteboard.

Copymaster 9/7

### Les 7 piliers du CV

See notes on page 278 in Unit 9 Revision and additional practice.

**185** CD 7 Track 38

## 4 Un entretien

This item is an interview with a French girl wanting to work as an *animatrice*. Students read through the

## 9H On peut rêver

questions listed, then listen to the interview, noting down her answers and finding out whether she gets the job.

> **Solution:**
> She does get the job.
> 1 *J'aime les enfants.*
> 2 *Oui. L'année dernière, j'ai travaillé dans un supermarché à Sheffield.*
> 3 *Oui, je travaille dans un supermarché le samedi. C'est fatigant.*
> 4 *l'anglais et l'italien*
> 5 *l'Angleterre, Montréal (le Québec) et l'Italie*
> 6 *J'aime le cinéma et je m'intéresse à l'informatique.*
> 7 *Oui, je fais de la natation, de la voile en été et du ski en hiver.*
> 8 *Oui, l'année dernière. J'ai travaillé dans une école primaire. C'était très intéressant.*
> 9 *le 28 juin*

🔊 CD 7 Track 38

### Un entretien

– Bonjour, Nathalie.
– Bonjour, madame.
– Alors, Nathalie. Pourquoi voudriez-vous faire ce travail?
– Ben, surtout parce que j'aime les enfants.
– Mmm ... très bien. Et avez-vous déjà travaillé pendant les vacances?
– Oui, madame.
– Parlez-moi un peu de ce que vous avez fait.
– L'année dernière, j'ai travaillé dans un supermarché à Sheffield, en Angleterre, parce que je voulais perfectionner mon anglais.
– C'était sans doute intéressant de travailler à l'étranger.
– Ah oui, très intéressant. J'ai beaucoup appris.
– Est-ce que vous avez un petit job le soir ou le weekend?
– Oui, le samedi, je travaille dans un supermarché, près de chez moi.
– Ça vous plaît?
– C'est un peu fatigant, mais j'ai des amis qui travaillent avec moi et on se débrouille.
– Quelles langues vivantes avez-vous étudiées à l'école?
– L'anglais, bien sûr, et puis l'italien aussi, mais je préfère l'anglais.
– Et quels pays étrangers avez-vous visités?
– L'Angleterre, naturellement, puis je suis allée à Montréal, au Québec, et en plus, en Italie, en voyage scolaire.
– Alors, vous avez beaucoup voyagé ... euh ... attendez ... Ah oui, que faites-vous pendant votre temps libre?
– J'aime le cinéma et je m'intéresse à l'informatique.
– Faites-vous du sport?
– Oui, je fais de la natation, puis de la voile en été et du ski en hiver.
– Avez-vous fait un stage en entreprise?
– Ah, oui. L'année dernière.
– Parlez-moi un peu de ce stage.
– J'ai travaillé dans une école primaire. C'était très intéressant.
– C'est très bien, Nathalie. Si on vous offre ce job, est-ce que vous pourrez commencer le vingt-huit juin? C'est le stage de formation.
– Oui, oui, madame. Ça serait idéal!
– Bon. Alors Nathalie, je suis heureuse de vous dire qu'on va vous donner un job comme animatrice cet été.
– Ah merci, madame, je suis très contente.

📖 185

### 5 À vous!

**a** Students now work in pairs, using a selection of the questions (task 4) and interviewing each other for a job of their choice. Fewer than the nine questions could be used, as appropriate. With less able students, it may be helpful for them to listen again to the recorded interview and to make some written notes as preparation for the interview.

**b** Students write about their own true or imaginary holiday job experiences, using the example outline as guidance. The account could be illustrated and could perhaps form the basis of an oral presentation.

## 9H On peut rêver   pages 186–187

| Aims and objectives | Grammar and skills | Resources |
| --- | --- | --- |
| • discuss what you would do<br>• discuss marriage and the future | • revise the conditional<br>• use *si* + imperfect + conditional | **Key language**: SB 190–191<br>**Au choix**: SB 231<br>**Online**: Kerboodle Resources and Assessment<br>**CD 8** Track 2<br>**GiA**: 58–59 |

📖 🔊 186 CD 8 Track 2

### 1 Si c'était possible ...

This recording is in two sections. Before listening, students read through the questions and look at all the possible answers.

Students then listen to the first part of the recording and identify each person's ideal job. They choose one option (from sentences a–e) for each person.

For part 2 of the recording, students listen and identify where each person would like to live. They complete a sentence in French for each person.

Tricolore 4 Teacher Book

# 9H On peut rêver

**Solution:**

1 Pierre – a, Vivienne – c, Michel – d, Camille – e, Ludovic b

2 Pierre – *Je vivrais dans le Midi de la France.*

Vivienne – *Je choisirais de rester à Paris.*

Michel – *Je choisirais les États-Unis.*

Camille – *Je vivrais à la Martinique.*

Ludovic – *J'irais peut-être au Canada ou peut-être en Irlande.*

🔊 CD 8 Track 2

## Si c'était possible …

**Première partie**

- Bon. On continue … on discute des métiers. Pierre, si tu pouvais faire n'importe quel métier, lequel choisirais-tu?
- Je serais réalisateur de films – j'aime bien le cinéma.
- Et toi, Vivienne, tu ferais quoi?
- Moi, je ferais la médecine … je voudrais devenir médecin, mais c'est difficile, la formation, et c'est très long en plus!
- Très bien. Et toi, Michel?
- Moi, si je pouvais faire n'importe quel métier … ben, je serais astronaute.
- Astronaute! Mon Dieu! Tu voudrais être astronaute, toi aussi, Camille?
- Moi, jamais de la vie! Moi, je serais couturière – la mode, ça m'intéresse beaucoup.
- Et puis toi, Ludovic. Quel métier choisirais-tu?
- Pilote … voilà mon rêve!

**Deuxième partie**

- Maintenant, on va parler des endroits où on voudrait habiter. Toi, Pierre, si tu pouvais vivre n'importe où dans le monde, où vivrais-tu?
- Ça dépend. Je voudrais visiter beaucoup de pays … voyager beaucoup c'est mon rêve! J'irais certainement aux États-Unis et j'ai déjà visité l'Angleterre. Mais j'aime beaucoup la France, donc, finalement, si je pouvais choisir, j'ai l'impression que je vivrais dans le Midi de la France.
- Très bien, moi aussi, j'adore le Midi. Et toi Vivienne? Toi aussi tu préfères la France, non?
- La France, oui, et pour les vacances, j'aime bien le Midi, et la Bretagne aussi. Mais pour vivre, c'est différent. Pour vivre, si j'avais le choix, je choisirais toujours de rester à Paris!
- Donc, deux personnes qui préfèrent vivre en France. Et toi, Michel, quel pays choisirais-tu?
- Pour moi, je n'hésite pas. J'ai déjà passé un an au Canada et j'ai visité plusieurs pays de l'Europe, mais pour vivre je choisirais toujours les États-Unis. Si on veut devenir astronaute, c'est essentiel!
- Et toi, Camille. Ça t'attire … euh … New York?
- Pas trop! Moi j'ai toujours aimé les pays chauds, l'Espagne, l'Afrique, la Tunisie. Mais comme j'ai toujours voulu habiter dans une île, si je pouvais vivre n'importe où, je crois que je vivrais à la Martinique.
- Quelle bonne idée! Je passerai mes vacances chez toi! Puis toi, Ludovic, c'est toi qui voudrais habiter en Australie, non?

- En Australie? Ah non, pas moi! C'est au Canada que je voudrais vivre.
- Ah bon, au Canada … c'est décidé, alors?
- Euh … oui … euh … presque! Au Canada, ou bien peut-être en Irlande – c'est un autre pays que j'aime et beaucoup de mes cousins y habitent. Je ne suis pas certain – j'irais peut-être au Canada, ou peut-être en Irlande.

For further practice as a class discussion, ask which famous person students would like to meet:

- *Si tu pouvais faire la connaissance de n'importe quelle personne célèbre, qui aimerais-tu rencontrer?*

A list of celebrities (French, if possible) could be displayed, along with key phrases, e.g.

- *je rencontrerais le/la célèbre sportif/sportive, …*
- *je choisirais mon auteur préféré, …*
- *j'aimerais rencontrer le chanteur/la chanteuse/le groupe …*

📖 **186 Dossier-langue**

## The conditional

This explains the pattern for 'if' clauses – *si* + imperfect, + conditional. Refer students as necessary to *Grammaire* 14.10.

**Examination Grammar in Action 58–59**

## Using the conditional (1) and (2)

If not already used in Unit 7, these pages provide further practice of the conditional if required.

**Follow-up activities:**

Students could now work in pairs and answer the questions from task 1 for themselves. This could be followed by class oral work, e.g.

- *Quel métier choisirais-tu? Est-ce que quelqu'un d'autre a choisi cela? Qui voudrait être astronaute? Pourquoi pas?*

Eventually students could write their own answers.

📖 **231 Au choix**

## [9] Si …

See notes on page 276 in Unit 9 Revision and additional practice.

📖 **186**

## 2 Que feriez-vous?

Students read through the answers given by Pierre and Vivienne.

a They first work in pairs, taking turns to ask and answer the four questions.

b They then use these as a prompt for writing their own views.

# 9H On peut rêver

### 186

**3 Forum des jeunes: Une année sabbatique**

a Students read the views on a gap year and then find in the text the French for the English phrases listed.

This could be followed by a class discussion, with students giving their own views as preparation for part of task 5 *À vous!*

b Students then match the statements to the appropriate person on the forum.

**Solution:**

a 1 *j'aimerais vraiment élargir mes horizons*
2 *avant d'aller à l'université*
3 *comment vivent les autres*
4 *j'apprendrais à parler la langue*
5 *une opportunité à ne pas manquer*
6 *c'est une perte de temps*
7 *le plus tôt possible*
8 *il faut profiter de sa jeunesse*
9 *je ne travaillerais jamais*
10 *je voudrais prendre une année sabbatique*
11 *je ne sais pas quoi faire*
12 *le temps de réfléchir*
13 *je ferais la même chose*
14 *je ne voudrais pas être comme mes parents*

b 1 Mistercool, 2 Perruchefolle, 3 Tapismajik, 4 Lapinslibres, 5 Voldenuit, 6 Alamode

### 187

**4 Deux messages**

These two messages cover the topic of marriage and future relationships.

a Go through the text and explain any unfamiliar vocabulary before students do the *vrai, faux ou pas mentionné?* activity.

b Students then choose one of the messages to translate into English.

This could be followed by class discussion of the issues in preparation for task 5, perhaps displaying the pros and cons on the board. Point out that *se marier* is reflexive.

**Solution:**

a 1 F, 2 PM, 3 V, 4 F, 5 V, 6 F, 7 PM, 8 F

b (sample)
Hi, Nadège!
I've just spent a very tiring weekend. It was Thomas, my elder brother, and Aurélie's wedding. They've known each other for five years and have just finished studying. They both have a job in Paris and they decided to get married.

In my opinion they are too young: Thomas is 23 and Aurélie is only 21. There are lots of things they will never do because they will no doubt soon have children.

What's more, a wedding is very expensive. If it were me, I'd live with my partner before getting married. I think marriage is out of date and there are not enough advantages … and children get on my nerves! What do you think?
Speak soon, Hortense

I don't agree with you, Hortense! For many people, religion is important and couples don't want to live together without being married. I think the marriage ceremony is very romantic; Thomas and Aurélie will have lovely memories of it.

Perhaps they won't have children. Some couples don't want to have children, that happens, and it's lucky it does happen because there will be even more children than now and our planet is already saturated.

If I had a really nice partner and we got on really well, I'd do everything with him: we'd talk, travel, work together and get married, no doubt. I dream of having a family: a boy and a girl, that would be good.
Nadège

### 187

**5 À vous!**

a Students ask and answer questions on the topics of this spread.

b They then summarise their work on this spread and the whole unit by writing about their hopes and aspirations for the next 10 years.

# 9I Contrôle

## 9I Contrôle   pages 188–189

| Aims and objectives | Grammar and skills | Resources |
|---|---|---|
| • practise exam techniques<br>• find out what you have learnt | • speaking tips<br>• writing tips | Key language: SB 190–191<br>Online: Kerboodle Resources and Assessment<br>Copymasters: 9/10–9/15<br>CD 8 Tracks 3–5, 11–17<br>SCD 2 Tracks 22–28 |

This spread provides assessment tasks, in all four skills, which follow the style of assessment offered by some awarding bodies. It is intended to provide practice in the different assessment techniques as well as to assess knowledge of the content of the unit.

Additional assessment material, using literary extracts for reading and photos for oral work, is provided in the five *C'est extra!* spreads which appear after Units 2, 4, 6, 8 and 10.

Teachers should adapt the tasks as necessary to suit the needs of their students. Board-specific examination practice, written by experienced examiners, is provided online.

## Listening

**188   CD 8 Track 3**

### 1 Les examens

Students listen to the conversation and answer the questions in English.

> Solution:
> **1** maths, science and ICT, **2** doesn't like them, **3** for three years, **4** history, **5** three hours a day

**CD 8 Track 3**

### Les examens

– Tu passes quels examens cet été, Alex?
– Mes examens s'appellent les GCSE et il y en a beaucoup! Je fais maths, sciences et informatique, ce qui est intéressant et assez facile pour moi. Puis il y a anglais – on passe deux examens parce qu'on fait la langue et la littérature.
– Tu aimes la littérature?
– Oui, j'aime bien. Nous faisons *Le Marchand de Venise* de Shakespeare. J'aime la pièce, mais je n'aime pas les dissertations sur les personnages et le texte.
– Tu fais une langue vivante, à part le français?
– Oui, j'apprends l'allemand depuis trois ans. C'est ma matière préférée. Pour me préparer, je suis allé à Berlin pendant les vacances. C'était très intéressant et très utile pour l'histoire aussi parce que nous étudions la Deuxième Guerre mondiale. Le seul problème, c'est que je n'ai pas assez révisé d'autres matières. Alors, j'ai dû travailler très dur après les vacances.
– Tu as passé beaucoup de temps à réviser?
– J'ai essayé de faire trois heures de révision par jour, et un peu plus le weekend, mais ce n'est pas toujours facile.

**188   CD 8 Track 4**

### 2 Réviser, c'est dur

Students listen to the conversation and choose the correct answers.

> Solution:
> **1** b, **2** a, **3** c, **4** b, **5** a

**CD 8 Track 4**

### Réviser, c'est dur

– À ton avis, quels sont les meilleurs moyens de réviser?
– Alors, moi, j'aime écouter de la musique en travaillant. Ça me détend et si la musique n'est pas trop forte, elle m'aide à me concentrer. Ça dépend aussi de la matière. Par exemple, pour les sciences, je préfère travailler en silence.
– Tu trouves qu'il y a trop de stress pour les jeunes?
– Oui, dans une certaine mesure, c'est vrai. Quand on a beaucoup d'examens à la fois, c'est stressant et j'ai encore des examens à réviser. Vendredi prochain, je passe un examen en sport …
– Ça, c'est facile, n'est-ce pas?
– Pas du tout! Il faut apprendre les parties du corps, les muscles et ce qu'ils font, la bonne alimentation et beaucoup de choses comme ça. C'est intéressant, mais c'est compliqué. Et en plus, il faut se spécialiser en une activité sportive. Moi, je fais une présentation sur le tennis, et après un prof doit me regarder jouer.
– Tu as raison, c'est compliqué et ça prend du temps! Tu as du temps libre pour un petit boulot le soir ou le weekend?
– J'aimerais bien avoir un peu plus d'argent, mais je n'ai pas de temps libre pour un petit boulot. À vrai dire, je suis contre les jobs pendant l'année scolaire parce que les études sont beaucoup plus importantes. Je vais travailler dans le magasin de ma tante pendant les vacances – après les examens. J'espère gagner assez d'argent pour le reste de l'année!

**188   CD 8 Track 5**

### 3 Et après?

Students listen to the conversation and choose the three sentences that are true.

> Solution:
> Sentences B, D, F are true.

# 9I Contrôle

### 🔊 CD 8 Track 5

### Et après?

– Qu'est-ce que tu veux faire comme métier?
– Une chose est évidente: je n'envisage pas de travailler dans un magasin pour toujours! Je ne sais pas encore ce que je voudrais faire, mais j'ai fait un stage en entreprise dans une banque internationale et ça m'intéresse beaucoup. Si j'y travaillais plus tard, je pourrais utiliser mes langues vivantes et peut-être travailler à l'étranger. J'aimerais ça.
– Tu vas aller à l'université?
– Bien sûr que oui. Il faut avoir une licence pour faire ce travail. Mais je crois que je prendrai une année sabbatique avant d'aller à la fac. J'espère voyager en Afrique et passer quelques mois dans une école africaine. J'ai vu un documentaire sur le travail bénévole, et cela m'a tellement intéressé que j'ai fait des recherches sur l'Internet pour trouver le nom des organisations qui organisent des stages de travail bénévole en Afrique. On peut aussi aller en Asie ou en Amérique latine, mais pour moi, l'Afrique est passionnante et j'ai envie d'y travailler.
– Tes parents sont d'accord?
– Je ne sais pas. Je ne leur ai pas encore parlé de mes projets, mais en général, ils me conseillent d'élargir mes horizons. Beaucoup de mes amis ont l'intention de faire quelque chose comme ça et ils m'ont encouragé à y penser.
– Très bien. Alors bonne chance quand tu en parleras à tes parents!

## Speaking

### 188

### 1 Role play

This gives an outline for a role-play conversation about education and jobs. Students could think about the questions which might be asked, perhaps looking back through the unit for ideas.

a As preparation, students read the conversation in pairs.
b They invent a slightly different conversation on the same topic.

### 188

### 2 Une conversation

Students work in pairs to make up a conversation on one of the topics, using the questions listed as a guideline.

## Reading

### 189

### 1 Au travail

Students read the message and answer the questions in English.

**Solution:**
1 babysitting, delivering newspapers,
2 advantage: supplements her pocket money; disadvantage: not very well paid, 3 in a travel agency, because she wants to work in tourism (and use languages), 4 languages and business, 5 not sure exactly what she wants to do, very interested in working abroad

### 189

### 2 Forum

Students read the posts and decide whose opinion is represented in the sentences.

**Solution:**
1 C, 2 C + V, 3 V, 4 C + V, 5 C

### 189

### 3 Après le bac

Students translate the message into English.

**Solution:**
(sample)
If I pass my bac, I will go to university to get a degree in physical activities and sport. Later, I hope to be a sports teacher in a French high school, but first, after university, I intend to spend at least one year in Canada. In the last holidays I did voluntary work in a village in the Alps. I had to work hard but it was very useful and I met young people from all over the world.

## Writing

### 189

### 1 Le monde du travail

Students write 150 words on their future plans.

### 189

### 2 Traduction

Students translate the message into French.

**Solution:**
*Quand je quitterai le collège, j'ai l'intention de passer un an en Afrique. J'espère faire du travail bénévole dans une école parce que ça m'intéresse beaucoup. À l'université/À la fac(ulté), je voudrais/veux étudier les langues (vivantes) parce qu'elles sont très pratiques/utiles. Je n'ai pas encore décidé ce que je vais faire plus tard comme métier/emploi, mais je voudrais travailler à l'étranger.*

### 190–191

## Sommaire 9

This is a summary of the main topic vocabulary of the unit, also available on copymaster.

# 9 Revision and additional practice

## 9 Revision and additional practice

**Resources**
Key language: SB 190–191
Au choix 9: SB 230–231
Online: Kerboodle Resources and Assessment
Copymasters: 9/1–9/15
CD 8 Tracks 6–17
SCD 2 Tracks 22–28

## Au choix

### 230 Au choix

### 1 À l'avenir

Students complete the sentences about future intentions, as indicated.

**Solution:**
**1** quitter, **2** résultats, **3** travailler, **4** Je voudrais, **5** matières, **6** L'année prochaine, **7** j'espère, **8** rêve, **9** J'ai l'intention, **10** projets

### 230 Au choix  CD 8 Track 6

### 2 Comment se préparer

This listening item contains further revision tips, this time from 'professionals'. Students listen to the advice and match statements to speakers.

**Solution:**
**1** J-P G (Jean-Pierre Guérin), **2** FG (François Gauger), **3** SM (Suzanne Mélun), **4** FG (François Gauger), **5** SM (Suzanne Mélun), **6** J-P G (Jean-Pierre Guérin)

### CD 8 Track 6

#### Comment se préparer

Les examens approchent, mais quelle est la meilleure méthode de se préparer aux examens? Nous avons demandé à quelques 'professionnels'.

**Jean-Pierre Guérin – médecin:**
Le plus important, c'est de bien dormir. Je vous conseille de vous coucher tôt le soir et de vous lever de bonne heure le matin. En plus, essayez de prendre un bon petit déjeuner le matin, surtout le matin des examens.

**Suzanne Mélun – professeur et conseillère d'orientation:**
N'essayez pas de vous concentrer pendant de très longues périodes. Il vaut mieux réviser pendant une demi-heure, quarante minutes au plus. Puis il faut prendre dix minutes de repos: écoutez de la musique, buvez un jus d'orange avant de retourner à votre travail.

**François Gauger – psychiatre:**
Préparez-vous bien en avance. Faites un plan que vous pouvez afficher sur le mur de la chambre où vous travaillez et cochez chaque jour les choses que vous avez apprises – ça va vous encourager! Mais ne continuez pas à réviser jusqu'au dernier moment! La veille de l'examen, arrêtez de travailler et essayez de vous relaxer un peu.

### 230 Au choix

### 3 On a fait ça

This provides practice of preceding direct object agreement.

**Solution:**
**1** écrite, **2** aidés, **3** mises, **4** passée, **5** je les ai aimés

### 230 Au choix

### 4 En stage au bureau

This item gives practice in recognising the conditional. Students match the pairs to make some requests and statements that might be of practical use in a work situation in France.

**Solution:**
**1** c, **2** e, **3** h, **4** f, **5** b, **6** g, **7** a, **8** d

### 230 Au choix

### 5 Un mail à écrire

a Students read this relatively demanding email, focusing on finding verbs in different tenses.

**Solution:**

**6 verbes au présent**: *mon père vient, ma mère … est, nous sommes, ils font, tu espères, je ne sais pas*

**5 verbes au passé composé avec 'avoir'**: *j'ai (bien) reçu, tu m'as demandé, on a eu, l'école a décidé, elle a dû*

**4 verbes au futur**: *il sera, il commencera, je devrai, je réussirai*

**3 verbes à l'imparfait**: *il travaillait, il n'y avait pas, mon père/elle était*

**2 verbes au conditionnel**: *tu voudrais, j'aimerais*

**1 verbe au passé composé avec 'être'**: *il est allé*

b They then write a reply. Some help may be needed, e.g. spotting questions to be answered and points to which reference could be made, and 'recycling' phrases from the email itself. (Allow students to give real or invented answers regarding their family's jobs.)

Tricolore 4 Teacher Book

# 9 Revision and additional practice

### 231 Au choix

## 6 On cherche du travail

This activity and Copymaster 9/6 are both about writing formal letters asking for information about jobs. They could be used now or, if preferred, with 9G *Un job pour l'été* (SB 184–185).

Students match up pairs of French and English phrases all linked with requesting information or applying for jobs.

**Solution:**
1 b, 2 g, 3 j, 4 h, 5 d, 6 f, 7 i, 8 a, 9 c, 10 e

### 231 Au choix  183

## 7 Petites annonces

Students look again at Mélissa's and Julien's texts on SB 183, task 5. They use them as a model to write their own jobseeker's profile. Go through the prompts orally first if necessary.

### 231 Au choix

## 8 Les jobs

This activity is based on an interview about a holiday job. Students first answer according to the cues, then, if they have had a job, they answer for themselves.

Some teachers may prefer to treat the writing of CVs and job application letters as optional. However, even if this aspect of the topic area is not part of a particular exam syllabus, it is an important element which practises useful language such as personal details, hopes, aspirations, opinions, likes and dislikes.

**Solution:**
(sample)

1 *Oui, je travaille dans un supermarché.*
2 *Je suis caissier/caissière.*
3 *Je travaille six heures par semaine.*
4 *Oui, je l'aime, parce que mes collègues sont gentils.*
5 *Non, j'y vais à pied.*
6 *J'ai vu une petite annonce dans le journal.*
7 *Je le fais depuis six mois.*
8 *J'achète des vêtements et je fais des économies pour les vacances.*
9 *Non, parce que c'est ennuyeux et je le trouve fatigant.*
10 *J'aimerais faire du jardinage.*

### 231 Au choix

## 9 Si …

This gives practice of the construction *si* + imperfect, + conditional. Some support is provided.

Sentences in part a require a verb in the imperfect tense, those in part b require a verb in the conditional.

# Copymasters

### Copymaster 9/1

## Deux verbes dans une phrase (1)

First, students read through the short *Dossier-langue* and then do the activities that follow.

### 1 Complétez le lexique

Students complete the *Lexique* and learn any new words.

**Solution:**
1 *aimer*, 2 to go, 3 to want/to desire, 4 to hope, 5 *penser*, 6 to be able (I can), 7 *préférer*, 8 to come, 9 to want/to wish

### 2 Complétez les bulles

Students complete the cartoon captions with the words in the box.

**Solution:**
1 *envoyer*, 2 *passer*, 3 *faire*, 4 *manquer*, 5 *nager*

### 3 Trouvez les paires

Students match up the two parts of each sentence.

**Solution:**
1 j, 2 b, 3 i, 4 c, 5 f, 6 e, 7 g, 8 h, 9 d, 10 a

### 4 À vous!

This activity is open-ended. In the first part, students reply to questions about their future plans; and in the second part, they complete statements about their likes and dislikes.

### Copymaster 9/2

## Deux verbes dans une phrase (2)

### 1 Complétez le lexique

Students complete the *Lexique* and learn any new words.

**Solution:**
1 to learn to, 2 *commencer à*, 3 *continuer à*, 4 to encourage someone to (do sth.), 5 to hesitate to, 6 *inviter*, 7 to start to, 8 *passer*, 9 to succeed in

### 2 Complétez les phrases

Students complete the sentences with the words in the box and translate them into English.

**Solution:**
1 C – I helped him (to) change the tyre.
2 A – Are you learning to drive?
3 B – What a disaster! I have spent the whole weekend doing my homework.
4 G – I like cooking and I enjoy trying out new recipes.
5 D – It's my birthday and I'm inviting you to come to the café after lessons.

Tricolore 4 Teacher Book

# 9 Revision and additional practice

**6** E – Did you succeed in finishing the crossword?

**7** F – I have put on my raincoat because it has started to rain.

## 3 Un message

Students read the message from a penfriend and write a reply. Make sure that they first identify the questions and check that they answer all these in their reply.

### Copymaster 9/3

## Deux verbes dans une phrase (3)

### 1 Complétez le lexique

Solution:

**1** cesser de, **2** décider de, **3** to try to, **4** oublier de, **5** refuser de, **6** to risk

### 2 Complétez les phrases.

Students complete the sentences with the words in the box and translate them into English.

Solution:

**1** H – It's stopped snowing.

**2** A – This morning, my brother decided to leave earlier.

**3** G – Because of the bad weather, we had to (were obliged to) stay here until morning.

**4** E – My friend phoned this morning, but I didn't have time to talk to him.

**5** B – I must find a job. I need to earn some money.

**6** F – My friend is going by boat. She is afraid of travelling by air.

**7** D – I refuse to do all this homework. I'm fed up with it!

**8** C – Don't forget to send me a message.

### 3 Des résolutions

Students read the letters about making New Year's resolutions and do the *vrai ou faux?* activity. Then they go on to write about their own resolutions.

Solution:

**1** V, **2** F, **3** F, **4** F, **5** F, **6** V, **7** V, **8** V

### Copymaster 9/4

## Des métiers

### 1 Complétez le lexique

This provides a fuller list of jobs with gaps for completion. Students could add any other jobs that are appropriate to their situation.

Solution:

See Unit 9 *Sommaire* (SB 190–191).

### 2 Un jeu de définitions

Students identify the jobs from the definitions, and some students could make up further definitions. Remind them that the article is not used with jobs.

Solution:

**1** Il est fonctionnaire, **2** Il est épicier, **3** Il/Elle est (C'est un) mannequin, **4** Elle est infirmière/médecin, **5** Elle est ouvrière, **6** Elle est avocate, **7** Il est pilote, **8** Il est étudiant

### Copymaster 9/5

## Jeux de mots – les métiers

This worksheet provides further practice of vocabulary linked with jobs.

### 1 Toutes sortes de métiers

Students find examples from the box, to match the listed categories.

Solution:

**a** *médecin, pharmacien(ne)*, **b** *professeur, instituteur*, **c** *hôtesse de l'air, chauffeur(-euse) de taxi*, **d** *jardinier, maçon*, **e** *boulanger, restaurateur*, **f** *secrétaire, informaticien*, **g** *banquier, comptable*

### 2 Quel métier?

Students find a suitable career for each of the people listed, looking at the illustrations for ideas.

Solution:

**1** Marc – *représentant*, **2** Hélène – *institutrice*, **3** Jean-Pierre – *mécanicien*, **4** Noémie – *pharmacienne*, **5** Alice – *assistante sociale*, **6** Sophie – *esthéticienne*, **7** Luc – *électricien*, **8** Anne – *diététicienne*, **9** Pierre – *comptable*, **10** Christine – *journaliste*

### Copymaster 9/6

## On cherche des renseignements

This copymaster provides students with a standard formula for writing a letter asking for information and application forms.

### 1 Un lexique à faire

Students read through the annotated model letter and complete the list of core expressions for formal letter writing.

Solution:

*Suite à …*

*Je vous écris pour vous demander …*

*Pourriez-vous …?*

*Auriez-vous l'amabilité de m'envoyer …?*

*des renseignements sur …*

*En quoi consiste le travail?*

*poser sa/ma candidature*

Tricolore 4 Teacher Book

# 9 Revision and additional practice

## 2 Une lettre

Students use the annotated letter as a model for writing to enquire about one of the jobs advertised on the copymaster or on SB 180. Some students could try writing the letter from memory or with reference to the completed *Lexique* only, rather than referring to the model letter.

> Copymaster 9/7

### Les 7 piliers du CV

This provides extra support for preparing a CV. The text is based on official advice via links from the CIDJ website (www.cidj.com), where a wealth of good job-related material can be found.

### 1 Trouvez les paires

> Solution:
> **1** d, **2** o, **3** i, **4** g, **5** a, **6** l, **7** n, **8** h, **9** k, **10** e, **11** b, **12** m, **13** j, **14** c, **15** f

> Copymaster 9/8

### Un emploi pour les vacances

### 1 Vendeur de glaces

Students complete the description of a holiday job as an ice-cream seller, choosing from the words provided in the box.

> Solution:
> **1** *décidé*, **2** *répondu*, **3** *trouvé*, **4** *commencé*, **5** *vendu*, **6** *choisi/préféré*, **7** *choisi/préféré*, **8** *goûté*, **9** *gagné*, **10** *aimé*

### 2 Qu'est-ce qu'ils ont fait?

Students follow the lines to match the jobs to the people. They write sentences in French explaining what everyone did, referring to the list of phrases provided.

> Solution:
> **1** *Marie a fait du babysitting.*
> **2** *Claude et Pierre ont travaillé dans un fastfood.*
> **3** *Sophie et Anne ont vendu des glaces.*
> **4** *Paul a cueilli des fruits.*
> **5** *Laurence et Sébastien ont fait du jardinage.*
> **6** *Luc a livré des pizzas.*
> **7** *Nicole a travaillé comme caissière.*
> **8** *Claire et Mathieu ont vendu des plantes.*

## 3 Conversations au téléphone

Students complete the conversations using the perfect tense of the verbs provided.

> Solution:
>
> **1** *tu as fait, J'ai regardé, j'ai écouté, j'ai lu, tu as vu, je ne l'ai pas vu*
>
> **2** *vous avez dîné, j'ai pris, mon mari a choisi, Vous avez bu, on a choisi*
>
> **3** *les Duval ont réussi, ils ont eu, Ils ont écrit, ils n'ont rien reçu*
>
> **4** *J'ai essayé, J'ai dû, J'ai vu, il m'a dit*

> Copymaster 9/9  CD 8 Tracks 7–10

### Tu comprends?

### 1 C'est quel métier?

Students write the correct letter for each statement.

> Solution:
> **1** F, **2** G, **3** A, **4** B, **5** E, **6** H, **7** C

> CD 8 Track 7

### C'est quel métier?

**Exemple:**
 – Que faites-vous dans la vie, monsieur?
 – Je suis vétérinaire.

1 – Que faites-vous dans la vie?
 – Je suis garçon de café.
 – Ah, oui. Vous travaillez au Restaurant du Parc, non?
 – Oui, c'est ça.

2 – Que faites-vous dans la vie?
 – Je travaille dans un bureau. Je suis employée de bureau.

3 – Et vous, monsieur, que faites-vous dans la vie?
 – Moi, je suis coiffeur.
 – Ah, bon. Je vois que vous êtes bien coiffé!

4 – Et vous, monsieur, que faites-vous dans la vie?
 – Je suis maçon. Je travaille dans la construction.
 – Maçon – c'est un travail difficile!

5 – Et vous, mademoiselle, vous avez un métier très intéressant, non?
 – C'est vrai. Je suis hôtesse de l'air, donc je voyage beaucoup.

6 – Bonjour, madame. Vous êtes médecin dans cet hôpital, non?
 – Oui, je suis médecin.

7 – Et vous, mademoiselle. Vous travaillez à l'hôpital aussi. Que faites-vous?
 – Je suis pharmacienne. Je travaille dans la pharmacie à l'hôpital.

### 2 Mon emploi pour les vacances

Students listen to the young people talking about their holiday jobs and write *V*, *F* or *PM*.

Tricolore 4 Teacher Book

# 9 Revision and additional practice

Solution:

1 **A** V, **B** V, **C** PM, **D** V

2 **A** V, **B** V, **C** F, **D** PM

3 **A** V, **B** V, **C** F, **D** V

4 **A** F, **B** F, **C** V, **D** PM, **E** V

### CD 8 Track 8

## Mon emploi pour les vacances

**1 Anaïs**

Pendant les vacances, j'ai travaillé comme vendeuse dans un magasin de musique. C'était assez amusant et j'aimais beaucoup écouter les CD. Mais on n'avait pas le droit de s'asseoir et à la fin de la journée, j'étais très fatiguée.

**2 Marc**

Moi, j'ai fait les vendanges l'année dernière, au mois de septembre – c'est le mois où on cueille les raisins. On faisait environ dix heures par jour et c'était dur comme travail, surtout quand il y avait du soleil. Quand même, on était nourri et logé et assez bien payé.

**3 Francine**

Mon frère travaille dans un supermarché et il m'a trouvé un poste là aussi, pour les vacances. C'était bien. Je faisais un peu de tout – je rangeais les rayons, j'aidais les clients et vers la fin, j'ai travaillé quelques heures par jour à la caisse. C'est ça que j'ai trouvé le plus intéressant.

**4 Nicolas**

Moi, j'ai cherché partout. Je voulais travailler dans un magasin, dans un bureau ou à la SNCF, mais je n'ai rien trouvé. Finalement, j'ai trouvé du travail dans un restaurant où je faisais la vaisselle. C'était absolument pénible comme travail, et je faisais huit ou neuf heures par jour. Le seul avantage, c'est que j'ai gagné assez d'argent pour me payer des vacances en Italie avec mes copains!

## 3 Sondage: L'argent de poche

Students listen to young people talking about their pocket money and tick the grid as appropriate.

Solution:

|  | 1 Laure | 2 Alex | 3 Jessica | 4 Nassim | 5 Stéphanie |
|---|---|---|---|---|---|
| vêtmt | Ex: ✓ |  |  |  | ✓ |
| musique |  |  | ✓ | ✓ |  |
| jeux vidéo |  | ✓ |  |  |  |
| bonbons et snacks |  | ✓ |  |  | ✓ |
| sorties |  |  | ✓ |  |  |
| magazines | ✓ |  |  | ✓ |  |
| tél. port. |  | ✓ | ✓ |  | ✓ |

### CD 8 Track 9

## Sondage: L'argent de poche

– Laure, ton argent de poche, tu en fais quoi?
– Ben, j'achète quelquefois des vêtements, un pull, par exemple, ou un tee-shirt. Et puis des magazines.
– Et toi, Alex. Tu achètes quoi?
– Des bonbons et des chips pour la récré, et puis je dois payer les frais de mon téléphone portable. Et j'essaie de faire des économies pour acheter des jeux vidéo.
– Jessica maintenant. Qu'est-ce que tu fais avec ton argent de poche?
– J'aime bien sortir, alors je me paie mes sorties, mais s'il me reste de l'argent, j'achète des CD.
– Tu n'as pas de téléphone portable, toi?
– Oh, si. C'est vrai, je dois payer ça aussi.
– Et toi, Nassim. Qu'est-ce que tu achètes avec ton argent de poche?
– Moi, pas beaucoup. Je fais des économies. Mais quelquefois, je m'achète un CD et même un magazine sur l'informatique.
– Puis Stéphanie, tu dépenses ton argent ou tu le gardes?
– Les deux. Je m'achète des vêtements et aussi des bonbons, mais j'essaie de mettre la moitié à la banque pour mes vacances. Le seul problème, c'est que maintenant j'ai un téléphone portable et ça coûte cher!

## 4 Projets d'avenir

The questions and answers in these three conversations provide good practice for the listening and speaking tests for this unit. Students listen to them and tick the correct answers. They could use the corrected versions later as scripts to practise conversations in pairs. It will probably be best to concentrate on just one of the two conversation topics at a time.

Solution:

**1** **1** C, **2** B, **3** A

**2** **1** B, **2** C, **3** A

**3** **1** B, **2** B, **3** C

### CD 8 Track 10

## Projets d'avenir

**1 Après les examens**

– Lucie, qu'est-ce que tu vas faire après les examens?
– Je vais essayer de trouver un job.
– Qu'est-ce que tu as l'intention de faire après l'école?
– Je voudrais voyager un peu d'abord.
– Qu'est-ce que tu voudrais faire comme métier?
– Franchement, je ne sais pas encore.

**2 Les petits emplois**

– Daniel, est-ce que tu as un petit job?
– Oui, je travaille pendant les vacances.
– Qu'est-ce que tu fais avec ton argent de poche ou avec l'argent que tu gagnes?
– Normalement, je me paie des sorties. J'aime sortir le weekend avec mes copains.
– Est-ce que tes amis travaillent?
– Mon meilleur ami travaille au supermarché.

**3 Un stage en entreprise**

– Dis-moi, Rebecca, où as-tu fait ton stage en entreprise?
– Je l'ai fait en France.
– Qu'est-ce que tu as fait?
– J'ai travaillé dans un bureau.
– Comment as-tu trouvé le stage?
– Je l'ai trouvé excellent et c'était très utile pour mon français.

# 9 Revision and additional practice

## Révision: Unité 9

These worksheets can be used for an informal test of listening and reading or for revision and extra practice, as required.

> Copymaster 9/10  CD 8 Tracks 11–14
> SCD 2 Tracks 22–25

### Révision 9: Écouter – Partie A

#### 1 Quel métier?

Students identify the jobs by entering the letters in the appropriate boxes.

**Solution:**

**1** H, **2** C, **3** G, **4** D, **5** F

🔊 CD 8 Track 11, SCD 2 Track 22

**Quel métier?**

**Exemple:**
- Que faites-vous dans la vie?
- Je suis mécanicien.
- Ah oui, vous êtes mécanicien.

1  – Que faites-vous dans la vie?
   – Je travaille dans une banque. Alors, je suis employée de banque.

2  – Que faites-vous dans la vie, madame?
   – Moi, je suis coiffeuse.
   – Coiffeuse, c'est bien.

3  – Alors, monsieur, vous êtes facteur?
   – Oui, c'est ça. Je travaille pour la poste. Je suis facteur.

4  – Et vous, monsieur, que faites-vous dans la vie?
   – Je suis chauffeur de camion.
   – Vous êtes chauffeur de camion. Alors vous voyagez beaucoup.

5  – Et vous, mademoiselle, vous avez un métier essentiel. Vous êtes infirmière, non?
   – Oui. Je travaille à l'hôpital. Je suis infirmière.

#### 2 Sondage: votre argent de poche

Students listen to some young people talking about their pocket money. They then complete the grid by ticking the appropriate columns.

**Solution:**

|   |          | going out | snacks | clothes | music |
|---|----------|-----------|--------|---------|-------|
| 1 | Raphaël  |           | ✓      |         | ✓     |
| 2 | Caroline | ✓         | ✓      | ✓       |       |

🔊 CD 8 Track 12, SCD 2 Track 23

**Sondage: votre argent de poche**

– Éric, qu'est-ce que tu as fait avec ton argent de poche, cette semaine?
– Euh, d'abord je suis allé au cinéma. Puis, j'ai acheté un CD ... un cadeau d'anniversaire pour ma petite amie.
– Merci, Éric.
– Et toi, Raphaël. Est-ce que tu as dépensé ton argent de poche cette semaine?
– Bien sûr. J'ai téléchargé un album de mon groupe favori ... puis j'ai acheté des snacks – j'adore le chocolat, donc j'achète une tablette de chocolat presque tous les jours.
– Merci, Raphaël.
– Et toi, Caroline, tu as reçu de l'argent de poche cette semaine?
– Oui, j'en ai reçu de mes parents et aussi de mes grands-parents.
– Et qu'est-ce que tu as acheté avec ça?
– Voyons ... quelques petits vêtements – un collant et une paire de gants. Puis des chips – j'achète trop de snacks. Et en plus, une sortie – je suis sortie en boîte avec des amis ... Pas mal non?

#### 3 Je fais mon stage en entreprise

Students listen to some young people discussing their work experience and, for each one, note down a positive opinion and a less favourable one.

|   | Name   | Placement        | Positive                          | Negative                      |
|---|--------|------------------|-----------------------------------|-------------------------------|
| 1 | Karima | école maternelle | loves children                    | tiring                        |
| 2 | Fabien | bureau           | likes using computer              | boring (especially filing)    |
| 3 | Ahmed  | boulangerie      | interesting, bread smells good    | doesn't always understand     |

🔊 CD 8 Track 13, SCD 2 Track 24

**Je fais mon stage en entreprise**

1 **Karima**
   – Je fais mon stage dans une école maternelle et c'est vraiment bien. J'adore les enfants et c'est très amusant de jouer avec eux.
   – Est-ce qu'il y a quelque chose que tu n'aimes pas?
   – Pas vraiment. Le seul inconvénient, c'est que je suis souvent très fatiguée à la fin de la journée.

2 **Fabien**
   – Moi, je travaille dans un bureau et je trouve cela un peu ennuyeux, surtout quand je dois faire du classement.
   – Tu n'aimes pas du tout le travail de bureau, alors?
   – Si, si. J'aime beaucoup utiliser l'ordinateur. Quand je fais ça, le temps passe vite!

3 **Ahmed**
   – Je fais mon stage dans une boulangerie.
   – Ah bon. Comment trouves-tu cela, Ahmed?
   – J'aime bien travailler au rayon boulangerie. C'est intéressant de voir tous les pains différents et ça sent bon, le pain!
   – Et est-ce que tu travailles aussi à la caisse?
   – Oui, mais ça, je n'aime pas tellement. C'est parce que, quand on me parle en français, je ne comprends pas toujours.

Tricolore 4 Teacher Book

# 9 Revision and additional practice

## 4 Mon métier
Students listen to the interview with Claire Dunoir and complete the sentences in English.

> **Solution:**
> 
> **1** 7 am to 5 pm
> 
> **2** any two of: lots of variety, likes talking to customers, can read the magazines
> 
> **3** getting up early, working on Saturday

🔊 CD 8 Track 14, SCD 2 Track 25

### Mon métier
- Dites-moi, Claire, vous travaillez comme vendeuse, non?
- Oui, c'est ça. Je suis vendeuse dans une librairie-papeterie au centre ville.
- Et quels sont vos horaires?
- Je commence mon travail très tôt, à sept heures du matin – il faut préparer les journaux et les magazines, etc. Mais je rentre chez moi à cinq heures du soir.
- Ça vous plaît, ce travail? Quels sont les avantages?
- Il y a beaucoup de variété, j'aime parler aux clients. Et en plus, si je veux, je peux lire tous les magazines.
- Il y a quand même des inconvénients, non?
- Bien sûr! D'abord, il faut se lever de très bonne heure et il faut travailler le samedi – je n'aime pas ça.

Copymaster 9/11 CD 8 Tracks 15–17
SCD 2 Tracks 26–28

## Révision 9: Écouter – Partie B
### 1 On parle de l'avenir
Students listen to several young people talking about their future plans and write down what they would like to do and why.

> **Solution:**
> 
> |  | would like to … | reason |
> |---|---|---|
> | Céline | be an actress | likes classical plays |
> | Marc | study foreign languages at university | one of: likes travelling, languages are useful for finding a job |
> | Alice | work to earn money | wants to visit lots of countries |
> | Guillaume | do sport (especially swimming) | wants to swim in Olympic Games |

🔊 CD 8 Track 15, SCD 2 Track 26

### On parle de l'avenir
- Bonjour. Je m'appelle Céline et j'ai toujours voulu devenir actrice et travailler dans le théâtre. J'aime surtout les pièces classiques.
- Je suis Marc. J'espère étudier les langues vivantes à l'université. J'aime beaucoup voyager à l'étranger et puis les langues, c'est utile pour trouver un emploi.
- Bonjour. Je suis Alice. Après les examens, j'ai l'intention de travailler tout de suite pour gagner de l'argent, parce que mon rêve est surtout de visiter beaucoup de pays différents.
- Salut! Je suis Guillaume et je suis fana du sport. À l'avenir, le sport, c'est ce que je voudrais faire, surtout la natation – j'adore ça! Mon rêve est de nager dans les Jeux Olympiques.

## 2 Des problèmes
Students listen to someone talking about his problems in finding a job, etc. and tick the correct box.

> **Solution:**
> 
> **1** a, **2** c, **3** b, **4** c, **5** a

🔊 CD 8 Track 16, SCD 2 Track 27

### Des problèmes
- Pour moi, la vie est difficile en ce moment … très difficile. Récemment, j'ai eu pas mal de problèmes. Pour commencer, j'ai perdu mon emploi à l'agence de voyages parce qu'on l'a fermée et … euh … depuis ce temps-là, comme je n'ai pas pu trouver du travail … eh ben … donc, je suis au chômage.

  Ma femme ne comprend pas pourquoi je ne trouve pas de travail. Mais ce n'est vraiment pas de ma faute. Et alors, comme ça, je suis de plus en plus énervé et … ma femme et moi … on se dispute de plus en plus.

  Alors, ben, en effet, je ne sais pas quoi faire.

## 3 Que feriez-vous si … ?
Students listen to teenagers talking about imaginary situations and answer questions in English.

> **Solution:**
> 
> **1** any one of: meet stars, earn a lot of money, **2** an old house with a garden, **3** a cats' home, **4** the exam system, **5** the bac, **6** ongoing tests, **7** any one of: loves sun and beach, had a nice holiday there, would be able to do more watersports, **8** underwater diving/scuba diving

# 9 Revision and additional practice

🔊 **CD 8 Track 17, SCD 2 Track 28**

## Que feriez-vous si …?

**Alex**
Si je pouvais choisir n'importe quel métier, je serais chanteur dans un groupe de musique pop. J'adore chanter et danser et j'aimerais rencontrer toutes les autres stars. En plus, bien sûr, je voudrais gagner de grosses sommes d'argent.

**Khéna**
Moi, j'adore les chats, donc, si je gagnais au loto, j'achèterais une vieille maison avec un grand jardin sauvage et j'adopterais beaucoup de chats abandonnés. Comme ça, ils pourraient vivre en grand confort dans la maison ou aller à la chasse aux souris dans le jardin.

**Laurent**
Si j'étais président de la France, je changerais complètement le système des examens et surtout, j'abolirais le bac. À mon avis, c'est ridicule d'avoir un seul examen si important – ça donne trop de stress et si on n'est pas en forme le jour de l'examen, c'est un vrai désastre! Ça serait mieux d'attacher plus d'importance aux épreuves ou aux contrôles qu'on fait au cours de l'année et moins d'importance au dernier examen.

**Mélanie**
Si je pouvais vivre n'importe où dans le monde, je choisirais la Guadeloupe parce que j'aime le soleil et la plage et aussi parce que j'y ai passé des vacances absolument fantastiques l'année dernière. En plus, je pourrais pratiquer beaucoup de sports nautiques et apprendre à faire de la plongée sous-marine.

**Copymaster 9/12**

## Révision 9: Lire – Partie A (1)

### 1 Le bon métier
Students match the pictures to the names of common jobs.

**Solution:**
1 F, 2 C, 3 B, 4 I, 5 H

### 2 Projets d'avenir
Students tick the five things (other than the example) mentioned in the email.

**Solution:**
ticks next to: a, c, d, f, g

**Copymaster 9/13**

## Révision 9: Lire – Partie A (2)

### 3 On cherche des employés
Students read the holiday centre job advert and complete the details in English and in figures.

**Solution:**
(sample)
1 in a holiday centre, 2 from 2 July (2/7) to 1 September (1/9), 3 36 (hours), 4 English or French, 5 can stay for two months

### 4 Le succès à vingt ans
Students read the article and complete the summary with the words in the box.

**Solution:**
1 d (*d'emploi*), 2 g (*le chômage*), 3 e (*difficile*), 4 c (*acheter*), 5 i (*entreprise*)

**Copymaster 9/14**

## Révision 9: Lire – Partie B (1)

### 1 Un mail à Nathalie
Students read the email and choose the correct options.

**Solution:**
1 c, 2 b, 3 c, 4 a, 5 b, 6 c

### 2 Sept conseils
Students read the advice for finding a job and choose the statements that best reflect that advice.

**Solution:**
2 k, 3 i, 4 h, 5 a, 6 e, 7 f

**Copymaster 9/15**

## Révision 9: Lire – Partie B (2)

### 3 Un job pour les vacances
Students read the article and answer the questions in English.

**Solution:**
1 increased, 2 two thirds, 3 any two of: helping at holiday centres, fruit picking, selling ices on the beach, 4 unemployed people competing for work, 5 get State aid for employing them, 6 helps with their career, looks good on CV, 7 their parents

**Copymaster Sommaire 9**

## Sommaire 9
This is a summary of the main topic vocabulary of the unit, also available on SB 190–191.

Tricolore 4 Teacher Book

# Unité 10  Notre planète   pages 192–213

| Aims and objectives | Grammar and skills | Vocabulary |
|---|---|---|
| **10A Un monde divers  pages 192–193** | | |
| • find out some general facts about the world<br>• revise names of countries | • working out meanings<br>• high numbers, percentages, decimal points, fractions | Our world<br>Countries and continents (see SB 22) |
| **10B Les problèmes du monde  pages 194–195** | | |
| • discuss some world problems (poverty, conflict, disease)<br>• find out about humanitarian work | | Global problems |
| **10C Le changement climatique  pages 196–197** | | |
| • discuss climate change and natural disasters | • the passive | The environment<br>Climate and nature |
| **10D La circulation et la pollution  pages 198–199** | | |
| • discuss car travel and traffic problems<br>• talk about pollution in towns and cities | • working out meanings | Traffic and transport |
| **10E Le transport  pages 200–201** | | |
| • discuss transport and its environmental impact<br>• describe public transport in your area | • adjectives ending in -al<br>• position of adjectives | Public transport (see also SB 40–41) |
| **10F Consommez mieux, jetez moins  pages 202–203** | | |
| • discuss everyday behaviour and the environment | • verbs ending in -uire and -eindre<br>• pour ne pas + infinitive | The problem of rubbish<br>Everyday life |
| **10G Le défi pour les villes  pages 204–205** | | |
| • discuss problems in cities (homelessness, poverty, crime)<br>• describe what has changed | | Life (and problems) in cities |
| **10H À nous d'agir  pages 206–207** | | |
| • discuss voluntary work<br>• find out about charities and humanitarian organisations | | Charities and volunteer work |
| **10I Contrôle  pages 208–209** | | |
| • practise exam techniques<br>• find out what you have learnt | | |
| **Sommaire  pages 210–211** | | |
| This lists the main topic vocabulary covered in the unit. | | |
| **C'est extra!  pages 212–213** | | |
| • read an extract from a French book<br>• discuss photos<br>• practise exam techniques | • the past historic | |
| **Revision and additional practice** | | |
| **Au choix 10**: SB 232–233<br>**Online**: Kerboodle Resources and Assessment<br>**Copymasters**: 10/1–10/12<br>**CD 8** Tracks 25–26, 33–43<br>**SCD 2** Tracks 29–34 | | |

## Resources

**Student Book** 192–213
**CD 8, Student CD 2**

### Copymasters

10/1   Le monde
10/2   Trois acrostiches
10/3   Le journal: Faits divers
10/4   En route en France
10/5   Des jeux de vocabulaire
10/6   Un plan pour les transports
10/7   Mots croisés – l'environnement
10/8   Tu comprends?
10/9   Révision 10: Écouter – Partie A
10/10  Révision 10: Écouter – Partie B
10/11  Révision 10: Lire – Partie A
10/12  Révision 10: Lire – Partie B
          Sommaire 10

# 10A Un monde divers

**Au choix** SB 232–233

1. Protégeons la nature
2. Un tsunami en Asie
3. Lexique
4. Sur la route – point-info
5. Infos routières
6. Trouvez les paires
7. Une affiche

**Examination Grammar in Action** 72–73

Understanding the passive
Using some irregular verbs

## 10A Un monde divers   pages 192–193

| Aims and objectives | Grammar and skills | Resources |
|---|---|---|
| • find out some general facts about the world<br>• revise names of countries | • working out meanings<br>• high numbers, percentages, decimal points, fractions | **Key language**: SB 210–211<br>**Au choix**: SB 232<br>**Online**: Kerboodle Resources and Assessment<br>**Copymasters**: 10/1<br>**CD 8** Tracks 18–19 |

If time is short, teachers should pick and choose from this unit to ensure that they've covered the relevant vocabulary for examination requirements. They can then use other items later, after the examination.

### Introduction

Start with some oral work based on the photos (and map), e.g.
– *Voici une photo prise par Yann Arthus Bertrand. Qui est-ce? C'est un photographe français qui s'intéresse beaucoup à l'écologie et à l'environnement.*

**192  CD 8 Track 18**

### 1 Foire aux questions (FAQ)

Similar information and content is practised on Copymaster 10/1 (see Unit 10 Revision and additional practice).

a  Students note down their answers and listen to the recording to check them. They could check current statistics by doing their own online research.

> **Solution:**
> **1** b, **2** c and e, **3** e and b, **4** e, **5** a

**CD 8 Track 18**

### Foire aux questions

Nous habitons un monde divers avec une population qui augmente de plus en plus vite.

En 1950, la population mondiale était 2,5 milliards, mais elle était d'environ combien en 2016? La population mondiale en 2016 était de plus de sept milliards de personnes.

Il y a deux pays qui ont une population de plus d'un milliard d'habitants. Lesquels? C'est la Chine et l'Inde. Ces deux pays ont le plus grand nombre d'habitants du monde.

Mais les deux pays qui ont la plus grande superficie sont différents. C'est d'abord la Russie, et en deuxième place, le Canada.

Passons maintenant aux villes. La moitié de la population habite dans les villes et la ville la plus peuplée du monde est Tokyo au Japon.

Maintenant on passe aux merveilles du monde. Dans le monde antique il y avait sept merveilles du monde. Hélas, toutes ces merveilles antiques ont été détruites, sauf la grande pyramide en Égypte. Mais on a organisé un nouveau sondage pour faire une liste des sept nouvelles merveilles du monde. On a choisi beaucoup de beaux monuments, mais la tour Eiffel en France ne fait pas partie de cette liste. Alors selon ce sondage, la tour Eiffel n'est pas une nouvelle merveille du monde.

b  Students find the French for the English phrases listed. Links with other words could be discussed e.g. *peuplé, le peuple, surpeuplé, une merveille, merveilleux*.

> **Solution:**
> **1** *l'ONU (l'Organisation des Nations Unies)*, **2** *des pays en développement*, **3** *un milliard*, **4** *peuplé*, **5** *une merveille du monde*

**193  Stratégies**

Students work out the meanings of expressions using *monde* or *mondial*.

> **Solution:**
> **1** World Cup, **2** it was busy in town, **3** the First World War, **4** everyone/everybody, **5** world tour, **6** in the whole world

**193**

### 2 Les langues

a  Students guess which three languages from the list are spoken by the largest number of people.

> **Solution:**
> **1** *le mandarin (la première langue la plus parlée est le mandarin, parlé par environ 900 million d'habitants en Chine)*, **2** *l'espagnol*, **3** *l'anglais*

284  Tricolore 4 Teacher Book

# 10B Les problèmes du monde

For interest, the order for the others is:
**4** *l'arabe*, **5** *le hindi*, **6** *le portugais*, **7** *le bengali*, **8** *le russe*, **9** *le japonais*, **10** *l'allemand*

**b** Students give the six official languages of the UN.

Solution:

*l'anglais, l'arabe, le (chinois) mandarin, l'espagnol, le français, le russe*

Remind students that the word for the language of a country is often the same as the adjective or the name for a national of the country. The language and the adjective are written without an initial capital, whereas the name for a national of the country begins with a capital letter.

### 193

## High numbers, percentages, decimal points, fractions

Students check their knowledge of high numbers and how to express percentages and decimals. Explain that *la virgule* means 'comma'. For further practice, students could work in pairs to dictate and write down percentages or numbers with decimals.

### 193 CD 8 Track 19 Copymaster 10/1

## 3 Les habitants du monde

Students listen and write down the percentages given for continent populations.

Solution:

**1** 60%, **2** 15%, **3** 11%, **4** 8,5%, **5** 5%, **6** 1%

### CD 8 Track 19

### Les habitants du monde

On estime que la population mondiale est de plus de sept milliards d'habitants. Où habitent-ils? Quels continents sont les plus peuplés? Selon les statistiques, la plupart des habitants habitent en Asie où il y a 60% de la population globale.

Puis c'est l'Afrique. Environ 15% de la population habitent en Afrique. L'Europe est un continent avec beaucoup de pays différents: environ 11% de la population du monde habitent ici. Ensuite, il y a l'Amérique du Sud et les Caraïbes avec environ 8,5% de la population totale. L'Amérique du Nord, qui comprend les États-Unis et le Canada, a 5% de la population mondiale.

Et le plus petit pourcentage de la population du monde habitent en Australie et en Océanie, où il y a moins de 1% de la population mondiale.

Follow-up activity:

Students could look at the Miniature Earth website (www.miniature-earth.com) for more information about the world population.

### 193

## 4 Quelle définition?

Students find the appropriate definition of each word.

Solution:

**1** d, **2** a, **3** b, **4** i, **5** e, **6** g, **7** h, **8** f, **9** c

### 232 Au choix

## [1] Protégeons la nature

See notes on page 300 in Unit 10 Revision and additional practice.

### Copymaster 10/1

## Le monde

See notes on page 301 in Unit 10 Revision and additional practice.

Follow-up activity:

For further information about the world and individual countries, students could consult the World Factbook on the CIA website (https://www.cia.gov).

# 10B Les problèmes du monde  pages 194–195

| Aims and objectives | Grammar and skills | Resources |
|---|---|---|
| • discuss some world problems (poverty, conflict, disease)<br>• find out about humanitarian work | | **Key language**: SB 210–211<br>**Online**: Kerboodle Resources and Assessment<br>**Copymasters**: 10/2<br>**CD 8** Tracks 20–21 |

### 194

## 1 Des expressions utiles

Students match the French phrases with their English equivalents, to provide some useful vocabulary for their own work on this topic.

Solution:

**1** c, **2** d, **3** a, **4** f, **5** b, **6** g, **7** e

### 194

## 2 Être orphelin en Afrique

The text is based on information from the Unicef website (www.unicef.org).

**a** Students read the article and answer questions in English.

# 10B Les problèmes du monde

**Solution:**

1. because many parents die of Aids
2. to earn money to support their families or because they cannot afford the school fees
3. 14 years old
4. a brother (10 years old) and sister (9 years old)
5. to find enough to eat
6. transporting food products for shopkeepers/tradespeople

**b** They then find in the text the phrases that have the same meaning as those listed.

**Solution:**

**1** vit, **2** morts, **3** de quoi manger/des produits alimentaires, **4** se nourrir

**c** They translate the text into English.

**Solution:**

(sample)

**Being an orphan in Africa**

Aids is a disease which is present throughout the world, but particularly in Africa. It is estimated that more than 13 million children have lost one or both parents because of Aids. Many of these orphans have to give up school and earn money to survive and to look after their younger brothers and sisters.

Louis, who lives in Malawi, is only 14. But since he lost his parents (who died of Aids a year ago), he has to look after his ten-year-old brother and his nine-year-old sister.

'The biggest problem, without our parents, is to find food,' he says. With neither parents nor grandparents, Louis has had to give up school to earn an income. He transports food products for shopkeepers/tradespeople, which enables the three children to eat.

194

## 3 L'éducation des filles

Students read the text and then complete all or part of the résumé using verbs in different tenses. This could first be prepared orally.

**Solution:**

**A** à l'imparfait: **1** (elle) n'allait pas, **2** elle devait, **3** elle voulait, **4** elle était, **5** (elles) allaient

**B** au présent: **1** (elles) ne vont pas, **2** elles ne savent (ni …), **3** (ils) veulent, **4** (elles) gagnent, **5** (il) va

**C** au passé composé: **1** Manju a pu, **2** elle a continué, **3** il est allé, **4** il a menacé

**D** au futur ou au conditionnel: **1** je voudrais, **2** ça m'aidera, **3** mon frère verra, **4** je ne devrais

195 CD 8 Track 20

## 4 L'avis des jeunes

Students listen to young people talking about different problems.

**a** They first answer questions in English.

**Solution:**

Lucas:

1. landmines
2. no, the war finished some time ago
3. landmines
4. because they play in the countryside
5. the mines should be defused to make the countryside safe
6. because there are no records of where the mines were dropped

Karima:

7. that some girls don't automatically go to primary school
8. that parents think education for girls is less important; girls often have to work to support their family

Théo:

9. famine/hunger, international aid arrives too late
10. international organisations should work together to find long-term solutions

**b** They then match sentence halves to make seven sentences used in the recording.

**Solution:**

**1** f, **2** c, **3** d, **4** b, **5** a, **6** e, **7** g

**c** Finally, students find in the text (part b) the French for some useful phrases.

**Solution:**

**1** je ne savais pas grand-chose sur …, **2** depuis longtemps, **3** On devrait faire plus d'efforts, **4** J'ai été choqué d'apprendre, **5** Il me semble, **6** des solutions à long terme

CD 8 Track 20

### L'avis des jeunes

**1 Lucas**

L'année dernière, je suis allé au Laos en Asie du Sud. Avant d'y aller, je ne savais pas grand-chose sur le problème des mines antipersonnelles.

Mais pendant ma visite, j'ai découvert que ce pays a souffert énormément à cause des bombardements pendant la guerre. La guerre est finie depuis longtemps, mais on a laissé un grand nombre de mines antipersonnelles. C'est un problème très grave parce qu'on ne sait pas exactement où se trouvent ces mines. Ce sont souvent les enfants qui trouvent les mines en jouant à la campagne, et ça peut avoir des conséquences affreuses.

On devrait faire plus d'efforts pour désamorcer les mines antipersonnelles et pour rendre la campagne moins dangereuse. Mais la difficulté est qu'on ne sait

# 10B Les problèmes du monde

pas exactement où se trouvent les mines. On n'a pas documenté précisément les sites qui ont été touchés par des mines et des bombes déclenchées par des avions en temps de guerre.

**2 Karima**

À mon avis, l'éducation pour tous est essentielle. J'ai été choquée d'apprendre que dans certains pays les filles ne vont pas automatiquement à l'école primaire. Les familles pensent que l'éducation des filles est moins importante que l'éducation des garçons. Quelquefois les filles doivent travailler, quand elles sont encore très jeunes, pour soutenir la famille.

**3 Théo**

Je ne comprends pas pourquoi il y a souvent des famines en Afrique. Il me semble que l'aide arrive souvent trop tard pour sauver les gens qui meurent de faim. Les organisations internationales devraient travailler ensemble pour trouver des solutions à long terme.

**Copymaster 10/2**

## Trois acrostiches

See notes on pages 301–302 in Unit 10 Revision and additional practice.

**195 CD 8 Track 21**

## 5 Médecins Sans Frontières

This gives information about the international humanitarian organisation Médecins Sans Frontières. Ask if anyone knows about their work. Students read the introductory article to find out some general information. Some questions could be asked in English, e.g. Who founded MSF and where? In what situations do they offer help and support? What kind of professions are needed for work in the field?

Students find the correct answer to each question. Able students could check their answers by listening to the recording, which gives the same information but the wording is different.

**Solution:**
1 d, 2 a, 3 c, 4 e, 5 b, 6 f

**CD 8 Track 21**

### Des questions et dès réponses – Médecins Sans Frontières

– L'organisation humanitaire Médecins Sans Frontières a été fondée par un groupe de médecins et de journalistes en 1971. Quelquefois, après un tremblement de terre, une famine ou dans une situation de guerre, on entend parler de cette organisation à la télé et à la radio. Qui sont-ils? Où vont-ils? Qu'est ce qu'ils font? Médecins Sans Frontières apporte de l'aide médicale aux victimes de guerre, d'épidémies, de famines ou de catastrophes naturelles, comme les tremblements de terre, la sécheresse, une inondation, etc.

– Qui sont les Médecins Sans Frontières?
– Ce sont surtout des volontaires qui s'engagent pour une période minimum de six mois.
– Est-ce que ce sont uniquement des médecins qui travaillent sur le terrain?
– Non. La plupart sont des médecins et des infirmiers, mais on recrute aussi des professionnels non-médicaux, par exemple, des administrateurs. En plus de leurs qualifications professionnelles, les volontaires doivent parler une langue étrangère, comme l'anglais.
– Et où vont les MSF?
– Actuellement, il y a des missions dans plus de 60 pays du monde – des pays comme l'Afghanistan, la Côte d'Ivoire, le Malawi.
– Et en quoi consiste votre travail?
– Le travail est très varié selon les missions. Dans une situation de guerre, on installe un bloc sanitaire et on soigne les blessés. Il y a aussi des programmes de nutrition et de vaccination, par exemple, contre la méningite et la rougeole. Puis il y a le travail sur l'environnement, surtout en ce qui concerne l'eau. Les camps de réfugiés et les hôpitaux ont besoin de grandes quantités d'eau potable.

**Follow-up activity:**

Interested students could look at the MSF website (www.msf.fr) to find out about some current projects.

**195**

## 6 À vous!

Students work individually or in pairs to make up sentences about some actions that could be taken. To encourage students to think of the language without reference to the key phrases, they could first look through the list, then close their books and write down suggestions from memory or design a poster urging action.

## 10C Le changement climatique

### 10C Le changement climatique — pages 196–197

| Aims and objectives | Grammar and skills | Resources |
|---|---|---|
| • discuss climate change and natural disasters | • the passive | Key language: SB 210–211<br>Au choix: SB 232–233<br>Online: Kerboodle Resources and Assessment<br>Copymasters: 10/3<br>CD 8 Tracks 22–23<br>GiA: 72 |

**196**

### 1 Tuvalu

The information about Tuvalu presents a real and tangible example of the dangers of climate change on a small island nation in the Pacific.

Students read the text and answer the questions in English.

> **Solution:**
> **1** in the Pacific Ocean, east of Australia, **2** higher waves and tides, rising sea level, salt water penetrating soil, **3** crops fail, **4** they are falling down (so they are no longer protecting the island from wind erosion)

**196**

### 2 Le réchauffement de la planète

a Students look at the texts in tasks 1 and 2 to find the French for some phrases about the environment.

> **Solution:**
> **1** *le gaz carbonique*, **2** *le changement climatique*, **3** *le réchauffement de la planète*, **4** *l'effet de serre*, **5** *la couche d'ozone*, **6** *le niveau de la mer*

b They use the verbs given to complete the sentences about consequences of the greenhouse effect.

> **Solution:**
> **1** *devient*, **2** *est*, **3** *voit*, **4** *sont*, **5** *fondent*, **6** *monte*

c They translate a text into English.

> **Solution:**
> (sample)
> For some years, it has been observed that the climate is getting warmer. Glaciers are melting, the level of the sea is rising, flooding, heatwaves and tropical storms are more frequent. Most experts agree that the main cause is human action (transport, heating, industry, agriculture, production of energy, etc.).

Students could do further research on the internet.

**196 CD 8 Track 22**

### 3 Des catastrophes naturelles

A **Tremblement de terre en Chine**

Students listen to the recorded bulletin and note the missing words.

> **Solution:**
> **1** e **2** a, **3** b, **4** c, **5** d

B **Sécheresse au Kenya**

Students listen to the recording and complete the text in English.

> **Solution:**
> **1** drought, **2** hungry, **3** malnutrition, **4** dying, **5** get worse, **6** the following months

**CD 8 Track 22**

### Des catastrophes naturelles

A **Tremblement de terre en Chine**

Un tremblement de terre a frappé la province du Sichuan en Chine. Un puissant séisme, d'une magnitude de 7,8 sur l'échelle de Richter a fait plus de 88 000 morts ou disparus et près de 400 000 blessées. Il a aussi endommagé ou détruit des millions de maisons, laissant cinq millions de personnes sans abri.

B **Sécheresse au Kenya**

La sécheresse s'aggrave dans de nombreuses parties du Kenya: les gens ont faim et la malnutrition touche de plus en plus de jeunes enfants, le bétail meurt. Les conditions risquent de s'aggraver au cours des prochains mois.

**197**

### 4 Des phénomènes climatiques extrêmes

This summarises some examples of extreme weather conditions which have affected different parts of the world.

a Working in pairs, students choose one of the texts and translate it for their partner.

b Students do some internet research and write a few sentences about a recent climate disaster.

Tricolore 4 Teacher Book

# 10C Le changement climatique

### 197 CD 8 Track 23

## 5 Ouragans en Haïti

Students listen to the recording and follow the text, and then answer questions in English.

**Solution:**

1 tropical storm, then three hurricanes
2 bridges collapsed, roads were swept away
3 they were destroyed
4 the date of the new term (*la rentrée*) was put back until 6 October
5 700 deaths and damage costing more than 1 billion US dollars

### CD 8 Track 23

### Ouragans en Haïti

En août et en septembre 2008, la tempête tropicale Fay, puis les ouragans Gustav, Hanna et Ike ont successivement frappé le petit pays de Haïti. Après trois ouragans successifs, l'accès aux zones touchées a été difficile, des ponts sont tombés, des routes ont été emportées et des communautés ont été isolées. Les habitants commençaient à se remettre du premier ouragan, alors que le deuxième, puis le troisième, sont arrivés.

Les ouragans sont passés juste au début de l'année scolaire. Près de 1 000 écoles ont été détruites, touchant 200 000 enfants d'âge scolaire et on a repoussé la date de la rentrée (du 2 septembre au 6 octobre). Le bilan a été de 700 morts et les dégâts sont estimés à près d'un milliard de dollars US.

### 195 Dossier-langue

## The passive

This explains the use and formation of the passive. Students identify two examples of the passive in the text of *Ouragans en Haïti*. (The examples are: *des routes ont été emportées; Près de 1 000 écoles ont été détruites*.)

For further practice, ask students how they would translate the following:

Last year the village was flooded. (*L'année dernière, le village a été inondé*.)

For practice of the passive in the future, provide the following two examples and challenge able students to invent similar sentences:

In ten years, the forest will be destroyed. (*Dans dix ans, la forêt sera détruite*.)

If there is a hurricane, the trees will be swept away. (*S'il y a un ouragan, les arbres seront emportés*.)

### 232 Au choix

## [2] Un tsunami en Asie

See notes on page 300 in Unit 10 Revision and additional practice.

### 233 Au choix

## [3] Lexique

See notes on page 300 in Unit 10 Revision and additional practice.

### 197

## 6 Les infos

Students complete two weather bulletins using verbs in the passive. Check that students know the gender of the relevant nouns, and explain that the plural should be used for number 6 (*30% des foyers*) as the implication is plural.

**Solution:**

**A** 1 *environ cent habitations ont été évacuées,* 2 *cinq maisons ont été détruites,* 3 *un cinéma a été endommagé*

**B** 4 *des forêts ont été dévastées,* 5 *des toits de maisons ont été arrachés,* 6 *environ 30% des foyers ont été privés d'électricité,* 7 *une partie de la route nationale a été fermée*

### 197

## 7 Une catastrophe récente

Students look online to find other examples of natural disasters and write a few sentences in French.

### Copymaster 10/3

## Le journal: Faits divers

See notes on page 302 in Unit 10 Revision and additional practice.

### Examination Grammar in Action 72

## Understanding the passive

This provides further practice in using the passive, if required.

Tricolore 4 Teacher Book

# 10D La circulation et la pollution

## 10D La circulation et la pollution   pages 198–199

| Aims and objectives | Grammar and skills | Resources |
|---|---|---|
| • discuss car travel and traffic problems<br>• talk about pollution in towns and cities | • working out meanings | Key language: SB 210–211<br>Au choix: SB 233<br>Online: Kerboodle Resources and Assessment<br>Copymasters: 10/4, 10/5<br>CD 8 Track 33 |

### 198

### Le transport routier

Introduce the topic of road transport and its impact on the environment by reading through this opening paragraph.

#### 198 Stratégies

Students work out the meanings of some vocabulary linked to *la route*. They also find out the French for petrol (*l'essence*) and diesel (*le gazole*)

**Solution:**

*le code de la route* – highway code, *Bonne route!* – Have a good journey!, *une autoroute* – a motorway, *une route nationale* – a major road, *se mettre en route* – to set off, *le transport routier* – road transport, *la sécurité routière* – road safety

### 198

### 1 Lexique

Students complete the word list, some of which revises vocabulary from Unit 2.

**Solution:**

*un(e) automobiliste* – motorist, *la circulation* – traffic, *l'essence (f)* – petrol, *les heures de pointe (f pl)* – rush hour, *stationner* – to park, *une voiture* – car

### 198

### 2 On prend la voiture, oui ou non?

a Students match the sentence halves.

**Solution:**

**1** i, **2** c, **3** a, **4** f, **5** j, **6** d, **7** g, **8** b, **9** h, **10** e

b They then list some arguments for and against car travel.

### 198

### 3 En ville sans voiture

Students choose words to complete a short text about the car-free day, which takes place in various towns and cities.

**Solution:**

**1** *pollution*, **2** *voiture*, **3** *autre*, **4** *diminué*, **5** *augmenté*, **6** *pied*, **7** *skate*

### 199

### 4 Pour réduire la pollution en ville

Mention that in Hanoi, Vietnam, there were about 6 million inhabitants and 2 million motorbikes in 2008.

a Students read through the list of actions and find the French for some key vocabulary.

**Solution:**

**1** *les camions*, **2** *des couloirs de bus*, **3** *moins de bruit*, **4** *des prix abordables*, **5** *la semaine de travail*, **6** *les poids lourds*, **7** *les clubs d'autopartage*, **8** *quand on en a besoin*

b Students comment on what measures are taken locally and which they think are most important. The *Vélib'* scheme is covered more fully on 10E *Le transport* (SB 200–201).

### 199

### 5 À vous!

a Students discuss road transport in pairs.
b They write three suggestions to encourage car users to reduce their use of car transport.

**Additional activities:**

The following optional items provide information and practice of vocabulary linked to driving in France (not related to environmental issues), for those who wish to cover this theme.

### 233 Au choix

### [4] Sur la route – point-info

See notes on page 301 in Unit 10 Revision and additional practice.

### Copymaster 10/4

### En route en France

See notes on page 302 in Unit 10 Revision and additional practice.

### 233 Au choix   CD 8 Track 33

### [5] Infos routières

See notes on page 301 in Unit 10 Revision and additional practice.

Tricolore 4 Teacher Book

# 10E Le transport

### 233 Au choix

### [6] Trouvez les paires
See notes on page 301 in Unit 10 Revision and additional practice.

### Copymaster 10/5

### Des jeux de vocabulaire
See notes on page 302 in Unit 10 Revision and additional practice.

## 10E Le transport   pages 200–201

| Aims and objectives | Grammar and skills | Resources |
|---|---|---|
| • discuss transport and its environmental impact<br>• describe public transport in your area | • adjectives ending in -al<br>• position of adjectives | **Key language**: SB 210–211<br>**Online**: Kerboodle Resources and Assessment<br>**Copymasters**: 10/6<br>**CD 8** Tracks 24–26 |

### Introduction
Start with a quick discussion about different means of transport in town and those that are frequently used by students, e.g. *Comment peut-on se déplacer en ville? Qu'est-ce qu'il y a comme transports en commun ici à …? Comment allez-vous en ville normalement?* etc.

### 200

### 1 Se déplacer en ville
Students complete the information by choosing the correct word for each gap.

**Solution:**
**1** h (*trajet*), **2** a (*à pied*), **3** e (*piétons*), **4** k (*vélo*), **5** f (*pistes cyclables*), **6** g (*le skate*), **7** j (*trottoirs*), **8** c (*en commun*), **9** i (*tramway*), **10** d (*moyen*), **11** b (*covoiturage*)

### 200

### 2 Pour faire trois kilomètres en ville
Students consult the table to answer the questions comparing journey times.

**Solution:**
**1** *le bus et la voiture*, **2** *le vélo*, **3** *la marche à pied*

### 200

### Les tramways
This is a short note about the reintroduction of the tram in several European cities. It could be used as a *dictée* or to practise reading aloud. Students could find out which towns in their own country offer a tram service.

### 200

### 3 Vélib'
Students read the leaflet and find the answers to the questions. Interested students could find out more details on the website (www.velib.paris) or find out details of bike schemes in other towns, such as Marseille, Lyon, La Rochelle, etc.

**Solution:**
**1** pick up a bike in one place and leave it in another, simple to use, available 24/7, **2** aged 14, height 1,50 m, **3** thousands of bikes, **4** hundreds of bike stations

### 201 CD 8 Track 24

### 4 L'avis des jeunes
Students listen to the three-part recording and complete a task on each part.

**a** Students listen to find out who said each phrase.

**Solution:**
**a** Cécile, **b** Suliman, **c** Marc, **d** Cécile

### CD 8 Track 24

### L'avis des jeunes
**a** Pour aller au collège

**Suliman**
Moi, je vais au collège en voiture. Je sais que ce n'est pas bien pour l'environnement mais on est trois dans la voiture: mon frère et moi et ma mère qui conduit. C'est quand même plus rapide que d'y aller à pied et c'est mieux quand il fait mauvais.

**Cécile**
Avant j'allais à l'école en voiture, mais maintenant je prends le bus. Ça marche bien et ça me permet d'être plus indépendante. On n'a pas besoin de compter sur les autres.

**Marc**
Pour aller au collège je prends le métro. Ça va et ce n'est pas cher, mais il y a toujours trop de monde et en plus en été il fait très chaud.

**b** They listen to three more young people and note in each case the means of transport mentioned and the speaker's opinion.

# 10E Le transport

Solution:

1 **a** *le roller*, **b** *amusant, rapide, écologique, pratique*

2 **a** *le vélo*, **b** *propre, ne fait pas de bruit, ne prend pas beaucoup de place, bon pour la forme, peut être dangereux*

3 **a** *la marche à pied, le métro, la voiture*, **b** *le métro: pratique, pas cher; la voiture: idiot de la prendre pour de petites distances*

🔊 CD 8 Track 24

## L'avis des jeunes

**b Le weekend**

1 Je circule souvent à Paris à roller. Je trouve que c'est un mode de déplacement amusant et rapide et, en plus, écologique. Des rollers avec des roues démontables nous permettent de combiner le roller avec le bus ou le métro. C'est très pratique, ça.

2 Quand il fait beau, le moyen de transport que je préfère, c'est le vélo. En France on l'appelle 'la petite reine'. C'est propre, ça ne fait pas de bruit, ça ne prend pas beaucoup de place et, en plus, c'est bon pour la forme. Mais quelquefois, ça peut être dangereux. Pas seulement à cause des voitures – les cyclistes, eux-mêmes, sont parfois indisciplinés: ils grillent les feux et ils passent souvent au rouge! Ce qui est bien, c'est que dans notre ville, il y a des pistes cyclables et ça c'est moins dangereux.

3 Je me déplace à pied ou en métro tous les jours. Je trouve le métro pratique et pas cher. À mon avis, c'est idiot de se déplacer en voiture pour de petites distances.

**c** Students listen to two more young people who talk about holiday transport, and decide whether the statements are *vrai (V), faux (F)* or *pas mentionné (PM)*. They correct the false statements.

Solution:

1 F – Pour de longs voyages, Léonie préfère le train.

2 F – En général, elle dort pendant le voyage.

3 PM

4 F – Ahmed aime prendre l'avion quand il va à l'étranger.

5 V

6 F – Il savait que voyager en avion était très polluant.

7 PM

8 V

🔊 CD 8 Track 24

## L'avis des jeunes

**c Pendant les vacances**

**Léonie**

Pour un long voyage, j'aime prendre le train. On peut se déplacer, on peut aller au bar. On peut lire, on peut regarder par la fenêtre. Mais normalement, moi je dors pendant le voyage!

**Ahmed**

Moi, quand je vais en vacances à l'étranger, j'aime prendre l'avion. C'est vrai que c'est un peu cher, mais il y a souvent des prix promotionnels. Et je sais que ce n'est pas bien pour l'environnement, mais à mon avis, c'est le moyen de transport le plus facile pour de longs voyages. L'avion, c'est très sûr et on arrive vite à sa destination. En plus, je souffre du mal de mer, donc je n'aime pas prendre le bateau.

📖 201

## 5 Que faut-il faire?

**a** Students choose the correct infinitive to complete the sentences.

Solution:

1 *améliorer*, 2 *augmenter*, 3 *construire*, 4 *organiser*, 5 *limiter*

**b** Students decide whether *il faut* or *il ne faut pas* should be added to each sentence.

Solution:

1 *il faut*, 2 *il ne faut pas*, 3 *il ne faut pas*, 4 *il faut*, 5 *il ne faut pas*

**c** Students then choose three sentences and translate them into English.

📖 201 Dossier-langue

## Adjectives ending in -al

This explains the pattern of adjectives which end in *-al*; other examples include *principal, total*.

## Position of adjectives

Students look for two adjectives on the page which precede the noun (*long, petite, nouveaux/nouvelles*).

If appropriate, explain the different meanings of adjectives like *propre* and *ancien* that change according to their position before or after the noun.

Refer students as necessary to *Grammaire* 4.1 and 4.2.

📖 201

## 6 Êtes-vous un éco-citoyen? (1)

### Les transports

This is the first of a series of three *jeu-tests*, which also provide vocabulary and expressions for a wider discussion of environmental matters. Scores can be totalled and analysed when students have done all three (SB 233). The statements are also intended as models for what students may wish to say when talking about their own attitudes and behaviour.

📖 201

## 7 À vous!

**a** Students work in pairs to discuss travel patterns and local transport facilities.

**b** They write their replies to the questions.

## 10F Consommez mieux, jetez moins

> Copymaster 10/6 CD 8 Tracks 25–26

### Un plan pour les transports

See notes on page 303 in Unit 10 Revision and additional practice.

### 10F Consommez mieux, jetez moins — pages 202–203

| Aims and objectives | Grammar and skills | Resources |
|---|---|---|
| • discuss everyday behaviour and the environment | • verbs ending in -*uire* and -*eindre*<br>• *pour ne pas* + infinitive | **Key language:** SB 210–211<br>**Au choix:** SB 233<br>**Online:** Kerboodle Resources and Assessment<br>**Copymasters:** 10/7<br>**CD 8** Track 27<br>**GiA:** 73 |

**202**

### 1 Les poubelles débordent

This presents information about the problem of waste management in western society.

a Students read the article and answer questions in English.

Solution:

1 buy items without too much packaging; buy second-hand items
2 by repairing it, giving it away or selling it
3 glass, metals, paper, cardboard, some plastics
4 a third
5 large items like furniture, electric appliances, garden waste, dangerous waste
6 dangerous waste like batteries, paint, LED light bulbs, solvents, pesticides, etc.
7 cost of collection, incineration, storage; it's difficult to create new incineration and landfill centres
8 everyone is responsible for reducing their rubbish

b Students find the French for the English phrases listed.

Solution:

**1** *les déchets*, **2** *augmente*, **3** *une deuxième vie*, **4** *trier*, **5** *le verre*, **6** *une déchèterie*, **7** *la poubelle*, **8** *les piles*, **9** *les ampoules LED*, **10** *l'emballage*, **11** *brûler*, **12** *une usine*

**202 CD 8 Track 27**

### 2 Le recyclage dans ma ville

Students listen to the recording and then do the tasks.

a They reply to questions in English.

Solution:

1 one week, paper, cardboard and plastic bottles are collected; the following week, garden waste is collected
2 old clothes, old furniture or a computer
3 hairdryer, television set
4 batteries, low-energy light bulbs
5 food waste, tea bags, vegetable peelings
6 too much packaging

b They then note the order in which the questions are asked in the recorded interview.

Solution:
d, c, b, e, a

**CD 8 Track 27**

### Le recyclage dans ma ville

– Est-ce qu'on fait une collecte sélective dans ta ville?
– Oui, toutes les semaines on collecte des déchets recyclables ainsi que les ordures ménagères. Une semaine ils ramassent les papiers, le carton et les bouteilles en plastique. La semaine suivante ils ramassent les déchets du jardin.
– Est-ce que quelqu'un dans ta famille va à la déchèterie de temps en temps?
– Oui, c'est surtout ma mère qui y va avec les vieux vêtements à recycler. Quelquefois j'y vais avec mon père si nous avons des meubles ou un vieil ordinateur à recycler.
– Qu'est-ce qu'on peut porter à la déchèterie?
– On peut y porter beaucoup de choses dont on n'a plus besoin, comme des meubles et des objets électriques, par exemple un séchoir ou un poste de télévision. On y apporte aussi des piles et des ampoules de basse consommation, parce qu'il est dangereux pour l'environnement de les mettre dans la poubelle à la maison.
– Est-ce que vous faites du compostage chez vous?
– Oui, nous avons un composteur et on y met les déchets organiques, comme les restes de cuisine, les sachets de thé, les épluchures de légumes, etc.
– Pourquoi penses-tu qu'il est important de réduire les déchets?
– J'ai lu dans un magazine qu'en Europe nous produisons beaucoup de déchets et que ça a un grand impact sur l'environnement. À mon avis, on utilise trop d'emballages pour les produits et je trouve que souvent ce n'est pas du tout nécessaire.

## 10G Le défi pour les villes

### 202

### 3 Êtes-vous un éco-citoyen? (2)
**Les déchets**

Students note their score for part 2 of the eco-quiz, which focuses on rubbish and recycling.

### 203

### 4 Acheter et consommer mieux

The cartoon picture and captions introduce the topic of shopping, with an understanding of the environmental impact of purchasing choice. Students find the missing words to complete the text.

Solution:

1 g (*recyclé*), 2 b (*consomme*), 3 f (*locaux*),
4 a e (*fabriqués*), b a (*besoin*), 5 d (*emballage*),
6 c (*d'énergie*)

### 203

### 5 Êtes-vous un éco-citoyen? (3)
**Aux magasins/À la maison/À la cantine**

a Students note their score for shopping habits, saving energy and avoiding the use of disposable cutlery/crockery, etc.

b Students find in the statements the French for the English phrases listed, to use in their own work.

Solution:

1 *si j'ai le choix*
2 *qui ont moins d'emballage*
3 *j'essaie d'acheter des produits issus du commerce équitable*
4 *hors-saison*
5 *mettre en veille*
6 *je baisse le chauffage*
7 *je ferme le robinet*
8 *pour ne pas gaspiller d'eau/pour économiser de l'eau*

### 203 Dossier-langue

### Verbs ending in *-uire* and *-eindre*

This covers the irregular present tense and perfect tense of these verbs. Refer students as necessary to *Grammaire* 20.3.

### *pour ne pas* + infinitive

The structure *pour ne pas* + infinitive – 'in order not to …' – is also explained. Refer students to *Grammaire* 16.10.

Solution:

1 *pour ne pas gaspiller d'énergie*
2 *pour ne pas arriver en retard*
3 *pour ne pas perdre de temps*

**Examination Grammar in Action 73**

### Using some irregular verbs

This provides further practice of different verbs and tenses, if required.

### 223 Au choix

### [7] Une affiche

See notes on page 301 in Unit 10 Revision and additional practice.

**Copymaster 10/7**

### Mots croisés – l'environnement

See notes on page 303 in Unit 10 Revision and additional practice.

### 203

### 6 À vous!

a Students work in pairs to discuss environmental actions at home and at school.

b They write about 100 words to describe what they do at home to protect the environment.

## 10G Le défi pour les villes    pages 204–205

| Aims and objectives | Grammar and skills | Resources |
| --- | --- | --- |
| • discuss problems in cities (homelessness, poverty, crime)<br>• describe what has changed |  | Key language: SB 210–211<br>Online: Kerboodle Resources and Assessment<br>CD 8 Tracks 28–29 |

### 204 CD 8 Track 28

### 1 Des problèmes dans les villes

a Students listen to the speakers and note which subject they talk about.

Solution:

1 e (*le vandalisme et les graffiti*)
2 d (*le manque d'espaces verts*)
3 c (*le crime et la violence*)
4 a (*le chômage et les sans-abri*)

# 10G Le défi pour les villes

5 g (*les problèmes de logement, la pauvreté, le surpeuplement, le racisme*)

6 f (*les embouteillages, la pollution*)

7 b (*le coût et la fréquence des transports en commun*)

### CD 8 Track 28

### Des problèmes dans les villes

1 Le quartier n'est pas propre et il y a du vandalisme. On voit des graffiti sur les murs un peu partout et il y a des déchets par terre.

2 Il n'y a pas d'espaces verts, donc les enfants ne peuvent pas jouer en sécurité. Ils jouent dans la rue ou restent à l'intérieur.

3 Dans ce quartier, le niveau de la criminalité est assez élevé et il y a parfois de la violence dans les rues. Les gens se sentent menacés et ils ont peur de sortir, surtout la nuit.

4 Il n'y a pas beaucoup d'emplois et beaucoup de personnes sont au chômage. Les gens sont pauvres et ils n'ont rien à faire pendant la journée. On voit des sans-abris qui dorment dans la rue parce qu'ils n'ont pas de logement.

5 On trouve de grandes cités avec des immeubles à plusieurs étages où habitent beaucoup de familles. Ce sont souvent des HLM (habitations à loyer modéré) pour les personnes qui n'ont pas les moyens d'acheter leur propre appartement. Quelquefois les ascenseurs ne marchent pas et les escaliers sont sales. La pauvreté et le surpeuplement contribuent au racisme et aux tensions sociales.

6 Il y a beaucoup de voitures et de camions au centre-ville et souvent des embouteillages. L'air est très pollué et ça provoque des problèmes respiratoires.

7 Les transports en commun sont chers et pas fréquents. Il n'y a pas de bus le soir et le dimanche, alors il est difficile de circuler si on n'a pas de voiture.

b Students match pairs of sentences from two lists, to describe four problems.

Solution:

1 c, 2 a, 3 d, 4 b

c They read a short text and answer questions in English.

Solution:

1 large housing estates with high-rise blocks of flats, lifts don't work, staircases are dirty

2 poverty and overcrowding

d Students translate a short text into English.

Solution:

(sample)

There are a lot of cars and lorries in the town centre and often traffic jams. The air is polluted and that causes breathing problems. Public transport is expensive and infrequent. There's no bus service in the evening nor on Sundays, so it's difficult to get around without a car.

### 204

### 2 Lexique

Students write out the useful vocabulary, finding the French words in activity 1.

Solution:

1 *propre*, 2 *les espaces vertes*, 3 *la criminalité*, 4 *au chômage*, 5 *les cités*, 6 *les HLM (habitations à loyer modéré)*, 7 *sale*, 8 *le surpeuplement*, 9 *circuler*, 10 *les sans-abri*

### 204

### 3 Ça peut changer

There could be a brainstorming session with students suggesting some solutions before they look at the ideas listed here, or students could look at the list, then close their books and say or write down some suggested solutions.

### 204

### 4 La bibliothèque de rue

Students read the text and answer questions in English.

Solution:

1 a street library, 2 a voluntary activity helper/team leader/organiser, 3 Wednesday afternoons, 4 stools, a box, books, 5 most are immigrants, not used to going to a library, 6 no

### 204 CD 8 Track 29

### 5 Dans mon quartier

a Students listen and complete the texts with the missing words.

Solution:

Rachid: 1 *immeuble*, 2 *banlieue*, 3 *déchets*, 4 *espaces verts*, 5 *circulation*

Jasmine: 1 *avant*, 2 *stationner*, 3 *gaz*, 4 *respirer*, 5 *aéroport*

b They then search the texts for words and expressions that are similar to those listed.

Solution:

1 *pas propre*, 2 *moins bien*, 3 *sans cesse*, 4 *il y a un an*, 5 *des voitures et des camions*, 6 *épouvantable*, 7 *pas loin de*, 8 *fermées*

c Students list some of the disadvantages of former and current dwellings mentioned by each speaker

Solution:

Rachid: *Autrefois: le quartier n'était pas propre, il y avait des déchets et des graffiti un peu partout; Maintenant: il y a très peu d'espaces verts, le bruit – on entend sans cesse le bruit généré par la circulation*

Jasmine: *Autrefois: il n'y avait pas assez de place, c'était toujours difficile de stationner, l'air était très pollué; Maintenant: on entend continuellement le bruit des avions*

# 10H À nous d'agir

### CD 8 Track 29

### Dans mon quartier

**Rachid**

J'habite dans une HLM au centre-ville. L'immeuble est moderne et pas trop grand. C'est bien ici. Autrefois, nous habitions dans une grande cité dans la banlieue de Paris. Je n'aimais pas beaucoup l'autre quartier, parce que ce n'était pas propre et qu'il y avait des déchets et des graffiti un peu partout. Cependant il y avait un parc tout près, tandis qu'ici, au centre-ville, il y a très peu d'espaces verts. Ce qui est moins bien aussi, c'est le bruit. On entend sans cesse le bruit généré par la circulation. On devrait créer une zone piétonne, comme ça on serait plus tranquille.

**Jasmine**

Nous avons déménagé il y a un an. Avant nous habitions un petit appartement au centre-ville. C'était bien, mais il n'y avait pas assez de place et il était toujours difficile de stationner. En plus, l'air était très pollué à cause des gaz d'échappement des voitures et des camions. En été la pollution était vraiment épouvantable. On ne pouvait pas respirer. Maintenant on habite une maison jumelle dans la banlieue. C'est mieux parce qu'on a plus de place et un petit jardin. Mais on n'est pas loin de l'aéroport alors on entend souvent le bruit des avions. Nous avons des doubles-vitrages et ça aide, si les fenêtres sont fermées. Mais en été, ce n'est pas facile et on entend continuellement les avions.

### 204

## 6 À vous!

a Students work in pairs to discuss local problems and changes.

b They write some of their responses.

---

# 10H À nous d'agir   pages 206–207

| Aims and objectives | Grammar and skills | Resources |
|---|---|---|
| • discuss voluntary work<br>• find out about charities and humanitarian organisations | | **Key language:** SB 210–211<br>**Online:** Kerboodle Resources and Assessment<br>CD 8 Track 30 |

### 206

## 1 Tu donnes, tu reçois

Students read the text and reply to questions in English.

**Solution:**

1 You give four hours of voluntary work and you receive a free ticket for a concert.

2 At least 16 years old.

3 By working for four hours as a volunteer for a charity.

4 Manual work, like painting and decorating, assembling garden furniture, gardening.

5 More and more of them like the concept.

6 They are delighted that young people are taking part, because once they start, they're likely to want to continue to help.

### 206

## 2 Une jeune bénévole

a Students read the questions and match them with the appropriate answers.

**Solution:**

1 b, 2 a, 3 d, 4 c

b They then read the interview in pairs and discuss whether they would like to take part in a similar scheme.

### 206  CD 8 Track 30

## 3 La parole aux jeunes

a Students read and listen to some young people describing what they do to help others. They note the missing words.

**Solution:**

1 a *un magasin*, b *réutilisé*, 2 a *trie*, b *être*,
3 a *cartes*, b *mieux*, 4 a *course*, b *soutenir*,
5 a *prochain*, b *argent*, 6 a *fois*, b *dessin*

### CD 8 Track 30

### La parole aux jeunes

Est-ce que vous faites de temps en temps un geste pour aider les autres?

1 Oui, par exemple quand je change de portable, je donne mon ancien portable à un magasin à but caritatif, comme Oxfam. Comme ça, le portable est réutilisé par une personne qui habite dans un pays en développement.

2 Et moi, de temps en temps, je trie mes vêtements et je donne les vêtements que je ne porte plus à un magasin à but caritatif. Les vêtements peuvent être utilisés par quelqu'un d'autre et l'organisme bénéficie du revenu.

3 À Noël j'achète des cartes qui soutiennent des organisations humanitaires, comme l'Unicef. On dit que c'est mieux d'acheter ces cartes directement à l'organisme, comme ça la plus grande partie du revenu va directement à l'organisation.

4 L'année dernière j'ai fait une course de six kilomètres avec ma sœur. Nous avons demandé à la famille et à nos amis de soutenir nos efforts en faisant un don à la Croix-Rouge.

296  Tricolore 4 Teacher Book

# 10I Contrôle

> 5 Le mois prochain on va organiser une vente de livres, de CD et de DVD au collège pour Médecins Sans Frontières. Espérons qu'on va collecter beaucoup d'argent.
>
> 6 Je travaille comme bénévole dans un club d'enfants une fois par semaine. J'y vais après l'école, le jeudi, et nous faisons des jeux et des activités comme le dessin et la peinture. C'est amusant.

**b** Students then write notes in English about what each person does. For practice in understanding tenses, you could ask which person describes regular actions (1, 2, 3, 6), a past action (4), a future action (5).

> **Solution:**
> (sample)
> 1 gives old mobile to charity shop for recycling
> 2 gives old clothes to charity
> 3 buys charity Christmas cards
> 4 did a sponsored run (of 6K)
> 5 will help organise a sale of books, CDs and DVDs for Médecins Sans Frontières
> 6 works in a children's club once a week

### 207

## 4 La Croix-Rouge

This gives some information about the history and main principles of the Red Cross. For further information students could look at the website of the International Committee of the Red Cross (https://www.icrc.org/fr).

**a** Students read through the text and reply to the questions in English.

> **Solution:**
> 1 seeing 40 000 injured or dead soldiers at the battle of Solferino and no one to help,
> 2 birthday of Henri Dunant, Red Cross Day,
> 3 red cross, red crescent, red crystal

**b** Students find the French for the English phrases listed.

> **Solution:**
> **1** *le plus grand du monde*, **2** *en voyage d'affaires*, **3** *sur le champ de bataille*, **4** *en droit international*, **5** *sur fond blanc*, **6** *l'inverse du drapeau suisse*

If appropriate, explain the different meanings of *le droit*: *le droit* (law), *les droits* (rights). 'La Déclaration des droits de l'homme et du citoyen' was one of the fundamental texts of the French Revolution in 1789.

### 207

## Des organisations caritatives

Explain the term *organisations caritatives* (charitable organisations). Interested students could find out more about one of these or another charity of their choice:

Le mouvement Emmaüs (started by l'abbé Pierre): www.emmaus-international.org/fr

Les Restos du Cœur (linked to the French actor, Claude Lelouche, nicknamed Coluche): www.restosducoeur.org

### 207

## 5 À vous!

**a** Students practise asking and answering questions about charities and how to support them. (Note that the concept of charity shops, as they exist in many UK high streets, does not really exist in France.)

**b** Students choose one of the two topics about voluntary work and write about 100 words.

---

# 10I Contrôle   pages 208–209

| Aims and objectives | Grammar and skills | Resources |
|---|---|---|
| • practise exam techniques<br>• find out what you have learnt |  | **Key language**: SB 210–211<br>**Online**: Kerboodle Resources and Assessment<br>**Copymasters**: 10/9–10/12<br>**CD 8** Tracks 31–32, 38–43<br>**SCD 2** Tracks 29–34 |

This spread provides assessment tasks, in all four skills, which follow the style of assessment offered by some awarding bodies. It is intended to provide practice in the different assessment techniques as well as to assess knowledge of the content of the unit.

Additional assessment material, using literary extracts for reading and photos for oral work, is provided in the five *C'est extra!* spreads which appear after Units 2, 4, 6, 8 and 10.

Teachers should adapt the tasks as necessary to suit the needs of their students. Board-specific examination practice, written by experienced examiners, is provided online.

# 10I Contrôle

## Listening

### 208 CD 8 Track 31

### 1 Les problèmes de l'environnement

Students listen to the conversation and complete the sentences in French.

> **Solution:**
> 1 *changement climatique*, 2 *sécheresse*,
> 3 *tempêtes*, 4 *inondations*, 5 *énergie*, 6 *voiture*

#### CD 8 Track 31

### Les problèmes de l'environnement

- À votre avis, quels sont les principaux problèmes de l'environnement?
- À mon avis, c'est le changement climatique et le réchauffement de la planète. On voit des conséquences un peu partout, par exemple, en Afrique il y a de longues périodes de sécheresse; ailleurs, il y a des tempêtes et des ouragans plus intenses.
- Est-ce que vous avez remarqué des conséquences dans votre région?
- Oui, chez nous, dans le nord de l'Angleterre il y a eu des inondations très graves il y a quelques années.
- Quelles sont les causes du changement climatique?
- D'après les spécialistes, une cause importante est la consommation de l'énergie obtenue du charbon et du pétrole. Une autre cause est le déboisement de la forêt tropicale en Amazonie.
- Qu'est-ce qu'on peut faire pour améliorer la situation?
- Tout le monde doit économiser de l'énergie – alors utiliser moins sa voiture, éteindre la lumière et les appareils électriques quand on ne les utilise pas, etc.

### 208 CD 8 Track 32

### 2 Des actions pour l'environnement

Students listen to the discussion about what can be done to protect the environment and choose the correct answers.

> **Solution:**
> 1 c, e, 2 a, 3 a, d, 4 b, c

#### CD 8 Track 32

### Des actions pour l'environnement

- Qu'est-ce que vous faites, personnellement?
- Si je fais des petits trajets en ville, j'y vais à pied ou à vélo au lieu de demander à mes parents de m'emmener en voiture. J'essaie aussi d'économiser de l'énergie à la maison, par exemple j'éteins la télé quand je ne la regarde plus, au lieu de la laisser en veille.
- Est-ce que vous avez fait quelque chose récemment?
- Oui, le weekend dernier on a organisé un piquenique et j'ai mis ma boisson dans une bouteille réutilisable, au lieu de prendre une boisson en canette ou en bouteille en plastique.
- Qu'est-ce que les gouvernements devraient faire, à votre avis?
- On devrait améliorer les transports en commun pour encourager les gens à prendre le bus et le train. En plus, on devrait favoriser la production de l'énergie verte, par exemple de l'énergie solaire.
- Que pensez-vous faire à l'avenir pour l'environnement?
- À l'avenir, je continuerai à circuler à vélo et à pied, mais si j'achète une voiture, je choisirai une voiture électrique ou hybride.
- Vous pensez que les problèmes vont s'aggraver à l'avenir?
- Oui, j'ai peur que oui. Alors il est très important d'agir maintenant.

## Speaking

### 208

### 1 Role play

This gives an outline for a role-play conversation about the environment. Students could think about the questions which might be asked, perhaps looking back through the unit for ideas.

a As preparation, students read the conversation in pairs.
b They invent a slightly different conversation on the same topic.

### 208

### 2 Une conversation

Students work in pairs to make up a conversation, using the questions listed as a guideline.

## Reading

### 209

### 1 Forum

Students read the contributions to a forum about the environment and decide who is described in each statement in French.

> **Solution:**
> 1 Y (Youssef), 2 J (Jules), 3 A (Alice), 4 L (Léa),
> 5 T (Timéo), 6 R (Romane)

### 209

### 2 Translation

Students translate the passage into English.

> **Solution:**
> (sample)
> I'm concerned about climate change and I think that everyone should do their bit. We must recycle more and use renewable forms of energy. In my region, they've invested a lot of money in solar energy and they've built offshore wind turbines. We should also support people affected by natural disasters caused by climate change.

Tricolore 4 Teacher Book

# C'est extra! E

## Writing

📖 209

### 1 La planète, ça nous concerne

Students write a blog of about 150 words about the environment.

📖 209

### 2 Traduction

Students translate a short text into French.

**Solution:**
(sample)

*Le changement climatique affecte tout le monde mais il semble être surtout difficile dans des pays où il y a de longues périodes de sécheresse, des inondations et des ouragans. Il y a eu un tremblement de terre affreux à Haïti en 2010. Des glaciers fondent et le niveau de la mer monte, ce qui causera des problèmes pour les îles dans l'océan Pacifique/au Pacifique.*

📖 210–211

### Sommaire 10

This is a summary of the main topic vocabulary of the unit, also available on copymaster.

## C'est extra! E   pages 212–213

| Aims and objectives | Grammar and skills | Resources |
|---|---|---|
| • read an extract from a French book<br>• discuss photos<br>• practise exam techniques | • the past historic | **Key language:** SB 190–191, 210–211<br>**Online:** Kerboodle Resources and Assessment |

This spread provides practice in reading literary texts and gives some cultural background. Students also have practice in talking about photo cards.

## Literature

📖 212–213

### Extracts A–C

Introduce the book *Candide*, by Voltaire, by reading the short introductory text. Explain that through this extraordinary and unbelievable story, Voltaire was writing a satire in which he criticised the church and state. The book was controversial when it was published.

**A** Students read extract A and answer the questions in English.

**B** They read extract B and choose the three correct statements in French.

**C** They read extract C and answer the questions in English.

**Solution:**

**A**

1 They felt the earth trembling under their feet.

2 The sea was very rough, rising up and bubbling in the port, and smashing vessels that were anchored there.

3 The streets and main squares were covered in flames and ashes, houses were collapsing, roofs were falling through to the ground.

4 They were crushed under the debris of the ruined buildings.

5 a The sailor thought there was something to be gained in the destruction.

  b Pangloss was puzzled and wondered about the justification for such a phenomenon.

  c Candide thought it was the end of the world.

**B** Sentences 1, 3 and 7 are true.

**C**

1 I see a crowd of people at the door of a building like a European palace. I hear pleasant music. I smell something delicious cooking.

2 Cacambo offered to interpret because the people were speaking Peruvian, his mother tongue.

3 any three of: four soups/stews garnished with two parrots, a boiled condor (which weighed 200 lbs), two roast monkeys, 300 hummingbirds in a dish and 600 hummingbirds in another dish, excellent stews and delicious pastries

4 They were made of rock crystal.

5 It was like paradise.

📖 213

### La continuation

Students could read the continuation of the story to find out whether it ends happily.

Tricolore 4 Teacher Book

# 10 Revision and additional practice

### 213

### The past historic tense

Remind students about the use of the past historic tense for literary works. If necessary, refer them back to the *Dossier-langue* explanation on SB 170.

Students then look for five examples of the past historic in extract B and translate them into English.

> **Solution:**
>
> *Leurs chevaux moururent* – Their horses died
>
> *leurs provisions furent consumées* – their provisions were consumed
>
> *ils se nourrirent* – they ate
>
> *(ils) se trouvèrent* – they found themselves
>
> *qui soutinrent* – which sustained

### Photo cards

Students work in pairs to make up a conversation based on each photo, using the questions listed as a guideline. They should try to work out what other questions could be asked.

### 213

### A Des projets d'avenir

This photo is based on a topic from Unit 9. For support, students can look back at Unit 9 *Sommaire* (SB 190–191) and *À vous!* (SB 179).

### 213

### B Pour protéger l'environnement

This photo is based on a topic from Unit 10. For support, students can look at Unit 10 *Sommaire* (SB 210–211).

## 10 Revision and additional practice

**Resources**

**Key language:** SB 210–211
**Au choix 10:** SB 232–233
**Online:** Kerboodle Resources and Assessment
**Copymasters:** 10/1–10/12
**CD 8** Tracks 25–26, 33–43
**SCD 2** Tracks 29–34

### 232 Au choix

### 1 Protégeons la nature

This reading text, in three parts, covers information about tropical forests, water and endangered species. Each part is followed by questions in English.

> **Solution:**
>
> **La forêt tropicale**
>
> **1** to make furniture, to clear the land for agriculture
>
> **2** destroying the habitat of many animals and insects and the balance of the eco-system
>
> **L'eau – une ressource précieuse**
>
> **1** because it's salty water
>
> **2** because it's in the form of glaciers
>
> **3** turn off the tap when cleaning teeth; water fields and the garden at night because water evaporates more slowly then
>
> **Les espèces en danger**
>
> **1** elephants, rhinos
>
> **2** because of their horns, which are made of ivory
>
> **3** killing whales for commercial purposes

### 232 Au choix

### 2 Un tsunami en Asie

This gapped reading text recounts the devastating effects of the tsunami in 2004.

Students choose the correct words from those listed to complete the text.

> **Solution:**
>
> **a 1** i (*un tremblement de terre*), **2** f (*le monde*), **3** e (*en tout*), **4** j (*une moindre mesure*), **5** c (*des vagues*), **6** d (*durement*), **7** b (*a été projeté*), **8** h (*les éléphants*), **9** g (*les collines*), **10** a (*des dégâts*)
>
> **b** *une échelle* also means a ladder

### 233 Au choix

### 3 Lexique

Students copy and complete the list of vocabulary, referring to Unit 10 *Sommaire* as required.

> **Solution:**
>
> **1** to get worse, **2** damage, **3** to destroy, **4** to disappear, **5** a fire, **6** flood/flooding, **7** to die, **8** sea level, **9** hurricane, **10** to protect, **11** global warming

Tricolore 4 Teacher Book

# 10 Revision and additional practice

### 233 Au choix

## 4 Sur la route – point-info

Students pair up two parts of sentences, which give information about driving in France.

Solution:

1 d (*En France, il faut avoir 18 ans pour conduire.*)
2 a (*Si vous conduisez, vous devez garder votre permis de conduire et votre assurance sur vous ou dans votre voiture.*)
3 c (*N'oubliez pas qu'en France on roule à droite.*)
4 e (*Il faut souvent payer pour prendre les autoroutes.*)
5 f (*Pendant les jours fériés la circulation est souvent très dense avec de longs bouchons.*)
6 b (*Le dimanche, les camions sont interdits sur les autoroutes.*)

### 233 Au choix CD 8 Track 33

## 5 Infos routières

Students can either read the text and try to work out the answers first before listening to the recording, or listen first and then complete the text.

Solution:

1 c (*du nord*), 2 b (*huit*), 3 a (*cinq*), 4 h (*du sud*), 5 g (*facile*), 6 e (*embouteillage*), 7 f (*neige*), 8 d (*autoroute*)

### CD 8 Track 33

**Infos routières**

Et maintenant, voici les dernières informations pour ceux qui rentrent des Alpes après les vacances d'hiver.

Dans les Alpes du nord, il y a un embouteillage de huit kilomètres à Albertville, sur la Nationale 90. Ensuite, sur la route Chamonix–Genève, cinq kilomètres d'attente près de Cluses.

Dans les Alpes du sud, pour ceux qui rentrent à Marseille, ce n'est pas plus facile: sept kilomètres d'embouteillage sur la Nationale 96, près d'Aix-en-Provence.

Enfin, dernière difficulté de cette soirée, mais cette fois en raison de la neige: on roule très, très mal dans la région de Nancy. Et, vers dix-huit heures, on a dû totalement fermer l'autoroute A33.

### 233 Au choix

## 6 Trouvez les paires

Students pair up the English and French phrases.

Solution:

1 b, 2 d, 3 a, 4 f, 5 e, 6 g, 7 c

### 233 Au choix

## 7 Une affiche

Students read the poster and answer the questions in English.

Solution:

1 You should buy produce which is local, sustainable, in season and without packaging.
2 Put the most recent food at the back of the fridge/cupboard.
3 It should be reused in another dish (if possible).
4 They should be sorted for recycling.

# Copymasters

### Copymaster 10/1

## Le monde

This provides a reference map of the world showing main continents, etc.

### 1 Les habitants du monde

Students read the clues (*des indices*) or refer to any notes they may have made earlier (SB 192–193, TB 284–285) in order to complete the sentences about population distribution.

Solution:

1 Asie, 2 Afrique, 3 Europe, 4 Amérique du Sud et aux Caraïbes, 5 Amérique du Nord, 6 Australie et Océanie

### 2 Les langues principales

They then complete a list of the main languages spoken in the world.

Solution:

2 *l'espagnol*, 3 *l'anglais*, 4 *l'arabe*, 8 *le russe*

### 3 Les pays du monde

Students choose any appropriate country that meets the criteria.

### Copymaster 10/2

## Trois acrostiches

The three acrostics give practice of some general vocabulary (questions, expressions of time, linking phrases, etc.) that is particularly appropriate, when students have fully revised all tenses. Encourage them to use these expressions regularly in their spoken and written work.

Solution:

1 **Sept questions et deux réponses**
   verticalement: 1 *pourquoi*;
   horizontalement: 1 *peut-être*, 2 *comment*, 3 *quand*, 4 *parce que*, 5 *qui*, 6 *lequel*, 7 *où*, 8 *combien*

Tricolore 4 Teacher Book

# 10 Revision and additional practice

### 2 Quand?

verticalement: **1** *l'année prochaine;*
horizontalement: **1** *l'avenir,* **2** *autrefois,*
**3** *demain,* **4** *dernier,* **5** *récemment,* **6** *hier,*
**7** *plus tard,* **8** *après-demain,* **9** *une fois,* **10** *en ce moment,* **11** *avant-hier,* **12** *ce matin,*
**13** *bientôt,* **14** *le lendemain,* **15** *maintenant*

### 3 Des mots utiles

verticalement: **1** *malheureusement;*
horizontalement: **1** *mais,* **2** *d'abord,*
**3** *quelquefois,* **4** *d'habitude,* **5** *cependant,*
**6** *toujours,* **7** *après,* **8** *enfin,* **9** *soudain,*
**10** *ensuite,* **11** *avec,* **12** *seulement,*
**13** *souvent,* **14** *pendant,* **15** *partout*

---

**Copymaster 10/3**

## Le journal: Faits divers

The short news items cover weather, transport, accidents and crime, and reflect the sort of reading items often used in exams. There are some examples of verbs in the passive.

**a** Students read the extracts and the titles and match them up.

   Solution:

   **a** 8, **b** 1, **c** 5, **d** 4, **e** 3, **f** 7, **g** 6, **h** 9, **i** 10, **j** 2

**b** Students find in the text the French for the English phrases listed.

   Solution:

   **1** *des embouteillages,* **2** *seront perturbés,* **3** *en grève,* **4** *ont été transportés,* **5** *un vol a eu lieu,* **6** *a été détruite,* **7** *un incendie,* **8** *les inondations,* **9** *ont dû évacuer,* **10** *le tremblement de terre,* **11** *blessés,* **12** *s'est effondré*

**c** Students reply to questions in English.

   Solution:

   **1** because of bad weather, **2** 24 hours, **3** a tree,
   **4** bags of postage stamps of unknown value,
   **5** heavy rainfall, **6** 10 dead, about 30 injured

---

**Copymaster 10/4**

## En route en France

### 1 Vous avez bien compris?

Students read a leaflet about driving in France and reply to questions in English.

   Solution:

   **1** 18, **2** driving licence, insurance certificate,
   **3** you drive on the right, **4** at crossroads and at roundabouts, **5** take regular breaks, **6** by listening to Bison Futé on radio or TV

**b** Students complete the *Lexique* by finding the missing words in the leaflet

   Solution:

   **1** *un carrefour,* **2** *conduire,* **3** *un automobiliste,*
   **4** *un permis de conduire,* **5** *une assurance,* **6** *une autoroute,* **7** *rouler,* **8** *à droite,* **9** *un rond-point,*
   **10** *une aire de repos,* **11** *la vitesse,* **12** *la circulation*

---

### 2 L'examen de conduite

**a** Students complete the conversation by putting the verbs in the imperfect tense.

   Solution:

   **1** *c'était,* **2** *tu étais,* **3** *j'avais,* **4** *j'essayais,* **5** *ce n'était pas,* **6** *mon pied tremblait,* **7** *il commençait,*
   **8** *je ne pouvais pas,* **9** *l'inspecteur était*

**b** Students then correct the mistakes in the sentences that follow.

   Solution:

   **1** *Martine a obtenu son permis aujourd'hui.*

   **2** *Au début du test, elle avait peur.*

   **3** *Son pied tremblait sur la pédale.*

   **4** *Il commençait à pleuvoir.*

   **5** *Elle ne pouvait pas trouver la commande des essuie-glaces.*

   **6** *L'inspecteur était sympathique.*

   **7** *Finalement, elle a pu se calmer.*

---

**Copymaster 10/5**

## Des jeux de vocabulaire

This gives further practice in vocabulary related to road travel.

### 1 Mots croisés

Solution:

|   | C | I | R | C | U | L | A | T | I | O | N |   | P |
|---|---|---|---|---|---|---|---|---|---|---|---|---|---|
|   | A |   | O |   |   |   |   |   |   | O |   |   | N |
|   | R |   | N |   | A | U | T | O | R | O | U | T | E |
|   | R |   | D |   | I |   |   |   |   | S |   |   | U |
|   | E |   | P | E | R | M | I | S |   | B |   |   |   |
|   | F |   | O |   | A |   |   | E | A | U |   |   | C |
|   | O |   | I |   | P |   | R |   | N |   |   |   | O |
|   | U |   | N |   | A |   | B | O | U | C | H | O | N |
|   | R |   | T | O | N |   | U |   |   |   |   |   | D |
|   |   |   |   |   | N |   | T |   |   |   |   | T | U |
|   | R |   |   |   | E | S | S | E | N | C | E |   | I |
|   | U |   |   |   | A |   |   |   |   |   |   |   | R |
|   | E | M | B | O | U | T | E | I | L | L | A | G | E |

### 2 Trouvez les mots

Students complete the sentences with the missing words.

   Solution:

   **1** *sens,* **2** *aire, repos,* **3** *droite, gauche,*
   **4** *automobiliste/chauffeur,* **5** *vite,* **6** *vitesse,*
   **7** *sortie,* **8** *feux*

# 10 Revision and additional practice

**Copymaster 10/6 CD 8 Tracks 25–26**

## Un plan pour les transports

### 1 La crise de la circulation

a Students could either listen and complete the text, or read the text first and guess where the missing words go, then listen to the recording to check their answers.

> **Solution:**
> **1** b (*circulation*), **2** g (*lentement*), **3** i (*stationner*), **4** j (*trottoir*), **5** h (*c'était*), **6** e (*voitures*), **7** c (*difficile*), **8** d (*embouteillages*), **9** a (*l'autobus*), **10** f (*fréquent*)

**CD 8 Track 25**

### La crise de la circulation

- On avait de graves difficultés de circulation à Strasbourg. C'était affreux.
- Pouvez-vous nous les décrire?
- Bon, alors en centre-ville, il y avait toujours des embouteillages: on roulait très lentement et ce n'était pas uniquement aux heures de pointe, c'était pendant toute la journée. Puis on ne trouvait pas de place pour stationner. Donc, on était obligé de stationner sur le trottoir ou sur les voies piétonnes, n'importe où, quoi.
- Et pour les piétons, c'était dangereux?
- Bien sûr, traverser la rue avec toutes ces voitures, eh bien … c'était dangereux. Puis l'air était pollué par le gaz d'échappement des voitures. Même respirer était difficile.
- Et les automobilistes, comment se sentaient-ils?
- Eh bien, ils étaient énervés, ils étaient stressés. Ils voyaient qu'ils perdaient leur temps dans des embouteillages incessants.
- Il y avait quand même des transports en commun. Est-ce qu'on les prenait?
- Non. On a constaté, en effet, que très peu de gens prenaient l'autobus. D'abord, parce que le service n'était pas très fréquent et en plus parce que les autobus aussi étaient souvent bloqués dans des embouteillages. Donc on s'est rendu compte qu'il fallait faire quelque chose.

b Students find in the text the French for the English phrases listed, to use in their own work.

> **Solution:**
> **1** c'était affreux, **2** aux heures de pointe, **3** les piétons, **4** le gaz d'échappement, **5** comment se sentaient-ils?, **6** ils perdaient leur temps, **7** quand même, **8** d'abord, **9** on s'est rendu compte, **10** il fallait faire quelque chose

### 2 On change de sens à Strasbourg

Students should first read the list of measures that were taken to improve the situation. Check that the following vocabulary is understood: *le réseau d'autobus, une ligne plus étendue, un boulevard périphérique*.

a Then students listen to the recording and note the order in which the measures are mentioned.

> **Solution:**
> f, c, e, g, a, d, b

b Students summarise the transport plan in English.

**CD 8 Track 26**

### On change de sens à Strasbourg

- Vous avez voulu trouver une solution à long terme, alors qu'est-ce que vous avez fait?
- Bon, on a pris plusieurs mesures. On a constaté qu'il y avait beaucoup de voitures qui traversaient le centre-ville pour aller dans un secteur de la ville et qui ne s'arrêtaient pas dans le centre-ville même. C'était des véhicules de transit. Donc, on a créé des boulevards périphériques. Alors, si on veut traverser la ville, il faut prendre les boulevards ou l'autoroute pour contourner la ville.
- Alors, les automobilistes doivent faire un trajet plus long?
- Oui, peut-être que leur trajet est plus long, mais il est sûrement plus rapide.
- Alors, est-ce que le centre-ville est totalement interdit aux automobilistes?
- Non, mais on ne peut pas le traverser. On peut aller près du centre, mais on a aussi élargi la zone piétonne.
- Et pour les difficultés de stationnement, qu'est-ce que vous avez fait?
- On a construit de nouveaux parkings.
- Est-ce que vous avez encouragé les gens à voyager en transport en commun?
- On essaie de le faire. On a créé une ligne de tramway et on a amélioré le réseau d'autobus avec des lignes plus étendues et un service plus fréquent.
- Et pour les cyclistes?
- Pour les cyclistes, on a créé de nouvelles pistes cyclables. Et on voit de plus en plus de gens qui circulent en vélo. C'est bien, ça.
- Et après toutes ces mesures, quel en est le résultat?
- Eh bien, tout le monde bénéficie d'une meilleure qualité de vie. L'ambiance en centre-ville est moins stressée, les gens sont moins pressés. On a le temps de se promener, de respirer et d'apprécier la ville.

**Copymaster 10/7**

## Mots croisés – l'environnement

Students complete a crossword to practise environmental vocabulary.

**Solution:**

(Crossword solution grid with answers including: RÉCHAUFFEMENT, RECYCLER, GASPILLER, SONT, DISENT, SEC, POUBELLE, CATASTROPHE, NOS, etc.)

Tricolore 4 Teacher Book 303

# 10 Revision and additional practice

Copymaster 10/8 CD 8 Tracks 34–37

## Tu comprends?

### 1 À quelle heure?
This provides practice of time linked to travel arrangements.

**Solution:**
**1** 15h20, **2** midi/12h00, **3** dix heures du soir/22h00, **4** 9h30, **5** 17h25, **6** 19h45, **7** 20h50

CD 8 Track 34

### À quelle heure?
**Exemple:**
– Le prochain train pour Bordeaux part à quelle heure, s'il vous plaît?
– À quatorze heures trente.
– Alors, c'est à quatorze heures trente. Merci.

**1** – Le prochain train pour Strasbourg part à quelle heure, s'il vous plaît?
– À quinze heures vingt.
– Quinze heures vingt, bon, merci.

**2** – Tu comptes arriver à quelle heure à la maison, Sébastien?
– S'il n'y a pas trop de circulation, j'espère arriver vers midi.

**3** – Bonjour, Jean et Émilie. Vous êtes rentrés tard hier soir, non?
– Oui, il y avait des embouteillages sur les routes et nous ne sommes rentrés qu'à dix heures du soir.

**4** – Tu vas à Lyon en car, Lucie?
– Oui, je vais prendre le car de neuf heures trente.

**5** – Le prochain bateau part à quelle heure, s'il vous plaît?
– Le prochain bateau? À dix-sept heures vingt-cinq.

**6** – Daniel et Luc, vous allez prendre le train de quelle heure, pour Londres?
– Nous allons prendre le train de dix-neuf heures quarante-cinq.

**7** – Est-ce que le vol de Cardiff est déjà arrivé?
– Oui, il est arrivé à vingt heures cinquante.

### 2 Ma vie au Sénégal
Students listen to the recording and complete the sentences in French.

**Solution:**
**1** ouest, **2** octobre, **3** Dakar, **4** français, **5** mosquée

CD 8 Track 35

### Ma vie au Sénégal
L'année dernière, nous avons déménagé au Sénégal à cause du travail de mon père. Le Sénégal se trouve en Afrique de l'ouest. Il fait très chaud ici. Il y a deux saisons: la saison des pluies (de juin à octobre) et la saison sèche (de novembre à mai).

Nous habitons à Dakar, la capitale du pays. Au Sénégal, la langue officielle est le français, mais on parle aussi d'autres langues. Beaucoup de personnes sont musulmanes et vont à la mosquée le vendredi, mais il y a aussi une église catholique ici.

### 3 Trois questions sur l'environnement
Students listen to the recording and write down the missing words to complete the text.

**Solution:**
**1** voiture, **2** énergie, **3** pollue, **4** jardin, **5** pièce, **6** radio, **7** journaux, **8** boîtes, **9** pistes, **10** vélo

CD 8 Track 36

### Trois questions sur l'environnement
– Qu'est-ce qu'on peut faire pour protéger l'environnement?
– On peut faire du recyclage, par exemple, on peut mettre les bouteilles en verre dans des containers de recyclage. On peut réduire la pollution en laissant sa voiture à la maison et on peut économiser de l'énergie.
– Qu'est-ce que tu fais pour protéger l'environnement?
– Moi, je suis contre la voiture. Ça pollue et on peut prendre d'autres moyens de transport.
– Chez moi, on met tout ce qui peut être recyclé, comme les épluchures de légumes, dans le jardin. On fait du compost.
– Moi, quand je sors d'une pièce, j'éteins la lumière, la télévision et la radio.
– Qu'est-ce qu'on fait dans ta ville?
– Dans notre ville, on organise une collecte sélective. Alors, il faut trier ses déchets. On doit mettre les journaux et les magazines dans un bac, les bouteilles en plastique et les boîtes de conserve dans un bac différent, etc. Comme ça, une partie des déchets est recyclable.
– Oui, et dans notre ville, on a créé des pistes cyclables pour encourager les gens à sortir à vélo au lieu de prendre la voiture. C'est une bonne idée, à mon avis.

### 4 Les transports en commun
Students listen to the discussion and then do the tasks.

**a** They choose the correct answer.

**Solution:**
**1** c, **2** b, **3** c, **4** b

**b** They then answer questions in English.

**Solution:**
**1** Any two of: don't need to depend on/disturb others, don't have problem of parking, not expensive
**2** Any two of: service not very frequent, no bus after 8 pm, not practical if you have a lot of shopping/if you don't live near the bus stop

304 Tricolore 4 Teacher Book

# 10 Revision and additional practice

### CD 8 Track 37

### Les transports en commun
- Qu'est-ce qu'il y a comme transports en commun dans ta ville?
- En ville, on a le bus, ce qui est très pratique. Il y a maintenant un nouveau circuit qui est plus rapide. Pour aller de chez moi au centre-ville, je mets trente minutes, maximum.
- Ça coûte cher?
- Non, ce n'est pas cher. Il y a des tarifs étudiants et on peut aussi acheter des cartes. Une carte de transport est valable pour dix trajets. On peut l'acheter dans un bureau de tabac ou à la gare routière.
- Quels sont les avantages du bus?
- À mon avis, c'est bien, parce que tu n'as pas besoin de déranger d'autres personnes.
- Hmm … Et puis, il n'y a pas le problème de se garer, de trouver un parking.
- Ça ne coûte pas cher, et si tu fais un aller-retour en une heure, tu as un trajet gratuit. C'est bien.
- Et quels en sont les inconvénients?
- Bien sûr, quelquefois, il faut attendre le bus un bon moment. Le service n'est pas toujours très fréquent. Puis le soir, après vingt heures, il n'y a pas de bus.
- Et si on veut faire beaucoup d'achats, si on veut aller au supermarché, par exemple, bon, alors le bus n'est pas très pratique, surtout si l'arrêt d'autobus n'est pas tout près de la maison.

## Révision: Unité 10

These worksheets can be used for an informal test of listening and reading or for revision and extra practice, as required.

**Copymaster 10/9 CD 8 Tracks 38–41 SCD 2 Tracks 29–32**

### Révision 10: Écouter – Partie A

### 1 Les transports
Students listen to the speakers and write the correct letter for each person.

**Solution:**
**1** E, **2** D, **3** F, **4** H

### CD 8 Track 38, SCD 2 Track 29

### Les transports
**Exemple:**
Moi, je vais au collège en voiture. Normalement, nous sommes quatre personnes dans la voiture et c'est pratique.
**1** Pour aller au collège, je prends le bus. J'aime bien ça parce que beaucoup de mes copains prennent le bus aussi.
**2** En été, quand il fait beau je prends mon vélo pour aller au collège. Le vélo c'est un très bon moyen de transport quand il ne pleut pas, et dans notre ville, il y a des pistes cyclables.
**3** Pour aller en Angleterre l'année dernière j'ai pris le bateau. Mais il faisait mauvais et j'ai été malade pendant la traversée alors la prochaine fois je ne vais pas prendre le bateau.
**4** Pour de longs voyages à l'étranger, il est nécessaire de prendre l'avion. L'avion, c'est très sûr et on arrive vite à sa destination.

### 2 Les pays et les continents
Students listen to the speakers talking about the countries or continents they would like to visit and write the correct letter for each person.

**Solution:**
**1** k, **2** a, **3** g, **4** c, **5** d

### CD 8 Track 39, SCD 2 Track 30

### Les pays et les continents
**Exemple:**
Je voudrais aller en Russie. La Russie est un des pays les plus grands du monde donc il y a beaucoup de choses différentes à y voir.
**1** Je voudrais voyager en Amérique du sud. Dans beaucoup de pays d'Amérique du sud on parle espagnol, et l'espagnol c'est ma matière préférée.
**2** Moi, j'ai toujours voulu aller en Afrique. J'aime la nature et les animaux sauvages, alors pour moi, un safari en Afrique, ça serait mon rêve.
**3** Je voudrais visiter l'Inde. J'aimerais voir le Taj Mahal en Inde parce que c'est une merveille du monde.
**4** Mon rêve est de visiter la Chine. Je sais que la Chine est un pays qui se développe très rapidement. En plus je voudrais marcher sur la Grande Muraille de Chine.
**5** Moi, je préfère rester en Europe. Je n'aime pas de longs voyages en avion. Mon rêve est de faire le tour de l'Europe en train.

### 3 Le journal
Students listen to the news bulletin and answer the questions in English.

**Solution:**
**1** floods, **2** roads closed (because of debris), **3** cold/bad weather/snow, **4** half of the population without electricity/heating, **5** any one of: two bridges, part of the metro

### CD 8 Track 40, SCD 2 Track 31

### Le journal
**L'Algérie**
En Algérie, des pluies torrentielles accompagnées d'un vent violent ont provoqué des inondations désastreuses sur la côte. Les inondations ont fait des dégâts immenses. On a dû fermer les routes dans la région à cause de tout le débris.

**Montréal au Québec**
Une vague de mauvais temps, de froid et de neige, a paralysé le pays. Hier, la moitié de la population était sans électricité et sans chauffage. Pour la première fois de son histoire, le centre-ville de Montréal était dans le noir. Les deux principaux ponts de la ville ont été fermés, ainsi qu'une partie du métro.

# 10 Revision and additional practice

## 4 Pour protéger l'environnement

Students listen to a group of people saying what they do to protect the environment and complete the grid.

| Example: Djamel | c |
| --- | --- |
| 1 Syra | a |
| 2 Thomas | g |
| 3 Élodie | h |
| 4 Rachid | b |
| 5 Hélène | f |

🔊 CD 8 Track 41, SCD 2 Track 32

### Pour protéger l'environnement

**Exemple:**
– Djamel, qu'est-ce qu'on fait chez toi pour protéger l'environnement?
– À la maison, nous faisons du compost avec les épluchures de légumes. Ça marche bien parce qu'il y a moins de déchets chaque semaine et le compost, c'est utile dans le jardin.

1 – Et toi, Syra, qu'est-ce qu'on fait dans ta famille?
– Dans ma famille, nous recyclons le verre – on rince les bouteilles et les bocaux vides et on les porte au supermarché pour les mettre dans les conteneurs de verre.

2 – Thomas, tu fais quelque chose?
– Oui, je pense qu'il est important de conserver de l'énergie. Alors j'éteins la lumière quand je sors d'une pièce.

3 – Élodie, tu fais quelque chose pour l'environnement?
– Oui, moi aussi je pense qu'il est important de ne pas gaspiller de l'énergie, alors j'éteins la télé et l'ordinateur quand je ne les utilise pas. Je ne les mets pas en veille.

4 – Et toi, Rachid, tu fais quelque chose aussi?
– Oui, chez moi, nous trions nos déchets et nous recyclons le carton et le papier, surtout les journaux et les magazines. Nous les mettons dans le conteneur pour les journaux.

5 – Hélène, est-ce que tu penses souvent à l'environnement?
– Oui je pense surtout à l'impact des transports sur l'environnement. J'aime marcher alors je vais partout à pied, quand c'est possible. Marcher à pied c'est aussi bon pour la santé.

🔊 Copymaster 10/10 CD 8 Tracks 42–43
SCD 2 Tracks 33–34

## Révision 10: Écouter – Partie B

### 1 Tu voyages comment?

Students listen to the discussion between Daniel and Céline and answer the questions in English.

**Solution:**
1 by bike, 2 not far/costs nothing, 3 too slow/has too much to carry, 4 car, 5 her mum lends her the car, 6 parking/traffic jams, 7 you are independent/can travel when you want/go right to your destination, 8 on foot/walking, 9 can listen to his personal stereo

🔊 CD 8 Track 42, SCD 2 Track 33

### Tu voyages comment?

– Ah, te voilà Daniel. Tu as pris le bus?
– Non, je suis venu à vélo. Pour aller en ville, j'aime bien prendre mon vélo, parce que ce n'est pas loin et ça ne coûte rien.
– D'accord, mais pour moi, c'est un peu lent et j'ai toujours trop de paquets si je fais des courses en ville. Je préfère circuler en voiture, si possible.
– Tu as de la chance, parce que ta mère te prête sa voiture. Mais il y a quand même les problèmes du parking et le matin et le soir, il y a tant d'embouteillages en ville.
– C'est vrai, mais il y a des avantages. Par exemple, en voiture, on est indépendant, on peut voyager quand on veut et on va directement à sa destination.
– D'accord, il y a des avantages, mais pour moi, pour de petites distances, je préfère aller à pied. Comme ça, je peux écouter mon baladeur en marchant.

## 2 Des problèmes et des solutions

Students listen to some people talking about problems in today's world. They give brief details in English about the problem they mention and the solutions suggested.

**Solution:**

|  | problem | solution suggested |
| --- | --- | --- |
| Ex: | natural disasters occur more often and help gets there late | humanitarian organisations need to work closely together to get help there quickly |
| 1 | Aids (which leaves many children orphaned) | 1 improve medical services 2 make medication free for people suffering from Aids |
| 2 | traffic and pollution | 1 improve public transport and reduce fares 2 increase price of petrol and car tax |
| 3 | climate change/ rising sea levels | 1 everyone should consume less energy 2 everyone should reduce waste |
| 4 | inner-city problems – vandalism, graffiti, crime | organise clubs and sports activities for young people) |

🔊 CD 8 Track 43, SCD 2 Track 34

### Des problèmes et des solutions

**Exemple:** Il me semble que les catastrophes naturelles, comme les ouragans et les tremblements de terre, ont lieu plus souvent de nos jours et quelquefois l'aide aux victimes arrive tard. Les organisations humanitaires devraient travailler ensemble pour aller au secours des victimes le plus vite possible.

1 En Afrique, le sida est une maladie qui touche beaucoup de personnes. Beaucoup d'enfants sont orphelins parce que leurs parents sont morts du sida. On devrait améliorer les services médicaux dans les pays pauvres et fournir gratuitement des médicaments aux gens qui souffrent du sida.

Tricolore 4 Teacher Book

# 10 Revision and additional practice

2 Dans les grandes villes, la circulation devient impossible. Il y a des embouteillages et l'air est pollué à cause de toutes les voitures. À mon avis, on devrait améliorer les transports en commun en réduisant les tarifs. On devrait aussi augmenter le prix de l'essence et les taxes sur les routes.

3 Le changement climatique est un des plus grands problèmes du monde de notre temps. Il y a des îles dans l'océan Pacifique qui risquent d'être submergées parce que le niveau de la mer monte. Tout le monde doit faire attention à protéger l'environnement. Ça veut dire consommer moins d'énergie et réduire les déchets.

4 Il y a des quartiers au centre des grandes villes où les conditions sont très difficiles. Il y a du vandalisme et des graffiti et parfois de la criminalité dans les rues. On pourrait peut-être organiser des clubs et des activités sportives, surtout pour les jeunes.

**Copymaster 10/11**

## Révision 10: Lire – Partie A

### 1 L'environnement

Students find the English meaning of each French word.

**Solution:**
**1** f, **2** h, **3** g, **4** k, **5** b, **6** j

### 2 On parle des voyages

Students read the four opinions about travelling and identify each writer.

**Solution:**
**1** Luc, **2** Claire, **3** Mathieu, **4** Claire, **5** Alice et Mathieu

### 3 Des problèmes dans le monde

Students write the letter by the correct word to fill each gap.

**Solution:**
**1** c, **2** d, **3** j, **4** i, **5** a, **6** k, **7** b, **8** e

**Copymaster 10/12**

## Révision 10: Lire – Partie B

### 1 Le tremblement de terre en Haïti

Students read the article about the earthquake in Haïti and answer the questions in English.

**Solution:**
**1** any two of: government buildings, national palace, parliament, UN mission, cathedral, churches, hospitals, hotels, schools, prison, **2** via the internet, **3** a (huge) refugee camp, **4** because it has also suffered from major earthquakes, **5** any two of: firefighters, rescue workers, dogs, **6** inflatable, had 100 beds, **7** to coordinate help

**Copymaster Sommaire 10**

## Sommaire 10

This is a summary of the main topic vocabulary of the unit, also available on SB 210–211.